Besteuerung der öffentlichen Hand

Besteuerung der öffentlichen Hand

Aktuelle Entwicklungen in Wissenschaft und Praxis

Herausgegeben von

Prof. Dr. Tanja Leibold

und

Claudia Gassner

Fachmedien Recht und Wirtschaft | dfv Mediengruppe | Frankfurt am Main

Bibliografische Information der Deutschen Nationalbibliothek

Die Deutsche Nationalbibliothek verzeichnet diese Publikation in der Deutschen Nationalbibliografie; detaillierte bibliografische Daten sind im Internet über http://dnb.de abrufbar.

ISBN 978-3-8005-1970-5

dfv Mediengruppe

www.ruw.de

Druck: Beltz Grafische Betriebe GmbH, 99947 Bad Langensalza

Printed in Germany

Vorwort

Am 18. November 2024 fand an der Hochschule für öffentliche Verwaltung und Finanzen Ludwigsburg das Symposium zur Besteuerung der öffentlichen Hand statt. Die Veranstaltung bildete den erfolgreichen Abschluss einer Forschungskooperation zwischen dem Kompetenzzentrum Tax Compliance der Hochschule und dem Innenministerium Baden-Württemberg. Mit Expertinnen und Experten aus der Landesverwaltung, den Kommunen und der Wissenschaft wurde die Bedeutung eines Tax Compliance Managementsystems für die öffentliche Hand in ihrer Funktion als Steuerschuldnerin umfassend diskutiert. Zusätzlich wurden verschiedene aktuelle Fragestellungen aus dem Körperschaftsteuerrecht und dem Umsatzsteuerrecht eingehend erörtert. Herrn Minister Strobl danken wir herzlich für die Ermöglichung und die engagierte Begleitung dieser Forschungskooperation.

Die Beiträge in diesem Tagungsband spiegeln die Vielfalt der Perspektiven, Ideen und Erkenntnisse wider, die während des Symposiums vorgestellt und diskutiert wurden.

Als Herausgeberinnen danken wir allen, die zum Gelingen des Symposiums und dieses Tagungsbandes beigetragen haben. Ein besonderer Dank gilt Herrn Ardit Jashanica für die Unterstützung und Abstimmung zu den einzelnen Beiträgen sowie den Vertretern des Deutschen Fachverlags, Herrn Orth und Herrn Prof. Dr. Stahlschmidt, für die Herausgabe des Tagungsbandes.

Ludwigsburg, Mai 2025 *Tanja Leibold und Claudia Gassner*

Inhaltsverzeichnis

Teil 3: Umsatzsteuer

Vorstellung der Autorinnen und Autoren

Bildquelle: LICHTGUT/Leif Piechowski

Thomas Strobl, geboren am 17. März 1960 in Heilbronn, ist seit 2016 stellvertretender Ministerpräsident und Minister des Inneren, für Digitalisierung und Kommunen des Landes Baden-Württemberg. Er ist zudem der Landesbeauftragte für Vertriebene und Spätaussiedler. Zuvor war Thomas Strobl von 1998 bis 2016 direkt gewählter Bundestagsabgeordneter des Wahlkreises Heilbronn. Er ist Volljurist und Partner in der Anwalts- und Steuerkanzlei Throm, Hauser, Strobl, von Berlichingen und Kollegen. Aufgrund seines Ministeramts ruht derzeit die Zulassung.

Dr. **Iris Rauskala**, ist seit Juni 2022 Rektorin der Hochschule für öffentliche Verwaltung und Finanzen Ludwigsburg. Sie absolvierte an der Leopold-Franzens-Universität Innsbruck ein Doktoratsstudium in Sozial- und Wirtschaftswissenschaften und war daneben als wissenschaftliche Mitarbeiterin tätig. 2008 trat sie in die österreichische Bundesverwaltung ein. Von 2011-2015 war sie an der Zürcher Hochschule für Angewandte Wissenschaften u. a. Dozentin, Projektleiterin und Fachstellenleiterin im Bereich Public Finance und internationale Rechnungslegung. Von 2015 bis zu ihrem Wechsel nach Ludwigsburg leitete sie die Präsidialsektion im Wissenschafts- bzw. im Bildungsministerium, unterbrochen von ihrer Tätigkeit als Bundesministerin für Bildung, Wissenschaft und Forschung in der Regierung Dr. Brigitte Bierlein.

Andreas Brockmann ist Amtsleiter des Finanzamts Stuttgart-Körperschaften. Nach seinem Eintritt in die Finanzverwaltung war er unter anderem abgeordneter Dozent an der heutigen Hochschule für öffentliche Verwaltung und Finanzen Ludwigsburg. Anschließend war er Sachgebietsleiter und später Amtsleiter in diversen regionalen Finanzämtern sowie Referent in der Oberfinanzdirektion Stuttgart.

Jens Dörr ist Stadtkämmerer der Großen Kreisstadt Bietigheim-Bissingen und Geschäftsführer der Kronensaal-Betriebs GmbH in Bietigheim-Bissingen. Zudem ist er Dozent für Kaufmännische Buchführung an der Hochschule für öffentliche Verwaltung und Finanzen Ludwigsburg sowie für Haushalts-, Kassen- und Rechnungswesen an der Verwaltungsschule Baden-Württemberg.

Claudia Gassner ist Leiterin der Stabsstelle Tax Compliance und Steuern im Innenministerium Baden-Württemberg. Zuvor war sie unter anderem Referentin für Steuerpolitik, Umsatzsteuer, Tax Compliance im Staatsministerium sowie Sachgebietsleiterin für Umsatzsteuer, Körperschaftssteuer und Abgabenordnung in diversen Finanzämtern. Daneben ist sie Dozentin an der Hochschule für öffentlich Verwaltung und Finanzen Ludwigsburg und Mitglied im Weiterbildungsinstitut LUCCA- Zentrum für wissenschaftliche Weiterbildung.

Prof. Dr. **Sascha Gieseler** ist Professor für Steuerrecht und Prorektor für Forschung, Weiterbildung und Internationalisierung an der Hochschule für öffentliche Verwaltung und Finanzen Ludwigsburg. Nach mehrjähriger Tätigkeit als Rechtsanwalt im Wirtschaftsrecht wechselte er zunächst in die baden-württembergische Finanzverwaltung, bevor er eine Professur annahm. Er beschäftigt sich schwerpunktmäßig mit Umsatzsteuer, der Besteuerung der öffentlichen Hand sowie Fragen der Tax Compliance und der digitalen Transformation im Steuerrecht.

Prof. Dr. **Stefan Holzner**, LL. M., Betriebswirt (IWW), ist Professor an der Hochschule für öffentliche Verwaltung und Finanzen Ludwigsburg, Lehrbeauftragter für steuerliches Verfahrensrecht in verschiedenen Master-Studiengängen, Autor diverser Fach-, Ausbildungs- und Kommentarbeiträge zum Steuerrecht sowie als Dozent im Ertragssteuerrecht und im steuerlichen Verfahrensrecht u. a. in der Ausbildung von Fachanwälten für Steuerrecht, Steuerberatern und Steuerfachwirten tätig.

Bernd Klee ist seit 2007 Finanzdezernent beim Landkreistag Baden-Württemberg. Zuvor war er im Kämmereiamt und als Kreiskämmerer des Rhein-Neckar-Kreises tätig. Ausbildung und Studium des gehobenen Verwaltungsdienstes mit Abschluss zum Dipl.-Verwaltungswirt (FH) an der Hochschule für öffentliche Verwaltung in Kehl 1990. Er ist Dozent an den Verwaltungs- und Wirtschaftsakademien Stuttgart und Karlsruhe sowie Autor verschiedener Fachkommentare (FAG, KAG, NKHR) sowie Herausgeber der Zeitschrift Gemeindekasse im Boorberg Verlag.

Dipl.-Bw. (FH)/Dipl.-Vw./Dipl.-Hdl. **Martin Kronawitter** ist als Berater kommunaler Verwaltungen und Unternehmen in Bayern tätig. Darüber hinaus ist er Redaktionsleiter der neuen Zeitschrift Gemeindewirtschaft – Steuer-, Abgaben- und Haushaltsrecht der öffentlichen Hand.

Prof. Dr. iur. **Tanja Leibold** ist Professorin für Besitz- und Verkehrssteuern mit dem Schwerpunkt in den Studienfächern Bilanzsteuerrecht, Betriebliches Rechnungswesen und Außenprüfung sowie Besteuerung der Gesellschaften an der Hochschule für öffentliche Verwaltung und Finanzen Ludwigsburg. Sie leitet die Fachgruppe Bilanzsteuerrecht und ist Mitbegründerin und Co-Leiterin des Kompetenzzentrums Tax Compliance. Im Rahmen einer Forschungskooperation begleitet sie derzeit den Aufbau des Tax-Compliance-Managementsystems in der Innenverwaltung des Landes Baden-Württemberg. Zuvor war sie als Sachgebietsleiterin in der Steuerverwaltung des Landes Baden-Württemberg sowie in verschiedenen Funktionen als Referentin im Finanzministerium und im Staatsministerium Baden-Württemberg tätig.

Sandra Luz, Dipl.-Verwaltungswirtin (FH), ist Referentin für die Bereiche Abgabenrecht, kommunale Steuern und Erschließungsbeiträge beim Gemeindetag Baden-Württemberg. Ihr Schwerpunkt umfasst aktuell die Grundsteuerreform und das OZG-Projekt „Digitaler Gewerbesteuerbescheid". Vor ihrer Tätigkeit beim Gemeindetag war sie Sachgebietsleiterin Steuern/ Abgaben bei der Stadt Korntal-Münchingen und Teamleitung für kommunale Steuern bei der Stadt Ludwigsburg. Darüber hinaus ist sie als Dozentin bei der Verwaltungsschule des Gemeindetags Baden-Württemberg und der Württembergischen Verwaltungs- und Wirtschafts-Akademie e. V. tätig.

Prof. Dr. **Gregor Nöcker** ist Richter am Bundesfinanzhof und Honorarprofessor für Steuern der Hochschule Osnabrück. Zuvor war er unter anderem Richter am Finanzgericht Münster. Zudem lehrt er im Masterstudiengang Auditing, Finance and Taxation (MAFT) Verfahrensrecht.

Dr. **Susanne Nusser** ist stellvertretende Hauptgeschäftsführerin und Dezernentin beim Städtetag Baden-Württemberg. Dort verantwortet sie die Bereiche Umwelt, Verkehr, Ver-/Entsorgung sowie Europa und Finanzen. Sie ist ausgebildete Juristin und war vor ihrer Tätigkeit beim Städtetag Leiterin des Kreisordnungsamts des Landkreis Ludwigsburg sowie Dezernentin beim Landkreistag Baden-Württemberg.

Prof. Dr. phil. **Gunda Rosenauer** ist Professorin für Psychologie an der Hochschule für öffentliche Verwaltung und Finanzen in Ludwigsburg mit dem Schwerpunkt Sozialwissenschaften und Rhetorik. Sie ist Mitglied im Kompetenzzentrum Tax Compliance der HVF. Darüber hinaus ist sie freiberufliche Trainerin, Dozentin, Coach und Weiterbildungsleiterin für personenzentrierte Beraterinnen und Berater.

Prof. Dr. iur. **Christoph Schmidt** ist Professor für Besitz- und Verkehrssteuern mit Schwerpunkt in den Studienfächern Verkehrssteuern, Abgabenrecht und Bewertungsrecht an der Hochschule für öffentliche Verwaltung und Finanzen in Ludwigsburg. Weiterhin gründete er das Institut für digitale Transformation im Steuerrecht (IdTStR) an derselben Hochschule und leitet dieses seit März des Jahres 2023. Christoph Schmidt lehrt gegenwärtig auf dem Gebiet des allgemeinen Abgabenrechts und ist zudem Vorstandsmitglied sowie Vorsitzender des Fachausschusses I (Digitalisierbarkeit von Steuernormen) des Instituts für Digitalisierung im Steuerrecht e. V. (IDSt). In seiner Forschung befasst er sich insbesondere mit interdisziplinären Fragestellungen, die an der Schnittstelle zwischen Rechtswissenschaft, Verwaltungswissenschaft und Informatik einzuordnen sind.

Prof. Dr. iur. **Michael Stahlschmidt** M.R.F. (Steuerrecht), LL.M. (Wirtschaftsstrafrecht), MBA (Internationales Steuerrecht), LL.M. (Sportrecht), Dipl.-Bw/FH, Rechtsanwalt, Steuerberater, Fachanwalt für Steuerrecht, Fachanwalt für Insolvenz- und Sanierungsrecht, Fachanwalt für Medizinrecht, RaBFH, ist Dozent an der FHDW Paderborn für Steuerrecht und Controlling und Ressortleiter Steuerrecht beim Betriebsberater sowie Chefredakteur der Zeitschrift Der STEUERBERATER. Darüber hinaus berät er zum Steuer-, Steuerstraf- und Insolvenzrecht.

Prof. Dr. **Michael Szczesny** ist Professor an der Hochschule für öffentliche Verwaltung und Finanzen Ludwigsburg, Autor diverser Veröffentlichungen zum Steuer- und Zivilrecht sowie in der Aus- und Fortbildung im Steuerrecht tätig. Bis zur Ernennung zum Professor war er in einer mittelständischen Beratungsgesellschaft mit den Schwerpunkten Steuerrecht sowie Handels- und Gesellschaftsrecht tätig.

Lisa Treimer ist Leiterin der Steuerabteilung in der Kämmerei der Stadt Heilbronn. Zudem vertritt sie die Stadt Heilbronn in interkommunalen Gremien. Zuvor war sie Leiterin des Teams Steuern in der Kämmerei der Stadt Ludwigsburg mit Zuständigkeit für den Bereich „Stadt als Steuergläubiger“.

Einführung

Vorwort des Ministers des Inneren, für Digitalisierung und Kommunen Baden-Württemberg

Liebe Leserinnen und Leser,

viele Jahrzehnte lag der Fokus der öffentlichen Hand darauf, Aufgaben mit Steuern zu finanzieren sowie sparsam und wirtschaftlich zu haushalten. Steuerliche Pflichten entstanden nur, wo die öffentliche Hand mit Betrieben gewerblicher Art Umsätze in relevanter Größenordnung erzielte.

Mit der Neuordnung der Umsatzbesteuerung war die öffentliche Hand gezwungen, den Fokus neu auszurichten. Angesichts der komplexen Verwaltungsstrukturen und der Vielzahl an betroffenen Dienststellen und Einrichtungen der Innenverwaltung mit unterschiedlichen Zielsetzungen wurde schnell klar, dass die Ausgangslage anspruchsvoll ist.

Gefragt war deshalb für Baden-Württemberg eine Lösung, die nicht nur im Innenministerium, sondern auch in den Polizeipräsidien und Regierungspräsidien einen verlässlichen Überblick über Risiken sicherstellt. Deshalb hat sich die Landesregierung früh entschieden, diese Herausforderung mit einem Tax Compliance Management System – kurz TCMS – zu meistern. Durch verbindliche Beschlüsse zur Einführung und Festlegung von Rahmenbedingungen haben wir dazu den Grundstein gelegt. Die Implementierung eines TCMS unterstützt die Dienststellen dabei, ihre interbetriebliche Organisation so anzupassen, dass sie den Anforderungen des Steuerrechts gerecht wird. War jahrelang allein das Haushaltsrecht der Kompass, kam nun das Ziel, steuerliche Rechtsverstöße zu vermeiden und steuerliche Verantwortlichkeiten klar zu regeln, hinzu.

Für die Innenverwaltung haben wir uns im Jahr 2021 entschieden, die erforderliche Kompetenz in einer Stabstelle zu bündeln und so einheitliche Standards in allen Dienststellen und Einrichtungen zu ermöglichen. In diesem Zuge haben wir auch entschieden, die Implementierung eines TCMS wissenschaftlich begleiten zu lassen. Das Kompetenzzentrum Tax Compliance der Hochschule für öffentliche Verwaltung und Finanzen Ludwigsburg hat daraufhin unsere Projektschritte kritisch und mit großer Expertise fachlich begleitet.

Der Weg der Implementierung eines TCMS war herausfordernd. Er zeigt rückblickend freilich auch, dass es Zeit ist für einen Paradigmenwechsel in der Besteuerung der öffentlichen Hand und der Beziehung zwischen der öffentlichen Hand als Steuerpflichtigem und dem Finanzamt.

Bisher gilt die vertikale Kontrolle der Finanzverwaltung gegenüber den Steuerpflichtigen. Die öffentliche Hand ist jedoch kein gewöhnlicher Steuerpflichtiger. Deshalb ist hier ein Richtungswechsel zeitgemäß. Ein Blick zu unseren Nachbarn in Europa zeigt, dass dort bereits ein Umdenken begonnen hat. Kontrolliert sich ein Steuerpflichtiger selbst und macht sich dadurch transparent, ändert sich die Rolle der Steuerverwaltung von der Kontrolle zur Begleitung. Österreich und die Niederlande gehen bereits diesen Weg. Seit 2023 bis Ende 2029 erprobt die Finanzverwaltung in Baden-Württemberg im Bereich der Konzerne, wie ein TCMS IT-technisch ausgestaltet sein sollte, damit Prüfungserleichterungen für die nächste Betriebsprüfung gewährt werden können. Der Blick richtet sich aktuell noch ausschließlich auf die Großkonzerne. Das wollen wir ändern, damit sich auch für den Mittelstand und die öffentliche Hand der mit einem TCMS verbundene Aufwand lohnt. Ein angemessenes und wirksames TCMS kann ein möglicher Einstieg in einen Vertrauensvorschuss der Finanzverwaltung gegenüber dem Steuerpflichtigen, insbesondere der öffentlichen Hand, sein.

Zweitens reduziert ein TCMS Haftungsrisiken und wirkt vorbeugend gegen Sanktionen. Tax Compliance Management Systeme werden von der Rechtsprechung bei auftretenden Fehlern als Indiz gegen ein Organisationsverschulden gewertet. Deshalb wirken sie als Maßnahme gegen Haftungsrisiken und Sanktionen. Gleichzeitig hilft ein TCMS, steuerliche Pflichten zu identifizieren und deren Erfüllung sicher zu stellen, so dass ein wirtschaftliches Haushalten gewährleistet ist.

Die Praxis hat gezeigt, dass das Thema Tax Compliance bei der öffentlichen Hand von zwei zentralen Fragen dominiert wird: „Wer ist für ein TCMS verantwortlich?“ und „Wann wird die öffentliche Hand steuerpflichtig?“. Diese Fragen haben wir zum einen damit beantwortet, dass die Behördenleitungen als Vertreter der Behörde in der Verantwortung für die Erfüllung der steuerlichen Pflichten stehen. Wie andere Aufgaben können diese natürlich delegiert werden. Zum anderen wird die Steuerpflicht der öffentlichen Hand vom Grundsatz der Steuergerechtigkeit getragen, der aus dem Gleichheitssatz in Artikel 3 des Grundgesetzes abgeleitet wird. Eine Steuerpflicht besteht nur, wenn die betreffende Tätigkeit im Wettbewerb zu Unternehmen der Privatwirtschaft steht.

Dabei gilt es sicherzustellen, dass die öffentliche Hand ihrer Verantwortung, ihre steuerlichen Pflichten dauerhaft und gewissenhaft zu erfüllen, nachkommen kann. Der öffentlichen Hand kommt bei der Erfüllung steuerlicher Pflichten eine Vorbildfunktion zu. Bürger und Unternehmen werden sich an der öffentlichen Hand messen. Damit tragen wir eine besondere Verantwortung, die naturgemäß eine gewisse Bürde darstellt, aber uns gleichzeitig großen Einfluss verleiht, den wir weise nutzen sollten. Denn eines ist klar: Der Staat soll ein vorbildlicher Steuerzahler sein.

Den erfolgreichen Abschluss der Forschungskooperation zwischen dem Kompetenzzentrum Tax Compliance der Hochschule für öffentliche Verwaltung und Finanzen Ludwigsburg und dem Ministerium des Inneren, für Digitalisierung und Kommunen Baden-Württemberg markierte das Symposium „Besteuerung der öffentlichen Hand“ am 18. November 2024 an der Hochschule für öffentliche Verwaltung und Finanzen Ludwigsburg. Expertinnen und Experten aus der Landesverwaltung, aus den Kommunen und aus der Wissenschaft haben dabei die Bedeutung eines TCMS für den öffentlichen Sektor umfassend diskutiert. Die Ergebnisse des Symposiums finden Sie im vorliegenden Tagungsband.

Mein herzlicher Dank gilt den Herausgeberinnen Frau Prof. Dr. Tanja Leibold und Frau Ministerialrätin Claudia Gassner für die Zusammenstellung des Tagungsbandes und die außerordentlich wertvolle Grundlagenforschung zu diesem wichtigen Thema. Allen Leserinnen und Lesern wünsche ich eine gewinnbringende Lektüre und interessante Erkenntnisse.

Herzliche Grüße

Ihr Thomas Strobl

Tax Compliance Management Systeme für den öffentlichen Sektor: Forschung und Praxis entwickeln innovative Lösungen

Dr. Iris Rauskala

I. Symposium zur Besteuerung der öffentlichen Hand

Am 18.11.2024 fand an der Hochschule für öffentliche Verwaltung und Finanzen Ludwigsburg ein hochkarätig besetztes Symposium zum Thema „Besteuerung der öffentlichen Hand" statt. Expertinnen und Experten aus der Landesverwaltung, den Kommunen und der Wissenschaft diskutierten umfassend die Bedeutung eines Tax Compliance Management Systems (TCMS) für den öffentlichen Sektor. Das Symposium stellte gleichzeitig den Abschluss einer seit dem 1.12.2021 laufenden Forschungskooperation zwischen dem Kompetenzzentrum Tax Compliance der Hochschule und dem Ministerium des Inneren, für Digitalisierung und Kommunen Baden-Württemberg dar. Mehr als 400 Personen nahmen an der Veranstaltung teil, welche in den Räumlichkeiten der Pädagogischen Hochschule Ludwigsburg stattfand. Das Symposium verdeutlichte eindrucksvoll, wie Forschung und praktische Anwendung gemeinsam innovative Lösungen für die steuerlichen Herausforderungen der öffentlichen Hand entwickeln können und welchen synergetischen Beitrag zur Verwaltungsinnovation die Hochschule über ihre Fakultätsgrenzen hinaus leisten kann.

Herr Ministerialdirigent Andreas Schütze vertrat Herrn Innenminister Strobl, der kurzfristig nicht am Symposium teilnehmen konnte, und hielt die thematisch einführende Eröffnungsrede. Er betonte, dass zu den größten Herausforderungen im Bereich des Steuerrechts Bürokratieabbau, knappe Ressourcen und komplexe Vorschriften zählten, die gerade für die öffentliche Hand schwer anzuwenden seien. Fragen wie „Wann wird die öffentliche Hand steuerpflichtig?" sorgten oft für Unsicherheiten und machten deutlich, wie wichtig klare Regelungen seien. Ein Tax Compliance Management System könne hier Abhilfe schaffen. Es unterstütze nicht nur ein wirtschaftliches Haushalten, sondern helfe auch dabei, die Vorbildfunktion der öffentlichen Hand bei der Einhaltung steuerlicher Pflichten zu stärken. „Die Landesregierung hat früh entschieden, diese Herausforderung mit einem Tax Compliance Management System zu meistern. Denn eines ist klar: Der Staat soll ein vorbildlicher Steuerzahler sein", so Ministerialdirigent Andreas Schütze.

Den fachlichen Auftakt bildete der Vortrag von Professorin Dr. Tanja Leibold, welche die Frage in den Fokus stellte, warum Tax Compliance ein Thema für Forschung und Lehre an der Hochschule ist. Sie erläuterte die Möglichkeiten der Erprobung alternativer Prüfungsmethoden in der Betriebsprüfung für ein kooperatives Besteuerungsverfahren. Die anschließenden drei Paneldiskussionen widmeten sich den organisatorischen Herausforderungen von Tax Compliance in Einrichtungen der öffentlichen Hand. Im ersten Panel sprach Claudia Gassner, Ministerialrätin im Innenministerium, über die Herausforderungen für die öffentliche Hand als Steuerschuldnerin und stellte die Implementierung des Tax Compliance Managementsystems in der Innenverwaltung Baden-Württemberg vor. Im zweiten Panel nahmen sich die Expertinnen und Experten der Risiken im Bereich der Körperschaftsteuer bei Betrieben gewerblicher Art an. Die dritte Diskussionsrunde beleuchtete die Herausforderungen der Umsatzsteuer und behandelte unter anderem aktuelle Fragestellungen im Zusammenhang mit § 2b UStG. Die Vertreterinnen und Vertreter der kommunalen Spitzenverbände in Baden-Württemberg wirkten in allen drei Paneldiskussionen des Symposiums mit. Der besondere Dank der Hochschule richtet sich an Frau Dr. Nusser (Städtetag), Frau Luz (Gemeindetag) und Herrn Klee (Landkreistag). Neben Praktikern aus der Landesverwaltung und den Kommunen nahmen auch Wissenschaftlerinnen und Wissenschaftler der Hochschule und Studierende an den Panels teil.

II. Digitales Fortbildungstool „Steuerführerschein“

Die Studierenden leisteten insbesondere durch die Entwicklung und Vorstellung des „Steuerführerscheins“ einen aktiven und wertvollen Beitrag zu der Veranstaltung.

Um steuerrelevante Tätigkeiten richtig behandeln zu können, ist bei den Mitarbeitenden der juristischen Personen des öffentlichen Rechts ein Grundverständnis und Problembewusstsein für bestehende steuerliche Pflichten erforderlich. Dieses Grundverständnis kann durch gezielte Schulungsmaßnahmen erreicht werden, die zur nachhaltigen Erfüllung steuerlicher Anforderungen beitragen. Ein besonderer Höhepunkt im Rahmen des Symposiums war in diesem Zusammenhang die Vorstellung des „Steuerführerscheins“, ein durch Studierende des Bachelor-Studiengangs gehobener Dienst der Steuerverwaltung entwickeltes innovatives Fortbildungstool. Die Studierenden Lea Keßler, Jana Bok und Lea Marie Hagenau präsentierten das digitale Lernangebot, bestehend aus Schulungsvideos, die praxisnah Anforderungen an ein Tax Compliance Management System vermitteln. Ein

Schulungsvideo wurde vor Ort präsentiert und lud das Publikum zur aktiven Teilnahme an einem Multiple-Choice-Test ein.

III. Aktuelle Herausforderungen im öffentlichen Sektor

Das Symposium beleuchtete umfassend die Besteuerung der öffentlichen Hand und die damit verbundenen Herausforderungen. Dabei geht es um Bereiche, in denen der Staat selbst Steuersubjekt wird, wie beim Betrieb eines Parkhauses oder einer Kantine. In diesen Fällen steht die öffentliche Hand im Wettbewerb mit Unternehmen der Privatwirtschaft, weshalb der Gleichheitsgrundsatz eine Besteuerung erforderlich macht. Diese Nischen-Bereiche stellen oft eine Herausforderung dar, da die Abgrenzung zwischen hoheitlicher und wirtschaftlicher Tätigkeit im Einzelfall schwierig sein kann. Die öffentliche Verwaltung ist dabei selbst stark belastet durch zunehmende multiple Krisensituationen und Herausforderungen, wie die Corona-Krise, den Ukrainekrieg oder den Klimawandel, die die wirtschaftliche Lage verschärfen und damit auch die öffentlichen Haushalte unter Druck setzen. Dazu kommt in vielen Behörden der demografische Effekt des dauerhaft bestehenden Personalmangels. Besondere Relevanz haben zudem die Digitalisierung der öffentlichen Verwaltung und die in Baden-Württemberg ins Leben gerufene Entlastungsallianz mit zum jetzigen Zeitpunkt über 120 Maßnahmen für den Bürokratieabbau. Steuerliche Problemstellungen und Pflichten stellen eine zusätzliche Herausforderung im Alltag der öffentlichen Verwaltungen dar, die neben der Leistungserbringung gegenüber den Bürgerinnen und Bürger bewältigt werden müssen. Auch der Staat muss sich in seiner Funktion als Steuerpflichtiger an die Steuergesetze halten und Steuern zahlen, wenn er wirtschaftliche Tätigkeiten ausübt.

IV. Neue Anforderungen im Umsatzsteuerrecht

Die Einführung des § 2b Umsatzsteuergesetz hat zu einer deutlichen Zunahme umsatzsteuerlich relevanter Sachverhalte juristischer Personen des öffentlichen Rechts geführt. Für die Behördenleitungen sowie für die Mitarbeitenden stellen sich neue steuerrechtliche und haftungsrechtliche Risiken, die präventive Maßnahmen und organisatorische Vorkehrungen erforderlich machen. Insbesondere sind umfassende Einnahmescreenings notwendig, um zu gewährleisten, dass auch bei dezentralen Strukturen alle steuerlichen Pflichten erfüllt werden. Neue Prozesse müssen implementiert werden, um die Erfüllung der steuerlichen Pflichten im organisatorischen Ablauf sicherzustellen. Zwar hat der Gesetzgeber im Jahressteuergesetz 2024 die zwingende Anwendung des § 2b UStG bis zum 1.1.2027 verlängert, die Erfüllung der neu hinzugekommenen steuerlichen Pflichten muss jedoch spätestens bis zu diesem Zeitpunkt in allen Verwaltungen gewährleistet sein. Viele Kommunen wie z. B. die Stadt Heilbronn wenden § 2b UStG bereits an und haben ihre innerbehördlichen Prozesse an die neuen steuerlichen Pflichten angepasst. Vielfach besteht in den öffentlichen Verwaltungen noch ein hoher Schulungsbedarf, da es nur wenige oder keine zusätzlichen Stellen für die Erfüllung der angestiegenen steuerlichen Pflichten gibt.

V. Vorteile und Erleichterungen durch Tax Compliance Management Systeme

Die steigenden steuerlichen Anforderungen stellen die öffentliche Hand vor die Herausforderung, Tax Compliance dauerhaft auf die Agenda zu nehmen. Neben der Erfüllung der steuerlichen Pflichten kann eine effektive Tax Compliance auch dazu beitragen, die Transparenz von Prozessen zu verbessern und neue Gestaltungsmöglichkeiten zu eröffnen. Ein gut durchdachtes Tax-Compliance-Management-System bietet nicht nur Vorteile in Bezug auf die rechtssichere Erfüllung steuerlicher Pflichten, sondern kann auch die Effizienz der Verwaltungsarbeit steigern. Die Implementierung solcher Systeme zahlt sich langfristig aus, da sie dazu beitragen, steuerliche Risiken zu minimieren und die Prozesse innerhalb der öffentlichen Verwaltung transparenter und effektiver zu gestalten, wie Prorektor Prof. Dr. Sascha Gieseler im Rahmen des Symposiums betonte. Tax Compliance kann damit die Leistungsfähigkeit der öffentlichen Hand stärken. Die Hochschule bietet im Rahmen des wissenschaftlichen Weiterbildungszentrums LUCCA praxisorientierte Weiterbildungslehrgänge zu den Themen Besteuerung der öffentlichen Hand, § 2b UStG und Tax Compliance an.

VI. Dank für die Kooperation mit der Praxis

Die Hochschule für öffentliche Verwaltung und Finanzen Ludwigsburg hat sich zum Ziel gesetzt, als Kompetenzzentrum für die öffentliche Verwaltung sowohl in der Lehre als auch in der Forschung und der Weiterbildung Unterstützung für die Praxis zu bieten. Mit über 50 Professuren in beiden Fakultäten kann die Hochschule eine besondere Expertise im Bereich der öffentlichen Finanzen vorweisen, von der Vereinnahmung der Steuern bis zu ihrer Verausgabung. Als Kompetenzzentrum im Bereich der öffentlichen Finanzen geht es uns darum, innovative Lösungen zu finden, die nicht nur die Effizienz, Bürgerfreundlichkeit, Rechtssicherheit und Steuergerechtigkeit berücksichtigen, sondern auch Aspekte wie Nachhaltigkeit, Transparenz und digitale Workflows und KI einbeziehen. Dies erfordert einen intensiven und kontinuierlichen Austausch mit der Praxis. Die Hochschule ist sehr dankbar, durch den konkreten Einblick in die Praxis Forschungs- und Anwendungsfelder eröffnet zu bekommen. Unser besonderer Dank richtet sich an Herrn Innenminister Strobl, der diese Forschungskooperation möglich gemacht hat, sowie an Frau Ministerialrätin Gassner, Leiterin der Stabstelle Tax Compliance und Steuern im Innenministerium, für den konkreten Einblick in die Praxis. Der Dank der Hochschule gilt zudem allen Panel-Teilnehmenden des Symposiums, die bei der Veranstaltung zu einer facettenreichen Sichtweise auf das Thema Besteuerung der öffentlichen Hand beigetragen haben. Wir möchten uns zudem herzlich bei allen Autorinnen und Autoren für ihre Beiträge zu diesem Tagungsband bedanken. Ebenso gilt unser Dank Herrn Orth und Herrn Prof. Dr. Stahlschmidt vom Deutschen Fachverlag für die gute Zusammenarbeit bei der Herausgabe des Tagungsbands.

Teil 1: Tax Compliance und Verfahrensrecht

„Tax Compliance“ – Modebegriff oder Zukunft der Steuerpraxis?

Prof. Dr. Gregor Nöcker

Derzeit hat ein Begriff in der steuerlichen Beratungspraxis Konjunktur, den manch einer noch vor Jahren gar nicht kannte: Tax Compliance. Zwischenzeitlich hat er und das damit verbundene Tax Compliance Management System (TCMS) sogar Einzug in das steuerliche Verfahrensrecht gefunden. Denn auch die Finanzverwaltung scheint sich damit anfreunden zu wollen, dass eine Außenprüfung dann etwas schneller und schlanker durchgeführt werden könnte, wenn der Steuerpflichtige compliant auch in Steuersachen ist. Dabei geht es zum einen um ein steuergesetzkonformes Handeln des Unternehmens – auch und gerade der Geschäftsführung. Zum anderen sollen Risiken mit steuerlicher Relevanz entdeckt und beachtet werden – auch wenn das Unternehmen Steuern eher als nebensächlich behandeln möchte. Dies gilt ebenso für die öffentliche Hand, die sich angesichts der weiter anstehenden Einführung des § 2b UStG mit dem Steuerrecht befassen muss. Der vorliegende Beitrag will einen ersten Überblick über TCMS und seine Relevanz für die steuerliche Praxis geben.[1]

I. Vom Steuercontrolling zum Tax Compliance

1. Steuercontrolling

a) Risikomanagement im Bereich Steuern

Mag heute von TCMS und Tax Compliance die Rede sein, wenn man in irgendeiner Art und Weise steuerliche Risiken im Unternehmen erkennen und beherrschen will, so war zunächst eher vom „Steuercontrolling“ die Rede.[2] Dieser auch weiterhin wenig gebräuchliche Begriff dient m. E. der Umschreibung der „Steuerung von Prozessen unter Beachtung steuerlicher Risiken“ und ist wenig fassbar. Scheint er zunächst als eine Art Modebegriff für Steuergestaltungen durch die Steuerabteilung und externe Berater entstanden zu sein, meint er doch im wesentlichen die Kombination von Steuerkontrol-

---

1 Dabei wird bewusst der Vortragsstil beibehalten, auch wenn es dem Verfasser krankheitsbedingt leider nicht möglich war, am Symposium zur Besteuerung der öffentlichen Hand an der Hochschule für öffentliche Verwaltung und Finanzen Ludwigsburg am 18.11.2024 persönlich teilzunehmen. Umso erfreulicher ist es, dass ihm die Gelegenheit gegeben worden ist, seine Gedanken in schriftlicher Form darlegen zu dürfen.

2 Dazu auch *Hindersmann/Nöcker*, Tax Compliance, 20 ff.

le, -verwaltung und -planung. Denkbar ist aber auch, nur die Einbeziehung von Unternehmenssteuern in das (Kosten-)Controlling als „Steuercontrolling" zu verstehen. Auch im Rahmen eines Tax-Reporting-Systems wurde hin und wieder vom „Steuercontrolling" gesprochen. All diesem gemeinsam war, dem Unternehmen vor Augen zu führen, dass im Rahmen betrieblicher Prozesse auch Steuern eine Rolle spielen und bei der Steuerung eines Unternehmens nicht vergessen werden dürfen. Diese Zielsetzung besteht unverändert fort. Deshalb ist, ob nun als „Steuercontrolling" bezeichnet oder nicht, ein Risikomanagement im Bereich Steuern wichtig. Denn auch in diesem Bereich ist eine optimale Berücksichtigung betrieblicher Zusammenhänge sicherzustellen – geht es doch schließlich um die Sicherstellung der Unternehmensziele „Erfolg" und „Existenzsicherung".[3]

Dabei gilt es Steuercontrolling als Servicefunktion im Unternehmen zu verstehen, welches Entscheidungen vorbereiten hilft und alle Steuern des Unternehmens und damit auch alle Stellen des Unternehmens betrifft. „In Sachen Steuern" ist eine Koordination vorzunehmen, was nicht nur die Organisation der Steuerabteilung meint. Vielmehr geht es beim Steuercontrolling darum, Systeme bereitzustellen für

– Informationen über steuerliche Zusammenhänge im Unternehmen;
– eine steuerliche Erst- und Fortbildung im Unternehmen;
– eine Kontrolle der effektiven Arbeit der Steuerabteilung;

und letztlich um die Schärfung des steuerlichen Problembewusstseins im Unternehmen.[4]

„Echtes" Steuercontrolling stellt m. E. deshalb keine „oberste" Steuerplanung oder -gestaltung durch Controlling dar, sondern ähnelt dem Risikomanagement. Es kann ein Pendant zum Risikomanagement der Finanzverwaltung sein. Denn auch die Finanzverwaltung verschafft sich seit Jahren (wieder) verstärkt einen Überblick über (prüfungsrelevante) Bereiche eines Unternehmens und will so ihre begrenzten Ressourcen gezielt bei Überprüfungen einsetzen. Dies führt dort zu einer Zusammenführung von Informationen für jeden Steuerfall durch Verbindung von steuerlichen Risikobereichen (je nach Branche) mit den vorhandenen Daten aus Vorjahresveranlagungen sowie Erkenntnissen zum Abgabe- und Zahlungsverhalten des Unternehmens. Nicht zu vergessen sind dabei auch Erkenntnisse der Rechtsbehelfsstelle aus Einspruchs- und Klageverfahren.

3 *Herzig/Zimmermann*, DB 1998, 1141.
4 *Schiffers*, StuW 1997, 42.

b) Effektive Controllingwerkzeuge

Effektives Controlling setzt ein schlankes Controlling voraus.[5] Um ein solches effektives Controlling sicherzustellen, bedarf es zunächst der Sammlung der Informationen über Steuern, die im Unternehmen anfallen. Es gilt dafür Sorge zu tragen, dass klar ist, welche Abteilungen bzw. Mitarbeiter mit Steuern (und Abgaben) zu tun haben. Dies ist neben der Steuerabteilung häufig etwa die Immobilienabteilung in Bezug auf Grundsteuern oder der Bereich der Logistik, soweit Zoll oder Einfuhrumsatzsteuern betroffen sind. Es scheint sinnvoll, zunächst ein „Steuerblatt“ zu entwickeln, welches die steuerlich relevanten Vorgänge und insbesondere auch Verträge erfasst. Tatbestände, die steuerlich, etwa für die Ermittlung von Verrechnungspreisen, relevant sind, sind aufzuzeigen. Dabei ist zu ermitteln, welche Informationen das betriebliche Rechnungswesen bereithält. Stets ist die steuerliche Relevanz der einzelnen Daten zu beachten.

In einem weiteren Schritt sind die so gewonnenen Erkenntnisse mittels „Steuerchecklisten“ zu dynamisieren, damit fortlaufend klar wird:

- Wer wie und wann Informationen über Steuern in der Erst- oder Fortbildung erhält;
- Wem wie und wann steuerliche relevante Neuerungen bekannt gegeben werden;
- Wann und wie steuerliche Neuerungen mit Relevanz für das Unternehmen in Verbindung gebracht werden;
- Welche steuerlichen Grundsätze für das Unternehmen warum gelten.

Ein „Steuerwiedervorlagesystem“ stellt die fortlaufende Prüfung und Kontrolle der steuerlich relevanten betrieblichen Prozesse sicher und fragt,

- wann Steuerplanungen (etwa bzgl. Rechtsformwahl oder Standortwahl) zu überprüfen sind;
- wann Investitions- bzw. Finanzrechnungen unter steuerlichen Gesichtspunkten vorgenommen werden und wann sie überprüfen sind.

c) Steuercontrolling als Vorstufe zum Tax Compliance

Ein so beschriebenes Steuercontrolling kann als Vorstufe zum Tax Compliance verstanden werden. Denn auch ein Compliance-System im Bereich der Steuern bedarf eines geeigneten Controllingsystems. Nur wer Ahnung von der steuerlichen Situation in seinem Unternehmen hat, kann die Risiken richtig einschätzen und (gegen)steuern. Nur so können die vielfältigen Steuerpflichten i. S. d. § 33 AO, die einem Unternehmen als Steuerschuldner,

---

5 *Jahns*, DStR 2000, 1239.

Haftungsschuldner oder Steuerentrichtungspflichtigen treffen können, beachtet werden.

2. Steuer-IKS

a) Allgemein

Häufig gleichgesetzt mit dem Steuercontrolling wie auch dem TCMS wird das steuerliche interne Kontrollsystem (IKS). Dabei ist ein IKS eigentlich nur ein IT-Kontrollsystem und umfasst die Gesamtheit aller aufeinander abgestimmter und miteinander verbundener Methoden, Einrichtungen und Maßnahmen, die der Sicherung und dem Schutz des Vermögens des Unternehmens dienen.[6] Auch aus Sicht des IDW ist ein IKS (i. S. d. der GoBD) lediglich ein „IT-Kontrollsystem".[7]

b) Steuer-IKS aus Sicht der Finanzverwaltung

Abweichend hiervon erweitert die Finanzverwaltung (wie auch die Beraterschaft) den Begriff des „Steuer-IKS". Sie ist der Meinung, dass das Steuer-IKS auch die Unternehmensprozesse zur Einweisung, Schulung und Kontrolle der Mitarbeiter umfasst, damit diese ihren Aufgaben gerecht werden können. Gleichzeitig sollen hierdurch Manipulationen und Kompetenzüberschreitungen verhindert werden.[8] Ein so verstandene Steuer-IKS müsste also sicherstellen, dass die Mitarbeiter die steuerliche Relevanz ihrer Arbeit kennenlernen und deshalb auch steuerlich geschult werden. Somit ist das Steuer-IKS Teil eines Risikomanagementsystems (RMS) und ebenfalls als Vorstufe zum TCMS anzusehen.

c) Weitergehendes CMS

Sowohl das Steuercontrolling wie auch das Steuer-IKS beschränken sich auf die Risikoanalyse und das Risikomanagement. Ein Compliance Management System (CMS) umfasst dagegen, so auch das IDW, „die auf der Grundlage der von gesetzlichen Vertretern festgelegten Zielen eingeführten Grundsätze (…) und Maßnahmen eines Unternehmens, die auf die Sicherstellung eines regelkonformen Verhaltens der gesetzlichen Vertreter und Mitarbeiter des Unternehmens und ggf. Dritter abzielen, d. h. auf die Einhaltung bestimmter Regeln und damit auf die Verhinderung von wesentlichen

---

6 *Damas*, DB 2020, 1536.
7 IDW RS FAIT 1, Tz 8.
8 Vgl. auch *Nagel/Waza*, DStZ 2008, 321 und *Seer*, in: Tipke/Kruse, Abgabenordnung, § 85 AO Rz 28.

Verstößen (Regelverstößen).“[9] Dies zeigt deutlich, worauf es beim Compliance ankommt. Übersetzt ins Deutsche meint Compliance nämlich „Regelkonformität“, also gesetzestreues Verhalten. Hierfür dient das Erkennen der Risiken im Rahmen eines RMS, dessen Teil das Controlling darstellt.

d) Verständnis der Finanzverwaltung

Die Finanzverwaltung geht auf das RMS in § 88 Abs. 5 AO ein und führt es als Auswahlkriterium für Überprüfungen beim Gesetzesvollzug an. Dabei sind die Ziele eines RMS aus Sicht der Finanzverwaltung darauf beschränkt:[10]

- Steuerverkürzungen zu verhindern und damit präventiv zu wirken;
- gezielt Betrugsfälle aufzudecken, zumindest aber die Chance ihrer Aufdeckung zu erhöhen;
- die individuelle Fallbearbeitung durch Amtsträger mittels einer risikoorientierten Steuerung der Bearbeitung zu optimieren;
- die Bearbeitungsqualität durch Standardisierung der Arbeitsabläufe bei umfassender Automationsunterstützung nachhaltig zu verbessern.

Insoweit sollen auch TCMS-Prüfungen durch die Finanzverwaltung als alternative Prüfungsmethoden erprobt werden. Art. 97 § 38 EGAO führt dazu aus:

> *(1) **Soweit** im Rahmen einer Außenprüfung eines Steuerpflichtigen nach den §§ 193 bis 202 der Abgabenordnung die Wirksamkeit eines von ihm **eingesetzten Steuerkontrollsystems** hinsichtlich der erfassten Steuerarten oder Sachverhalte **überprüft wurde** und **kein** oder nur ein unbeachtliches **steuerliches Risiko** für die in § 149 Absatz 3 der Abgabenordnung genannten Steuern und gesonderten Feststellungen **besteht**, kann die Finanzbehörde im Benehmen mit dem Bundeszentralamt für Steuern dem Steuerpflichtigen **auf Antrag unter dem Vorbehalt des Widerrufs für die nächste Außenprüfung** nach § 193 Absatz 1 der Abgabenordnung **Beschränkungen von Art und Umfang der Ermittlungen** unter der Voraussetzung **verbindlich zusagen**, dass keine Änderungen der Verhältnisse eintreten. Der Steuerpflichtige hat Veränderungen des Kontrollsystems zu dokumentieren und sie der Finanzbehörde unverzüglich schriftlich oder elektronisch mitzuteilen.*

Nach einer solchen TCMS-Prüfung kann es folglich zu einer zeitlich und inhaltlich beschränkten Folgeprüfung kommen. Dabei beschreibt Art. 97 § 38 Abs. 2 EGAO das zu überprüfende Steuerkontrollsystem wie folgt:

---

9 IDW PS 980, Tz 6.

10 Vgl. hierzu nur *Seer,* in: Tipke/Kruse, Abgabenordnung, § 88 AO Rz 68 ff.

> *(2) Ein Steuerkontrollsystem umfasst alle* ***innerbetrieblichen Maßnahmen****, die gewährleisten, dass*
>
> *1. die* ***Besteuerungsgrundlagen zutreffend*** *aufgezeichnet und* ***berücksichtigt*** *werden sowie*
>
> *2. die hierauf entfallenden* ***Steuern fristgerecht und vollständig abgeführt*** *werden.*
>
> *Das Steuerkontrollsystem muss die* ***steuerlichen Risiken laufend abbilden****.*

und meint damit ein „gelebtes“ steuerliches RMS.

Wie ein solches Steuerkontrollsystem von der Finanzverwaltung geprüft wird, ist nicht bekannt. Gedacht ist an Systemprüfungen, die ebenso wie die zugesagten Prüfungserleichterungen für Unternehmen bis zum 30.4.2029 zu evaluieren sind (Art. 97 § 38 Abs. 3 EGAO). Ob insoweit tatsächlich Erleichterungen für die Unternehmen erreicht werden können, erscheint fraglich, bleibt aber (weiter) abzuwarten.[11]

3. Schutz vor Strafe

Neben den Prüfungserleichterungen, die die Finanzverwaltung verspricht, wird ein TaxCMS häufig im Unternehmen installiert, um so die Geschäftsführung wie auch die Mitarbeiter des Unternehmens vor Strafe zu schützen. Fraglich ist, ob dies gelingen kann.

Aus Sicht des BGH, der für das Steuerstrafrecht zuständig ist, gilt, dass ein TCMS lediglich helfen kann, steuerliche Fehler aufzudecken und zu vermeiden, so dass es nicht zu einem steuerstrafrechtlichen oder bußgeldrechtlichen Verfahren kommt. Ausdrücklich stellt er aber klar, dass ein TCMS kein Allheilmittel ist, um dem Unternehmer bzw. der Unternehmensleitung „Straffreiheit“ zu garantieren. Dies gelte selbst für ein „noch so gut organisiertes Tax CMS“.[12]

Diese Sicht entspricht derjenigen der Finanzverwaltung, wie sie in AEAO zu § 153 Nr. 2.6 beschrieben wird:

> *„Für eine Steuerhinterziehung reicht von den verschiedenen Vorsatzformen bereits bedingter Vorsatz aus. Dieser kommt in Betracht, wenn der Täter die Tatbestandsverwirklichung für möglich hält. Es ist nicht erforderlich, dass der Täter die Tatbestandsverwirklichung anstrebt oder für sicher hält. Nach der BGH-Rechtsprechung ist für die Annahme des bedingten Vorsatzes neben dem Für-Möglich-Halten der Tatbestandsverwirklichung zusätzlich erforderlich, dass der Eintritt des Taterfol-*

11 Vgl. insoweit jüngst nur *Schulz/Sureth-Sloane*, StuW 2024, 335, m. w. N.

12 BGH, 9.5.2017 – 1 StR 265/16, wistra 2017, 390.

ges billigend in Kauf genommen wird. Für die billigende Inkaufnahme reicht es, dass dem Täter der als möglich erscheinende Handlungserfolg gleichgültig ist. Hat der Steuerpflichtige ein ***innerbetriebliches Kontrollsystem eingerichtet****, das der Erfüllung der steuerlichen Pflichten dient, kann dies* ***ggf. ein Indiz darstellen, das gegen das Vorliegen eines Vorsatzes oder der Leichtfertigkeit sprechen kann****, jedoch befreit dies nicht von einer Prüfung des jeweiligen Einzelfalls."*

Adressaten der AEAO als Steuerrichtlinie sind Finanzbeamte. Ihnen soll dabei geholfen werden, Vorsatz und Leichtfertigkeit von leichter Fahrlässigkeit zu unterscheiden. Denn im Fall von vorsätzlichem Handeln des Steuerpflichtigen könnte Steuerhinterziehung (§ 370 AO) vorliegen. Der Beamte wäre zur Meldung an das Steuerstrafsachen-Finanzamt verpflichtet, wollte er sich nicht der Strafvereitelung im Amt (§ 258a StGB) schuldig machen. Hier eine Entscheidungshilfe zu geben, ist deshalb die eigentliche Aufgabe der AEAO zu § 153 in Nr. 2.6.

II. Tax Manual und Steuerrichtlinie

1. Begrifflichkeit

Soll ein TCMS eingeführt werden, sollte ein Tax Manual angefertigt werden. Hierunter ist eine Verfahrensdokumentation des internen IKS für Steuern zu verstehen.[13] Eine solche Verfahrensdokumentation ist auch für Unternehmen der öffentlichen Hand wichtig, um so der Finanzverwaltung wie auch Dritten (Steuerberatern und insbesondere Wirtschaftsprüfern) die Überprüfung des TCMS zu ermöglich. Gleichzeitig ermöglicht seine Erstellung einen guten Einstieg in die steuerliche Steuerung des Unternehmens. Damit wird sichergestellt, dass die Abläufe, vor allem das „Geschäft" des Unternehmens möglichst wenig durch steuerliche Probleme in Mitleidenschaft geraten.

2. Tax Manual in Anlehnung an IDW PS 980

Ausgehend vom IDW PS 980 könnte ein Tax Manual die folgenden Punkte beschreiben:

- Kultur:
  - „Wir zahlen Steuern – und halten uns an Recht und Ordnung."
  - Erstellung einer Steuerrichtlinie zum Erlangen eines „Steuer-Führerschein"

13 Weiterführend auch *Hindersmann/Nöcker*, Tax Compliance, S. 79 ff.

- Ziele:
  - „Wir leben steuerlich gesund und beugen Risiken vor."
  - Sicherstellen einer formell und materiell ordnungsmäßigen Buchführung unter steuerlichen Gesichtspunkten
- Organisation:
  - „Wir arbeiten vertrauensvoll mit den richtigen Steuerberatern zusammen."
  - Ein „Steuer-Lotse" sucht den laufenden Kontakt zum externen Berater und ist Ansprechpartner auch der BP
- Risiken:
  - „Wir wollen die Risiken kennen und einschätzen lernen, um optimal reagieren zu können."
  - Steuerlich relevantes Arbeiten als eine Art „gefahrgeneigte" Arbeit verstehen und deshalb einer Risikoanalyse unterwerfen
- Programm:
  - „Wir sind bereit eine steuerliche Steuerung des Unternehmens einzurichten und zu akzeptieren."
  - Steuerchecklisten erstellen, beachten und regelmäßigen Stichproben unterziehen
- Kommunikation:
  - „Wir lernen, auch über Steuern im Unternehmen zu reden."
  - Den Sinn und Umfang eines „Steuer-Führerscheins" besprechen und optimieren
- Überwachung und Verbesserung:
  - „Der Weg ist das Ziel – das Ziel ist das steuerliche Optimum."
  - Die „steuerliche Fahrpraxis" durch Weiterbildung, Berichte und Mails problematisieren und verbessern
- Auslagerung:
  - „Wir sind bereit abzugeben und zuzuhören."
  - Erkennen, welche steuerlichen Aufgaben abzugeben sind, um steuerliche Risiken und die Haftung hierfür richtig einzuschätzen
- Externe Prüfung:
  - „Wir sind bereit, uns auch steuerlicher Kritik zu stellen."
  - Prüfungen nicht als Selbstzweck verstehen, sondern als Dienst für eine Verbesserung der unternehmerischen Prozesse ansehen

Hilfreich sind insoweit auch die von der Bundessteuerberaterkammer zur Erstellung eines IKS gegebenen Hinweise.[14] Sie umfassen die folgenden vier Schritte:

– Bestandsaufnahme
– Risikoanalyse und –bewertung
– Implementierung von Steuerungs- und Kontrollmaßnahmen
– Dokumentation eines Steuer-IKS

3. Steuerrichtlinie

Im Rahmen einer Steuerrichtlinie ist es ratsam, nicht nur das Leitbild des Unternehmens aus steuerlicher Sicht zu formulieren, sondern auch Maßnahmen zu beschreiben, die eine richtige Erstellung von Steuererklärungen unter Beachtung der Fristen wie auch die Prüfung der Steuerbescheide gewährleisten. In diesem Zusammenhang sollten auch die Verträge des Unternehmens unter steuerlichen Aspekten betrachtet werden sowie die Begleitung der Außenprüfungen, das Führen von Rechtsbehelfsverfahren wie auch die laufende Beratung bei steuerlich relevanten Prozessen beschreiben werden. Die Art und Weise des Managements von Steuerwissen im Unternehmen ist darzustellen.

Im Rahmen einer solchen Steuerrichtlinie können Steuerchecklisten helfen, die steuerlichen Risiken zu erkennen und zu vermeiden. Bei Unternehmen der öffentlichen Hand könnten dies etwa die folgenden Punkte sein:

– Umsatzsteuer:
  – Ordnungsmäßigkeit der Eingangsrechnung
  – Korrekte umsatzsteuerliche Einordnung von Sachverhalten
  – Zutreffenden Vorsteuerabzug gewährleisten
– Körperschaftsteuer/Gewerbesteuer:
  – Unternehmerische Tätigkeiten entdecken
  – Verdeckte Gewinnausschüttungen vermeiden
  – Falsche Zuordnungen nicht abzugsfähiger Betriebsausgaben verhindern
– Lohnsteuer:
  – Richtige Behandlung von Dienstwagen, Bewirtung und Sachbezügen
– Grundsteuer:
  – richtige Bewertung

14 Abrufbar unter Bundessteuerberaterkammer, https://www.bstbk.de (zuletzt abgerufen am 4.3.2025).

- Verfahrensrecht:
  - Fristenkontroll- und Wiedervorlagesystem einrichten
  - Verfahrensdokumentation erstellen

III. Fazit

Zusammenfassend ist darauf hinzuweisen, dass unabhängig von der Begrifflichkeit die Einrichtung eines steuerlich orientierten Risikomanagementsystems hilft, unternehmerische Prozesse aus steuerlicher Sicht zu verbessern. Dies macht es möglich, das Unternehmen auch in steuerlicher Hinsicht zu steuern und den Erfolg des Unternehmens zu sichern. Führt die Einrichtung eines so verstandenen TCMS dazu, dass Außenprüfungen der Finanzverwaltung abgekürzt werden und das steuerstrafrechtliche Risiko minimiert wird, wären weitere positive Effekte zu verzeichnen.

Tax Compliance Organisation in der Innenverwaltung des Landes Baden-Württemberg

MR'in Claudia Gassner

I. Vorbemerkung

Über viele Jahrzehnte nahm sich die öffentliche Hand überwiegend als Institution wahr, welche die Erledigung staatlicher Aufgaben durch Zuweisung von Steuereinnahmen (Haushaltsmitteln) finanziert. Die Neuregelung des § 2b UStG zum 1.1.2017 hat die Besteuerung der öffentlichen Hand aus ihrem Schattendasein in den Fokus gerückt und alle juristischen Personen des öffentlichen Rechts gezwungen, ihre Prozesse auch auf die Rolle als „Steuerpflichtiger" zu prüfen. Die Neuregelung einer Steuer, wie der Umsatzsteuer, welche im Grundsatz „treuhänderisch" eingenommen und verwaltet wird, wird eng vom Steuerstrafrecht begleitet.

Die Landesverwaltung Baden-Württemberg hat bereits im Laufe des Jahres 2017 eine zentrale umsatzsteuerliche Unterstützungsstelle (ZUU) im Finanzministerium eingerichtet. Mit der ZUU stand den Ressorts für die Umstellung auf § 2b UStG bis zum 31.12.2024 eine Unterstützung zur Verfügung. Grundsätzlich ist die Erfüllung der steuerlichen Pflichten in Baden-Württemberg dezentral geregelt, d. h. jedes Ressorts erfüllt seine steuerlichen Pflichten selbst.[1] Dem Gedanken des umsatzsteuerlichen einheitlichen Unternehmens wurde nicht Rechnung getragen.[2]

Nur das Land Hessen hat die Erfüllung der steuerlichen Pflichten des Landes in einer zentralen Steuerstelle bei der Mittelbehörde eingerichtet und die entsprechenden organisatorischen Vorkehrungen getroffen.

In den ersten Jahren war deshalb der Blick auf die Vorbereitung bezüglich der Auswirkungen des § 2b UStG gerichtet. Es wurde in einem ersten Schritt damit begonnen, die Einnahmen in den Ressorts zu erheben. Dies erwies sich nicht als ausreichend, weshalb der Ministerrat im Juli 2020 die Einführung eines Tax Compliance Management System (TCMS) im Land beschloss. Die hierfür verbindlichen und einheitlichen Standards legte der Ministerrat im September 2023 in den TCMS-Rahmenbedingungen fest.

1 Vgl. Art. 49 Abs. 1 Satz 4 Landesverfassung sowie § 1 Abs. 3 der Geschäftsordnung des Landes Baden-Württemberg (RegGO BW).

2 Vgl. § 2 Abs. 1 Satz 2 UStG, Abschn. 2.7 Abs. 1 Satz 1 Umsatzsteuer-Anwendungserlass (UStAE), Abschn. 27a.1 Abs. 3 Satz 4 und Satz 5 UStAE.

Compliance hilft, Fehlern bei der Beurteilung von steuerlichen Sachverhalten vorzubeugen und diese zu verhindern. Und es hilft vor allem dabei, proaktiv, gemeinsam und behördenintern zu handeln, und schützt vor finanziellem Schaden und Reputationsverlust. Gleichzeitig wird vom Gesetzgeber die Einrichtung eines TCMS als Maßnahme verstanden, welche Vorsatz oder Leichtfertigkeit ausschließen kann. Entsprechend dem Selbstverständnis der Innenverwaltung wurde die Einführung des TCMS offiziell und nachdrücklich zur Chefsache erklärt (*„tone at the top“*) und die Aufgabe und Koordination in einer Stabsstelle beim Amtschef gebündelt.

Zeitgleich war 2020 ein Verbandssanktionengesetz[3] im Entwurf ausgearbeitet, mit dem die Politik eine gute Unternehmenskultur und ein verantwortungsbewusstes Leadership honorieren wollte.[4] Der Gesetzesentwurf scheiterte in der letzten Phase des Gesetzgebungsverfahrens aus mehreren Gründen. So bestanden Differenzen zwischen den Koalitionsparteien der Union und SPD, die eine Doppelbestrafung von Unternehmen und handelnden Personen zum gleichen Sachverhalt sahen. Aber auch die Staatsanwälte und Richter sahen viel Mehrarbeit ohne wirklichen sozialen Mehrwert.

II. Ausgangslage

Mit der Entscheidung des Ministerrats im Juli 2020, ein TCMS für die Ministerien in Baden-Württemberg einzuführen, wurde der Grundstein gelegt, die Organisationstrukturen der Dienststellen und Einrichtungen der Innenverwaltung in Bezug auf steuerliche Pflichten zu prüfen und zu optimieren. Mit welcher Investition die Entscheidung, ein TCMS einzuführen, verbunden war, war weder vom Umfang noch zeitlich konkret einzuschätzen. Klar aber war das Ziel: Die Erhebung belastbarer, möglichst messbarer Grundlagen als Entscheidungsgrundlage für ein künftiges Risikomanagement der Behördenleitungen. Mit der Kenntnis, dass ein TCMS zu 70% Organisation und 30% Rechtsanwendung umfasst, wurde 2021 gestartet.

Die Innenverwaltung als eines der größten steuerlich relevanten Ressorts des Landes, entwickelte die Prozesse zur Einführung eines TCMS in eigener Zuständigkeit. Eine Unterstützung des Finanzministeriums[5] war auf die Umsatzsteuer und eine Moderatorenrolle beschränkt. Eine Projektsteuerung und Prozessentwicklung (Risikobewertung u. a.) war durch das Innenminis-

3 VerSanG.

4 Das VerSanG wurde 2022 von der Bundesregierung wieder gekippt und mit dem „Gesetz zur Stärkung der Integrität in der Wirtschaft“ wollte der Gesetzgeber Unternehmenskriminalität zum Straftatbestand machen.

5 Unterstützung von 2017 bis 31.12.2024 durch die Stabsstelle Zentrale Unterstützungsstelle Umsatzsteuer (ZUU).

terium eigenständig vorzunehmen. Deshalb entschied sich die Innenverwaltung für eine wissenschaftliche Begleitung mit dem Institut für angewandte Forschung, Kompetenzzentrum Tax Compliance an der Hochschule für öffentliche Verwaltung und Finanzen Ludwigsburg.

Die Einführung und deren Koordination, sowie die Entwicklung des Konzepts wurde der zum 1.4.2021 neu errichteten Stabsstelle Tax Compliance und Steuer (STax) übertragen. Zu diesem Zeitpunkt lagen erste Datenerhebungen zu Einnahmesachverhalten vor, deren umsatzsteuerliche Beurteilung es durchzuführen galt.

Vor der Entwicklung eines Konzepts zur Einführung eines TCMS, mussten von der STax grundsätzliche Fragen gelöst und Entscheidungen getroffen werden:

1. Welche Dienststellen umfasst das Steuersubjekt Baden-Württemberg im Geschäftsbereich des Innenministeriums?

Das Land Baden-Württemberg als juristische Person des öffentlichen Rechts (jPöR) umfasst alle rechtlich unselbstständigen Einrichtungen und Behörden. Dazu zählen

Dienststellen und Behörden, Landesbetriebe nach §26 LHO, nicht rechtsfähige Anstalten und Stiftungen, Hochschulen und Universitäten, soweit diese als staatliche Einrichtungen tätig werden. Als Praxishilfe erstellte die ZUU eine Aufstellung der jPöR Baden-Württemberg, welche auch Hinweise auf eine sogenannte janusköpfige Einrichtung bzw. „Zwittereinrichtung" gibt. So werden Einrichtungen der öffentlichen Verwaltung bezeichnet, welche zu verschiedenen juristischen Personen des öffentlichen Rechts gehören (z.B. einerseits zur Gebietskörperschaft Land und andererseits zu einer anderen jPöR bzw. auch selbst jPöR sind. Sie sind sowohl rechtlich selbstständige (rechtsfähige) jPöR und verfügen auch noch über einen staatlichen Bereich.[6] Beispiel hierfür sind die Landratsämter.

Unter dem Landesportal der Landesregierung sind die Aufgaben der Ministerien sowie der dreigliedrige Aufbau der Landesverwaltung dargestellt.[7]

6 Vgl. z.B. Landratsämter, Führungsakademie Baden-Württemberg, Hochschulen (ab 16.2.2021) Karlsruher Institut für Technologie, LUBW, öffentliche Schulen.

7 Aufgaben und Organisation: Ministerium des Inneren, für Digitalisierung und Kommunen Baden-Württemberg Starke Kommunen: Ministerium des Inneren, für Digitalisierung und Kommunen Baden-Württemberg.

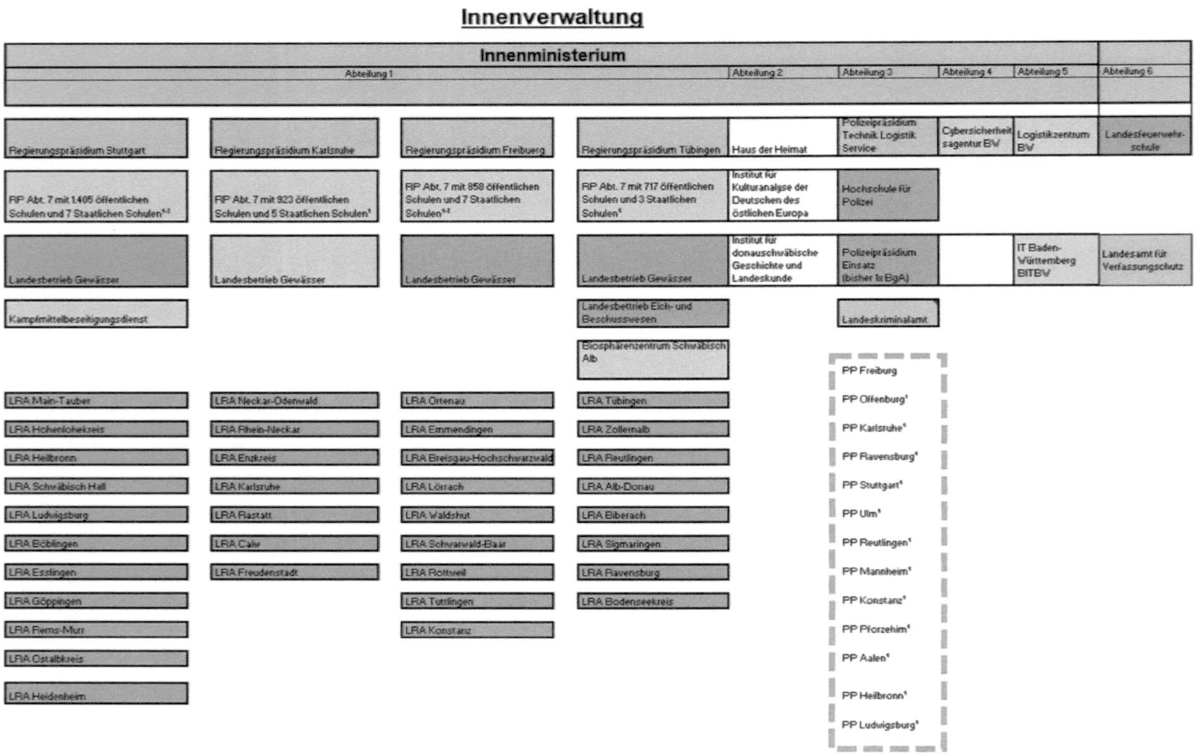

Abbildung 1: Eigene Darstellung

2. Nach welchem Kriterium sind nachgeordnete Dienststellen zuzuordnen?

Die Zuständigkeit des Innenministeriums für die Einführung eines TCMS richtet sich nach der Dienstaufsicht über die Behördenleitungen (Geschäftsführung)[8] und nicht nach der Fachaufsicht. Bei den Regierungspräsidien führt die Bündelungsfunktion und die damit verbundene Fachaufsicht fast aller Ministerien zwangsläufig zu einem zweistufigen rechtlichen Verfahren: Erster Schritt Prüfung der Spezialgesetze (Schulrecht,Umweltrecht, Sozialrecht, Gesundheitsrecht u. a) und im zweiten Schritt die Prüfung des Steuerrechts. Aber auch bei der januskopfigen Einrichtung Landratsamt musste eine pragmatische und rechtlich sichere Lösung gefunden werden.

Fazit: Die Dienstaufsicht des Innenministeriums erfasst die Regierungspräsidien selbst sowie deren nachgeordnete Bereiche.[9]

Die Behörden, Dienststellen und Einrichtungen der Innenverwaltung bilden in ihrer Gesamtheit den Teil des einheitlichen Unternehmens Land Baden-Württemberg (Ressort Innenverwaltung). Um einen besseren Vollzug, auch für die Finanzverwaltung zu gewährleisten, wurde ab dem Anwendungszeitraum des § 2b UStG für Bund und Länder die Möglichkeit geschaffen, durch Organisationsentscheidungen von der gesetzlichen Vorgabe[10] des Umsatzsteuergesetzes abzuweichen und beliebig (umsatz-) steuerliche Organisationseinheiten, z. B. durch Zusammenschluss zu bilden.[11] Damit können die knappen Ressourcen gebündelt werden.

3. Welcher Person obliegt die Verantwortung für die steuerlichen Pflichten? Wie werden steuerliche Pflichten wirksam delegiert?

Die gesetzlichen Vertreter[12] der juristischen Personen sind verpflichtet, deren steuerliche Pflichten zu erfüllen. Für die Innenverwaltung liegt die Verantwortung deshalb stets bei der jeweiligen Behördenleitung; im Innenministerium bei dem Innenminister bzw. der Innenministerin und im nachgeordneten Bereich bei dem jeweiligen Regierungspräsidenten bzw. der Regierungspräsidentin, bei dem Polizeipräsidenten bzw. der Polizeipräsidentin

8 Die allgemeine Geschäftsführung im Sinne des § 3 Abs. 1 des Landesverwaltungsgesetzes (LVwG) umfasst auch die steuerlichen Pflichten.
9 Vgl. § 14 Abs. 1 Satz 1 LVwG.
10 Vgl. § 18 Abs. 4f Satz 4 und Satz 5 UStG.
11 Vgl. § 27 Abs. 22 Satz 7, 8 UStG.
12 Vgl. § 34 Abs. 1 AO.

oder der Institutsleitung, bei dem Präsidenten bzw. der Präsidentin einer Landesbehörde oder eines Landesbetriebs.

Die tatsächliche Durchführung kann zwar intern delegiert und organisiert werden, entfaltet aber rechtliche Wirksamkeit gegenüber Dritten (der Finanzverwaltung) nur, wenn sie klar und eindeutig schriftlich festgelegt ist und auf ihre Einhaltung überwacht wird. Das Sanktionsrecht setzt an der Funktion der Behördenleitung an und nimmt diese direkt in Haftung. Weitere mit steuerlichen Teilaufgaben betraute Personen werden nur zusätzlich von der Haftung für ihren Bereich erfasst.

4. Welche steuerlichen Pflichten sollen von einem TCMS erfasst werden?

Man stand vor der Entscheidung: Ein Umsatzsteuer-TCMS mit intensivem Blick auf § 2b UStG oder ein TCMS-Gesamtkonzept. Sehr schnell schlug das Pendel angesichts der damit verbundenen Investitionen und der Vorbildfunktion der Innenverwaltung zur Einführung eines umfassenden TCMS-Gesamtkonzepts aus. Der Innenverwaltung mit ca. 100 Dienststellen und Einrichtungen konnte diese Herausforderung nur einmal auferlegt werden. Es war klar, das TCMS muss umfassend sein, um den Dienststellen den größtmöglichen Mehrwert und die größte Sicherheit zu geben, um künftig diese Pflichten zu händeln. Die Planung erfasste damit nicht nur den Blick auf die Neuausrichtung der Umsatzsteuer nach § 2b UStG, sondern auch die Ertragssteuern (Körperschaftsteuer, Gewerbesteuer, Kapitalertragsteuer) unter besonderer Berücksichtigung der Betriebe gewerblicher Art, die Jahresabschlüsse der Landesbetriebe, die Lohnsteuer, soweit nicht bereits durch das Landesamt für Besoldung und Versorgung abgedeckt, und sonstige Steuern, wie Grunderwerbsteuer, Kraftfahrzeugsteuer und Abzugssteuer nach § 50a EStG. Gleichzeitig wurden auch weitere Abgabe- und Mitteilungspflichten erfasst, wie Künstlersozialabgabe, Mitteilungsverordnung, Rundfunkbeitrag, GEMA-Gebühren usw.

Mit dem Konzept sollten einmalig effektiv und flächendeckend die steuer- und abgabenrechtlichen Risiken identifiziert werden, um organisatorische Maßnahmen ergreifen und optimieren zu können.

5. Welche IT-Unterstützung ist möglich?

Zum 1.1.2023 wurde im kameralen Haushalt landesweit ein neues SAP-Haushalts-Buchhaltungsprogramm eingeführt, mit dem jede Buchung mit einem Umsatzsteuerschlüssel(Kennzeichen) versehen wird. Bei den Dienststellen, welche in Anlehnung an das Handelsrecht doppisch buchen

(z. B. Landesbetriebe), bestand schon immer die Möglichkeit, mit Steuerschlüsseln zu buchen. Damit verbunden stehen IT-unterstützte Filter und Berichtsfunktionen zur Verfügung.

Sehr schnell war ersichtlich, dass ein vollständiges steuerliches Datenmanagement auf Basis des SAP-Buchungsprogramms sehr viel Vorbereitung benötigt und kostenmäßig und wirtschaftlich nicht zeitnah abgebildet werden kann. Deshalb müssen die TCMS-Aufgaben personell gestemmt werden. Für das Vertragsscreening konnte eine Datenbank aus dem IT-Landesbetrieb pilotiert und genutzt werden. Das war eine erste wichtige IT-Unterstützung im Rahmen des TCMS-Aufbaus.

III. Aufbau eines TCMS

Es galt, ein Gesamtkonzept zu entwickeln und die Organisationstruktur in den Dienststellen angelehnt an den Prozessen der Aufgabenerledigung im Haushaltsrecht anzupassen. So können an bestehende Prozesse steuerliche Pflichten angeknüpft und vollumfänglich beachtet werden, um steuerliche Rechtsverstöße zu vermeiden. Dies galt es durch ein internes Kontrollsystem entsprechend zu belegen.

1. Grundlagen

Bis heute bestehen keine verbindlichen gesetzlichen Regelungen für ein TCMS. Wie viele andere jPöR orientierte sich auch die Innenverwaltung Baden-Württemberg bei der Implementierung eines TCMS an den Grundsätzen des Instituts der Wirtschaftsprüfer (IDW) in seinem Prüfungsstandard „Grundsätze ordnungsmäßiger Prüfung von Compliance Management Systemen (IDW PS 980)“ sowie dem IDW-Praxishinweis 1/2016.

Dies bot zugleich aber auch die Freiheit, Besonderheiten der Innenverwaltung ausreichend zu berücksichtigen. Unter Beachtung der Umsetzungen von Leitfäden und Merkblätter für Unternehmen[13] und der Literatur wurde ein angemessenes, wirksames Konzept für die Innenverwaltung entwickelt. Entscheidende Motivation für das Steuerrecht ergab sich auch aus dem BMF-Schreiben vom 23.5.2016.[14]

13 BDI-Leitfaden, Merkblatt des DWS-Verlags zur Einrichtung und Dokumentation des internen Kontrollsystems für kleine und mitteständische Unternehmen – Tax Compliance Management.

14 Anwendungserlass zu § 153 AO: BMF, 23.5.2016 – IV A 3 – S 0324/15/10001, IV A 4 – S 0324/14/10001, BStBl. I 2016, 490.

Entsprechend der Zielsetzung des Beschlusses des Ministerrats vom 21.7.2020 wurden die sieben Grundelemente eines TCMS zugrunde gelegt.

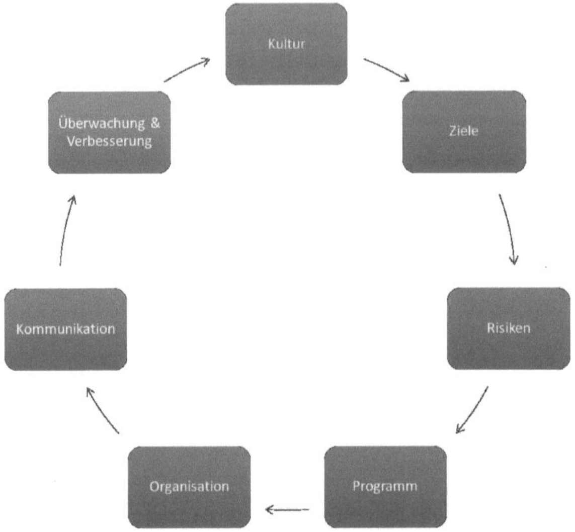

Abbildung 2: Eigene Darstellung

Da die Tax-Compliance-Kultur von den Grundeinstellungen und Verhaltensweisen geschäftsführender Organe und leitender Mitarbeitenden getragen wird, wurden zuerst die Führungskräfte bei Auftaktveranstaltungen über die Grundlagen des TCMS und die Notwendigkeit des Projekts sowie über das geplante Verfahren informiert.

2. Stellung der Stabsstelle

Das Projekt Einführung eines TCMS in der Innenverwaltung wurde zentral einer neugegründeten Stabsstelle beim Amtschef übertragen. Dieser Stabsstelle wurde die Entwicklung und Durchführung übertragen, zunächst mit dem Schwerpunkt, dass ab Anwendung des neuen Umsatzsteuerrechts die Dienststellen hierauf vorbereitet sind. Zudem sollte ein einheitlicher TCMS-Standard gewährleistet und Synergieeffekte genutzt werden. Unter Beachtung der Herausforderungen war die Stabsstelle gefordert, ein Gesamtkonzept anzustreben, das den Dienststellen nachhaltig als Grundlage zur Einordnung ihrer steuerlichen Risiken für das operative Tagesgeschäft dient.

In diesem Zusammenhang wurde auch geprüft, ob und wie Schnittmengen mit den zuständigen Abteilungen für Korruption, Vergabe von Gutachten,

Förderungen und Sponsoring bestehen und beachtet werden müssen. Unter dem Gesichtspunkt Steuern und der kurzen Frist zum erstmaligen Umstellungszeitpunkt auf 2b UStG zum 31.12.2021 wurden Schnittmengen erkannt und entschieden, das Compliance auf die konkreten steuerlichen Pflichten und damit auf ein TCMS zu beschränken.

Eine Begleitung des TCMS durch externe Berater konnte jedes Ressorts für sich entscheiden. Die Innenverwaltung entschied sich für eine interne Lösung durch eigenes fachkundiges Personal. Rückblickend erwies sich das als überaus effizient, da die Erfahrung gezeigt hat, dass die Beratung der Dienststellen umfangreicher gedacht werden muss, als bei gewinnorientierten, wirtschaftlichen Unternehmen. Im Bedarfsfall, z. B. eine Begleitung bei Rechtsproblemen, gewährleistet die Einbindung eines externen Beraters Rechtssicherheit und einen neutralen Blick auf die TCMS-Prozesse. Hierfür müssen allerdings auch die entsprechende Mittel zur Verfügung stehen.

3. Konzept – Aufbau in vier Phasen

Die Einführung des TCMS erfolgte in vier Phasen:

Abbildung 3: Eigene Darstellung

Die Stellung der Stabsstelle wurde analog einer Tax Compliance Stelle und einer Steuerabteilung als Berater und Koordinator angelegt, so dass die Verantwortung für die Erfüllung der jeweiligen steuerlichen Pflichten bei der jeweiligen Dienststelle verbleibt.

Um ein wirksames TCMS zu gewährleisten, wurde die Einführung mit der Pilotierung einer IT-Vertragsdatenbank verknüpft.

a) 1. Phase: Bestandsaufnahme

Für die Bestandsaufnahme in der Innenverwaltung wurde ein Musterprozess für ein standardisiertes Verfahren entwickelt, nach dem sämtliche Dienststellen nachfolgende Datenerhebungen durchgeführt haben:

(1) Einnahmescreening

(2) Vertragsscreening (Einnahmen und Ausgaben),

(3) Erhebung der Betriebsabläufe (Einnahmen und Ausgaben),

(4) Erhebung sämtlicher sonstiger Abgabeverpflichtungen.

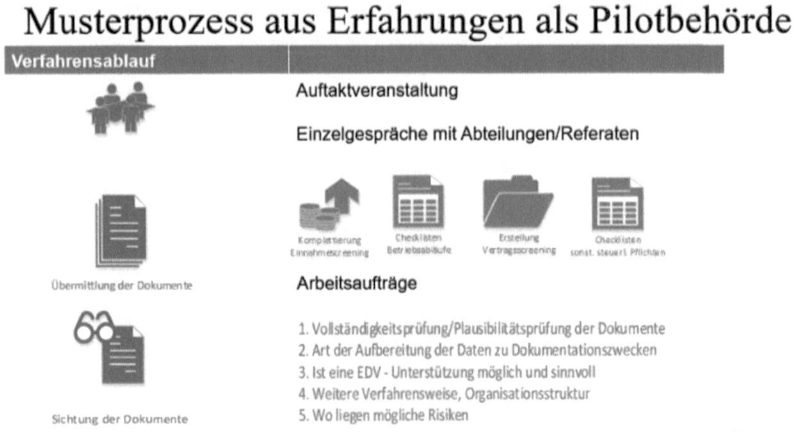

Abbildung 4: Eigene Darstellung

Ablauf des Musterprozesses:

1. Auftaktveranstaltung mit dem gesetzlichen Vertreter und seiner Führungsebene
2. Benennung von TCMS-Ansprechpartnern und -Ansprechpartnerinnen in den Behörden zur Koordination
3. Einzelgespräche mit den Abteilungen bzw. Referaten zur Erläuterung der Datenerhebung
4. Konkrete Datenerhebung über Standardformulare zur Feststellung des Status Quo

Mit der Datenerhebung wird der Umfang und das Fundament für das TCMS festgelegt. Nur mit einer vollständigen und nachweisbar belastbaren Datengrundlage kann der Aufbau eines wirksamen TCMS gelingen und gewährleistet werden. Mit Blick auf ein Gesamtkonzept für Steuern und Abgaben wurde dies wie folgt ausgestaltet:

aa) Einnahmescreening

Im Rahmen des Einnahmescreenings wurde eine vollständige Auflistung der vereinnahmten Mittel auf der Grundlage der Landeshaushaltsordnung vorgenommen. Dabei wurde der Begriff „Einnahme“ so bestimmt, dass sowohl sämtliche Zuflüsse von Geld, als auch Sachzuwendungen, Fördermittel, Rotabsetzungen, Gebühren usw. davon erfasst wurden.

Diese Bestandserhebung „Einnahmenscreening" erfolgte spezifisch für jede Dienststelle oder Einrichtung. Damit konnte den Besonderheiten der unterschiedliche Organisationsstrukturen Rechnung getragen werden. Die Einnahmen wurden nach gesetzlicher Grundlage, Vertragspartner, Höhe und Häufigkeit erfasst.

Aufgrund der Besonderheiten bei den Landesbetrieben nach § 26 LHO, welche wirtschaftlich ausgerichtet und mit einer doppischen Buchführung ausgestattet sind, wurde die Bestandserhebung am Jahresabschluss bzw. an den SAP-Konten orientiert aufgebaut. Aufgrund der wirtschaftlichen Ausrichtung wurde damit die Grundlage für eine jährliche intensive steuerliche Befassung und Prüfung gelegt.

bb) Vertragsscreening

Nach den Grundsätzen für ein TCMS ist für ein wirksames und vollständiges TCMS ein Vertragsscreening und -Management unerlässlich. Hierzu zählt eine rechtssichere, zentrale Archivierung, die Überwachung der Laufzeiten und Inhalte sowie die Dokumentation der Prüfung von Verträgen u. a. auf steuerliche Relevanz. So wurde zunächst im Pilotbetrieb eine Vertragsdatenbank in drei Ministerien erprobt, bevor diese ab dem Jahr 2025 für alle Dienststellen flächendeckend für den Regelbetrieb bereitgestellt wurde. Gleichzeitig konnte damit eine seit 2009 bestehende beratende Äußerung des Rechnungshofs Baden-Württemberg erfüllt werden.[15]

Entsprechend dem Risiko wurden zunächst sämtliche Einnahmeverträge, Verträge mit Auslandsbezug, Verträge über Sponsoring und Kooperationsverträge erfasst.

Die anderen Dienststellen wurden aufgefordert, das Vertragsscreening über eine Tabellenvorlage in Excel durchzuführen.

cc) Erhebung der Betriebsabläufe – Organisation

Der Aufbau eines TCMS umfasst neben der Kenntnis der steuerlichen Risiken insbesondere deren Organisation. Ausgehend von der Prämisse, dass steuerliche Risiken mit den Zahlungsströmen eng zusammenhängen, wurden die Betriebsabläufe zu den Einnahmen und Ausgaben erhoben. Ziel war es, eine schlanke Organisation und Delegation nahe an den bestehenden Prozessen des Haushalts zu implementieren. Gleichzeitig wurde sichtbar, in welchen Prozessen bereits Steuern und Abgaben berücksichtigt wurden und welche Prüfungsmethoden (z. B. Vier-Augen-Prinzip) bereits eingesetzt wurden.

---

15 Rechnungshof Baden-Württemberg, Denkschrift 2021 Beitrag Nr. 8, LT-Drs. 17/308.

dd) Erhebung weiterer Pflichten zu Steuern und Abgaben

Aufgrund des erheblichen Aufwands sollten die Steuern und Abgaben in ihrer Gesamtheit erhoben werden. Deshalb wurden die Dienststellen zur Kenntnis ihrer Pflichten bei der Umsatzsteuer, Körperschaftsteuer, Lohnsteuer, Kfz-Steuer, Mitteilungsverordnung, GEMA, Abzugssteuer § 50a EStG, Künstlersozialkasse usw. befragt. Nur so konnte im Anschluss ein umfassendes Bild für jede Dienstelle erstellt werden.

Auch für wirtschaftliche Unternehmen wird in der Literatur schon seit längerem gefordert, den Schwerpunkt der Überlegungen nicht nur auf Ertragsteuern, Umsatzsteuer und Verrechnungspreise zu legen, sondern die Lohnsteuer und die Sozialversicherung unbedingt einzubeziehen.[16]

b) 2. Phase: Bewertung und Risikoanalyse

Diese Phase ist als die arbeitsintensivste einzuplanen. Dies resultiert aus unterschiedlichen Faktoren: Zunächst führen die Datenlieferungen der Dienststellen häufig zu Nachfragen und müssen so ergänzt werden, dass die Sachverhalte einer steuerlichen Bewertung zugeführt werden können. Bei umfangreichen Sachverhalten erfolgte dies in einer gesonderten gutachterlichen Beurteilung. Dennoch werden sämtliche Ergebnisse im jeweiligen Einnahmescreening direkt mit wenigen Prüfmaßstäben für die Steuerpflicht bei der Umsatzsteuer (vor und bei Anwendung des § 2b UStG), Körperschaftsteuer und Gewerbesteuer abgebildet. Damit hatten die Dienststellen eine Übersicht über die konkrete steuerliche Betroffenheit.

In diesem Stadium kann die Neubewertung der Sachverhalte zu weiteren umfangreichen Aufarbeitungen führen, was den Prozess zeitlich erheblich verzögern kann und nicht unerhebliche Ressourcen bindet.

Die Gebührenverordnung wurde einer von den Einnahmen gesonderten steuerlichen Prüfung unterzogen, um so Änderungen der Gebührenverordnung stets im Blick zu haben und ggf. auch bei einer Umsatzsteuerpflicht das Entgelt korrekt auszuweisen. Hierfür mussten die entsprechenden Fachbereiche die Sachverhalte entsprechend beispielhaft darstellen.

Bevor die Ergebnisse in einer Risikomatrix aufgearbeitet wurden, fand eine intensive Prüfung statt, ob durch die Zusammenfassung von Dienststellen und Einrichtungen (Behörden) Ressourcen und fachliche Expertise gebündelt werden können.

Für jede steuerliche Organisationseinheit sollte auch eine Risikomatrix erstellt werden. Seit 2020 besteht die Besonderheit der dezentralen Umsatzbesteuerung für die Länder.[17] Damit besteht für das Innenressort die Mög-

16 *Gehrs*, StuB 2017, 100.
17 § 18 Abs. 4f Satz 4 UStG.

lichkeit, unter Anwendung des § 2b UStG für seinen Geschäftsbereich durch Organisationsentscheidungen Organisationseinheiten zu bilden. Hierbei sind sämtliche Alternativen denkbar. Sowohl die Aufteilung einer Dienstelle in mehrere Organisationseinheiten (z. B. nach Abteilungen oder Referaten) als auch die Übernahme durch die übergeordnete Organisationseinheit, ein Zusammenschluss von Organisationseinheiten und eine Kombination ist möglich.[18] Die Innenverwaltung plant rechtzeitig vor der Anwendung des § 2b UStG, diese steuerlichen Organisationseinheiten und deren Verantwortlichkeiten in einer VwV Organisationseinheiten festzulegen.

Auf der Basis der Ergebnisse der Einnahme- und Vertragsscreenings wurden eine Risikomatrix erstellt, welche die steuerlichen und abgabenrechtlichen Risiken identifiziert, Verantwortliche für den Prozess bestimmt, sowie bestehende und geplante Maßnahmen zur Risikominderungen dokumentiert.

Die Risikomatrix baut auf der landeseinheitlichen, vom Finanzministerium[19] zur Verfügung gestellten Risikomatrix auf. Von Seiten der STax erfolgten, entsprechend dem Anspruch an ein Gesamtkonzept, Ergänzungen. Die Risikomatrix dient als Basis für die Risikobewertung mit entsprechender Maßnahmensteuerung für sämtliche Steuer- bzw. Abgabearten. Sie unterliegt einem ständigen Prozess der Evaluation und ist bei Änderungen laufend (mindestens einmal jährlich) anzupassen.

Die Bearbeitung der Risikomatrix erfordert eine intensive Auseinandersetzung der Dienststelle mit den innerhalb der Innenverwaltung identifizierten möglichen Steuern und Abgaben. Anhand der aufgeführten Risiken prüft die Dienststelle ihre konkrete Betroffenheit, indem sie eine Beurteilung in relevant und nicht relevant vornimmt.

Nach dieser Maßgabe müssen für jeden identifizierten, relevanten Prozess die Verantwortlichkeiten verortet werden. Die erfassten Prozesse wurden um die identifizierten Risiken zu einer Risiko-Kontroll-Matrix erweitert, um gleichzeitig den Baustein der Tax Compliance Risiken[20] mit zu erfassen. Die Risiko-Kontroll-Matrix basiert auf einer von der Betriebswirtschaftslehre entwickelten Matrix, welche identifizierte Risikobereiche hinsichtlich ihrer Eintrittswahrscheinlichkeit und ihrer möglichen Folgen quantifiziert und qualifiziert. Die Festlegung von Verantwortlichkeiten und Kommunikationswegen sowie die Qualifizierung und Quantifizierung von steuerlichen Risiken bilden den Rahmen der jeweiligen Tax Compliance Organisation bzw. der Tax Compliance Risiken.

Folgende mögliche Risiken der Innenverwaltung werden in der Risikomatrix unterschiedlich detailliert abgebildet:

---

18 § 18 Abs. 4f Satz 4 UStG, § 18 Abs. 4f Satz 5 UStG.
19 Risikomatrix wurde von der ZUU zur Verfügung gestellt.
20 IDW Praxishinweis 1/2016, Punkt 4.3.4.

– Steuererklärungs- oder Zahlungsfristen (zu allen Steuer- und Abgabearten)
– Außenhandelsstatistik
– Bauabzugsteuer
– Einfuhrumsatzsteuer/Verbrauchsteuern
– Einkommensteuer/Quellensteuer
– Ertragsteuer/ Kapitalertragsteuer
– Erbschaftsteuer/Schenkungsteuer
– GEMA
– Grunderwerbsteuer
– Grundsteuer
– Kfz-Steuer
– Künstlersozialkasse
– Lohnsteuer
– Mitteilungen nach § 116 AO
– Mitteilungsverordnung
– Plattformensteuertransparenzgesetz
– Rundfunkgebühren
– Stromsteuer
– Umsatzsteuer
– Verbrauchssteuern
– Zollabgaben

Die Matrix ist somit eine Hilfestellung für eine Risikobewertung und für ein Risikomanagement. Neben der Notwendigkeit, Verantwortlichkeiten zuzuweisen, werden bestehende organisatorische Maßnahmen und Kontrollen abgefragt sowie Hinweise zu künftigen planbaren erforderlichen Maßnahmen aufgezeigt.

Das Ergebnis ist eine umfassende transparente Kenntnis über die Risiken. Damit steht den Behördenleitungen eine Entscheidungsgrundlage zur Verfügung, um angemessene Maßnahmen unter Berücksichtigung von erforderlichen Kontrollstrukturen (4-Augen Prinzip, Vertretungsregelungen usw.) zu treffen.

Die Matrix bildet transparent die steuerlichen Risiken der Dienststelle bzw. steuerlichen Organisationseinheit ab. Damit belegt die Dienststelle die Intensität der Auseinandersetzung für eine angemessene organisatorische Umsetzung und liefert die Begründung für den verfügbaren Ressourceneinsatz. Auch kann sich die Behördenleitung künftig auf eine jährliche Überprüfung der Matrix beschränken.

Nur bei Änderungen, Erweiterung oder bei identifiziertem Optimierungsbedarf besteht Handlungsbedarf. Kommt z. B. ein neues Risiko (Steuer oder Verpflichtung) hinzu, kann dies sehr effizient geprüft und dokumentiert werden.

c) 3. Phase: Umsetzungsphase

aa) Aufbau und Erprobung der Organisation

Zunächst wurden, ausgehend von den TCMS-Ansprechpartnern in allen Dienststellen, Steuerstellen eingerichtet und die Verantwortlichkeiten von den Behördenleitungen an diese Stellen delegiert. Ein wirksames TCMS erfordert aber auch ausreichende Sensibilität für (umsatz-) steuerliche Sachverhalte in allen Abteilungen außerhalb der Steuerstelle. Deshalb wurde die Tax Compliance Organisation der Steuerstelle als klare und eindeutige Schnittstelle übertragen. Diese war aufgefordert, Verantwortlichkeiten eindeutig zuzuweisen und sowohl die Steuerfunktion als auch die gesamte steuerrelevante Informationskette festzulegen.[21]

Damit regelt die Compliance Organisation für alle Fachbereiche einer Dienststelle, somit auch außerhalb der Steuerfunktion, die Arbeitsprozesse und die Verantwortlichkeiten sowie den Informationsfluss. Dies führte in der Praxis zu nicht unerheblichen Herausforderungen.

Der Aufbau des TCMS orientierte sich an den Prozessen und gliedert sich in folgende Verantwortungsstufen:

- Stufe 1: Der eigentlich Verantwortliche für die Erfüllung der jeweiligen Aufgabe
- Stufe 2: Der disziplinarisch Verantwortliche für die korrekte Erledigung der Aufgabe (im Sinne einer übergeordneten Verantwortlichkeit)
- Stufe 3: Informationsträger, der für die Erledigung der Aufgabe relevante Informationen beitragen kann/muss
- Stufe 4: Ein reiner Informationsempfänger über den jeweiligen Vorgang

Nach den reinen Grundsätzen des TCMS sind die Organisation sowie deren Wirksamkeitsprüfung und die Erfüllung von steuerlichen Erklärungspflichten zwei getrennte Aufgabenbereiche. In den wirtschaftlichen Großunternehmen umfassen die Aufgaben des Compliance auch die Grundsätze des gesamten wirtschaftlichen internationalen Handelns, insbesondere die Standards für Vertragsverhandlungen mit Politik und Behörden, mit den Standorten im Ausland sowie auch die Themen Korruptionsbekämpfung, Sponsoring und Lobbyarbeit.

Für die Innenverwaltung wurde in der Umsetzungsphase entsprechend den Erkenntnissen bezüglich der Risiken und Ressourcen entschieden, die Organisation dahingehend „schlank" zu gestalten und beide Aufgaben den Steuerstellen in Personalunion zuzuweisen. Eine unabhängige Kontrolle des TCMS soll im Rahmen der Evaluation künftig über die Berichtspflichten an die Dienstaufsichtsbehörde gewährleistet werden.

---

21 Vgl. IDW-Praxishinweis 1/2016, Punkt 4.3.3, Rn. 38.

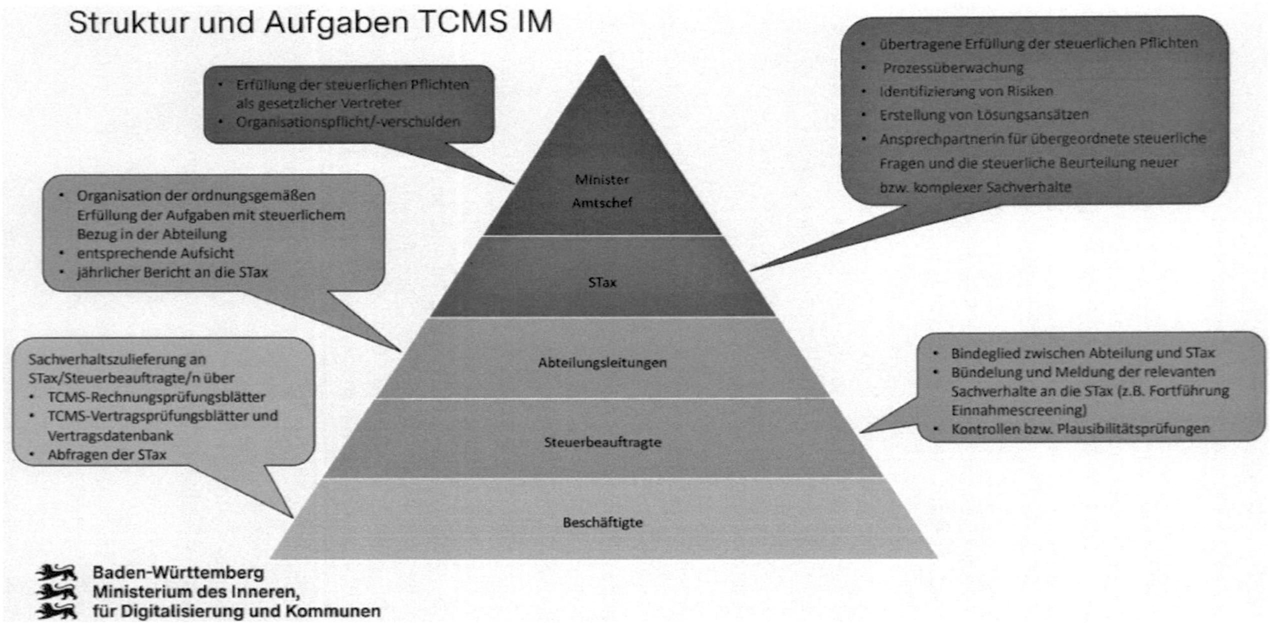

Abbildung 5: Organisatorischer Aufbau des TCMS am Beispiel des Innenministeriums mit den wichtigsten Funktionen

Diese Organisationsstruktur wird von jeder Dienststelle in einer Dienstanweisung TCMS passgenau auf ihre Strukturen schriftlich festgelegt. Mit dem Erlass dieser Dienstanweisung wird die Einführung des TCMS in den Dienststellen abgeschlossen und geht in den „Alltagsbetrieb“ über.

Von der Entwicklung bis zum Erlass der TCMS Dienstanweisung muss eine ausreichende Projekt- und Erprobungsphase eingeplant werden, um gemeinsam mit den Fachbereichen und den Betroffenen schrittweise die bestmöglichen Arbeitsprozesse unter Beachtung der Anforderungen an ein internes und wirksames Kontrollsystem zu erarbeiten.

bb) Rechnungskontrolle

Als effektive und übergeordnete Maßnahme wurde sehr früh eine Rechnungskontrolle eingeführt. Aufgrund der identifizierten Risiken wurde zunächst der Prozess der Rechnungsbearbeitung auf „Steuern und Abgaben“ angepasst.

Mittels Rechnungsprüfungsblättern wurden nach Grundschulungen zur Umsatzsteuer die Buchhalter und dezentralen Haushälter angewiesen, jede Rechnung auf Compliance, Steuern, Abgaben und Meldepflichten über ein Prüfungsblatt für Eingangsrechnungen und Ausgangsrechnungen checklistenartig zu prüfen und zu dokumentieren. Ergibt sich bei der Bearbeitung eine mögliche steuerliche oder abgabenrechtliche Relevanz, wird der Vorgang der zentralen Steuerstelle fortlaufend und rechtzeitig zugeleitet. Damit wird die Grundlage für ein internes Kontrollsystem gelegt. Die checklistenartige Prüfung gewährleistet auch fachlich nicht ausgebildetem „angelerntem“ Personal ein Erkennen von steuerlichen Risiken. Beim Erkennen umsatzsteuerlicher Risiken lag der Schwerpunkt auf dem Rechnungsbegriff nach §§ 14, 14a UStG, den Geschäftspartnern und den Auslandsbeziehungen.

Auch wurde das haushaltsrechtliche Vier-Augen-Prinzip übernommen und für bestimmte Risikofelder eine zwingende Beteiligung der Steuerstellen gefordert. Inzwischen konnten entsprechend dem Risikomanagement bereits Vereinfachungen bei der Rechnungsprüfung eingeführt werden.

Begleitet wurden die Prozesse mit Schulungen, Workshops, Arbeitshilfen zu Schwerpunktthemen sowie der Bereitstellung von Mustervorlagen für die unterschiedlichen Zielgruppen (Regierungspräsidien, Polizeipräsidien, Landesbetriebe u. a.). Soweit möglich, wurden die Unterlagen unter Beteiligung von Vertreten der Dienststellen über einen längeren Zeitraum in Arbeitsgruppen praxisnah entwickelt und erarbeitet.

cc) Vertragskontrolle

Nicht alle Risiken können über die Einnahmen zufriedenstellend abgebildet werden. Deshalb ist ein Vertragsscreening, genauer ein Vertragsmanagement ein wichtiger und wesentlicher Bestandteil, um ein vollständiges und wirksames TCMS aufzubauen. Steuerliche Aspekte und Risiken frühzeitig zu erkennen spart Zeit, schafft Handlungsfreiraum und kann auch Haushaltsmittel sparen.

Mit der Einführung des TCMS wurde zunächst mit der Erhebung maßgeblicher Verträge einschließlich der Vertragsdokumente in einer Excel-Tabelle begonnen. Als maßgebliche Verträge wurden Einnahmenverträge und Verträge mit einer Laufzeit bis zum Anwendungszeitraum des § 2b UStG angesehen.

Die Excel-Lösung hat sich als nicht zielführend erwiesen, da die Datenmengen in einer solchen nicht händelbar sind, Verantwortlichkeiten nicht zugeordnet werden können und Filter- und Suchfunktionen nicht ausreichend abgebildet werden konnten. Insbesondere war keine rechtsichere Dokumentation möglich. Nach Prüfung unterschiedlicher Methoden und Alternativen erfüllt nur der Einsatz einer IT-Datenbank nachhaltig und ressourcenschonend die Anforderungen eines sinnvollen und wirksamen Vertragsmanagements, mit den Elementen Management, Archivierung und Auswertung, Termin- und Fristenüberwachung von Verträgen und Verknüpfung mit Rahmenverträgen aller Ressorts. Hinzu kommt, dass Erfahrungen und Kenntnisse vorgehalten werden. Entsprechend den Möglichkeiten wurde das Thema Vertragsscreening von den Dienststellen unterschiedlich intensiv aufbereitet.

Seit 2021 erprobte das Innenministerium gemeinsam mit dem Finanzministerium und dem Ministerium Ländlicher Raum und Verbraucherschutz die Nutzung einer Vertragsdatenbank im Pilotbetrieb. Konkret wurden die unterschiedliche Organisation (zentral und dezentral) sowie die steuerliche Prüfung, Dokumentation und das Management von Verträgen erprobt. Beginnend mit dem Ansatz, sämtliche Verträge standardisiert zu prüfen, wurde das Verfahren entsprechend den Rahmenbedingungen (Verschiebung § 2b UStG, Ergebnisse der identifizierten Risiken usw.) ständig angepasst.

Das Grundprinzip der Vertragsprüfung beginnt mit der Bestimmung der Definition „Vertrag für die Zwecke der Datenbank“. Mittels eines extra entwickelten Vertragsprüfungsblatts werden insbesondere risikoreiche Verträge wie Einnahmeverträge, Kooperationsverträge und Verträge mit Auslandsbezug geprüft. Rahmenverträge und Zuwendungs-/Förderverträge bzw. -bescheide werden exemplarisch, soweit diese demselben Muster zugrunde liegen, steuerlich geprüft.

Diese Vorgehensweise gewährleistet, dass Verträge mit erhöhtem steuerlichen Risiko in der Vertragsdatenbank erfasst und nach einem einheitlichen Prüfungsverfahren steuerlich geprüft und dokumentiert werden. Hierzu wurden eine Arbeitshilfe sowie verbindliche TCMS-Vertragsprüfungsblätter zur Verfügung gestellt. Den Abteilungen bzw. Referaten steht es frei, die Vertragsdatenbank über die obligatorische Ablage hinaus als zentralen Ablageort mit detaillierter Filtermöglichkeit für alle ihre Verträge und zur Dokumentation der Vergabe zu nutzen.

Schon in der Pilotphase konnte erkannt werden, welches Gestaltungspotenzial sich bei frühzeitiger Beteiligung der Steuerstellen ergibt. Durch gezielte Gestaltungen und Anpassungen konnten steuerliche Rechtsfolgen vermieden oder abgemildert werden.

Gleichzeitig wird einer Beanstandung des Rechnungshofs Baden-Württemberg zur Vertragsarchivierung Rechnung getragen.[22]

dd) Festlegung in einer Dienstanweisung

Den Abschluss der Einführung bildet die Verschriftlichung der Tax-Compliance-Organisation in einer Dienstanweisung. Die Dienstanweisung zur Umsetzung des TCMS wird auf der Grundlage der Risikomatrix erstellt und regelt schriftlich den inhaltlichen und organisatorischen Aufbau des TCMS in der jeweiligen Dienststelle. Damit legen die Dienststellen die grundsätzliche Aufgabenzuweisung und Verantwortlichkeiten für steuerliche Pflichten verbindlich fest. Über eine „Vorlage" werden Einheitlichkeit und Mindeststandards in der Innenverwaltung gewährleistet. Die Ausgestaltung der TCMS-Prozesse und -Maßnahmen können und müssen auf die spezifischen Anforderungen der jeweiligen Behörde und ihren Abteilungen angepasst werden. In der Regel werden die in der Umsetzungsphase bereits aufgestellten und gelebten Prozesse und Maßnahmen nun verbindlich schriftlich festgelegt. Im Anschluss gilt es, die festgelegten Prozesse zu leben und weiterzuführen, damit die Investition in das TCMS und die Schutzfunktion des TCMS wirken können.

Aus verwaltungsökonomischen Gründen und aufgrund der identifizierten Risiken werden in der Innenverwaltung die Aufgaben der Steuerstelle und die Aufgaben des TCMS-Beauftragten in Personalunion wahrgenommen. Als prozessunabhängige Kontrollinstanz des TCMS fungiert grundsätzlich die übergeordnete Dienstaufsichtsbehörde.

Soweit möglich wird empfohlen, mit der Dienstanweisung auch die verpflichtende Umsetzung eines Vertragsscreenings oder einer Vertragsdatenbank zu verknüpfen.

ee) Abschlussbericht statt Steuerhandbuch

Schon bei Beginn der Einführung wird als Ziel die Festlegung des TCMS in einem Regelwerk bzw. Handbuch angestrebt. In diesem sollen entsprechend

22 Vgl. zuletzt Prüfungsmitteilung des Rechnungshofs Baden-Württemberg vom Dezember 2018 – IV-2000Q05400-1801.10, Vertragsmanagement in den Ministerien am Beispiel der Beraterleistungen, Empfehlung (E13).

dem TCMS- Kreislauf die Kultur, die Organisation mit den Verantwortlichkeiten, steuerliche Arbeitshilfen und Hinweise und die Überwachung verbindlich festgelegt werden.

Nach den Erkenntnissen im Verlauf der Einführung des TCMS und den sich ändernden Rahmenbedingungen wurde entschieden, von einem Gesamtwerk abzusehen und stufenweise vorzugehen.

Zunächst wird für jede steuerliche Organisationseinheit bzw. Dienststelle ein Abschlussbericht über die Erkenntnisse und die Ergebnisse der Einführung des TCMS erstellt. Dienststellenübergreifend werden steuerliche Arbeitshilfen in digitaler Form zur Verfügung gestellt und fortlaufend aktualisiert. Für jede Risikokategorie der Risikomatrix wurden Arbeitshilfen zur Verfügung gestellt.

Die Entwicklung eines TCMS-Fortbildungskonzepts für die Innenverwaltung wird sich an den Bedürfnissen der Dienststellen im Alltagsbetrieb orientieren. Hierbei sollen praxisnah Präsenzveranstaltungen, eLearning-Anwendungen und Onlineformate zum Einsatz kommen.

ff) Kommunikation als Schlüssel

Unter dem Blickwinkel der Funktionsfähigkeit eines TCMS ist die Tax-Compliance-Kommunikation entscheidend. Deshalb wurden für sämtliche Phasen regelmäßige Austauschforen geschaffen (Jour fixe, Sprechstunden, Arbeitsgruppen, Workshops).

Dennoch dürfen in diesem Zusammenhang die Ängste und Widerstände nicht unterschätzt werden. Je mehr das TCMS zur Chefsache wird und bleibt, umso besser können Mitarbeitende und deren Vertretungen mit dem Thema umgehen. So handelt es sich nicht um eine Ermessensgestaltung der Leitungen, sondern vielmehr um die verbindliche Umsetzung einer Organisationstruktur zur Einhaltung von Gesetzen und zur Vermeidung von Sanktionen. Psychologische Aspekte und Kommunikation haben einen großen Einfluss auf die Identifikation und Motivation aller Beteiligter. Ohne die entsprechende Unterstützung und den erforderlichen Rückhalt aus den Leitungsebenen können weder die Steuerstellen, noch die Steueransprechpartner, Buchhalter und Haushälter in den Referaten und Abteilungen erfolgreich ihre Arbeit machen und damit die Wirksamkeit des TCMS umsetzen.

gg) Prägende Faktoren

Die Umsetzungsphase in der Innenverwaltung wurde von verschiedenen Faktoren stark beeinflusst, welche bei der Erstellung des Konzepts in 2021 kaum kalkulierbar waren. Die wichtigsten drei Faktoren werden nachfolgend kurz dargestellt.

(1) Aufarbeitung einplanen

Nach der Bewertung der erhobenen steuerlichen Sachverhalte kann es in der Umsetzungsphase zu der Erkenntnis kommen, dass bereits steuerliche Pflichten bestehen. Damit werden ggf. umfangreiche Aufarbeitungen erforderlich, um die steuerlich notwendigen Erklärungen und Meldungen einzureichen. Betroffen sind in der Regel die umsatzsteuerlichen Sachverhalte für Beschaffungen aus dem Ausland und die damit einhergehenden Pflichten, die Umsatzsteuer und Einfuhrabgaben sowie das Erkennen von Betrieben gewerblicher Art. Während bei der Umsatzsteuer anhand der Kreditoren und Sachkonten geprüft werden kann, erfordert die Aufarbeitung für die Ertragsteuer eine aufwändige Bestimmung des Betriebsvermögens, die Erstellung einer Gewinnermittlung und zuletzt die Erstellung von Steuererklärungen und seit 2022 auch die Erklärung zum steuerlichen Einlagekonto.

Sofern Korrekturerklärungen nach § 153 AO erforderlich sind, kann der Hinweis auf die Einführung eines TCMS positiv von der Finanzverwaltung bewertet werden.

(2) Vor- und Nachteile der Zentralisierung von Aufgaben

In einer großen Gebietskörperschaft wie dem Land Baden-Württemberg ist es effizient, Aufgaben zentral zu organisieren. Die Vorteile der Zentralisierung von Aufgaben sind vielfältig. Neben wirtschaftlichen und organisatorischen Synergien können einheitliche Standards sichergestellt werden, fachliche Ressourcen gebündelt und Verfahren beschleunigt werden.

In der Landesverwaltung sind u. a.

- alle Aufgaben rund um die Immobilien des Landes dem Landesbetrieb Vermögen und Bau Baden-Württemberg (VBBW);
- der Zahlungsverkehr und das Mahnwesen einer zentralen Landes- und Gerichtskasse sowie die Amtskasse für alle Landesdienststellen ohne eigene Kasse der Landesoberkasse (LOK) und
- die Abrechnung und die Auszahlung von Bezügen, Gehältern und Zuschüssen zu Krankheitskosten sowie Reisekosten dem Landesamt für Besoldung und Versorgung (LBV)

zentral zugewiesen.

Gleichwohl zeigten sich im Rahmen der Einführung des TCMS auch Herausforderungen einer Zentralisierung. So führt die zentrale Zuständigkeit zu einer Abhängigkeit von den anderen Dienststellen bezüglich der erforderlichen Datenzulieferungen zur Erstellung von Steuererklärungen. Weiterhin geht mit der Zentralisierung ein erhöhter Abstimmungsaufwand einher, der aber gleichzeitig eine einheitliche Rechtsanwendung gewährleistet.

(3) Herausforderung: Mehrfache Verschiebungen des Anwendungszeitraum des § 2b UStG

Mit der Einführung des TCMS wurde 2017 durch das Finanzministerium begonnen. Seither erfolgen in den Dienststellen und Kommunen vorbereitende Maßnahmen, damit nach einer Übergangsfrist bis zum 31.12.2022 die steuerlichen Sachverhalte korrekt der Umsatzsteuer unterworfen werden können. Mit dem Jahresssteuergesetz 2022 und dem Jahressteuergesetz 2024 erfolgte jeweils eine Verlängerung um zwei Jahre, so dass eine verpflichtende Anwendung des § 2b UStG erst zum 1.1.2027 erfolgen muss. Insgesamt ist die öffentliche Hand damit über einen Zeitraum von 11 Jahren mit der Vorbereitung beschäftigt. Diese Vorarbeiten und Vorbereitungen sind essenziell wichtig, damit die Umstellung auf die Neuregelung der Umsatzbesteuerung gelingt. Sicherlich ist nicht von der Hand zu weisen, dass die Verschiebung unter dem Blickwinkel der Erweiterung der steuerlichen Sachverhalte zu erheblichen Haushalteinsparungen führt. Es ist aber auch klar, dass beachtliche Kosten für die Vorhaltemaßnahmen für Personal, Beratung und IT-Verfahren gegenüberstehen. Auffallend ist, dass viele Kommunen, insbesondere Großstädte, die Anpassungen von IT-Verfahren nicht mehr vorhalten können und gezwungen waren, im Vertrauen auf die Gesetzeslage des § 2b UStG umzustellen. Für das Land Baden-Württemberg werden die Entscheidungen im Finanzministerium einheitlich für das Land getroffen.

Erfahrungsgemäß wird der Optionszeitraum auch genutzt, § 2b UStG weiterzuentwickeln und rechtlich auszulegen. Seit 2019 wird auf Bundesebene und Landesebene versucht, Verbesserungen und Klarstellungen zu erreichen. So liegen große Hoffnungen darauf, dass die weitere Zeit genutzt wird, um steuerliche Zweifelsfragen und Korrekturen für die öffentliche Hand zu klären, anzupassen und zu vereinfachen.

d) 4. Phase: Überwachungs-Optimierungs- Berichtsphase

aa) Konzept für den Alltagsbetrieb, Evaluation und Weiterentwicklung

Nach Abschluss der Einführung in den Dienststellen, erfolgt eine Evaluation und Weiterentwicklung des TCMS. Mit der Evaluation wird angestrebt, prozessintegrierte und prozessunabhängige Kontrollen dauerhaft und regelmäßig in einem standardisierten Verfahren über Berichtspflichten zu überwachen, fortzuentwickeln und zu dokumentieren. Die standardisierten Berichtspflichten basieren auf den TCMS-Rahmenbedingungen des Landes und werden in unterschiedlichen Arbeitsgruppen entwickelt, um möglichst eine umfassende Grundlage zu erhalten. Nach den Planungen soll das Verfahren so ausgestaltet werden, dass der Bericht an den gesetzlichen Vertreter der Dienststelle zugleich als Bericht an die Dienstaufsichtsbehörde dient.

Deshalb werden von der Berichtspflicht sowohl rechtliche Prüfungen beim Einnahme- und Vertragsscreening als auch die Prüfung der Wirksamkeit von Prozessen (IKS), Maßnahmen (Risikomatrix) und Anweisungen abgebildet. Ein wesentlicher Bestandteil wird aber auch der Bericht über die Einhaltung der steuerlichen Verpflichtungen sein.

Entsprechend den Grundsätzen des TCMS haben die Beschäftigten einen grundsätzlichen Anspruch auf Fortbildung. Im Rahmen einer Planungsgruppe wird für die Innenverwaltung ein sehr praxisnahes und zeitlich effizientes Fortbildungskonzept für den Bereich TCMS und Steuern entwickelt. Dabei werden Unterstützungen durch die Oberfinanzdirektion Baden-Württemberg im Bereich der Umsatzsteuer berücksichtigt.

Nach dem bisherigen Konzept umfasst das Fortbildungskonzept Grundschulungen zu den Themen TCMS, Steuern und Abgaben, Gewinnermittlung und Erklärungsabgabe. Geplant werden eLearning, Präsenz- und Onlineveranstaltungen.

bb) Ansatzpunkte für eine künftige Wirksamkeitsprüfung

Damit sich die Investition in das TCMS lohnt, müssen Kontrollsystem und Dokumentation so gestaltet sein, dass später eine Wirksamkeit nachgewiesen werden kann. Über die Feststellung einer Wirksamkeit des TCMS bzw. eines Steuerkontrollsystems gibt es noch keine klaren Aussagen. Ein Ansatzpunkt kann ein Testat des Wirtschaftsprüfers nach IDW PS 980 sein.[23] Ein weiterer Ansatzpunkt kann die Prüfung des TCMS im Rahmen der steuerlichen Außenprüfung sein.[24] Grundsätzlich wird die Wirksamkeitsprüfung als eine Systemprüfung eingeordnet.[25]

Die Finanzverwaltung wertet das Vorliegen eines innerbetrieblichen Kontrollsystems für den Bereich Steuern als Indiz gegen das Vorliegen der Tatbestände des § 370 AO[26] und damit als Instrument, um steuerstrafrechtliche Vorwürfe zu entkräften und als Schutz für die handelnden (leitenden) Personen vor finanziellen Schäden. Die Funktionsfähigkeit des TCMS muss also die Prozesse innerhalb der Steuerabteilung und deren Zusammenwirken mit anderen operativen Geschäftseinheiten abbilden und deren interne Kontrollen einschließen. Die steuerliche Prozesssicherheit wird deshalb grundsätzlich durch die Dienstanweisung gewährleistet, da sie die wesentlichen Anforderungen an die Mitarbeitenden der Steuerabteilung, des Controllings, sowie der Abteilungsleitungen und deren Beschäftigten formuliert.

---

23 Vgl. *Fischer/Goering*, DStR 2023, 314.

24 Vgl. BT-Drs. 20/4376, 82.

25 Vgl. *Seer*, IWB 23/2023, 950.

26 BMF, 23.5.2016 – IV A 3 – S 0324/15/10001, IV A 4 – S 0324/14/10001, BStBl. I 2016, 490, Rn. 2.6 Satz 6: gegen Vorsatz oder Leichtfertigkeit".

In der Praxis sollten Check- und Fristenlisten, Verhaltensanweisungen, Zuständigkeitsregeln und Dokumentationsrichtlinien vorliegen. Für die Wirksamkeit liefert die Dokumentation den entscheidenden Nachweis nach vorab definierten Ordnungsmäßigkeitsgrundsätzen. Die Aufzeichnungen müssen so ausgestaltet sein, dass die zugrundeliegenden Abläufe für einen sachverständigen Dritten sowohl im Hinblick auf ihre formelle als auch in Bezug auf ihre sachliche Richtigkeit in angemessener Zeit prüfbar sind.

Übertragen auf einen Großkonzern müsste das TCMS unternehmensweit und nicht nur in der Unternehmenszentrale umgesetzt werden. Grundsätzlich wäre gefordert, dass ein Unternehmen, welches über weitere Organisationseinheiten im In- oder Ausland verfügt, das Kontrollsystem in allen Unternehmensteilen mit gleicher Sorgfalt und Intensität umsetzt. Ordnet man die Risiken der öffentlichen Hand zu den Risiken der internationalen Konzerne ein, sieht man, dass nicht die Verrechnungspreise und grenzüberschreitende Steuergestaltungen, sondern der Nachweis, steuerliche Pflichten korrekt einzuhalten, im Vordergrund stehen.

Ein TCMS bzw. internes Kontrollsystem muss deshalb so gestaltet werden, dass es nicht nur zur Gefahrenabwehr, sondern auch als Indiz für eine fehlervermeidende Organisation steuerlicher Pflichten dient. Nach Art. 97 § 38 EGAO werden Prüfungserleichterungen für Anschlussprüfungen in Aussicht gestellt.

Vor dem Hintergrund möglicher Prüfungserleichterungen in der Außenprüfung von jPöR stellen sich folgende Fragen: Wie muss ein vom Land Baden-Württemberg eingeführtes TCMS ausgestaltet werden, damit es als wirksam anerkannt wird und zu Erleichterungen und Vereinfachungen führt? Kann die Transparenz und ein Kontrollsystem, welches nicht von einem IT-System wie bei Großkonzernen aufgezeichnet wird, auch zu Erleichterungen führen? Der Gesetzgeber lässt dies grundsätzlich zu, wenn die Wirksamkeit des Steuerkontrollsystems auf andere Weise sichergestellt ist.

Die Dokumentation der steuerlichen und abgabenrechtlichen Prüfungen der Rechnungen und Verträge über einen standardisierten Prozess unter Einbindung der Steuerstelle gewährleistet grundsätzlich eine gleiche Prüfung wie durch ein IT-Verfahren. Die Festlegung der verbindlichen Struktur und der Prozesse kann klar durch Dritte überprüft werden. Die Festlegung der Struktur in der Dienstanweisung regelt das jeweilige interne Kontrollsystem und wird durch die Prüfung der unabhängigen Dienstaufsicht ergänzt.

Deshalb kann es grundsätzlich keinen Unterschied darstellen, ob das interne Kontrollsystem durch ein IT-Verfahren oder mit anderen Mitteln dokumentiert wird.

IV. Fazit

1. Compliance als geeignete Methode

Compliance soll sicherstellen, dass Regeln befolgt werden. Damit hat Tax Compliance immer auch eine haftungs-, bußgeld- und strafrechtliche Komponente, wenn es nicht wirkt und Regeln gebrochen werden. Nach über vier Jahren der Einführung eines TCMS in der Innenverwaltung kann klar bejaht werden, dass das TCMS das geeignete Mittel ist, um in der Verwaltung die Regeltreue für Steuern einzuführen und zu beachten.

Die Entscheidung, ein TCMS in der Landesverwaltung einzuführen, hat es der Landesverwaltung ermöglicht, ihre steuerlichen Pflichten zu identifizieren und zu organisieren, bzw. optimieren. Dies erforderte die Bereitstellung entsprechender Ressourcen und bedeutet dauerhaft einen Mehraufwand, insbesondere bei den Buchungsverantwortlichen. Hinzu kommt, dass Lebenssachverhalte im Einzelfall nicht direkt steuerrechtlich beurteilt werden können, sondern zuerst eine rechtliche Einschätzung in anderen Rechtsgebieten wie dem Polizeirecht, Umweltrecht oder Schulrecht erforderlich ist. Gleichzeitig ist bei der Einführung eines TCMS zu beachten, dass durch das Erkennen bestehender steuerlicher Pflichten sich der Prozess durch entsprechende Aufarbeitung verzögern kann.

Besonders relevant für die Erfüllung der steuerlichen Pflichten ist eine hinreichende IT-Unterstützung durch das Buchhaltungsprogramm und die Datenübertragung der zentralzuständigen Behörden auf die jeweilige Dienststelle. Nur durch fehlerfrei übertragene Daten lässt sich die Richtigkeit steuerlicher Erklärungen gewährleisten.

Ein klarer Erkenntnisgewinn war auch, dass bei fast allen relevanten wirtschaftlichen Tätigkeiten auch Baumaßnahmen des Landes erfolgten. Das TCMS zeigt deutlich, dass die betroffenen Dienststellen hier auf Unterstützung angewiesen sind und die Zusammenarbeit zwischen den Behörden eine besondere Relevanz hat. Nicht nur um Personal zu schonen, sondern auch, damit dem Landeshaushalt Vorsteuererstattungen aus Investitionen in erheblichem Umfang nicht verloren gehen.

Die Einführung des TCMS ermöglichte den Behördenleitungen einen vollständigen Überblick über die steuerlichen Risiken und Pflichten. Damit besitzen sie die notwendige Entscheidungsgrundlage, um die erforderliche Organisationstruktur festzulegen, welche die Fachabteilungen und die Führungsebene dahingehend absichert, dass Systemfehler ausgeschlossen sind. Gleichzeitig sind sie in der Lage, im Rahmen eines individuellen Risikomanagement Verträge und Organisation steuerlich zu optimieren und zu priorisieren. Das TCMS ermöglicht den Dienststellen angesichts knapper Kassen und Ressourcen bestehende Gestaltungsspielräume anhand der im TCMS verankerten Risikobewertung zu nutzen.

Damit die Behördenleitungen fortlaufend vom TCMS profitieren können, muss es zur „Chefsache“ gemacht werden. Nur so können sich die Mitarbeitenden mit dem sanktionsbehafteten Thema dauerhaft identifizieren und sensibilisiert werden.

Das TCMS sorgt für Transparenz. Diese Transparenz spart langfristig Ressourcen bei allen Beteiligten, auch bei den die jPöR veranlagenden Finanzämtern, die einen geringeren Kontrollaufwand haben. Wünschenswert aus Sicht der jPöR wäre es, im Gegenzug zu einem TCMS mittel- bis langfristig auch Beschleunigungen im Besteuerungsverfahren und ggf. auch Prüfungserleichterungen zu erreichen.

Die Zielsetzung des TCMS, die Leitungen und die Mitarbeitenden im Bereich Steuern und Abgaben durch eine klare Organisation vor einem strafrechtlichen Vorwurf zu schützen, gilt es immer wieder zu verdeutlichen. Motivationsfaktor bei der öffentlichen Hand ist die Rechtsprechung des BGH[27], die bei einem gut funktionierendes Compliance-Management-System (CMS) sogar die Zeit der Einführung des Systems positiv bei der Höhe der Geldbuße berücksichtigt. Neben der Finanzverwaltung hat inzwischen auch der Bundesgerichtshof in Strafsachen klargestellt, welche Rolle einem eingerichteten und funktionsfähigen CMS beizumessen ist.

In seiner „Panzerhaubitzen“-Entscheidung[28] hatte der BGH über die Strafbarkeit von leitenden Angestellten eines deutschen Rüstungskonzerns zu entscheiden, die Rüstungsgeschäfte mit Hilfe von Schmiergeldzahlungen, welche als Betriebsausgaben gewinnmindernd berücksichtigt wurden[29], entschieden. Der BGH setzte eine Unternehmensgeldbuße fest und führte aus: „Für die Bemessung der Buße ist […] von Bedeutung, inwieweit die Nebenbeteiligte ihrer Pflicht, Rechtsverletzungen aus der Sphäre des Unternehmens zu unterbinden, genügt und effizientes Compliance-Management installiert hat, das auf die Vermeidung von Rechtsverstößen ausgelegt sein muss […]. Dabei kann auch eine Rolle spielen, ob die Nebenbeteiligte in der Folge dieses Verfahrens entsprechende Regelungen optimiert und ihre betriebsinternen Abläufe so gestaltet hat, dass vergleichbare Normverletzungen zukünftig jedenfalls deutlich erschwert werden.“

Die Entscheidung hat dargelegt, dass ein effektives Compliance-Management-System erforderlich ist, wenn Schaden von einem Unternehmen abgewendet und eine Haftung von seinen Organen und leitenden Angestellten vermieden werden sollen. Insoweit gibt sie eine klare Orientierung.

---

27 Vgl. BGH, 9.5.2017 – 1 StR 265/16, NZWiSt 2018, 379.
28 Vgl. BGH, 9.5.2017 – 1 StR 265/16, NZWiSt 2018, 379.
29 Entgegen dem bestehenden Abzugsverbot nach § 4 Abs. 5 Satz 1 Nr. 10 EStG.

2. Angepasstes TCMS für jPöR entsprechend dem Vergleich mit anderen Wirtschaftsteilnehmern

Unternehmen mit einem starken Compliance wird in der Praxis eine hohe Attraktivität für Investoren, Geschäftspartner, Kunden, Lieferanten und Mitarbeitende und damit ein Wettbewerbsvorteil testiert. Von Verwaltungen wird ein solches Verhalten erwartet. So vertrauen die Bürgerinnen und Bürger auf ein korrektes Verwaltungshandeln.

In Baden-Württemberg läuft bis 2029 ein Pilot zur Ausgestaltung des TCMS für Großunternehmen, welche das TCMS komplett mit IT-Unterstützung dokumentieren und durchführen. Gestützt wird dieser Pilot auch vom Gedanken der Kooperation zwischen Finanzverwaltung und Unternehmen und dem Ziel einer zeitnahen Prüfung und Besteuerung. Dabei werden Steuerpflichtige und Steuerprüfer gleichermaßen aber nicht gleichberechtigt in die Pflicht genommen. Für den Steuerpflichtigen gelten verschärfte Mitwirkungspflichten, die Zugeständnisse stehen aber im Ermessen des Prüfers. Eine Leitlinie für die Ermessensausübung des Steuerprüfers ist bisher nicht bekannt. Der Erfolg des Projekts wird davon abhängig sein, dass beide Seiten hier eine Win-Win Situation für sich verbuchen können. Steuerpflichtige möchten Rechtsicherheit und Verfahrensbeschleunigung, die Finanzverwaltung gut aufbereitete Datengrundlagen und Steuererklärungen, um die fiskalische Richtigkeit zu gewährleisten.

3. Compliance offenbart Mängel des Besteuerungsrechts bei jPöR

Bei der Einführung des TCMS hat sich auch klar gezeigt, dass die Besteuerungsansätze der öffentlichen Hand nicht mehr dem Grundgedanken des Wettbewerbs bzw. dem Schutz der Privatwirtschaft und Gleichmäßigkeit der Besteuerung dienen. Vielmehr wird sichtbar, dass die aktuelle Besteuerung die wirtschaftlichen Tätigkeiten der öffentlichen Hand vor allem durch den damit verbundenen Verwaltungsaufwand übermäßig belastet ohne zu fiskalischen Mehrergebnissen zu führen.

Sowohl bei der Umsatzsteuer unter Anwendung des § 2b UStG aber insbesondere bei der Besteuerung der Betriebe gewerblicher Art steht die öffentliche Hand mit ihren wirtschaftlichen Tätigkeiten faktisch häufig nicht im Wettbewerb, da es keine privaten Wettbewerber gibt. Vielmehr ist sie ergänzend tätig, um die Bedürfnisse einer modernen Gesellschaft abzudecken.

Der Gesetzgeber und die Finanzverwaltung sollten das bestehende Steuerrecht reformieren. Der Begriff Wettbewerb und Leistungsaustausch im Zusammenhang mit der öffentlichen Hand muss neu gedacht werden.

Gerade beim Wettbewerbsgedanken ist die zentrale Frage, wie die hoheitlichen Kernaufgaben ohne Steuerpflicht von der wirtschaftlichen Tätigkeit im Wettbewerb zur Privatwirtschaft abzugrenzen sind – auch unter Beachtung des Gleichheitsgrundsatzes. So mag für Fälle wie Parkhäuser, Verkehrsbetriebe und Kantinen ein Wettbewerb identifiziert werden, für die Mehrzahl der Tätigkeiten der öffentlichen Hand steht jedoch die Daseinsvorsorge als öffentliche Aufgabe im Vordergrund. Das Steuerecht geht grundsätzlich vom Wettbewerber mit Profitorientierung aus, während ein Großteil der Tätigkeiten der öffentlichen Hand nur auf Kostendeckung ausgerichtet ist.

Die Tatsache, dass bei Verlusten eine Kapitalertragsteuer nur durch formelle Bescheinigungen vermieden werden kann, ist für Betriebe gewerblicher Art reformbedürftig. Diese mag zwar von der Rechtsprechung als korrekt eingestuft werden, da rechtlich auf den Zeitpunkt abgestellt wird, zeigt sich aber nicht passend für eine Verwaltung, da die Steuer dort zum Kostenfaktor im Haushalt wird. Dies ist bei Kapitalgesellschaften anders, da diese regelmäßig über ihr wirtschaftliches Ergebnis entscheiden und Kosten einkalkulieren können.

Auch der Katalog der begünstigten Tätigkeiten im Körperschaftssteuerrecht sollte an die Lebenswirklichkeiten der Telekommunikation und Energieversorgung angepasst werden. Bei bestehender Steuerpflicht sollte eine vereinfachte Gewinnermittlung und Erklärungsabgabe für die öffentliche Hand geschaffen werden.

Insbesondere sollten Vereinfachungen nicht zu Lasten der Haushalte gehen, wie in dem BMF-Schreiben vom 12.6.2024 beim Vorsteuerabzug gefordert.[30] Die Ansätze zu den Vereinfachungen sind nicht praxistauglich. Gerade hier zeigt sich, wie der Versuch mit den bestehenden Regelungen Vereinfachungen zu schaffen ins Leere läuft.

Durchweg beklagt die Finanzverwaltung das verzögerte Abgabeverhalten der öffentlichen Hand. Dabei wird von der Finanzverwaltung völlig übersehen, dass die Anforderungen in den Erklärungsvordrucken nicht für die öffentliche Hand passen. Auch die ständige Abgrenzung der Haushaltmittel zwischen hoheitlich und wirtschaftlich führt zu einem enormen Verwaltungsaufwand, der im Alltag bei der öffentlichen Hand überwiegend personell geschultert wird. Gewinnermittlungen können nur durch Übertragung in kommerzielle Buchhaltungssysteme erstellt werden. Dabei darf nicht vergessen werden, dass sowohl die Hauptaufgaben wie die wirtschaftlichen Aufgaben der öffentlichen Hand nicht gewinnorientiert geprägt und kalkuliert werden.

30 BMF, 12.6.2024 – II C 2 – S 7300/22/10001 :001, BStBl. 2024 I, 104.

Vereinfachungen sind deshalb ein richtiger Ansatz, um die knappen Ressourcen der öffentlichen Haushalte von dem Verwaltungsaufwand bezüglich Steuerpflichten zu entlasten. Rasche Abhilfe kann über Beschlüsse der Bund-Länder-Gremien und BMF-Schreiben erfolgen.

4. Wissenschaftliche Begleitung

Die wissenschaftliche Begleitung hat sich als sehr wertvoll und bereichernd gezeigt. Mit dem Kompetenzzentrum Tax Compliance der Hochschule für öffentliche Verwaltung und Finanzen (HVF) in Ludwigsburg an der Seite konnten Projektschritte kritisch und mit großer Expertise untersucht und fachlich eingeordnet werden. Herausforderungen und Anforderungen konnten intensiv diskutiert und das Projekt vorangebracht werden.

Die fachliche Begleitung im Fortbildungsbereich und bei der Entwicklung von Arbeitshilfen im Bereich der Ertragsteuern durch konkrete Mitwirkung an den allgemeinen Themen wie z. B. Betriebsvermögen und Gewinnermittlung ermöglichte erst eine umfassende Einordnung. Die Zusammenarbeit im Bereich der Fortbildung sollte auch nach Projektende weitergeführt und intensiviert werden.

Im Rahmen der Zusammenarbeit mit der HVF wurde mit Studierenden ein „TCMS-Führerschein" entwickelt, welcher eine Einführung in das TCMS gibt und das erlernte sodann mittels eines Multiple-Choice-Tests abfragt und festigt.

Abgeschlossen wurde die Zusammenarbeit mit der HVF mit dem Symposium „Besteuerung der öffentlichen Hand" am 18.11.2024 in den Räumlichkeiten der PH Ludwigsburg. Dieses fand bei den zahlreich erschienenen Vertretern aus verschiedenen Bereichen der Verwaltung großen Anklang. Im Rahmen von Impuls- und Panelvorträgen wurden Herausforderungen, Erkenntnisse und Benefits im Zusammenhang mit der Einführung eines TCMS sowie der Besteuerung der öffentlichen Hand dargestellt, andiskutiert und wertvolle Einblicke in die Praxis gewährt. Entsprechend dem Forschungsauftrag erfolgten zahlreiche Veröffentlichungen.

Besteuerung der öffentlichen Hand

Aktuelle Entwicklungen bei Tax Compliance Management-Systemen (TCMS) – Ein Statement aus Sicht des Städtetags Baden-Württemberg

Dr. Susanne Nusser

I. Einleitung

Auch die Städte und Gemeinden in Baden-Württemberg beschäftigt das Thema TCMS mit seinen vielfältigen Fragestellungen seit Jahren. Deshalb sind wir der Hochschule für öffentliche Verwaltung und Finanzen Ludwigsburg und deren Kompetenzzentrum Tax Compliance sehr dankbar, dass sie sich immer wieder den aktuellen Fragestellungen hierzu widmen und uns bei der Einordnung des Themas rechtlich unterstützen.

Das Thema steht bei den Städten und Gemeinden schon seit langem auf der Agenda, aber im Moment besonders eng im Zusammenhang mit der gesetzlichen Neuregelung des § 2b UStG. Diese zwingt die Kommunen, sich laufend und umfassend mit dem eigenen steuerlichen Status und den internen (Steuer-)Prozessen auseinanderzusetzen.

Die weitere Verlängerungsoption um zwei Jahre bis Ende 2026 ist nochmals eine wichtige Zeit, welche die Kommunen, die § 2b UStG noch nicht umgesetzt haben, nutzen möchten, um die steuerlich relevanten Prozesse in den jeweiligen Häusern aufzuarbeiten und zielgerichtet auf die Neuregelung des Umsatzsteuerrechts vorzubereiten.

Dies fällt und fiel uns in den letzten Jahren angesichts der dringenden anderweitigen Herausforderungen sehr schwer und wird uns auch künftig angesichts des Personalfehlbestands nicht leicht umzusetzen sein.

Dabei sehen wir uns als Städtetag immer wieder mit der Frage konfrontiert, weshalb nicht schon viel mehr Kommunen ein entsprechendes TCMS etabliert haben.

Mit diesem Beitrag wage ich den Versuch, eine Antwort auf diese Frage zu geben.

II. Gründe für ein TCMS

Unbestritten sind sich die Ober-/Bürgermeisterinnen und Ober-/Bürgermeister mit ihren Haupt- und Personalämtern sowie den Kämmereien sehr wohl der gesetzlichen und tatsächlichen Rahmenbedingungen bewusst.

Als gesetzliche Vertreter der Kommunen nach § 34 Abs. 1 Abgabenordnung sind gerade sie für die regelkonforme Erfüllung steuerlicher Verpflichtungen verantwortlich und damit in der Regel erste Adressaten straf- und bußgeldrechtlicher Ermittlungen. Gleiches gilt auch für die Kämmerer und für die Bereiche, die in unterschiedlichen Organisationseinheiten für die verschiedenen Steuern der Stadt als Steuerschuldnerin zuständig sind.

Die Finanzverwaltung begegnet Compliance-Verstößen auch im öffentlichen Bereich – getrieben durch die gesetzlichen Regelungen und die Rechtsprechung – zunehmend restriktiver und hat die einschlägigen Regularien verschärft, z. B. durch die Einschränkung der Möglichkeit der Selbstanzeige oder durch erweiterte Meldepflichten der Betriebsprüfung an die Buß- und Strafsachenstelle. Neben den straf- und bußgeldrechtlichen Vorschriften können zudem noch Schadenersatzansprüche auf den vorgenannten Personenkreis aus Compliance-Verstößen zukommen.

Dabei steigt die Zahl der steuerrelevanten Vorgänge in den Verwaltungen insbesondere durch die Neuregelung des § 2b UStG stark an.

Die Städte und Gemeinden haben deshalb viele gute Gründe, sich intensiv mit der Einführung eines TCMS zu befassen und damit die drohenden straf- und bußgeldrechtlichen Sanktionen zu minimieren oder ganz zu vermeiden.

III. Hindernisse auf dem Weg zum TCMS

Trotz oft intensiver Bemühungen ist es Städten und Gemeinden in Baden-Württemberg bisher noch nicht gelungen, flächendeckend ein solches TCMS zu etablieren. Aus der Mitgliedschaft wissen wir, dass organisatorische Gegebenheiten vor Ort häufig die erste Hürde für die Einführung eines TCMS darstellen, da diese zu Projektstrukturen führen können, die wiederum die Umsetzung erschweren. Gleiches kann man sagen für die verbreitete Erwartung, auf einen Schlag ein TCMS zu etablieren, statt in Teilschritten bzw. Teilbereichen vorzugehen.

Teilweise erfolgt vor Ort „gedanklich" die Beschränkung auf umsatzsteuerliche Themen, obwohl es eine Vielzahl anderer steuerlicher Themenstellungen (z. B. Lohnsteuern, Bewirtungskosten, Geschenke, Betriebsveranstaltungen, Dienstkleidungen, Bauabzugsteuer, Energiesteuer oder Steuern für ausländische Künstler) gibt, die in verschiedenen Organisationseinheiten verortet sind. Je nach Herangehensweise sind entweder „Teilverantwortlichkeiten“ festzulegen oder eine Projektleitung zu schaffen. Ein ebenso wiederkehrender Fehler ist wohl die Beschränkung des TCMS auf steuerliche Fragen. Beim Aufbau eines solchen „nur“ für steuerliche Zwecke gerät schnell aus dem Blick, welchen großen Nutzen ein TCMS daneben für die Prozesssteuerung in den Verwaltungen haben kann. Allerdings sollten dabei Doppelstrukturen vermieden werden. Dafür ist es wichtig, dass alle evtl. betroffenen Einheiten eingebunden sind.

1. Keine verbindlichen einheitlichen Rahmenbedingungen

Finanzverwaltung und Rechtsprechung haben bislang zudem keine inhaltlichen Vorgaben zum Umfang sowie der Art und Ausgestaltung eines TCMS getroffen. Andererseits gibt es diverse Handlungsleitfäden und Praxishinweise für die Erstellung eines TCMS, vom Institut für Wirtschaftsprüfer („IDW“), vom Deutschen Städtetag, von der Bundessteuerberaterkammer sowie zahlreiche weitere Handreichungen von Steuerberatern und Wirtschaftskanzleien. Allerdings stellen all diese Papiere im Wesentlichen den abstrakten Handlungsrahmen dar.

Schon früh im Gemeindefinanzbericht 2017[1] befasste sich der Deutsche Städtetag mit dem Thema Tax Compliance in den Kommunen. Ein Tax Compliance Management System wurde als Lösungsangebot der Finanzverwaltung verstanden, um die Komplexität des Steuerrechts im Alltagsgeschäft der Kommunen zu meistern. Die Botschaft richtete sich schon damals klar an die Stadtspitzen, zeitnah ein TCMS-Projekt auf den Weg zu bringen. Ein Leitfaden als konkrete praktische Orientierungshilfe wurde zur Diskussion gestellt. Von verbindlichen Leitlinien wurde abgesehen, sicherlich auch um den Gestaltungsspielraum der Kommunen nicht einzuschränken. Was damals niemand berücksichtigt hat, waren Hinweise zu den benötigten Kapazitäten und Ressourcen für ein solches Projekt; weshalb in vielen Kommunen nicht ausreichend Personal für die Aufgabe zur Verfügung stand.

Die Städte und insgesamt die Kommunen stehen vor der Herausforderung, innerhalb dieser Rahmenbedingungen die für sie beste Umsetzung und Priorisierung angesichts der knappen Ressourcen vorzunehmen. Dabei ist klar: es geht bei der Einführung eines TCMS nicht nur um den äußeren Rahmen und die Formalie, mit dem hohen Ziel, im Zweifel eine Steuerstrafbarkeit zu vermeiden oder den Punkt Einführung eines TCMS „abhaken“ zu können. Vielmehr erkennen die Städte einen echten Mehrwert in dem TCMS als wirksames Steuerungsinstrument, das dazu beitragen kann, die Prozesse vor Ort so zu gestalten, dass Steuerpflichten oder gegebenenfalls Steuer-

1 *Ronnecker*, Gemeindefinanzbericht 2017, 34.

nachzahlungen vermieden werden. Das führt in der Folge auch zu einem wirtschaftlichen Verwaltungshandeln.

2. Aufbau eines TCMS gelingt nur mit Fachexpertise

Aus den Erfahrungen einzelner Kommunen wird deutlich: am effektivsten gelingt die Einführung, wenn zur Erfüllung der Steuerpflichten explizite Stellen im Finanzbereich eingerichtet werden. Dabei können durch eine zentrale Organisation die knappen fachlichen Ressourcen zielgerichtet zur Risikominderung eingesetzt werden.

Natürlich sind die Herausforderungen der Kommunen im konkreten Einzelfall völlig unterschiedlich. Insbesondere die Größe der Stadt, der Grad der Dezentralisierung und der Reifegrad der Digitalisierung beeinflussen die Ausgestaltung des TCMS enorm.

Aufgrund der Risiken besteht mehrheitlich die Tendenz, eine TCMS-Einführung nur vorzunehmen, wenn diese durch externe Beratungsunternehmen, bzw. Steuerberatungsbüros unterstützt wird. Die Frage, in welcher Form eine Steuerstelle ausreichend leistungsfähig für die Kommune ist, kann meist zu Beginn der Einführung noch nicht hinreichend bestimmt beantwortet werden.

Auch das Bewusstsein der Mitarbeitenden, in steuerlich relevante Sachverhalte eingebunden zu sein, ist in der Gesamtorganisation „Kommune" individuell ausgeprägt. Im Unterschied zum Beispiel zu einzelnen Behörden oder Organisationseinheiten des Landes sind die Kommunen und ihre Betriebe und Unternehmen sehr heterogen strukturiert, wobei manche Bestandteile der Stadtverwaltung eben auch sehr „verwaltungsfern" sind, z. B. die Betriebshöfe, die Schulen oder Kitas etc. Dazu kommt, dass es bei den Mitarbeitenden durchaus Widerstand oder Bedenken gegenüber neuen Prozessen und Technologien geben kann, wenn diese an bestehende Arbeitsweisen gewöhnt sind.

Dies erschwert es bei der bereits bestehenden hohen Arbeitsbelastung, die Belegschaft für verpflichtenden oder freiwillige organisationsweite Schulungen zu gewinnen. Ohne diese Maßnahmen zur Sensibilisierung kann die Einführung jedoch nicht gelingen. Denn TCMS muss gelebt werden, und dies gelingt nur mit viel Unterstützung der/des jeweiligen Ober-/Bürgermeisters bzw. der Ober-/Bürgermeisterin.

Oftmals stehen in den Kommunalverwaltungen nur begrenzte personelle und finanzielle Ressourcen zum Aufbau und zur Aufrechterhaltung eines solchen Systems zur Verfügung. Dies macht sich auch bei der dringend erforderlichen Schulung der Mitarbeiterinnen und Mitarbeiter bemerkbar sowie bei der Notwendigkeit, ein neues TCMS etwa in bestehende IT-Prozesse zu integrieren.

Ein Aspekt, der die Einführung eines TCMS langwierig und aufwendig macht, ist die erforderliche Erfassung, Verarbeitung und Speicherung der Daten, bei denen Datenschutzbestimmungen einzuhalten sind und die Datenintegrität zu gewährleisten ist.

Diese Organisationsstruktur, die Tatsache, dass viele Mitarbeiterinnen und Mitarbeiter keine Steuerexpertinnen oder Verwaltungsfachleute sind, sowie die Vielzahl von steuerlich relevanten Vorgängen macht es einerseits schwierig und herausfordernd, ein TCMS einzuführen – ist aber andererseits vielleicht auch der beste Grund für die Einführung eines solchen Systems.

Diese Aspekte erfordern ein entsprechend angepasstes und langfristig angelegtes Projektvorgehen unter Berücksichtigung der jeweiligen örtlichen Umstände.

Eine Pauschallösung, d. h. die kurzfristige Implementierung eines vorgefertigten TCMS, ist vor diesem Hintergrund kaum denkbar. Zwar treten gewisse Aspekte augenscheinlich auch bei anderen Kommunen auf, jedoch liegen jeweils andere gelebte Prozesse zu Grunde und es sind folglich individuelle Lösungsansätze notwendig. Bei 1101 Städten und Gemeinden und 35 Landkreisen im Land braucht das seine Zeit.

Eine repräsentative Erhebung des Sächsischen Rechnungshofs unter 530 Städten und Gemeinden aller Größenklassen, Landkreisen und Verwaltungs- und Zweckverbänden ergab klar, dass deutlich über die Hälfte der Körperschaften bereits eine Vorbereitungszeit zur Anwendung der Umsatzsteuer nach § 2b UStG getroffen haben, die mindestens ein Jahr bzw. anderthalb Jahre und mehr in Anspruch nahm.[2]

3. Ergebnisse aus Studien und Rechnungshof

Entsprechend einem aktuellen Studienbericht vom Institut für den öffentlichen Sektor e. V. der KPMG Berlin[3] bejahten alle an der Studie teilnehmende Organisationen einen Anstieg der steuerlichen Verpflichtungen sowie mehr Bürokratie in vielen anderen Aufgabenbereichen.

Als größte steuerliche Herausforderung stellt sich das neue Umsatzsteuerrecht dar. Dies bindet das meiste Personal und stellt mit großem Abstand

2 Vgl. Jahresbericht 2021 des Sächsischen Rechnungshof Teil II Rn 19 und Rn. 20 (23 % zwischen 6 bis 12 Monaten, 28 % zwischen 2 und 18 Monaten, 30 % über 18 Monate).

3 Vgl. Institut für den öffentlichen Sektor (Hrsg.), Steuerpflichten öffentlich –rechtlicher Organisationen, https://publicgovernance.de/media/Studie_Steuerpflichten_oeff_Organisationen_2024.pdf (zuletzt abgerufen am 25.3.2025).

das größte Steuerrisiko dar. Die langen Übergangsfristen, das Vorhalten von Kapazitäten und der Aufschub steuerrechtlicher Lösungsansätze vergrößern noch die Belastung. Bereits der Projektzwischenbericht der Landeshauptstadt vom November 2021 zeigt exemplarisch die Herausforderungen der Stadt Stuttgart zum TCMS und den hierfür erforderlichen Stellenbedarf mit 25,6 Stellen für sämtliche steuerlichen Pflichten – insbesondere im Haupt- und Personalamt – auf.[4]

Aufgrund der angespannten Haushaltslage besteht oft die Not, zusätzliche Einnahmen zu erschließen. Es besteht aber auch das Bedürfnis, da einzuspringen, wo es für die Privatwirtschaft nicht rentabel ist, den Bürgerinnen und Bürgern eine optimale Versorgung zu gewährleisten.

Sowohl die Studie der KPMG als auch die Ergebnisse der Rechnungshöfe von Sachsen und Thüringen von 2022 wie 2024 weisen auf die Rechtsunsicherheiten und die finanziellen Belastungen der Städte und Kommunen hin. Eine noch engere fachliche Begleitung durch die Finanzverwaltungen und die Politik wäre wünschenswert. Dabei sollte die Politik ihr Interesse auch auf die Anstrengungen der Städte und Kommunen für ein TCMS lenken und diese bei ihrem effektiven Verwaltungshandeln unterstützen.

4. Interkommunale Zusammenarbeit

In der Regel nehmen die Städte, Gemeinden und Landkreise die ihnen im Rahmen der örtlichen Gemeinschaft obliegenden Aufgaben der Daseinsvorsorge in eigener Zuständigkeit wahr. Vor dem Hintergrund des demografischen Rückgangs, insbesondere im ländlichen Raum, der sich wandelnden Altersstruktur der Bevölkerung, des allgemeinen Fachkräftemangels und der angespannten Finanzlage der kommunalen Haushalte erfordert die effektive und qualitätssichernde Aufgabenerfüllung jedoch zunehmend die gemeinde- und landkreisübergreifende Zusammenarbeit. Nur so können Synergieeffekte zur Sicherstellung des Leistungsangebotes unter wirtschaftlichen Gesichtspunkten genutzt werden.

Die Zusammenarbeit ist komplex und muss einzelfallbezogen einer steuerlichen Beurteilung unterzogen werden. Voraussichtlich werden unter Anwendung des § 2b UStG ein Teil der Leistungen umsatzsteuerpflichtig.[5]

---

4 Vgl. Landeshauptstadt Stuttgart (Hrsg.), Projektzwischenbericht – Tax Compliance Management System, https://www.domino1.stuttgart.de/web/ksd/KSDRedSystem.nsf/0/C962A85229DB024FC1258799004D7DD4/$File/Anlage1_GRDrs_931-2021_TCMS-Projektzwischenbericht_V1.2.pdf?OpenElement (zuletzt abgerufen am 25.3.2025).

5 Vgl. OFD Frankfurt, 4.2.2022 – S 7107 A, 005 St 110.0; https://beratungszentrum.hessen.de/interkommunale-zusammenarbeit/startseite-ikz/ikz-hessen/ofd-ikz-mandatierung-und-delegation.pdf?cid=blj (zuletzt abgerufen am 25.3.2025).

Besondere umsatzsteuerliche Fragestellungen ergeben sich bei der Delegation von Aufgaben an einen anderen Träger der öffentlichen Verwaltung und bei einer Mandatierung von Aufgaben ohne Zuständigkeitswechsel auf den anderen Träger. Zwar bestehen erfreulicherweise Sonderregelungen, unter welchen Voraussetzungen Leistungstätigkeiten der öffentlichen Hand in der Rechtsform des öffentlichen Rechts nicht steuerbar sind, weil „größere Wettbewerbsverzerrungen" nicht vorliegen, aber die Prüfung ist komplex.

IV. Ausblick und Vorteile

Die Vorteile eines TCMS liegen in einer deutlichen Fehlerreduzierung, der Vermeidung von straf- und bußgeldrechtlichen Sanktionen sowie der Reduzierung des Risikos der Geltendmachung von Schadenersatzansprüchen gegen die handelnden Personen. Darüber hinaus kann sich ein Mehrwert dadurch ergeben, dass Prozesse transparent gemacht und ggf. auch neugestaltet und strukturiert werden. Klare Prozesse dienen der Effizienzsteigerung und der Automatisierung. Damit rechtfertigt sich der nicht zu unterschätzende zeitliche Aufwand.

Den Ober-/Bürgermeisterinnen und Ober-/Bürgermeistern ist sehr wohl bewusst, dass auch mit der erfolgreichen Einführung eines TCMS in den Städten und Gemeinden nur die Grundlagen geschaffen sind. Die Überwachung und Fortentwicklung des TCMS ist eine dauerhafte Herausforderung, die weit mehr als die Neuregelungen der Umsatzsteuer umfasst. Umso mehr gilt der Appell an die Politik, die Verwaltung durch Vereinfachungen bei der Besteuerung angemessen zu entlasten.

V. Fazit

Die geschilderten Rahmenbedingungen und Projektinhalte machen deutlich, dass die Einführung eines TCMS einen angemessenen zeitlichen Rahmen erfordert. Bei der zeitlichen Komponente ist auch zu beachten, dass das Projekt nicht allein durch die Verwaltungsspitze und/oder die projektverantwortliche Stelle (Hauptamt, Personalamt oder Kämmerei) durchgeführt werden kann, sondern eine Vielzahl an Personen, die in die steuerlichen Prozesse eingebunden sind, einbezogen und mitgenommen werden müssen.

Die Erfahrungen der Praxis zeigen, dass die Implementierung erfolgreicher TCMS-Systeme (d.h. Systeme, die eine angemessene Schutzwirkung entfalten) regelmäßig einen Zeitraum von mehreren Jahren erfordert. Der Erfolg und die Zeitdauer werden maßgeblich vom Einsatz der finanziellen, personellen und technischen Ressourcen abhängen sowie von der Unterstützung durch die Verwaltungsspitze.

Tax Compliance in der kommunalen Praxis – dargestellt am Beispiel der Stadt Bietigheim-Bissingen

Jens Dörr, Kämmerer Stadt Bietigheim-Bissingen

Jahrzehntelang lag die Ausrichtung der öffentlichen Hand darauf, die jeweiligen Haushalte sparsam und wirtschaftlich zu führen und so die dauerhafte Aufgabenerfüllung zu sichern. Steuerliche Vorgaben gab es nur in wenigen Bereichen, in denen Betriebe gewerblicher Art größere Umsätze erzielten. Durch die Veränderungen in der Umsatzbesteuerung, die nach aktueller Rechtslage spätestens zum 1.1.2027 umzusetzen sind, war und ist die öffentliche Hand gezwungen, Strukturen und Arbeitsabläufe anders zu denken und teilweise neu festzulegen. Bereits 2018 informierten sich die Kämmerei, das Ordnungsamt und die Feuerwehr der Stadt Bietigheim-Bissingen in größerem Umfang zum neuen Steuerrecht. Dies hatte u. a. zur Folge, dass bewusst wurde, dass vor allem die Feuerwehr zukünftig deutlich mehr Unterstützung von der Stadtverwaltung zur Erfüllung der damals ab 2021 geplanten neuen Steuerrechtsregelungen benötigt, um steuerrechtliche Verstöße zu vermeiden. Diese Unterstützung wurde von Verwaltungsseite direkt zugesagt.[1]

I. Organisation in Bietigheim-Bissingen

Vor allem die Kommunen sind diejenigen, die die steuerrechtlichen Vorgaben in der Praxis umsetzen müssen. Die Komplexität des § 2b UStG erfordert es, dass nicht einfach eine „schützende Schablone" über alle Verwaltungstätigkeiten gelegt werden kann, sondern im Sinne einer ganzheitlichen Betrachtung auch die Strukturen und Abläufe vor Ort überprüft und in der Regel angepasst werden müssen. Dies wird in einem individuellen Tax Compliance Management System (TCMS) dargestellt.

---

1 Im ersten Halbjahr 2021 und damit nach der ersten Verlängerung des Umstellungszeitpunkts für § 2b UStG erfolgte ein Kooperationsprojekt der Hochschule für öffentliche Verwaltung und Finanzen Ludwigsburg mit der Kämmerei der Stadt Bietigheim-Bissingen im Rahmen des Wahlpflichtfachs Tax Compliance und Umsatzbesteuerung unter der Leitung von Frau Prof. Dr. Meissner und Frau Prof. Dr. Leibold. Im Rahmen dieses Wahlpflichtfachs sollten sich die Studierenden mit steuerrechtlichen und organisatorischen Fragestellungen aus dem kommunalen Bereich vertraut machen und so die Regelungen des § 2b UStG sowie die dazugehörigen Vorgaben für Organisation und Compliance Management mit Leben gefüllt werden. Ein Hauptaspekt dabei war der zukünftige Umgang mit den neuen steuerrechtlichen Vorgaben bei der Feuerwehr der Stadt Bietigheim-Bissingen.

Da es für die Einführung eines TCMS keine allgemeingültige Rechtsgrundlage gibt, sind die Kommunen in der Ausgestaltung grundsätzlich frei. Bestehende Prozesse und Abläufe sowie die jeweilige Zuständigkeitsordnung schränken die freie Gestaltung allerdings bereits bedingt ein und müssen ggf. angepasst werden, um die steuerrechtlichen Erfordernisse korrekt abbilden zu können.

Um eine wirksame Schutzfunktion zu schaffen, musste in den Kommunen zunächst das Verantwortungsbewusstsein geschärft und der Personalbedarf dargestellt werden. In Bietigheim-Bissingen konnte schnell die Notwendigkeit der dringend benötigten zusätzlichen Vollzeitstelle in der Kämmerei in einer wirtschaftlich nicht mehr so rosigen Zeit nachvollziehbar dargestellt werden. Sie hat sich inzwischen zu einem wichtigen Bestandteil der Kämmerei entwickelt. Die zusätzliche Stelle, deren stelleninhabende Person zugleich Prozessverantwortliche/r ist, schützt die Verwaltungsspitze und alle Mitarbeitenden vor steuerrechtlichen Vergehen. Sie ist organisatorisch der Kämmerei, Abteilung Haushalt und Finanzen, zugeordnet. Grundsätzlich könnte die Stelle auch als Stabsstelle bei der Leitung der Kämmerei oder im Sachgebiet Steuern angesiedelt werden. Bei der Stadt Bietigheim-Bissingen wurde dies verworfen, da in der Abteilung Haushalt und Finanzen bereits tiefergehende Fachkenntnisse im Aufgabengebiet „Stadt als Steuerschuldner" vorhanden waren und so Synergien genutzt werden konnten.

Die Federführung für die Umsetzung der steuerlichen Pflichten in den Bereichen Umsatzsteuer, Körperschaftssteuer, Kapitalertragssteuer und Spenden liegt bei der Stadt Bietigheim-Bissingen bei der Kämmerei. Bezüglich der Verantwortlichkeiten bei unterschiedlichen steuerrechtlichen Auffassungen ist somit organisatorisch sichergestellt, dass die finale Entscheidung über den steuerrechtlichen Sachverhalt von der Amtsleitung der Kämmerei unter Hinzuziehung des sachkundigen Personals aus der Abteilung Haushalt und Finanzen getroffen wird. Die Entscheidung ist zur dauerhaften Nachvollziehbarkeit umfassend zu dokumentieren.

Um in den einzelnen städtischen Ämtern die Bedeutung des Steuerrechts hervorzuheben, wurden je Amt eine Ansprechperson und eine Stellvertretung als zentrale Anlaufstelle für steuerrechtliche Themen benannt. Diese Multiplikatoren vor Ort sind in der Regel mindestens eine Abteilungsleitung und in Ausnahmefällen sogar die Amtsleitung und deren Stellvertretung.

Die bisherigen sehr positiven Erfahrungen und Rückmeldungen zeigen, dass die Mitarbeitenden hinsichtlich der steuerrechtlichen Themen sensibilisiert sind und deshalb inzwischen bei Bedarf und in der Regel frühzeitig direkt bei der zentralen Stelle für das Aufgabengebiet Stadt als Steuerschuldner anfragen. Damit wird sichergestellt, dass verschiedenste (Gestaltungs-) Möglichkeiten und unter Umständen problematische Sachverhalte frühzeitig in der Kämmerei bekannt, mögliche Lösungen erarbeitet und abgewogen werden können, bevor Entscheidungen ohne ausreichende steuerrechtliche Prüfung unter Zeitdruck getroffen werden müssen.

Gleichzeitig sind die Mitarbeitenden bei der Feststellung von Unregelmäßigkeiten oder Pflichtverletzungen aufgefordert, die jeweiligen direkten Vorgesetzten und/oder die zentrale Stelle für die Steuersachbearbeitung hierüber zu informieren. Alternativ kann anonym bei der von der Stadt beauftragten Anwaltskanzlei ein Hinweis gegeben werden (externe Umsetzung der Whistleblower-Richtlinie).

II. Anpassung von Abläufen

Neben der Schaffung der Stelle für das Aufgabengebiet Stadt als Steuerschuldner wurden nacheinander verschiedene interne Abläufe umgestellt. Jede Rechnung muss inzwischen von der zentralen Steuerstelle der Kämmerei, der Abteilungsleitung Haushalt und Finanzen oder der Amtsleitung der Kämmerei steuerrechtlich geprüft und freigegeben werden, bevor eine Weiterleitung zur Stadtkasse erfolgt. Die Stadtkasse ist angewiesen, alle steuerrechtlich nicht geprüften Belege nicht ausbezahlen und einer der drei genannten Stellen zur Prüfung zuzuleiten. Hierdurch ist sichergestellt, dass mögliche steuerrechtliche Themen gleich erkannt werden und nicht nachgearbeitet werden müssen. Dies ist bei über 24.000 Ein- und Auszahlungen pro Jahr einerseits ein sehr zeitintensives Vorgehen, andererseits wird sichergestellt, die immer wichtiger werdenden steuerlichen Pflichten zu erfüllen.

Nur wenn die prüfende Person mit der bestmöglichen Informationsmenge vorsorgt ist, kann sie zu einer effizienten Schutzmöglichkeit für die Verwaltung werden. Daher werden der Stelle Stadt als Steuerschuldner und/oder der Abteilungsleitung Haushalt und Finanzen die für die Aufgabenerfüllung relevanten Informationen zur Verfügung gestellt, sodass diese bei steuerrechtlich kritischen Themen sich bereits frühzeitig Informationen zum Sachverhalt einholen und ggfls. eine steuerrechtliche Prüfung vornehmen kann bzw. können.

Die Abteilungsleitung Haushalt und Finanzen bzw. die Amtsleitung der Kämmerei werden in regelmäßigen Rücksprachen über den Stand der jeweils aktuellen steuerrechtlichen Fragestellungen und Themen informiert. Die Abgabe der einzelnen Umsatzsteuererklärungen erfolgt erst nach einer internen Prüfung und Abstimmung mit der Abteilungsleitung bzw. der Amtsleitung.

Die Einführung eines TCMS ist ein langwieriger Prozess, der einem ständigen Wandel und wechselnden Anforderungen unterliegt. Daher muss es regelmäßig überprüft und optimiert werden. Im aktuell sich in der Einführung befindlichen elektronischen Rechnungseingangsworkflow bei der Stadt Bietigheim-Bissingen spielt das Steuerrecht ebenfalls eine bedeutende Rolle. Auch hier mussten verschiedene Abläufe innerhalb der gesamten Verwaltung angepasst werden. Durch die Anpassungen ist sichergestellt, dass die zentrale Steuerstelle der Kämmerei eine steuerrechtliche Bestätigung erteilt, bevor die Rechnung zur zentralen Anordnung weitergeleitet wird.

Außerdem findet bei Bedarf ein Austausch mit dem Finanzamt statt, um komplexe Sachverhalte bereits frühzeitig zu klären und entsprechende Entscheidungen herbeizuführen. Damit ist das Finanzamt ein wichtiger Kooperationspartner für die Stadt Bietigheim-Bissingen.

III. Qualifizierung des Personals

Da die steuerrechtlichen Problematiken nicht durch die klassischen kommunalen Ausbildungslaufbahnen abgedeckt werden, müssen hierfür qualifizierte Mitarbeitende eingestellt und geschult werden.

In den letzten Jahren hat sich mehrfach gezeigt, dass die Qualifizierung des Personals in steuerlichen Themen eine sehr wichtige Rolle spielt. Daher ist der/die Stelleninhaber/in der städtischen Steuerstelle in Bietigheim-Bissingen verpflichtet, sich selbst regelmäßig fortzubilden und damit immer auf dem neuesten Stand zu sein.

Gewonnene Erkenntnisse werden kämmereiintern regelmäßig ausgetauscht, sodass sichergestellt ist, dass das Wissen auch intern weitergegeben wird. Sollten sich notwendige Anpassungen in der Ablauforganisation ergeben, so werden diese zeitnah vorgenommen.

Nicht nur die Qualifizierung des Stelleninhabers, sondern auch interne Schulungen für Mitarbeitende sind wichtig. Im Zusammenhang mit der Sichtung aller Einnahmen in Vorbereitung auf die Einführung von § 2b UStG konnten zahlreiche Vorgänge und Themen direkt vor Ort in den einzelnen Ämtern besprochen und geklärt sowie bei Bedarf Anpassungen vorgenommen werden. Aktuell werden neue Mitarbeitende, die sich um steuerrechtliche Sachverhalte in den Ämtern kümmern, möglichst frühzeitig und so gezielt wie möglich entsprechend der steuerpflichtigen Sachverhalte der jeweiligen Stelle geschult.

Perspektivisch ist geplant, allgemeine Schulungen zum Steuerrecht über die städtische E-Learning-Plattform anzubieten, sodass dann auch Nachweise zur erfolgreichen steuerrechtlichen Sensibilisierung und Qualifizierung vorliegen.

Sollten gerade bei komplexen steuerrechtlichen Sachverhalten Probleme auftreten, so darf die zentrale Steuerstelle nach Abstimmung mit der Amtsleitung externe fachliche Unterstützung hinzuziehen. Die risikoreichen Prozesse und Vorgänge unterliegen daher einer regelmäßigen Kontrolle zum Schutz aller Beteiligten.

Bereits seit einigen Jahren werden die städtischen Ämter über Informationsschreiben zu einzelnen steuerlichen Sachverhalten sensibilisiert. So wurde unter anderem das Thema Reverse-Charge-Verfahren erläutert.

Um die Mitarbeitenden bei der täglichen Arbeit mit den steuerrechtlichen Themen zu unterstützen, hat die Kämmerei Ende Oktober 2024 ein Steuerhandbuch verteilt. Mit diesem sollen die Mitarbeitenden für die steuerrechtlichen Anforderungen sensibilisiert werden. Im Steuerhandbuch werden die Steuerkennzeichen und deren Bedeutung ausführlicher thematisiert, ehe auf die Anforderungen für die Eingangs- und Ausgangsrechnungen sowie die Pflichtinhalte einer Rechnung anhand von Beispielen vertieft eingegangen wird. Den Abschluss des Steuerhandbuchs bildet eine Übersicht über die einzelnen Kostenstellen sowie die Zuordnung zu allen städtischen Betrieben gewerblicher Art.

Abbildung 1: Steuerhandbuch der Stadtverwaltung Bietigheim-Bissingen

Das Steuerhandbuch soll zukünftig regelmäßig, mindestens aber einmal pro Jahr, von der Abteilung Haushalt und Finanzen auf seine Aktualität überprüft und punktuell ergänzt werden. Dies dient der Selbstkontrolle und dem Schutz vor zukünftigen Fehlern.

Zur besseren Nachvollziehbarkeit der Änderungen wird das Dokument einmal im Änderungsmodus sowie einmal in der Reinschrift den Ämtern zur Verfügung gestellt.

In einem nächsten Schritt sollen Checklisten mit ablaufspezifischen Informationen je Amt erstellt werden, sodass die Abläufe besser strukturiert sind und Fristen gut eingehalten werden können. Dabei sollen eine einfache Sprache gewählt, unnötige Fachausdrucke vermieden und klare Handlungsanweisungen vorgegeben werden. Sind die Vorgaben verständlich und ausreichend an die Mitarbeitenden kommuniziert, so können diese besser eingehalten und umgesetzt werden. Auch die Checklisten müssen regelmäßig überprüft und fortgeschrieben werden.

Ganz wichtig für die Akzeptanz der steuerrechtlichen Anforderungen an die Mitarbeitenden ist der offene Umgang mit Fehlern, auch hinsichtlich der Einhaltung von steuerrechtlichen Vorgaben. Nur so kann eine schnelle Aufdeckung von steuerlichem Fehlverhalten erfolgen und Korrekturen vorgenommen werden.

IV. Interkommunaler Erfahrungsaustausch

Die Stadt Bietigheim-Bissingen ist darüber hinaus Mitglied in der Arbeitsgemeinschaft Stadt als Steuerschuldner des Städtetags, welche erstmals im Frühjahr 2018 tagte und sich halbjährlich austauscht, sowie einem Arbeitskreis eines Steuerberatungsbüros zum interkommunalen Erfahrungsaustausch. Es hat sich gezeigt, dass andere Kommunen ähnliche Themen und Herausforderungen haben und der Erfahrungsaustausch für alle Seiten sehr hilfreich ist.

Der Steuerrechtliche Konkurrentenschutz

Prof. Dr. iur. Michael Stahlschmidt

I. Allgemeines

Die Konkurrentenklage stellt eine prozessuale Dreieckskonstellation dar, in welcher der Kläger begehrt, dass die Verwaltung ihn wie einen Konkurrenten behandeln soll.[1] Sowohl im Ertragsteuerrecht als auch im Umsatzsteuerrecht sind Konkurrentenklagen denkbar, sie beschränken sich allgemein auf das Unternehmenssteuerrecht. Nur dort können wettbewerbsrechtliche Konstellationen entstehen.[2] Eine wettbewerbsrechtliche Verletzung liegt etwa dann vor, wenn der steuerpflichtige Unternehmer als privater Anbieter mit einer nichtbesteuerten juristischen Person des öffentlichen Rechts konkurriert. Aber nicht jeder Unterschied in der steuerlichen Behandlung führt zu einer Rechtsverletzung. Ist der in der Nichtbesteuerung liegende wirtschaftliche Vorteil nicht wettbewerbsrelevant, so scheidet eine Rechtsverletzung aus.[3]

Grundsätzlich erkennen die Gerichte die steuerrechtliche Konkurrentenklage an. Gegenüberstehen können sich private Unternehmer[4] oder wirtschaftliche tätige Unternehmer und die gemeinnützige öffentliche Hand.[5] Dabei kommt es nicht auf die Rechtsform an, in der die öffentliche Hand tätig wird. Denkbar sind Juristische Personen des öffentlichen Rechts, Regiebetriebe, Eigenbetriebe, Betriebe gewerblicher Art oder Eigengesellschaften.[6]

Mit der Konkurrentenklage kann keine Gleichbehandlung im Unrecht verfolgt werden. Wird der Konkurrent des Steuerpflichtigen nicht besteuert kann dieser die Nichtbesteuerung nicht nach Art. 3 Abs. 1 GG verfolgen, sog. Verbot der Gleichheit im Unrecht.[7]

Im Vordergrund stehen dabei meistens die Umsatzsteuer und Körperschaftsteuer. Die wettbewerbsrechtliche Konkurrentenklage ist aber auch bei anderen Steuerarten denkbar.[8]

---

1 *Englisch*, StuW 2008, 43.

2 *Van Lishaut*, Die Konkurrentenklage im Steuerrecht; *Erhard-Rausch*, DStZ 2004, 641.

3 BFH, 15.10.1997 – I R 10/92, BStBl. II 1998, 63.

4 BFH, 15.10.1997 – I R 10/92, BStBl. II 1998, 63.

5 BFH, 26.1.2012 – VII R 24/03, BStBl. II 2004, 1034.

6 *Kohlhepp*, in: Hidien/Jürgens, Die Besteuerung der öffentlichen Hand, § 26 Rn. 2.

7 Wie hier: *Kohlhepp*, in: Hidien/Jürgens, Die Besteuerung der öffentlichen Hand, § 26 Rn. 3; *Winheller/Klein*, DStZ 2008, 377.

8 *Helm*, StuW 2021, 264.

II. Voraussetzungen

Die Auslagerung von Teilbereichen und Tätigkeiten durch Privatisierung der öffentlichen Hand in die Rechtsformen des Privatrechts oder des öffentlichen Rechts hat die Situation geschaffen, die zu Konkurrentenklagen führen kann. Das Outsourcing führt immer dann zur Wettbewerbssituation, wenn die Leistungen der auslagernden öffentlichen Hand auch von privaten Rechtssubjekten am Markt angeboten werden. Wird beispielsweise eine IT-Abteilung der öffentlichen Hand privatisiert, konkurriert diese selbstverständlich mit anderen IT-Unternehmen. Konkret können steuerpflichtige private Unternehmer im Wettbewerb stehen mit

- Nicht steuerbaren öffentlich-rechtlichen Anbietern
- Steuerbefreiten öffentlich-rechtlichen Anbietern
- Ermäßigt besteuerten öffentlich-rechtlichen Anbietern.

Dabei spielt die gesellschaftsrechtliche Struktur eine untergeordnete Rolle. Es können sowohl öffentlich-rechtliche oder privatrechtliche organisierte Unternehmen sein, deren Gesellschaftsanteile sich in öffentlicher Hand befinden.

1. Informationsbeschaffung

Aus Sicht des wettbewerbsrechtlichen Konkurrenten besteht die Problematik, dass er zunächst die notwendigen Informationen erhält, aus denen sich ergibt, dass ein öffentlich-rechtliches Unternehmen weder zur Umsatzsteuer noch zur Körperschaftsteuer herangezogen wird. Als einzige frei zugängliche Informationsquelle ist das Unternehmensregister zu nennen, in welchem die Konkurrenten ihre Bilanzen veröffentlichen müssen. Aufgrund der größenabhängigen Erleichterungen nach den Vorschriften des HGB kann die Informationslage unterschiedlich, von aussagekräftig bei vollständiger Veröffentlichung des Jahresabschlusses bis wenig aussagekräftig bei Hinterlegung des Jahresabschlusses sein. Daher kann es notwendig sein, sich auf prozessualem Wege die erforderlichen Informationen zu beschaffen. Aus den im Umlauf befindlichen Rechnungen ergibt sich nicht zwangsläufig ein vollständiges Bild. Öffentlich-rechtliche Unternehmen können ihre Leistungen auch im Beitrags- oder Gebührenwege abrechnen.

2. Rechtsdurchsetzung

a) Vorüberlegungen

Konkurrentenklagen sind deswegen im Regelfall als sog. Stufenklage, zu führen; konkret als zweistufige Stufenklagen. Die Finanzverwaltung, die für die Besteuerung des Konkurrenten zuständig ist, ist der Klagegegner. Auf der ersten Stufe wird das Auskunftsersuchen gegenüber der Finanzverwaltung adressiert, um in Erfahrung zu bringen, ob und wie der Konkurrent besteuert wird. Das kann zunächst durch ein einfaches Auskunftsbegehren an die Finanzverwaltung geschehen. Lehnt die Finanzverwaltung dieses Begehren ab, ist eine Auskunftsklage notwendig. Erst nach erfolgreicher Auskunftsklage kann der wettbewerbsrechtliche Anspruch im Wege der Verpflichtungs- oder Feststellungsklage, aber auch eventuell als Anfechtungsklage verfolgt werden.

b) Steuernormen mit wettbewerbsrechtlichem Charakter

Selbstverständlich ist es nicht, Steuernormen wettbewerbsrechtlichen Charakter zuzusprechen. Grundsätzlich berührt das Besteuerungsverhältnis nur die Rechte derer, die an diesem Verfahren beteiligt sind, namentlich Finanzverwaltung und Steuerpflichtiger, nicht aber Dritte. Unbeteiligte Dritte können daher nicht in ihren Rechten verletzt werden. Auch aus Art. 3 Abs. 1 GG lässt sich weder ein Anspruch auf Wiederholung rechtswidrigen Verhaltens noch ein allgemeiner Gesetzvollziehungsanspruch ableiten.[9]

Trotzdem hat der BFH Konkurrentenklagen in Konkurrenzverhältnissen anerkannt. Dabei stehen sich der Besteuerung unterworfene Unternehmen der Privatwirtschaft und nicht besteuerte oder gemeinnützige Wettbewerber gegenüber.[10] Die erforderliche und nicht unproblematische Klagebefugnis leitet der BFH aus der sog. „Schutznormtheorie" ab. Nach dieser begründet eine einfachgesetzliche Regelung ein drittschützendes subjektives Recht, wenn sie mindestens auch dem Schutz der Interessen einzelner an dem durch sie begründeten Rechtsverhältnis nicht unmittelbar beteiligter Dritter dient.[11]

---

9 *Krumm,* in: Tipke/Kruse, Kommentar zur AO und FGO 184. Aufl./Lfg 1.2025, § 40, Rn. 41.

10 BFH, 15.10.1997 – I R 10/92, BStBl. II 1998, 63, 67; BFH, 8.7.2004 – VII R 24/03, BStBl. II 2004, 1034,1035 f.; BFH, 5.10.2006 – VII R 24/03, BStBl. II 2007, 243, 245 f.; BFH, 18.9.2007 – I R 30/06, BStBl. II 2009, 126, 128; BFH, 18.8.2022 – V R 49/19, juris, Rn. 21; BFH, 17.11.2022 – V R 12/20, BStBl. II 2023, 367, Rn. 18.

11 BVerfG, 6.7.1989 – 1 BvR 290/87, NJW 1990, 2249; BVerwG, 30.2.1995 – 3 C 8/94, BVerwGE 98, 118; BFH, 15.10.1997 – I R 10/92, BStBl. II 1998, 63.

Der EuGH ist dagegen deutlich Konkurrenten großzügiger als die nationale Rechtsprechung. Er greift dabei auf die von ihm entwickelte Schutznormlehre zur Auslegung des primären und sekundären Europarechts zurück. Nach dieser liegen subjektive öffentliche Rechte vor, wenn die fragliche Rechtsnorm eindeutig bestimmt und unbedingt ist, somit zugleich unmittelbar anwendbar ist und den Interessen des Einzelnen dient.[12] Gesteigerte Bedeutung kommt dieser Vorgehensweise im Umsatzsteuerrecht zu, welches bekanntermaßen auf der Mehrwertsteuersystemrichtlinie beruht.

Für das Steuerrecht bedeutet dies, löst ein materielles Steuergesetz eine Ungleichheit im Belastungserfolg aus, ist die Rechtsverletzung des Steuerpflichtigen, der von der Begünstigung ausgenommen ist, grundsätzlich denkbar. Dabei geht es um die Fälle der gleichheitswidrigen Besteuerung dergestalt, dass der Betroffene von der Begünstigung ausgeschlossen ist. Gerügt wird die gleichheitswidrige Entlastung eines anderen Steuerpflichtigen.[13]

Geprüft wird, ob der vermeintlich benachteiligte Konkurrent die Verletzung einer Norm geltend machen kann, die zumindest auch wettbewerbsschützenden Charakter besitzt. Die Rechtsprechung hat §§ 64–68 AO, §§ 4, 5 Abs. 1 Nr. 9 Satz 2 KStG, § 3 Nr. 6 Satz 2 GewStG, § 2b, 12 Abs. 2 Nr. 8a Satz 2 UStG diesen wettbewerbsschützenden Charakter zugesprochen. Darüber hinaus kommt dem unionsrechtlichen Beihilfeverbot Art. 107 ff. AEUV drittschützender Charakter zu. Auch Sozialzweck- und Lenkungsnormen können potenziell die Klagebefugnis des Konkurrenten begründen, wenn die Anwendung der Normen in den freien Wettbewerb eingreifen und diesen beeinträchtigen. Hier kommen in Betracht z. B. § 5 KStG, § 3 GewStG, § 4 UStG, §§ 3, 3a EStG.[14]

Auch Steuerstundungen und Erlass von Steuern, mithin jegliche Verwaltungsmaßnahme, die in den Wettbewerb eingreift, kommt als Begünstigung von Konkurrenten in Betracht, obwohl die §§ 222, 227 AO dem Grunde nach keinem originären drittschützenden Charakter haben. Gleichwohl ist immer in Betracht zu ziehen, dass auch auf die Normen des Verfassungsrechts zurückgegriffen werden kann. Art. 12 Abs. 1 GG und Art. 14 Abs. 1 GG betreffen die grundrechtliche Sphäre eines Unternehmers, indem sie die Wettbewerbsfreiheit schützen. Art. 3 Abs. 1 GG schützt zudem die Wettbewerbsgleichheit. Bei neutral formulierten einfach gesetzlichen Normen ist

12 EuGH, 11.8.1995 – Rs. C-433/93 Slg. 1995, I-2323, Rn. 19, *Kommission ./. Deutschland.*

13 *Krumm,* in: Tipke/Kruse, Kommentar zur AO und FGO 184. Aufl./Lfg 1.2025, § 40, Rn. 42; *Tipke*, FR 2006, 949, 959; *Seer,* in: Tipke/Lang, Steuerrecht, Rn. 22.127.

14 *Knobbe-Keuk*, BB 1982, 385, 388; *Seer*, Verständigungen in Steuerverfahren, 265 f.; *Englisch*, StuW 2008,43, 46 ff.; *von Beckerath*, in: Gosch, AO FGO Kommentar, § 40 Rn. 167; BFH, 3.8.3005 – I R 37/04, BStBl. II 2006, 141.

auf die verfassungsrechtlich geschützte Wettbewerbsfreiheit und -gleichheit zurückzugreifen.

Bezogen auf die Steuerarten kommt im Hinblick auf die Ertragsteuern als drittschützende Norm Art. 3 Abs. 1 GG und Art. 12 Abs. 1 GG i. V. m. dem für das Ertragsteuerrecht anerkannten Leistungsfähigkeitsprinzip in Betracht.[15] Für das Umsatzsteuerrecht stellt der BFH auf den Grundsatz der steuerlichen Neutralität ab, der in Art. 13 Abs. 1 UAbs. 2 MwStSystRL, Art. 4 Abs. 5 UAbs. 2 der 6. EG-RL verankert ist.

c) Wettbewerbsverhältnis

Damit der Konkurrent subjektiv die Verletzung wettbewerbsschützender Normen rügen kann, ist ein konkretes Wettbewerbsverhältnis zum Begünstigten erforderlich. Dieses hat er detailliert darzulegen und zu beweisen. Die bloße Behauptung, ein solches könnte bestehen, reicht nicht aus.[16] Der Kläger muss auf demselben sachlichen und räumlichen Markt agieren wie der Begünstigte, der den gewährten Steuervorteil erhält. Dahinter steht der Gedanke, dass der Marktteilnehmer, der eine Leistung ohne steuerliche Belastung erbringen kann am Markt für seine Leistung einen günstigeren Preis aufrufen kann als derjenige, der die Leistung mit steuerlicher Belastung erbringen muss. Ein derartiger Preisunterschied kann wettbewerbsrelevant sein. Dass es sich möglicherweise um einen hypothetischen Preisunterschied handelt, ist nicht entscheidend. Der aufgrund der Wettbewerbsordnung unverfälschte Wettbewerb auf dem Markt soll durch steuerrechtliche Normen nicht beeinträchtigt werden. Insoweit muss, um einen effektiven Rechtsschutz zu erreichen, in Zweifelsfällen eine Vermutung zugunsten „der Wettbewerbsrelevanz der drittschützenden Steuervorschrift" angenommen werden.[17] *Krumm* spricht von „echten" Zweifelsfällen, ohne näher auszuführen, was damit gemeint ist. Richtig dürfte sein, von Zweifelsfällen zu sprechen, um einen effektiven Rechtsschutz zu erreichen.

Im Ergebnis muss der Kläger die Diskrepanz der Besteuerung darlegen, die sich dadurch ergibt, dass im Vergleich zur eigenen Steuerpflicht, die Steuerpflicht des Konkurrenten anders, zumeist niedriger, ist. Erforderlich ist die Auslegung der geltenden Steuergesetze und die gedachte Besteuerung auf Ebene des öffentlich-rechtlichen Unternehmens.[18]

---

15 *Hey*, in: Tipke/Lang, Steuerrecht, Rn. 3.131.

16 BFH, 18.8.2022 – V R 49/19, juris, Rn. 21; BFH, 17.11.2022 – V R 12/20, BStBl. II 2023, 367, Rn. 18; *Wernsmann*, DV 2003, 67, 84 ff.; *Englisch*, StuW 2008, 43, 47.

17 *Krumm,* in: Tipke/Kruse, Kommentar zur AO und FGO 184. Aufl./Lfg 1.2025, § 40, Rn. 83 mit Verweis auf *Englisch*, StuW 2008, 43, 48.

18 *Kohlhepp*, in: Hidien/Jürgens, Die Besteuerung der öffentlichen Hand, § 26 Rn. 23.

Setzte die ältere Rechtsprechung lediglich eine hinreichende Wahrscheinlichkeit der Wettbewerbsbeeinträchtigung voraus,[19] verlangt die neue Rechtsprechung eine konkret feststellbare, durch Tatsachen belegte Befürchtung von Wettbewerbsnachteilen.[20] Diese Wettbewerbsnachteile müssen sich noch nicht konkret ereignet haben, aber nachprüfbare Tatsachen sind erforderlich, die das Eintreten von potenziellen Wettbewerbsnachteilen nahelegen.[21] Insoweit lässt sich von einem höheren Grad an Wahrscheinlichkeit (als hinreichende Wahrscheinlichkeit) sprechen.

Hinsichtlich der Anforderungen an die prozessuale Darlegung geht *Kohlhepp* davon aus, dass, wegen des Steuergeheimnisses, die Anforderungen an diese Darlegungen nicht geringgehalten werden dürfen.[22] Das *FG Hamburg* geht in einem obiter dictum davon aus, dass zumindest nicht mit hinreichender Wahrscheinlichkeit auszuschließende Rechtsbeeinträchtigungen substantiiert und glaubhaft gemacht werden müssen, mittels Tatsachen, um gegen die betreffende Finanzverwaltung mit Aussicht auf Erfolg ein subjektives Recht auf steuerlichen Drittschutz geltend machen zu können.[23] Insgesamt dürfen die Anforderungen an die Darlegung nicht überspannt werden, weil ansonsten der Drittschutz leerliefe. Dabei ist auch zu berücksichtigen, dass sich der Konkurrent immer in einer schwächeren Position befindet.

3. Auskunftsanspruch

Damit der Konkurrent den wettbewerbsrechtlichen Anspruch verfolgen kann, muss ihm zunächst ein verfassungsunmittelbarer Auskunftsanspruch zugebilligt werden.[24] Die AO steht dem Konkurrenten hier nicht zur Seite, daher muss er sich auf das Rechtsstaatsprinzip i. V. m. Art. 12 Abs. 1 GG, Berufsfreiheit und dem Prozessgrundrecht des Art. 19 Abs. 4 GG stützen. Vorbehaltlich des Steuergeheimnisses ist die Finanzverwaltung verpflichtet, Auskunft zu erteilen, wenn ohne diese der wettbewerbsrechtliche Anspruch nicht weiterverfolgt werden kann. Daher muss der Dritte Auskunft darüber erhalten, ob sein Konkurrent zur Steuer veranlagt wurde und ob er dabei möglicherweise unberechtigte Steuervorteile erlangt hat. Das Steuergeheimnis steht in diesen Fällen der Auskunft nicht im Wege, § 30 Abs. 4 Nr. 1 AO

---

19 BFH, 5.10.2006 – VII R 24/03, BStBl. II 2007, 243.

20 BFH, 26.1.2012 – VII R 4/41, BStBl. II 2012, 541.

21 *Kohlhepp*, in: Hidien/Jürgens, Die Besteuerung der öffentlichen Hand, § 26 Rn. 24.

22 *Kohlhepp*, in: Hidien/Jürgens, Die Besteuerung der öffentlichen Hand, § 26 Rn. 24.

23 FG Hamburg, 29.4.2021 – 6 K 206/19, https://www.landesrecht-hamburg.de/bsha/document/NJRE001471778 (zuletzt geöffnet am 27.4.2025).

24 BFH, 26.1.2012 – VII R 4/41, BStBl. II 2012, 541; BFH, 5.10.2006 – VII R 24/03. BStBl. II 2007, 243.

i. V. m. § 30 Abs. 2 Nr. 1 lit. a AO.[25] In diesem Auskunftsverfahren ist das öffentlich-rechtliche Unternehmen als Betroffener nach § 360 Abs. 3 AO hinzuzuziehen.[26]

Der Auskunftsanspruch erfasst demzufolge alle Informationen, die für die Durchführung der Konkurrentenklage oder eines vorgelagerten Einspruchsverfahrens erforderlich sind. In der Praxis kann sich die Situation ergeben, dass die Informationen entweder nicht geeignet sind oder gar nicht erteilt werden. Dann ist das Auskunftsbegehren zunächst mit einer Feststellungsklage zu verfolgen. Ansonsten ist der Konkurrent nicht in der Lage, einen den Anforderungen genügenden Klageantrag im Rahmen einer Anfechtungsklage zu formulieren.[27]

4. Konkurrentenklage

Für die Zulässigkeit der Konkurrentenklage ist es erforderlich, dass der Kläger zunächst das Wettbewerbsverhältnis substantiiert darlegt, das zwischen ihm und dem öffentlich-rechtlichen Unternehmen besteht und die drittschützende Norm benennt, auf der er die Konkurrentenklage stützt.

Dabei kommt es vor allem auf die korrekte Klageart an. Basis der Bestimmung der Klageart ist das Auskunftsersuchen des Konkurrenten, um die konkrete Besteuerungssituation in Erfahrung zu bringen. Hat die Finanzverwaltung die Auskunft nicht erteilt, ist die Leistungsklage die statthafte Klageart, weil ein konkretes Verwaltungshandeln als Klagegegenstand angestrebt wird.[28] Hat dagegen die Finanzverwaltung die Auskunft erteilt, scheidet die Leistungsklage aus.

Bei der auf die steuerrechtliche Gleichbehandlung gerichteten Klage besteht folgendes Problem. Die Rechtsverletzung des Klägers, namentlich die Beeinträchtigung der Wettbewerbssituation durch eine nicht oder geringe Besteuerung, wird immer in der Vergangenheit liegen. Das Klageziel liegt in der Gegenwart und richtet sich ggf. darauf, dass der Konkurrent in der Zukunft ebenso besteuert wird wie der Kläger. Damit stellt sich die grundsätzliche Frage, ob mit einer Anfechtung eines in der Vergangenheit liegenden begünstigten Steuerbescheides das Ziel einer steuerlichen Gleichbehandlung in der Zukunft erreicht werden kann.[29]

---

25 *Kohlhepp*, in: Hidien/Jürgens, Die Besteuerung der öffentlichen Hand, § 26 Rn. 19.

26 *Krumm*, in: Tipke/Kruse, Kommentar zur AO und FGO, 184. Aufl./Lfg 1.2025, § 40, Rn. 85.

27 *Krumm*, in: Tipke/Kruse, Kommentar zur AO und FGO, 184. Aufl./Lfg 1.2025, § 40, Rn. 86.

28 *Kohlhepp*, in: Hidien/Jürgens, Die Besteuerung der öffentlichen Hand, § 26 Rn. 30.

29 Ebenda, Rdn. 31.

Dies hätte zur Folge, dass als statthafte Klageart nur die Verpflichtungsklage in Betracht käme. Denn nur mit dieser kann zukünftiges Verwaltungshandeln verfolgt werden. Das wiederum führte dazu, dass die in der Vergangenheit liegenden Veranlagungszeiträume in die Unanfechtbarkeit hineinwüchsen. Darüber hinaus widerspräche eine derartige Vorgehensweise der Rechtsprechung des BFH, wonach eine Klage unzulässig ist, die die Besteuerung von zukünftigen Veranlagungszeiträumen zum Ziel hat. Über die Besteuerung ist erst dann zu entscheiden, wenn der Besteuerungstatbestand verwirklicht ist.[30] Daher ist je nach Ausgangslage zu unterscheiden.

Auf dem Gebiete des Ertragsteuerrechts wird zumeist keine Besteuerung der öffentlich-rechtlichen Unternehmen stattfinden, wenn sich eine Besteuerung nicht aus der Rechtsform oder aus dem Vorliegen eines wirtschaftlichen Geschäftsbetriebes ergibt. Hat die Finanzverwaltung einen Freistellungsbescheid für die Körperschaft- und Gewerbesteuer erteilt, verlangt der BFH zunächst die Beseitigung dieses Bescheides durch eine Anfechtungsklage. Zunächst müsse der Grund für die Nichtbesteuerung zu Fall gebracht werden.[31] Gibt es dagegen keine Steuerbescheide, ist eine Verpflichtungsklage unzulässig und es bleibt nur die Feststellungsklage als statthafte Klageart.[32]

Bei der Umsatzsteuer wird es um die Beseitigung der Nichtbesteuerung oder zu niedrig besteuerten Sachverhaltes gehen. Liegen seitens der Finanzverwaltung keine Steuerbescheide vor, so muss mittels Verpflichtungsklage der Erlass von Steuerbescheiden angestrebt werden. Ist der Kläger mangels Vorliegens von Informationen nicht in der Lage die Besteuerung betragsmäßig zu substantiieren, ist die Verpflichtungsklage wegen mangelnder Konkretisierung unzulässig.[33] Mit der Feststellungsklage käme der Kläger aber nicht an das Ziel, da diese an der Subsidiaritätsklausel des § 41 Abs. 2 Satz 1 FGO scheiterte.[34] Die Lösung ist, in der Verpflichtungsklage die zu besteuernden Umsätze zu beschreiben, aber nicht betragsmäßig zu beziffern.[35] Für den Fall, dass Steuerbescheide vorliegen, müssen diese mit der Anfechtungsklage zunächst aus der Welt geschafft werden.

30 BFH, 15.10.1997 – I R 10/92, BStBl. II 1998, 396.

31 BFH, 15.10.1997 – I R 10/92, BStBl. II 1998, 396.

32 *Kohlhepp*, in Hidien/Jürgens, Die Besteuerung der öffentlichen Hand, § 26 Rn. 34; *Krumm*, in: Tipke/Kruse, Kommentar zur AO und FGO 184. Aufl./Lfg 1.2025, § 40, Rn. 86.

33 BFH, 15.10.1997 – I R 10/92, BStBl. II 1998, 396.

34 *Englisch*, StuW 2008, 43, 45.

35 *Kohlhepp*, in: Hidien/Jürgens, Die Besteuerung der öffentlichen Hand, § 26 Rn. 36; *Englisch*, StuW 2008, 43, 45 mit Verweis auf die Rechtsprechung die ältere Rechtsprechung des BFH.

Die Literatur unterscheidet die Konkurrentenklage in die offensive (positive) und defensive (negative) Konkurrentenklage.[36] Als offensive Konkurrentenklage wird die Klage bezeichnet, mit der der Kläger eine steuerliche Begünstigung erstreiten möchte, die seinem Konkurrenten gewährt wurde. Er möchte das Ergebnis seines Besteuerungsverfahrens verbessern. Dagegen bezeichnet die negative Konkurrentenklage die Situation, in der der Kläger eine stärkere Besteuerung des Konkurrenten erreichen möchte. Er wendet sich gegen das Ergebnis eines fremden Steuerrechtsverhältnisses.[37]

36 Basis für diese Unterscheidung: *Knobbe-Keuk*, BB 1982, 358.
37 *Krumm,* in: Tipke/Kruse, Kommentar zur AO und FGO, 184. Aufl./Lfg 1.2025, § 40, Rn. 85.

Überlegungen zur Notwendigkeit von (Tax)Compliance in der öffentlichen Verwaltung unter besonderer Berücksichtigung straf- und ordnungswidrigkeitenrechtlicher Aspekte

Prof. Dr. Stefan Holzner, LL.M.

Der nachfolgende Beitrag widmet sich der Frage, ob es im öffentlich-rechtlichen Bereich notwendig ist, sich mit Fragen zur Tax Compliance und der möglichen Einführung von Tax Compliance Management Systemen, ggf. als Bestandteil bereits eingerichteter interner Kontrollsysteme,[1] *zu befassen.*

I. Begrifflichkeiten und Vorüberlegungen

Der Begriff der „Compliance“ beschreibt die erforderlichen Maßnahmen zur Gewährleistung des rechtmäßigen Verhaltens von Organisationseinheiten und den darin tätigen Personen in deren spezifischem Rechtskreis.[2] Somit beschreibt „Tax Compliance“ die erforderlichen Maßnahmen zur Gewährleistung des rechtmäßigen Verhaltens im Bereich des Steuerrechts von Organisationseinheiten und den darin tätigen Personen in deren spezifischem Rechtskreis.[3]

Da die Befassung mit allen Ausprägungen von Compliance Maßnahmen bzw. Compliance Management Systemen regelmäßig sehr abstrakte Überlegen erfordert, sollen hier zur Veranschaulichung vorweg Beispiele, zunächst aus Bereichen außerhalb des Steuerrechts, vorgestellt werden, um daran anschließend die Fragen zur Tax Compliance zu entwickeln.

1. Hypothetische Sachverhalte

Angenommen, in einer mittelgroßen Gemeinde stellt sich heraus, dass eine Sekretariatskraft über das Tun der Bürgermeisterin in verschiedenen Social-Media-Kanälen unter dem Account der Gemeinde postet. Dies geschieht mit der (guten) Absicht der Mitarbeiterin, die Bürgermeisterin und damit die Gemeinde öffentlich gut dastehen zu lassen. Weiterhin sei angenommen, dass in ebenjener Gemeinde ein anderer Mitarbeiter den Zugang eines Kol-

1 *Kettelhake/Hahn*, CCZ 2022, 42.

2 *Schneider*, ZIP 2003, 645.

3 Ausführlich zum Begriff Tax Compliance: *Meissner/Leibold/Gieseler/Holzner*, in: Dürrschmidt/Majer, Jahrbuch des Instituts für Angewandte Forschung 2020, S. 25, 27.

legen für die vertraglich nicht gestattete Doppel-Nutzung eines zwar nicht dringend notwendigen, aber die Arbeitseffizienz doch deutlich steigernden Softwaretools verwendet. Dies geschieht in der (guten) Absicht des Mitarbeiters, der Gemeinde die Kosten für eine weitere Softwarelizenz einzusparen. Von beiden Vorgängen erfährt die Bürgermeisterin erst im Nachhinein.

2. Hypothetische Reaktionen

Die Bürgermeisterin wird sich bei der mutmaßlichen Befassung mit beiden Vorgängen regelmäßig von mehreren Fragen leiten lassen: Warum ist das so passiert? Was haben sich die Mitarbeitenden dabei jeweils gedacht? Ist das Ergebnis bzw. der Weg dorthin wünschenswert und „korrekt“? Und wenn nicht, was ist zu tun, um die konkreten Vorgänge zu klären und künftig die Wiederholung solcher oder vergleichbarer Vorgänge zu verhindern?

Auch wenn man davon ausgehen kann, dass eine positive Außendarstellung mehr oder weniger alle Personen – wohl auch in einem öffentlichen Amt tätige – zunächst subjektiv nicht nachteilig empfinden werden, ist bei objektiver Betrachtung davon auszugehen, dass die Bürgermeisterin ihre Außendarstellung selber steuern und nicht einer gewissen Zufälligkeit anheimstellen möchte. Vielleicht gibt es eine Strategie zur Außendarstellung von Gemeinde und/oder Bürgermeisterin und vielleicht gibt es individuelle politische Haltungen der Bürgermeisterin, die in Bezug auf bestimmte Sachverhalte eben eine individuelle Reaktion erfordern. Möglicherweise war der Mitarbeiterin die Bedeutung generell oder die strategische Ausrichtung der Außendarstellung der Bürgermeisterin nicht bekannt bzw. nicht bewusst. Dabei ist es letztlich unerheblich, dass ihr Verhalten von einer guten Absicht geleitet wurde, denn das Ergebnis ist letztlich nicht wünschenswert. Die Mitarbeiterin hätte also in Abstimmung mit der Bürgermeisterin bzw. im Einklang mit den strategischen Vorgaben zur Außendarstellung handeln müssen. Um dies künftig erreichen zu können und eine nochmalige unerwünschte Außendarstellung zu vermeiden, wird die Bürgermeisterin ihre Wünsche zur Außendarstellung ihres Amtes bzw. ihrer Gemeinde in irgendeiner Weise intern kommunizieren, ggf. Personen mit der Übernahme der Kommunikation beauftragen, diese ggf. schulen oder weiterbilden lassen und sich künftig regelmäßig über die verbreiteten Inhalte und deren Wirkungen unterrichten lassen. Sollte dann dennoch eine nicht abgestimmte Aktion von Mitarbeitenden erfolgen, könnte neben weiterer interner Kommunikation auch das dienstliche Weisungsrecht expliziter genutzt werden, um das gewünschte Ziel bei der Außendarstellung zu erreichen.

Bei der Frage der Doppel-Nutzung des Zugangs zu dem Software-Tool werden sich der Bürgermeisterin zunächst Fragen in Bezug auf die Ausgestaltung des Software-Lizenzvertrags stellen und zudem mutmaßlich mindestens laienhafte Bedenken aufkommen, ob hier nicht auch ein strafrechtlich relevanter Vorgang vorliegen könnte. Auch zur Lösung dieses Problems wird zunächst wohl eine interne Kommunikation, ggf. in Verbindung mit entsprechenden (Dienst)Anweisungen für den Umgang mit lizenzierter Software, erfolgen. Aufgrund der Tatsache, dass es durch das Verhalten des Mitarbeiters zudem zu einem Schaden an geschützten Rechtsgütern bei einem Vertragspartner (Softwarelizenzgeber etc.) gekommen ist, der zu regulieren ist oder eine einseitige Beendigung des Vertrages zur Folge haben könnte, ist anzunehmen, dass die Intensität der Reaktion der Bürgermeisterin noch entschlossener und konsequenter sein wird als in dem zuvor unterstellten Sachverhalt.

3. Mögliche Schlussfolgerungen

Nun könnte man einwenden, die hier eröffneten Sachverhalte seien recht simpel zu lösen. Es sei eine Binsenweisheit, den Mitarbeitern aufzugeben, künftig vor Postings auf Social-Media-Kanälen entweder Rücksprache über den Inhalt der Posts zu halten oder sich, sofern bereits vorhanden, an die Vorgaben zur Außendarstellung zu halten. Ebenso klar sei die Notwendigkeit, verbindliche Richtlinien für den Umgang mit Softwarelizenzen zu schaffen und auch deren Befolgung durchzusetzen. Allerdings würde man dabei in den o.g. Beispielen ignorieren, dass es die entsprechenden Vorgaben eben bislang noch nicht gegeben hatte bzw. deren Befolgung durch alle Miterbeiter, aus welchen Gründen auch immer, schlicht nicht erreicht werden konnte. Auch wenn man unterstellt, dass den Mitarbeitern eigentlich klar sein müsste, dass ihr Verhalten – unabhängig von einer konkreten Beurteilung – grundsätzlich nicht korrekt ist, wird damit im Ergebnis die Realität beschrieben: Mitunter fehlen im Ergebnis banale Anweisungen, obwohl allen Beteiligten klar ist, dass solche erforderlich sind. Und selbst wenn solche Anweisungen existieren, kommt es im Rahmen von organisiertem menschlichem Zusammenwirken dazu, dass diese Anweisungen schlicht nicht beachtet werden – und dies auch ohne jede „böse Absicht".

II. Übertragung der Vorüberlegungen auf das Steuerrecht

Nachfolgend sollen versucht werden, die oben aufgeworfenen Gedanken auf das Gebiet des Steuerrechts zu übertragen. In diesem Rechtsbereich existieren vielfältige Regelungen in Gestalt von Gesetzen und Verwaltungsvorschriften (sog. Richtlinien und Erlassen). Neben der (Über)Komplexität dieses Rechtsbereichs stellt sich für alle Rechtsanwender auch die Herausforderung, dass teilweise in schneller Folge klein(st)teilige Änderungen vorgenommen werden. Daher besteht gerade in diesem Rechtsbereich die Gefahr, dass klare Handlungsanweisungen fehlen oder nicht bzw. nicht richtig umgesetzt werden und es dadurch zu einer Missachtung geltenden Rechts kommt – und dies durchaus auch ohne jede „böse Absicht". Dabei soll hier nicht in Abrede gestellt werden, dass die öffentliche Hand auch auf dem Gebiet des Steuerrechts schon bisher alles daransetzt, rechtskonform zu agieren. Nur stellt dieser Rechtsbereich aufgrund der vielfältigen Eigenschaften der öffentlichen Hand eine besondere Herausforderung dar. Je nach Steuerart tritt die öffentliche Hand als Gläubigerin (Gewerbe- und Grundsteuer) oder Schuldnerin auf (z. B. Umsatzsteuer bei Unternehmereigenschaft von juristischen Personen des öffentlichen Rechts iSd. § 2b UStG oder der Körperschaftsteuer bei Vorliegen von Betrieben gewerblicher Art). Hinzu kommen neue und wechselnde Sachverhalte sowie schnelle gesetzgeberische Änderungen. Gerade für die öffentliche Hand als Teil des Staates ist dies besonders herausfordernd.

III. Zur Notwendigkeit von Compliance …

1. … im Allgemeinen

Das auch im öffentlich-rechtlichen Bereich, der per se dem Rechtsstaatsprinzip des Art. 20 Abs. 3 GG entsprechen muss, die Präventivfunktion von Compliance-Maßnahmen aller Art einen eigenständigen Nutzen hat, sollte inzwischen eine gesicherte Erkenntnis sein. Als beispielhaft für die Entwicklung dieses Themas soll hier nur exemplarisch auf einige der ersten verfassten Gedanken zu diesem Thema verwiesen werden, die dereinst in einem einzelnen Beitrag in einer Fachzeitschrift vorgestellt wurden.[4] Inzwischen gibt es für dieses sehr spezifische Thema – nicht nur – ein umfangreiches Fachbuch.[5]

Es lässt sich daher auch kaum bestreiten, dass die Sicherstellung rechtskonformen Handelns über die Wahrung des nach dem Grundgesetz geforderten Mindestmaß an Rechtsstaatlichkeit hinaus etwa dazu geeignet sein kann, das Vertrauen der Bürgerinnen und Bürger in die „öffentliche Hand" zu fördern.[6] Auch soll eine angemessene Compliance-Struktur und -Kultur weitere Möglichkeiten eröffnen, dass sich vorhandene Mitarbeiter deutlicher mit ihrem Arbeitgeber identifizieren und mittelbar auch die Anwerbung

4 *Stober*, DVBl. 2012, 391.
5 *Stober/Ohrtmann* (Hrsg.), Compliance für die öffentliche Verwaltung.
6 *Stober*, DVBl. 2012, 391, 399 f.

neuer Mitarbeiter fördern.[7] In Zeiten, in denen die Gewinnung hinreichend qualifizierten Personals aufgrund der demographischen Entwicklung der Bevölkerung immer schwieriger wird, sicherlich ein Merkmal, mit dem die „öffentliche Hand“ in ihrer Eigenschaft als Arbeitgeberin werben kann.

2. … im Besonderen im Steuerrecht bei der „öffentlichen Hand“

Bei Fragen der Compliance bei der öffentlichen Hand handelt es sich regelmäßig um komplexe tatsächliche und rechtliche Fragestellungen, für die keine monokausalen Lösungsansätze gefunden, verallgemeinert und zur endgültigen und abschließenden Lösung angewandt werden können. Es existiert also nicht „die“ Lösung, die sich für alle individuellen Anwendungsfälle unkompliziert anpassen lässt. So wenig der Nutzen der Einführung eines Tax Compliance Management Systems auch im Bereich der öffentlichen Hand, etwa auf kommunaler Ebene, angezweifelt wird,[8] so sehr stellt sich aber im konkreten Fall jeweils die Frage der handelnden Akteure, ob und wenn ja, wie intensiv dieses Thema angegangen wird.

Dabei sind es bereits „einfache“ steuerrechtliche Herausforderungen, die einer Organisation auch unter Compliance-Gesichtspunkten bedürfen, wie nachfolgend zum Thema „Steuererklärungspflicht“ in der gebotenen Kürze dargestellt werden soll.

Eine der zentralen Mitwirkungspflichten der Steuerpflichtigen im Besteuerungsverfahren besteht in der Abgabe von Steuererklärungen (§§ 149 ff. AO iVm. den jeweiligen Steuergesetzen) bzw. Steueranmeldungen. Bei einer Steueranmeldung handelt es sich nach § 150 Abs. 1 Satz 3 AO im Ergebnis um eine Steuererklärung, bei der der Steuerpflichtige die Steuer selbst zu berechnen hat, soweit dies gesetzlich in einem Steuergesetz vorgeschrieben ist. Eine solche Anmeldung ist etwa nach § 18 Abs. 1 UStG für die Umsatzsteuer eines Voranmeldungszeitraums (nach § 18 Abs. 2 Satz 1 das Quartal, nach Satz 2 der Vorschrift der Kalendermonat) und nach § 18 Abs. 3 UStG für die Umsatzsteuer eines Kalenderjahrs auf digitalem Weg an das Finanzamt zu übermitteln. Eine Pflicht zur Steueranmeldung im Bereich der Ertragsteuer besteht etwa nach § 41a Abs. 1 EStG für den Arbeitgeber in Bezug auf die Lohnsteuer seiner Arbeitnehmer.

§ 150 Abs. 2 Satz 1 AO fordert weiter, dass die in einer Steuererklärung getätigten Angaben wahrheitsgemäß nach bestem Wissen und Gewissen zu

7 *Müller/Fischer*, Tax Compliance, Rn. 73, 74.

8 Beispielhaft etwa für die Einführung eines TCMS-Systems im Bereich der Umsatzsteuer bei einer baden-württembergischen Kommune *Henkes/Daum*, KKZ 2022, 55; *Landkreistag Baden-Württemberg*, GK 2021, 32.

machen sind. Darüber wird in § 153 AO eine Anzeige- und Berichtigungspflicht geregelt: Erkennt der Steuerpflichtige nachträglich vor Ablauf der Festsetzungsfrist (§§ 169 ff. AO), dass eine von ihm oder für ihn abgegebene Erklärung unrichtig oder unvollständig ist und dass es dadurch zu einer Verkürzung (also zu gar keiner, zu einer nicht richtigen oder zu einer nicht rechtzeitigen Festsetzung iSd. § 370 Abs. 4 Satz 1 AO) von Steuern kommen kann oder bereits gekommen ist, so ist er nach § 153 Abs. 1 Satz 1 AO verpflichtet, dies unverzüglich dem Finanzamt anzuzeigen und die erforderliche Richtigstellung vorzunehmen.

a) Besondere Berücksichtigung steuerstrafrechtlicher Aspekte

Zur beispielhaften Darstellung soll nun unterstellt werden, dass eine Mitarbeiterin der Gemeinde, die für die Erstellung der Steuererklärungen zuständig ist, etwa für die monatlich abzugebenden Lohnsteuer-Anmeldungen für die Mitarbeiter der Gemeinde, den maßgeblichen Stichtag nach § 41a Abs. 1 Satz 1 EStG, also den 10. des Folgemonats, verpasst, so dass die Bürgermeisterin die Lohnsteuer-Anmeldungen erst zum 12. des Folgemonats an das Finanzamt übermittelt bzw. die Übermittlung entsprechend autorisiert. Damit ist jedoch bereits der objektive Unterlassungstatbestand des § 370 Abs. 1 Nr. 2 AO erfüllt. Und auch der tatbestandliche Erfolg iSd. § 370 Abs. 4 Satz 1 AO ist in diesem Beispiel erreicht, da die Lohnsteuer „nicht rechtzeitig festgesetzt" wurde, auch wenn die Bürgermeisterin persönlich keinerlei (wirtschaftliche) Vorteile durch ihr Verhalten erlangt bzw. gar nicht erlangen kann, da für das objektive Vorliegen einer Steuerhinterziehung nicht notwendig die eigene Steuer des Erklärenden hinterzogen werden muss.

Maßgeblich ist auf der subjektiven Tatbestandsebene weiterhin noch, ob nach § 369 Abs. 2 AO iVm. § 15 StGB ein vorsätzliches Handeln vorliegt. Ein Vorsatz liegt vor, wenn der Täter bei Begehung der Tat in Kenntnis aller objektiven Tatumstände willentlich handelt. Für die erforderliche Kenntnis ist ausreichend, wenn der Täter eine „Parallelwertung in der Laiensphäre"[9] vornimmt und davon ausgeht, dass der Steueranspruch vermutlich besteht und er darauf – zumindest potenziell – schädigend einwirkt. Weder ist eine sichere Kenntnis des Steueranspruchs noch die Vorstellung erforderlich, dass die Verkürzung der Steuer tatsächlich gelingen werde. Damit muss der Täter einer Steuerhinterziehung also keinesfalls ein Steuerexperte sein. Und was die Willensbildung angeht, ist auch für die Steuerhinterziehung nach § 370 AO ausreichend, wenn der Täter mit Eventualvorsatz (auch: bedingter Vorsatz) handelt. Dieser liegt bereits vor, wenn der Täter die Verwirklichung der Tatbestandsmerkmale als möglich voraussieht, ihm dies aber gleichgül-

---

9 BGH, 8.11.2016 – 1 StR 492/15, BeckRS 2016, 21431; *Kulhanek*, in: MüKo-StGB, § 16 StGB Rn. 75; *Kaspar*, in: NK-WSS, § 16 StGB Rn. 19–25a.

tig ist oder er sich damit abfindet (billigendes Inkaufnehmen des als möglich erkannten Erfolgs).[10] Hierzu führt die Finanzverwaltung in AEAO zu § 153, Nr. 2.6 – einer Verwaltungsvorschrift – erläuternd aus: „Für eine Steuerhinterziehung reicht von den verschiedenen Vorsatzformen bereits bedingter Vorsatz aus. Dieser kommt in Betracht, wenn der Täter die Tatbestandsverwirklichung für möglich hält. Es ist nicht erforderlich, dass der Täter die Tatbestandsverwirklichung anstrebt oder für sicher hält. Nach der BGH-Rechtsprechung ist für die Annahme des bedingten Vorsatzes neben dem Für-Möglich-Halten der Tatbestandsverwirklichung zusätzlich erforderlich, dass der Eintritt des Taterfolges billigend in Kauf genommen wird. Für die billigende Inkaufnahme reicht es, dass dem Täter der als möglich erscheinende Handlungserfolg gleichgültig ist. […].“

Damit reicht es für die Annahme vorsätzlichen Verhaltens im obigen Beispiel also bereits aus, wenn die Bürgermeisterin sich bei Übermittlung der Lohnsteuer-Anmeldungen etwa beiläufig daran erinnert, dass diese zu einem bestimmten Stichtag zu erfolgen haben, der möglicherweise auch bereits überschritten ist, sie aufgrund der Vielzahl anderer zeitkritischer Aufgaben hier aber nichts weiter veranlasst und hofft, dass die Steueranmeldung so akzeptiert wird und das Finanzamt sich schon melden werde, wenn der Vorgang nicht korrekt war. Damit läge in diesem Beispiel dann aber eine objektiv wie subjektiv tatbestandlich verwirklichte Steuerhinterziehung vor. Da keine Rechtfertigungsgründe für eine Steuererklärung denkbar sind und in dem Beispiel auch keine Anhaltspunkte für einen Schuldausschluss genannt sind, wäre das Verhalten auch rechtswidrig und schuldhaft. Hier wird nicht näher betrachtet, wie wahrscheinlich eine tatsächliche strafrechtliche Verfolgung wäre. Ebenso wenig wird geprüft, ob eine strafrechtliche Sanktion durch eine strafbefreiende Selbstanzeige nach § 371 AO möglicherweise noch vermeidbar wäre. Denn es sollte primär alles darangesetzt werden, bereits präventiv die Situation zu vermeiden, dass es überhaupt zu einer tatbestandsmäßig, rechtswidrig und schuldhaft begangenen Straftat kommt, unbeachtlich, welche konkreten Rechtsfolgen tatsächlich eintreten.

Es wäre in diesem Beispiel also aus Compliance-Gesichtspunkten sinnvoll, die interne Organisation bei der Vorbereitung der Steuererklärungen zu strukturieren, klare Fristen bzw. Vorfristen einzuführen und dadurch die Beachtung der gesetzlichen Erklärungsfristen zu gewährleisten.

Auch gibt die Organisation steuerlicher Abläufe, gerade aufgrund der Überkomplexität des Steuerrechts, Anlass, sich über eine „Fehlerkultur“ Gedanken zu machen. Dazu ist zunächst auf den Normappell des § 153 Abs. 1 AO einzugehen, wonach eine als unrichtig erkannte Steuererklärung gegenüber dem Finanzamt zu berichtigen ist. Ist eine Steuererklärung ihrem Inhalt

---

10 Statt Vieler *Sternberg-Lieben/Schuster*, in: Schönke/Schröder, § 15 StGB Rn. 72.

nach objektiv unrichtig, da „nicht alle steuerlich erheblichen Tatsachen vollständig und wahrheitsgemäß“[11] offengelegt wurden, beruht dies aber auf einem „üblichen“ (Tipp)Fehler bzw. einem entschuldbaren Versehen, fehlt es sowohl am Vorsatz iSd. § 15 StGB, der für eine Steuerhinterziehung nach § 370 AO erforderlich ist, als auch an der Leichtfertigkeit, die für den Ordnungswidrigkeitentatbestand der leichtfertigen Steuerverkürzung nach § 378 AO vorausgesetzt wird. D. h., es liegt bis zu diesem Zeitpunkt kein strafbares oder ordnungswidriges Verhalten vor. Dabei würde es in der Folge auch bleiben, wenn nun die von § 153 Abs. 1 AO geforderte Berichtigung erfolgt.[12] Dazu muss aber innerhalb einer Organisationsstruktur eine Fehlerkultur eingeführt und v. a. auch gelebt werden, die das Auffinden und Berichtigen von Fehlern fördert bzw. belohnt und nicht „bestraft“. Sicherlich eine nicht zu unterschätzende organisatorische Herausforderung. Diese kann und sollte auch im Rahmen von Compliance Management Systemen, die ihrerseits wiederum in interne Kontrollsysteme integriert sein können, erreicht werden, da diese Systeme zu einem erheblichen Teil von der Akzeptanz und der Mitwirkung der handelnden Personen abhängig sind.

b) Besondere Berücksichtigung (steuer) ordnungswidrigkeitenrechtlicher Aspekte

Abschließend soll ein kursorischer Überblick zur Notwendigkeit von Compliance-Maßnahmen auch zur Vermeidung (steuer)ordnungswidrigkeitenrechtlicher Folgen gegeben werden.

Zum einen besteht die Gefahr, dass ein objektiv dem Tatbestand des § 370 Abs. 1 AO entsprechendes Verhalten (Tun oder Unterlassen) zwar mangels Vorsatz nicht zu einer Strafbarkeit nach dieser Vorschrift, bei Vorliegen leichtfertigen Verhaltens aber zu einer Ordnungswidrigkeit nach § 378 Abs. 1 AO führen kann. Nach AEAO zu § 153, Nr. 2.7 Satz 1 stellt Leichtfertigkeit eine besondere Form der Fahrlässigkeit dar und soll vorliegen, wenn jemand in besonders großem Maß gegen Sorgfaltspflichten verstößt und ihm dieser Verstoß besonders vorzuwerfen ist, weil er den Erfolg leicht hätte vorhersehen oder vermeiden können. Da man in der Praxis trefflich darüber streiten kann, welches Ausmaß ein Sorgfaltspflichtverstoß hat und ob der Erfolg leicht oder nicht so leicht hätte vorhergesehen bzw. vermieden werden können, sollte der Ordnungswidrigkeitentatbestand des § 378 AO Anlass geben, auch für solche Fallgestaltungen, bei denen man „lediglich“ eine Vorwerfbarkeit unterhalb der Vorsatzschwelle in Gestalt der Leichtfertigkeit vermuten darf, dennoch hinreichende Compliance-Maßnahmen zu deren Vermeidung zu treffen.

---

11 Siehe Wortlaut in AEAO zu § 153, Nr. 2.1 Satz 2.

12 Ausdrücklich AEAO zu § 153, Nr. 2.2 Satz 1.

Zum anderen hält das Ordnungswidrigkeitenrecht noch weitere Regelungen bereit: So wird mit § 30 OWiG, der zumindest auch privatrechtlich handelnde juristische Personen des öffentlichen Rechts erfassen soll,[13] die Verhängung einer Geldbuße gegen eine juristische Person des öffentlichen Rechts ermöglicht, wenn deren Leitungsperson eine Straf- oder Ordnungswidrigkeit begangen hat.[14] Weiter wird für öffentliche Unternehmen über § 130 Abs. 2 OWiG, für dessen Anwendung ausreichen soll, dass das Unternehmen „von der öffentlichen Verwaltung getragen" wird,[15] die Sanktionierung einer Verletzung der Aufsichtspflicht ermöglicht.

IV. Fazit

Die Einführung strukturierter Organisationsabläufe, deren Ziel die Einhaltung geltenden Rechts aller Ebenen ist, stellt sich für die „öffentliche Hand" als Pflichtaufgabe dar. Insbesondere im Bereich des Steuerrechts ist die Komplexität der Rechtsmaterie und der ihr zugrundeliegenden Sachverhalte, die häufige Neufassung und Änderung von Vorschriften und der damit einhergehenden Verhaltenspflichten und die dadurch erforderliche dauernde Anpassung der Rechtsanwender geeignet, über die im Bereich der öffentlichen Verwaltung üblichen internen Organisationsmaßnahmen hinaus Vorsorge durch entsprechende Compliance-Maßnahmen zu treffen. Dies erfolgt auch, aber nicht nur, um sowohl Steuerstraftaten als auch Steuerordnungswidrigkeiten präventiv zu vermeiden.

13 *Meyberg*, in: BeckOK OWiG, 45. § 30 OWiG Rn. 24.
14 So auch *Möhlenbeck*, in: Stober/Ohrtmann, Compliance für die öffentliche Verwaltung, Rn. 240.
15 *Möhlenbeck*, in: Stober/Ohrtmann, Compliance für die öffentliche Verwaltung, Rn. 241 m. w. N.

Psychologie und Tax Compliance: Das perfekte Duo!

Prof. Dr. Gunda Rosenauer

Dieser Beitrag befasst sich mit den psychologischen Faktoren, die eine erfolgreiche Tax Compliance in der öffentlichen Verwaltung beeinflussen. Hierbei werden die psychologischen Elemente, die die Einhaltung steuerlicher Vorschriften fördern, in den Blick genommen und es wird beleuchtet, welche Strategien zur Verbesserung der Tax Compliance eingesetzt werden können. Ergänzt werden die Ausführungen mit Strategien zur Implementierung dieser Erkenntnisse, einschließlich praktischer Leitfragen für Führungskräfte und eine Top-10-Liste psychologischer Aspekte für die erfolgreiche Umsetzung von Tax Compliance in Organisationen. Eine wesentliche Erkenntnis ist, dass effektive Tax Compliance weit über die bloße Befolgung gesetzlicher Vorgaben hinausgeht und eine Kultur der Integrität, des Vertrauens und der Wertschätzung erfordert. Ein tieferes Verständnis der psychologischen Aspekte ist wichtig, um die Steuerehrlichkeit zu fördern und gleichzeitig die gesellschaftliche Verantwortung zu stärken.

I. Psychologische Aspekte erfolgreicher Tax Compliance in der öffentlichen Verwaltung

Der Fall einer mittelgroßen deutschen Kommune unter der Führung von – nennen wir sie Bürgermeisterin Tilda Gründlich – zeigt, welche Bedeutung psychologische Aspekte bei der Tax Compliance innerhalb der Stadtverwaltung haben. Die Ausgangssituation lässt sich wie folgt skizzieren: Vor fünf Jahren sah sich die Kommune mit erheblichen Schwierigkeiten bei der Steuerprüfung konfrontiert. Die Abläufe waren unstrukturiert, die Dokumentation war lückenhaft und das Bewusstsein für die Relevanz der Compliance gering ausgeprägt.

Tilda Gründlich erkannte die Notwendigkeit eines grundlegenden Kulturwandels. Sie initiierte ein Programm zur Verbesserung der Tax Compliance mit folgenden Maßnahmen:

1. Sensibilisierung für das Thema Tax Compliance durch regelmäßige Gespräche und Workshops.
2. Strukturierung durch klare Richtlinien, Abläufe und Checklisten, um die Prozesse zu standardisieren und sie benannte verantwortliche Mitarbeitende für das Thema Tax Compliance.

3. Kommunikation mit den verantwortlichen Mitarbeitenden und Anerkennung ihres Engagements für das Thema Tax Compliance in Form von regelmäßigen Gesprächen und Austausch.
4. Die Dokumentation der Maßnahmen zur Tax Compliance inklusive eines Handbuches mit allen wichtigen Informationen und aktuellen Gesetzestexten wurde implementiert.

Gründlich erkannte, dass der Schlüssel zur erfolgreichen Tax Compliance nicht nur in der Einhaltung von Regeln und Vorschriften lag, sondern vor allem in ihrem Verhalten, ihrem Vorbild und den Ressourcen und der (psychologischen) Unterstützung, die sie ihren Mitarbeitenden für das Thema Tax Compliance gab.

Die Effektivität der implementierten Maßnahmen konnte bei der nächsten Steuerprüfung nachgewiesen werden. Die Prüferinnen und Prüfer zeigten sich beeindruckt von der sauberen Dokumentation sowie der nachvollziehbaren Darstellung aller relevanten Informationen.

Dieser Fall demonstriert, dass eine ganzheitliche Herangehensweise an die Tax Compliance, die sowohl strukturelle als auch psychologische Aspekte berücksichtigt, zu einer signifikanten Verbesserung der Tax Compliance in einer kommunalen Verwaltung führen kann. Der Erfolg basierte vor allem auf der Erkenntnis, dass effektive Tax Compliance vor allem eine Frage der Organisationskultur und den psychologischen und organisatorischen Rahmenbedingungen ist.

Die Berücksichtigung psychologischer Aspekte ist „spielentscheidend“ für die Einhaltung der Tax Compliance und wird in der Praxis dennoch häufig vernachlässigt. Daher widmet sich dieses Kapitel den psychologischen Grundlagen und Hintergründen.

Grundsätzlich gilt: Die Motivation von Mitarbeitenden, sich für die Einhaltung von Tax Compliance einzusetzen, ist nur dann gewährleistet, wenn deren Engagement von der Führungsebene gefördert und anerkannt wird und entsprechende Ressourcen dafür zur Verfügung gestellt werden und vor allem, wenn eine „Tax Compliance Kultur“ vorgelebt wird.

Die Einhaltung der Regeln ist unabdingbar, da andernfalls Zwangsgelder und weitere Konsequenzen drohen. Aber die psychologische Forschung zeigt deutlich, dass eine rein auf Abschreckung basierende Regulationsstrategie zu kurz greift[1] und nur eine erzwungene Compliance bewirkt. Mit kooperativen Compliance Programmen geht eine signifikant höhere Steuersicherheit einher und damit auch eine Verringerung der Compliance-Kosten[2]

1 *Mühlbacher/Zieser*, Die Psychologie des Steuerzahlens, S. 2.
2 *Eberhartinger/Zieser,* Schmalenbachs Zeitschrift fur betriebswirtschaftliche Forschung = Schmalenbach journal of business research.

und es wird präventiv ein vertrauensvoller Dialog zwischen der Organisation und der Steuerverwaltung ermöglicht.[3]

Wie sieht also kooperative Tax Compliance aus und welche psychologischen Aspekte sind dabei besonders zu beachten, um die Compliance in Organisationen nachhaltig zu implementieren und erfolgreich einzuhalten?

II. Anerkennung – eine zentrale Säule für die Einhaltung der Tax Compliance

Anerkennung ist ein zentrales Grundbedürfnis und eine zentrale Motivation des Menschen.[4] Arbeit und Engagement folgten daher der Anerkennung. Das wird im beruflichen Kontext immer wieder sichtbar. Die Aufgaben, für die es Anerkennung und Wertschätzung gibt, werden deutlich motivierter, engagierter und erfolgreicher durchgeführt. Gelingt es den Führungskräften, eine ehrliche Anerkennungskultur zu etablieren und diese auch bei der Einhaltung der Tax Compliance zu zeigen, erhöht das auch erheblich das Engagement dafür.

Allgemein sollte das Verhältnis von Anerkennung zu Kritik 5:1 sein[5], dann blühen Mitarbeitende auf, entwickeln sich und fühlen sich sicher. Selbstverständlich muss das positive Feedback ehrlich sein, sonst bewirkt es das Gegenteil. Losada und Heaphy zeigten in einer Studie, welchen entscheidenden Faktor das Verhältnis von positiven zu negativen Interaktionen auf die Teamleistung hat. In Hochleistungsteams lag das Verhältnis bei 5,6:1, bei durchschnittlichen Teams 1,9:1 und bei Niedrigleistungsteams sogar bei 0,36:1.[6] In einer deutsch-österreichischen Studie lagen zwischen zweimal Anerkennung bei der Arbeit 75 Tage[7], das ist ein zu langer Zeitraum, um Motivation zu fördern.

Hier gibt es viel Entwicklungsraum und es lohnt sich, den Blick auf die positiven Aspekte zu legen. Anerkennung ist unbezahlbar und immateriell, aber sehr wirkungsvoll. Je nach Größe der Abteilung und Umfang der Arbeit mit Tax Compliance sind aber auch andere Belohnungssysteme denkbar, beispielsweise könnte es eine besondere Form der Anerkennung geben für Ab-

---

3 *Müller/Woischitzschläger/Zöchling*, Co-operative Tax Compliance in Österreich Handbuch zur begleitenden Kontrolle und anderen Formen der Kooperation in Steuersachen.

4 *Bauer*, Prinzip Menschlichkeit. Warum wir von Natur aus kooperieren.

5 *Folkman/Zenger*, The Power of Feedback. 35 Principles for Turning Feedback from Others into Personal and Professional Change.

6 *Losada/Heaphy,* The role of positivity and connectivity in the performance of business teams: A nonlinear dynamics model. *American Behavioral Scientist, 47*(6), 740–765.

7 *Ganserer/Kampkötter/Steffes*, Arbeitszufriedenheit und Arbeitsbedingungen, fb-590-arbeitszufriedenheit-und-arbeitsbedingungen.pdf (zuletzt abgerufen am 6.3.2025).

teilungen, die Compliance-Maßnahmen erfolgreich umsetzen, als effektiver extrinsischer Motivator. Z. B. einen „Compliance-Champion-Award“, der jedes Jahr verliehen wird oder die Abteilung bekommt eine besondere Weiterbildung genehmigt oder es gibt ein besonderes Compliance-Team-Event, wie einen Ausflug. So wird deutlich, dass Tax Compliance wichtig ist und es gesehen wird, ob sie eingehalten wird oder nicht.

Zahlreiche Studien belegen den Zusammenhang zwischen Anerkennung und erhöhter Zufriedenheit und Motivation bei der Arbeit,[8] und daraus resultierend ist Anerkennung auch für die Einhaltung der Tax Compliance von zentraler Bedeutung.

III. „Tone from the top“ – Die Rolle der Führungskräfte

Tax Compliance sollte Chef:innensache sein. Denn „tone from the top“ ist auch für die Tax Compliance Grundlage.[9] Die Kultur einer Organisation wird von oben nach unten vorgelebt und entwickelt und zwar kontinuierlich über Jahre, das bedeutet in diesem Fall: Ein klares Bekenntnis der Führungsspitze zur Tax Compliance muss am Anfang stehen.

Die positive Aussage einer Führungskraft bewirkt meist mehr als eine Schulung und ebenso kann eine einzige negative Aussage die Bemühungen um die Tax Compliance zunichtemachen. Mitarbeitende orientieren sich in ihrem Verhalten an den unmittelbaren Vorgesetzten oder gleichrangigen Kolleg:innen (soziale Bewährtheit).[10] Warren Buffett betont in seinem Zitat sehr eindrücklich die immense Bedeutung von Reputation und wie zerbrechlich sie ist: „Man braucht 20 Jahre, um einen guten Ruf zu erarbeiten und 5 Minuten, um ihn zu zerstören. Wenn dir das bewusst ist, gehst du die Dinge anders an.“[11]

Wenn Führungskräfte Integrität und Transparenz in Steuerfragen (vor)leben und ehrlich dahinterstehen, schafft das auch unter den Mitarbeitenden eine Kultur der Verantwortlichkeit. Das Vertrauen der Mitarbeitenden in die Integrität ihrer Institution beeinflusst ihr Verhalten. Wenn Mitarbeitende das Gefühl haben, dass Korruption oder „Vetternwirtschaft“ toleriert werden, sinkt nachvollziehbar die eigene Bereitschaft, Regeln zu befolgen. Oder auch, wenn eine Kultur der „stillen Duldung“ (tacit approval) herrscht, sind Mit-

---

8 *Bradler/Dur/Neckermann/Non*, Employee Recognition and Performance. *A Field Experiment Management Science*, 62(11), 3085–3099.

9 *Brezina/Eberhartinger/Zieser*, The Effects of Cooperative Compliance on Firms' Tax Risk, Tax Risk Management and Compliance Costs. *Schmalenbach Journal of Business Research 73*(1), S. 125–178.

10 *Cialdini*, Die Psychologie des Überzeugens.

11 *Buffett*, Meine Warren Buffet Bibel. Erfolgreich denken lernen die Grundsätze des Star-Investors.

arbeitende eher geneigt, ungenaue Buchungen oder sogar Steuervergehen zu akzeptieren. Soziale Normen in der Organisation sind also wichtig.[12]

Wenn Tax Compliance für die Führungskraft kein relevantes Thema ist, ist es das für die Mitarbeitenden auch nicht. Führungskräfte müssen also Vorbilder sein und Rahmenbedingungen schaffen, die die Einhaltung steuerlicher Vorschriften fördern und unterstützen. Eine wichtige Frage an die verantwortliche Mitarbeiterin, an den verantwortlichen Mitarbeiter wäre z.B. „Was brauchen Sie, um diese Aufgabe gut machen zu können? Braucht es Aufgabenentlastung, sonstige Ressourcen, eine fundierte IT-Unterstützung oder noch etwas anderes?"

IV. Die Macht der positiven Emotionen

Was haben Emotionen mit Tax Compliance zu tun? Beim Blick auf die Motivationsforschung, zeigt sich deutlich, wie sehr „positive Emotionen" die Motivation fördern. Denn Gefühle und Emotionen sind Motivatoren. „Emotionen berühren uns […] und bewegen uns in eine bestimmte Richtung".[13] Emotionen sind wesentliche Elemente des Handelns, also auch bei der Tax Compliance.[14] Negative Emotionen hingegen, wie z.B. das Gefühl, ungerecht oder nicht respektvoll behandelt worden zu sein, wirken sich negativ auf die Steuermoral aus.[15]

Im Folgenden ein Modell nach Kroeber-Riel[16]:

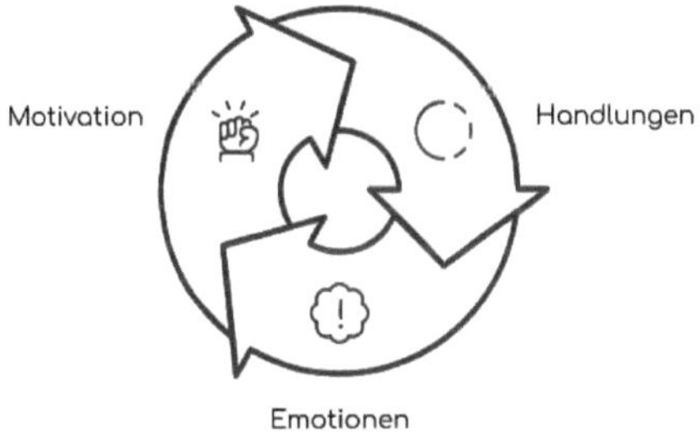

Abb. 1: Modell basierend auf Emotions-Motivations-Prozess nach Kroeber-Riel (erstellt mit Napkin.ai, 11.12.2024)

---

12 *Bicchieri*, The grammar of society. The nature and dynamics of social norms.

13 *Rothermund/Eder*, Allgemeine Psychologie: Motivation und Emotion, S.165.

14 *Mühlbacher/Zieser*, Die Psychologie des Steuerzahlens, S.12.

15 *Murphy/Tyler, Procedural justice and compliance behaviour: the mediating role of emotions*. European Journal of Social Psychology 38(4), S.652–668.

16 *Kroeber-Riel*, Konsumentenverhalten; *Rosenauer/Leibold/Meissner*, Psychologische und rechtliche Anreize für Tax Compliance. *Betriebs-Berater* 2023, S.343–347.

Aber ist es überhaupt möglich, positive Emotionen im Zusammenhang mit Tax Compliance zu erzeugen? Ja, das ist es, positive Emotionen können beispielsweise dadurch erzeugt werden, dass Führungskräfte …

- …eine Vertrauenskultur schaffen durch offene und transparente Kommunikation
- …Anerkennung und Wertschätzung ausdrücken für Compliance Verhalten (s. o.)
- …ein Umfeld fördern, in dem Mitarbeitende Fragen stellen können und Fehler konstruktiv genutzt werden, um besser zu werden
- …empathisch sind gegenüber den Anliegen der Mitarbeitenden im Zusammenhang mit Tax Compliance
- …Unterstützung anbieten, durch die Bereitstellung hilfreicher Informationen und Ressourcen
- …positive Erfahrungen fördern, indem sie beispielsweise Best Practices sichtbar machen oder vorbildliches Verhalten in Steuerfragen.

Durch konsequente Anwendung dieser Strategien können Führungskräfte ein Umfeld schaffen, das positive Emotionen fördert und somit die Bereitschaft zur Einhaltung steuerlicher Vorschriften erhöht. Dies führt nicht nur zu einer verbesserten Tax Compliance, sondern stärkt auch das Vertrauen und die Loyalität der Mitarbeitenden gegenüber der Organisation insgesamt.

Eine weitere wichtige Rolle spielt in diesem Zusammenhang auch die Interaktion mit den Finanzbehörden. Studien zeigen, dass positive Emotionen im Zusammenhang mit Steuern die Bereitschaft zur Einhaltung steuerlicher Vorschriften signifikant erhöhen können. Nach positiven Interaktionen mit den Finanzbehörden ergab sich eine deutlich erhöhte Compliance-Bereitschaft.[17] Vertrauen, Wertschätzung und Fairness lösen auch hier positive Emotionen aus, die die Steuerehrlichkeit steigern.[18] Eine konstruktive Kooperation mit den Finanzbehörden beinhaltet: wertschätzende Kommunikation, faire Behandlung, Aufbau von Vertrauen, Verlässlichkeit und die Bereitstellung von Unterstützung und hilfreichen Informationen von Seiten der Finanzbehörden. Durch die Berücksichtigung und gezielte Förderung dieser positiven emotionalen Erfahrungen im Steuerkontext können Behörden die Tax Compliance nachhaltig verbessern und eine kooperative Steuerkultur

17 *Enachescu/Olsen/Kogler/Zeelenberg/Breugelmans/Kirchler,* The role of emotions in tax compliance behavior: A mixed-methods approach. *Journal of Economic Psychology 29*(2), S. 210–225.

18 *Enachescu/Olsen/Kogler/Zeelenberg/Breugelmans/Kirchler,* The role of emotions in tax compliance behavior: A mixed-methods approach. *Journal of Economic Psychology 29*(2), S. 210–225.

schaffen.[19] Auch eine Studie mit österreichischen Steuerzahlenden zeigte eine höhere Tax Compliance, nachdem mit den Steuerbehörden positive Erfahrungen und damit positive Emotionen erlebt wurden.[20]

Positive Emotionen, in welcher Form auch immer, im Zusammenhang mit Tax Compliance sind also förderlich für deren Einhaltung.

V. Klare Verantwortlichkeiten für optimale Tax Compliance

Die klare Zuweisung von Verantwortlichkeiten ist ebenfalls ein wichtiger Faktor für eine effektive Tax Compliance. Wenn nicht klar benannt ist, wer verantwortlich ist, ist die Wahrscheinlichkeit groß, dass niemand die Verantwortung übernimmt.

Eine klar definierte Zuständigkeit und auch ein starkes Commitment zu den gemeinsamen Zielen fördern die Übernahme wichtiger Aufgaben. Wenn Mitarbeitende sich einer Idee oder einem Ziel verpflichtet fühlen, steigt ihr Engagement und ihre Motivation, aktiv zum Erfolg beizutragen.[21]

Zudem kann kognitiven Verzerrungen entgegengewirkt werden. Diese können sich auf die Entscheidungen auswirken, die auch die Tax Compliance betreffen. Dies sind:

- Optimismus-Bias: Hier unterschätzen Mitarbeitende die Entdeckungswahrscheinlichkeit von Regelverstößen.
- Rationalisierung: Unethisches Verhalten wird durch Aussagen wie „Das machen alle so“ oder „Es ist nur eine kleine Ausnahme“ gerechtfertigt.
- Verantwortungsdiffusion: Ohne klare Zuständigkeiten sinkt die Einhaltung von Vorschriften, da es viele in der Gruppe gibt, die das tun können.

Hilfreich für die Auswahl ist eine talentorientierte Aufgabenverteilung. Das bedeutet, Mitarbeitende zu finden, die Interesse, Leidenschaft oder sogar Begeisterung für das Thema Tax Compliance haben und den damit verbundenen Aufgaben. Werden die Stärken und Talente der Mitarbeitenden genutzt, ist der Erfolg deutlich größer und die Zufriedenheit der Mitarbeitenden ist deutlich erhöht.[22]

---

19 *Kirchler/Kogler/Muehlbacher,* Cooperative Tax Compliance: From Deterrence to Deference. *Current Directions in Psychological Science 23*(2), S. 87–92.

20 *Enachescu/Olsen/Kogler/Zeelenberg/Breugelmans/Kirchler,* The role of emotions in tax compliance behavior: A mixed-methods approach. *Journal of Economic Psychology 29*(2), S. 210–225.

21 *Cialdini*, Die Psychologie des Überzeugens.

22 *Wang/van Woerkom/Breevaart/Bakker/Xu,* Strengths-based Leadership and Employee Work Engagement: A Multi-Source Study. *Journal of Vocational Behavior, 142.*

Dann müssen im Weiteren klare Berichtsstrukturen etabliert werden und regelmäßige Mitarbeitergespräche (Zielvereinbarungen und Statusgespräche) mit den involvierten Mitarbeitenden geführt werden.[23] Und auch eine gut organisierte Vertretungsregelung stellt die kontinuierliche Compliance sicher.[24]

Der Vorteil klarer Zuständigkeiten ist auch, dass Anerkennung direkt adressiert werden kann und sich Stärken und Schwächen besser identifizieren lassen und dadurch die Mitarbeitenden besser gefördert werden können. All das erhöht insgesamt die Zufriedenheit und das Selbstwirksamkeitsgefühl der Mitarbeitenden.[25]

Möglich ist die Implementierung eines RACI-Modells zur Klärung von Verantwortlichkeiten:[26]

- **R (Responsible): Wer ist für die Ausführung verantwortlich?**
- **A (Accountable): Wer trägt die Gesamtverantwortung?**
- **C (Consulted): Wer sind die Expertinnen und Experten bei Fragen?**
- **I (Informed): Wer muss informiert werden?**

Durch die Benennung von Verantwortlichen kann eine Organisation also nicht nur ihre Tax Compliance verbessern, sondern auch ein Umfeld schaffen, in dem Mitarbeitende motiviert sind, aktiv zum Erfolg einer effektiven Tax Compliance beizutragen.

VI. Fähigkeiten fördern und dadurch die Compliance stärken

Wenn die Mitarbeiterin, der Mitarbeiter benannt sind, ist verständlicherweise die kontinuierliche Kompetenzentwicklung ein weiteres Schlüsselelement für eine effektive Tax Compliance. Hierbei gibt es viele Lernformate, wie klassische Schulungen und Workshops, interaktive Schulungsvideos, praxisnahe Fallstudien, aber auch kollegialen Austausch in Jour Fixes. So kann das Wissen über Tax Compliance auf dem neuesten Stand gehalten und

---

23 *Brezina/Eberhartinger/Zieser*, The Effects of Cooperative Compliance on Firms' Tax Risk, Tax Risk Management and Compliance Costs. *Schmalenbach Journal of Business Research 73*(1), S. 125–178.

24 *Sauter/Meissner*, Implementierung eines Tax Compliance Management Systems in der öffentlichen Verwaltung.

25 *Schiefer/Nitsche*, in: Schiefer/Nitsche (Hrsg.), Die Rolle der Führungskraft in agilen Organisationen.

26 *Diederichs (Hrsg.)*, Risikomanagement und Risikocontrolling.

die praktische Anwendung geübt werden.[27] Die Förderung des kollegialen Austauschs und die Etablierung von Netzwerken können zusätzlich zur Verbreitung von Best Practices beitragen.

Dabei sind das Tax Compliance Management Systems (TCMS), Checklisten, Audits und FAQs Grundlage. Auch Transparenz ist sehr wichtig, regelmäßige Berichte über die Verwendung von Steuermitteln und interne Audit-Ergebnisse schaffen Klarheit.

Ebenso die Einweisung in entsprechende Software, die zum Einsatz kommen kann, beispielsweise um Analysen oder Datenberichte automatisch zu erstellen, bilden ein wichtiges Fundament, um die Kompetenz der verantwortlichen Person aufzubauen und dann auch stetig zu fördern.

VII. Sinnvolles und werteorientiertes Handeln fördern

Es ist unterstützend, den Sinn und Nutzen von Tax Compliance[28] klar zu kommunizieren, um die Motivation der Mitarbeitenden zu stärken. Tax Compliance bedeutet nicht nur die Einhaltung steuerlicher Vorschriften, sondern vor allem auch die Übernahme von Verantwortung für die Gesellschaft. Eine klare Kommunikation über den positiven Einfluss von Steuereinnahmen – etwa auf Bildung, Infrastruktur oder soziale Sicherheit – verdeutlicht den Beitrag, den die öffentliche Verwaltung zum Gemeinwohl leistet. Dies schafft Sinn in der Arbeit und fördert dadurch das Engagement der Mitarbeitenden[29] – so können sie sich mit einer bedeutungsvollen Aufgabe identifizieren. Mitarbeitende, die den Zweck von Steuereinnahmen als positiv und wichtig wahrnehmen, sind nachvollziehbar motivierter, sich an die steuerlichen Regeln zu halten.

Eine starke Vorbildfunktion und die konsequente Umsetzung der Prinzipien guter Unternehmensführung sind nicht nur auf dem Papier, sondern vor allem im Arbeitsalltag wichtig (s. o.). Sie stärken die Integrität, das Vertrauen und die Glaubwürdigkeit einer Organisation. Wenn Führungskräfte diese Werte aktiv vorleben, schaffen sie eine Kultur, in der sich Mitarbeitende mit den Zielen der Organisation identifizieren und motiviert sind, ein Teil davon zu sein.[30]

---

27 *Brezina/Eberhartinger/Zieser*, The Effects of Cooperative Compliance on Firms' Tax Risk, Tax Risk Management and Compliance Costs. *Schmalenbach Journal of Business Research 73*(1), S. 125–178.

28 *Bethke/Bach*, in: Bethke/Bach (Hrsg.), Compliance-Kommunikation.

29 *Devivere*, Sinn und Arbeit. Antworten Zur Sinnsuche Im 21. Jahrhundert – Viktor E. Frankl und Andere.

30 *Keller*, in: Keller (Hrsg.), Integrität als Führungskompetenz.

Den Sinn zu verstehen zahlt also auf die langfristige Compliance ein, denn die Wahrscheinlichkeit einer Steuerhinterziehung ist deutlich erhöht, wenn die Verantwortlichen nur unter Zwang „ehrlich" bezahlen. Nachhaltiger und effektiver ist es, wenn diese gewonnen werden können, ihren Beitrag zu leisten und freiwillig ihren Verpflichtungen nachzukommen.[31]

Gerechtigkeit ist dabei auch ein Wert, der Mitarbeitenden wichtig ist. Hier gibt es prozedurale Gerechtigkeit: Wenn Entscheidungen über die Verteilung von Steuereinnahmen nachvollziehbar und fair getroffen werden, steigt die Bereitschaft zur Compliance. Und es gibt distributive Gerechtigkeit: Mitarbeitende achten darauf, ob Ressourcen gerecht und im Sinne des Gemeinwohls verwendet werden.[32]

Die Haltung muss also sein: Compliance ist für unsere Behörde, für unsere Organisation selbstverständlich.

VIII. Konstruktive und vertrauensvolle Zusammenarbeit mit den Steuerbehörden

Die vertrauensvolle Zusammenarbeit mit Steuerbehörden (s. o. positive Emotionen) soll hier nochmal erwähnt werden, da sie großen Einfluss auf die Tax Compliance hat. Grundsätzlich stellt die Einhaltung der Steuervorschriften ein soziales Dilemma dar, bei dem das kurzfristige Eigeninteresse, die Steuerzahlungen zu minimieren, im Widerspruch steht zum kollektiven langfristigen Interesse der Gesellschaft an einer ausreichenden Finanzierung öffentlicher Güter und Dienstleistungen. Steuern sind die Hauptquelle für die Bereitstellung essentieller Infrastruktur, Bildung, Gesundheitsversorgung und sozialer Sicherungssysteme.[33] Die Herausforderung besteht darin, dass eine Maximierung des individuellen Nutzens durch Steuervermeidung langfristig zu einer Unterfinanzierung öffentlicher Güter führen kann. Dies hat negative Auswirkungen auf die Lebensqualität und wirtschaftliche Entwicklung der gesamten Gesellschaft, einschließlich derjenigen, die versuchen, Steuern zu vermeiden.

---

31 *Mühlwerth*, Die Auswirkungen von staatlicher Macht und Vertrauen in den Staat auf die Steuerehrlichkeit, S. 13.

32 *Hartner*, Tax compliance and the influence of just distribution of taxes and fair treatment of taxpayers.

33 *Gangl/Hofmann/Kirchler*, New ideas in psychology.

Nach dem Slippery Slope Framework (SSF)[34] kann das Dilemma gelöst werden. Hier werden zwei Hauptfaktoren für Steuerehrlichkeit postuliert:[35][36]

- Vertrauen in die Steuerbehörden
- Wahrgenommene Macht der Steuerbehörden

Kirchler und Gangl identifizieren hier Vertrauen in die Steuerbehörden als einen der Hauptfaktoren für Steuerehrlichkeit und freiwillige Kooperation, während die Macht der Behörden eher zu erzwungener Compliance führt.[37] Eine andere Studie[38] zeigt, dass sowohl Vertrauen als auch die wahrgenommene Macht der Behörden mit der Steuerehrlichkeit korrelierten. Dabei war jedoch die freiwillige Compliance auch stärker vom Vertrauen in die Behörden abhängig. In einer späteren Untersuchung wiederum wurde ermittelt, dass die Steuerehrlichkeit am höchsten ist, wenn sowohl das Vertrauen als auch die wahrgenommene Macht der Behörden hoch sind.[39] Die Bedeutung dieser beiden Aspekte Macht und Vertrauen auf die Steuerehrlichkeit wurde auch in späteren Studien bestätigt.[40][41] Wobei eine vertrauensvolle Beziehung zwischen den Organisationen und Behörden auf jeden Fall mit einer höheren freiwilligen Steuerehrlichkeit einhergeht.

Wahrgenommene Macht der Finanzverwaltung führt zwar auch zu Tax Compliance, aber eben nur zu einer erzwungenen, dies ist nicht nachhaltig und funktioniert nur unter Kontrolle. Steuerbehörden dürfen daher nicht nur auf Abschreckung setzen, sondern müssen auch aktiv Vertrauen aufbauen, um die Compliance zu verbessern (s. o.). Vertrauen führt zu einem gegenseitigen Kooperationsklima, in dem die Finanzbehörden und auch die Steuerzahlenden bereit sind, zusammenzuarbeiten. Letztlich ist die Finanzbehörde

---

34 *Kirchler/Hoelzl/Wahl*, Enforced versus voluntary tax compliance: The “slippery slope” framework. *Journal of economic psychology 29*(2), S. 210–225.

35 *Zieser*, Perceptions of trust, power and tax compliance motivations among large businesses and their tax auditors. *WU International Taxation Research Paper Series No. 2021-01*.

36 *Kirchler/Hoelzl/Wahl*, Enforced versus voluntary tax compliance: The “slippery slope” framework. *Journal of economic psychology 29*(2), S. 210–225.

37 *Kirchler/Hoelzl/Wahl*, Enforced versus voluntary tax compliance: The “slippery slope” framework. *Journal of economic psychology 29*(2), S. 210–225.

38 *Muehlbacher/Kirchler*, Tax Compliance by Trust and Power of Authorities. *International Economic Journal 24*(4), S. 607–610.

39 *Kogler/Olsen/Kirchler/Batrancea/Nichita*, Perceptions of trust and power are associated with tax compliance: A cross-cultural study. *Economic and political studies 11*(2), S. 365–381.

40 *Richardson*, The relationship between culture and tax evasion across countries: Additional evidence and extensions. *Journal of International Accounting, Auditing and Taxation 17*(2), S. 67–78.

41 *Kogler/Olsen/Kirchler/Batrancea/Nichita*, Perceptions of trust and power are associated with tax compliance: A cross-cultural study. *Economic and political studies 11*(2), S. 365–381.

als klassische Eingriffsbehörde auf die Kooperation der Steuerpflichtigen angewiesen, weil jede Form von Steuerwiderstand zu einem beträchtlichen Mehraufwand für die Verwaltung führt.[42]

Ein interessanter Ansatz ist das: HM – Horizontal Monitoring, es basiert auf der Idee, Steuerzahlenden auf Augenhöhe zu begegnen und als Partnerinnen und Partner mit ihnen zusammen zu arbeiten. Dabei setzt der Ansatz bei Fairness und Vertrauen an, statt auf Kontrolle und Bestrafung.[43] Durch diesen kooperativen Ansatz wird die Transparenz erhöht, die Rechts- und Planungssicherheit für Organisationen ist erhöht und die Steuerbefolgungskosten werden reduziert.

IX. Von der Theorie zur Praxis: Leitfragen für die praktische Umsetzung

Um die Tax Compliance innerhalb einer Behörde oder Organisation effektiv umzusetzen und die Mitarbeitenden einzubinden, lassen sich aus den vorherigen Erkenntnissen zusammenfassend folgende Fragen für die Praxis generieren:

1. Strategische Ausrichtung und Verantwortlichkeiten

- Ist Tax Compliance ein klar kommuniziertes Ziel unserer Behörde/Organisation?
- Haben wir eine verantwortliche Person oder ein Team für Tax Compliance benannt?
- Passen die Talente, Fähigkeiten und Interessen der verantwortlichen Person zur Aufgabe?
- Sind die Zuständigkeiten und Berichtsstrukturen für Tax Compliance eindeutig definiert (z. B. durch ein RACI-Modell)?
- Welche Ressourcen (z. B. IT-Unterstützung, Schulungen) benötigen die verantwortlichen Personen, um Ihre Aufgaben im Bereich Tax Compliance erfolgreich zu erfüllen?

42 *Becker*, Vertrauen als Instrument der Finanzbehörde. Eine vertrauenstheoretische Studie, S. 5.

43 *Eberhartinger/Zieser*, The Effects of Cooperative Compliance on Firms' Tax Risk, Tax Risk Management and Compliance Costs. *Schmalenbach Journal of Business Research 73*(1), S. 125–178.

2. Kultur und Führung

- Wie können wir als Führungskräfte eine „Tone from the Top"-Kultur etablieren, in der Tax Compliance als Priorität wahrgenommen wird?
- Fühlen sich die Mitarbeitenden durch die Führungsebene ausreichend unterstützt und anerkannt in ihren Bemühungen um Tax Compliance?
- Gibt es Möglichkeiten, wie wir eine Kultur der Anerkennung für vorbildliches Verhalten in Steuerfragen fördern können (z. B. durch Auszeichnungen wie einen „Compliance-Champion-Award")?

3. Prozesse und Kommunikation

- Sind unsere Richtlinien, Prozesse und Checklisten zur Einhaltung steuerlicher Vorschriften klar und verständlich?
- Haben wir ein Handbuch oder andere Dokumentationen, die alle relevanten Informationen zu Tax Compliance enthalten?
- Werden der verantwortlichen Person Freiräume gegeben und Angebote gemacht, um sich stetig weiterzubilden, auszutauschen und beim Thema „am Ball" zu bleiben?
- Wie können wir den Austausch von Best Practices und Erfahrungen im Bereich Tax Compliance innerhalb der Behörde/Organisation fördern?
- Gibt es regelmäßige Jour Fixes und interne Audits zur Tax Compliance?

4. Motivation und Engagement

- Fühlen sich die verantwortlichen Personen, ausreichend geschult und kompetent, um ihre Aufgaben im Bereich Tax Compliance zu erfüllen? Welche Weiterbildungsangebote wären noch hilfreich?
- Gibt es Hindernisse oder Herausforderungen, die die Einhaltung von Tax Compliance erschweren?
- Wird der Sinn von Tax Compliance und die gesellschaftliche Verantwortung deutlich kommuniziert und auch gelebt?

5. Zusammenarbeit und Vertrauen

- Wie können wir das Vertrauen zwischen unserer Behörde/Organisation und den Steuerbehörden stärken?
- Welche Ideen haben wir, wie wir eine kooperative Zusammenarbeit mit den Steuerbehörden fördern können (z. B. durch Transparenz, feste Ansprechpersonen oder gemeinsame Projekte)?

– Welche Maßnahmen könnten dazu beitragen, eine positive Wahrnehmung von Tax Compliance innerhalb der Organisation zu schaffen?

Diese Fragen können Führungskräften und Verantwortlichen helfen, sich gut auf das Thema Tax Compliance vorzubereiten, relevante Themen zu identifizieren, Mitarbeitende einzubinden und die organisatorischen Rahmenbedingungen für eine erfolgreiche Umsetzung zu schaffen.

X. TOP 10 der psychologischen Aspekte für effektive Tax Compliance für die Praxis

1. **Anerkennungskultur**: 5:1-Verhältnis von positiver Anerkennung zu Kritik für Compliance-Verhalten implementieren.
2. **„Tone from the top":** Tax Compliance ist vor allem auch Chef:innensache und sollte als Priorität kommuniziert werden. Zudem muss Integrität und eine Null-Toleranz-Politik gegenüber Korruption vorgelebt werden.
3. **Positive Emotionen:** Wenn positive Erfahrungen im Zusammenhang mit Tax Compliance ermöglicht werden, fördert das die Einhaltung signifikant.
4. **Verantwortlichkeiten:** Eindeutige Benennung von Verantwortlichen Personen für die Tax Compliance.
5. **Kompetenzentwicklung:** Regelmäßig Schulungen, Workshops, Vernetzungsmöglichkeiten und Austausch zu Best Practices bei Tax Compliance ermöglichen.
6. **Sinn und Werte:** Förderung von werteorientiertem Handeln durch das Verdeutlichen von gesellschaftlichem Nutzen von Steuern und der Verantwortung für die Gesellschaft, dies stärkt die intrinsische Motivation.
7. **Vertrauensvolle Zusammenarbeit mit Steuerbehörden:** Kooperative Zusammenarbeit mit der Finanzbehörde fördern, z. B. durch wertschätzende Kommunikation und Verlässlichkeit.
8. **Transparenz und Fairness:** Faire Prozesse und Entscheidungen transparent und nachvollziehbar machen.
9. **Ressourcen:** Es braucht ausreichende personelle, technische und finanzielle Mittel zur Umsetzung der Tax Compliance.
10. **Kontinuierliche Verbesserung:** Feedback-Schleifen sind hilfreich und eine stetige Aktualisierung der Compliance-Strategie.

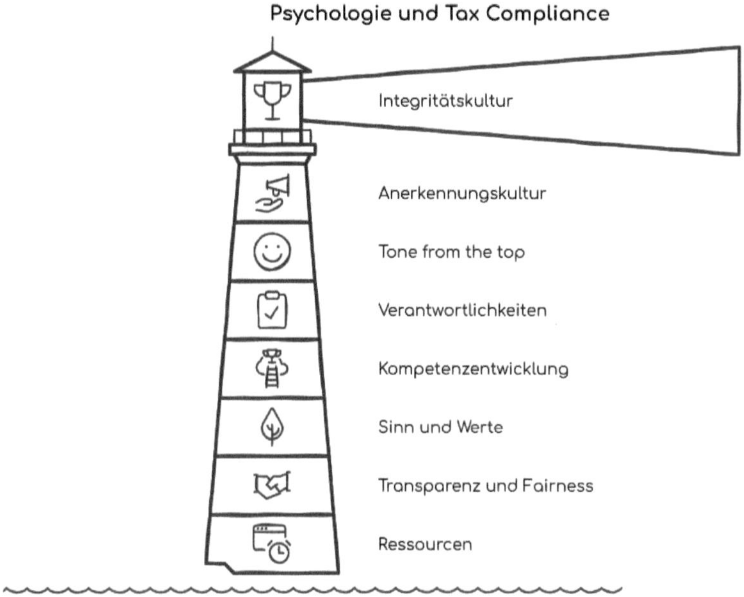

Abb. 2: Psychologische Aspekte der Tax Compliance (eigene Darstellung erstellt mit Napkin.ai, 18.12.2024)

Die Einhaltung der Tax Compliance geht also weit über das bloße Befolgen gesetzlicher Vorgaben hinaus. Entscheidend sind die psychologischen Aspekte, die eine Kultur der Integrität, des Vertrauens und der Wertschätzung fördern. Ein tieferes Verständnis der psychologischen Aspekte ermöglicht es, die „Sache des Steuerzahlens" einvernehmlich zu gestalten.[44]

Tax Compliance ist nicht nur für den finanziellen Erfolg eines Staates entscheidend, sondern auch Ausdruck gesellschaftlicher Verantwortung.

Es lohnt sich, sich intensiver mit den psychologischen Aspekten in diesem Zusammenhang zu beschäftigen. Denn die „Sache des Steuerzahlens" lässt sich auch einvernehmlich lösen. Und letztlich kommt Steuerehrlichkeit allen zugute, denn Tax Compliance ist wie ein Airbag, man sieht ihn nicht immer, aber er schützt, wenn's drauf ankommt.

44 *Becker*, Vertrauen als Instrument der Finanzbehörde. Eine vertrauenstheoretische Studie.

Digitale Revolution im kommunalen Steuerrecht: Neugestaltung der Tax Compliance im öffentlichen Sektor

Prof. Dr. Christoph Schmidt

Der Beitrag erörtert die Herausforderungen und Chancen der digitalen Transformation im Steuerrecht der öffentlichen Hand am Beispiel kommunaler Tax Compliance Management Systeme (Tax CMS). Er untersucht die organisatorischen und technischen Anforderungen, die durch neue rechtliche Vorgaben und die Notwendigkeit effizienter Prozesse entstehen. Besondere Beachtung finden die Verantwortlichkeiten der Verwaltungsleitung und der Einsatz moderner Technologien wie KI und Big Data. Die Analyse zeigt, dass Tax Compliance eine verwaltungsweite Aufgabe ist, die neben technischen Lösungen eine starke Steuerkultur und interdisziplinäre Zusammenarbeit erfordert. Abschließend werden Handlungsempfehlungen gegeben und weiterer Forschungsbedarf aufgezeigt.

I. Einführung

Die fortschreitende Digitalisierung stellt sowohl die öffentliche Verwaltung als auch Unternehmen vor komplexe Herausforderungen, insbesondere im Bereich der Steuer- und Verfahrensgrundsätze. Kommunen, als zentrale Akteure im öffentlichen Sektor, sehen sich hierbei in einer doppelten Rolle: Sie agieren einerseits als Steuerpflichtige und andererseits als Vollzugsorgane steuerlicher Vorschriften. Mit der Einführung neuer rechtlicher Regelungen, wie etwa § 2b UStG, und der Ausweitung der Digitalisierung von Verwaltungsprozessen entstehen neue Anforderungen an die Steuerfunktion und das Tax Compliance Management System (Tax CMS). Während Unternehmen zunehmend auf digitale Lösungen zur Optimierung ihrer steuerlichen Prozesse setzen, sieht sich die öffentliche Hand spezifischen Herausforderungen ausgesetzt, die sich aus der föderalen Struktur und den besonderen Anforderungen an Gleichbehandlung und Rechtssicherheit ergeben. Die Implementierung eines Tax CMS in Kommunen erfordert daher eine Anpassung an individuelle organisatorische, rechtliche und technische Rahmenbedingungen.

Ziel dieses Beitrags ist es, die spezifischen Anforderungen an die digitale Transformation der Besteuerungs- und Verfahrensgrundsätze in Kommunen kritisch zu analysieren und deren Implikationen für moderne Tax CMS darzulegen. Im Mittelpunkt steht die Frage, wie sich Steuer- und Verwaltungsprozesse durch den Einsatz digitaler Technologien rechtssicher und effizient gestalten lassen, ohne die Prinzipien der Gleichmäßigkeit und Gesetzmäßigkeit der Besteuerung zu gefährden. Der Beitrag nimmt dabei die besonderen organisatorischen und rechtlichen Rahmenbedingungen kommunaler Verwaltungen in den Blick und erarbeitet praxisorientierte Ansätze für die Implementierung und Weiterentwicklung von Tax CMS. Ziel ist es zudem, die Wechselwirkungen zwischen digitaler Transformation, steuerlicher Verantwortung und organisatorischen Anforderungen aufzuzeigen und die Rolle der öffentlichen Hand im Spannungsfeld von Effizienz und Rechtssicherheit zu reflektieren.

Der Gang der Untersuchung stellt sich wie folgt dar: Nach einer generellen Einführung in den Themenkomplex (I.) folgt ein Überblick über die Digitalisierung der Besteuerungs- und Verfahrensgrundsätze (II.). Im Anschluss sind auf dieser Grundlage in den folgenden beiden Kapiteln der Zweck der Einführung eines Tax CMS auf kommunaler Ebene (III.) sowie ausgewählte Besteuerungstatbestände der Kommunen und etwaige Steuerrisiken (IV.) erörtert. Den inhaltlichen Themenschwerpunkt stellen die Kapitel V. bis VII. dar. Nach einer ausführlichen Darstellung der Implementierung eines Tax CMS auf kommunaler Ebene (V.) sind die verschiedenen IT-Komponenten eines Tax CMS (VI.) thematisiert, sodass der zukünftige KI-Einsatz und die Integration von Tax Tech (VII.) skizziert werden können. Im abschließenden Kapitel (VIII.) werden zunächst die wesentlichen Inhalte und Erkenntnisse des Beitrags thesenartig zusammengefasst. Ein Ausblick zu weiterführendem Forschungsbedarf und zu potenziellen Entwicklungen bilden den Abschluss des Kapitels und zugleich des Beitrags.

1. Digitalisierung der Besteuerungs- und Verfahrensgrundsätze im Überblick

a) Tax Compliance

Dem Steuervollzugsauftrag stehen wesentlich geänderte Rahmenbedingungen gegenüber.[1] Von innen erschweren vor allem Personaleinsparungen[2] und stetig steigende Fallzahlen[3] die Auftragserfüllung. Von außen wirkt zudem das sich aufgrund der Globalisierung und Digitalisierung stark gewandelte Wirtschaftsleben ein. Der in seinen Grundsätzen seit langer Zeit unveränder-

1 Zum veränderten Umfeld der Finanzverwaltungen ausführlich *OECD*, The Changing Tax Compliance Environment and the Role of Audit, S. 17 ff.

2 Ähnlich *OECD*, Tax Administration 2017, S. 125; *Volquardsen,* in: Schwarz/Pahlke, AO/FGO, § 88 AO Rn. 16.

3 Dazu bereits *Geyer*, in: FS Meyding, S. 145, 148; *Altehoefer*, in: FS Meyding, S. 163, 167; *Meyding/Bühler*, DStR 1991, 488, 489.

te Steuervollzug wird insbesondere durch den Steuerwettbewerb zwischen den Staaten vor neue Herausforderungen gestellt.[4] Als Folge beschäftigen sich viele Staaten und deren Finanzverwaltungen mit der Frage, wie das Verhalten der Stpfl. zugunsten der Steuerehrlichkeit beeinflusst werden kann und welche Möglichkeiten der Legislative sowie der Exekutive dabei zur Verfügung stehen. In diesem Kontext findet sich gegenwärtig in der Literatur zunehmend der Begriff der Tax Compliance, welcher zur Lösung dieser Herausforderungen beitragen soll.

Die Steuergerechtigkeit ist ein wesentlicher Bestandteil der Tax Compliance.[5] Allgemein verfolgen Tax-Compliance-Strategien aus der hoheitlichen Perspektive des Staates das Ziel, die Steuerpflichtigen zu einer vermehrten Einhaltung der Steuergesetze zu motivieren, somit den Kontrollbedarf im Einzelfall zu senken und im Ergebnis den Steuervollzug zu effektivieren.[6] Tax Compliance kann dabei als Bereitschaft der Stpfl. verstanden werden, ihre Steuer freiwillig in der richtigen Höhe und termingerecht zu entrichten.[7] Darüber hinaus kann Tax Compliance die *überobligatorische* Mitwirkung der Stpfl. beinhalten.[8] Gleichwohl ist der Steuerstreit, soweit dieser zur Durchsetzung einer legitimen Steuerposition dient, nicht ausgeschlossen, sondern Bestandteil der Tax-Compliance-Strategie.[9]

Der an einer Tax-Compliance-Strategie ausgerichtete Steuervollzug fußt auf *zwei grundlegenden* Komponenten: zum einen auf der risikoorientierten Prüfungs- und Kontrolltätigkeit und zum anderen auf einer serviceorientierten, kooperativen Ausrichtung der Finanzverwaltung.[10] Im Sinne einer Doppelstrategie soll Erstere steuerliches Fehlverhalten aufdecken und mit spürbaren Sanktionen belegen und Letztere die Mitwirkungsbereitschaft der Stpfl. fördern.[11] Dabei ist zu konstatieren, dass sanktionierende Grundlagen in einer Vielzahl von Rechtsnormen kodifiziert wurden,[12] der Stpfl.

4 Dazu ausführlich *Ehrke-Rabel*, StuW 2015, 101, 103 ff.

5 Zu weiteren Einflussfaktoren *Müller*, in: Gedenkschrift für Peter Quantschnigg, S. 273, 276 ff.

6 *Nagel/Waza*, DStZ 2008, S. 321, 323; *Huber/Seer*, StuW 2007, S. 355, 357. Diesem Tax-Compliance-Verständnis widerspricht *Talaska*, Tax Compliance, Rn. 1.1, 1.15 nachdrücklich.

7 *Müller*, in: Gedenkschrift für Peter Quantschnigg, S. 273, 276 m. w. N.

8 Dazu ausführlich *Schützler*, Tax Compliance, S. 137 ff.; a. A. *Streck/Binnewies*, DStR 2009, 229, 230, die von einer Art Konfrontationsstrategie als probates Mittel ausgehen.

9 *Talaska*, Tax Compliance, Rn. 1.1, 1.35; *Schützler*, Tax Compliance, S. 80 ff. m. w. N.; ähnlich *Drüen*, FR 2011, 101, 112, der konstatiert, dass Kooperation nicht zwingend Konsens bedeuten muss.

10 *Schmidt/Schmitt*, in: FS Spindler, S. 529, 534 f.; *Seer*, StuW 2003, 40, 52; *Schmidt*, Steuervollzug im Rechtsstaat, S. 37, 42.

11 *Seer*, DStR 2008, 1553, 1554.

12 Eine tabellarische Übersicht ausgewählter Regeln zur Tax Compliance findet sich bei *Schoppe*, Compliance kompakt, S. 147, 151.

allerdings *nicht* sicher sein kann, einen *Compliance-Bonus*[13] zu erhalten. Die Frage, ob und ggf. wie dieser einfachgesetzlich zu kodifizieren wäre, ist gegenwärtig nicht abschließend beantwortet und Gegenstand verschiedener Publikationen im Schrifttum. So wird beispielsweise untersucht, welche psychologischen Anreize positiv auf die Tax Compliance wirken und inwieweit sie sich im Steuerverfahrensrecht durch korrespondierende rechtliche Anreize verankern ließen.[14] Zudem wird Kritik dahingehend geäußert, dass es aktuell an einem gesetzlich normierten Maßstab mangelt, an dem sich Stpfl. orientieren könnten.[15]

Ein weiterer Schritt ist schlicht die Veränderung der Kommunikation und insbesondere der Sprache, die die Verwaltung gegenüber dem Stpfl. verwendet.[16] So wird der Bürger mitunter nicht mehr als Stpfl., sondern vielmehr als *Kunde* gesehen. Ein wesentlicher Faktor zur Erhöhung der Tax Compliance ist daher weniger der Aspekt, *was* die Finanzverwaltung macht, sondern vielmehr, *wie* sie es macht[17] Weitere ergriffene Maßnahmen zur *Kunden-*[18] und Serviceorientierung[19] sind beispielsweise die verbesserte Telefon- und Interneterreichbarkeit.[20]

In Bezug auf das Steuerrecht ist daher zu klären, wie das Verhältnis in einer Weise gestaltet werden kann, die nicht durch Befehl und Zwang, sondern durch Kooperation geprägt ist.[21] Dieser Kooperationsansatz wird wiederholt von der OECD in einer Vielzahl von Studien empfohlen.[22] In diese Richtung zielt die Idee der zeitnahen Außenprüfung i. S. d. § 4a BpO 2000,[23] welche Serviceelemente mit Kontrollaspekten verbindet. Damit sich das Image der Finanzverwaltung vom konfrontativen Steuerstaat hin zum fairen Garanten gesetzmäßiger und gleichmäßiger Besteuerung im Interesse der gesetzestreuen Stpfl. wandelt, müssen den schönen Worten in jeden Fall (weitere) Taten folgen.[24]

---

13 So die treffende Bezeichnung von *Schoppe*, Compliance kompakt, S. 147, 149.

14 *Rosenauer/Leibold/Meissner*, BB 2023, 343.

15 *Schoppe*, Compliance kompakt, S. 147, 149.

16 *Ehrke-Rabel*, StuW 2015, 101, 111.

17 *Müller*, in: Gedenkschrift für Peter Quantschnigg, S. 273, 278.

18 Kritisch zur Bezeichnung der Steuerpflichtigen als Kunden *Widmann*, in: FS Spindler, S. 563, 566.

19 Dazu *Schmidt*, Steuervollzug im Rechtsstaat, S. 37, 41 f.; zu weiteren Maßnahmen *Seer*, in: Tipke/Kruse, AO/FGO, § 85 AO Rn. 29; *Widmann*, in: FS Spindler, S. 563, 567 ff.

20 Nach *Lyding*, Am Staat vorbei, S. 113 f. können diese Maßnahmen allerdings kaum etwas zur Erhöhung der Steuermoral beitragen.

21 *Ehrke-Rabel/Gunacker-Slawitsch*, ALJ 2014, 99, 100.

22 So z. B. *OECD*, Co-operative Compliance: A Framework.

23 BStBl. I 2000, 368, zuletzt geändert BStBl. I 2011, 710.

24 So die treffende Feststellung von *Hübschmann/Hepp/Spitaler/Drüen*, AO/FGO, § 88 AO Rn. 16.

Ein in diese Richtung zielendes aktuelles Beispiel ist mit der befristeten Regelung zur Erprobung alternativer Prüfungsmethoden gemäß Art. 97 § 38 EGAO gegeben, die durch das Gesetz zur Umsetzung der Richtlinie (EU) 2021/514 des Rates vom 22. März 2021 zur Änderung der Richtlinie 2011/16/EU über die Zusammenarbeit der Verwaltungsbehörden im Bereich der Besteuerung und zur Modernisierung des Steuerverfahrensrechts[25] eingefügt wurde. Die Erprobungsphase ist aktuell für den Zeitraum vom 1.1.2023 bis zum 31.12.2029 vorgesehen.

Unternehmen setzen zunehmend Interne Kontrollsysteme zur Gewährleistung der Tax Compliance ein. Die Frage nach den (positiven) Konsequenzen, die aus der Implementierung solcher Systeme resultieren, wenn den steuerlichen Verpflichtungen nicht, nicht vollständig oder nicht rechtzeitig nachgekommen wird, kann gegenwärtig allerdings nicht eindeutig und abschließend beantwortet werden. Zumindest hat das Bundesministerium der Finanzen im Anwendungserlass zur Abgabenordung zu § 153 eine Regelung mit indizieller Wirkung berücksichtigt: Hat der Stpfl. ein innerbetriebliches Kontrollsystem eingerichtet, welches der Erfüllung der steuerlichen Pflichten dient, *kann* dies möglicherweise ein Indiz darstellen, das gegen das Vorliegen eines Vorsatzes oder der Leichtfertigkeit sprechen kann, jedoch befreit dies nicht von einer Prüfung des jeweiligen Einzelfalls (AEAO zu § 153, Nr. 2.6 Satz 6). In der Folge besteht weiterhin *keine* Rechtssicherheit für den Stpfl.

Aufgrund der Erprobung alternativer Prüfungsmethoden wird für Zwecke der Außenprüfung der Wirkungskreis Interner Kontrollsysteme – zumindest für einen gewissen Zeitraum – erweitert. Gemäß Art. 97 § 38 EGAO können testweise Erleichterungen gewährt werden, wenn Unternehmen über ein wirksames Steuerkontrollsystem verfügen. Konkret ist vorgesehen, dass die jeweilige Finanzbehörde im Benehmen mit dem Bundeszentralamt für Steuern für eine nachfolgende Außenprüfung Erleichterungen hinsichtlich Art und Umfang der Ermittlungen auf Antrag verbindlich zusagen kann, soweit keine Veränderungen der Verhältnisse eintreten (§ 38 Abs. 1 Satz 1 EGAO). Die Finanzverwaltung behält sich somit die Möglichkeit des Widerrufs vor. Voraussetzung ist weiterhin, dass im Rahmen einer laufenden Prüfung die Wirksamkeit des Steuerkontrollsystems bestätigt wurde und somit kein oder nur ein unbeachtliches steuerliches Risiko vorliegt. Etwaige Veränderungen des Steuerkontrollsystems sind seitens des Unternehmens zu dokumentieren und der Finanzbehörde unverzüglich mitzuteilen (§ 38 Abs. 1 Satz 2 EGAO).

Das Steuerkontrollsystem umfasst nach § 38 Abs. 2 Satz 1 EGAO alle innerbetrieblichen Maßnahmen, die gewährleisten, dass die Besteuerungsgrundlagen zutreffend aufgezeichnet und berücksichtigt werden (Nr. 1) sowie die

---

25 BGBl. I 2022, 2730.

hierauf entfallenden Steuern fristgerecht und vollständig abgeführt werden (Nr. 2). Zudem werden die steuerlichen Risiken laufend abgebildet (§ 38 Abs. 2 Satz 2 EGAO). Die Landesfinanzbehörden haben Systemprüfungen von Steuerkontrollsystemen und die daraufhin zugesagten Erleichterungen bis zum 30.04.2029 evaluieren (§ 38 Abs. 3 Satz 1 EGAO). Diese Ergebnisse sind von den obersten Finanzbehörden der Länder dem Bundesministerium der Finanzen bis zum 30.6.2029 mitzuteilen (§ 38 Abs. 3 Satz 2 EGAO).

Grundsätzlich positiv ist hervorzuheben, dass der Gesetzgeber den internationalen Entwicklungen hin zu kooperativen Prüfungsformen zumindest in Ansätzen folgt. Naturgemäß wirft eine solche Neuregelung allerdings eine Reihe von Fragen auf. So bleibt abzuwarten, welche Prüfungshandlungen geeignet sind, die Wirksamkeit eines Steuerkontrollsystems festzustellen. Gleiches gilt für die Frage, ob und inwieweit mit der Prüfung durch einen Wirtschaftsprüfer Vorteile für den Stpfl. einhergehen oder idealerweise darüber hinaus auf diese Ergebnisse ganz oder teilweise zurückgegriffen werden kann. In diesem Zusammenhang könnte den diesbezüglichen Prüfungsstandards des Instituts für Wirtschaftsprüfer eine gewichtige Bedeutung zukommen. So wurde bereits in der Vergangenheit eine Rechtfertigung für Prüfungserleichterungen darin erblickt, wenn ein möglicherweise vorhandenes Steuerkontrollsystem nach dem IDW Prüfungsstandard *IDW PS 980* (Grundsätze ordnungsmäßiger Prüfung von Compliance Management Systemen) testiert wurde.[26]

Weiterhin wird sich erst zeigen müssen, ob und in welchem Umfang dem Stpfl. Beschränkungen von Art und Umfang der Ermittlungen zugesagt werden. Im Hinblick auf die Veränderungen der Verhältnisse stellt sich die Frage, welche Verhältnisse dem Grunde nach maßgeblich sind und ab dem Überschreiten welcher Schwelle eine entscheidungsrelevante Auswirkung vorliegt. Nach dem eindeutigen Wortlaut des § 38 Abs. 1 Satz 1 EGAO („kann“) besteht *kein* Anspruch auf Zusage von Erleichterungen, wenn die Voraussetzungen erfüllt sind. Vielmehr ist die Finanzbehörde ermächtigt nach ihrem Ermessen (§ 5 AO) zu handeln. Zudem ist bemerkenswert, dass der Gesetzeswortlaut *keine* Aussage dazu enthält, ob für den Stpfl. ein Rechtsanspruch auf die vorgelagerte Prüfung des Vorliegens der Voraussetzungen für die Prüfungserleichterungen besteht. Insgesamt sind die Entwicklungen auf diesem Gebiet und die zukünftige Umsetzung durch die Finanzverwaltung in der Erprobungsphase aufmerksam und zugleich kritisch zu verfolgen.

---

26 *Seer*, in: Tipke/Kruse, AO/FGO, § 153 AO Rn. 33; *Schindler*, in: *Gosch/Beermann*, AO/FGO, § 153 AO Rn. 6.

b) Gesetz- und Gleichmäßigkeit der Besteuerung

Der Steuervollzugsauftrag für die Finanzverwaltung entspricht den verfassungsrechtlichen Prinzipien der Gesetz- und Gleichmäßigkeit der Besteuerung, die einfachgesetzlich in den §§ 85, 88 AO kodifiziert sind.[27] Das in der Formulierung des § 85 Satz 2 AO zum Ausdruck kommende Sicherstellungsverlangen wird in der Literatur dahingehend kritisiert, dass es das tatsächlich Durchführbare nicht angemessen ausdrücke, da die Finanzverwaltung ohnehin nicht in der Lage sei, jeden steuerlich relevanten Sachverhalt vollständig aufzuklären.[28] Damit einhergeht die seit geraumer Zeit zu konstatierende Kritik am Zustand des Steuervollzugs.[29] Die grundlegenden Schwierigkeiten und Probleme sind mannigfaltig und reichen von föderalismusbedingten Kapazitäts- und Vollzugsunterschieden[30] über komplizierte Steuergesetze[31] bis hin zu beschränkten Ressourcen der Finanzverwaltung.[32]

Vor allem aufgrund der letztgenannten Problematik ist die Finanzverwaltung im Zuge der Sachverhaltsermittlung mit einer *Optimierungsentscheidung* konfrontiert, die die Beantwortung der Frage beinhaltet, welchen Fällen sie sich in welcher Ermittlungstiefe zuwendet.[33] Zur Umsetzung dieses maßvollen Gesetzesvollzuges[34] initiierte der Gesetzgeber verschiedene Vorhaben, wobei in der jüngeren Vergangenheit insbesondere das Gesetz zur Modernisierung des Besteuerungsverfahrens als eine weitere wichtige Etappe[35] hervorzuheben ist. Ohne Einsatz moderner Informationstechnologien ist eine gesetzmäßige und gleichmäßige Besteuerung kaum mehr realisierbar,[36] wobei der Vorrang und Vorbehalt des Gesetzes auch im digitalen Steuervollzug gelten.[37] In diesem Kontext ist die Regelung des § 20 Abs. 1 FVG zu sehen, wonach im Zuge der Ablösung papierbasierter Verfahrens-

---

27 Dazu ausführlich *Spilker*, Behördliche Amtsermittlung, S. 52 ff.

28 Dazu *Seer*, StuW 2003, 40, 41 f.

29 Zur Situation vor dem Gesetz zur Modernisierung des Besteuerungsverfahrens *Schützler*, Tax Compliance, S. 121 ff.

30 Dazu *Schützler*, Tax Compliance, S. 130 ff.

31 Mit prägnanten Beispielen *Breuer*, FR 2017, S. 89; *Schützler*, Tax Compliance, S. 124 ff.; *Mellinghoff*, Stbg 2007, 549, 550; *Altehoefer*, in: FS Meyding, S. 163, 169. Zur defizitären Qualität der Steuergesetzgebung *Schenke*, Die Rechtsfindung im Steuerrecht, S. 106 ff.

32 *Mellinghoff*, Stbg 2007, 549, 550 f.; *Eckhoff*, Rechtsanwendungsgleichheit im Steuerrecht, S. 53 f.; *Seer*, FR 1997, 553, 556 f.; *Schützler*, Tax Compliance, S. 128 ff.

33 *Drüen*, Digitalisierung im Steuerrecht, S. 193, 196.

34 Zum Begriff *Schenke*, Die Rechtsfindung im Steuerrecht, S. 119 m. w. N.; zu weiteren Termini, die die Arbeitsweise der Finanzverwaltung beschreiben, *Haumann*, Die „gewichtende Arbeitsweise" der Finanzverwaltung, S. 49 ff.

35 *Wernsmann*, in: Hübschmann/Hepp/Spitaler, AO/FGO, § 85 AO Rn. 46.

36 *Richter/Welling*, FR 2013, 406, 409.

37 *Mellinghoff*, Beihefter zu DStR 2012, 79, 80.

abläufe durch elektronische Verfahren der bundeseinheitliche Einsatz von IT-Anwendungen zu einem gleichmäßigen Steuervollzug beitragen soll.[38]

2. Der neu ausgerichtete Untersuchungsgrundsatz

a) Digitalisierung des Besteuerungsverfahrens unter Beibehaltung des Amtsermittlungsgrundsatzes

Weitere bedeutende Maßnahmen zugunsten eines digitalen Besteuerungsverfahrens stellen die Umwandlung der Belegvorlagepflicht zur Belegvorhaltepflicht[39] und die durch den Gesetzgeber intendierte Verabschiedung vom traditionellen Leitbild der personellen Belegprüfung[40] und rechtlichen Würdigung der Steuererklärung dar.[41] Allerdings wurde kein grundlegender Systemwechsel des Besteuerungsverfahrens vorgenommen.[42] Vielmehr ist supplementär zur Bearbeitung durch einen Amtsträger, welche schon zuvor automationstechnisch unterstützt wurde, nunmehr eine vollautomatische und *ausschließlich* automations*gestützte* Fallbearbeitung auf der Basis des Risikomanagementsystems möglich (§ 155 Abs. 4 Satz 1 AO).[43] Damit wurde explizit ein zweites gesetzlich kodifiziertes Verfahren zur Bearbeitung von Steuererklärungen geschaffen;[44] allerdings ohne dabei die Einzelfallüberprüfung ersatzlos zu streichen.[45] Die Informations- und Kommunikationstechnologie tritt daher nicht mehr lediglich als formelle Digitalisierung bei der Wandlung von dem klassischen Schriftverkehr hin zu einer papierlosen Kommunikation in Erscheinung. Vielmehr können die eigentlichen Verwaltungsentscheidungen fortan im Rahmen der materiellen Digitalisierung vollständig übernommen werden.[46]

Die vorgenannten Maßnahmen stehen in engem Zusammenhang mit einem weiteren Kernpunkt des Gesetzes zur Modernisierung des Besteuerungsverfahrens: die Neufassung des § 88 AO. Die Norm wurde um ausdrückliche

---

38 BT-Drs. 16/814, 19; *Schmieszek* in: Hübschmann/Hepp/Spitaler, AO/FGO, § 20 FVG Rn. 4 Zum Einsatz einheitlicher Software innerhalb der Finanzverwaltung näher *Schmidt*, Das modernisierte Besteuerungsverfahren, S. 250 f.

39 BT-Drs. 18/7457, 49.

40 Nach *Maier*, JZ 2017, 614, 615 ist die gegenwärtig noch notwendige personelle Belegprüfung auf technischen Restriktionen zurückzuführen, da bislang keine computergestützte Überprüfung nicht-standardisierter Belege möglich sei, die mit hinreichender Wahrscheinlichkeit Manipulationen ausschließen könne.

41 BT-Drs. 18/7457, 49; diesen Befund verneinend *Drüen*, Digitalisierung im Steuerrecht, S. 193, 220.

42 *Mellinghoff*, Reformfragen des deutschen Steuerrechts, S. 153, 167.

43 BT-Drs. 18/7457, 48.

44 BT-Drs. 18/7457, 48.

45 *Frotscher*, in: Schwarz/Pahlke, AO/FGO, § 155 AO Rn. 86.

46 *Denkhaus*, Digitalisierte Verwaltung, S. 51, 74.

Vorgaben hinsichtlich der risikoorientierten finanzbehördlichen Untersuchung ergänzt[47] und im Zuge der gänzlichen Neustrukturierung[48] der Normumfang deutlich erweitert. Nach der Vorstellung des Gesetzgebers soll der Untersuchungsgrundsatz damit an die aktuellen Verhältnisse des Besteuerungsverfahrens angepasst[49] sowie die Grenzen der angemessenen Sachaufklärung und erforderlichen Amtsermittlung neu justiert werden.[50] Als Konsequenz resultiert eine Ausrichtung an der praktischen Realisierbarkeit des Gesamtvollzugs, d. h. so viel Gesetzmäßigkeit und Gleichmäßigkeit wie möglich und durchsetzbar ist.[51]

Der grundsätzliche Regelungsgegenstand des § 88 AO, d. h., dass die Finanzbehörden den Sachverhalt von Amts wegen ermitteln, Art und Umfang der Ermittlungen bestimmen und auch die für die Stpfl. günstigen Umstände berücksichtigen, wurde nicht abgeschafft.[52] Obgleich der Gesetzmäßigkeits- und der Gleichmäßigkeitsgrundsatz in § 85 Satz 1 AO enthalten und im Übrigen, wie bereits erörtert, verfassungsrechtlich verbürgt sind, werden sie in § 88 Abs. 2 Satz 1 AO erwähnt. Dadurch soll der Eindruck vermieden werden, dass die sogleich zu erörternden neu eingefügten Grundsätze gegenüber diesen Prinzipien den Vorzug genießen.[53] Vielmehr stellt die Sachverhaltsaufklärung die Grundlage einer gesetzmäßigen und gleichmäßigen Besteuerung dar, im Zuge derer die weiteren verfahrensermessensleitenden Vorgaben des § 88 Abs. 2 AO zu beachten sind.[54]

b) Verfahrensermessensleitende Vorgaben (§ 88 Abs. 2 AO)

Aufgrund der nunmehr expliziten Kodifizierung der *Verhältnismäßigkeit* (§ 88 Abs. 2 Satz 1 Halbsatz 1 AO) ist eine Abkehr von der Vorstellung, der Untersuchungsgrundsatz sei zur Ausermittlung des Sachverhalts in jedem

---

47 *Drüen*, in: Hübschmann/Hepp/Spitaler, AO/FGO, § 88 AO Rn. 3.

48 *Volquardsen*, in: Schwarz/Pahlke, AO/FGO, § 88 AO Rn. 3b.

49 BT-Drs. 18/7457, 67.

50 *Volquardsen*, in: Schwarz/Pahlke, AO/FGO, § 88 AO Rn. 3a.

51 *Wernsmann*, in: Hübschmann/Hepp/Spitaler, AO/FGO, § 85 AO Rn. 46 m. w. N.

52 *Frotscher*, in: Schwarz/Pahlke, AO/FGO, § 155 AO Rn. 86; *Maier*, JZ 2017, 614, 615. In diese Richtung auch *Braun Binder*, Der Untersuchungsgrundsatz als Herausforderung vollautomatisierter Verfahren, S. 30, nach deren Ansicht das neue Leitbild allerdings mit Abstrichen am Untersuchungsgrundsatz einhergeht, die kompensiert werden müssen. Eher kritisch ist *Heintzen*, DÖV 2015, 780, 785, da nach seiner Auffassung der Untersuchungsgrundsatz in den meisten Fällen zu einem Belegvorhaltegrundsatz mutiere.

53 *Baum*, NWB 2016, 2636, 2639.

54 *Roser*, in: Gosch/Beermann, AO/FGO, § 88 AO Rn. 17.

Einzelfall nötig,[55] deutlich erkennbar.[56] Wie bisher dürfen die Ermittlungshandlungen zum angestrebten Erfolg nicht erkennbar außer Verhältnis stehen und sollen so gewählt werden, dass damit unter Berücksichtigung der Verhältnisse des Einzelfalls ein möglichst geringer Eingriff in die Rechtssphäre des Beteiligten oder Dritter verbunden ist (AEAO zu § 88, Nr. 2 Satz 1).

Weiterhin sind nun die Grundsätze der *Zweckmäßigkeit* und *Wirtschaftlichkeit* in der Regelung des § 88 Abs. 2 Satz 2 AO enthalten. Das Zweckmäßigkeitsprinzip beinhaltet die Auswahl einer Ermittlungsmaßnahme, wenn mehrere Maßnahmen gleichrangig nebeneinander in Betracht kommen,[57] und betont somit das Verfahrensermessen, innerhalb dessen auch Zweckmäßigkeitsaspekte berücksichtigt werden dürfen.[58]

Die mit dem neu kodifizierten Wirtschaftlichkeitsprinzip einhergehende Stärkung der Entwicklung des Untersuchungsgrundsatzes hin zu einem strukturellen Verifikationsgrundsatz[59] wird durch die zunehmende Digitalisierung beschleunigt. Die Setzung von Prüfschwerpunkten und eine gewichtende Bearbeitung können mittels der Elektronik nunmehr gleichmäßiger realisiert werden.[60] Dabei kommt dem Untermaßverbot, das allgemein eine unverhältnismäßige staatliche Zurückhaltung bezeichnet,[61] als Untergrenze eine besondere Bedeutung zu.[62] Im Schrifttum werden die unscharfe Verknüpfung des Wirtschaftlichkeitsgrundsatzes und dessen Unbestimmtheit moniert.[63] So ist die Frage, ob für weitergehende Sachverhaltsermittlungen das Verhältnis von Aufwand zum damit möglichen steuerlichen (Mehr- oder Minder-)Ertrag ein zulässiges Kriterium darstellt, umstritten.[64] Die Finanzverwaltung kommuniziert offen, dass sie auf das Verhältnis zwischen vo-

---

55 Dazu bereits u. a. *Drüen*, FR 2011, 101, 106; *Schmidt/Schmitt*, FS Spindler, 529, 533; *Haunhorst*, DStR 2010, 2105, 2107; *Schmidt*, Steuervollzug im Rechtsstaat. S. 37, 40; *Seer*, Steuervollzug im Rechtsstaat, S. 7, 11; *Seer*, FR 1997, 553, 554.

56 *Seer*, in: Tipke/Kruse, AO/FGO, § 88 AO Rn. 2.

57 *Baum*, NWB 2016, 2636, 2639; *Volquardsen*, in: Schwarz/Pahlke, AO/FGO, Erstkommentierung, BestVerfModG 2016, § 88 AO Rn. 11.

58 *Seer*, in: Tipke/Kruse, AO/FGO, § 88 AO Rn. 16.

59 *Seer*, StuW 2015, 315, 319.

60 *Richter/Welling*, FR 2013, 406, 407.

61 *Seer*, FR 1997, 553, 558; *Spilker*, Behördliche Amtsermittlung, S. 130; *Seer*, Jahrbuch des Bundesverbands der Steuerberater 2016, S. 55, 58 jeweils m. w. N.

62 *Thiemann*, StuW 2018, 304, 308 zufolge gibt der Begriff des Untermaßverbots im Kontext des Steuervollzugs Anlass zu Missverständnissen.

63 *Müller-Franken*, StuW 2018, 113, 118; *Seer*, StuW 2015, 315, 320 f.; *Münch/Sendke*, DStZ 2015, 487, 489; zu möglichen Ausprägungen des Wirtschaftlichkeitsprinzips *Jansen*, Das Steuerverfahren im Spannungsfeld von Europa- und Verfassungsrecht, S. 33 ff.

64 Dies wohl bejahend *Baum*, NWB 2016, 2636, 2638 f.; ablehnend hingegen *Braun Binder*, Der Untersuchungsgrundsatz als Herausforderung vollautomatisierter Verfahren, S. 36; *Drüen*, Digitalisierung im Steuerrecht, S. 193, 209; *Roser*, in: Gosch/Beermann,

raussichtlichem Arbeitsaufwand und steuerlichem Erfolg abstellen kann (AEAO zu § 88, Nr. 3 Satz 1). Aufgrund der durch die Rechtsordnung vorgegebenen Steuervollzugsziele implizieren Wirtschaftlichkeitserwägungen gerade nicht, mit den limitierten Ressourcen einen möglichst hohen Steuertrag zu erzielen, sondern den Gesetzesauftrag bestmöglich zu erfüllen.[65] Insoweit kann zutreffend von einem dienenden Prinzip ausgegangen werden.[66]

Zudem können *allgemeine Erfahrungen der Finanzbehörden* Berücksichtigung finden, die aus vergleichbaren Lebenssachverhalten gewonnen wurden.[67] Bei diesen handelt es sich um *konkrete* allgemeine Erfahrungen der Finanzverwaltung als Institution, nicht um solche eines einzelnen Amtsträgers.[68] Gleichwohl findet sich in der Literatur der zutreffende Hinweis, dass die institutionellen Erfahrungen gerade die kumulierten und aggregierten (personellen) *Einzel*erfahrungen darstellen und mithin weder überprüfbar noch eine objektiv feststellbare Größe sind.[69] Die Tragweite und Auswirkungen dieser Problematik würden sich deutlich verschärfen, wenn die Erfahrungen tatsächlich in die Risikomanagementsysteme eingingen.[70]

3. Zweck der Einführung eines Tax Compliance Management Systems auf kommunaler Ebene

Kommunale Unternehmen unterliegen selbstverständlich ebenso wie alle anderen Steuerpflichtigen der Verpflichtung, korrekte und vollständige Steuererklärungen abzugeben. Die Angaben sind nach § 150 Abs. 2 AO wahrheitsgemäß nach bestem Wissen und Gewissen zu machen. Besondere Bedeutung haben dabei die Körperschaftsteuer- und Gewerbesteuererklärungen der Betriebe gewerblicher Art (BgA) sowie die Umsatzsteuererklä-

---

AO/FGO, § 88 AO Rn. 61; *Braun Binder*, DStZ 2016, 526, 531; *Münch/Sendke*, DStZ 2015, 487, 489.

65 *Seer*, Steuervollzug im Rechtsstaat, S. 7, 18 f.; ausführlicher *Schützler*, Tax Compliance, S. 148 ff. In diese Richtung auch *Braun Binder*, Demokratie und künstliche Intelligenz, S. 161, 167 ff.

66 *Seer*, in: Tipke/Kruse, AO/FGO, § 88 AO Rn. 15; *Volquardsen*, in: Schwarz/Pahlke, AO/FGO, § 88 AO Rn. 3a. Ähnlich *Roser*, in: Gosch/Beermann, AO/FGO, § 88 AO Rn. 6.4; *Drüen*, Digitalisierung im Steuerrecht, S. 193, 209; *Drüen*, DB 2018, 11, 12; *Drüen*, 12. bis 14. Deutscher Finanzgerichtstag 2015 · 2016 · 2017, S. 250, 255; *Volquardsen*, in: Schwarz/Pahlke, AO/FGO, Erstkommentierung, BestVerfModG 2016, § 88 AO Rn. 4; *Maier*, JZ 2017, 614, 616; *Drüen*, 8. bis 9. Deutscher Finanzgerichtstag 2011/2012, S. 253, 263. *Drüen*, in: Hübschmann/Hepp/Spitaler, AO/FGO, § 88 AO Rn. 415 charakterisiert das Wirtschaftlichkeitsprinzip ebenso treffend als sekundäre Maxime.

67 BT-Drs. 18/7457, 68.

68 *Roser*, in: Gosch/Beermann, AO/FGO, § 88 AO Rn. 15.2; ähnlich BT-Drs. 18/7457, 48.

69 *Roser*, in: Gosch/Beermann, AO/FGO, § 88 AO Rn. 15.2.

70 *Seer*, in: Tipke/Kruse, AO/FGO, § 88 AO Rn. 17 sieht eine solche Möglichkeit.

rungen für unternehmerische Tätigkeiten der Kommunen. Die Umsatzsteuerpflicht der Kommunen hat sich durch die Einführung des § 2b UStG grundlegend verändert.

Um die ordnungsgemäße Erfüllung ihrer Deklarationspflichten sicherzustellen, müssen Kommunen ihre steuerrelevanten Prozesse effizient organisieren. Ein bewährtes Mittel dafür ist die Implementierung eines internen Kontrollsystems (Steuer-IKS) oder Tax CMS. Diese Systeme dienen nicht nur der Einhaltung steuerlicher Pflichten, sondern können auch für die Kommunen bei der Abgrenzung zwischen fahrlässiger und vorsätzlicher Steuererklärung eine wesentliche Rolle spielen. Darüber hinaus fokussieren verschiedene Konzeptpapiere beispielsweise die Aufzeichnungs- und Dokumentationspflichten sowie daraus ableitbare Anforderungen an IT-Systeme.[71] Dies unterstreicht die Notwendigkeit eines Tax CMS, um den Anforderungen eines modernen Risikomanagements gerecht zu werden und die betriebswirtschaftliche Effizienz kommunaler Unternehmen zu fördern.

Ein Tax CMS bietet zudem rechtliche Schutzmechanismen, insbesondere für Führungskräfte und Organe kommunaler Unternehmen. Es minimiert das Haftungsrisiko für beispielsweise Werkleiter kommunaler Eigenbetriebe, Aufsichtsorgane oder Compliance Officer. Auch die Leiter der Innenrevision können in ihrer Funktion als Garanten für die Einhaltung geltender Regelungen zur Verantwortung gezogen werden. Schließlich spielt das beamtenrechtliche Disziplinarrecht eine zentrale Rolle: Verstöße gegen beamtenrechtliche Pflichten können Sanktionen bis hin zum Verlust des Beamtenstatus und der Versorgungsansprüche nach sich ziehen.[72] Die Einführung eines Tax CMS ist daher nicht nur eine rechtliche und organisatorische Notwendigkeit, sondern auch ein strategisches Instrument, um die Steuer- und Compliance-Risiken kommunaler Unternehmen zu minimieren und ihre Effizienz zu steigern.

4. Ausgewählte Besteuerungstatbestände der Kommunen und etwaige Steuerrisiken

a) Überblick

Die nachfolgende Analyse ausgewählter kommunaler Steuerpflichten zielt darauf ab, einen umfassenden Einblick in die vielschichtige und sich stetig wandelnden Rahmenbedingungen zu gewähren. Dadurch soll verdeutlicht werden, die Rolle der Kommune als Steuerschuldnerin als eine verwaltungsübergreifende Aufgabe zu begreifen, anstatt sie als isolierte Funktion inner-

71 So z.B. *Institut für Verwaltungswissenschaften*, Zur Ausgestaltung von kommunalen Tax Compliance Management Systemen.

72 *Kammerloher-Lis/Kirsch*, DB 2018, 151, 152.

halb der Kommunalverwaltung zu betrachten. Diese ganzheitliche Sichtweise kann der entscheidende Erfolgsfaktor für die Wirksamkeit jeglicher Tax Compliance Bestrebungen sein. Die Darstellung vermittelt gleichzeitig die Brisanz und Aktualität dieses Aufgabengebiets und unterstreicht damit die Relevanz für die (Verwaltungs-)Praxis. Die Komplexität der Materie und die dynamischen Veränderungen im Steuerrecht erfordern eine kontinuierliche Anpassung der Tax Compliance Management Systeme, insbesondere vor dem Hintergrund der fortschreitenden Digitalisierung in der öffentlichen Verwaltung. Als besonders relevante Besteuerungstatbestände können genannt werden:

- Ertragsbesteuerung,
- Umsatzbesteuerung,
- Lohnsteuer,
- Kommunen als Zuwendungsempfänger und Spendenrecht,
- Steuerabzug für beschränkt Steuerpflichtige,
- Beteiligungsmanagement und steuerliche Rechtsfolgen,
- Bauabzugssteuer und
- sonstige Steuertatbestände.[73]

Auf die ersten drei Tatbestände soll im Folgenden näher eingegangen werden.

b) Ertragsbesteuerung

Die Ertragsbesteuerung von Kommunen kann zu unterschiedlichen steuerlichen Konsequenzen führen:[74]

1. Unbeschränkte Steuerpflicht: Diese betrifft vor allem die Betriebe gewerblicher Art (BgA) der Kommune. BgA sind Einrichtungen, die einer nachhaltigen wirtschaftlichen Tätigkeit zur Erzielung von Einnahmen außerhalb der Land- und Forstwirtschaft dienen und sich innerhalb der Gesamtbetätigung der juristischen Person wirtschaftlich herausheben. BgA unterliegen der unbeschränkten Körperschaftsteuerpflicht nach § 1 Abs. 1 Nr. 6 i. V. m. § 4 KStG.
2. Beschränkte Steuerpflicht: Diese betrifft inländische Einkünfte der Kommune, die dem Steuerabzug unterliegen, insbesondere Kapitaleinkünfte wie erhaltene Ausschüttungen.

73 Dazu ausführlich *Rainer*, Der Weg zum steuerlichen innerbetrieblichen Kontrollsystem aus kommunaler Sicht, S. 12 ff.

74 Ein Schaubild mit weiteren Details findet sich bei *Oberfinanzdirektion Nordrhein-Westfalen*, Besteuerung der juristischen Personen des öffentlichen Rechts, S. 20.

3. Nichtsteuerbarkeit: Diese umfasst hoheitliche Tätigkeiten und die reine Vermögensverwaltung der Kommune.

Besondere Beachtung verdienen folgende Aspekte:

- Bestimmte Betriebe der kommunalen Daseinsvorsorge (z.B. Versorgung mit Wasser, Gas, Elektrizität oder Wärme sowie Verkehrs- und Hafenbetriebe) gelten per Definition als BgA (§ 4 Abs. 3 KStG).
- Gemeinnützige BgA können von der Körperschaftsteuer befreit sein (§ 5 Abs. 1 Nr. 9 KStG i. V. m. § 51 ff. AO).
- Die Gewerbesteuerpflicht eines BgA setzt eine Gewinnerzielungsabsicht voraus.

Ausschüttungen eigener BgA an die Kommune unterliegen dem Kapitalertragsteuerabzug, was eine zweite Besteuerungsebene eröffnet.[75]

Die Grundsätze der verdeckten Gewinnausschüttung finden auch auf das Verhältnis zwischen Kommune und BgA Anwendung ((§ 8 Abs. 3 Satz 2 KStG, R 8.5 KStR 2022, H 8.5 „BgA" KStH 202)

Die Komplexität dieser Regelungen birgt für Kommunen verschiedene Risiken, insbesondere bei der Identifikation von BgA, der Abgrenzung zwischen BgA und reiner Vermögensverwaltung sowie der korrekten steuerlichen Behandlung von Ausschüttungen und verdeckten Gewinnausschüttungen.

c) Umsatzbesteuerung

Die Umsatzsteuerpflicht stellt für Kommunen eine besondere Herausforderung dar, insbesondere im Kontext der Anpassung an § 2b UStG, der den ertragsteuerlichen BgA-Begriff ablöst und den unternehmerischen Bereich einer Kommune erweitert. Diese Neuregelung bringt Unsicherheiten mit sich, da der BgA-Begriff bisher als Schwellenfunktion für die Umsatzsteuerbarkeit diente und zahlreiche Sachverhalte von der Steuerpflicht ausgenommen waren. Die Umsatzsteuer, ein typisches Massenverfahren, verlangt von juristischen Personen des öffentlichen Rechts (jPöR) eine frühzeitige und fundierte Auseinandersetzung mit den steuerrechtlichen Gegebenheiten. Fehlende Klarheit über die Rechtslage sowie über finanzielle und organisatorische Konsequenzen erschwert jedoch die Vorbereitung und Beurteilung von Alternativen. Dies birgt Risiken, etwa wenn bei der Bestimmung der Gegenleistung Fehler auftreten. Besonders komplex ist die korrekte Bestimmung der Leistungen. Es kann mehrere Haupt- und Nebenleistungen geben, wobei Nebenleistungen das steuerliche Schicksal der Hauptleistung teilen. Der Grundsatz der wirtschaftlichen Einheit verbietet es jedoch, wirtschaft-

75 *Rainer*, Der Weg zum steuerlichen innerbetrieblichen Kontrollsystem aus kommunaler Sicht, S. 13 f.

lich zusammengehörige Leistungen künstlich aufzuteilen. Darüber hinaus ist eine präzise und gesetzeskonforme Aufteilung der Vorsteuerbeträge (§ 15 UStG) essenziell. Diese steuerlichen Anforderungen verdeutlichen die Notwendigkeit einer strukturierten und systematischen Herangehensweise an die Umsatzsteuerpflichten kommunaler Körperschaften, insbesondere durch die Implementierung von Tax Compliance Management Systemen.

d) Lohnsteuer

Kommunen tragen als Arbeitgeber erhebliche Verpflichtungen im Zusammenhang mit der Lohnsteuer, insbesondere gemäß § 38 Abs. 3 EStG. Sie sind verpflichtet, Lohnsteuerabzüge für ihre Beschäftigten vorzunehmen und regelmäßig anzumelden. Dieser Prozess erfordert einen erheblichen organisatorischen Aufwand, da Aufgaben wie die Führung eines Lohnkontos (§ 41 EStG), die Einbehaltung (§ 39b EStG) sowie die monatliche Anmeldung und Abführung der Lohnsteuer (§ 41a EStG) fristgerecht und ordnungsgemäß erfolgen müssen. Ein Fehlverhalten in diesem Bereich kann dazu führen, dass die Kommune als Haftungsschuldner gemäß § 42d EStG in Anspruch genommen wird.

Die Lohnsteuer stellt eine Erhebungsform der Einkommensteuer bei Einkünften aus nichtselbständiger Arbeit dar (§ 38 Abs. 1 EStG). Für ein so umfangreiches und datenintensives Massenverfahren benötigen Kommunen adäquate IT-Plattformen. Diese Plattformen müssen nahtlos mit der Finanzverwaltung interagieren, etwa über die ELStAM-Datenbank, in der die elektronischen Lohnsteuerabzugsmerkmale hinterlegt sind.[76] Dabei ist sicherzustellen, dass die Lohnsteuer sowohl dem Grunde als auch der Höhe nach rechtmäßig erhoben wird.

In der Praxis stellt die richtige Qualifizierung der Einkunftsart häufig eine Herausforderung dar, insbesondere bei der Durchführung von Projekten im sozialen Bereich.[77] Hier reichen die vorhandenen Kapazitäten oft nicht aus und die Kommune bezieht externe Leistungen. Je nach vertraglicher Gestaltung werden Fachkräfte als Selbständige oder Nichtselbständige beschäftigt. Irrtümer, etwa die irrtümliche Annahme einer Selbständigkeit, können dazu führen, dass keine Lohnsteuer oder Sozialversicherungsbeiträge einbehalten und abgeführt werden. Eine spätere Lohnsteueraußenprüfung oder Betriebsprüfung könnte für die Kommune erhebliche finanzielle Konsequenzen haben.

76 Ein umfassender ELStAM-Überblick ist abrufbar unter https://www.elster.de/elsterweb/infoseite/elstam_(arbeitgeber) (zuletzt abgerufen am 11.12.2024).

77 Dieses Beispiel geht zurück auf *Rainer*, Der Weg zum steuerlichen innerbetrieblichen Kontrollsystem aus kommunaler Sicht, S. 17.

Im Rahmen von Außenprüfungen kann die Finanzverwaltung auf die mit Datenverarbeitungssystemen erstellte Buchführung der Kommune zugreifen. Hierbei existieren drei Zugriffsmöglichkeiten:

1. Unmittelbarer Datenzugriff (Z1): Direkter Zugriff auf die Daten im System.
2. Mittelbarer Datenzugriff (Z2): Bereitstellung von Auswertungen und Datenübersichten durch die Kommune.
3. Datenträgerüberlassung (Z3): Übermittlung der Daten auf einem geeigneten Datenträger, seit 2018 gemäß dem Standard der einheitlichen digitalen Lohnschnittstelle (§41 Abs. 1 Satz 7 EStG i. V. m. §4 Abs. 2a LStDV).[78]

Kommunale Personalabteilungen stehen daher vor der Aufgabe, diese technischen und organisatorischen Anforderungen zu erfüllen. Selbst wenn die Aufgaben an externe Dienstleister ausgelagert werden, verbleibt die Verantwortung für die Einhaltung der steuerlichen Pflichten stets bei der Kommune. Die Umsetzung und Überwachung der beschriebenen Prozesse stellt Kommunen vor erhebliche Herausforderungen, insbesondere im Hinblick auf Haftungsrisiken. Es ist unerlässlich, dass Kommunen sowohl intern als auch bei externen Dienstleistern strenge Kontrollmechanismen etablieren, um steuerliche Risiken zu minimieren und den gesetzlichen Anforderungen gerecht zu werden.

II. Die Implementierung eines Tax CMS auf kommunaler Ebene

1. Verantwortlichkeiten und Haftung

Für die steuerlichen Pflichten der jPöR trägt gemäß §34 Abs. 1 AO der gesetzliche Vertreter die Verantwortung. Die gesetzlichen Vertreter werden nach den Vorgaben der jeweiligen Gemeindeordnung der Bundesländer bestimmt. In den meisten Fällen ist dies der Bürgermeister oder Oberbürgermeister, der als gesetzlicher Vertreter agiert. So regelt §42 der Gemeindeordnung für Baden-Württemberg (Gemeindeordnung – GemO) in der Fassung vom 24. Juli 2000 die Rechtsstellung des Bürgermeisters. Nach Abs. 1 gilt: „Der Bürgermeister ist Vorsitzender des Gemeinderats und Leiter der Gemeindeverwaltung. Er vertritt die Gemeinde.“ Im Hinblick auf die Haftungsnorm des §69 AO ist eine persönliche Pflichtverletzung durch den gesetzlichen Vertreter entscheidend. Diese Norm ermöglicht die Inanspruch-

78 Zu dieser und weiteren Schnittstellen ausführlich *Peuthert/Schmidt/Müller/Schaebs*, beck.digitax 2021, 236.

nahme des Vertreters, wenn dieser schuldhaft gegen steuerliche Pflichten der jPöR verstößt. Daraus folgt, dass die gesetzliche Vertretung nicht nur für die ordnungsgemäße Einhaltung steuerlicher Verpflichtungen verantwortlich ist, sondern auch für die Einführung, Pflege und regelmäßige Überprüfung eines Tax CMS. Es dient dazu, die Einhaltung steuerrechtlicher Vorgaben systematisch zu gewährleisten und das Risiko von Pflichtverletzungen zu minimieren. In diesem Rahmen obliegt es der gesetzlichen Vertretung, sicherzustellen, dass die Kontrollsysteme wirksam und an aktuelle rechtliche sowie operative Anforderungen angepasst sind.

2. Inhaltliche Festlegung des Tax CMS

a) Ausgangssituation

Mit den Erläuterungen im Anwendungserlass zu § 153 AO verweist die Finanzverwaltung auf die Einrichtung eines innerbetrieblichen Kontrollsystems, das der Erfüllung der steuerlichen Pflichten dient. Von ganz hervorgehobener Bedeutung ist zunächst, dass sich die Konkretisierung über die Art und den Umfang eines Tax CMS anhand der individuellen Gegebenheiten der Kommune entwickeln muss.[79] Gleichwohl kann selbstverständlich auf (theoretische) Vorarbeiten zurückgegriffen werden. So konkretisiert der Praxishinweis des IDW 1/2016 vom 31.5.2017 die Anforderungen an ein solches Tax CMS und baut dabei auf dem IDW PS 980 zur Prüfung der IKS auf.[80] Die Grundelemente eines Tax CMS werden in dem Hinweis mit sieben Einzelpunkten aufgeführt. Diese lauten:

- Kultur,
- Ziele,
- Risiken,
- Programm,
- Organisation,
- Kommunikation sowie
- Überwachung und Verbesserung.

Sie sind in dieser Reihenfolge verzahnt und können als Kreislauf zur Vollständigkeitskontrolle eines Tax CMS verstanden werden.[81] Mit den dortigen Ausführungen liegen entsprechende Erläuterungen zur allgemeinen Bedeutung der Elemente vor. Diese können zur Orientierung zum Aufbau eines Tax CMS in der Kommune herangezogen und nutzbar gemacht werden.

---

79 *Aden*, Tax Compliance Management im kommunalen Kontext, S. 89 f.
80 *Institut der Wirtschaftsprüfer in Deutschland*, Praxishinweis 1/2016.
81 *Kammerloher-Lis/Kirsch*, DB 2018, 151, 154.

Hinsichtlich der besonderen Anforderungen der Bestandteile im kommunalen Kontext sollen die einzelnen Aspekte im Folgenden erörtert werden.[82]

b) Kultur

Eine effektive Compliance-Kultur bildet die Grundlage eines funktionierenden Tax CMS. Die Unternehmensleitung trägt die Verantwortung, die Einhaltung steuerrechtlicher Regelungen sowohl intern als auch extern glaubhaft als zentralen Bestandteil der Unternehmensführung zu kommunizieren. Diese Position stärkt die Bedeutung von steuerlicher Compliance und deren Kontrolle innerhalb der Organisation. Für kommunale Strukturen ist die Etablierung einer solchen Kultur insbesondere im Kontext der veränderten Besteuerung von jPöR unerlässlich. Mit der verstärkten Einbindung von Mitarbeitenden in steuerlich relevante Prozesse gewinnt die Sensibilisierung für die Brisanz dieser Vorgänge an Bedeutung. Ein erstes Ziel kann die Entwicklung eines Leitbilds auf politischer Ebene sein, welches durch konkrete Steuerrichtlinien in Form von Dienstanweisungen in die Verwaltung getragen wird. Regelmäßige Schulungen und Informationsveranstaltungen sichern eine kontinuierliche Vermittlung dieser Inhalte. Gleichzeitig entsteht eine dokumentierte Nachvollziehbarkeit, die die Compliance-Kultur stärkt.

c) Ziele

Aus der etablierten Compliance-Kultur leiten sich die konkreten Ziele des Tax CMS ab. Kommunen sollten klar definieren, welche Schwerpunkte bei der Überwachung steuerlicher Prozesse gesetzt werden sollen. Neben der Verpflichtung zur strikten Gesetzestreue können moralische Ziele – wie beispielsweise die Gemeinwohlorientierung – sowie praktische Zielsetzungen – wie z. B. die Optimierung steuerlicher Vorteile – in den Fokus rücken. Ein gut strukturierter Zielkatalog sollte neben Hauptzielen auch detaillierte Unterziele enthalten, um die Anforderungen für die Mitarbeitenden im operativen Geschäft präzise zu formulieren. Hierdurch wird sichergestellt, dass die Zielerreichung überprüfbar bleibt.

d) Organisation

Die klare Zuweisung von Verantwortlichkeiten und Ressourcen bildet die Grundlage für die organisatorische Umsetzung des Tax CMS. Verantwortlichkeiten sollten transparent und widerspruchsfrei geregelt werden, um ein effizientes Zusammenspiel zwischen den beteiligten Akteuren sicherzustel-

82 Die Erläuterungen basieren im Wesentlichen auf *Kammerloher-Lis/Kirsch*, DB 2018, 151, 154 f.; *Aden*, Tax Compliance Management im kommunalen Kontext, S. 88 ff.; *Deutscher Städtetag*, Diskussionsentwurf, S. 4 ff.

len. Kleinere Kommunen können Kompetenzen und Zuständigkeiten direkt in Dienstanweisungen zum Tax CMS festlegen. In größeren Verwaltungseinheiten empfiehlt sich die Einführung eines detaillierten Organisationsplans, der auch Vertretungsregelungen beinhaltet. Um Ausfälle zu kompensieren, sollten alternative Prozesse, wie die Dokumentation offener Vorgänge, eingerichtet werden.

e) Risiken

Aus den definierten Compliance-Zielen ergibt sich die Notwendigkeit, potenzielle Risiken steuerlicher Regelverstöße zu identifizieren und zu bewerten. Eine systematische Einteilung dieser Risiken in Risikoklassen ermöglicht eine verwaltungsökonomische Bearbeitung und Priorisierung. Zur praktischen Umsetzung sollten regelmäßige Risikoanalysen durchgeführt und in einem Risikomanagementsystem dokumentiert werden. Die dabei gewonnenen Erkenntnisse bilden die Grundlage für gezielte Präventivmaßnahmen sowie detektive Kontrollen.

f) Programm

Ein Compliance-Programm konkretisiert die operativen Maßnahmen zur Umsetzung des Tax CMS in den identifizierten Risikobereichen. Es umfasst präventive Schritte zur Vermeidung von Regelverstößen sowie detektive Maßnahmen zur Überprüfung der Einhaltung steuerlicher Vorschriften. Ein präventives Element könnte die Überprüfung der Steuererklärungen durch ein Vier-Augen-Prinzip sein. Ergänzend dazu gewährleisten detektive Maßnahmen, wie turnusmäßige Prüfungen im Rahmen der internen Revision, die nachhaltige Einhaltung der Vorgaben. Beide Elemente sollten in einem standardisierten Programm integriert werden.

g) Kommunikation

Die effektive Kommunikation des Tax CMS ist ein wesentlicher Bestandteil der Compliance-Kultur. Mitarbeitende sowie externe Akteure, die an steuerlichen Prozessen beteiligt sind, müssen über die entsprechenden Vorgaben informiert werden. Neben der top-down-Kommunikation von Standards und Richtlinien ist eine offene Fehler- und Schwachstellenkommunikation unabdingbar. Nur durch den transparenten Austausch können systematische Verbesserungen erzielt werden. In kleineren Gemeinden genügen informelle Gespräche und Dokumentationen, während in größeren Einheiten standardisierte Berichtsprozesse notwendig sind.

h) Überwachung und Verbesserung

Die fortlaufende Überwachung und Weiterentwicklung des Tax CMS stellt sicher, dass es den organisatorischen Anforderungen gerecht wird und Schwachstellen behoben werden. Hierbei ist die Überwachung zweigeteilt: Zum einen wird der Aufbau und die Einführung des Tax CMS überprüft, zum anderen dessen Einhaltung im Tagesgeschäft kontrolliert. Diese Aufgaben können der Steuerabteilung übertragen werden, die regelmäßige und anlassbezogene Prüfungen durchführt. Festgestellte Mängel sind der Verwaltungsleitung zu berichten und umgehend zu beheben. Dabei ist das Tax CMS als ein dynamischer, kontinuierlich weiterzuentwickelnder Prozess zu verstehen.

3. Zwischenfazit

Die sieben Grundelemente eines wirksamen Tax CMS verdeutlichen, dass es sich um ein interdependentes System handelt, bei dem die einzelnen Elemente ineinandergreifen und gemeinsam wirken müssen. Für den kommunalen Sektor ergibt sich jedoch die Herausforderung, dass die Finanzverwaltung keine verbindlichen Vorgaben für die konkrete Ausgestaltung bietet. Dies führt dazu, dass jede Kommune ihr Tax CMS an die spezifischen Gegebenheiten und Anforderungen der eigenen Organisation anpassen muss. Ein zentrales Ergebnis dieser Flexibilität ist die Notwendigkeit, alle Maßnahmen umfassend zu dokumentieren. Diese Dokumentation kann in einem übergeordneten Regelwerk – einer Tax-Compliance-Richtlinie – zusammengefasst werden, um sowohl interne Steuerung und Weiterentwicklung als auch den Nachweis der Bemühungen gegenüber Dritten zu gewährleisten.

Die Dokumentation allein reicht jedoch nicht aus, um ein wirksames Tax CMS sicherzustellen. Entscheidend ist, dass die festgelegten Maßnahmen tatsächlich in der Praxis gelebt werden und nicht lediglich als formales Regelwerk existieren. Ein weiteres Problemfeld ist die Unsicherheit darüber, ob die umgesetzten Maßnahmen ausreichen, insbesondere in Hinblick auf die Entlastungswirkung gegenüber Vorwürfen vorsätzlichen oder leichtfertigen Handelns. Diese Unsicherheit könnte durch eine externe Zertifizierung des Tax CMS reduziert werden. Der Nachteil einer solchen Maßnahme ist allerdings der zusätzliche finanzielle Aufwand, der mit einer Zertifizierung verbunden ist. Ein wirksames Tax CMS in der kommunalen Verwaltung verlangt nicht nur eine umfassende Anpassung an die jeweiligen Gegebenheiten, sondern auch eine lebendige Verankerung der Maßnahmen im Verwaltungsalltag. Dies erfordert neben sorgfältiger Dokumentation eine fortlaufende Kontrolle, Kommunikation und Anpassung. Die Entscheidung, auf externe Unterstützung durch Zertifizierungen zurückzugreifen, sollte im Kontext der individuellen Risiko- und Kostenabwägung getroffen werden.

III. Modell zur Steuerung der Steuerfunktion in Kommunalverwaltungen

1. Vorbemerkung

In der Literatur findet sich eine Arbeit, die ausgewählte Kommunalverwaltungen auf dem Weg zur Etablierung eines Tax CMS beobachtet hat.[83] Sie untersuchte die Notwendigkeit und den Nutzen kommunaler Tax Compliance Bemühungen und arbeitete unter Berücksichtigung empirischer Befunde ein Modell zur Ausgestaltung und Einführung eines kommunalen Tax CMS heraus. Auf diese Erkenntnisse soll an dieser Stelle zurückgegriffen werden.[84]

2. Ein Ansatz für die Praxis

Es wurde ein Modell entwickelt, das eine breite Anwendungsmöglichkeit für Kommunalverwaltungen bietet. Es adressiert die vielfältigen Ausgangssituationen kommunaler Strukturen und fokussiert auf die systematische Sicherung der Steuerfunktion. Das Modell bietet praktische Orientierungshilfen und betont die Notwendigkeit einer verwaltungsweiten Verantwortungswahrnehmung. Basierend auf gesetzlich verankerten und gerichtlich bestätigten Anforderungen wird die Dringlichkeit einer strukturierten Organisation der Steuerfunktion unterstrichen. Diese rechtsformunabhängige Pflicht erfordert, dass Kommunalverwaltungen ihre Steuerfunktion aktiv gestalten. Die Ausgangssituation bei der Implementierung eines Tax CMS hängt dabei maßgeblich von den vorhandenen Ressourcen, Instrumenten sowie der Aufbau- und Ablaufstruktur der jeweiligen Kommune ab. Der Hauptverwaltungsbeamte genießt hierbei Gestaltungsfreiheit, die sich jedoch stets an der Erfüllung steuerlicher Pflichten orientieren muss.

Die empirische Analyse offenbarte ein Steuerungsdefizit aus der Perspektive der zuständigen Steuerabteilungen. Insbesondere die fehlende Verbindlichkeit bei Tax Compliance Aufgaben wird von Strafverfolgungsbehörden und Gerichten als kritisch bewertet. Vor diesem Hintergrund ist es empfeh-

83 *Rainer*, Der Weg zum steuerlichen innerbetrieblichen Kontrollsystem aus kommunaler Sicht.

84 Die folgenden Erläuterungen basieren im Wesentlichen auf *Rainer*, Der Weg zum steuerlichen innerbetrieblichen Kontrollsystem aus kommunaler Sicht, S. 313 ff.

lenswert, eine fachliche Weisungsbefugnis für steuerrelevante Vorgänge innerhalb der Kommunalverwaltung zu etablieren. Dieses Matrixprinzip ermöglicht eine flexible, hierarchieunabhängige Steuerung und bietet eine Grundlage für eine nachhaltige Steuerfunktion. Die Einrichtung einer zentralen Steuerabteilung als Stabsstelle in der Nähe der Verwaltungsleitung stellt eine langfristige strategische Lösung dar.

Eine weitere empirisch nachgewiesene Erkenntnis ist, dass ein professionell gestaltetes intrakommunales Projektmanagement essenziell für die Implementierung eines Tax CMS ist. Mittels Stakeholder- und Risikoanalysen können gemeinsam getragene Fortschritte erzielt werden, die sowohl ressourcenschonend als auch effizient sind. Dies fördert die notwendige Akzeptanz und Zusammenarbeit aller beteiligten Organisationseinheiten. Zudem müssen alle Maßnahmen zur Sicherung der Steuerfunktion umfassend dokumentiert und archiviert werden. Dies dient sowohl der internen Nachvollziehbarkeit als auch der externen Exkulpation. Die Einführung eines Tax CMS sollte schrittweise erfolgen, um eine nachhaltige Integration in bestehende Strukturen zu gewährleisten.

Das entwickelte Modell stellt die kommunale Steuerfunktion als eine ganzheitliche organisatorische Aufgabe dar, die von allen Einheiten der Verwaltung getragen wird. Die Verantwortung liegt dabei letztlich beim Bürgermeister, während ein systematischer und dokumentierter Ansatz den Erfolg des Tax CMS sicherstellt. Dieses Modell bietet eine Blaupause für Kommunen, die ihre Steuerfunktion rechtskonform und zukunftsfähig gestalten möchten, und liefert damit einen wesentlichen Beitrag zur digitalen Transformation steuerrechtlicher Verfahren.

3. Einführung eines kommunalen Tax CMS

Durch die Kombination theoretischer Ansätze aus steuerrechtlichen und kommunalrechtlichen Perspektiven sowie einer empirischen Untersuchung wurde mit der eingangs erwähnten Arbeit eine praxisnahe Lösung für Kommunen entwickelt. Die gewonnenen Daten lieferten wertvolle Einblicke in die spezifischen Herausforderungen und Lösungsansätze aus Sicht der Kommunen. Die Ergebnisse verdeutlichen, dass die Steuerfunktion als verwaltungsweite Aufgabe verstanden werden muss, die alle Organisationseinheiten einbindet. Die Gesamtverantwortung liegt beim Hauptverwaltungsbeamten, während die kollektive Mitwirkung aller Bereiche für eine effektive Umsetzung unerlässlich ist. Tax Compliance ist dabei als integrative, organisatorische Verpflichtung zu begreifen. Die Essenz der Untersuchung lässt sich in drei wesentlichen Punkten zusammenfassen:

1. **Tax Compliance als Daueraufgabe:** Die Notwendigkeit einer kontinuierlichen Wahrnehmung und Umsetzung steht im Vordergrund.
2. **Verantwortung des Hauptverwaltungsbeamten:** Ein Tax CMS stellt keinen Freibrief dar, sondern erfordert dauerhaftes Engagement und Kontrolle durch den Bürgermeister.
3. **Individuelle Ausgestaltung:** Die Anforderungen an ein Tax CMS hängen von der Komplexität der kommunalen Strukturen ab. Je größer die Verwaltung, desto formalisierter müssen die Steuerungsmechanismen sein.

4. Dienstanweisung Steuern als Grundlage eines kommunalen Tax CMS: Ein Umsetzungsvorschlag

Die Formulierung einer verbindlichen Dienstanweisung „Steuern" bildet eine zentrale Grundlage für die Einführung eines kommunalen Tax CMS. Sie dient der strukturierten Sicherung der steuerlichen Pflichten einer Kommune und ermöglicht es, die Verantwortung klar zu definieren und die Zusammenarbeit aller relevanten Einheiten zu steuern. Für eine praxisnahe und flexible Anwendung empfiehlt sich ein modularer Aufbau der Dienstanweisung. Ein allgemeingültiges Grundlagendokument wird dabei um spezifische Anlagen wie Verfahrensbeschreibungen, Zuständigkeitsmatrizen und Arbeitsanleitungen ergänzt. Dieser Ansatz erleichtert die Aktualisierung einzelner Themenbereiche, ohne die gesamte Dienstanweisung neu beschließen zu müssen. Die in der Arbeit entwickelten Musterinhalte umfassen – in etwas modifizierter Form – folgende Punkte:[85]

1. **Geltungsbereich**: Definition des Anwendungsrahmens.
2. **Präambel**: Zielsetzung und Bedeutung der steuerlichen Compliance.
3. **Gesamtverantwortung**: Festlegung der Verantwortung des Hauptverwaltungsbeamten.
4. **Zentrale Steuerfunktion**: Organisation der Steuerabteilung und Berichterstattungspflichten.
5. **Aufbau und Zuständigkeiten**: Struktur und Aufgaben der Steuerabteilung.
6. **Prüfungen durch die Finanzverwaltung**: Umgang mit steuerlichen Außenprüfungen.

85 Die ursprünglichen Inhalte der entwickelten Muster-Dienstanweisung finden sich bei *Rainer*, Der Weg zum steuerlichen innerbetrieblichen Kontrollsystem aus kommunaler Sicht, S. 316 f.

7. **Zusammenarbeit und Mitwirkungspflichten**: Detaillierte Pflichten aller Organisationseinheiten, inklusive IT und Eigenbetriebe.
8. **Aufzeichnungs- und Aufbewahrungspflichten**: Steuerliche Dokumentationsanforderungen.
9. **Steuerrelevante Bereiche**: Umfassende Auflistung steuerlich relevanter Themenfelder.
10. **Steuererklärungen und Steueranmeldungen**: Verfahrensregeln.
11. **Kontrollen**: Maßnahmen zur Sicherstellung der Einhaltung.
12. **Einhaltungsverpflichtung**: Verbindlichkeit der Dienstanweisung.
13. **Aktualisierungen**: Verfahren zur regelmäßigen Anpassung an rechtliche Änderungen.
14. **Inkrafttreten**: Festlegung des Wirksamkeitsdatums.

Die Dienstanweisung bietet klare Orientierung für die kommunalen Verantwortlichen und trägt zur rechtssicheren Organisation der Steuerfunktion bei. In Kombination mit dem zuvor skizzierten Tax CMS Modell bildet sie eine belastbare Grundlage für die langfristige Sicherung der Steuer-Compliance. Dieser strukturierte Ansatz schafft eine flexible und zukunftssichere Basis, die den Anforderungen der Praxis sowie der rechtlichen Weiterentwicklung gerecht wird.

IV. IT-Komponenten eines Tax CMS

1. Prozessintegrierte IT-Kontrollen

Der Einsatz von IT-Komponenten im Rahmen eines Tax CMS bietet entscheidende Vorteile, da Kontrollaktivitäten fest in die operativen Arbeitsabläufe integriert werden können.[86] Dies gewährleistet eine kontinuierliche und gleichbleibend hohe Kontrollqualität. Ein zentrales Merkmal dieser IT-basierten Lösungen ist, dass sie spezifische Kontrollumfelder technisch abbilden und so zu einer zuverlässigen Prozessüberwachung beitragen. Zu den wesentlichen Kontrollaktivitäten gehören beispielsweise die korrekte Einstellung der Steuerungsparameter, die präzise Aufbereitung von Belegen sowie Plausibilitätskontrollen, die sicherstellen, dass die Verarbeitungsergebnisse sachlich und fachlich korrekt sind. Ebenso wird die zeitnahe Bearbeitung von Fehlermeldungen unterstützt, wodurch potentielle Probleme

86 Zahlreiche und vielfältige Praxishinweise zur technischen Umsetzung von Tax CMS für Unternehmen finden sich bei *Liekenbrock*, Die Unternehmensbesteuerung 2018, S. 43–53. Diese dienten als Inspiration für die Inhalte dieses Kapitels, sodass ausgewählte Inhalte adaptiert wurden.

schnell identifiziert und behoben werden können. Diese integrierten Kontrollmechanismen tragen wesentlich dazu bei, die Qualität und Zuverlässigkeit der steuerlichen Prozesse zu erhöhen. Sie stellen sicher, dass Fehler entweder frühzeitig vermieden oder sofort erkannt und adressiert werden können, was insbesondere bei komplexen Abläufen von zentraler Bedeutung ist.

2. Detektive Maßnahmen

Detektive Maßnahmen spielen eine ergänzende Rolle und sind darauf ausgerichtet, bestehende Fehler zu erkennen, bevor oder nachdem sie Auswirkungen zeigen. Beispiele hierfür umfassen organisatorische und technische Kontrollen, die in IT-Systeme integriert werden können. Prozessintegrierte Kontrollen wie das traditionelle Vier-Augen-Prinzip sowie die Unterschriften- und Berechtigungskonzepte fördern die Transparenz und Nachvollziehbarkeit in steuerlichen Prozessen. Ergänzt werden diese durch systematische Auswertungen von Daten, etwa in Form von Verprobungen oder Plausibilitätsprüfungen. Automatisierte Systeme können hierbei Abweichungen oder Unregelmäßigkeiten in Geschäftsvorfällen erkennen und diese zur manuellen Prüfung aussteuern. Diese Ansätze gewährleisten nicht nur die Einhaltung steuerlicher Vorschriften, sondern bieten auch die Möglichkeit, bestehende Prozesse zu optimieren und zu verbessern. Der Einsatz von internen oder externen Revisionen ist ein weiteres effektives Mittel, um Fehlerquellen aufzudecken und die Compliance kontinuierlich zu überprüfen.

3. Big Data und Prüfalgorithmen

Die fortschreitende Digitalisierung hat dazu geführt, dass auch steuerliche Prozesse von einer zunehmenden Datenmenge beeinflusst werden. Die Nutzung von Big Data eröffnet neue Möglichkeiten, Steuerentscheidungen fundierter zu treffen und Fachprozesse effizienter zu gestalten. Der primäre Vorteil liegt in der kontinuierlichen Überwachung und Validierung steuerlicher Daten. Hierbei spielen Prüfmakros und Algorithmen eine zentrale Rolle, die speziell für steuerliche Anforderungen entwickelt wurden. Der Ansatz des sogenannten Continuous Audits, bei dem Daten in Echtzeit analysiert werden, ermöglicht es, Auffälligkeiten unmittelbar zu identifizieren und an die verantwortlichen Stellen zu melden. Ein besonderer Fokus liegt auf der Entwicklung selbstlernender Audit-Apps, die auf Basis von Künstlicher Intelligenz digitale Regelwerke implementieren. Diese Tools können nicht nur steuerliche Risiken frühzeitig erkennen, sondern auch aktiv dazu beitragen, die Tax Compliance sicherzustellen.

4. ERP-Integration vs. eigenständige Software

Die Entscheidung, ob IT-Komponenten direkt in bestehende ERP-Systeme integriert oder in Form eigenständiger Softwarelösungen umgesetzt werden sollen, hängt von den spezifischen Anforderungen der jeweiligen Kommune ab. Eine Integration in das führende ERP-System bietet den Vorteil, dass bestehende Prozesse nahtlos erweitert werden können. Allerdings kann dies auch mit höheren Komplexitäten und Integrationsaufwänden verbunden sein. Eigenständige Lösungen hingegen bieten Flexibilität und können leichter an individuelle Bedürfnisse angepasst werden. Die Bandbreite reicht hierbei von einfachen Tools, die lediglich das Design von Soll-Prozessen unterstützen, bis hin zu umfassenden Lösungen, die steuerliche Kernprozesse vollständig abdecken. Eine übersichtliche und gut dokumentierte Lösung ist allerdings komplexen und schwer administrierbaren Systemen vorzuziehen, um den Verwaltungsaufwand gering zu halten.

V. Zukünftiger KI-Einsatz und Integration von Tax Tech

Die nächste Entwicklungsstufe der IT-Komponenten in Tax CMS wird durch den verstärkten Einsatz von Künstlicher Intelligenz geprägt sein. Ziel ist es, die Datenbasis und die Entscheidungsprozesse weiter zu automatisieren und zu optimieren. Selbstlernende Systeme und digitale Regelwerke werden eine zunehmend zentrale Rolle spielen, um Kommunen bei der Einhaltung rechtlicher Vorgaben zu unterstützen und ihre Effizienz zu steigern. Die Integration moderner IT-Komponenten in ein Tax CMS bietet daher nicht nur unmittelbare operative Vorteile, sondern schafft auch die Grundlage für eine zukunftssichere und effektive Steuerfunktion. Eine sorgfältige Auswahl und Implementierung der passenden Technologie ist dabei entscheidend, um den maximalen Nutzen aus den eingesetzten Systemen zu ziehen.

Die Integration moderner Technologien kann die Effektivität und Effizienz eines TCMS erheblich steigern. KI-gestützte Systeme ermöglichen eine automatisierte Datenerfassung und -verarbeitung, indem sie Rechnungen, Verträge und andere steuerrelevante Dokumente automatisch erfassen, kategorisieren und verarbeiten. Dies reduziert nicht nur die Fehleranfälligkeit, sondern stellt auch die Vollständigkeit der Daten sicher. Darüber hinaus können KI-Algorithmen durch Predictive Analytics Muster in historischen Steuerdaten erkennen und potenzielle Risiken frühzeitig identifizieren. Dies ermöglicht eine proaktive Steuerung der steuerlichen Prozesse. Automatisierte Compliance-Prüfungen sind ein weiterer Vorteil moderner Technologien; regelbasierte Systeme können kontinuierlich die Einhaltung steuerlicher Vorschriften überwachen und bei Abweichungen automatisch

Warnungen generieren. Digitale Workflows tragen zur Beschleunigung und Standardisierung der Bearbeitung von Steuervorgängen bei, was sowohl die Effizienz erhöht als auch menschliche Fehler minimiert. Echtzeit-Reporting durch KI-gestützte Dashboards gibt Entscheidungsträgern einen zeitnahen Überblick über die steuerliche Situation der Kommune. Zusätzlich kann KI bei der intelligenten Dokumentenverwaltung unterstützen, indem sie bei der Klassifizierung, Indexierung und Archivierung steuerrelevanter Dokumente hilft. Dies verbessert die Auffindbarkeit und Nachvollziehbarkeit von Informationen erheblich. Automatisierte Aktualisierungen sind ebenfalls möglich; KI-Systeme können Änderungen in Steuergesetzen und -vorschriften automatisch erkennen und das Tax CMS entsprechend anpassen. Schließlich ermöglicht die Analyse großer Datenmengen durch KI präzisere Risikoeinschätzungen, was gezieltere Kontrollmaßnahmen zur Folge hat. Die Integration dieser Technologien erfordert jedoch sorgfältige Planung, um Datenschutz und -sicherheit zu gewährleisten sowie die Akzeptanz bei den Mitarbeitern sicherzustellen. Zudem muss sichergestellt werden, dass die neuen Systeme mit bestehenden Systemen und rechtlichen Anforderungen kompatibel sind.

VI. Resümee und Ausblick

Anhand des vorliegenden Beitrags wurde deutlich, dass die digitale Transformation im Steuerrecht und insbesondere in der kommunalen Verwaltung ein dynamisches Forschungsfeld bleibt. Die Herausforderung besteht darin, innovative Lösungen zu entwickeln, die sowohl den Anforderungen an Effizienz und Bürgerfreundlichkeit als auch an Rechtssicherheit und Steuergerechtigkeit gerecht werden. In diesem abschließenden Kapitel werden zunächst die zentralen Erkenntnisse in Thesenform zusammengefasst, um so die notwendigen Diskussionen um Tax CMS in der auf kommunaler Ebene zu vertiefen. Anschließend wird ein Ausblick auf weiterführende Forschungsfragen und mögliche Entwicklungen gegeben.

1. Zusammenfassung in Thesen

Die folgenden Thesen und aufgeworfenen Fragen zielen darauf ab, die Komplexität der Herausforderungen, die mit der Implementierung eines Tax CMS einhergehen, pointiert zusammenzufassen und kritisch zu reflektieren. Sie sollen nicht nur den erreichten Stand der Diskussion dokumentieren, sondern ebenso gezielt neue Denkansätze und Forschungsperspektiven eröffnen. Sie verstehen sich als Einladung zum anwendungs- und praxisbezogenen sowie zum wissenschaftlichen Dialog über die Zukunft der Digitalisierung im Steuerrecht. Als zentrale Thesen können formuliert werden:

1. **Tax Compliance als Daueraufgabe**

   Die Einführung eines Tax CMS in Kommunen ist keine einmalige Maßnahme, sondern eine fortwährende organisatorische Verpflichtung. Es erfordert eine kontinuierliche Überwachung und Anpassung, um sich wandelnden rechtlichen und wirtschaftlichen Rahmenbedingungen gerecht zu werden.

2. **Zentrale Verantwortung der Verwaltungsleitung**

   Die Gesamtverantwortung für die Steuer Compliance einer Kommune liegt beim Hauptverwaltungsbeamten. Das Tax CMS ist ein Instrument zur Unterstützung, kann jedoch nicht die persönliche Sorgfaltspflicht der Leitungsebene ersetzen.

3. **Individuelle Anpassung**

   Aufgrund der heterogenen Strukturen und Anforderungen in der kommunalen Verwaltung ist die individuelle Ausgestaltung eines Tax CMS essenziell. Je größer und komplexer die Verwaltung, desto formalisierter müssen die Steuerungsmechanismen sein.

4. **Digitalisierung als Enabler**

   Die Nutzung digitaler Tools, wie KI-gestützte Anwendungen, kann die Effektivität und Effizienz des Tax CMS erheblich steigern. Sie ermöglichen präzisere Analysen, automatisierte Prüfungen und eine bessere Dokumentation.

5. **Bedeutung einer Tax-Compliance-Kultur**

   Die Etablierung einer umfassenden Tax-Compliance-Kultur ist zentral. Durch Schulungen, transparente Kommunikation und klare Vorgaben können Mitarbeitende für die steuerliche Relevanz ihres Handelns sensibilisiert werden.

Zudem stellen sich vor allem folgende Fragen:

1. Wie kann ein fairer Zugang zu digitalen Lösungen gewährleistet werden, ohne den Grundsatz der Gleichheit der Besteuerung zu gefährden?
2. Welche Mindeststandards sollten verpflichtend sein, und wie können sie flexibel auf verschiedene Organisationsgrößen angewandt werden?
3. Wie kann die rechtliche Verantwortung bei Fehlern in automatisierten Prozessen klar geregelt werden, um Sicherheit für kommunale Entscheidungsträger zu schaffen?

4. In welchem Maße kann oder sollte die Steuerkultur den Wandel durch die Digitalisierung mitgestalten, und wie lassen sich Mitarbeitende aktiv einbinden?
5. Wie können KI-gestützte Systeme ausgestaltet werden, um sowohl ihre Vorteile zu nutzen als auch die Kontrollierbarkeit durch Menschen sicherzustellen?
6. Wie könnte ein praxisnahes Zertifizierungsmodell aussehen, das die Compliance fördert, aber keine unverhältnismäßigen Anforderungen stellt?
7. Wie kann der Gesetzgeber rechtzeitig auf technologische Neuerungen reagieren, ohne Innovationen zu behindern?

2. Weiterführender Forschungsbedarf und potenzielle Entwicklungen

Die fortschreitende Digitalisierung und die steigenden Anforderungen an die öffentliche Verwaltung erfordern eine intensivere Auseinandersetzung mit den folgenden Themen:

- **Standardisierung und Zertifizierung von TCMS**

  Die Entwicklung standardisierter Modelle für kommunale Tax CMS könnte Unsicherheiten reduzieren und als Leitfaden für kleinere Kommunen dienen. Ergänzend wäre die Möglichkeit einer Zertifizierung ein Weg, die Glaubwürdigkeit und Rechtssicherheit zu erhöhen.
- **Integration Künstlicher Intelligenz**

  Künftig könnte der Einsatz von KI in Steuerprozessen noch breiter werden. Es bedarf weiterer Forschung, um das Potenzial dieser Technologien für die Automatisierung komplexer steuerlicher Prüfprozesse auszuschöpfen.
- **Wechselwirkungen zwischen Digitalisierung und Steuerrecht**

  Die digitale Transformation bringt neue Herausforderungen für die rechtliche Bewertung steuerlicher Sachverhalte mit sich. Hier sind interdisziplinäre Ansätze gefragt, um steuerrechtliche Fragestellungen im digitalen Kontext zu klären.
- **Rolle der Mitarbeitenden in digitalisierten Steuerprozessen**

  Ein weiteres Forschungsfeld betrifft die Schnittstelle zwischen Mensch und Maschine. Es ist die Frage zu beantworten, wie Mitarbeitende in Kommunen besser auf die Anforderungen digitaler Systeme vorbereitet werden können.

Die digitale Transformation im Steuerwesen ist eine Chance, aber auch eine Verpflichtung zur stetigen Weiterentwicklung. Eine erfolgreiche Umsetzung erfordert ein Zusammenspiel aus technischer Innovation, organisatorischer Anpassung und rechtlicher Klarheit. Die weitere Entwicklung ist mit Spannung und zugleich kritisch zu verfolgen.

Tax Compliance als Wegbereiter für ein kooperatives Besteuerungsverfahren: Hohes Streben nach Regelkonformität bei der öffentlichen Hand

Prof. Dr. Tanja Leibold und MR'in Claudia Gassner

I. Einleitung

Juristische Personen des öffentlichen Rechts haben in den vergangenen Jahren zunehmend damit begonnen, Tax Compliance Management Systeme[1] für ihre Verwaltungen und Unternehmen aufzubauen. Wachsende steuerliche Anforderungen insbesondere im Bereich der Umsatzsteuer veranlassen die Akteure der öffentlichen Hand, das gesetzeskonforme Verhalten ihrer Einrichtungen durch zusätzliche präventive und repressive Maßnahmen in den Bereichen sicherzustellen, in denen die öffentliche Hand selbst Steuerschuldnerin ist. Im Kern geht es dabei darum, interne Verantwortlichkeiten bei der Erfassung und Verarbeitung steuerrelevanter Informationen festzulegen und zu beaufsichtigen. Ziel eines TCMS ist die Vermeidung haftungsrechtlicher und strafrechtlicher Risiken durch ein Organisationsverschulden der steuerlich verantwortlichen Behördenleitungen. Der Schutz vor Strafe und Haftung ist dabei sowohl für die Steuerpflichtigen der Privatwirtschaft als auch für die öffentliche Hand in Bereichen, in denen sie selbst im Wettbewerb steht und steuerpflichtig wird, der entscheidende Motivator für Tax Compliance. Mit der zunehmenden Selbstkontrolle des Steuerpflichtigen ändern sich die Paradigmen des Besteuerungsverfahrens auch für die Steuerverwaltung. Tax Compliance ist der Wegbereiter hin zu einem kooperativen Besteuerungsverfahren, in welchem der Steuerverwaltung die Aufgabe einer begleitenden Kontrolle zukommt. Die OECD erachtet als wesentliche Voraussetzung für die Umsetzung eines kooperativen Compliance-Ansatzes (cooperative compliance) das Vorhandensein eines sog. Tax Control Framework im Sinne eines Systems der internen Kontrolle.[2] Europäische Nachbarländer wie Österreich und die Niederlande sind auf diesem Weg hin zu einem kooperativen Besteuerungsverfahren bereits ein deutliches Stück vorangekommen. Aber auch in Deutschland wurde mit der Erprobungsregelung für die Gewährung künftiger Prüfungserleichterungen bei Vorliegen eines wirksamen Steuerkontrollsystem in § 38 zu Art. 97 EGAO der erste wichtige Schritt hin zu einem kooperativen Besteuerungsverfahren gemacht.

1 Nachfolgend abgekürzt: TCMS.

2 OECD, Co-operative Tax Compliance: Building Better Tax Control Frameworks; *Feuerstack*, IWB 2024, 493, 494.

Wird die öffentliche Hand selbst steuerpflichtig, weil sie z. B. ein Parkhaus, ein Blockheizkraftwerk oder eine Kantine betreibt, besteht ein hohes Bestreben, die damit einhergehenden steuerlichen Pflichten einzuhalten und vollständig zu erfüllen. In vielen Bereichen erzielt die öffentliche Hand durch ihre wirtschaftliche Tätigkeit keine Gewinne, sondern Verluste. Es sind Bereiche, in denen es häufig ohne ein Tätigwerden der öffentlichen Hand zu einer Versorgungslücke käme, wie z. B. bei Schwimmbädern, Bibliotheken oder dem ÖPNV. Gerade die Frage der richtigen Behandlung dieser steuerlichen Verluste ist häufig rechtlich schwierig und komplex. Auch im Rahmen der Umsatzsteuer kommt es zu zahlreichen neuen Fragestellungen im Zusammenhang mit der Anwendung des § 2b UStG. Der Ansatz, solche steuerlichen Problemstellungen in einem kooperativen Austausch zwischen Steuerverwaltung und Steuerpflichtigem zu lösen, erscheint deshalb zukunftsweisend. In dem nachfolgenden Beitrag wird ein kurzer Einblick über den Stand der kooperativ ausgerichteten Verfahrenselemente in Österreich, den Niederlanden und Deutschland gegeben. Anschließend werden die typischen Risikofelder der öffentlichen Hand als Steuerschuldnerin dargestellt und kooperative Lösungswege für die künftige Gestaltung des Besteuerungsverfahrens de lege ferenda aufzeigt.

1. Begleitende Kontrolle in Österreich

In Österreich wurde als Alternative zur klassischen Außenprüfung durch die Abgabenbehörden eine begleitende Kontrolle, das sog. „Horizontal Monitoring", eingeführt. Voraussetzung für diese begleitende Kontrolle ist die Zulassung durch eine entsprechende Antragstellung des Unternehmens. Unternehmen, welche die Umsatzgrenze von 40 Mio. € überschreiten und ein funktionierendes TCMS nachweisen können, haben die Möglichkeit, einen Antrag zu stellen. Maßgeblich für die Zulassung zur begleitenden Kontrolle ist ein vertrauenswürdiges steuerliches Verhalten in der Vergangenheit. Zudem ist der Steuerpflichtige gemäß § 153f Abs. 1 der österreichischen Bundesabgabenordnung zu einer erhöhten Offenlegung über Umstände verpflichtet, hinsichtlich derer ein ernsthaftes Risiko einer abweichenden Beurteilung durch die Finanzverwaltung besteht. Steuerliche Sachverhalte werden fortlaufend zwischen dem Steuerpflichtigen und dem Finanzamt abgestimmt. Bei geplanten oder unsicheren Transaktionen kann vorab eine Stellungnahme des Finanzamts eingeholt werden. Anders als bei der verbindlichen Auskunft in Deutschland gemäß § 89 Abs. 2 AO können sich die Auskünfte der Finanzbehörde im Rahmen der österreichischen begleitenden Kontrolle auch auf bereits verwirklichte Sachverhalte beziehen.[3] Der kon-

3 Vgl. § 153a BAO (Bundesabgabenordnung Österreich).

tinuierliche Dialog mit der Finanzverwaltung führt zu erhöhter Planungs- und Rechtssicherheit, da die zeitnahe Kontrolle auch die rechtzeitige und korrekte Erhebung der Abgaben und Steuern sicherstellt. Gelingt der Dialog können Strafverfahren vermieden und Betriebsprüfungen reduziert werden. In Österreich ist eine jährliche Evaluierung des TCMS durch eine externe Auditierung vorgesehen.

2. Horizontaal toezicht in den Niederlanden

Die niederländischen Steuerbehörden setzen verstärkt auf Aktualität der Steuerveranlagungen durch Kooperation mit den steuerpflichtigen Unternehmen, basierend auf Vertrauen und individuellen Vereinbarungen. Die Kooperationsform „horizontaal toezicht“[4] ermöglicht Vertragsabschlüsse zwischen Steuerverwaltung und Unternehmen und verzichtet durch eine frühe „realtime“ Sachverhaltstransparenz im Gegenzug auf umfängliche Steuerprüfungen.[5] Gesetzliche Regelungen für das Horizontal Monitoring gibt es nicht, vielmehr beruht die Kooperationsform auf dem freien Ermessen der Steuerbehörden und einer vertrauensvoller Kooperation mit den Unternehmen.

Unternehmen übernehmen durch die Selbstkontrolle ihres steuerlichen Verhaltens mehr Verantwortung in der Gewinnbesteuerung. Mit einem Tax Control Framework, einem System der internen Kontrolle, stellt das Unternehmen die Beherrschung der Steuerrisiken in den einzelnen Steuerarten sicher.[6]

Die Steuerbehörde stimmt die Form und die Intensität ihrer Aufsicht auf die Qualität der internen Kontrolle des Unternehmens ab.[7] Es findet eine individuelle Kundenbetreuung und Kundenkoordination statt. Jedes Unternehmen hat einen speziellen Ansprechpartner, den Kundenkoordinator, der ggf. auch einen Kontakt zu Spezialisten der Steuerbehörde herstellt. Das Unternehmen erhält zeitnah Auskunft über Standpunkte, die durch das Unternehmen eingenommen worden sind. Es finden regelmäßige Besprechungen zwischen Steuerbehörde und Unternehmen über steuerlich relevante Angelegenheiten statt. Steuererklärungen werden sehr zeitnah bearbeitet. Die neue Kooperationsform legt den Fokus auf Gegenwart und Zukunft, im Gegensatz zu rückblickenden traditionellen Steuerkontrollen.

---

4 Englisch: Horizontal Monitoring.

5 Vgl. Belastingdienst, Toezichtinformatie voor intermediairs, https://www.belastingdienst.nl/wps/wcm/connect/bldcontentnl/belastingdienst/intermediairs/toezicht/ (zuletzt abgerufen am: 30.3.2025).

6 *Muessen*, FR 2011, 114, 115.

7 *Muessen*, FR 2011, 114, 115.

Die Kooperationsvereinbarungen werden bei Großunternehmen direkt zwischen dem Unternehmen und der Steuerbehörde geschlossen. Die Compliance-Kultur eines Unternehmens manifestiert sich vor allem am Engagement des Managements. Dem Ansatz „tone at the top"[8] folgend, finden die Auftaktgespräche der Steuerbehörde deswegen mit dem CEO und dem CFO sowie dem steuerlich Verantwortlichen statt.[9] Bei kleineren und mittelständischen Betrieben werden die Kooperationsvereinbarungen mit den Steuerberaterfirmen geschlossen.[10]

Die Kooperationsform „horizontaal toezicht" erhöht die Effizienz und Planungssicherheit und schafft damit eine „Win-Win-Situation" für die Steuerbehörde und das Unternehmen. Offene Kommunikation und Verhandlungen prägen diese Zusammenarbeit. Die Steuerbehörde fördert eine zeitnahe Bearbeitung von Steuerangelegenheiten und strebt eine gute Beziehung zu den Unternehmen an.

II. Künftige Prüfungserleichterungen für Steuerkontrollsysteme – erste Schritte zu einem kooperativen Besteuerungsverfahren in Deutschland

Im Zuge der DAC 7-Umsetzungsgesetzes erfolgten mit der Erprobungsregelung des Art. 97 § 38 EGAO in Deutschland erste Schritte in Richtung eines kooperativen Besteuerungsverfahrens. Diese Erprobungsregelung eröffnet der Finanzverwaltung die Möglichkeit, nach einer umfassenden Systemprüfung des Steuerkontrollsystems durch die Betriebsprüfung verbindliche Zusagen hinsichtlich von Prüfungsbeschränkungen für zukünftige Außenprüfungen zu machen. Der wesentliche Vorteil dieses Ansatzes liegt darin, dass Betriebsprüfungen risikoorientiert durchgeführt werden können, wodurch sich sowohl der Umfang als auch der Aufwand für die Prüfung erheblich reduzieren lässt, sofern der Steuerpflichtige ein wirksames Steuerkontrollsystem implementiert hat.[11] Die Erprobungsregelung gilt befristet für den Zeitraum 1.1.2023 bis zum 31.12.2029, da der Gesetzgeber die in ersten Pilotprojekten gewonnen Erkenntnisse für die weitere Rechtsentwicklung nutzen will.[12]

8 *Renz/Leibold*, BB 2022, 1943, 1949.

9 *Muessen*, FR 2011, 114, 115.

10 Vgl. Belastingdienst, Belastingdienst en koepelorganisaties tekenen nieuw koepelconvenant, https://over-ons.belastingdienst.nl/belastingdienst-en-koepelorganisaties-tekenen-nieuw-koepelconvenant/ (zuletzt abgerufen am: 30.3.2025).

11 *Leibold*, in: Dürrschmidt/Majer, Jahrbuch des Instituts für angewandte Forschung 2023, S. 125 ff.

12 BGBl. I 2022, S. 2730 ff.: Art. 9 Abs. 3 i. V. m. Art. 6.

1. Regelungsinhalt

Gemäß Art. 97 § 38 Abs. 1 Satz 1 EGAO dürfen die Finanzbehörden im Einvernehmen mit dem Bundeszentralamt für Steuern (BZSt) für die nächste Außenprüfung auf Antrag des Steuerpflichtigen Beschränkungen von Art und Umfang der Ermittlungen zusagen. Voraussetzung hierfür ist, dass im Rahmen einer Betriebsprüfung die Wirksamkeit des Steuerkontrollsystems hinsichtlich der betroffenen Steuerarten oder Sachverhalte bestätigt wurde. Außerdem darf kein oder nur ein unbeachtliches steuerliches Risiko für die in § 149 Abs. 3 AO genannten Steuern und gesonderten Feststellungen bestehen. Ein Steuerkontrollsystem umfasst gemäß Art. 97 § 38 Abs. 2 Satz 1 Nr. 1 und 2 EGAO alle innerbetrieblichen Maßnahmen, die sicherstellen, dass die Besteuerungsgrundlagen korrekt erfasst und berücksichtigt werden und die darauf entfallenden Steuern fristgerecht und vollständig abgeführt werden. Es wird vorausgesetzt, dass das Steuerkontrollsystem steuerliche Risiken laufend abbildet. Der Steuerpflichtige ist verpflichtet, jegliche Veränderungen des Kontrollsystems zu dokumentieren und der Finanzbehörde unverzüglich mitzuteilen, entweder schriftlich oder elektronisch.

2. Weiterentwicklungsbedarf bei der Erprobungsregelung

a) Fehlender Anspruch auf Kooperation

Ein zentraler Kritikpunkt an der Erprobungsregelung des Art. 97 § 38 EGAO ist, dass Steuerpflichtige keinen Anspruch auf die Überprüfung ihrer Steuerkontrollsysteme durch die Finanzverwaltung haben, auch wenn diese Systeme beispielsweise gemäß IDW PS 980 durch einen Wirtschaftsprüfer testiert wurden. Der Grund hierfür liegt jedoch darin, dass die Finanzverwaltung erst eigene Prüfungskapazitäten aufbauen muss, die auf Systemprüfungen ausgerichtet sind. Es ist beabsichtigt, in Pilotprojekten mit einzelnen Unternehmen Standards für ein wirksames Steuerkontrollsystem zu entwickeln, bevor flächendeckend Überprüfungen angeboten werden können. Zudem sind auch viele Steuerpflichtige erst in der Phase der Implementierung von TCMS und können damit wirksame Systeme noch nicht vorweisen.

b) Ausweitung auf mittelständische Unternehmen

Bisherige Pilotprojekte zu Art. 97 § 38 EGAO werden in erster Linie mit anschlussgeprüften Großbetrieben durchgeführt. Die Bundesteuerberaterkammer fordert eine Ausweitung auf mittelständische Unternehmen.[13] Aus

13 BStK, Positionspapier zum Einsatz von Tax CMS in Betriebsprüfungen 12/2024, S. 6, https://www.bstbk.de/downloads/bstbk/steuerrecht-und-rechnungslegung/fachinfos/BStBK_Positionspapier_Tax-CMS_2024.pdf (zuletzt abgerufen am: 30.3.2025).

Sicht der Bundesteuerberaterkammer ist es von entscheidender Bedeutung, dass durch einen niederschwelligen Ansatz rechtssichere Lösungen für nicht anschlussgeprüfte Unternehmen geschaffen werden.[14] Dies diene dazu, die Interessen der kleinen und mittelständischen Unternehmen sowie des Berufsstands der steuerberatenden Berufe zu wahren.[15] Im Sinne einer gleichmäßigen Besteuerung und insbesondere einer flächendeckenden Entlastungswirkung der Vorschläge sei es daher wesentlich, auch diesen Unternehmen Anreize zu bieten, mehr Transparenz zu gewähren und Tax CMS einzurichten und zu unterhalten.[16]

c) Konkretisierung künftiger Prüfungserleichterungen

Es besteht im Rahmen der Erprobungsregelung kein Anspruch auf Prüfungserleichterungen bei einem Steuerkontrollsystem, das von der Betriebsprüfung als wirksam angesehen wird. Die Zusage von Prüfungserleichterungen für künftige Außenprüfungen liegt vielmehr im Ermessen der Finanzverwaltung. Allerdings scheint es aus Sicht eines kooperativen Betriebsprüfungsansatzes, wie ihn Art. 97 § 38 EGAO ermöglicht, auch von der Finanzverwaltung beabsichtigt zu sein, dem Steuerpflichtigen im Gegenzug zu seiner steuerlichen Selbstkontrolle auch tatsächlich künftige Prüfungserleichterungen zu gewähren.[17] Denn andernfalls wäre der zeitliche Mehraufwand für die Prüfung des steuerlichen Kontrollsystems kaum zu rechtfertigen.

Die Erprobungsregelung lässt offen, ob Zusagen hinsichtlich von Prüfungsbeschränkungen bestimmte Sachverhalte oder Steuerarten betreffen. Für anschlussgeprüfte Großbetriebe, die ein wirksames Steuerkontrollsystem vorweisen können, wird von Seiten der Bundessteuerberaterkammer eine Einschränkung des § 194 AO durch die Beschränkung auf eine Plausibilitätsprüfung gefordert, um damit Zeitnähe und signifikante Prüfungserleichterungen zu erreichen.[18]

d) Frühere Rechtssicherheit im Gegenzug für höhere Transparenz

Im Gegenzug für die verstärkte Selbstkontrolle des steuerlichen Verhaltens fordern Unternehmen, mehr Rechtsklarheit und eine frühere Rechtssicherheit im Hinblick auf Sachverhalts- und Rechtsauslegungsfragen zu erlangen. Als problematisch wird angesehen, dass Rechtsfragen beispielsweise durch

---

14 BStK, Positionspapier zum Einsatz von Tax CMS in Betriebsprüfungen 12/2024, S. 6.

15 BStK, Positionspapier zum Einsatz von Tax CMS in Betriebsprüfungen 12/2024, S. 6.

16 BStK, Positionspapier zum Einsatz von Tax CMS in Betriebsprüfungen 12/2024, S. 6.

17 Vgl. *Leibold,* in: Lang/Risse, Tax Compliance und Risikomanagement im digitalen Zeitalter, S. 203, 209; *Leibold,* in: Dürrschmidt/Majer, Jahrbuch des Instituts für angewandte Forschung 2023, S. 125 ff.

18 BStK, Positionspapier zum Einsatz von Tax CMS in Betriebsprüfungen 12/2024, S. 9.

eine Veranlagung unter dem Vorbehalt der Nachprüfung gemäß § 164 AO über einen längeren oft mehrjährigen Zeitraum unklar oder streitig bleiben.[19] Die frühzeitige Klärung von Rechtsfragen ist nicht nur für die Unternehmen von Vorteil, sondern führt auch für die Finanzverwaltung zu früheren Steuereinnahmen bei gleichzeitig geringerem personellem Ressourceneinsatz.[20] Die Implementierung interner Steuerkontrollsysteme fördere die Rechtssicherheit und führe zu früheren Steuereinnahmen, weil Fehler nicht erst im Rahmen der Betriebsprüfung aufgedeckt würden, sondern im Optimalfall bereits vom Unternehmen selbst festgestellt und korrigiert werden, so die Bundessteuerberaterkammer.[21] Als verfahrensrechtliche Möglichkeit, um eine rechtssichere Klärung offener Rechtsfragen herbeizuführen, schlägt die Bundessteuerberaterkammer eine punktuelle Bestandskraft für die verbindliche Prüfung von konkreten Sachverhalten vor.[22] Damit schließt sich die Bundessteuerberaterkammer einem Vorschlag der durch das Bundesfinanzministerium eingesetzten Expertenkommission „Vereinfachte Unternehmensteuer" an.[23] Voraussetzung dafür wäre eine vollständige Sachverhaltsdarstellung sowie die eigene Rechtsposition des Unternehmens. Gefordert wird von der Bundesteuerberaterkammer dabei ebenfalls der Expertenkommission „Vereinfachte Unternehmensteuer" folgend eine Klärungsmöglichkeit sowohl im Hinblick auf noch nicht verwirklichte als auch auf bereits verwirklichte Sachverhalte einzuführen.[24] Damit würde die Klärungsmöglichkeit über die derzeitigen Möglichkeiten der verbindlichen Auskunft hinausgehen, die sich gemäß § 89 Abs. 2 AO nur auf noch nicht verwirklichte Sachverhalte bezieht. Für nicht anschlussgeprüfte Unternehmen schlägt die Bundessteuerberaterkammer vor, bei einem von der Finanzverwaltung zuvor als wirksam anerkannten Steuerkontrollsystem bei der Veranlagung auf einen Vorbehalt der Nachprüfung gemäß § 164 AO zu verzichten.[25]

e) Schutzschirm eines Steuerkontrollsystems im Hinblick auf ein Straf- und Bußgeldverfahren

Ein Eventualvorsatz für eine Steuerhinterziehung gemäß § 370 AO ist nach der Rechtsprechung des BGH bereits dann zu bejahen, wenn der Täter die

19 *Richter/Welling*, FR 2025, 218, 234.
20 *Richter/Welling*, FR 2025, 218, 234 u. 236.
21 *Richter/Welling*, FR 2025, 218, 236.
22 BStK, Positionspapier zum Einsatz von Tax CMS in Betriebsprüfungen 12/2024, S. 7.
23 Besteuerung der Unternehmen Einfacher und Effizienter, Abschlussbericht der Expertenkommission Vereinfachte Unternehmensteuer, 6.8.3.3, https://www.bundesfinanzministerium.de/Content/DE/Downloads/Broschueren_Bestellservice/bericht-kommission-vereinfachte-unternehmensteuer.pdf?__blob=publicationFile&v=5 (zuletzt abgerufen am: 30.3.2025).
24 BStK, Positionspapier zum Einsatz von Tax CMS in Betriebsprüfungen 12/2024, S. 7.
25 BStK, Positionspapier zum Einsatz von Tax CMS in Betriebsprüfungen 12/2024, S. 14.

Verwirklichung der Merkmale des gesetzlichen Tatbestands für möglich hält und billigend in Kauf nimmt.[26] Ein internes Kontrollsystem kann nach den Regelungen der Finanzverwaltung im Anwendungserlass zu § 153 AO zumindest ein Indiz darstellen, das gegen das Vorliegen eines Vorsatzes oder Leichtfertigkeit spricht.[27] Häufigstes Motiv für die Implementierung eines TCMS bzw. eines Steuerkontrollsystems bei Unternehmen der Privatwirtschaft ist deshalb nach dem Ergebnis einer aktuellen Umfrage des Instituts für Digitalisierung im Steuerrecht (IDSt) die Indizwirkung gegen Vorsatz und Leichtfertigkeit sowie der erhöhte Haftungsschutz, die auf den Anwendungserlass zu § 153 AO zurückzuführen sind.[28]

Das OLG Nürnberg hat in seiner Entscheidung vom 30.3.2022 zudem die Auffassung vertreten, dass aus der Legalitätspflicht des Geschäftsführers einer GmbH die Verpflichtung zur Schaffung von Compliance-Strukturen folge, welche ein rechtmäßiges Handeln gewährleisten und die Begehung von Rechtsverstößen durch die Gesellschaft oder deren Mitarbeiter auch mittels Überwachungs- und Kontrollmaßnahmen verhindern.[29] Damit bieten Steuerkontrollsysteme auch einen Schutz vor einer Haftung wegen Verletzung der Aufsichtspflicht als Geschäftsleiter gemäß § 130 OWiG.[30] Darüber hinaus sind nach der Rechtsprechung des BGH Compliance Management Systeme bei der Bemessung der Verbandsgeldbuße gemäß § 30 OWiG mindernd zu berücksichtigen.[31]

aa) Angst vor Strafverfolgung bei Fehlerkorrekturen

Auf Seiten der Unternehmen besteht die Befürchtung durch die mit einem kooperativen Prüfungsansatz einhergehenden Transparenz, das Risiko von Nachteilen im Hinblick auf in der Folge von der Finanzverwaltung eingeleitete Straf- und Bußgeldverfahren einzugehen. Wird ein steuerlicher Fehler im Unternehmen erkannt besteht nicht selten die Befürchtung vor einem „Vorsatzannahmeautomatismus“ und der Kriminalisierung desjenigen, der seine Fehler entdeckt und meldet.[32] Insbesondere bei der Implementierung

26 BGH, 8. 9. 2011 – 1 StR 38/11, NStZ 2012, 160; BGH, 16. 12. 2009 – 1 StR 491/09, HFR 2010, 866.

27 AEAO zu § 153, Nr. 2.6 Satz 6, BMF, 23.5.2016 – IV A 3 – S 0324/15/10001, IV A 4 – S 0324/14/10001, BStBl. I 2016, 490.

28 Vgl. Institut für Digitalisierung im Steuerrecht, IDSt – Umfrage zur Digitalisierung von Steuerkontrollsystemen, https://idst.tax/wp-content/uploads/2024/09/IDSt-Umfrage-zur-Digitalisierung-von-Steuerkontrollsystemen_2024.pdf (zuletzt abgerufen am: 30.3.2025).

29 OLG Nürnberg, 30.3.2022 – 12 U 1520/19, GmbHR 2022, 752, 759, CB 2022, 493 m. CB-Komm. *Johnson*; *Blöse*, BBP 2022, 324 ff.

30 *Leibold*, BB 2023, 1052, 1053.

31 BGH, 9.5.2017 – 1 StR 265/16, wistra 2017, 390 ff.

32 *Talaska*, FR 2024, 251, 255.

eines Steuerkontrollsystems können im Hinblick auf die Vergangenheit Fehler entdeckt werden. Zwar gibt es bereits im geltenden Recht mit der strafbefreienden Selbstanzeige gemäß § 371 AO bzw. der bußgeldbefreienden Selbstanzeige gemäß § 378 Abs. 3 AO die Möglichkeit, eine Strafe oder ein Bußgeld zu vermeiden. Dennoch besteht bei einer straf- oder bußgeldbefreienden Selbstanzeige das Risiko, dass aufgrund einer möglichen Unvollständigkeit der Selbstanzeige ein Straf- oder Bußgeldverfahren eingeleitet wird. In der Praxis werden Selbstanzeigen zum Zwecke der Prüfung der Straffreiheit gemäß § 371 AO von der Veranlagungsstelle des Finanzamts an die Straf- und Bußgeldsachenstelle weitergeleitet und können deshalb auch die Einleitung eines Strafverfahrens wegen Steuerhinterziehung nach sich ziehen.[33] Nach dem Legalitätsprinzip ist die Straf- und Bußgeldsachenstelle grundsätzlich berechtigt und verpflichtet, nach Eingang einer Selbstanzeige ein Strafverfahren zur Prüfung der Straffreiheit gemäß § 371 Abs. 1 und 3 AO einzuleiten. Von der Einleitung eines Strafverfahrens kann durch die Straf- und Bußgeldsachenstelle nur absehen werden, wenn in der Selbstanzeige die Angaben erkennbar richtig und vollständig gemacht wurden, die nachzuzahlenden Steuern sowie die Hinterziehungszinsen nach § 235 AO und die Zinsen nach § 233a AO, soweit sie auf die Hinterziehungszinsen nach § 235 Abs. 4 AO angerechnet werden, in voller Höhe entrichtet wurden und keine Ausschlussgründe nach § 371 Abs. 2 Satz 1 AO vorliegen.[34]

bb) Reformvorschläge

Nimmt der Steuerpflichtige durch ein wirksames Steuerkontrollsystem erhebliche finanzielle Aufwendungen auf sich, um die steuerliche Selbstkontrolle zu gewährleisten, sollte ihm im Gegenzug von Seiten der Finanzverwaltung ein höheres Vertrauen entgegengebracht werden als anderen Steuerpflichtigen, die keine Maßnahmen zur steuerlichen Selbstkontrolle ergreifen. Die bisherige mögliche Indizwirkung gegen das Vorliegen von Vorsatz und Leichtfertigkeit im Anwendungserlass zu § 153 AO greift hier zu kurz und „honoriert“ die erheblichen Anstrengungen und die freiwillige Offenlegung der Steuerpflichtigen beim Aufbau und Unterhalten eines Steuerkontrollsystems zu wenig. Ein von der Finanzverwaltung gemäß Art. 97 § 38 EGAO als wirksam attestiertes Steuerkontrollsystem muss einem Steuerpflichtigen die Sicherheit geben, kein Straf- oder Bußgeldverfahren befürchten zu müssen. Erreicht werden könnte dies, indem einem durch die Finanzverwaltung als wirksam anerkannten Steuerkontrollsystem die nur durch besondere Gründe widerlegbare gesetzliche Vermutungswirkung ge-

33 Vgl. BFH, 29.4.2008 – VIII R 5/06, BStBl. II 2008, 844; Nr. 11 Abs. 1 Satz 1 AStBV (St) 2025.

34 Nr. 11 Abs. 1 Satz 2 AStBV (St) 2025.

gen das Vorliegen von Vorsatz und Leichtfertigkeit zuerkannt wird.[35] Erforderlich wäre hierfür eine klarstellende Regelung in Art. 97 § 38 EGAO bzw. in der gesetzlichen Nachfolgeregelung für Zeiträume nach Auslaufen der Erprobungsregelung zum 1.1.2030. Bei Fehlerkorrekturen durch den Steuerpflichtigen käme es nicht zur Einleitung eines Strafverfahrens und vom Steuerpflichtigen selbst vorgenommene Erklärungsberichtigungen könnten grundsätzlich über § 153 AO und nicht über eine strafbefreiende Selbstanzeige gemäß § 371 AO erfolgen. Für die Finanzverwaltung bliebe nur noch in einem dann besonders zu begründenden Ausnahmefall die Möglichkeit, ein Straf- oder Bußgeldverfahren einzuleiten.

Die Bundessteuerberaterkammer fordert, bei einer Feststellung von Fehlern, welche die Vergangenheit betreffen, also betreffend Zeiträumen, in welchen kein Steuerkontrollsystem implementiert war, eine Fiktion des Vorliegens einer Fehlerkonstellation gemäß § 153 AO anzunehmen, so dass keine straf- oder bußgeldbefreiende Selbstanzeige notwendig werde.[36] Dieser Forderung ist entgegenzuhalten, dass eine Anzeige und Berichtigung gemäß § 153 AO keine strafbefreiende Selbstanzeige im Hinblick auf eine in der Vergangenheit mit Eventualvorsatz begangene Steuerhinterziehung ersetzt. Die Berichtigung gemäß § 153 AO schützt jedoch vor einer weiteren Steuerhinterziehung durch Unterlassen gemäß § 370 Abs. 1 Nr. 2 AO. Denn die Strafbarkeit nach § 370 Abs. 1 Nr. 2 AO durch Nichtbeachtung der steuerrechtlichen Pflicht des § 153 AO ist grundsätzlich auch dann strafbewehrt, wenn der Steuerpflichtige mit der Berichtigung unrichtiger Steuervoranmeldungen bedingt vorsätzlich begangene Taten der Steuerhinterziehung gemäß § 370 Abs. 1 Nr. 1 AO oder Steuerordnungswidrigkeiten gemäß § 378 AO aufdeckt, so der BGH.[37] Für Fehler aus einer Zeit vor Implementierung eines wirksamen Steuerkontrollsystems, betreffend derer sich ein Eventualvorsatz bejahen lässt, verbleibt damit nur der Weg, Straffreiheit über eine strafbefreiende Selbstanzeige zu erreichen. Gemäß der mit Wirkung ab 1.1.2015 eingeführten Regelung des § 371 Abs. 1 Satz 2 AO muss die Berichtigungserklärung alle unverjährten Steuerstraftaten einer Steuerart, mindestens aber alle Steuerstraftaten einer Steuerart innerhalb der letzten zehn Kalenderjahre umfassen. Dies ist eine hohe Hürde für jeden Steuerpflichtigen, der neben dem Aufbau eines Steuerkontrollsystems möglichst gleichzeitig eine steuerliche Aufarbeitung der vergangenen zehn Kalenderjahre (bzw. bis zur Fehlerquelle) gewährleisten muss. Dabei fordert das Steuerstrafrecht eine unverzügliche Aufarbeitung und Nacherklärung. In der Praxis wäre es hilfreich, wenn der Gesetzgeber dem Steuerpflichtigen im Rahmen der Implementierung eines Steuerkontrollsystems einen angemessenen Zeitraum von

35 *Talaska*, FR 2024, 251, 255.
36 BStK, Positionspapier zum Einsatz von Tax CMS in Betriebsprüfungen 12/2024, S. 10.
37 BGH, 17. 3. 2009 – 1 StR 479/08, NJW 2009, 1984, 1986.

mindestens einem Jahr für die Aufarbeitung vergangener Zeiträume einräumen würde. Damit würde der Gesetzgeber dem Steuerpflichtigen eine einmalige Amnestieregelung zu Beginn des Eintritts in ein kooperatives Besteuerungsverfahren einräumen.

III. Risikofelder bei der öffentlichen Hand als Steuerschuldnerin

Die öffentliche Hand finanziert sich hauptsächlich über Steuereinnahmen. Jedoch wird sie auch selbst steuerpflichtig, insbesondere dann, wenn sie im Wettbewerb zu Unternehmen der Privatwirtschaft steht. Steuerschuldner können daher auch Bundes- und Landesverwaltungen, Kommunen, Sozialversicherungsträger, Kammern sowie Anstalten und Stiftungen des öffentlichen Rechts, einschließlich der Kirchen, sein. Eine aktuelle standardisierte Befragung des Instituts für den öffentlichen Sektor e. V. unter 180 Studienteilnehmern, hauptsächlich bestehend aus Kommunen und Kirchen, zeigt, dass die größte Herausforderung bei den steuerlichen Pflichten in der Einführung des § 2b UStG liegt.[38] Auch bei der Frage der Rangfolge der Steuerarten nach Risiko steht die Umsatzsteuer nach dieser Studie an erster Stelle, gefolgt von der Körperschaftsteuer und der Lohnsteuer.[39]

Unter Geltung des § 2b UStG wird die öffentliche Hand bei Tätigkeiten auf privatrechtlicher Grundlage grundsätzlich ab dem ersten Euro steuerbar und vorbehaltlich einer Steuerbefreiung auch steuerpflichtig.[40] Die gesetzliche Neuregelung erweitert den Umfang der Umsatzsteuerpflicht gegenüber der alten Rechtslage erheblich.[41] Unterhalb der Schwelle eines nach § 4 KStG bestehenden Betriebs gewerblicher Art (BgA) bestand nach der Altregelung des § 2 Abs. 3 UStG keine Unternehmereigenschaft der öffentlichen Hand. Ein Betrieb gewerblicher Art (BgA) wird angenommen, wenn sich die wirtschaftliche Betätigung innerhalb der Gesamtbetätigung einer juristischen Person des öffentlichen Rechts deutlich hervorhebt. Dies ist in der Regel erst bei einem Jahresumsatz von über 45.000 € der Fall.[42]

---

38 Institut für den öffentlichen Sektor e. V., Steuerpflichten öffentlich-rechtlicher Organisationen, Studienbericht 2024, S. 3, https://publicgovernance.de/media/Studie_Steuerpflichten_oeff_Organisationen_2024.pdf (zuletzt abgerufen am 30.3.2025).

39 Institut für den öffentlichen Sektor e. V., Steuerpflichten öffentlich-rechtlicher Organisationen, Studienbericht 2024, S. 13.

40 *Küffner,* in: Musil/Küffner, Besteuerung der öffentlichen Hand, Rn. 3.74.

41 Siehe Beitrag *Gassner/Treimer* in diesem Tagungsband.

42 R 4.1 Abs. 5 Satz 1 KStR 2022.

IV. Tax Compliance Management Systeme für die öffentliche Hand als Steuerschuldnerin

Zur Sicherstellung der Einhaltung steuerlicher Pflichten setzt auch die öffentliche Hand zunehmend Tax Compliance Management Systeme ein. Nach der Befragung des Instituts für den öffentlichen Sektor e. V. haben bereits ein Drittel der Befragten ein dokumentiertes innerbetriebliches System zur Sicherstellung der Erfüllung von steuerlichen Pflichten im Einsatz, wobei weitere 51 % der Befragten derzeit eine entsprechende Einführung planen.[43] Die zusätzlichen umsatzsteuerlichen Pflichten durch die Einführung des § 2b UStG setzen ein umfängliches Einnahmescreening sowie eine Erfassung sämtlicher auf privatrechtlicher Grundlage geschlossenen Verträge voraus.

Die erneute Verschiebung der zwingenden Anwendung des § 2b UStG durch das Jahressteuergesetz 2024 auf Zeiträume ab dem 1.1.2027 verschafft der öffentlichen Hand mehr zeitlichen Spielraum, um Tax Compliance Strukturen zur Sicherstellung der hinzugekommenen steuerlichen Pflichten aufzubauen.[44] Das Kernelement eines Steuerkontrollsystems bildet die laufende Abbildung der steuerlichen Risiken, wie auch die Erprobungsregelung des Art. 97 § 38 Abs. 2 EGAO zeigt. Die öffentliche Hand verwendet hierfür ebenso wie Unternehmen der Privatwirtschaft eine Risikokontrollmatrix, mit welcher die steuerlichen Risiken für sämtliche relevanten Steuerarten erfasst und im Hinblick auf ihre Eintrittswahrscheinlichkeit sowie die möglichen finanziellen Risiken eingeordnet werden.[45] Für jede Steuerart sind die relevanten Prozesse zu identifizieren und die zuständige Stelle (Risk Owner) zu benennen.[46] Diese Informationen sind dann in eine Risikokontrollmatrix aufzunehmen. Dabei handelt es sich sowohl um steuerliche Kernprozesse der Steuerstelle wie das Erstellen von Steuererklärungen und Bescheinigungen als auch um Prozesse außerhalb der Steuerstelle, die ggf. eine Vielzahl weiterer Abteilungen einer öffentlichen Einrichtung betreffen können, wie die Behandlung von Eingangsrechnungen, der Fakturaprozess, Spenden, oder die Erfüllung der Buchführungspflichten.[47] Der in der Regel auch für das Tax Compliance Management zuständigen Steuerstelle einer öffentlich-rechtlichen Einrichtung kommt dabei die Aufgabe zu, die entsprechenden Prozesse einschließlich ihrer potenziellen steuerlichen Risiken mit den Prozessteilnehmern, d. h. den weiteren Abteilungen der Einrichtung,

43 Institut für den öffentlichen Sektor e. V., Steuerpflichten öffentlich-rechtlicher Organisationen, Studienbericht 2024, S. 19.

44 Vgl. § 27 Abs. 22a UStG, JStG 2024.

45 *Nöcker/Hindersmann*, Tax Compliance, Anforderungen an ein innerbetriebliches Kontrollsystem, S. 84 ff.

46 *Leibold*, BB 2023, 1052, 1055.

47 *Leibold*, BB 2023, 1052, 1055.

zu identifizieren und risikomitgierende Maßnahmen abzuleiten. Ziel ist es, ein risikoorientiertes TCMS-Framework entstehen zu lassen, das Prozessabläufe dokumentiert und bewertet und damit gleichzeitig die Basis für Optimierungen schafft. Bereits in die Risikokontrollmatrix können das Risiko mitgierende Maßnahmen aufgenommen werden, wie z. B. Schulungsmaßnahmen oder spezifischen Kontrollhandlungen.[48]

V. Bedarf an kooperativen Verfahrenselementen für die Besteuerung der öffentlichen Hand

Die Einrichtungen der öffentlichen Hand sind aufgrund ihrer Gesetzesbindung von einem hohen Streben nach Regelkonformität insbesondere auch betreffend die Einhaltung der steuerlichen Pflichten geprägt. Allerdings bestehen haushalterisch nur sehr knappe Ressourcen, um die Erfüllung der steuerlichen Pflichten sicherzustellen. Die Abgrenzung der hoheitlichen und der wirtschaftlichen Tätigkeit ist bei Einrichtungen der öffentlichen Hand in der Regel deutlich komplexer als die Unterscheidung zwischen privater und betrieblicher Sphäre bei einem Unternehmen der Privatwirtschaft. Schwierigkeiten ergeben sich häufig bereits daraus, dass sowohl hoheitliche als auch wirtschaftliche Tätigkeiten oft von denselben Mitarbeitern in denselben Räumen vorgenommen werden. Für jede einzelne wirtschaftliche Tätigkeit sind Aufteilungsschlüssel in Abgrenzung zur hoheitlichen Tätigkeit sowohl für die ertragsteuerlichen Betriebsausgabenanteile als auch für den Vorsteuerabzug festzulegen. Zumeist sind jährliche Anpassungen dieser Schlüssel zu prüfen, auch wenn sich der Umfang der wirtschaftlichen Tätigkeit häufig nur geringfügig ändert. Hinzu kommt, dass die Ableitung der erforderlichen steuerlichen Daten aus den Buchführungssystemen im Vergleich zu Unternehmen der Privatwirtschaft bei jPöR mit Medienbrüchen verbunden ist. Häufig sind händische Prozesse erforderlich. Gewinnermittlungen werden in Excel-Tabellen gefertigt und können nicht direkt aus einem Buchführungssystem ermittelt werden. Schwierigkeiten ergeben sich damit sowohl ertragsteuerlich bei der Zuordnung von Betriebsausgaben als auch umsatzsteuerlich im Hinblick auf die Bestimmung der Vorsteueranteile.

Für die Praxis wäre die Entwicklung von Standards für das Tax Compliance Management der öffentlichen Hand hilfreich. Damit könnte den speziellen Herausforderungen durch Vereinfachungs- und Pauschalierungsmöglichkeiten begründet begegnet werden. Um in Kooperation mit der Finanzverwaltung möglichst ressourcenschonend Musterprozesse und Compliance-Standards für die öffentliche Hand als Steuerschuldnerin herausarbeiten zu

48 *Renz/Leibold*, BB 2022, 1943, 1947.

können, wäre es hilfreich, Verwaltungen des Bundes, der Länder, Kommunen und ggf. auch der Kirchen mit in die Pilotprojekte gemäß Art. 97, § 38 EGAO aufzunehmen bzw. dies zumindest mittelfristig im Rahmen einer gesetzlichen Fortführung der Erprobungsregelung zu ermöglichen. Zielführender wäre, statt den Blick nur auf die Prüfungserleichterungen zu legen, zu untersuchen, welche grundsätzliche Entlastung der öffentlichen Hand im Besteuerungsverfahren gefordert und rechtlich vertretbar und angemessen sind. Dabei sollten angesichts der Belastungen der öffentlichen Hand zeitnah Pilotprojekte mit Kommunen gestartet werden, die § 2b UStG bereits anwenden und ein TCMS eingeführt haben. Die Ergebnisse können wertvolle Hilfestellungen für andere Einrichtungen der öffentlichen Hand geben und damit letztlich Ressourcen schonen.

JPöR sind besondere Steuerpflichtige, welche weder große Risikobereiche durch Auslandbeziehungen aufweisen noch in betrugsanfälligen Branchen tätig sind. Hinzu kommen aufwändige Prozesse, um die Besteuerungsgrundlagen ermitteln zu können und Bemühungen um Erleichterungen bringen bisher nicht den gewünschten Erfolg, wie das erst kürzlich veröffentlichte BMF-Schreiben vom 12.6.2024 zum Vorsteuerabzug unter § 2b UStG zeigt.[49] Verfügt eine jPöR über ein TCMS, so bietet das den Ansatz für Erleichterungen und Vereinfachungen. Damit könnten den Mehrbelastungen, welche durch die Abgrenzung und Aufteilung zwischen dem hoheitlichen und dem wirtschaftlichen Bereich gegenüber den mittelständischen und den Großunternehmen bestehen, angemessen entgegengewirkt werden. Eine Einbindung in die Erprobungsphase ist hier besonders gefordert, um den jPöR wieder Freiraum für die Hauptaufgaben zu verschaffen.

VI. Verbesserte Digitalisierung

Ein weiterer wichtiger Aspekt ist die Notwendigkeit einer verbesserten digitalen Infrastruktur für die Einrichtungen der öffentlichen Hand. Die Einführung oder Anpassung des Buchführungssystems könnte die Effizienz erheblich steigern und die Notwendigkeit händischer Prozesse reduzieren. Hilfreich wäre hier beispielsweise die Einführung eines zusätzlichen Kontierungsobjektes für die Buchungen im SAP-System, um eine klare Abgrenzung der steuerlichen Sphären im SAP-System zu erreichen.[50] Durch diese Maßnahme könnte eine automatisierte Erstellung der Einnahme-Überschussrechnung gemäß § 4 Abs. 3 EStG für einen Betrieb gewerblicher Art (BgA) ermöglicht werden, was gleichzeitig zu einer verbesserten Ermittlung sowohl der abzugsfähigen als auch der nicht abzugsfähigen Vorsteuern füh-

49 UStAE Abschn. 15.19.
50 *Jäckel/Kirschbaum*, UR 2020, 369, 372.

ren würde.[51] Sowohl im kameralen Buchhaltungssystem wie bei doppischer Buchung sollten Datenübernahmen zur Erstellung einer Einnahmenüberschussrechung oder Bilanz möglich sein. Die erneute Dateneingabe in kommerzielle Buchhaltungssysteme muss überwunden werden.

Durch die Automatisierung von Gewinnermittlungen und die direkte Erfassung steuerlicher Daten könnten Fehler minimiert und die Genauigkeit erhöht werden. Dies würde nicht nur die Zuordnung von Betriebsausgaben erleichtern, sondern auch die Bestimmung der Vorsteueranteile präzisieren.

Eine vereinfachte Gewinnermittlung, wie bei den gemeinnützigen Körperschaften, wäre in Verbindung mit der Erhöhung der Wesentlichkeitsgrenzen die richtige und angemessene Antwort für eine Neuausrichtung der Besteuerung der öffentlichen Hand.

VII. Fazit

Zusammenfassend lässt sich sagen, dass die Implementierung und Anwendung von TCMS für alle Steuerpflichtigen immer mehr an Bedeutung gewinnen: TCMS bilden die Basis für eine kooperative Neuausrichtung der Grundsätze des Besteuerungsverfahrens. Sie tragen dazu bei, Bürokratie abzubauen und knappe Ressourcen zu schonen. Die Anstrengungen der Steuerpflichtigen, ihre steuerlichen Sachverhalte durch ein TCMS der Selbstkontrolle zu eröffnen, ermöglicht es auch der Finanzverwaltung ihre Ressourcen gezielter und effektiver einzusetzen.

Besonders für die öffentliche Hand als Steuerschuldnerin ermöglicht ein TCMS, die stetig ansteigenden steuerlichen Pflichten rechtssicher zu erfüllen. TCMS tragen nicht nur zur Einhaltung der steuerlichen Pflichten bei, sondern fördern auch eine Kultur der Transparenz und Verantwortlichkeit innerhalb der Organisation. Prozesse werden sichtbar und bei Bedarf optimiert. Durch die kontinuierliche Schulung und Weiterbildung der Mitarbeitenden kann die öffentliche Hand sicherstellen, dass ihr TCMS den rechtlichen Standards entspricht und effektiv funktioniert.

Die Abgrenzung der hoheitlichen und wirtschaftlichen Tätigkeiten bleibt eine Herausforderung für die öffentliche Hand als Steuerschuldnerin. Die Entwicklung rechtssicherer Standards für das Tax Compliance Management der öffentlichen Hand unter Berücksichtigung dieser speziellen Schwierigkeiten ist daher von großer Bedeutung. Dafür wäre es wünschenswert, dass Pilotprojekte gemäß Art. 97, § 38 EGAO auch die öffentliche Hand als Steuerschuldnerin einbinden. Eine Verbesserung der digitalen Infrastruktur würde die Erfüllung der steuerlichen Pflichten erheblich erleichtern.

51 *Jäckel/Kirschbaum*, UR 2020, 369, 372.

Teil 2: Körperschaftsteuer

Ertragsteuerliche Veranlagung von Betrieben gewerblicher Art: Erfahrungen aus der Praxis[1]

LRD Andreas Brockmann

I. Einleitung

Die ertragsteuerliche Veranlagung von Betrieben gewerblicher Art (BgA) stellt sowohl für die betroffenen steuerpflichtigen Trägerkörperschaften als auch für die Steuerverwaltung eine komplexe und herausfordernde Aufgabe dar. Aufgrund der besonderen rechtlichen und organisatorischen Rahmenbedingungen, die für BgA gelten, bestehen spezifische Anforderungen, um die Einhaltung der steuerlichen Vorschriften sicherzustellen. Im vorliegenden Beitrag werden die häufigsten Herausforderungen aus der Praxis der ertragsteuerlichen Veranlagung beleuchtet. Darüber hinaus wird die Notwendigkeit einer engen Zusammenarbeit zwischen den steuerpflichtigen Trägerkörperschaften und der Steuerverwaltung aufgezeigt, wobei die Zielrichtung auf eine präzise und zeitnahe steuerliche Veranlagung gerichtet ist.

II. Die Vermeidung von Wettbewerbsverzerrungen

Mit der Ertragsbesteuerung der BgA will der Gesetzgeber in erster Linie Wettbewerbsverzerrungen gegenüber der Privatwirtschaft vermeiden, die durch die wirtschaftliche Betätigung einer juristischen Person des öffentlichen Rechts (jPöR) entstehen könnten. Wird die öffentliche Hand wirtschaftlich tätig, soll sie wie ein privates Unternehmen der Besteuerung unterworfen werden. Wenn ein BgA fälschlicherweise nicht besteuert wird, können private Mitbewerber gegen die daraus resultierende Wettbewerbsverzerrung vorgehen, indem sie zunächst eine allgemeine Leistungsklage auf Auskunft über die steuerliche Behandlung des BgA und anschließend eine Verpflichtungsklage auf dessen Besteuerung einreichen.[2] Die Schwierigkeiten bei der Besteuerung ergeben sich aus der Abgrenzung der verschiedenen Tätigkeitsfelder jPöR. Die Finanzämter sind aufgrund des in § 88 AO geregelten Untersuchungsgrundsatzes verpflichtet, den der ertragsteuerlichen Veranlagung zugrundeliegenden Sachverhalt von Amts wegen zu ermitteln. Auch für die Beteiligten günstige Umstände sind dabei gemäß § 88 Abs. 1 Satz 2 AO zu berücksichtigen. Andererseits kommen den steuerpflichtigen jPöR

1 Der Beitrag wurde durch den Verfasser in nichtdienstlicher Eigenschaft erstellt.
2 BFH, 18.9.2007 – I R 30/06, BStBl. II 2009, 126, juris.

als Trägerkörperschaften ihrer BgA, wie jedem Steuerpflichtigen, zahlreiche steuerliche Mitwirkungspflichten zu.[3]

III. Risikofelder bei der ertragsteuerlichen Veranlagung von BgA

Aus der Praxis der ertragsteuerlichen Veranlagung ergeben sich für die Besteuerung von BgA typische Risikofelder, bei denen ein Kontrollerfordernis und häufig der Bedarf einer weitergehenden Sachverhaltsaufklärung besteht.

1. Erstellung von Steuererklärungen und Gewinnermittlungen

Bei der Erstellung der Steuererklärungen der BgA kommt es häufig zu falschen Eintragungen. Dies betrifft insbesondere die Angabe zur Organisationsform (z. B. Eigenbetrieb oder Regiebetrieb), die Eintragung zum Gewinn (Bilanz oder EÜR) und die Angaben zum steuerlichen Einlagekonto. Aufgrund der geringen Qualität in den Steuererklärungen ist stets eine personelle Prüfung aller Eingaben erforderlich. Dies führt sowohl bei der Trägerkörperschaft als auch beim Finanzamt zu einem erheblichen zeitlichen Mehraufwand und Verzögerungen z. B. durch Fristverlängerungen und damit nicht zeitnahe Steuerfestsetzungen.

Bereits die Voraussetzungen für das Vorliegen eines BgA können häufig nicht ohne Weiteres bejaht werden. Dies liegt daran, dass ein BgA ein fiktiver steuerlicher Bereich ist, der nur einen Teil der gesamten Trägerkörperschaft abbildet. Während der Gesetzgeber in § 1 Abs. 1 Nr. 1 bis 5 KStG Rechtsformen des privaten Rechts, die der unbeschränkten Körperschaftsteuerpflicht unterliegen, im Einzelnen auflistet, beschränkt er sich für die Umschreibung der Steuersubjektfähigkeit von jPöR in § 1 Abs. 1 Nr. 6 KStG auf den insoweit unbestimmten Rechtsbegriff des BgA[4] Das Ergebnis, ob ein BgA vorliegt, ist deshalb generell eine Einzelfallentscheidung.

Die Erstellung der Gewinnermittlungen erfolgt, sofern nicht ein Berater die Summen – und Salden in ein kommerzielles Buchhaltungssystem nochmals einpflegt, größtenteils noch in Papierform. Zwar ist die öffentliche Hand auch zur elektronischen Abgabe der Gewinnermittlungen mit entsprechenden Anlagen verpflichtet[5], es wird in der Regel jedoch durch die Finanz-

---

3 Vgl. z. B. §§ 90 ff. AO sowie für die Außenprüfung § 200 Abs. 1 AO sowie § 197 Abs. 4 Satz 1 AO.

4 BFH, 11.1.1979 – V R 26/74, BStBl. II 1979, 746; *Bürstinghaus* in: Herrmann/Heuer/Raupach, EStG/KStG, § 4 KStG, Rn. 1.

5 Vgl. § 5b EStG.

ämter nicht beanstandet, wenn der Gewinn als Datei im PDF-Format als Anhang übermittelt wird.

Sowohl bei Aufwendungen als auch bei Erträgen zeigen sich in der Praxis vielfach Schwierigkeiten bei der Abgrenzung der wirtschaftlichen Tätigkeit des BgA zu der hoheitlichen Tätigkeit. Dies verdeutlichen die nachfolgenden Beispiele:

a) Beispiel: Werbeanzeigen

Eine jPöR erstellt eine Broschüre, die über die hoheitlichen Aktivitäten der jPöR berichtet. In dieser Druckschrift sind auch Werbeanzeigen von fremden Dritten enthalten. Die Einnahmen aus den Werbeanzeigen begründen einen „BgA Werbeleistungen“. Die damit in Zusammenhang stehenden Aufwendungen für die Erstellung (Druck, Versand usw.) sowie die Aufwendungen für den redaktionellen Teil (Autorenhonorare, Personalkosten usw.) sind für den BgA Werbeleistungen zu ermitteln.

Die steuerliche Beurteilung ist wie folgt vorzunehmen: Lediglich die Aufwendungen, die direkt mit den Einnahmen aus Werbeleistungen in Zusammenhang stehen, sind als Betriebsausgaben dem BgA Werbeleistungen zuzurechnen. Die Aufwendungen beschränken sich auf die Erstellung der Seiten der Broschüre, die die jeweiligen Werbeanzeigen präsentieren. Diese sind nach dem Verhältnis der Seitenanzahl hoheitlich/gewerblich zu ermitteln. Die Aufwendungen für Autorenhonorare usw. sind vollständig dem hoheitlichen Bereich zuzurechnen.

b) Beispiel: Sponsoring

Eine jPöR veranstaltet Ausstellungen, die dem hoheitlichen Bereich zuzuordnen sind. Um diese Veranstaltungen finanzieren zu können, wurden Sponsoring Verträge mit fremden Dritten geschlossen. Die Einnahmen aus diesen Verträgen wurden im „BgA Sponsoring“ erfasst. Sämtliche Aufwendungen für die Ausstellungen wurden ebenfalls dem BgA Sponsoring zugerechnet. Diese umfassen den Auf- und Abbau der Veranstaltung, Energiekosten, Personalkosten während der Veranstaltung, Werbeaufwand für die Veranstaltung sowie Personalkosten für Anbahnung und Vertragsabschluss Sponsoring

Die steuerliche Beurteilung ist wie folgt vorzunehmen: Lediglich die Aufwendungen, die direkt mit den Einnahmen aus Sponsoring in Zusammenhang stehen, sind als Betriebsausgaben dem BgA Sponsoring zuzurechnen. Die Aufwendungen beschränken sich auf die Personalkosten für Anbahnung und Vertragsabschlüsse bzgl. Sponsoring

Die Aufwendungen für die Ausstellungen selbst, wie der Auf- und Abbau der Veranstaltung, Energiekosten, Personalkosten während der Veranstaltung, Werbeaufwand für die Veranstaltung, sind dem hoheitlichen Bereich zuzurechnen.

c) Beispiel: Zuordnung von Gebäuden bzw. Gebäudeteilen

Eine jPöR nutzt ein Gebäude sowohl hoheitlich als auch im Bereich mehrerer BgA. Die Nutzung wird anhand eines Flächenschlüssels aufgeteilt. Die Aufwendungen für das Gebäude, wie z. B. Abschreibungen, Energiekosten, Reinigungs- und Instandhaltungskosten, werden nach diesem Schlüssel auf die einzelnen Nutzungen aufgeteilt:

- hoheitlich: 40%
- BgA 1: 15%
- BgA 2: 20%
- BgA 3: 25%

Da die Gebäudenutzung bei allen BgA unter 50% lag, wurde das Gebäude in keiner BgA-Gewinnermittlung als Betriebsvermögen erfasst.

Die steuerliche Beurteilung ist wie folgt vorzunehmen: Die Aufteilung nach einem Flächenschlüssel ist grundsätzlich nicht zu beanstanden. Bei einem gemischt-genutzten Gebäude ist hinsichtlich der Nutzung jedoch auf die kleinste Einheit abzustellen. Die kleinste Einheit ist hier der einzelne Raum. Demnach ist die betriebliche Nutzung pro Raum zu bestimmen. Eine Vielzahl von Räumen wurde gemischt genutzt, wobei die hoheitliche Nutzung über 50% lag. Es gab aber auch Räume, die über 50% für einen der o. a. BgA genutzt wurden. Ab einer Nutzung von 50% ist der jeweilige Raum als notwendiges Betriebsvermögen im Anlagevermögen des jeweiligen BgA zu erfassen. Damit liegt eine steuerliche Verhaftung des Grundstücks mit dem anteiligen Gebäude vor. Da dies oft erst bei Betriebsprüfungen festgestellt wird, sind hier umfangreiche Wertermittlungen zum Zeitpunkt der Einlage sowie bei späteren Nutzungsänderungen erforderlich.

2. Steuerliches Einlagenkonto gemäß §27 KStG

Grundsätzlich ist ab dem Veranlagungszeitraum 2022 für jeden Betrieb gewerblicher Art das steuerliche Einlagekonto festzustellen. Auch nicht bilanzierende BgA, welche wegen Unterschreitens der Umsatz- und Gewinngrenze des §20 Abs. 1 Nr. 10 lit. b) EStG nicht der Kapitalertragsteuer unterliegen und die über keine Rücklagen gemäß §20 Abs. 1 Nr. 10 lit. b) EStG verfügen, müssen ab dem Veranlagungszeitraum 2022 ein steuerliches Einlagekonto führen. Die anderslautende frühere Ansicht der Finanzverwaltung[6] findet aufgrund der entgegenstehenden Rechtsprechung des BFH keine Anwendung mehr.[7] Folge ist ein erheblicher bürokratischer Mehraufwand sowohl für die steuerpflichtigen Trägerkörperschaften als auch für die Steuerverwaltung, dem keine steuerlichen Mehreinnahmen gegenüberstehen.

Eine Ausnahme von der Verpflichtung zur Führung eines steuerlichen Einlagekontos wird durch das BMF-Schreiben vom 4.4.2022, geregelt. Danach kann auf die Feststellung verzichtet werden, wenn der Träger die Voraussetzungen des § 44a Abs. 7 EStG erfüllt. Darunter fallen beispielsweise gemeinnützige Körperschaften, Stiftungen des öffentlichen Rechts und alle jPöR, die kirchlichen Zwecken dienen, z. B. Kirchengemeinden.[8] Aber leider nicht dauerdefizitäre BgA der jPöR. Da es sich nach dem Wortlaut im BMF-Schreiben um ein Wahlrecht handelt, kann dem Steuerpflichtigen auch in diesen Fällen die Feststellung nicht verwehrt werden.

3. Spartentrennung

In den in § 8 Abs. 9 KStG genannten Fällen ist eine sogenannte Spartentrennung durchzuführen.[9] Das bedeutet, dass die Einkünfteermittlung in einzelne Sparten unterteilt wird. Betroffen sind Kapitalgesellschaften, bei denen die Mehrheit der Stimmrechte unmittelbar oder mittelbar auf juristische Personen des öffentlichen Rechts entfällt und nachweislich ausschließlich diese Gesellschafter die Verluste aus Dauerverlustgeschäften tragen. Das Instrument der Spartenrechnung wurde entwickelt, um den Verlustausgleich und Verlustabzug bei Kapitalgesellschaften einzuschränken. Zwischen den Sparten können Gewinne und Verluste nicht ausgeglichen werden. Damit will der Gesetzgeber verhindern, dass die Kapitalgesellschaft Verluste aus Dauerverlustgeschäften mit Gewinnen aus anderen Tätigkeiten verrechnen kann. Die Regelung des § 8 Abs. 9 stellt sicher, dass eine Kapitalgesellschaft hinsichtlich der Dauerverlustgeschäfte keine größeren Möglichkeiten zur Verlustverrechnung hat, als bei der Ausübung entsprechender Tätigkeiten durch einen BgA, bei welchem eine Zusammenfassung mit anderen BgA nur unter den engen Voraussetzungen des § 4 Abs. 6 KStG möglich ist. In den Fällen einer erforderlichen Spartenrechnung ist eine mehrfache Gewinnermittlung mit mehreren Steuerbescheiden gemäß § 8 Abs. 9 Sätze 2 ff. KStG erforder-

---

6 BMF, 28.1.2019 – IV C 2-S 2706-a/15/10001, FMNR044000019, BStBl. I 2019, 97, Rn. 44.
7 BFH, 30.9.2020 – I R 12/17, BStBl. II 2022, 269; BMF, 4.4.2022 – IV C 2-S 2836/21/10001:001, BStBl. I 2022, 645 ff.
8 BMF, 4.4.2022 – IV C 2-S 2836/21/10001:001, BStBl. I 2022, 645 ff.
9 BFH, 14.3.2024 – V R 51/20, DStR 2024, 1541.

lich, was sowohl für die betroffenen Kapitalgesellschaften als auch für die Steuerverwaltung einen hohen bürokratischen Aufwand bedeutet.

4. Spendenabzug

Der Spendenabzug ist eine weitere in der Praxis häufig anzutreffende Fehlerquelle bei der Erfüllung steuerlicher Pflichten durch eine jPöR. Der Spendenabzug ist in § 10b Abs. 1 EStG, § 9 Abs. 1 Nr. 2 KStG und § 9 Nr. 5 GewStG geregelt. In der Regel ist es Voraussetzung, dass die Körperschaft, an welche gespendet wird, durch Freistellungsbescheid von der Körperschaftsteuer befreit ist. Der Hoheitsbereich kann mangels Steuerbarkeit nicht von der Körperschaftsteuer befreit werden. Der Spendenabzug ist deshalb gesetzlich so geregelt, dass alleine die Eigenschaft, eine jPöR zu sein, Voraussetzung ist. Diesbezüglich gibt es für die Spendenbescheinigung auch separate amtliche Vordrucke. Erfahrungsgemäß führt dies bei den Steuerberatern und bei den Steuerpflichtigen häufig zu Verunsicherung. So kommt es oft zur Ausstellung von Kontrollmitteilungen über ausgestellte Spendenbescheinigungen, weil kein Freistellungsbescheid oder Feststellungsbescheid nach § 60 AO vorliegt. Auf der anderen Seite wird die Vergabe einer Steuernummer beantragt, um einen Freistellungsbescheid zu erhalten, damit Spendenbescheinigungen ausgestellt werden können.

5. Erfahrungen bei der Betriebsprüfung von Betrieben gewerblicher Art

In der Betriebsprüfungspraxis stößt der Prüfungsdienst immer wieder auf das Phänomen des zu geringen Personaleinsatzes und auf die darauf zurückzuführenden Fehler. Exemplarisch für den regelmäßig unzureichenden Personaleinsatz steht der folgende Fall der Betriebsprüfung bei einem großen Verband. Bei diesem ist ein Sachbearbeiter mit 30 % seines gesamten Arbeitszeitumfangs zuständig für das Erstellen der Steuererklärungen, der monatlichen Umsatzsteuererklärungen etc.. Seinem Aufgabengebiet ist zudem die steuerliche Handhabung mehrerer BgA zugeordnet. Damit verbundene Aufgaben waren die aufwändige Aufarbeitung der Abgrenzung von Einnahmen und Ausgaben zwischen dem hoheitlichen und wirtschaftlichen Bereich mit allen Folgeprüfungen wie z. B. Bestimmung des Betriebsvermögens des BgA, Aufteilung der Ausgaben die Bearbeitung einer umsatzsteuerlichen Organschaft sowie einer gemeinnützigen GmbH mit deren wirtschaftlichen Geschäftsbetrieben. Mit seiner ihm für die Bewältigung der steuerlichen Angelegenheiten des Verbandes zur Verfügung stehenden Arbeitszeit kann der Sachbearbeiter daher lediglich das Tagesgeschäft bewältigen. Hinzu kommt, dass im Rahmen der Ausbildung des öffentlichen Verwaltungsdienstes der Themenbereich Besteuerung der Betriebe gewerblicher Art – hier insbesondere das Körperschaft- sowie Umsatzsteuerrecht – nicht in dem erforderlichen Maße vermittelt wird. Benötigtes Grundwissen liegt bei den dafür zuständigen Personen häufig nur unzureichend vor. Darüber hinaus führt eine – seitens der Betriebsprüfung wahrgenommene – hohe Fluktuation des Personals in den mit dieser Aufgabe eingerichteten Stellen dazu, dass sich kein Erfahrungswissen ausbilden kann. Dies führt dazu, dass die Bearbeitung steuerlicher Themen nicht auf dem erforderlichen hohen Niveau gewährleistet werden kann. Hinzu kommt, dass die Steuerberatung seitens jPöR selten in laufende und aktuelle Sachverhalte einbezogen wird. Dies geschieht, meist nur im Rahmen der Erstellung der Steuererklärungen, häufig jedoch erst bei entsprechenden Betriebsprüfungen. Zu diesem Zeitpunkt sind – möglicherweise sich nachteilig auswirkende – Sachverhalte bereits verwirklicht und können nicht mehr korrigiert werden. Nahezu sämtliche juristische Personen des öffentlichen Rechts übertragen die Zahlen aus der Buchhaltung in Tabellenkalkulationen, welche als Grundlage für die Steuererklärungen dienen. Diese händische Übertragung ist mit einer hohen Fehleranfälligkeit verbunden. Aktuell beginnen die jPöR mit der Einführung von Tax Compliance Management Systemen, oft ohne ausreichende IT-Unterstützung. Die Richtigkeit einer steuerlichen Gewinnermittlung setzt jedoch voraus, dass Fehler durch händische Übertragungen ausgeschlossen sind. Dafür müssen die Prozesse regelmäßig durch Kontrollen validiert und bei Bedarf verbessert werden. Die hierfür erforderliche IT-Ausstattung und eine spezielle Software sind bei jPöR in der Regel jedoch noch nicht vorhanden.

IV. Fazit

Die in diesem Beitrag beispielhaft aufgezeigten Themen verdeutlichen die Komplexität der im Rahmen der steuerlichen Veranlagung einer jPöR auftretenden Fragestellungen. Vermehrte Schulungsangebote und eine stärkere IT-Unterstützung zur Vermeidung händischer Übertragungsfehler können den Trägerkörperschaften helfen, diese Herausforderungen zu meistern. Hierfür können die Instrumente eines Tax Compliance Management Systems maßgeblich unterstützen. Die sehr komplexen Fragestellungen erfordern zudem einen guten kommunikativen Austausch zwischen den Mitarbeitenden der Steuerverwaltung und denen der Trägerkörperschaften. Eine kontinuierliche Weiterbildung und der Einsatz moderner Technologien sind unerlässlich, um den steigenden Anforderungen gerecht zu werden. Nur durch eine enge Zusammenarbeit und den Austausch von Wissen und Erfahrungen können langfristig effiziente und rechtssichere Lösungen gefunden werden.

Der Kapitalertragsteuerabzug bei Betrieben gewerblicher Art (BgA)

Prof. Dr. Michael Szczesny

I. Einleitung

Die ertragsteuerliche Betrachtung der öffentlichen Hand[1] ist geprägt von der steuerlichen Gleichbehandlung mit privaten Mitbewerbern. Die wirtschaftliche Betätigung der öffentlichen Hand soll steuerlich nicht bessergestellt sein als das Handeln Privater. Aufgrund besonderer Organisationsstrukturen[2] bedarf es allerdings spezieller Regelungen, die eine solche Gleichstellung gewährleisten sollen. Aus ihnen ergeben sich zahlreiche Auslegungsprobleme. Neben Fragen der steuerlichen Nutzung von Verlusten[3] stellen sich nach wie vor erhebliche Zweifelsfragen im Zusammenhang mit der Kapitalertragsteuer[4]. Dies hängt nicht zuletzt damit zusammen, dass bei Betrieben gewerblicher Art von Körperschaften im Sinne des § 4 KStG grundsätzlich keine Ausschüttungen an Anteilseigner oder Mitglieder im klassischen Sinne existieren. Gleichwohl kommt es auch bei diesen Körperschaften zu Vermögensübertragungen an die „dahinterstehenden" Personen (z. B. an den Landkreis als Träger einer Kreissparkasse). Diese Vermögensübertragungen sind wirtschaftlich gesehen mit Gewinnausschüttungen vergleichbar. Aus Gründen der steuerlichen Gleichbehandlung ist es daher geboten, auch diese Vermögensübertragungen auf der Ebene des „Anteilseigners" steuerlich zu erfassen. Demgemäß sollen die mit einer Gewinnverwendung vergleichbaren Vermögensübertragungen zusätzlich bei der begünstigten Person der Kapitalertragsteuer unterliegen. Es soll steuerlich ohne Bedeutung sein, ob sich die wirtschaftliche Betätigung einer juristischen Person des öffentlichen Rechts in einem Betrieb gewerblicher Art oder aber in einer Kapitalgesellschaft vollzieht.

Soweit die Leistung von einer nicht unbeschränkt steuerpflichtigen Person i. S. d. § 2 Nr. 2 KStG bezogen wird, ist die Körperschaftsteuer durch den Kapitalertragsteuerabzug nach § 32 Abs. 1 Nr. 1 und 2 KStG i. V. m. § 2 Nr. 2 KStG abgegolten. Es kommt dann nicht mehr zur Anwendung des § 8b Abs. 1 KStG auf der Ebene der Begünstigten. Wird dagegen die Leistung

1 Ausführlich hierzu aus Verwaltungssicht OFD Nordrhein-Westfalen, Arbeitshilfe zur Besteuerung von juristischen Personen des öffentlichen Rechts, Stand: 9.6.2022.

2 Dazu *Brüning*, Deutsches Kommunalrecht, 5. Aufl. 2024, § 16 Rn. 49 ff.

3 Hierzu etwa *Laß*, DStZ 2024, 372; *Menke*, DStR 2023, 670.

4 Vgl. nur *Bott/Gastl*, DStZ 2022, 751.

von einem unbeschränkt steuerpflichtigen Empfänger bezogen, greift bei Betrieben gewerblicher Art mit eigener Rechtspersönlichkeit auf der Empfängerseite § 8b Abs. 1 KStG. Die einbehaltene Kapitalertragsteuer wird (nur) in diesem Fall auf die festgesetzte Körperschaftsteuer in voller Höhe angerechnet und gegebenenfalls erstattet. Die wirtschaftlichen Auswirkungen des § 20 Abs. 1 Nr. 10 EStG erschöpfen sich deshalb weitgehend in der Erhebung von Kapitalertragsteuer. So simpel diese Struktur anmutet, so komplex sind doch ihre Auswirkungen im Einzelfall, denen im Folgenden nachgegangen werden soll.

II. Kapitaleinkünfte einer Trägerkörperschaft

1. BgA mit eigener Rechtspersönlichkeit – § 20 Abs. 1 Nr. 10 lit. a) EStG

a) Persönlicher Anwendungsbereich

Nicht von der Körperschaftsteuer befreite BgA mit eigener Rechtspersönlichkeit (z. B. Sparkassen, Anstalten des öffentlichen Rechts) fallen in den Anwendungsbereich des § 20 Abs. 1 Nr. 10 lit. a) EStG. Sind Teilbereiche öffentlich-rechtlicher Kreditinstitute von der Körperschaftsteuer befreit (z. B. Landesbanken mit den in § 5 Abs. 1 Nr. 2 KStG genannten steuerbefreiten Förderbereichen), ist § 20 Abs. 1 Nr. 10 lit. a) EStG auf den nicht steuerbefreiten Bereich ebenfalls anzuwenden.

Aus Billigkeitsgründen wendet die Finanzverwaltung[5] § 20 Abs. 1 Nr. 10 lit. a) EStG auch dann an, wenn eine juristische Person des öffentlichen Rechts (jPöR) aus ihrem BgA ohne eigene Rechtspersönlichkeit Leistungen an eine andere jPöR (insbesondere an deren BgA) erbringt. Eine solche Leistung liegt allerdings nur vor, wenn die Beträge nicht zuvor der Besteuerung nach § 20 Abs. 1 Nr. 10 lit. b) EStG unterlegen haben.

b) Sachlicher Anwendungsbereich

Nach § 20 Abs. 1 Nr. 10 lit. a) EStG sind Leistungen, die zu Einnahmen führen, die mit Gewinnausschüttungen i. S. des § 20 Abs. 1 Nr. 1 EStG wirtschaftlich vergleichbar sind, als Einkünfte aus Kapitalvermögen zu erfassen. Hierunter fallen sowohl offene als auch verdeckte Gewinnausschüttungen (§ 20 Abs. 1 Nr. 1 Satz 2 EStG). Nicht zu den Einnahmen gehören Leistungen des BgA, für die Beträge aus dem steuerlichen Einlagekonto i. S. des

5 BMF, 28.1.2019 – IV C 2 – S 2706-a/15/10001, BStBl. I 2019, 97, Rn. 7; vgl. auch *Ratschow*, in: Brandis/Heuermann, Ertragssteuerrecht, § 20 EStG Rn. 340; *Jochum*, in: Kirchof/Söhn/Mellinghoff, EStG, § 20 Rn. C 15.

§27 KStG als verwendet gelten (§20 Abs. 1 Nr. 10 lit. a) letzter Halbsatz EStG i. V. m. §20 Abs. 1 Nr. 1 Satz 3 EStG).

Ist §20 Abs. 1 Nr. 10 lit. a) EStG erfüllt, unterliegen die Leistungen dem Kapitalertragsteuerabzug i. H. v. 15% (§43 Abs. 1 Nr. 7b EStG i. V. m. §43a Abs. 1 Satz 1 Nr. 2 EStG). Die Kapitalertragsteuer entsteht in dem Zeitpunkt, in dem die Kapitalerträge dem Gläubiger (= Trägerkörperschaft des BgA) zufließen (§44 Abs. 1 Satz 2 EStG).

Nach §44 Abs. 1 Satz 1 EStG ist der Schuldner der Kapitalertragsteuer der Gläubiger der Kapitalerträge (= Trägerkörperschaft des BgA). Nach §44 Abs. 1 Satz 3 EStG hat der Schuldner der Kapitalerträge (BgA) den Steuerabzug für Rechnung des Gläubigers der Kapitalerträge (= Trägerkörperschaft des BgA) im Zeitpunkt des Zuflusses der Kapitalerträge vorzunehmen. Auf Leistungen, die wirtschaftlich mit Gewinnausschüttungen vergleichbar sind, ist §44 Abs. 2 EStG anwendbar.

Ist der Empfänger der Leistung nach §20 Abs. 1 Nr. 10 lit. a) EStG unbeschränkt körperschaftsteuerpflichtig und ist der Betrag bei ihm einem BgA zuzurechnen, bleiben die Leistungen unter den Voraussetzungen des §8b Abs. 1 i. V. m. §8b Abs. 5 KStG und §8b Abs. 4 KStG bei der Ermittlung des Einkommens unberücksichtigt. Die einbehaltene Kapitalertragsteuer i. H. v. 15% ist dann in vollem Umfang im Rahmen der Veranlagung zur Körperschaftsteuer des Empfängers anzurechnen (§31 Abs. 1 KStG i. V. m. §36 Abs. 2 Satz 2 Nr. 2 EStG).

2. BgA ohne eigene Rechtspersönlichkeit – §20 Abs. 1 Nr. 10 lit. b) EStG

a) Persönlicher Anwendungsbereich

Gem. §20 Abs. 1 Nr. 10 lit. b) EStG zählt der nicht den Rücklagen zugeführte Gewinn eines BgA ohne eigene Rechtspersönlichkeit, der den Gewinn durch Betriebsvermögensvergleich ermittelt oder der Umsätze von mehr als 350.000 EUR im Kalenderjahr oder einen Gewinn von mehr als 30.000 EUR im Wirtschaftsjahr hat, zu den Einkünften aus Kapitalvermögen der juristischen Person des öffentlichen Rechts. Diese BgA sollen damit so behandelt werden wie Anteilseigner und Kapitalgesellschaft. Die Regelung enthält eine Ausschüttungsfiktion, da auf Grund der fehlenden rechtlichen Selbständigkeit des BgA eine tatsächliche Gewinnausschüttung an die Trägerkörperschaft nicht möglich ist (BgA als „virtuelle Kapitalgesellschaft“[6]).

Hiervon sind vor allem Eigenbetriebe, aber auch sog. Regiebetriebe betroffen. Die Mehrzahl der öffentlichen Einrichtungen der Wasserversorgung,

6 Vgl. *Seer/Wendt*, DStR 2001, 825; *Bott*, DStZ 2019, 220, 221.

Abwasserbeseitigung, aber auch der Abfallentsorgung der Städte, Gemeinden und Kreise dürfte – wenn nicht in privatrechtlicher Form betrieben – als Eigenbetrieb geführt werden. Der Eigenbetrieb besitzt keine eigene Rechtspersönlichkeit, sondern ist eine rechtlich unselbstständige Einrichtung der Gemeinde bzw. des Landkreises[7]. Er ist jedoch als sog. Sondervermögen zu führen, d. h. ausgelagert aus dem allgemeinen Haushalt der Gemeinde bzw. des Kreises in einer Sonderrechnung mit eigener Planung, Wirtschaftsführung und Rechnungswesen nach den Regeln des Eigenbetriebsrechts[8]. Hierdurch unterscheidet sich der Eigenbetrieb wesentlich vom Regiebetrieb, der eine unselbstständige Einheit der Gemeinde darstellt und damit finanzwirtschaftlich nicht als Sondervermögen einzustufen ist[9]. Hieraus folgt, dass die Einnahmen der Regiebetriebe unmittelbar in den Haushalt der Gemeinde fließen und seine Ausgaben unmittelbar von dieser bestritten werden[10]. Dabei ging die Finanzverwaltung ursprünglich bei Regiebetrieben davon aus, dass grundsätzlich keine Rücklagenbildung zulässig sei, es sei denn, der Zweck des Regiebetriebes konnte ohne die Rücklagenbildung nachhaltig nicht erfüllt werden.[11]

Unter § 20 Abs. 1 Nr. 10 lit. b) EStG fallen somit drei Gruppen von BgA ohne eigene Rechtspersönlichkeit. Zunächst sind dies nicht von der Körperschaftsteuer befreite BgA ohne eigene Rechtspersönlichkeit, die ihren Gewinn durch Betriebsvermögensvergleich ermitteln (sowohl Eigen- als auch Regiebetriebe). Hinzu kommen nicht bilanzierende BgA (z. B. Fälle der Doppik, Kameralistik, Einnahmenüberschussrechnung), sofern die Summe der Umsätze (einschließlich der steuerfreien Umsätze; jedoch ohne Umsätze i. S. des § 4 Nr. 8 bis 10 UStG) mehr als 350.000 EUR im Kalenderjahr beträgt oder ihr Gewinn über 30.000 EUR liegt. Diese BgA bilden die erste Gruppe.

Zur zweiten Gruppe kann man BgA ohne eigene Rechtspersönlichkeit i. S. des § 22 Abs. 4 Nr. 1 UmwStG zählen. Grundsätzlich stellt das Halten von Beteiligungen an Kapitalgesellschaften eine vermögensverwaltende Tätigkeit dar und begründet keinen BgA. Werden Anteile jedoch im Zusammenhang mit einer Sacheinlage aus einem BgA gemäß § 20 Abs. 1 UmwStG erworben, unterliegen sie der Sperrfrist gemäß § 22 Abs. 1 UmwStG. Kommt es innerhalb von 7 Jahren zu einer Veräußerung, entsteht gem. § 22 Abs. 1

7 *Brüning*, Deutsches Kommunalrecht, § 16 Rn. 52 ff.

8 Vgl. §§ 96 Abs. 1 Nr. 3 GemO-BW, §§ 12 ff. EigBG.

9 *Hidien*, in: Hidien/Jürgens, Die Besteuerung der öffentlichen Hand, § 1 Rn. 319.

10 Vgl. hierzu und zu den steuerlichen Auswirkungen BFH, 23.1.2008 – I R 18/07, BStBl. II 2008, 573.

11 Vgl. BMF, 9.1.2015 – IV C 2 – S 2706a/13/10001, BStBl. I 2015, 111 Rz 35; ebenso FG Hessen, 24.3.2015 – 4 K 1187/11, EFG 2015, 1274 m. w. N.; anders BMF, 28.1.2019 – BStBl. I 2019, 97 Rn. 35; dazu eingehend *Bott*, DStZ 2019, 220; s. auch *Belcke/Westermann*, BB 2019, 1885.

UmwStG ein Einbringungsgewinn I in der Person des Einbringenden. Dieser Gewinn wird rückwirkend besteuert, was dazu führt, dass dieser bei den einbringenden juristischen Personen des öffentlichen Rechts noch im BgA erfolgt und damit noch in der steuerverhafteten Sphäre. Ob der Einbringungsgewinn I Veräußerungsgewinn iSd § 20 Abs. 1 Nr. 10 lit. b) Satz 1 EStG ist und damit nach § 43 Abs. 1 Nr. 7c EStG eine Kapitalertragsteuerpflicht entsteht, wird unterschiedlich beantwortet. Nach der insoweit überzeugenden Ansicht unterliegt der Einbringungsgewinn I nicht der Kapitalertragsteuer; denn § 20 Abs. 1 Nr. 10 lit. b) Satz 1 EStG verweist nur auf § 22 Abs. 4 UmwStG, also nicht auf die den Einbringungsgewinn I betreffende Vorschrift[12].

Die dritte Gruppe bilden schließlich BgA der inländischen öffentlich-rechtlichen Rundfunkanstalten für die Veranstaltung von Werbesendungen. Für die Besteuerung ist dabei das Einkommen i. S. des § 8 Abs. 1 Satz 3 KStG maßgebend.

b) Sachlicher Anwendungsbereich

Mit dem Steuersenkungsgesetz vom 23.10.2000[13] und dem darin enthaltenen Übergang vom körperschaftsteuerlichen Anrechnungsverfahren zum Halbeinkünfteverfahren entschied sich der Gesetzgeber bei BgA für eine Ausschüttungsfiktion mit Kapitalertragsteuerabzug[14]. Unzureichend bedacht hat der Gesetzgeber dabei offenbar die haushaltsrechtlichen Gegebenheiten der öffentlichen Hand, weshalb der Bundesrat in einer Prüfbitte zum Jahressteuergesetz 2009[15] eine Überarbeitung der Regelungen anregte. Als problematisch erwies sich dabei die Frage, ob und in welchem Umfang Rücklagen gebildet werden konnten, die den Kapitalertragsteuerabzug ausschließen. Denn zu den Kapitalerträgen der oben beschriebenen ersten Gruppe gehören nur die nicht den Rücklagen zugeführten Gewinne des BgA, die Auflösung zulässigerweise gebildeter Rücklagen für Zwecke außerhalb des BgA sowie verdeckte Gewinnausschüttungen i. S. des § 8 Abs. 3 Satz 2 KStG. Soweit nach § 27 Abs. 1 KStG eine Einlagenrückgewähr vorliegt, fällt ebenfalls keine Kapitalertragsteuer an, was naturgemäß auch den Anwendungsbereich des steuerlichen Einlagekontos anspricht.

---

12 In diesem Sinne *Orth*, DB 2007, 419; *Widmann*, in: Widmann/Mayer, Umwandlungsrecht, § 22 UmwStG Rn. 386, anders *Patt*, in: Dötsch/Pung/Möhlenbrock, Die KSt, § 22 UmwStG Rn. 94; wohl auch BMF, 28.1.2019, BStBl. I 2019, 97 Rn. 2.

13 BGBl. I 2000, 1433 = BStBl. I 2000, 1428.

14 Vgl. BT-Drs. 14/2683, 114.

15 BT-Drs. 16/10494, 7 sowie *Schiffers*, DStZ 2003, 398; *Hüttemann*, in: FS Solms, S. 223, 228.

III. Rücklagenbildung

1. Ausgangspunkt

Der laufende Gewinn eines BgA unterliegt nicht der Kapitalertragsteuer, soweit er den Rücklagen des BgA zugeführt wird. Der BFH[16] nahm hierbei zunächst an, dass der Gewinn des BgA und die Einkünfte aus Kapitalvermögen wegen der rechtlichen Identität der Trägerkörperschaft und des BgA zeitgleich erzielt würden, gab seine Sicht mit Urteil vom 16.11.2011[17] zunächst für den Eigenbetrieb wieder auf. Nur die zuletzt genannte Sichtweise wird dabei dem Normzweck gerecht, wonach eine Gleichstellung mit der Besteuerung einer Kapitalgesellschaft erfolgen soll; Gesellschafter einer Kapitalgesellschaft verfügen gerade über eine Dispositionsbefugnis hinsichtlich der erzielten Gewinne und können festlegen, ob die Gewinne ausgeschüttet oder thesauriert werden. Nichts anderes kann für den BgA gelten, unabhängig davon, in welcher Form er geführt wird. Der BFH[18] hat daher zu Recht seine Sichtweise aus dem Urteil vom 16.11.2011 auf den Regiebetrieb übertragen. Die Finanzverwaltung übernahm diese Auffassung schließlich im BMF-Schreiben vom 28.1.2019[19].

Gleichwohl bleibt insoweit die Frage zu klären, wie der *nicht den Rücklagen zugeführte Gewinn* zu bestimmen ist, insbesondere wie die im Haushaltsrecht der öffentlichen Hand geltenden Rahmenbedingungen hierauf einwirken. Aus der vom Gesetzgeber angestrebten Gleichstellung folgt, dass es sich um den Gewinn des BgA handeln muss, den die jPöR für Zwecke außerhalb des BgA verwenden kann (= verwendungs- bzw. rücklagefähiger Gewinn). Bei bilanzierenden BgA ist hierbei der handelsrechtliche Jahresüberschuss i. S. des. § 275 HGB maßgebend[20]. Die Maßgeblichkeit nicht des steuerlichen, sondern des handelsrechtlichen Jahresergebnisses zur Abgrenzung des Gewinns i. S. d. § 20 Abs. 1 Nr. 10 lit. b) EStG trägt der Tatsache Rechnung, dass es bei der Besteuerung des Kapitalertrags aus BgA ohne eigene Rechtspersönlichkeit um die Erfassung von Vorgängen geht, die bei anderen Körperschaften als (tatsächliche) Gewinnausschüttungen anzusehen wären und die Höhe des zur Gewinnabführung tatsächlich zur Verfügung stehenden Betrags sich nach dem handelsrechtlichen Jahresüberschuss rich-

16 BFH, 11.7.2007 – I R 105/05, BStBl. II 2007, 841.

17 BFH, 16.11.2011 – I R 108/09, BStBl. II 2013, 328.

18 BFH, 30.1.2018 – VIII R 42/15, BStBl. II 2019, 96; BFH, 30.1.2018 – VIII R 15/16, BStBl. II 2019, 11.

19 BMF, 28.1.2019 – IV C 2 – S 2706-a/15/10001, BStBl. I 2019, 97.

20 Vgl. BFH, 11.9.2013 – I R 77/11, BStBl. II 2015, 161; Thüringer Finanzgericht, 28.2.2024 – 4 K 590/22, EFG 2025, 167; FG Düsseldorf, 12.4.2021 – 6 K 3133/18 KE, EFG 2021, 1027.

tet[21]. Die zur Kapitalertragsteuer herangezogene Größe unterscheidet sich damit von der steuerlichen Bemessungsgrundlage i. R. der Einkommensermittlung für den BgA, die auf den steuerlichen Gewinn gemäß §§ 4, 5 EStG abstellt und u. a. steuerliche Abzugsbeschränkungen berücksichtigt[22].

Aus Vereinfachungsgründen ist es nach dem BMF-Schreiben vom 28.1.2019[23] jedoch nicht zu beanstanden, wenn auf den Gewinn nach § 4 Abs. 1 EStG (Unterschiedsbetrag nach § 4 Abs. 1 Satz 1 EStG) abgestellt wird. Der so ermittelte Gewinn ist dann weder um nicht abziehbare Aufwendungen nach § 4 Abs. 5 EStG bzw. § 10 KStG noch um bei der Einkommensermittlung außer Ansatz bleibende Beträge (z. B. § 8b KStG) zu korrigieren.

Rücklagen sind keine bilanziellen Rücklagen. Für die Bildung und Auflösung dieser Rücklagen ist deshalb eine außerbilanzielle Nebenrechnung erforderlich. Nach dem BMF-Schreiben vom 28.1.2019[24] ist für Zwecke der Rücklagenbildung allerdings zwischen Eigen- und Regiebetrieben wie folgt zu unterscheiden[25].

2. Rücklagenbildung im Eigenbetrieb

Ein Eigenbetrieb stellt haushaltsrechtliches Sondervermögen der jPöR dar und ist damit aus der allgemeinen Haushaltsrechnung ausgenommen. Soll der Gewinn eines Eigenbetriebs in den allgemeinen Haushalt überführt werden, ist ein vorheriger Beschluss der Trägerkörperschaft erforderlich. Eigenbetriebe sind außerdem verpflichtet, Jahresabschlüsse zu erstellen. Für einen BgA, der nicht deckungsgleicher Teil eines Eigenbetriebs ist, da z. B. mehrere BgA vorliegen, die nicht nach § 4 Abs. 6 KStG zusammengefasst werden können oder neben dem BgA ein hoheitlicher Bereich vorliegt, ist nach dem BMF-Schreiben vom 3.1.2013[26] die Möglichkeit, den Gewinn durch Einnahmenüberschussrechnung nach § 4 Abs. 3 EStG zu ermitteln, nicht deshalb ausgeschlossen, weil für den Eigenbetrieb insgesamt Bücher zu führen sind.

Nach Rn. 34 des o. g. BMF-Schreibens vom 28.1.2019 liegen bei einem Eigenbetrieb insoweit keine kapitalertragsteuerpflichtigen Einkünfte i. S. des § 20 Abs. 1 Nr. 10 lit. b EStG vor, wie der Gewinn den Rücklagen des BgA zugeführt wird. Als Zuführung zu den Rücklagen gilt jedes Stehenlassen

---

21 BFH, 1.9.2013 – I R 77/11, BStBl. II 2015, 161 Rn. 21.
22 Vgl. *Bott/Gastl*, DStZ 2023, 751, 756.
23 BStBl. I 2019, 97 Rz 26.
24 BStBl. I 2019, 97.
25 Anders noch BMF, 8.8.2005 – IV B 7, S 2706a, 4/05, BStBl. I 2005, 831 und BMF, 9.1.2015 – IV C 2 – S 2706a/13/10001, BStBl. I 2015, 111.
26 BStBl. I 2013, 59.

von Gewinnen als Eigenkapital für Zwecke des BgA. Dies gilt unabhängig davon, in welcher Form dieses Stehenlassen erfolgt (z. B. Zuführung zu den Gewinnrücklagen, als Gewinnvortrag oder unter einer anderen Position des Eigenkapitals).

3. Rücklagenbildung im Regiebetrieb

Regiebetriebe sind (im Gegensatz zu Eigenbetrieben) Teil des allgemeinen Haushalts und haben kein eigenes Vermögen, sodass Gewinne oder Verluste eines Regiebetriebs unmittelbar in die Haushaltsrechnung der jPöR eingehen. Regiebetriebe sind nicht zur Führung von Büchern verpflichtet. Führt ein Regiebetrieb nicht freiwillig Bücher, unterliegen die Gewinne nur dann der Kapitalertragsteuerpflicht, wenn die Größenmerkmale gem. § 20 Abs. 1 Nr. 10 lit. b) EStG überschritten sind. Da bei Regiebetrieben der Gesamtdeckungsgrundsatz gilt, besteht haushaltsrechtlich kein Raum für eine Rücklagenbildung, denn es ist keine Gewinnausschüttung bzw. kein Gewinntransfer erforderlich, damit die Trägerkörperschaft über den Gewinn des Regiebetriebes verfügen kann. Ermittelt der BgA das steuerliche Ergebnis auf Basis einer Einnahmeüberschussrechnung gemäß § 4 Abs. 3 EStG und überschreitet dabei die Größenmerkmale des § 20 Abs. 1 Nr. 10 lit. b) EStG, bedarf es einer Schätzung des Gewinns[27]. Eine Ergebnisrechnung, die anhand kameralistischer[28] Grundsätze oder den, von den Grundsätzen ordnungsmäßiger Buchführung abweichenden, Grundsätzen staatlicher Doppik erstellt wird, ist hierfür ungeeignet. Ob ein Rückgriff auf die Ergebnisse der Einnahmeüberschussrechnung[29] erfolgen kann, erscheint zweifelhaft. Insbesondere in den Fällen, in denen die Größenmerkmale des § 20 Abs. 1 Nr. 10 lit. b) EStG nicht in jedem Jahr überschritten werden, können sich aufgrund unterschiedlicher zeitlicher Berücksichtigung der Geschäftsvorfälle Verwerfungen ergeben, die sich als problematisch erweisen. Forderungen, die nach-

---

27 BFH, 11.9.2013 – I R 77/11, BStBl. II 2015, 161; FG Düsseldorf, 12.4.2021 – 6 K 3133/18 KE, EFG 2021, 1027; BMF, 28.1.2019 – IV C 2 – S 2706-a/15/10001, BStBl. I 2019, 97 Rn. 27.

28 In Baden-Württemberg (und auch in anderen Bundesländern bis auf Bayern und Thüringen) ist zwischenzeitlich eine Grundsatzentscheidung für das kaufmännische Rechnungswesen als „Referenzmodell" für die Haushaltswirtschaft der Gemeinden getroffen worden. Die doppelte Buchführung ist als alleinige Buchführungsform (Kommunale Doppik) eingeführt, § 79 Abs. 3 GemO-BW. Die Kameralistik wurde abgelöst. Seit dem 1.1.2020 sind von allen Kommunen die Regelungen der kommunalen Doppik verpflichtend anzuwenden (Ausnahme § 95a GemO-BW).

29 So *Bürstinghaus*, in: Hidien/Bürstinghaus, Die Besteuerung der öffentlichen Hand, § 5 Rn. 876.

träglich eingeführte[30] Ausweitung des § 20 Abs. 1 Nr. 10 EStG auf Einnahmeüberschussrechner rückgängig zu machen, sind daher nachvollziehbar[31].

Nach den Grundsätzen des BMF-Schreibens vom 28.1.2019[32] ist eine Rücklagenbildung anzuerkennen, soweit anhand objektiver Umstände nachvollzogen und überprüft werden kann, dass der handelsrechtliche Gewinn durch Stehenlassen dem Regiebetrieb als Eigenkapital zur Verfügung stehen soll. Als objektiver Umstand wird insbesondere ein förmlicher Beschluss der zuständigen Gremien der Trägerkörperschaft (z. B. Gemeinderat) anerkannt, der wegen § 44 Abs. 6 Satz 2 EStG spätestens acht Monate nach Ablauf des Wirtschaftsjahrs des BgA gefasst sein muss. Eine zulässige Rücklagenbildung ist auch anzunehmen, soweit die verwendbaren Mittel, die auf Grund eines gewinnrealisierenden Vorgangs dem BgA zugeführt worden sind, bereits im laufenden Wirtschaftsjahr z. B. reinvestiert oder zur Tilgung von betrieblichen Verbindlichkeiten verwendet worden sind. In diesen Fällen ist kein förmlicher Beschluss erforderlich. Keine verwendbaren Mittel sind dagegen bloße Buchgewinne, die sich z. B. beim Tausch von Wirtschaftsgütern des BgA ergeben.

Nach Ansicht der Finanzverwaltung[33] begründet die Beteiligung an einer Mitunternehmerschaft bei der beteiligten jPöR einen bzw. mehrere eigenständige BgA; dieser gilt bzw. diese gelten als Regiebetrieb. Ermittelt die Gesellschaft, an der die Beteiligung besteht, ihren Gewinn durch Betriebsvermögensvergleich, schlägt dies nicht auf die Gewinnermittlung des BgA durch. Auf den BgA ist § 20 Abs. 1 Nr. 10 lit. b) EStG deshalb nur dann anzuwenden, wenn dieser freiwillig bilanziert (Ausnahmefall) oder der maßgebende Gewinn die Gewinngrenze i. H. v. 30.000 EUR überschreitet. Wird freiwillig eine Handelsbilanz erstellt, ist der handelsrechtliche Jahresüberschuss maßgebend, anderenfalls ermittelt sich der Gewinn aus dem Gewinnanteil der jPöR i. S. des § 709 Abs. 3 BGB, soweit er tatsächlich entnommen wurde (ggf. mit 0 EUR) zzgl. der der jPöR von der Mitunternehmerschaft zustehenden Sondervergütungen i. S. des § 15 Abs. 1 Satz 1 Nr. 2 EStG abzgl. der damit im Zusammenhang stehenden Aufwendungen. Der Gewinn des BgA mindert sich um bei ihm anfallende Ertragsteuern. Die Grundsätze für die Rücklagenbildung sind auch bei Regiebetrieben dieser Art anzuwenden[34]. Die Voraussetzungen für die Rücklagenbildung müssen allerdings auf Ebene des BgA und nicht auf Ebene der Mitunternehmerschaft erfüllt sein. Denkbar sind beispielsweise Investitionen im Sonderbetriebsvermögen.

---

30 Vgl. das Unternehmenssteuerfortentwicklungsgesetz v. 20.12.2001, BGBl. I 2001, 3858.

31 So *Bott/Gastl*, DStZ 2023, 751, 767.

32 BMF, 28.1.2019 – IV C 2 – S 2706-a/15/10001, BStBl. I 2019, 97 Rn. 35.

33 BMF, 28.1.2019 – IV C 2 – S 2706-a/15/10001, BStBl. I 2019, 97 Rn. 30.

34 BMF, 28.1.2019 – IV C 2 – S 2706-a/15/10001, BStBl. I 2019, 97 Rn. 37.

Unterhält eine jPöR aufgrund einer Beteiligung an einer Personengesellschaft mehrere – sowohl gewinn- als auch verlustträchtige – BgA, deren Ergebnisse im Rahmen der handelsrechtlichen Gewinnermittlung der Personengesellschaft saldiert werden, die aber körperschaftsteuerrechtlich mangels zulässigen Querverbunds nicht zusammengefasst werden dürfen, ist eine modifizierende Ermittlung des kapitalertragsteuerpflichtigen Gewinns vorzunehmen[35].

In diesem Fall sind dem aus der Personengesellschaft entnommenen Gewinnanteil die Erträge zuzurechnen, die auf Ebene der Personengesellschaft mit Verlusten aus einem anderen eigenständigen BgA verrechnet wurden.

4. BgA als bloßer Teil des Eigenbetriebs

Mit dem BMF-Schreiben vom 28.1.2019[36] wird zur Zulässigkeit der Rücklagenbildung in den Fällen Stellung genommen, in denen der BgA nicht deckungsgleicher Teil eines Eigenbetriebs ist. Dies ist beispielsweise bei einem Wassereigenbetrieb, der neben dem BgA „Frischwasserversorgung" auch die hoheitliche Abwasserentsorgung durchführt oder einem Eigenbetrieb mit dem BgA „Bad", der auch die hoheitliche Tätigkeit des Schulschwimmens durchführt, denkbar. Für diese BgA gelten hinsichtlich der Rücklagenbildung die Anwendungsregelungen der Rn. 35 (= Rücklagenbildung bei Regiebetrieben). Den Tatbestand des § 20 Abs. 1 Nr. 10 lit. b) EStG erfüllt in einem solchen Fall beispielsweise auch der Ausgleich von Gewinnen des BgA mit hoheitlichen Verlusten.

Damit führt in diesen Fällen der Ausgleich von hoheitlichen Verlusten mit Gewinnen des BgA zu einer Kapitalertragsteuerpflicht. Daneben kommt es bei Eigenbetrieben mit verschiedenen BgA auch beim Ausgleich von Gewinnen und Verlusten von BgA, die nicht nach § 4 Abs. 6 KStG zusammengefasst wurden, zu einer Kapitalertragsteuerpflicht.

IV. Das steuerliche Einlagekonto bei BgA

1. Ausgangspunkt

Nach § 27 Abs. 1 Satz 1 KStG hat eine unbeschränkt steuerpflichtige Kapitalgesellschaft die nicht in ihr Nennkapital geleisteten Einlagen am Schluss eines jeden Wirtschaftsjahres auf einem besonderen Konto, dem sog. steuerlichen Einlagekonto, auszuweisen. Das Konto ist gemäß § 27 Abs. 1 Satz 2

35 Vgl. zu dieser Thematik auch *Jürgens/Menebröcker*, WPg 2020, 528.
36 BMF, 28.1.2019 – IV C 2 – S 2706-a/15/10001, BStBl. I 2019, 97, Rn. 36.

KStG ausgehend von dem Bestand am Ende des vorangegangenen Wirtschaftsjahres um die jeweiligen Zu- und Abgänge des Wirtschaftsjahres fortzuschreiben. Der unter Berücksichtigung der Zu- und Abgänge des Wirtschaftsjahres ermittelte Bestand des steuerlichen Einlagekontos wird dabei nach § 27 Abs. 2 Satz 1 KStG gesondert festgestellt. Der Bescheid über die gesonderte Feststellung ist nach § 27 Abs. 2 Satz 2 KStG Grundlagenbescheid für den Bescheid über die gesonderte Feststellung zum folgenden Feststellungszeitpunkt[37]. Die Regelungen in § 27 Abs. 1 bis 6 KStG gelten gemäß § 27 Abs. 7 KStG sinngemäß für andere unbeschränkt steuerpflichtige Körperschaften und Personenvereinigungen, die Leistungen i. S. des § 20 Abs. 1 Nr. 1, 9 oder 10 EStG gewähren können.

Nach Ansicht der Finanzverwaltung[38] musste ein nicht bilanzierender BgA in der Vergangenheit bei zwischenzeitlichem Unterschreiten der Umsatz- und Gewinngrenzen kein steuerliches Einlagekonto führen, wenn keine Rücklagen i. S. des § 20 Abs. 1 Nr. 10 lit. b) EStG vorhanden waren. Bestand keine Verpflichtung zur Führung des steuerlichen Einlagekontos, ergab sich demnach auch kein Zwang für die Feststellung des steuerlichen Einlagekontos auf die jeweiligen Feststellungszeitpunkte; dies konnte jedoch auf Antrag geschehen. Lagen allerdings (noch) Rücklagen vor, war trotz des zwischenzeitlichen Unterschreitens der Umsatz- und Gewinngrenzen weiterhin ein steuerliches Einlagekonto zu führen und festzustellen.

Mit Urteil vom 30.9.2020[39] hat der BFH (entgegen der oben dargestellten Verwaltungsauffassung) entschieden, dass der Bestand des Einlagekontos eines nicht von der Körperschaftsteuer befreiten BgA (hier: Regiebetrieb „Trinkwasserversorgung“) nach § 27 Abs. 7 i. V. m. § 27 Abs. 2 KStG weder an die Gewinnermittlungsart noch an das Überschreiten der jeweiligen Betragsgrenzen des § 20 Abs. 1 Nr. 10 lit. b) EStG gebunden sei. Damit müsse das steuerliche Einlagekonto auch bei Unterschreiten der Gewinn- und Umsatzgrenzen jedes Jahr fortlaufend (und nicht nur auf Antrag) festgestellt werden. Das Urteil hat zu Recht Zustimmung[40] gefunden.

Auf die Rechtsprechung hat die Finanzverwaltung mit BMF-Schreiben vom 4.4.2022[41] reagiert und die entsprechenden Randnummern des BMF-Schreibens vom 28.1.2019 angepasst. Damit haben Eigen- und Regiebetriebe durchgehend ein steuerliches Einlagekonto zu führen. Liegt ein Eigenbe-

37 BFH, 11.9.2013 – I R 77/11, BStBl. II 2015, 161.

38 BMF, 28.1.2019 – IV C 2 – S 2706-a/15/10001, BStBl. I 2019, 97, Rn. 44.

39 BFH, 30.9.2020 – I R 12/17, BStBl. II 2022, 269; ebenso bereits FG Köln, 14.1.2010 – 13 K 3157/05, EFG 2010, 1066.

40 *Deckers*, DStZ 2021, 720; *Deckers*, DStZ 2022, 451, 558; wohl auch *Fiand*, NWB 2022, 2134.

41 BMF, 4.4.2022 – IV C 2 – S 2836/21/10001 :001, BStBl. I 2022, 645.

trieb mit mehreren nicht nach § 4 Abs. 6 KStG zusammenfassbaren BgA vor, gilt dies für jeden eigenständigen BgA.

Wenn für einen BgA bisher keine oder keine fortlaufende Feststellung des steuerlichen Einlagekontos vorgenommen worden war, ist nunmehr für die Feststellungen auf den Schluss des letzten in 2022 endenden Wirtschaftsjahres (Erstjahr) eine entsprechende Erklärung abzugeben und eine Feststellung des steuerlichen Einlagekontos vorzunehmen. Danach sind spätestens ab dem VZ 2022 auch bei den steuerpflichtigen BgA, die die Grenzen des § 20 Abs. 1 Nr. 10 lit. b) EStG nicht übersteigen, Feststellungen über den Bestand des steuerlichen Einlagekontos nach § 27 KStG zu treffen.

Aus Vereinfachungsgründen kann für BgA, für die bisher noch überhaupt keine Feststellung des steuerlichen Einlagekontos erfolgt ist, der Anfangsbestand des steuerlichen Einlagekontos im Erstjahr aus der Summe des vorhandenen Eigenkapitals zu Beginn des im Erstjahr endenden Wirtschaftsjahrs, das das Nennkapital bzw. eine vergleichbare Kapitalgröße des BgA übersteigt, zuzüglich der seit dem Systemwechsel zum Halbeinkünfteverfahren geleisteten Verlustausgleichseinlagen ermittelt werden. Gleiches gilt für BgA, für die keine durchgängige Feststellung des steuerlichen Einlagekontos und keine Feststellung des steuerlichen Einlagekontos auf den Schluss des dem Erstjahr unmittelbar vorangegangenen Wirtschaftsjahres erfolgt ist.

Gewinne eines Regiebetriebs begründen keine Eigenkapitalveränderung, wenn sie mangels Rücklagenbildung als an die Trägerkörperschaft abgeführt gelten; entsprechende Gewinne können folglich nicht im Anfangsbestand des steuerlichen Einlagekontos im Erstjahr enthalten sein.

Sind die Buchführungs- oder Betragsvoraussetzungen des § 20 Abs. 1 Nr. 10 lit. b) S. 1, 2. HS EStG in einem Wirtschaftsjahr nicht erfüllt, führen Eigenkapitalveränderungen grundsätzlich zu einer entsprechenden Veränderung des Bestands des steuerlichen Einlagekontos. Diese Eigenkapitalzugänge stellen keine Rücklagen im Sinne des § 20 Abs. 1 Nr. 10 lit. b) Satz 1 EStG dar und unterliegen daher bei ihrer Auflösung nicht der Kapitalertragsteuer. Zusätzlich erhöhen nachgewiesene Einlagen, die zum Verlustausgleich in den jeweiligen Wirtschaftsjahren geleistet worden sind, den Bestand des steuerlichen Einlagekontos. Rücklagen i. S. d. § 20 Abs. 1 Nr. 10 lit. b) Satz 1 EStG stellen nur solche Gewinne dar, die in Wirtschaftsjahren erwirtschaftet und stehengelassen worden sind, in denen die Buchführungs- oder Betragsvoraussetzungen des § 20 Abs. 1 Nr. 10 lit. b) S. 1, 2. HS EStG erfüllt sind. Verringert sich das Eigenkapital aufgrund der Auflösung von Rücklagen für Zwecke außerhalb des BgA, ist dies nur im Rahmen der Verwendungsreihenfolge des § 27 Abs. 1 Satz 3 KStG als Einlagenrückgewähr anzusehen. Dabei ist unmaßgeblich, ob im Jahr der Rücklagenauflösung die Buchführungs- oder Betragsvoraussetzungen des § 20 Abs. 1 Nr. 10 lit. b) S. 1, 2. HS EStG erfüllt sind oder nicht. Auch Eigenkapitalzugänge nach Satz 1 werden bei ihrer Auflösung in die Verwendungsrechnung nach § 27 Abs. 1 Satz 3 KStG einbezogen.

Beispiel:

Ein BgA (Regiebetrieb) erfüllt im Jahr 01 nicht die Buchführungs- oder Betragsvoraussetzungen des § 20 Abs. 1 Nr. 10 lit. b) S. 1, 2. HS EStG (sog. Unterjahr) und erwirtschaftet einen Gewinn von 10T EUR. Dieser handelsrechtliche Gewinn steht durch das Stehenlassen dem Regiebetrieb als Eigenkapital zur Verfügung. Im Jahr 02 erfüllt der BgA die Buchführungs- oder Betragsvoraussetzungen des § 20 Abs. 1 Nr. 10 lit. b) S. 1, 2. HS EStG (sog. Überjahr) und erwirtschaftet einen Gewinn von 40T EUR, der den Rücklagen nach § 20 Abs. 1 Nr. 10 lit. b) Satz 1 EStG zugeführt wird. Die Gewinne aus dem Jahr 01 und 02 i. H. v. insgesamt 50T EUR werden im Jahr 03 für Zwecke außerhalb des BgA verwendet.

Lösung:

Im Jahr 01 liegt ein Zugang zum steuerlichen Einlagekonto i. H. v. 10T EUR vor. Das „Stehenlassen“ in einem sog. Unterjahr gilt nicht als Rücklagenbildung i. S. d. § 20 Abs. 1 Nr. 10 lit. b) Satz 1 EStG. Im Jahr 02 führt das Stehenlassen des Gewinns im Überjahr zur Bildung einer Rücklage nach § 20 Abs. 1 Nr. 10 lit. b) Satz 1 EStG. Der Bestand des Einlagekontos erhöht sich nicht. Der maßgebliche ausschüttbare Gewinn zum Schluss des Wirtschaftsjahrs 02 beträgt nach § 27 Abs. 1 Satz 5 i. V. m. Abs. 7 KStG: 40T EUR (Eigenkapital 50 T EUR ./. Nennkapital 0 EUR ./. Einlagekonto 10 T EUR = 40 T EUR). Die Gewinnverwendung im Jahr 03 ist insgesamt als Leistung nach § 27 Abs. 1 Satz 3 KStG zu behandeln. Sie löst den Besteuerungstatbestand des § 20 Abs. 1 Nr. 10 lit. b) Satz 2 EStG und damit eine Kapitalertragsteuerpflicht, vorbehaltlich der Anwendung des § 27 Abs. 5 KStG, nur insoweit aus, wie die Verwendungsrechnung nach § 27 Abs. 1 Satz 3 KStG nicht zu einer Verwendung des steuerlichen Einlagekontos führt. Vorliegend unterliegt daher nur ein Betrag von 40T EUR und damit der im Überjahr 02 erwirtschaftete Gewinn der Kapitalertragsteuer, nicht jedoch der Restbetrag i. H. v. 10T EUR, der dem im Unterjahr erwirtschafteten Gewinn entspricht. Ob der BgA im Abflussjahr 03 die Buchführungs- oder Betragsvoraussetzungen des § 20 Abs. 1 Nr. 10 lit. b) S. 1, 2. HS EStG erfüllt oder nicht, hat auf die steuerliche Beurteilung des Beispielfalls keine Auswirkung.

2. Abgänge im steuerlichen Einlagekonto

Aufgrund der Unterschiede zwischen Regie- und Eigenbetrieben ist hinsichtlich der Erfassung von Abgängen im steuerlichen Einlagekonto zwischen diesen zu unterscheiden.

Bei Eigenbetrieben führt der Ausschüttungsbeschluss (außer in den Fällen der verdeckten Gewinnausschüttung) zu einem Abfluss der Leistung beim BgA und damit ggf. aufgrund der Verwendungsreihenfolge zu einer Minderung des steuerlichen Einlagekontos. Der Ausschüttungsbeschluss führt zu einer Abführung des Gewinns des Wirtschaftsjahrs bzw. zu der Auflösung und Abführung von Rücklagen der Vorjahre an die Trägerkörperschaft für Zwecken außerhalb des BgA. Eigenbetriebe werden somit im Verhältnis zu ihrer Trägerkörperschaft wie selbständige Kapitalgesellschaften behandelt. Bei Eigenbetrieben ist im Zeitpunkt des Ausschüttungsbeschlusses – nach Maßgabe des § 27 KStG – eine Minderung des steuerlichen Einlagekontos anzunehmen.

Bei Regiebetrieben gilt der Gesamtdeckungsgrundsatz, wonach der Gewinn eines Regiebetriebs nach § 20 Abs. 1 Nr. 10 lit. b) Satz 1 EStG als zum Schluss des Wirtschaftsjahres an die Trägerkörperschaft abgeführt gilt (soweit er nicht zulässigerweise den Rücklagen zugeführt worden ist). In diesem Zeitpunkt ist eine Leistung i. S. des § 27 Abs. 1 Satz 3 KStG anzunehmen. Entsprechendes gilt, wenn eine Rücklagenbildung nicht anzuerkennen ist und damit der Tatbestand des § 20 Abs. 1 Nr. 10 lit. b) Satz 1 EStG erfüllt ist. Werden Rücklagen eines Regiebetriebs zu Zwecken außerhalb des BgA aufgelöst, liegt eine Leistung i. S. des § 27 Abs. 1 Satz 3 KStG im Zeitpunkt der Rücklagenauflösung vor.

3. Zugänge im steuerlichen Einlagekonto

Maßgebend für die zeitliche Erfassung der Zugänge im steuerlichen Einlagekonto ist der Zufluss auf Ebene des BgA. In welchen Fällen eine Einlage anzunehmen ist, richtet sich nach den allgemeinen Grundsätzen. Auch hinsichtlich der Erfassung von Zugängen im steuerlichen Einlagekonto ist zwischen Eigen- und Regiebetrieben zu unterscheiden. Ein Anwendungsfall für die Einlage in den BgA ist der Verlustausgleich durch die Trägerkörperschaft.

Bei Eigenbetrieben erfolgt ein Ausgleich von Verlusten erst durch eine tatsächliche Einlage. Ein Zugang im steuerlichen Einlagekonto ist damit erst im Zeitpunkt des tatsächlichen Verlustausgleichs zu erfassen.

Bei Regiebetrieben erfolgt aufgrund des Gesamtdeckungsgrundsatzes automatisch ein Verlustausgleich durch Haushaltsmittel. Auch der BFH bestätigt in seinem Urteil vom 23.1.2008[42], dass bei Regiebetrieben ein Verlust zum Schluss des Wirtschaftsjahres der Verlustentstehung durch die Trägerkörperschaft als ausgeglichen gilt. Folglich ist i. H. des Verlustes zeitgleich ein Zugang im steuerlichen Einlagekonto anzunehmen. Maßgebend ist der handelsrechtliche Jahresfehlbetrag bzw. aus Vereinfachungsgründen der Verlust nach § 4 Abs. 1 EStG[43].

4. Ausstellung von Steuerbescheinigungen i. S. des § 27 Abs. 3 KStG

Seit 1.1.2014 müssen rechtlich unselbständige BgA für Leistungen an ihre Trägerkörperschaften i. S. des § 20 Abs. 1 Nr. 10 lit. b) EStG Steuerbescheinigungen gem. § 27 Abs. 3 KStG ausstellen. Liegt eine solche Bescheinigung bis zur Bekanntgabe der erstmaligen Feststellung des steuerlichen Einlagekontos nicht vor, gelten die Vorschriften zur Verwendungsfestschreibung des § 27 Abs. 5 KStG. Die Leistungen führen in diesen Fällen zu steuerpflichtigen Einkünften aus Kapitalvermögen i. S. des § 20 Abs. 1 Nr. 10 lit. b) EStG. Dies ergibt sich aus dem Wortlaut des § 27 Abs. 7 KStG:

> *„Die vorstehenden Absätze gelten sinngemäß für andere unbeschränkt steuerpflichtige Körperschaften und Personenvereinigungen, die Leistungen im Sinne des § 20 Abs. 1 Nr. 1, 9 oder Nr. 10 des Einkommensteuergesetzes gewähren können."*

Der Deutsche Städtetag hat sich nach Änderung der Verwaltungsansicht mit Einwänden gegen die Pflicht zur Ausstellung der Steuerbescheinigungen gem. § 27 Abs. 3 KStG an das Bundesministerium der Finanzen gewandt[44]. Die Forderung der Finanzverwaltung sei vor allem bei Betrieben gewerblicher Art in Form von Regiebetrieben, bei denen sich eine Gewinnausschüttung einerseits bzw. ein Verlustausgleich andererseits automatisch vollziehe, bloßer Formalismus. Ein solcher sei auch nicht vor dem Hintergrund von Sinn und Zweck der Regelung in § 27 Abs. 3 und 5 KStG gerechtfertigt. Das Bundesministerium der Finanzen folgte dem jedoch nicht und nahm in seinem Antwortschreiben an den Deutschen Städtetag vom 26.11.2013 Bezug auf das BFH-Urteil vom 11.9.2013[45] , in dem der BFH feststellte, dass die Führung des steuerlichen Einlagekontos keinem Selbstzweck diene, sondern Hilfsmittel für die Bemessung der Steuern auf Kapitalerträge sei. Damit solle verhindert werden, dass Rückzahlungen von Einlagen durch Körper-

42 BFH, 23.1.2008 – I R 18/07, BStBl. II 2008, 573.
43 Vgl. BMF, 28.1.2019, BStBl. I 2019, 97 Rn. 25.
44 Vgl. die Ausführungen in der Entscheidung des FG Düsseldorf, 12.4.2021 – 6 K 3133/18 KE, EFG 2021, 1027.
45 BFH, 11.9.2013 – I R 77/11, BStBl. II 2015, 161; vgl. hierzu auch die Verfügung der OFD Karlsruhe, 20.12.2013, S 283.6/3/5, juris.

schaften als Einkünfte aus Kapitalvermögen besteuert werden. Die Erteilung von Bescheinigungen i. S. des § 27 Abs. 3 KStG erfülle diesen Zweck auch für Leistungen eines BgA, der unter § 20 Abs. 1 Nr. 10 lit. b) EStG fällt, und bei dem nach § 20 Abs. 1 Nr. 10 lit. b) Satz 5 i. V. mit Nr. 1 Satz 3 EStG keine Einnahmen aus Kapitalvermögen vorliegen, wenn sie aus dem steuerlichen Einlagekonto stammen.

Mit Urteil vom 23.6.2020[46] hat das FG Düsseldorf festgestellt, dass die Verwendungsfestschreibung für das steuerliche Einlagekonto auch für Regiebetriebe bzw. Dauerverlustbetriebe zur Anwendung komme. Solange sollten verdeckte Gewinnausschüttungen (vGA) eines Regiebetriebs an die Trägerkörperschaft stets selbständig erklärt und eine entsprechende Verwendungsbescheinigung ausgestellt werden. Ein häufiger Anwendungsfall, in dem darauf geachtet werden muss, dass eine ordnungsgemäße Steuerbescheinigung über die Verwendung des steuerlichen Einlagenkontos vorliegen muss, ist die Ausübung nicht begünstigter Dauerverlustgeschäfte durch den BgA. Dauerverluste sind als verdeckte Gewinnausschüttungen zu qualifizieren, wenn sie nicht unter die Aufzählung des § 8 Abs. 7 Satz 2 KStG fallen. Eine „vorsorgliche Steuerbescheinigung" wird von der Finanzverwaltung steuerlich nicht anerkannt, weil eine solche Bescheinigung lediglich pauschal ausgestellt und keine tatsächlich erbrachte Leistung bescheinigt wird.[47]

5. Auswirkungen verdeckter Gewinnausschüttungen aufgrund der Ausübung nicht begünstigter Dauerverlustgeschäfte auf das steuerliche Einlagekonto

Übt ein BgA eine Dauerverlusttätigkeit aus, bei der es sich nicht um eine begünstigte Tätigkeit i. S. des § 8 Abs. 7 Satz 2 KStG handelt, wird eine vGA des BgA an die Trägerkörperschaft i. H. des steuerlichen Verlustes angenommen, wenn die Gewinn- bzw. Umsatzgrenzen des § 20 Abs. 1 Nr. 10 lit. b) Satz 1 EStG überschritten sind oder (freiwillig) bilanziert wird. Liegt ein steuerliches Einlagekonto i. H. v. 0 EUR vor (i. d. R. im Erstjahr), fällt Kapitalertragsteuer an. Durch den automatischen Verlustausgleich aufgrund des Gesamtdeckungsgrundsatzes bei Regiebetrieben erfolgt am Ende des Verlustjahres i. H. des handelsrechtlichen Verlustes ein Zugang im steuerlichen Einlagekonto. Dieser steht dann in den Folgejahren für eine Verrechnung mit den nach § 8 Abs. 7 KStG anzunehmenden verdeckten Gewinnausschüt-

46 FG Düsseldorf, 23.6.2020 – 6 K 2049/17 KE, EFG 2020, 1340; die Revision gegen die Entscheidung des FG Düsseldorf wurde zurückgenommen, vgl. Einstellungsbeschluss, BFH, 6.9.2023 – VIII R 22/20; vgl. auch *Deckers*, DStZ 2020, 792.

47 Vgl. hierzu Verfügung der OFD Karlsruhe, 11.6.2019, S 270.6/43 – St 212, sowie *Dötsch/Krämer*, in: Dötsch/Pung/Möhlenbrock, Die KSt, § 27 KStG, Rn. 215a.

tungen zur Verfügung (vgl. § 20 Abs. 1 Nr. 10 lit. b) Satz 5 EStG i. V. m. § 20 Abs. 1 Nr. 1 Satz 3 EStG).

Beispiel:

Eine Kommune wird seit 2022 im Rahmen eines nicht bilanzierenden Regiebetriebs „Tourismus" wirtschaftlich tätig und begründet damit einen BgA. Die Umsatzgrenze des § 20 Abs. 1 Nr. 10 lit. b) EStG ist in allen Jahren (2022–2025) überschritten. Es liegt eine dauerdefizitäre Tätigkeit vor.

Lösung:

Der Regiebetrieb unterhält eine wirtschaftliche Betätigung ohne kostendeckendes Entgelt, die nicht unter den Katalog des § 8 Abs. 7 Satz 2 KStG fällt. Deshalb ist eine vGA i. H. des Verlustes anzusetzen, die gem. § 20 Abs. 1 Nr. 10 lit. b) EStG der Kapitalertragsteuer unterliegt, soweit das steuerliche Einlagekonto nicht als verwendet gilt.

	Steuerliches Einlagekonto	**Neurücklagen**	**Kapitalertrag-steuerpflichtige Einnahmen**
Bestand 31.12.21	----	---	
Erstjahr 2022 Verlust – 50.000 EUR 31.12.2022	 + 50.000 EUR 50.000 EUR	 - 50.000 EUR - 50.000 EUR	 (st. EK kann nicht verwendet werden) 50.000 EUR
2023 Verlust – 70.000 EUR 31.12.2023	 - 50.000 EUR + 70.000 EUR 70.000 EUR	 + 50.000 EUR - 70.000 EUR - 70.000 EUR	 (st. EK wird i. H. v. 50.000 EUR verwendet) 20.000 EUR
2024 Verlust – 80.000 EUR 31.12.2024	 - 70.000 EUR + 80.000 EUR 80.000 EUR	 + 70.000 EUR - 80.000 EUR - 80.000 EUR	 (st. EK wird i. H. v. 70.000 EUR verwendet) 10.000 EUR
2025 Verlust – 30.000 EUR 31.12.2025	 - 30.000 EUR + 30.000 EUR 80.000 EUR	 + 30.000 EUR - 30.000 EUR - 80.000 EUR	 (st. EK wird i. H. v. 30.000 EUR verwendet)

Handelt es sich bei der Tätigkeit einer Kapitalgesellschaft um ein begünstigtes Dauerverlustgeschäft i. S. des § 8 Abs. 7 Satz 2 KStG, sind die Rechtsfolgen einer verdeckten Gewinnausschüttung nicht zu ziehen, wenn die Mehrheit der Stimmrechte an der Kapitalgesellschaft unmittelbar oder mittelbar auf die jPöR entfällt und diese ausschließlich die Verluste aus dem Dauerverlustgeschäft trägt (§ 8 Abs. 7 Satz 1 Nr. 2 KStG). Gleicht die jPöR (Anteilseignerin) die Verluste der Kapitalgesellschaft aus dem Dauerverlustgeschäft durch Einlagen aus, erfolgt dies für steuerrechtliche Zwecke erfolgsneutral und mindert dadurch den Verlust nicht. Die Annahme einer verdeckten Gewinnausschüttung kann damit nicht verhindert werden[48]. Für die Einlage ist allerdings ein Zugang im steuerlichen Einlagekonto zu erfassen.

V. Verpachtungstätigkeit einer juristischen Person des öffentlichen Rechts

1. Besonderheiten bei einer Betriebsverpachtung

Als BgA gilt gemäß § 4 Abs. 4 KStG (auch) die Verpachtung eines Betriebs. Die an sich dem Bereich der Vermögensverwaltung zuzuordnende Verpachtungstätigkeit wird dadurch als gewerbliche Betätigung fingiert. Anlass des Besteuerungszugriffs auf die Pachteinkünfte ist das Eindringen der öffentlich-rechtlichen Körperschaft in das gewerbliche Leben und damit ihre Mitwirkung bei der Betriebsgestaltung des Pächters[49].

Die Annahme eines Verpachtungs-BgA erfordert, dass der Gegenstand des Pachtvertrags in der Hand der verpachtenden Körperschaft ein BgA wäre[50]. Zudem muss die Verpachtungstätigkeit für die jPöR von einigem Gewicht sein. Ob sich die Verpachtungstätigkeit innerhalb der Tätigkeit der jPöR heraushebt und von einigem Gewicht ist, bestimmt sich nach den Umsätzen des Pächters. Die Umsätze auf Ebene der verpachtenden jPöR sind nicht entscheidend[51].

Im Zusammenhang mit Verpachtungssachverhalten kommt der Kapitalertragsteuer regelmäßig deshalb Bedeutung zu, weil insbesondere ein unangemessenes Pachtentgelt zu verdeckten Gewinnausschüttungen führen kann,

48 Vgl. hierzu auch *Krämer*, in: Dötsch/Pung/Möhlenbrock, Die KSt, § 8 Abs. 7 KStG Tz. 65.

49 Vgl. bereits BFH, 2.3.1983 – I R 100/79, BStBl. II 1983, 386; BFH, 6.10.1976 – I R 115/75, BStBl. II 1977, 94, jeweils m. w. N.; *Bott*, in: Bott/Walter, KStG, § 4 Rn. 97.

50 Ständige Rechtsprechung, vgl. etwa BFH, 10.12.2019 – I R 58/17, BFH/NV 2021, 420, m. w. N.

51 Vgl. R 4.1 Abs. 5 Satz 7 KStR 2022.

die dann Kapitalertragsteuer entstehen lassen[52], wobei in Dauerverlustsachverhalten § 8 Abs. 7 KStG zu berücksichtigen ist[53].

2. Entgeltlichkeit der Verpachtung eines BgA

Ob ein BgA vorliegt, bestimmt sich im hiesigen Zusammenhang anhand der Entgeltlichkeit der Nutzungsüberlassung. Die unentgeltliche Überlassung eines BgA begründet keinen (Verpachtungs-)BgA i. S. von § 4 Abs. 4 KStG. Verpachtet die öffentliche Hand einen BgA zwar gegen Entgelt, erhält der Pächter jedoch einen Zuschuss mindestens in Höhe der Pacht, ging die Finanzverwaltung[54] von einer unentgeltlichen Verpachtung aus und verneinte damit das Vorliegen eines Verpachtungs-BgA jedenfalls dann, wenn zwischen der Pacht und dem Zuschuss eine rechtliche und tatsächliche Verknüpfung besteht. In diesem Fall werden das Pachtentgelt und der Zuschuss aufgrund der wirtschaftlichen Betrachtungsweise als Einheit behandelt. Da die unentgeltliche Überlassung eines BgA keinen (Verpachtungs-)BgA i. S. von § 4 Abs. 4 KStG begründet, hätte die jPöR nach Ansicht der Finanzverwaltung ansonsten die Möglichkeit, einen wirtschaftlich gleichen Sachverhalt so zu gestalten, dass er von § 4 Abs. 4 KStG erfasst bzw. nicht erfasst wird[55]. Eine rechtliche und tatsächliche Verknüpfung besteht i. d. R. bei Vereinbarung eines festen Zuschusses bzw. bei Vereinbarung eines Fehlbetragszuschusses.

Der BFH hat mit Urt. vom 10.12.2019[56] im Ergebnis die Auffassung der Finanzverwaltung geteilt und klargestellt, dass eine im Rahmen des § 4 Abs. 4 KStG erforderliche entgeltliche Überlassung von Einrichtungen, Anlagen oder Rechten nicht vorliegt, wenn bei wirtschaftlicher Betrachtung nicht der Pächter, sondern der Verpächter die wirtschaftliche Last des vereinbarten Pachtzinses (selbst) zu tragen hat. Der BFH geht dabei zutreffend davon aus, dass die Frage der Entgeltlichkeit nicht rein zivilrechtlich, sondern im Rahmen einer an den wirtschaftlichen Gegebenheiten orientierten Betrachtung zu beurteilen ist[57]. In beiden Verfahren war die pachtweise Überlassung der

52 Vgl. *Stockern/Westermann*, DStR 2018, 773.
53 Dazu *Bott/Hamacher/Schober/Wulbusch*, in: Bott/Walter, KStG, § 8 KStG Rn. 1420 ff.
54 R 4.3 KStR 2015.
55 Vgl. die Verfügung der OFD Niedersachsen, 13.1.2011 – S 2706-290-St 241, StEK KStG 1977 § 4 Nr. 91.
56 BFH, 10.12.2019 – I R 9/17, BFH/NV 2021, 353: Vorinstanz Sächsisches FG, 10.1.2017 – 3 K 1652/15, EFG 2017, 1368 zur Verpachtung eines Badesees an eine Eigengesellschaft, welche gegen Zuschussgewährung ein Freibad betreibt; sowie BFH, 10.12.2019 – I R 58/17, BStBl. II 2021, 945. Vorinstanz FG Berlin-Brandenburg, 13.7.2017 – 9 K 11318/15, EFG 2018, 56 zur Verpachtung eines Hallenbads an eine GmbH, an der die jPöR nicht beteiligt war.
57 Krit. *Schiffers*, DStZ 2022, 337.

betrieblichen Einrichtungen mit der Einräumung eines laufenden Betriebskostenzuschusses einhergegangen, der die vereinnahmten Pachterlöse um ein Vielfaches überschritten hatte. Da sich die Höhe des Betriebskostenzuschusses jeweils am Aufwand des überlassenen Betriebs orientierte und damit im Ergebnis (auch) durch den geleisteten Pachtzins beeinflusst war, sah der BFH die wirtschaftliche Last der Pachtzahlungen letztlich nicht bei der Pächterin, sondern bei der öffentlichen Hand selbst.

Die Finanzverwaltung hat mit BMF-Schreiben v. 15.12.2021[58] ihre Auffassung dahingehend konkretisiert, dass es zur Frage der Entgeltlichkeit allein auf das Tragen der wirtschaftlichen Last der Pachtzinsen durch den Pächter ankommt, nicht hingegen auf eine rechtliche und tatsächliche Verknüpfung von Pachtzins und gewährtem (Betriebskosten-)Zuschuss. Mit einer im Anwendungsschreiben zu den Regelungen im JStG 2009 zur Besteuerung von BgA und Eigengesellschaften von jPöR vom 12.11.2009[59] zugleich neu eingefügten Rn. 15a verneint die Finanzverwaltung das Vorliegen einer entgeltlichen Verpachtung und damit eines Verpachtungs-BgA i. S. d. § 4 Abs. 4 KStG, wenn der Pächter einen Zuschuss mindestens in Höhe der Pacht erhält. Mit Hinweis auf die BFH-Entscheidung vom 10.12.2019[60] passt die Finanzverwaltung insoweit einen bislang engeren, in R 4.3 KStR 2015 vertretenen Standpunkt an. Die KStR 2022 lassen mit Wirkung ab VZ 2022 die Richtlinienpassage R 4.3 KStR unbesetzt. Die Grundsätze werden von der Finanzverwaltung auf alle offenen Fälle angewendet; im Rahmen einer Übergangsregelung bleiben diese jedoch unbeanstandet, wenn die bisher geltenden Grundsätze bis (ursprünglich) zum 31.12.2022 angewandt werden.

Im Hinblick auf die Verlängerung der Übergangsregelung zur erstmaligen Anwendung des § 2b UStG mit § 27 Abs. 22, 22a UStG hatte die Finanzverwaltung mit BMF-Schreiben v. 26.1.2023[61] die mit BMF v. 15.12.2021[62] eingeräumte Übergangsregelung zunächst bis zum 31.12.2024 verlängert. Mit BMF-Schreiben vom 14.1.2025 erfolgte nunmehr eine weitere Verlängerung bis zum 31.12.2026. Diese Verlängerung gilt allerdings nur, wenn die Norm des § 2b UStG für die jPöR noch keine Anwendung findet und für den betreffenden Verpachtungs-BgA bereits von der bisherigen Übergangregelung Gebrauch gemacht wurde. Die Entkopplung einer umsatzsteuerrechtlichen relevanten wirtschaftlichen Tätigkeit von den ertragsteuerlichen

58 BStBl. I 2021, 2483 mit Verlängerung der zeitlichen Übergangsregelung durch Schreiben des BMF, 26.1.2023, – - IV C 1 – S 2296-c/20/10003 :006, BStBl. I 2023, 206 sowie durch BMF, 14.1.2025 – IV C 2 – S 2706/00063/001/187, BStBl. 2025 I, 303.

59 BStBl. I 2009, 133.

60 BFH, 10.12.2019 – I R 58/17, BStBl. II 2021, 945.

61 BStBl. I 2023, 26.

62 BStBl. I 2021, 2483.

Begriffsmerkmalen eines BgA i. S. d. § 4 KStG erfolgt in derartigen Fallgestaltungen erst zum 1.1.2027 mit der Folge einer weitergehenden Erfassung auch bloßer vermögensverwaltender Tätigkeiten.

Aus umsatzsteuerlicher Sicht wurde durch den BFH[63] bekräftigt, dass eine entgeltliche Verpachtungsleistung und damit eine unternehmerische Leistung im Fall der Verpachtung eines Schwimmbads durch eine Gemeinde an einen Verein bei Vereinbarung eines das Verpachtungsentgelt übersteigenden Betriebskostenzuschusses nicht vorliegt. Der BFH geht dabei dann von einem Entgelt aus, wenn der vereinbarte Betrag über ein lediglich symbolisches Pachtentgelt hinausgeht. Bei einem jährlichen Pachtentgelt von 1 EUR und erheblichen Aufwendungen auf den Pachtgegenstand tritt auch nach Auffassung des BFH die Entgeltverpflichtung so sehr in den Hintergrund, dass der Zusammenhang zwischen Nutzungsüberlassung und Entgelt gelöst ist.

Hat die jPöR die Tätigkeit zuvor selbst im Rahmen eines BgA ausgeübt und wird dieser BgA daraufhin unentgeltlich mit einer Zuschussgewährung verpachtet, kann mangels der Entgeltlichkeit der Verpachtung kein BgA mehr angenommen werden und aufgrund dieser anzunehmenden Betriebsaufgabe sind die stillen Reserven des BgA zu realisieren[64].

Erfüllt ein bislang als Verpachtungs-BgA i. S. d. § 4 Abs. 4 KStG beurteilter Überlassungsvorgang vor dem Hintergrund der BFH-Rechtsprechung vom 10.12.2019[65] mangels Entgeltlichkeit von Beginn an nicht die Anforderungen einer steuerrelevanten BgA-Verpachtung, kann eine Schlussbesteuerung nicht stattfinden, da die überlassenen Wirtschaftsgüter zu keinem Zeitpunkt Betriebsvermögen einer gewerblichen Betätigung i. S. d. § 15 EStG waren[66].

Die Grundsätze zur Prüfung der Entgeltlichkeit der Verpachtung gelten nach der Verfügung der OFD Niedersachsen vom 13.1.2011[67] auch bei der Überlassung wesentlicher Betriebsgrundlagen durch eine jPöR an eine Eigengesellschaft. In diesen Fällen finde zwar grundsätzlich das Rechtsinstitut der Betriebsaufspaltung Anwendung. Für die Annahme eines BgA sei aber auch hier Voraussetzung, dass die wesentlichen Betriebsgrundlagen gegen Entgelt an die Eigengesellschaft verpachtet werden. Für die Prüfung der Entgeltlichkeit der Verpachtung sind neben den gezahlten Pachtzinsen auch sonstige

---

63 BFH, 22.6.2022 – XI R 35/19, UR 2022, 892, hierzu *Küffner/Zugmaier*, DStR 2023, 2703; BFH, 17.4.2024 – XI R 13/21, BStBl. II 2024, 801; vgl. auch *Neeser*, UVR 2023, 37.

64 Vgl. *Krämer*, in: Dötsch/Pung/Möhlenbrock, Die KSt, zu § 4 KStG, Rn. 169; *Bott*, in: Bott/Walter, KStG, § 4 KStG Rn. 14.1. m. w. N.

65 BFH, 10.12.2019 – I R 9/17, BFH/NV 2021, 353 Rn. 14; BFH, 10.12.2019 – I R 58/17, BStBl. II 2021, 945 Rn. 16 zu Verpachtungs-BgA i. S. d. § 4 Abs. 4 KStG.

66 *Schiffers*, DStZ 2022, 726; *Bott*, in: Bott/Walter, KStG, § 4 Rn. 14.1.

67 OFD Niedersachsen, 13.1.2011 – S 2706 – 290 – St 241, StEK KStG 1977 § 4 Nr. 91.

aus der Beteiligung erwachsenden Vorteile der Verpachtung (Dividenden, stille Reserven, thesaurierte Gewinne) einem ggf. gewährten Zuschuss gegenüberzustellen.

3. Anwendbarkeit § 8 Abs. 7 KStG auf Verpachtungs-BgA:

Die Bestimmungen des § 8 Abs. 7 bis 9 KStG enthalten besondere Regelungen zur Behandlung von sog. dauerdefizitären Tätigkeiten der öffentlichen Hand, die sowohl unmittelbar i. R. unterhaltener BgA als auch mittelbar über Eigengesellschaften ausgeübt werden. Die Vorschriften sind mit dem Jahressteuergesetz (JStG) 2009 vom 19.12.2008[68] in das KStG aufgenommen worden und dienen einer Absicherung der nach früherer Besteuerungspraxis möglichen Verlustverrechnung nach den Zusammenfassungsgrundsätzen des steuerlichen Querverbunds[69]. Nach § 8 Abs. 7 KStG werden bei strukturellen Dauerverlustgeschäften von BgA bzw. Eigengesellschaften unter bestimmten Bedingungen die (negativen) Rechtsfolgen einer vGA nicht gezogen.

Mit der Bestimmung des § 8 Abs. 7 KStG normiert der Gesetzgeber eine Privilegierung der öffentlichen Hand im strukturell dauerdefizitären Bereich der Daseinsvorsorge, die sich über die Bedenken der Rechtsprechung[70] hinwegsetzt und eine systematisch bedenkliche, wettbewerbsrelevante Ergebnisverrechnung im Bereich des kommunalen Querverbunds zulässt. Hinzu kommt, dass die Abgrenzung des begünstigten Bereichs i. S. d. § 8 Abs. 7 Satz 2 KStG unklar ist und hinsichtlich der Abgrenzung defizitärer und privilegierter Bereiche, des Erfordernisses eines kostendeckenden Entgelts, der Verlusttragung sowie hinsichtlich der Berücksichtigung und Zuordnung von gewillkürtem Betriebsvermögen Fragen aufwirft, die bis heute ungeklärt sind[71].

Führt die Überlassung durch die jPöR zur Fiktion des (dauerdefizitären) Verpachtungs-BgA (§ 4 Abs. 4 KStG) und übt in diesen Fällen der Pächter selbst ausschließlich die in § 8 Abs. 7 Satz 2 KStG aufgeführten Tätigkeiten aus, kam § 8 Abs. 7 KStG nach Ansicht der Finanzverwaltung[72] auch auf den Verpachtungs-BgA zur anzuwenden. Entsprechendes galt, wenn verschiedene Pächter jeweils selbst ausschließlich die in § 8 Abs. 7 Satz 2

---

68 BGBl. I 2008, 2794 = BStBl. I 2009, 74.

69 Vgl. im Einzelnen *Jürgens*, in: Hidien/Jürgens, Die Besteuerung der öffentlichen Hand, 2. Aufl. 2023 Rn. 662 ff.

70 Vgl. BFH, 22.8.2007 – I R 32/06, BStBl. II 2007, 961.

71 Vgl. hierzu etwa *Geißelmeier/Bargenda*, DStR 2009, 1333; *Schiffers*, GmbH-StB 2009, 67; *Gosch*, in: Gosch, KStG, § 8, Rn. 1043a ff.; BFH, 14.3.2024 – V R 51/20, DStR 2024, 1541; Vorinstanz Hessisches FG, 6.4.2020 – 4 K 1112/18, EFG 2020, 1526.

72 BMF, 12.11.2009 – IV C 7 – S 2706/08/10004, BStBl. I 2009, 1303 Rn. 47.

KStG aufgeführten Tätigkeiten ausüben. Der BFH hatte allerdings in seinen Urteilen vom 10.12.2019[73] entgegen dieser Auffassung entschieden, dass die Hinnahme strukturell bedingter Verluste durch einen Verpachtungs-BgA als vGA an die Trägerkörperschaft zu werten sei und insoweit kein Schutz durch § 8 Abs. 7 Satz 2 KStG bestünde, da die dauerdefizitäre Tätigkeit in diesen Fällen nicht selbst betrieben werde.

Erfüllt die Verpachtungstätigkeit neben den Merkmalen eines BgA iSd. § 4 Abs. 4 gleichzeitig die Kriterien einer Betriebsaufspaltung, so soll dies nach derzeit geltender Auffassung der Finanzverwaltung[74] die Begünstigung nach § 8 Abs. 7 Satz 2 KStG für die Verluste aus dem Überlassungsgeschäft begründen. Die Finanzverwaltung gibt damit zwar ihre bisherige Position zur Einbeziehung des Verpachtungs-BgA i. S. d. § 4 Abs. 4 KStG auf, behält ihren Standpunkt jedoch für die Begünstigung einer Betriebsaufspaltung nach Maßgabe des § 8 Abs. 7 KStG. Dieser Auffassung liegt der Gedanke zugrunde, dass es in Betriebsaufspaltungsfällen wegen des einheitlichen geschäftlichen Betätigungswillens möglich ist, Steuerbefreiungen der Betriebsgesellschaft auf das Besitzunternehmen zu übertragen.[75]

Angesichts des Gesetzeswortlauts und des Charakters der Vorschrift als Subventionsnorm kommt entgegen der Verwaltungsansicht eine erweiternde Auslegung nicht in Betracht. Auch wenn die Privilegierung des strukturellen Dauerverlustgeschäfts im gemeinwohlorientierten Bereich der Daseinsvorsorge wünschenswert erscheint[76], lässt das Gesetz eine solche Auslegung nicht zu.

VI. Zusammenfassung

Seit dem grundlegenden Urteil des BFH[77] entspricht es der ständigen Rechtsprechung, dass Trägerkörperschaft und der Betrieb gewerblicher Art auch bei dessen rechtlicher Unselbständigkeit voneinander zu trennen sind und die Trägerkörperschaft gleichsam als Gesellschafter des BgA anzusehen ist. Insbesondere zur Vermeidung von Wettbewerbsvorteilen der öffentlichen Hand soll die steuerliche Behandlung der einer Kapitalgesellschaft vergleichbar sein. Dies wirft die Frage auf, auf welcher Basis die Besteue-

73 BFH, 10.12.2019 – I R 9/17, BFH/NV 2021, 353 Rn. 14; BFH, 10.12.2019 – I R 58/17, BStBl. II 2021, 945 Rn. 16.

74 BMF, 15.12.2021 – IV C 2 – S 2706/19/10008 :001, BStBl. I 2021, 2483, unter Änderung der Rn. 47 des BMF, 12.11.2009, – IV C 7 – S 2706/08/10004, BStBl. I 2009, 133.

75 Vgl. BFH, 20.8.2015 – IV R 26/13, BStBl. II 2016, 408, zur Merkmalsübertragung von § 3 Nr. 20 Buchst. b GewStG auf das Besitzunternehmen.

76 Vgl. *Bott/Hamacher/Schober/Wulbusch*, in: Bott/Walter, KStG, § 8 Rn. 152.

77 BFH, 13.3.1974 – I R 7/71, BStBl. II 1974, 391.

rung einer „Ausschüttung“ bei der Gewinnermittlung durch Einnahmeüberschussrechnung erfolgt; der Verzicht auf eine Besteuerung der Ausschüttung in diesen Fällen erscheint nicht sachgerecht.

Von der Rechtsprechung überzeugend geklärt sind die Fragen im Zusammenhang mit dem steuerlichen Einlagekonto. Der BFH[78] nimmt insoweit an, dass das steuerliche Einlagekonto auch bei rechtlich unselbständigen BgA durchgehend zu führen ist. Aufgrund der gesetzgeberischen Vorgabe zum steuerlichen Einlagekonto müssen auch die Regelungen zur Verwendungsfestschreibung nach § 27 Abs. 5 KStG zur Anwendung kommen.

78 BFH, 30.9.2020 – I R 12/17, BStBl. II 2022, 269.

Erkennen und Grundlagen des Betriebs gewerblicher Art (BgA)

MR'in Claudia Gassner

I. Einleitung

Die juristischen Personen des öffentlichen Rechts (Bund, Länder, Kommunen usw.) bewegen sich stets im Spannungsfeld zwischen ihren originären hoheitlichen Aufgaben als Steuergläubiger und Eingriffsverwaltung und ihren sozialstaatlichen Aufgaben als Leistungsverwaltung. Als Dienstleister ist eine jPöR wirtschaftlich tätig, indem sie ihren Bürgerinnen und Bürgern im Rahmen der Daseinsvorsorge viele Leistungen und Vergünstigungen (Versorgung der Bevölkerung mit lebensnotwendigen Leistungen wie Wohnraum, Strom, Wasser, Energie usw.) zur Verfügung stellt. Die jeweilige Finanzausstattung, das Verbraucherverhalten, und das Europäische Recht geben dabei den Rahmen vor.

Ein eigenes Regelwerk für die Besteuerung der öffentlichen Hand besteht nicht. Im Mittelpunkt der Besteuerung standen jahrzehntelang die körperschaftsteuerlichen Regelungen, aufgrund welcher eine jPöR bei Vorliegen eines Betriebs gewerblicher Art gemäß § 1 Abs. 1 Nr. 6 i. V. m. § 4 KStG körperschaftsteuerpflichtig ist. Diese wurden immer mehr durch die Sonderrolle und den europarechtlichen Bezug der Mehrwertsteuer verdrängt. Mit dem Steueränderungsgesetz 2015 wurden die europarechtlichen Vorgaben und die Rechtsprechung des BFH mit großzügigen Übergangsregelungen[1] im Umsatzsteuergesetz umgesetzt. Die aktuellen Regelungen werden vom Wettbewerbsgedanken getragen. Eine Besteuerung der öffentlichen Hand ist immer dann geboten, wenn sie wirtschaftlich in Wettbewerb zur Privatwirtschaft tritt.

Im nachfolgenden Beitrag werden die Herausforderungen der jPöR, ihre wirtschaftliche Tätigkeiten zu identifizieren und die gesetzlichen Grundlagen im Hinblick auf die Körperschaftsteuerpflicht aufgezeigt.

1 Vgl. § 27 Abs. 22 UStG.

II. Erkennen von Betrieben gewerblicher Art

1. Allgemeines

Juristische Person des öffentlichen Rechts (jPöR) stehen mit ihren wirtschaftlichen Betätigungen im Wettbewerb zu privaten Unternehmen. Zentraler Anknüpfungspunkt für die Besteuerung ist gemäß § 1 Abs. 1 Nr. 6 i. V. m. § 4 KStG der „Betrieb gewerblicher Art" (BgA). Vorrangiger Zweck der Besteuerung öffentlicher Unternehmen ist die Gewährleistung der Wettbewerbsneutralität. Das Wirtschaftlichkeitsgebot des staatlichen Handels hat Verfassungsrang und definiert sich über die Popitz'sche Formel. Danach liegt eine wirtschaftliche Tätigkeit vor, wenn Dienstleistungen und Lieferungen in Rede stehen, die ihrer Art nach auch durch Privatunternehmen in der Absicht der Gewinnerzielung in den allgemeinen Verkehr gebracht zu werden pflegen.[2] Die rechtliche Grundlage und die Beschränkungen der wirtschaftlichen Betätigung des Bundes und der Länder bildet das jeweilige Haushaltsrecht. Für Kommunen greift das Selbstverwaltungsrecht des Art 28 Abs. 2 GG und damit die Souveränität dies in eigener Verantwortung zu regeln.

Die Ertragssteuerpflicht knüpft an den körperschaftsteuerlichen Begriff des BgA an. Dabei ist zu beachten, dass der BgA lediglich der Steuergegenstand ist,[3] für den eine partielle Körperschaftssteuerpflicht besteht.[4] Die jPöR bleibt aufgrund der Rechtsfähigkeit Steuersubjekt der Ertragsteuer. Die jPöR hat für jeden einzelnen BgA oder für einen zusammengefassten BgA das Einkommen einzeln zu ermitteln und gesondert der Körperschaftsteuer zu unterwerfen.

Dies ist vom Grundsatz des Einheitsunternehmens bei der Umsatzsteuer zu unterscheiden. Seit 2021 wird unter Anwendung des § 2b UStG der Grundsatz für Bund und Länder allerdings insoweit durchbrochen, als diese Unternehmen für umsatzsteuerliche Zwecke gemäß § 18 Abs. 4f UStG in steuerliche Organisationseinheiten untergliedert werden können.[5] Kommunen können dagegen keine solchen umsatzsteuerlichen Organisationseinheiten bilden.

---

2 *Popitz*, Der künftige Finanzausgleich zwischen Reich, Ländern und Gemeinden, S. 49; *Musil* in: Musil/Küffner, Besteuerung der öffentlichen Hand, Rn. 1.17 u. Rn. 1.18 ff.

3 Vgl. *Hidien* in: Hidien/Jürgens, Die Besteuerung der öffentlichen Hand, § 4 Rn. 15 u. 45; BFH 13.3.1974 – I R7/71, BStBl. II 1974, 391.

4 Vgl. *Helm/Bischoff*: in Mössner/Oellerich/Valta, KStG, § 4 Rn. 42.

5 *Meissner/Leibold,* StB 2022, 212 ff.

2. Erkennen von wirtschaftlichen Tätigkeiten (BgA)

BgA können sowohl im Rahmen der kameralen Buchhaltung wie auch bei kaufmännischer Buchführung begründet werden. Ein BgA und damit eine steuerlich relevante Tätigkeit wird ausgelöst, wenn mit der Tätigkeit Einnahmen erzielt werden.

Die Einnahmen werden nach den Kriterien des KStG als wirtschaftliche Tätigkeit beurteilt, wenn i. d. R. die Gewichtigkeitsgrenzen[6] überschritten werden.

Eine wirtschaftliche Tätigkeit kann anhand von Einnahmetiteln im Haushaltsplan bzw. Rotabsetzungen oder bei Vertragsprüfungen erkannt werden. Einnahmen sind alle Geld- oder Sachwerte, die der jPöR laufend oder einmalig zufließen. Eine Ausnahme bilden Miet- und Pachteinnahmen nur, wenn die jPöR gleichzeitig dem Mieter/Pächter einen Betriebskostenzuschuss in gleicher Höhe oder höher gewährt.[7] Nach der Rechtsprechung des BFH[8] verbleibt in diesen Fällen die wirtschaftliche Last beim Verpächter und die Verpachtung kann nicht als entgeltlich beurteilt werden.

Beispiel:

Die Behörde X schließt mit dem Pächter P einen Pachtvertrag über Kantinenräumlichkeiten (Küchen mit Einrichtung) zum Betrieb der behördeneigenen Kantinen ab. Als Pachtentgelt werden monatlich 2.000 € vereinbart. Um die Preise moderat zu halten, wird jährlich ein Betriebskostenzuschuss von 30.000 € gewährt.

Lösung:

Die Verpachtung einer Kantine mit der erforderlichen Betriebsausstattung stellt grundsätzlich eine wirtschaftliche Tätigkeit dar. Die Tatsache, dass die wirtschaftliche Tätigkeit durch den Pächter ausgeführt wird, ist unbeachtlich. Die Pachteinnahmen in Höhe von 24.000 € sind niedriger als der Betriebskostenzuschuss, sodass die wirtschaftliche Belastung des Kantinenbetriebs bei der Behörde X zu keinem BgA führt. Damit liegen nach der Rechtsprechung zwar Einnahmen vor, aber keine wirtschaftliche Tätigkeit, da es an einem Entgelt fehlt.

Um dauerhaft das komplexe Thema Prüfung von Einnahmen auf steuerliche Relevanz effektiv zu organisieren, empfiehlt sich die Einführung eines Tax Compliance Management Systems (TCMS). Bei der Einführung werden alle

---

6 R 4.1 Abs. 5 KStR: Umsatzgrenzen von 45.000 €, bzw. 130.000 €.

7 Vgl. BMF, 15.12.2021 – IV C 2 – S2706/19/10008:001, BStBl. I 2021, 2483.

8 BFH, 10.12.2019 – I R 58/17, BStBl. II 2021, 945; BFH, 10.12.2019 – I R 9/17, BFH/NV 2021, 353; vgl. BMF, 14.1.2025 – IV C 2 – S2706/00063/001/187, DStR 2025, 166 i. V. m. BMF, 15.12.2021 – IV C 2 – S2706/19/10008:001, BStBl. I 2021, 2483, Rn. 15a.

Einnahmen komplett einer Neubewertung unterzogen, dokumentiert und interne Prozesse optimiert. Nach der Einführung ermöglicht das TCMS je nach Ausgestaltung entsprechend den identifizierten Risiken eine sehr strukturierte und effektive behördenbezogene Weiterführung. Gleichzeitig wird der Nachweis erbracht, dass die jPöR ihre Risiken kennt und mittels innerbetrieblicher Kontrollen aktiv organisiert.

3. Prüfung der Einnahmen und Verfahren zur Identifizierung eines BgA

Um die Einnahmen auf ihre steuerliche Relevanz zu prüfen, sollten diese nach einem festgelegten Verfahren, bzw. Prozess der Steuerabteilung zugeleitet werden. Standardisiert sind eine detaillierte Sachverhaltsschilderung, das voraussichtliche Jahresvolumen, aussagekräftige Unterlagen (z. B. Vertragsentwürfe) und eine Aussage zur organisatorischen Verantwortlichkeit an die fachlich zuständige Steuerabteilung zu übermitteln.

Nach Erkennen einer wirtschaftlichen Tätigkeit empfiehlt sich folgende Vorgehensweise:

1. Prüfung der Einnahmen auf Überschreiten der Gewichtigkeits-/Umsatzgrenzen; Das Ergebnis der steuerlichen Prüfung ist stets zu dokumentieren.
2. Erstellung einer vorläufigen Gewinnermittlung und Klärung des Betriebsvermögens;
3. In Zweifelsfragen kann eine Klärung der rechtlichen Voraussetzungen mit dem Finanzamt angestrebt werden, z. B. über ein einfaches Schreiben oder eine verbindliche Auskunft;

4. Tätigkeiten einer jPöR

Das Steuerrecht knüpft regelmäßig an Zustands- und Handlungstatbestände an.

Beim Handeln der jPöR sind deshalb die Tätigkeiten in drei Betätigungsfelder einzuordnen:

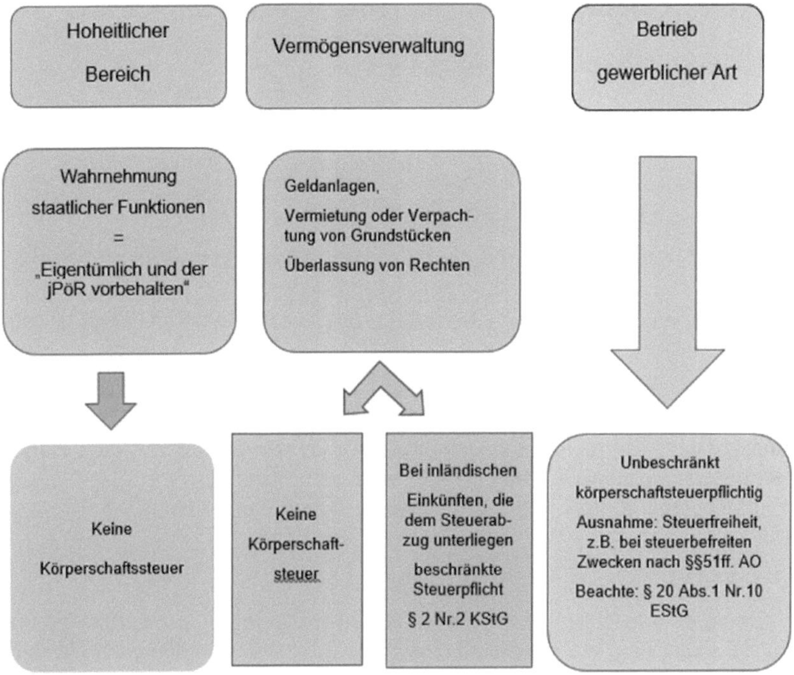

Abbildung 1: Eigene Darstellung

Beispiele für die Einordnung von Tätigkeiten zu den Handlungssphären:

Hoheitsbetriebe	Vermögensverwaltung	Wirtschaftliche Tätigkeiten (BgA)
Selbstversorgungsbetriebe Justizvollzugsanstalten Abfallentsorgung, Kläranlagen Beistandsleistungen Amtshilfe Friedhöfe Notarkammer Schlachthöfe Schülerheime Wasserbeschaffung Hoheitliches Hilfsgeschäft	Verpachtung einer Sporthalle Vermietung von Wohnungen Beteiligung an einer Kapitalgesellschaft Passives Sponsoring Recht zur Aufstellung eines Verkaufsautomaten	Cafeteria/Kantine/Mensa Verkaufsstelle/Shop PV-Anlagen Parkhaus Apotheken Kindergärten Verkehrsbetriebe Aktives Sponsoring Ggf. Personalgestellungen Ggf. Kooperationen Betrieb von Verkaufsautomaten

III. Gesetzliche Grundlagen eines BgA nach § 4 KStG

1. Tatbestandmerkmale eines BgA

Die gesetzliche Definition des Betriebs gewerblicher Art nach § 4 KStG fordert

- eine Einrichtung,
- welche nachhaltig wirtschaftlich tätig ist,
- zur Erzielung von Einnahmen außerhalb der Land- und Forstwirtschaft dient,
- und sich innerhalb der Gesamtbetätigung der jPöR wirtschaftlich heraushebt.

Eine Beteiligung am allgemeinen wirtschaftlichen Verkehr (Auftreten am Markt z. B. über Onlineplattform oder Ladenlokal) sowie eine Gewinnerzielungsabsicht sind nicht erforderlich. Damit erfasst das Gesetz auch Dauerverlustbetriebe als BgA und ermöglicht unter bestimmten Voraussetzungen[9] eine Verrechnung von Verlusttätigkeiten mit Gewinnbetrieben.

a) Einrichtung

Unter einer Einrichtung versteht die Rechtsprechung jede nachhaltige und selbständige Tätigkeit innerhalb einer jPöR, die sich von den deren übrigen Tätigkeiten abgrenzen lässt.[10] Eine vollständige organisatorische Verselbstständigung ist nicht erforderlich. Es genügt, wenn die Tätigkeit innerhalb des allgemeinen Hoheitsbetriebs miterledigt wird. Organisatorisch verselbständigt ist eine Tätigkeit, wenn sie unter einer gesonderten Leitung geführt oder in einer getrennten Buchführung abgebildet wird. Ohne Bedeutung ist, ob die Tätigkeit nur miterledigt wird oder ob Personal und Sachmittel gemischt (also für hoheitliche und wirtschaftliche Zwecke) genutzt werden. Das ist z. B. der Fall, wenn ein Mitarbeiter, welcher grundsätzlich mit hoheitlichen IT-Aufgaben betraut ist, auch in geringem Umfang an Dritte überlassen wird. Das Miterledigen der wirtschaftlichen Tätigkeit neben dem ansonsten hoheitlichen Geschäft kann allein nicht zu einer organisatorischen Verselbständigung führen. In Fällen der „Miterledigung“ ist das Merkmal der wirtschaftlichen Selbständigkeit zu prüfen.

b) Selbständigkeit

Bei fehlender organisatorischer Verselbständigung und damit fehlender Abgrenzbarkeit zur hoheitlichen Tätigkeit liegt eine Einrichtung dann vor,

9 § 4 Abs. 6 KStG.
10 BFH v. 26.5.1977 – V R 15/74, BStBl. II 1977, 813.

wenn eine wirtschaftliche Selbständigkeit anzunehmen ist. Dies ist z. B. der Fall bei einem zeitlich abgegrenzten Einsatz von Personal/Sachmittel des hoheitlichen Bereichs für die wirtschaftliche Tätigkeit, bei einem gesonderten Haushaltsansatz oder bei gebührenmäßig klar abgrenzbaren Leistungen. Allein die Tatsache, dass die leistende juristische Person des öffentlichen Rechts ihre Leistungen gegenüber dem Empfänger abrechnet, ist noch nicht ausreichend für die Annahme einer Einrichtung. Jede juristische Person des öffentlichen Rechts ist aus Haushaltsgründen grundsätzlich verpflichtet, die Leistungen abzurechnen[11] und hieraus resultierende Einnahmen im Haushalt zu verbuchen.[12] Eine wirtschaftliche Selbständigkeit kann bei gebührenmäßig klar abgrenzbaren Leistungen angenommen werden, wenn es sich nicht nur um eine Kostenumlegung handelt. Wird in einem Haushaltskapitel ein gesonderter Haushaltstitel für eine wirtschaftliche Tätigkeit ausgewiesen so liegt eine wirtschaftliche Selbständigkeit vor. Eine Verbuchung auf einem allgemeinen Einnahmen-Haushaltstitel ist dagegen für sich alleine noch nicht ausreichend, eine wirtschaftliche Selbstständigkeit zu begründen. Dasselbe gilt für eine Erfassung der Einnahmen auf einem Ausgaben-Haushaltstitel. Eine wirtschaftliche Selbständigkeit und damit eine Einrichtung ist aber stets gegeben, wenn die Umsatzgrenze von 130.000 € überschritten wird.[13] Neben dem Vorliegen einer Einrichtung muss sich die wirtschaftliche Betätigung innerhalb der Gesamtbetätigung einer juristischen Person des öffentlichen Rechts wirtschaftlich herausheben, d. h. von einigem Gewicht sein[14]. Übersteigt der Jahresumsatz i. S. von § 1 Abs. 1 Nr. 1 UStG nachhaltig 45.000 €[15], ist regelmäßig davon auszugehen, dass die Tätigkeit bedeutsam ist.[16] Überschreitet der Jahresumsatz diese Grenze nicht, liegt i. d. R. kein Betrieb gewerblicher Art vor. Dies gilt allerdings nicht, wenn die jPöR besondere Gründe für das Vorliegen eines Betriebs gewerblicher Art vorträgt, insbesondere eine Wettbewerbssituation zu privaten Unternehmen (= faktisches Wahlrecht).[17]

Die beiden Umsatzgrenzen (45.000 € bzw. 130.000 €) sind nicht alternativ zu verstehen, sondern beziehen sich jeweils auf unterschiedliche Tatbestandsvoraussetzungen des Begriffs „Betrieb gewerblicher Art" nach § 4 Abs. 1 KStG:

– Die Umsatzgrenze von 130.000 € bezieht sich auf das Tatbestandsmerkmal „Einrichtung".

11 Vgl. § 7 LHO BW „Grundsätze der Wirtschaftlichkeit und Sparsamkeit".
12 Vgl. § 15 LHO BW „Bruttoprinzip".
13 R 4.1 Abs. 4 Satz 2 KStR 2022.
14 Vgl. § 4 Abs. 1 Satz 1 KStG und H 4.1 „Wirtschaftliches Gewicht" KStH 2022.
15 Umsatzgrenze bis 2021 35.000 €, vgl. R 4.1 Abs. 5 KStR 2015.
16 R 4.1 Abs. 5 Satz 1 KStR 2022.
17 R 4.1 Abs. 5 Sätze 4 und 5 KStR 2022.

- Die Umsatzgrenze von 45.000 € bezieht sich auf das Tatbestandsmerkmal „Tätigkeit, die sich innerhalb der Gesamtbetätigung der juristischen Person des öffentlichen Rechts wirtschaftlich heraushebt“.

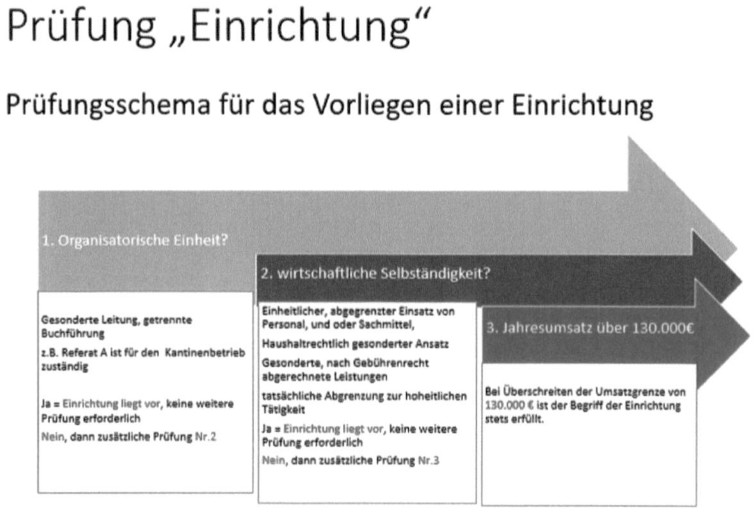

Abbildung 2: Eigene Darstellung

c) Wirtschaftliche Tätigkeit

Eine wirtschaftliche Tätigkeit ist jede erwerbswirtschaftliche Betätigung, mit welcher die jPöR Einnahmen erzielt. Hierfür sind die Grundsätze des Einkommensteuerrechts nach § 15 EStG und § 14 AO maßgeblich. JPöR erzielt mit einem BgA grundsätzlich Einkünfte aus Gewerbebetrieb.[18]

d) Nachhaltigkeit

Eine Tätigkeit ist nachhaltig, wenn sie auf Wiederholung angelegt ist. Es kommt also ausschließlich auf die Absicht zu Beginn der Tätigkeit an, ob diese auf Wiederholung ausgerichtet war.[19] Davon abzugrenzen sind gelegentliche Tätigkeiten, wie z. B. die einmalige Veräußerung von Wirtschaftsgütern, die im Bereich der Hoheitsverwaltung eingesetzt werden. Solche Einnahmen sind ertragsteuerlich unbeachtlich.

18 § 15 EStG.
19 § 14 AO, § 15 Abs. 2 EStG und § 2 Abs. 1 Satz 3 UStG.

e) Einnahmeerzielungsabsicht versus Gewinnerzielungsabsicht

Nach dem Gesetzgeber reicht die Einnahmeerzielungsabsicht zur Begründung der Steuerpflicht aus,[20] weil auf die Gewinnerzielungsabsicht abweichend von § 15 Abs. 2 EStG ausdrücklich verzichtet wird. Eine Gewinnerzielungsabsicht fehlt, wenn nur kostendeckende Entgelte erhoben werden. Damit werden auch Betriebe, deren Einnahmen die betrieblichen Aufwendungen nicht übersteigen und die auf die gesamte Dauer ihres Bestehens Verluste erwirtschaften, erfasst. Die Einbeziehung von dauerdefizitären Einrichtungen wird im Körperschaftsteuerrecht gesondert geregelt.[21] Liegt die Absicht Gewinne zu erzielen nicht vor, ist der BgA zunächst nur körperschaftsteuerlich zu berücksichtigen, jedoch nicht gewerbesteuerpflichtig,[22] da die Voraussetzungen eines Gewerbebetriebes nicht erfüllt sind.

f) Abgrenzung der wirtschaftlichen Tätigkeit zur hoheitlichen Tätigkeit, zur Land- und Forstwirtschaft und zur Vermögensverwaltung

Nach § 4 Abs. 1 Satz 1 KStG sind bei der Prüfung, ob sich eine jPöR im steuerlich bedeutsamen wirtschaftlichen Bereich betätigt, zwei ausdrückliche negative Tatbestandsmerkmale zu beachten: Es dürfen keine Hoheitsbetriebe i. S. d. § 4 Abs. 5 KStG und keine Betriebe der Land- und Forstwirtschaft ertragsteuerlich erfasst werden. Als weiteres ungeschriebenes negatives Tatbestandsmerkmal ist der Bereich der bloßen Vermögensverwaltung steuerlich nicht erfasst.

2. Hoheitliche Tätigkeit und Hoheitsbetriebe

Tätigkeiten, die überwiegend der Ausübung öffentlicher Gewalt dienen, sind gemäß § 4 Abs. 5 KStG keine BgA und deshalb ertragsteuerlich unbeachtlich. Nach der Rechtsprechung des BFH kennzeichnet sich die Ausübung öffentlicher Gewalt dadurch, dass sich die Erfüllung öffentlich-rechtlicher Aufgaben direkt aus der Staatsgewalt ableitet und staatlichen Zwecken dient.[23] Wichtiges Merkmal hierfür ist, ob der Leistungsempfänger auf Grund gesetzlicher oder behördlicher Anordnung zur Annahme der Leistung verpflichtet ist (öffentlich-rechtlicher Benutzungszwang). Als Ausübung öffentlicher Gewalt sind Tätigkeiten anzusehen, die einer öffentlich-recht-

---

20 § 4 Abs. 1 Satz 1 KStG.
21 § 8 Abs. 7 bis 9 KStG.
22 § 2 GewStG und § 2 GewStDV.
23 BFH, 14.3.1990 – I R 156/87, BStBl. II 1990, 866.

lichen Körperschaft eigentümlich und vorbehalten sind.[24] Der Erlass von Bußgeldbescheiden wegen Verstößen gegen die Straßenverkehrsordnung, der Bildungsauftrag des Schulgesetzes, das Passwesen oder die Prüfungen nach dem Eichgesetz sind Beispiele für hoheitliche Tätigkeiten, welche der jPöR kraft Gesetzes vorbehalten sind. Tritt die öffentliche Hand allerdings in Wettbewerb zur privaten Wirtschaft, so ist die Tätigkeit nicht mehr der öffentlichen Hand eigentümlich und vorbehalten. Der BFH orientiert sich an der Verwirklichung der Wettbewerbsgleichheit. Deshalb kommt es nicht darauf an, ob eine Marktchance bereits von Privaten ergriffen wurde, sondern allein darauf, ob ein potenzieller Wettbewerb bestehen könnte. Dabei beschränkt sich die Prüfung des potenziellen Wettbewerbs nicht auf das einzelne Bundesland.[25] Ergeben sich Einnahmen aber lediglich gelegentlich und somit als Nebenzweck, muss geprüft werden, ob eine Wettbewerbsverzerrung droht.[26]

a) Mischtätigkeiten

Hoheitliche Tätigkeiten sind steuerlich unbeachtlich. Sind mehrere Tätigkeiten so miteinander verbunden, dass sie nicht eindeutig abgegrenzt werden können, gilt die Überwiegensklausel.[27] Andernfalls ist jede Tätigkeit für sich zu beurteilen.[28] Rechtsprechung und Finanzverwaltung gehen nur dann von einem Überwiegen der hoheitlichen Tätigkeit aus, wenn „die beiden Tätigkeiten derart ineinandergreifen, dass eine genaue Abgrenzung nicht möglich oder nicht zumutbar“ ist. Dies ist z. B. der Fall, wenn ein hoheitlich genutztes Gebäude auch für eine wirtschaftliche Tätigkeit genutzt wird, aber keine konkrete Fläche zugeordnet werden kann, weil die Mitarbeiter für beide Bereiche Aufgaben erledigen. Im BMF-Schreiben vom 11.12.2009 wurde ein Prüfungsschema für hoheitliche Tätigkeiten vorgegeben.[29] Die Prüfungsschritte lassen sich wie folgt zusammenfassen: In einem ersten Schritt ist immer der Hauptzweck festzustellen, der mit der Betätigung verfolgt wird. Im zweiten Schritt ist die Wettbewerbslage zu untersuchen. Könnte die Tätigkeit auch von einem privaten Unternehmen ausgeführt werden, erfolgt sie nicht in Ausübung öffentlicher Gewalt. Ein gutes Beispiel sind Verpflegungsbetriebe, welche sowohl Personen hoheitlich verpflegen (z. B. Polizei-

24 Vgl. R 4.4 KStR 2022, H 4.4 KStH 2022; BMF, 11.12.2009 – IV C 7-S 2706/07/10006, BStBl. I 2009, 1597.
25 Vgl. BFH, 29.10.2008 – I R 51/07, BStBl. II 2009, 1022.
26 Vgl. BFH, 8.7.1971 – V R 1/68, BStBl. II 1972, 70, 75.
27 § 4 Abs. 5 Satz 1 KStG, R 4.1 Abs. 3 Satz 2 f. KStR 2022; H 4.1 „Überwiegende Zweckbestimmung“ KStH 2022.
28 Vgl. R 4.1 Abs. 3 Satz 1 KStR 2022, BFH, 26.5.1977 V R 15/74, BStBl. 1977 II, 813, 815.
29 BMF, 11.12.2009 – IV C 7-S 2706/07/10006, BStBl. I 2009, 1597.

kräfte im Einsatz, Schüler in Schülerheimen) und oft in geringem Umfang Mitarbeitende und Gäste.

b) Amtshilfe/Beistand

Unter Amtshilfe oder Beistand versteht man, das Tätigwerden einer jPöR für eine andere jPöR. Diese Tätigkeiten haben eine besondere Stellung, da sie aus der Perspektive des öffentlichen Rechts zu betrachten sind und nicht zwingend als Hoheitsbetrieb eingeordnet werden können. Die Finanzverwaltung vertritt hier die Auffassung, dass Beistandsleistungen für den hoheitlichen Bereich einer anderen öffentlich-rechtlichen Körperschaft ebenfalls eine Ausübung öffentlicher Gewalt darstellen, solange die Übertragung auf einen privaten Unternehmer rechtlich nicht möglich ist.

Die Beleihung ermöglicht der jPöR, bestimmten fachkundigen Privatpersonen kraft Gesetz bestimmte Tätigkeiten im eigenen Namen und für eigene Rechnung in der Handlungsform des öffentlichen Rechts auszuüben. Gegenstand der Verwaltungshilfe ist lediglich die Aufgabenerfüllung bzw. Durchführung einer Aufgabe. Der Beliehene wird zum Teil der jPöR. Für die Besteuerung wird zwischen dem Beliehenen und der ihn ermächtigenden jPöR unterschieden, da es sich um zwei getrennte Rechtsubjekte handelt. Nach der Auffassung der Finanzverwaltung begründet die beleihende jPöR durch die Aufgabenübertragung keinen BgA. Vielmehr bleibt der hoheitliche Charakter der Tätigkeit und damit ein Hoheitsbetrieb erhalten.[30] Der Beliehene hat weiterhin wirtschaftliche Einkünfte.

c) Hilfsgeschäfte

Die Verwertung oder Veräußerung von Vermögensgegenständen aus dem hoheitlichen Bereich ist nach R 4.4 Abs. 2 KStR 2022 als sog. Hilfsgeschäft dem hoheitlichen Bereich zuzuordnen. Damit ist der Verkauf von Büromöbeln durch das Landratsamt A an Bedienstete als sog. hoheitliches Hilfsgeschäft nicht steuerbar. Allerdings dürfen die Hilfsgeschäfte nach Art und Umfang nicht einem gewerblichen Handel entsprechen. Nach der derzeit gültigen Rechtsaufassung zur Vermögensverwaltung wird dies nur daran gemessen, ob Wettbewerbsverzerrungen im Einzelfall möglich sind. Die Anzahl der vorgenommenen An- und Verkäufe ist unbeachtlich.[31] Auch der An- und Verkauf von Dienstfahrzeugen vor Ablauf der wirtschaftlichen Nutzungsdauer ist unschädlich und führt zu keinem Wettbewerb gegenüber privaten Unternehmen (wie etwa Gebrauchtfahrzeughändlern und Kfz-Lea-

30 Vgl. BMF, 11.12.2009 – IV C 7-S 2706/07/10006, BStBl. I 2009, 1597.

31 R 4.4 Abs. 2 Satz 2 und 3 KStR 2022.

singgesellschaften). Umsatzsteuerlich ist dies nur anwendbar, wenn die jPöR die Neureglung des § 2b UStG noch nicht anwendet.

3. Vermögensverwaltung

Vermögensverwaltung liegt nach § 14 Satz 3 AO in der Regel vor, wenn Vermögen genutzt, z. B. Kapitalvermögen verzinslich angelegt, oder unbewegliches Vermögen vermietet oder verpachtet wird. Die Abgrenzungskriterien zwischen wirtschaftlichem Geschäftsbetrieb und Vermögensverwaltung i. S. d. § 14 AO entsprechen denen zur einkommensteuerlichen Abgrenzung zwischen gewerblicher Tätigkeit und Vermögensverwaltung. Eine bloße Vermögensverwaltung stellt keinen BgA dar und ist ertragsteuerlich unbeachtlich.

a) Verpachtung

Bei der Verpachtung ist zu unterscheiden, welcher Gegenstand verpachtet wird. Nach § 4 Abs. 4 KStG gilt auch die Verpachtung eines BgA als BgA. Steuerpflichtig ist die entgeltliche Gebrauchs- und Nutzungsüberlassung von Sachen, Sachinbegriffen und Rechten, die beim Verpächter als BgA zu qualifizieren wäre. Deshalb liegt ein Verpachtungs-BgA nur vor, wenn die dem Pächter überlassenen Wirtschaftsgüter die wesentliche Betriebsgrundlage darstellen und der Pächter auf dieser Grundlage seinen Gewerbebetrieb ohne größere Vorkehrungen ausüben kann. Typische Beispiele sind die Verpachtung einer Gaststätte mit Einrichtung, die Überlassung einer Kantineneinrichtung, Verpachtung einer Tankanlage, die Überlassung einer Mehrzweckhalle[32] und die Überlassung einer Lizenz. Für Verpachtungs-BgA gilt die Besonderheit, dass nur eine entgeltliche Überlassung eines BgA vorliegt, wenn dem Pächter nicht ein höherer Zuschuss als das vereinnahmte Pachtentgelt gewährt wird.

b) Beteiligungen an Gesellschaften

Zu den Tätigkeiten, welche der Vermögensverwaltung zugerechnet werden, zählt auch das Halten von Beteiligungen an Gesellschaften, insbesondere die Beteiligung an einer Kapitalgesellschaft ohne Einfluss in die Geschäftsführung. Das bloße Halten von Beteiligungen an einer Kapitalgesellschaft stellt regelmäßig Vermögensverwaltung dar.[33] Das gilt unabhängig von der Höhe der Beteiligung.

---

32 Vgl. BFH, 28.11.1991 – V R 95/86, BStBl. II 1992, 569.

33 Vgl. RFH, 29.3.1938 – I R 53/38, RStBl. 1938, 471; R 4.1 Abs. 2 Satz 2 ff. KStR 2022; R 4.1 Abs. 7 KStR 2022.

Im Regelfall wird die jPöR mit den ggf. Dividenden beschränkt körperschaftsteuerpflichtig.[34] Dies bedeutet, dass die Kapitalgesellschaft bei der Gewinnausschüttung Kapitalertragsteuer einbehält und an das Finanzamt abführt. Damit sind sämtliche Steuerpflichten abgegolten.[35] Die Beteiligungen an Personengesellschaften (an Mitunternehmerschaften,[36] bzw. vermögensverwaltenden Personengesellschaften) richten sich nach der Aktivität der Personengesellschaft.[37]

IV. Abgrenzung zur Land- und Forstwirtschaft

Ein Betrieb der Land- und Forstwirtschaft von jPöR erfasst die planmäßige Nutzung der natürlichen Kräfte des Grund- und Bodens zur Erzeugung von Pflanzen und Tieren und die Verwertung der dadurch gewonnenen Erzeugnisse.

V. Versorgungsbetriebe und Verkehrsbetriebe (§ 4 Abs. 3 KStG)

Versorgungsbetriebe sind kraft Gesetzes BgA, die der Versorgung der Bevölkerung mit Elektrizität, Gas, Wasser und Wärme dienen. Verkehrsbetriebe sind durch die Beförderungsfunktion von Gütern und Personen gekennzeichnet. Im weiteren Sinn sind damit alle Einrichtungen im öffentlichen Verkehr umfasst. Nach der Rechtsprechung hat § 4 Abs. 3 KStG Vorrang vor § 4 Abs. 5 KStG.[38] Deshalb schließt das Gesetz für Betriebe i. S. des § 4 Abs. 3 KStG die Annahme eines Hoheitsbetriebes aus, was u. a. auch damit begründet werden kann, dass die von ihnen erbrachten Aufgaben auch von privaten Unternehmen auf dem Markt angeboten werden (Wettbewerb). Aus der besonderen Stellung der Versorgungsbetriebe im Steuerrecht ergibt sich die erleichterte Möglichkeit zur Zusammenfassung nach § 4 Abs. 6 KStG.

---

34 § 2 Abs. 2 KStG.

35 § 32 Abs. 1 KStG.

36 § 15 Abs. 1 Nr. 2 EStG.

37 BMF-Schreiben v. 08.02.2016 – IV C 2 – S2706/14/10001, BStBl. 2016 I S. 237 bzw. BMF-Schreiben v. 21.06.2017, BStBl. 2017 I S. 880.

38 Vgl. BFH, 31.1.1975 – VI R 171/74, BStBl. II 1975, 563; BFH, 8.11.1989 – I R 187/85, BStBl. II 1990, 242.

VI. Kooperationen

JPöR schließen sich zur Aufgabenerledigung und Erzielung von Kosteneffizienz mit anderen jPöR zusammen. Die daraus resultierenden steuerlichen Rechtsfolgen bestimmen sich zunächst danach, welche Organisationsform gewählt wird:

- Organisationform **ohne** Rechtspersönlichkeit (z. B. BGB-Gesellschaft, Kommanditgesellschaft),
- Organisationsform **mit** Rechtspersönlichkeit (z. B. GmbH, AöR, Stiftung, Kommanditgesellschaft auf Aktien)

Zunächst ist maßgeblich, auf welcher Grundlage das gemeinsame Verwaltungshandeln begründet wird und wer Vertragspartner ist.

Eine jPöR verwaltet dabei oft federführend die Gelder und legt die Kosten (eigene und fremde Kosten) und eingesetztes Personal am Jahresende auf die Kooperationspartner um. Es empfiehlt sich die nachfolgende zweistufige Prüfung.

1. Prüfung der Gesellschaftsform (1. Stufe)

Zunächst ist zu prüfen, ob durch den Zusammenschluss eine eigene Rechtspersönlichkeit entsteht, die als Außengesellschaft selbst tätig wird und z. B. Verträge abschließt und die Gewährleistung übernimmt. Ist dies zu verneinen, können die Entgelte der Kooperationspartner nichtsteuerbare Gesellschafterbeiträge darstellen und es liegt eine reine Innengesellschaft vor. Dies gilt aber nur, wenn sich die Kooperationspartner vertraglich zu dem jeweiligen Beitrag verpflichtet haben und keine Zusatzleistungen erbracht werden.

Beispiel:

Das Bundesland A und die Kommune B kommen im Rahmen eines Konsortialvertrages[39] überein, dass sie gemeinsam eine Untersuchung durchführen möchten. Zu diesem Zweck vereinbaren sie, dass A die Maschine X und B die Maschine Y jeweils dem anderen in einem jeweils bestimmten Umfang zur Verfügung stellt.

Lösung:

Es handelt sich um eine reine Innengesellschaft, da die Mitglieder gemäß den Vereinbarungen im Vertrag einen entsprechend festgelegten Arbeitsanteil durchführen und keine zusätzlichen Lieferungen von Gegenständen oder Dienstleistungen gegen Entgelt erbringen. Damit liegen nur Leistungen im

39 Die in einem Konsortium zusammengefassten Unternehmen bilden nach deutschem Recht eine Gesellschaft bürgerlichen Rechts nach den §§ 705 ff. BGB, i. d. R. ohne eigenes Vermögen.

Rahmen der Beitragspflicht vor, welche nicht zu einem umsatzsteuerbaren Leistungsaustausch führen.[40]

2. Prüfung des Vertragspartners und der Rechtsgrundlage (2. Stufe)

Ist eine jPöR (Bund, Land, AöR), welche über einen hoheitlichen Aufgabenbereich verfügt, Vertragspartner, kann ein öffentlich-rechtlicher Vertrag, wie z. B. ein Staatsvertrag (z. B. Rundfunk, Glückspiel) oder ein Vertrag auf Grundlage einer öffentlich- rechtlichen Norm wie Baugenehmigungen, Enteignungen, Gewässerschutz die Grundlage bilden. Ertragsteuerlich handelt es sich um eine hoheitliche, nicht steuerbare Beistandsleistung, da durch die öffentlich-rechtliche Vereinbarung keine eigene Rechtspersönlichkeit begründet wird.

Wird aber eine privatrechtliche Grundlage, z. B. nach BGB gewählt, muss geprüft werden, zu welcher Handlungssphäre der jPöR die Tätigkeit zugeordnet werden. Bei einer Zuordnung der Tätigkeit zum hoheitlichen Bereich oder der Vermögensverwaltung ist diese nichtsteuerbar. Erfolgt jedoch eine Zuordnung zum wirtschaftlichen Bereich, sind die Grundsätze des BgA (insbesondere mit Blick auf Wettbewerbsverzerrungen) zu prüfen.

Ist Vertragspartner eine Gesellschaft in privatrechtlicher Rechtsform (GmbH, Kommanditgesellschaft, BGB-Gesellschaft, Stiftung) oder die Leistung wird an den wirtschaftlichen Bereich von jPöR erbracht, ist wieder zu prüfen, zu welcher Handlungssphäre (hoheitlich, Vermögensverwaltung, wirtschaftliche Sphäre) die Tätigkeit zuzuordnen ist. Bei Zuordnung zum wirtschaftlichen Bereich sind die Grundsätze des BgA zu prüfen.

VII. Überblick zur Zusammenfassung von BgA (§ 4 Abs. 6 KStG)

1. Allgemeines

Die jPöR ist mit jedem ihrer BgA partiell unbeschränkt steuerpflichtig.[41] Hat eine jPöR mehrere BgA, ist für jeden einzelnen BgA getrennt eine Gewinnermittlung zu erstellen und das Einkommen zu ermitteln. Der Gesetzgeber lässt in § 4 Abs. 6 KStG seit 2009 unter bestimmten Voraussetzungen jedoch die Zusammenfassung mehrere bisher selbstständiger BgA zu einem Steuer-

40 Innengesellschaft vgl. A 1.1 Abs. 17 UStAE und 2.1. Abs. 4 UStAE.

41 Vgl. § 1 Abs. 1 Nr. 6 KStG, H 8.2 „Steuerrechtsubjekt i. S. d. § 1 Abs. 1 Nr. 6 KStG“ KStH 2022.

gegenstand zu. Diese Zusammenfassung ist jedoch grundsätzlich von der Zusammenfassung von wirtschaftlich eng verbundenen Tätigkeiten in einer Einrichtung, die zu einem originären BgA führt, zu unterscheiden. Unter der Zusammenfassung nach §4 Abs. 6 KStG versteht man eine Zusammenfassung mehrerer Einrichtungen. Nach §4 Abs. 6 Satz 2 ist die Zusammenfassung eines BgA mit einem Hoheitsbetrieb nicht zulässig. Eine Zusammenfassung verschiedener Einrichtungen[42] kann aus organisatorischen, betriebswirtschaftlichen und personellen Gründen vorteilhaft sein. Es kann besonders steuerlich von Vorteil sein, die Ergebnisse von Verlustbetrieben mit Gewinnbetrieben in einem BgA zusammenzufassen. So kann durch eine Verlustberücksichtigung die Steuerlast eines Gewinnbetriebes verringert werden. Die Zusammenfassung von BgA ist zulässig und möglich, wenn es sich um gleichartige BgA handelt, oder zwischen den jeweiligen BgA nach dem Gesamtbild der tatsächlichen Verhältnisse objektiv eine enge wechselseitige technisch-wirtschaftliche Verflechtung von einigem Gewicht besteht, oder es sich um sog. Querverbundunternehmen i. S. d. §4 Abs. 3 KStG handelt. In der gesetzlichen Regelung fand der Hauptanwendungsfall des „öffentlichen Badebetriebs“ aus unterschiedlichen Gründen keine Berücksichtigung. Hierbei bestanden große wettbewerbsrechtliche und beihilferechtliche Bedenken. Unter Beachtung der gesetzlichen Voraussetzungen ermöglicht diese Vorschrift auch BgA, welche unter den Gewichtigkeitsgrenzen von 45.000 €, bzw. 130.000 € liegen, zusammenzufassen, um einen BgA zu erhalten und etwaige steuerliche Vorteile zu erhalten. Für die Umsatzgrenzen eines (zusammengefassten) BgA sind die Umsätze aller zusammengefassten Betriebe maßgebend.

2. Voraussetzungen für die Zusammenfassung nach §4 Abs. 6 Satz 1 KStG

Eine Zusammenfassung mehrerer BgA ist nur zulässig, wenn eine der drei genannten Tatbestände vorliegt. Auch mehrere verpachtete BgA können zusammengefasst werden. Dabei müssen gleichartige Betriebe vorliegen. Ebenfalls zulässig ist die Zusammenfassung von verpachteten und selbst bewirtschafteten Betrieben gleicher Art. Bezüglich der Zusammenfassung besteht ein Wahlrecht. Die jPöR kann jährlich wählen, ob und in welchem Umfang sie eine Zusammenfassung der BgA vornimmt.[43]

---

42 Tatbestandsmerkmal nach §4 Abs. 1 KStG.
43 BMF, 12.11.2009 – IV C 7-S 2706/08/10004, BStBl. I 2009, 1303, Rn. 1.

a) Gleichartige Betriebe i. S. v. § 4 Abs. 6 Satz 1 Nr. 1 KStG

Gleichartige BgA können zusammengefasst werden.[44] Unter Gleichartigkeit sind gewerbliche Betätigungen im gleichen Gewerbezweig zu verstehen. Gleichartigkeit liegt auch vor, wenn sich die Tätigkeiten zwar unterscheiden, sich allerdings ergänzen. Der Begriff der Gleichartigkeit ist nach h. M. nicht eng zu fassen. Die Finanzverwaltung stellt klar, dass Versorgungs- und Verkehrsbetriebe nicht als gleichartig gelten, nur weil sie in § 4 Abs. 3 KStG aufgelistet sind. Eine Gleichartigkeit ergibt sich für die in § 4 Abs. 3 KStG aufgeführten Versorgungsbetriebe, wenn sie stets untereinander im Bereich Wasser, Gas, Wärme und Elektrizität gleichartig sind. Dadurch soll die nachträgliche Aufnahme einer dieser Tätigkeiten von Versorgungsunternehmen erleichtert werden.

b) Verflechtung i. S. v. § 4 Abs. 6 Satz 1 Nr. 2 KStG

Eine objektiv bestehende enge wechselseitige technisch-wirtschaftliche Verflechtung von einigem Gewicht besteht, wenn ein innerer funktionaler Zusammenhang zwischen den Betrieben in der Form eines „Aufeinander angewiesen sein“ vorliegt. Eine rein organisatorische Verknüpfung über eine gemeinsame einheitliche kaufmännische Leitung oder Buchführung für sich allein ist zwar notwendig, aber nicht ausreichend um den engen wirtschaftlichen Zusammenhang herzustellen. Das gilt auch für Lieferbeziehungen.

Für die Annahme des Merkmals „von einigem Gewicht“ wird bei Strom, Wärme und Wasser die Marke von 25 % der Gesamtabnahmemenge bzw. der Gesamtleistung eines BgA gefordert[45]. Eine Verflechtung/Zusammenfassung wurde von der Rechtsprechung angenommen z. B. bei einem Schwimmbad und Wasserwerk.[46] Eine technisch-wirtschaftliche Verflechtung kann auch durch einen Personalaustausch zwischen einem Verkehrs- und einem Badebetrieb gegeben sein.[47]

c) Betriebe im Sinn v. § 4 Abs. 3 KStG (Versorgungs- und Verkehrsbetriebe) Zusammenfassung i. S. v. § 4 Abs. 6 Satz 1 Nr. 3 KStG

Eine Zusammenfassung von Versorgungsbetrieben ist auch möglich, wenn nur die Voraussetzung der Verflechtung erfüllt ist. So können Versorgungs-, Verkehrs-, Hafen- und Flughafenbetriebe einer Gemeinde zusammengefasst

---

44 R 4.2 Abs. 1 KStR 2022.

45 *Bürstinghaus* in HHR, KStG, Rn. 85; *Helm/Bischoff*, in: Mössner/Oellerich/Valta, KStG, § 4 Rn. 287, Stand: 26.2.2025.

46 BFH, 8.2.1966 – I 212/63, BStBl. 1966 III, 287.

47 BFH, 19.5.1967 – III 50/61 BStBl. 1967 III, 510.

werden[48]. Dies wird dadurch begründet, dass alle diese Betriebe die einheitliche Aufgabe der Grundversorgung der Bürger mit lebensnotwendigen Gütern erfüllen. Für eine Zusammenfassung von Versorgungsbetrieben mit anderen BgA gilt dies nicht.

Beispiel:

Die Stadt A betreibt ein Elektrizitätswerk mit Gewinn und einen defizitären öffentlichen Personennahverkehr.

Beide stellen einen Betrieb nach § 4 Abs. 3 KStG dar und können nach § 4 Abs. 6 Satz 1 Nr. 3 KStG zusammengefasst werden.

Die Zusammenfassung von verlust- und gewinnbringenden Tätigkeiten wird als steuerlicher Querverbund bezeichnet. Die Finanzverwaltung lässt seit Jahren zu, dass bereits zusammengefasste BgA noch mit weiteren BgA zusammengefasst werden können. Ausreichend hierfür ist, wenn die Voraussetzungen der Zusammenfassung zwischen dem BgA und einem der BgA des zusammengefassten BgA gegeben war.[49] Dem hat der BFH mit Urteil vom 29.08.2024 – V R 43/21 widersprochen und legt die Voraussetzungen solcher Kettenzusammenfassung eng und Tätigkeitsbezogen aus. Eine Reaktion der Finanzverwaltung steht noch aus.

d) Trennung und Zusammenfassung von BgA in einer Kapitalgesellschaft

Zusammengefasste BgA können wieder getrennt werden, sofern dafür keine steuerlichen, sondern allein sachliche Erwägungen vorliegen. Eine Zusammenfassung unterschiedlicher BgA einer jPöR in einer Kapitalgesellschaft ist zulässig. Die Grenze des Zulässigen ist überschritten, wenn die Gesellschaft keine eigene wirtschaftliche Tätigkeit entfaltet.

e) Keine Zusammenfassung mit Hoheitsbetrieben

Nach § 4 Abs. 6 Satz 2 KStG ist die Zusammenfassung von BgA mit Hoheitsbetrieben grundsätzlich nicht zulässig. Auch unzulässig ist die Zusammenfassung von einem BgA mit dem Bereich der Vermögensverwaltung. Eine Ausnahme gilt nur, wenn die wirtschaftliche und hoheitliche Tätigkeit unlösbar und untrennbar miteinander verbunden sind und die Überwiegens-Regelung des § 4 Abs. 5 Satz 1 KStG greift.

48 BFH, 8.11.1989 – I R 187/85 BStBl. II 1990, 242.
49 BMF, 12.11.2009, IV C 7 – S 2706/08/10004 BStBl. I 2009, 1303.

VIII. Praktische Hinweise

1. Dokumentation der Prüfung für das Begründen eines BgA

Die Prüfung, ob Einnahmen aus einer wirtschaftlichen Tätigkeit nach den gesetzlichen Tatbestandsvoraussetzungen einen BgA begründen, ist im Rahmen eines TCMS zu dokumentieren. Hierfür eignet sich ein standardisiertes Verfahren. Nachfolgend ein Vorschlag für die Meldung neuer Sachverhalte an die zuständige Steuerstelle zur steuerlichen Beurteilung und Erfassung neuer Einnahmen bzw. Vorteile im Rahmen eines Leistungsaustauschs.

Einnahme	
Beschreibung der Tätigkeit:	
Handlungsgrundlage (z. B. privatrechtliche Verträge oder gesetzliche Grundlagen):	
Besteht ein Anschluss- oder Benutzungszwang, bzw. ist der Markt öffentlich eingeschränkt	
Kann die Aufgabe auf Dritte übertragen werden	
Beschreibung der Organisation für die Tätigkeit (Leitung, Verantwortung, Betriebsabläufe):	
Höhe der Einnahmen über 130.000 €	
Liegt eine eigene Einrichtung vor?	ja □ nein □
Nachhaltigkeit?	ja □ nein □
Liegt wirtschaftliches Gewicht (45.000 €) vor? Ja: KSt-Erklärung Nein: Jährliche Überwachung	ja □ nein □
Besondere Gründe für ein BgA unter 45.000 €?	ja □ nein □
Zuordnung der Tätigkeit/ Einnahme	
Charakter der Tätigkeit/Einnahme: Hoheitlich Wirtschaftlich Vermögensverwaltung Land- und Forstwirtschaft Gemeinnützige Zwecke Selbstversorgungsbetrieb	□ □ □ □ □ □ □
Begründung:	

Umsätze nach § 2 UStG zur Tätigkeit im jeweiligen Kalenderjahr:	
Damit in Zusammenhang stehende Ausgaben: – Personal – Fremdleistungen – Material – Abschreibungen	 Betrag Betrag Betrag Betrag
Gewinn/Verlust	Betrag
Begünstigtes Dauerverlustgeschäft? Ja: Verlustrücktrag veranlassen, Verlustvortrag beantragen Nein: Steuerbescheinigung ausstellen und Feststellung des Einlagekontos beantragen	ja □ nein □
Besteht Gewinnerzielungsabsicht? Ja: Gewerbesteuererklärung prüfen	ja □ nein □
Aufnahme der Einnahme ins Einnahmescreening Laufende Ziffer am	ja □ nein □
Steuerliche Beurteilung von Steuerstelle bestätigt, bzw. eingeholt	ja □ nein □

2. Mustervorlage jährliche Prüfung der Umsatzgrenzen von wirtschaftlichen Tätigkeiten

Die wirtschaftlichen Tätigkeiten des Einnahmescreenings sind jährlich auf das Überschreiten der Umsatzgrenzen nach R 4.1 Abs. 5 KStR 2022 zu prüfen. Die Prüfung ist im Rahmen des TCMS zu dokumentieren.

Jährliche Überprüfung wirtschaftlicher Tätigkeiten			
Beschreibung	Finanzposition/ Sachkonto	Betrag	Beurteilung
Lfd. Nr. des Einnahmescreening			

3. Zusammenfassendes Beispiel

a) Sachverhalt

Die Behörde A des Landes Baden-Württemberg betreibt seit 2022 an den Standorten Karlsruhe und Durlach jeweils einen Kantinenbetrieb. Für Organisation, Einkauf, Essensauswahl, Personal ist am jeweiligen Standort eine Kantinenleitung eingesetzt. Diese rechnet monatlich die Umsätze und Ausgaben mit dem Referat Finanzen ab. Die Ausgaben wurden ordnungsgemäß aufgezeichnet. Jede Kantine verbucht ihre Einnahmen und Ausgaben auf einem gesonderten Haushaltstitel. Zu den Mahlzeiten kann sich jeder Essensteilnehmer kostenlos am Wasserspender bedienen. Andere Getränke können entgeltlich erworben werden. Die Einnahmen aus dem Getränkeverkauf betragen in 2022 am jeweiligen Standort 15.000 €.

In der Kantine werden Mitarbeiterinnen und Mitarbeiter der Behörde verpflegt. Zur Auslastung der Küche in Durlach werden noch Mahlzeiten an den in der Nachbarschaft untergebrachten kommunalen Kindergarten geliefert. Die Einnahmen belaufen sich auf monatlich 1.000 €. Die damit zusammenhängenden Aufwendungen sind in den Gesamtaufwendungen enthalten und wurden nicht gesondert aufgezeichnet.

Am Standort Karlsruhe wurden im Kalenderjahr 2022 mit 7.500 Mahlzeiten 50.000 € Umsatz erzielt, in Durlach ein Umsatz von 44.000 €. An beiden Standorten wurden umfangreiche Renovierungsarbeiten vorgenommen und auch eine neue Kücheneinrichtung installiert. Gleichzeitig erhält die Behörde A einen Zuschuss nach der VwV Kantine in Höhe von 10.000 €.

b) Lösungshinweise

Der Kantinenbetrieb stellt grundsätzliche eine Tätigkeit dar, mit welcher Einnahmen erzielt werden. Deshalb ist zunächst ist zu prüfen, ob die Tätigkeit „Betrieb einer Kantine" die Voraussetzungen eines BgA nach § 4 KStG erfüllt.

Sofern die Prüfung ergibt, dass mit der Tätigkeit ein BgA begründet wird, ist wie folgt vorzugehen:

1. Die Einnahmen sind im Einnahmescreening entsprechend mit dem Ergebnis zu dokumentieren.
2. Die für die wirtschaftliche Tätigkeit genutzten Wirtschaftsgüter (unbewegliche und bewegliche) sind zu identifizieren und nach den steuerlichen Grundsätzen des Betriebsvermögens zu bewerten. Die notwendigen Wirtschaftsgüter des Betriebsvermögens sind in einem steuerlichen Anlageverzeichnis zu erfassen.

3. Aus den Einnahmen und Ausgaben der Buchhaltung ist eine Gewinnermittlung zu erstellen. Gleichzeitig sind Kosten, welche außerhalb der Gewinnermittlung entstehen noch einzubeziehen.
4. Auf der Grundlage der Gewinnermittlung ist das zu versteuernde Einkommen und die Körperschaftsteuer und der Solidaritätszuschlag zu berechnen.
5. Die Steuererklärungen (Körperschaftsteuer mit Gewinnermittlung und Anlageverzeichnis, Feststellung des steuerlichen Einlagekontos) sind zu erstellen und über Elster an das Finanzamt zu übermitteln.

aa) Erkennen eines BgA

Die Behörde A erzielt ab 2022 Einnahmen, welche im Einnahmescreening aufzunehmen und steuerlich (ertragsteuerlich und umsatzsteuerlich) zu beurteilen sind.

bb) Prüfung der Voraussetzungen eines BgA

Die Tätigkeiten sind nach den Grundsätzen des § 4 Abs. 1 KStG auf die Voraussetzungen eines BgA zu prüfen:

cc) Liegt eine Einrichtung vor?

Das Merkmal der Einrichtung ist erfüllt, da die Kantinen an jedem Standort durch eine eigenständige Kantinenleitung geführt und getrennt verbucht werden. Damit liegt eine organisatorische Verselbständigung vor. Es liegen zwei Einrichtungen vor. Das Tätigkeitsfeld Kantine lässt sich zu den anderen Tätigkeiten der Behörde einfach abgrenzen. Hierfür bedarf es keiner eigenen Abteilung. Die Abwicklung der Finanzen über eine Abteilung in der Behörde ist unschädlich. Die kostenpflichtige Abgabe von Getränken ist wirtschaftlich und organisatorisch so eng mit der Abgabe von Speisen verbunden, dass von einer einheitlichen Einrichtung auszugehen ist. Die unentgeltliche Abgabe des Wassers über die Wasserspender ist keine wirtschaftliche Tätigkeit, da keine Einnahmeerzielungsabsicht besteht. Die Abgabe von kostenlosem Wasser ist kein eigenes Leistungselement, sondern stellt vielmehr eine lohnsteuerliche Aufmerksamkeit dar. Der Verkauf der Speisen an den Kindergarten ist eng mit den Kantinenumsätzen verbunden und stellt eine organisatorische Einheit und damit einen unselbständigen Teil der Kantine in Durlach dar.

dd) Werden die Tätigkeiten als nachhaltig wirtschaftlich eingestuft?

Von einer nachhaltigen Tätigkeit ist auszugehen, da die Tätigkeit mit Wiederholungsabsicht und nicht nur einmalig ausgeübt wird. Eine wirtschaftliche Tätigkeit ist ebenfalls erfüllt, da ein Kantinenbetrieb eine gewerbliche Tätigkeit i. S. von § 15 EStG darstellt. Eine gewerbliche Tätigkeit ist jede erlaubte, auf Gewinnerzielung gerichtete und auf Dauer angelegte selbständige Tätigkeit. Das Merkmal ist insbesondere zur hoheitlichen Tätigkeit abzugrenzen. Der Betrieb einer Kantine steht im Wettbewerb zur Privatwirtschaft (Gastronom/Caterer) und ist keine hoheitliche der jPöR gesetzlich vorbehaltene Aufgabe.

ee) Liegt Einnahmenerzielungsabsicht vor?

Für die Leistungen werden Entgelte verlangt und damit liegt Einnahmenerzielungsabsicht vor. Diese sind nach 3.5.1 VwV-Kantine[50] so zu kalkulieren, dass diese die Ausgaben decken.

ff) Liegt eine Tätigkeit außerhalb der Land- und Forstwirtschaft vor?

Die Einnahmen stehen nicht im Zusammenhang mit der planmäßigen Nutzung der natürlichen Kräfte des Bodens zur Erzeugung von Pflanzen und Tieren und der Verwertung der dadurch selbst gewonnenen Erzeugnisse.[51]

gg) Hebt sich die Tätigkeit innerhalb der Gesamtbetätigung der jPöR heraus?

Ein BgA wird nur angenommen, wenn die Tätigkeit gewichtig ist. Die jeweiligen Gesamteinnahmen der Kantinen betragen 65.000 € bzw. 71.000 €. Die Finanzverwaltung sieht bei Bejahung einer Einrichtung und dem Überschreiten eines Jahresumsatz von 45.000 € das Merkmal Heraushebung und gewichtig erfüllt.[52] Dabei ist zu beachten, dass der Zuschuss keine Einnahme darstellt, sondern eine steuerlich nicht relevante Einlage der Trägerkörperschaft. Dieser ist deshalb nicht in der Gewinnermittlung zu erfassen.

---

50 Verwaltungsvorschrift des Ministeriums Ländlicher Raum und des Finanzministeriums zum Betrieb und zum Verpflegungsangebot in Kantinen und sonstigen Verpflegungseinrichtungen des Landes Baden-Württemberg vom 09. Februar 2024 – AZ.: MLR66-8374-308-GABl.2024 S. 114.

51 R 15.5 Abs. 1 Satz 1 EStR 2012.

52 R 4.1 Abs. 5 Sätze 4 ff. KStR 2022.

Ermittlung der Gesamteinnahmen je Einrichtung/je BgA:

Umsätze	**Standort Kantine Karlsruhe**	**Standort Kantine Durlach**
Mahlzeiten	50.000 €	44.000 €
Getränkeverkauf	15.000 €	15.000 €
Essensverkauf an Kindergarten	Entfällt	12.000 €
Zuschuss	keine Einnahme, es liegt ein Gesellschafterbeitrag der Trägerkörperschaft Land BW vor	
Summe	65.000 €	71.000 €

hh) Zusammenfassung der BgA

Grundsätzlich ist jeder BgA steuerlich einzeln zu beurteilen. Dies hat zur Folge, dass die Gewinne und Verluste unter den BgA nicht verrechnet werden dürfen. Unter den Voraussetzungen des § 4 Abs. 6 KStG können allerdings mehrere BgA zu einem einheitlichen BgA zusammengefasst werden. Aufgrund der Gleichartigkeit können die Kantinen Karlsruhe und Durlach zusammengefasst werden.[53] Eine Zusammenfassung wäre steuerlich nur sinnvoll, wenn ein Ausgleich von Gewinn und Verlust erzielt werden könnte. Erwirtschaften beide Standorte Gewinne, so steht jedem BgA ein Freibetrag von 5.000 € zu. Erzielen beide Verluste, wäre eine Zusammenfassung aus verwaltungsökonomischen Gründen (nur eine Gewinnermittlung, Steuererklärung zu erstellen) sinnvoll.

c) Ergebnis und weitere Schritte

Es liegen zwei Einrichtungen und zwei BgA vor. Für jeden BgA ist grundsätzlich das Betriebsvermögen, eine Gewinnermittlung und eine Einkommensermittlung zu erstellen. Da alle Tatbestandsmerkale eines BgA bejaht wurden, sind sodann vorbereitende Maßnahmen für die Erstellung der Gewinnermittlung vorzunehmen:

- Ermittlung des Betriebsvermögens und Erstellung eines steuerlichen Anlagenverzeichnisses für die beweglichen Wirtschaftsgüter (Kantineneinrichtung) und unbeweglichen Wirtschaftsgüter (Grundstück und Gebäude) unter Beachtung der Grundsätze zum Betriebsvermögen.
- Gewinnermittlung: BgA können ihren Gewinn grundsätzlich gemäß § 4 Abs. 3 EStG durch eine Einnahmenüberschussrechnung ermitteln, wenn

53 § 4 Abs. 6 Nr. 1 KStG.

sie nicht aufgrund gesetzlicher Vorschriften verpflichtet sind, Bücher zu führen und regelmäßig Abschlüsse zu machen und im Übrigen auch keine Bücher führen und keine Abschlüsse machen.

IX. Fazit: Tax-Compliance-Maßnahmen unterstützen beim Erkennen, Prüfen und Überwachen von wirtschaftlichen Tätigkeiten

Als Fazit lässt sich festhalten: Durch die Maßnahmen eines TCMS, insbesondere das Einnahmescreening, wird die steuerliche Einordnung von Einnahmen und deren Dokumentation effizient und kontinuierlich unterstützt. BgA werden durch die Trägerkörperschaft frühzeitig erkannt und steuerlich richtig eingeordnet. Angesichts der häufig dezentralen Organisation können mit TCMS die erforderlichen organisatorischen Prozesse transparent gestaltet, überprüft und bei Bedarf optimiert werden. Dies erleichtert die rechtssichere Einhaltung der steuerlichen Pflichten für Trägerkörperschaften.

Steuerliches Betriebsvermögen bei Betrieben gewerblicher Art

Prof. Dr. Tanja Leibold und MR'in Claudia Gassner

I. Einleitung

Zum Betriebsvermögen eines Betriebs gewerblicher Art zählen sämtliche ihm zuzuordnende Wirtschaftsgüter. Dazu gehören sowohl materielle Gegenstände wie Grundstücke, Gebäude, Maschinen, Fahrzeuge und Waren als auch immaterielle Vermögensgegenstände wie Rechte sowie Forderungen und Beteiligungen. Ebenso werden negative Wirtschaftsgüter wie Verbindlichkeiten und Schulden als Bestandteile der Wirtschaftsgüter im ertragsteuerlichen Sinne betrachtet. Die richtige Zuordnung von Wirtschaftsgütern zum Betriebsvermögen eines Betriebs gewerblicher Art hat zahlreiche ertragsteuerliche Auswirkungen. Die Einordnung als Betriebsvermögen ist entscheidend für die korrekte Gewinnermittlung, da sie Auswirkungen auf Betriebseinnahmen, Betriebsausgaben und stille Reserven hat. Wenn ein Wirtschaftsgut aus dem Betriebsvermögen ausscheidet, z. B. durch Verkauf, werden stille Reserven aufgedeckt und es entsteht ein Ertrag. Dies betrifft sowohl bilanzierende Betriebe, die ihren Gewinn durch Betriebsvermögensvergleich ermitteln, als auch Betriebe, die eine Einnahmenüberschussrechnung durchführen. Die Zugehörigkeit von Wirtschaftsgütern zum Betriebsvermögen wirkt sich auch auf das steuerliche Einlagekonto aus, was Auswirkungen auf die Kapitalertragsteuer hat. Das steuerliche Einlagekonto gemäß § 27 KStG ist kein Buchführungskonto, sondern dient im Rahmen der Besteuerung der sachgerechten Unterscheidung zwischen zurückgezahlten Vermögenzuführungen (Einlagen) und Kapitalerträgen. Die Rückgewähr von Einlagen stellt keine Auskehr eines Kapitalertrags an den Anteilseigner dar, da er eine hingegebene Vermögenssubstanz zurückerhält. Jeder Betrieb gewerblicher Art muss ein steuerliches Einlagekonto führen. Auch wenn die Betragsgrenzen der Kapitalertragsteuer in § 20 Abs. 1 Nr. 10 lit. b Satz 1 EStG nicht überschritten werden, ist die Führung eines steuerlichen Einlagekontos erforderlich.[1] Wurde bisher keine oder keine fortlaufende Feststellung des steuerlichen Einlagekontos vorgenommen, ist die Feststellung auf den Schluss des letzten im Jahr 2022 endenden Wirtschaftsjahres (Erstjahr) vorzunehmen.[2] Der richtigen Bestimmung des Betriebsvermögens kommt

1 BFH, 30.9.2020 – I R 12/17, BStBl. II 2022, 269; BMF, 4.4.2022 – IV C 2-S 2836/21/10001:001, BStBl. I 2022, 645, Rn. 42.

2 BMF, 4.4.2022, BStBl. I 2022, 645, Rn. 44.

damit künftig unter dem Aspekt des steuerlichen Einlagekontos eine hohe Relevanz zu.

II. Differenzierung zwischen Hoheitsvermögen und Betriebsvermögen des BgA

Gemäß §§246 Abs. 1 Satz 2 Hs. 2 HGB, 39 Abs. 1 AO werden Wirtschaftsgüter grundsätzlich dem zivilrechtlichen Eigentümer bzw. Rechteinhaber zugeordnet. Auch bei wirtschaftlichem Eigentum gemäß §§246 Abs. 1 Satz 2 Hs. 2 HGB, 39 Abs. 2 AO erfolgt eine Zuordnung. Bei Betrieben gewerblicher Art (BgA) ergibt sich eine besondere Problematik, da sie zwar für körperschaftsteuerliche Zwecke eigenständig sind, jedoch zivilrechtlich nicht existieren und als unselbständiger Teil der Trägerkörperschaft (z. B. Bund, Land oder Kommune) gelten. Dieser Annahme der körperschaftsteuerlichen Verselbständigung folgend ist bei einem BgA eigenes Betriebsvermögen anzuerkennen.[3] Es wird von einem einheitlichen Vermögensträger ausgegangen, der sowohl den hoheitlichen Vermögensbereich als auch den Vermögensbereich des BgA umfasst, ähnlich der Trennung zwischen Privat- und Betriebsvermögen. Wirtschaftsgüter, die für den nichtsteuerbaren hoheitlichen Bereich angeschafft oder hergestellt wurden und dort genutzt werden, sind dem Hoheitsbereich zuzuordnen. Die Zurechnung von Betriebsvermögen des BgA ist nicht möglich, wenn das betreffende Wirtschaftsgut aufgrund öffentlicher Widmung dem Hoheitsvermögen zuzuordnen ist. Dieses Zurechnungsverbot gilt selbst dann, wenn das Wirtschaftsgut eine wesentliche Betriebsgrundlage des BgA darstellt. Ein typisches Beispiel für Vermögensgegenstände, die aufgrund öffentlicher Widmung dem Hoheitsvermögen zuzuordnen sind, sind öffentliche Straßenflächen. Aufgrund der öffentlich-rechtlichen Widmung kann die öffentliche Straße kein Betriebsvermögen eines BgA sein, sondern stellt Hoheitsvermögen dar, auch wenn es sich um eine für den BgA wesentliche Betriebsgrundlage handelt. Nutzungsentschädigungen, die ein BgA „Marktveranstaltungen“ an die Trägerkörperschaft „Stadt“ leistet, stellen beim BgA keine abziehbaren Betriebsausgaben dar, sondern führen bei gewinnmindernder Geltendmachung zu verdeckten Gewinnausschüttungen des BgA an die Trägerkörperschaft.[4] Der Betrieb gewerblicher Art (BgA) kann auch keine Abschreibung (AfA) für die Straßenflächen vornehmen.

Das Hoheitsvermögen schließt darüber hinaus die Vermögensverwaltung ein, die bei natürlichen Personen zu Einkünften aus Vermietung und Ver-

---

3 *Bürstinghaus* in: Herrmann/Heuer/Raupach, EStG/KStG, § 4 KStG Rn. 105.
4 BFH,17.5.2000 – I R 50/98, BStBl. II 2001, 558.

pachtung, Kapitalvermögen oder privaten Veräußerungsgeschäften führen würde.

Folgende Beispiele verdeutlichen die unterschiedlichen Vermögenssphären: Eine Gemeinde erwirbt für ihren Energieversorgungsbetrieb (BgA) ein Grundstück, auf dem ein Umspannwerk errichtet wird. Dieses Grundstück und das Umspannwerk sind dem Betriebsvermögen des BgA zuzuordnen, da sie für den wirtschaftlichen Geschäftsbetrieb des Energieversorgers genutzt werden. Hingegen wäre ein weiteres von der Gemeinde erworbenes Grundstück, das als öffentliche Parkanlagen genutzt wird, dem hoheitlichen Bereich zuzuordnen. Im Bereich des Breitband-Ausbaus gehört die Vermietung von Leerrohren durch eine Kommune an ein privates Unternehmen zur Vermögensverwaltung, weshalb Aufwendungen für die Verlegung der Rohre nicht gewinnmindernd geltend gemacht werden können. Verlegt die Kommune Lehrrohre mit Glasfaser und betreibt sie die Breitbandinfrastruktur selbst, begründet sie einen BgA und kann die Aufwendungen für die Verlegung der Rohre gewinnmindernd geltend machen. Vermietet die Kommune die Leerrohre an ein privates Unternehmen, an welchem sie selbst beteiligt ist, kann unter der Voraussetzung einer personellen und wirtschaftlichen Verflechtung eine Betriebsaufspaltung vorliegen, so dass die Kommune einen Besitz-BgA begründet.

III. Betriebsvermögen des BgA

1. Unterscheidung zwischen notwendigem und gewillkürtem Betriebsvermögen

Es erfolgt eine Unterscheidung zwischen notwendigem und gewillkürtem Betriebsvermögen.[5] Notwendiges Betriebsvermögen muss dem Betriebsvermögen des BgA zugeordnet werden, es sei denn, es handelt sich um zwingendes Hoheitsvermögen. Gewillkürtes Betriebsvermögen kann entweder dem Betriebsvermögen des BgA oder dem Hoheitsvermögen zugeordnet werden. Es besteht bei gewillkürtem Betriebsvermögen folglich ein Zuordnungswahlrecht. Notwendiges Betriebsvermögen des BgA umfasst Wirtschaftsgüter, die ausschließlich und unmittelbar für die eigenen betrieblichen Zwecke des BgA genutzt werden und erforderlich oder hierzu bestimmt sind.[6]

5 § 8 Abs. 1 Satz 1 KStG, R 4.2 EStR 2012.
6 R 4.2 Abs. 1 Satz 1 EStR 2012.

2. Zuordnung gemischt genutzte Wirtschaftsgüter

Aufgrund der Ausrichtung der jPöR werden häufig Wirtschaftsgüter sowohl hoheitlich als durch den BgA (betrieblich) genutzt, so dass es sich um gemischt genutzte Wirtschaftsgüter handelt. Bei gemischt genutzten Wirtschaftsgütern sind unter dem Aspekt der Tax Compliance Vorkehrungen für eine richtige Zuordnung zu treffen, um insbesondere eine richtige Zuordnung der Betriebsausgaben zu gewährleisten. Wird ein gemischt genutztes Wirtschaftsgut dem Betriebsvermögen des BgA zugeordnet, stellen Aufwendungen (z. B. AfA) keine Betriebsausgaben dar, soweit sie auf die hoheitliche Nutzung entfallen. Diese Aufwendungen sind (außer-)bilanziell zu korrigieren.[7] Wird ein gemischt-genutztes Wirtschaftsgut dem Hoheitsvermögen zugeordnet, sind Aufwendungen (z. B. AfA), soweit sie auf den BgA entfallen, als Betriebsausgaben des BgA zu erfassen.[8] Bei einem bilanzierenden BgA erfolgt dies durch eine außerbilanzielle Gewinnminderung bzw. durch Buchung einer Nutzungseinlage.

Gemischt genutzte Wirtschaftsgüter, die keine Grundstücke oder Grundstücksteile sind, gelten als notwendiges Betriebsvermögen des BgA, wenn sie zu mehr als 50 % für die Zwecke des BgA genutzt werden.[9] Alle wesentlichen Betriebsgrundlagen sind dem notwendigen Betriebsvermögen des BgA zuzuordnen.[10] Wirtschaftsgüter gelten als wesentliche Betriebsgrundlagen, wenn sie für die Betriebsführung von entscheidender Bedeutung sind, sei es durch ihren Beitrag zu den Betriebseinnahmen, ihre Bedeutung für den Betriebszweig oder die Umsätze, die mit ihnen erzielt werden. Die räumliche Lage eines Wirtschaftsguts im hoheitlichen Bereich der Trägerkörperschaft steht der Einordnung als notwendiges Betriebsvermögen nicht entgegen. Schafft z. B. eine Behörde für den BgA Kantinenbetrieb eine neue Registrierkasse an, die ausschließlich durch den BgA Kantinenbetrieb genutzt wird, handelt es sich um notwendiges Betriebsvermögen des BgA Kantinenbetrieb. Bei der Gewinnermittlung des BgA ist die volle Abschreibung (AfA) für die Registrierkasse gewinnmindernd geltend zu machen.[11]

Wirtschaftsgüter, die in einem gewissen objektiven Zusammenhang mit dem Betrieb stehen und die dazu bestimmt und geeignet sind, diesen zu fördern, können dem gewillkürten Betriebsvermögen zugeordnet werden. Gewillkürtes Betriebsvermögen liegt z. B. bei Wirtschaftsgütern vor, die an die Trägerkörperschaft verpachtet werden. Voraussetzung für die Zuordnung von Wirt-

7 R 4.7 Abs. 1 Satz 1 EStR 2012.
8 R 4.7 Abs. 1 Satz 2 EStR 2012.
9 R 4.2 Abs. 1 Satz 4 EStR 2012.
10 BFH, 10.12.2019 – I R 24/17, DStR 2020, 1610.
11 *Leibold/Gassner* in: Dürrschmidt/Majer, Jahrbuch für angewandte Forschung 2024, 127, 131.

schaftsgütern zum gewillkürten Betriebsvermögen ist eine dokumentierte Darstellung entweder in der Bilanz oder im Anlageverzeichnis der Einnahmenüberschussrechnung.[12] Bei gemischt genutzten Wirtschaftsgütern, die sowohl durch den hoheitlichen Bereich als auch durch den BgA genutzt werden, setzt die Zuordnung zum gewillkürten Betriebsvermögen voraus, dass das Wirtschaftsgut mindestens zu 10% bis zu 50% durch den BgA genutzt wird. Beträgt der Umfang der Nutzung durch den BgA weniger als 10% ist das Wirtschaftsgut zwingend dem Hoheitsvermögen zuzuordnen. Diese Prozentsätze ergeben sich aus R 4.2 Abs. 1 Sätze 4 bis 6 EStR und gelten für Wirtschaftsgüter, die keine Grundstücke oder Grundstücksteile sind. Nutzt der BgA z.B. einen von der Behörde angeschafften Kopierer zu 5% und zu 95% liegt eine hoheitliche Nutzung vor, ist der Kopierer zwingend dem Hoheitsvermögen zuzuordnen, da der Nutzungsanteil des BgA unter 10% liegt.[13] Die auf den BgA entfallenden anteiligen Betriebsausgaben wie z.B. die AfA können bei der Gewinnermittlung des BgA im Umfang von 5% gewinnmindernd geltend gemacht werden. Wird der Kopierer zu 40% durch den BgA genutzt und zu 60% hoheitlich, besteht ein Wahlrecht, den Kopierer als gewillkürtes Betriebsvermögen zu behandeln. Wird der Kopierer dem Hoheitsvermögen zugeordnet, sind bei der Gewinnermittlung des BgA 40% der Aufwendungen als Betriebsausgaben zu berücksichtigen. Wird der Kopierer dem Betriebsvermögen des BgA zugeordnet, sind die mit dem Kopierer zusammenhängenden Betriebsausgaben im Umfang der hoheitlichen Nutzung von 60% zu kürzen, um eine verdeckte Gewinnausschüttung an die Trägerkörperschaft zu vermeiden.[14] Mit der Zuordnung von Wirtschaftsgütern zum gewillkürten Betriebsvermögen wird der spätere Verkaufserlös voll den Betriebseinnahmen zugerechnet.

3. Zuordnung von Grundstücken und Grundstücksteilen

Grundsätzlich sind Grund und Boden und das darauf stehende Gebäude anders als nach zivilrechtlicher Betrachtung in §94 BGB im Steuerrecht zwei selbständige Wirtschaftsgüter.[15]

---

12 BMF, 17.11.2004, BStBl. I 2004, 1062.

13 *Leibold/Gassner* in: Dürrschmidt/Majer, Jahrbuch für angewandte Forschung 2024, 127, 132.

14 *Leibold/Gassner* in: Dürrschmidt/Majer, Jahrbuch für angewandte Forschung 2024, 127, 132f.

15 Vgl. §6 Abs. 1 Nr. 1 u. Nr. 2 EStG, R 4.2 EStR 2012.

a) Zuordnung entsprechend dem Nutzungs- und Funktionszusammenhang

Bei Gebäuden oder Gebäudeteilen richtet sich die Zuordnung zum hoheitlichen Bereich oder zum BgA danach, in welchem Nutzungs- und Funktionszusammenhang diese stehen.[16] Es ist entscheidend, ob die Gebäude(teile) hoheitlich oder durch den BgA genutzt werden, da jede Art der Nutzung ein eigenständiges Wirtschaftsgut darstellt. Ein Raum stellt die kleinste Einheit dar, die einer gesonderten Zuordnung zugänglich ist.[17]

Der Grund und Boden ist grundsätzlich nach dem Verhältnis der Nutzungsflächen des Gebäudes dem Hoheitsvermögen oder dem Betriebsvermögen des BgA zuzuordnen.[18] Nutzt der BgA einer Trägerkörperschaft 1/3 der Gesamtfläche eines Gebäudes als Verkaufsfläche und werden die übrigen 2/3 hoheitlich genutzt, ist das Gebäude und der zugehörige Grund und Boden dem BgA im Umfang von jeweils 1/3 als notwendiges Betriebsvermögen zuzurechnen.

b) Gemischte Nutzung eines Gebäudeteils

Bei gemischter Nutzung eines Gebäudes oder Gebäudeteils, z. B. eines Raumes, ist eine teilweise Zuordnung zum Betriebsvermögen des BgA bzw. zum Hoheitsvermögen nicht möglich. Das Gebäude oder der Gebäudeteil muss in seiner Gesamtheit entweder dem Hoheitsbereich oder dem Betriebsvermögen des BgA zugeordnet werden. Wird ein Gebäude(teil), überwiegend betrieblich, d. h. zu mehr als 50 %, für den BgA genutzt oder handelt es sich um eine wesentliche Betriebsgrundlage, liegt notwendiges Betriebsvermögen vor, es sei denn das Wirtschaftsgut ist zwingend aufgrund öffentlich-rechtlicher Widmung dem Hoheitsvermögen zuzurechnen (z. B. öffentliche Straßenfläche, die für den Marktbetrieb genutzt wird).[19]

Handelt es sich bei dem insgesamt gemischt genutzten Gebäude(teil) nicht um eine wesentliche Betriebsgrundlage des BgA, ist es für die Zuordnung zum Hoheitsbereich oder zum Betriebsvermögen des BgA maßgeblich, welche Art der Nutzung für den Raum prägend ist.[20] Maßstäbe können der räumliche und zeitliche Umfang der Nutzung sowie das Verhältnis der erzielten Umsätze im betrieblichen bzw. im hoheitlichen Bereich sein. Wird z. B. ein Büroraum zeitlich zu 70 % hoheitlich und zu 30 % durch einen BgA

---

16 R 4.2 Abs. 4 EStR 2012.

17 BFH, 27.1.1977 – I R 48/75, BStBl. II 1977, 388; BFH, 12.07.1979 – IV R 55/74, BStBl. II 1980, 5.

18 H 4.7 „Anteilige Zugehörigkeit Grund und Boden“ EStH 2012.

19 BFH, 17.5.2000 – I R 50/98, BStBl. II 2001, 558.

20 *Leibold/Gassner* in: Dürrschmidt/Majer, Jahrbuch für angewandte Forschung 2024, 127, 135.

genutzt, ist der Büroraum dem Hoheitsvermögen zuzuordnen, da die hoheitliche Nutzung für die Raumnutzung prägend ist.[21] Der auf die Nutzung durch den BgA entfallende Anteil als Betriebsausgabe in Höhe von 30% kann in der Gewinnermittlung des BgA gewinnmindernd als Nutzungseinlage berücksichtigt werden.

c) Eigenbetrieblich genutzte Grundstücksteile von untergeordneter Bedeutung

Gemäß einer Ausnahmeregelung in § 8 EStDV müssen Grundstücksteile, die für betriebliche Zwecke genutzt werden, nicht als Betriebsvermögen behandelt werden, wenn ihr Wert von untergeordneter Bedeutung ist. Dies ist der Fall, wenn der Wert des Grundstücksteils nicht mehr als ein Fünftel des Werts des gesamten Grundstücks und nicht mehr als 20.500 EUR beträgt. Für die Bestimmung des Werts des Grundstücksteils sind der Wert des Gebäudeteils und des zugehörigen Anteils am Grund und Boden zu addieren.[22] Sind die relative und die absolute Wertgrenze nicht überschritten, besteht ein Wahlrecht, den untergeordneten Grundstücksteil dem Betriebsvermögen des BgA oder dem Hoheitsvermögen zuzurechnen. Im Rahmen des Tax-Compliance-Managements ist dafür Sorge zu tragen, dass das Überschreiten der Wertgrenze jährlich überprüft wird.

Auch wenn untergeordnete Grundstücksteile als Hoheitsvermögen der Trägerkörperschaft behandelt werden, können Aufwendungen im Zusammenhang mit diesen Grundstücksteilen, wie z. B. die AfA, als Betriebsausgaben abgezogen werden.[23]

IV. Entgeltliche Überlassung von Wirtschaftsgütern an den BgA

Werden funktional nicht wesentliche Wirtschaftsgüter sowohl für hoheitliche Zwecke als auch für die Zwecke des BgA genutzt werden, besteht die Möglichkeit, diese nicht dem Betriebsvermögen des BgA zuzuordnen, sondern entgeltlich durch die Trägerkörperschaft an den BgA zu überlassen. Bei solchen Vereinbarungen müssen die zwischen einer Kapitalgesellschaft und ihrem beherrschenden Gesellschafter geltenden Grundsätze berücksichtigt

---

21 *Leibold/Gassner* in: Dürrschmidt/Majer, Jahrbuch für angewandte Forschung 2024, 127, 135.

22 R 4.2 Abs. 8 EStR 2012.

23 R 4.7 Absatz 2 Satz 4 EStR 2012.

werden, um verdeckte Gewinnausschüttungen zu vermeiden.[24] Die Vereinbarungen zwischen der Trägerkörperschaft und dem BgA müssen daher den Maßstäben eines Fremdvergleichs standhalten. Z. B. darf die Trägerkörperschaft mit dem BgA kein geringeres als das verkehrsübliche Nutzungsentgelt für ein überlassenes Wirtschaftsgut vereinbaren.[25] Darüber hinaus muss es sich um klare, eindeutige und im vorhinein getroffene Vereinbarungen handeln.[26] Nutzt z. B. der BgA Kantinenbetrieb den von der Behörde angeschafften Kopierer aufgrund einer internen Nutzungsvereinbarung gegen ein im Voraus vereinbartes angemessenes Entgelt zu 40 %, stellt die Miete eine abzugsfähige Betriebsgrundlage dar.[27] Denn der Kopierer ist keine funktional wesentliche Betriebsgrundlage des BgA Kantinenbetrieb. Die Mieterträge erzielt die Trägerkörperschaft im Rahmen der ertragsteuerlich nicht relevanten Vermögensverwaltung.

V. Beteiligungen an Personen- und Kapitalgesellschaften

1. Beteiligung an Kapitalgesellschaften

a) Grundsätzliche Einordnung

Die Beteiligung einer jPöR an einer Kapitalgesellschaft begründet grundsätzlich keinen eigenständigen BgA, es sei denn die jPöR übt einen entscheidenden Einfluss auf die laufende Geschäftstätigkeit des Unternehmens aus, da ihr eine beherrschende Stellung durch eine Mehrheitsbeteiligung oder eine mittelbare Beteiligung zukommt.[28] Dies liegt in der Regel vor, wenn die Beteiligung über 50 % des gezeichneten Kapital beträgt und die Trägerkörperschaft die Geschäftsführung durch ihr Personal erledigt. Auch die Beteiligung an einer ausschließlich vermögensverwaltenden Kapitalgesellschaft stellt keinen BgA dar.[29] Wird durch die Beteiligung an einer Kapitalgesellschaft kein BgA begründet, gehört sie zur Vermögensverwaltung der jPöR. Einkünfte, z. B. Dividendenerträge, unterliegen in diesem Fall der beschränkten Körperschaftsteuerpflicht gemäß § 2 Nr. 2 KStG und sind damit in Höhe von 15 % kapitalertragsteuerpflichtig gemäß § 44a Abs. 8 Satz 1

24 *Leibold/Gassner* in: Dürrschmidt/Majer, Jahrbuch für angewandte Forschung 2024, 127, 133.
25 Vgl. R 8.5 Abs. 1 KStR 2022.
26 Vgl. R 8.5 Abs. 2 KStR 2022.
27 *Leibold/Gassner* in: Dürrschmidt/Majer, Jahrbuch für angewandte Forschung 2024, 127, 133.
28 Vgl. R 4.1 Abs. 2 Satz 2 KStR 2022.
29 BFH, 29.11.2017 – I R 83/15, BStBl. II 2018, 495.

Nr. 2 EStG. Der Kapitalertragsteuereinbehalt hat abgeltende Wirkung gemäß § 32 Abs. 1 Nr. 2 KStG und kann von der jPöR nicht angerechnet werden.[30]

Ist die jPöR entweder unmittelbar oder mittelbar mehrheitlich an einer Kapitalgesellschaft beteiligt, die eine Dauerverlusttätigkeit ausübt und trägt ausschließlich die jPöR die Dauerverluste, sind die Rechtsfolgen einer ansonsten anzunehmenden verdeckten Gewinnausschüttung gemäß § 8 Abs. 3 Satz 2 KStG nicht anzunehmen, wenn die Kapitalgesellschaft eine begünstigte Betätigung gemäß § 8 Abs. 7 Satz 2 KStG vorliegt. Begünstigt sind z. B. der ÖPNV, Kindergärten, Bibliotheken, Museen, Volkshochschulen und Krankenhäuser. Auch soweit die Dauerverluste der Kapitalgesellschaft aus einer Betätigung folgen, die eine hoheitliche Tätigkeit darstellen würde, wenn sie von der jPöR selbst ausgeübt werden würde, sind die Folgen einer verdeckten Gewinnausschüttung gemäß § 8 Abs. 7 Satz 2 Hs. 2 KStG nicht anzunehmen. Dies gilt z. B. für Verluste, die durch das Schulschwimmen entstehen, die bei der jPöR eine hoheitliche Aufgabe darstellen würde.[31]

b) Beteiligungen an Kapitalgesellschaften im Betriebsvermögen eines BgA

Die Beteiligung an einer Kapitalgesellschaft kann auch zum Betriebsvermögen eines BgA gehören. Eine Zuordnung zum gewillkürten Betriebsvermögen ist möglich, wenn die Beteiligung in einem gewissen objektiven Zusammenhang mit dem Betrieb steht und ihn zu fördern bestimmt und geeignet ist.[32] Die Beteiligung an einer Kapitalgesellschaft stellt notwendiges Betriebsvermögen[33] dar, wenn die Voraussetzungen einer Betriebsaufspaltung[34] vorliegen. Eine Betriebsaufspaltung liegt vor, wenn eine Trägerkörperschaft eine wesentliche Betriebsgrundlage an eine Eigengesellschaft zur Nutzung überlässt (sachliche Verflechtung) und die Trägerkörperschaft die Eigengesellschaft gesellschaftsrechtlich beherrscht (personelle Verflechtung). Deshalb wird ein Verpachtungs-BgA begründet, wenn eine jPöR wesentliche Betriebsgrundlagen, z. B. ein Betriebsgrundstück, an eine Kapitalgesellschaft, an der sie mehrheitlich beteiligt ist, überlässt. Zum notwendigen Betriebsvermögen des Verpachtungs-BgA gehören dann sowohl das überlassene Wirtschaftsgut, d. h. hier das vermietete Betriebsgrundstück, als auch die Beteiligung an der Kapitalgesellschaft.

---

30 BMF, 28.4.2003 – IV A 2-S 2750a-7/03, BStBl. I 2003, 292, Rn. 11.

31 *Alber/Szczesny/Sell*, Körperschaftsteuer, S. 63.

32 Vgl. R 4.2 Abs. 1 Satz 3 EStR 2012.

33 Vgl. R 4.2 Abs. 1 Satz 1 EStR 2012.

34 Die Betriebsaufspaltung ist ein von der Finanzrechtsprechung geprägtes Rechtsinstitut, dass mit dem Grundsatz der Gleichmäßigkeit der Besteuerung und einer wirtschaftlichen Betrachtungsweise begründet wird.

Erzielt der BgA aus der Beteiligung an einer Kapitalgesellschaft Beteiligungserträge wie z. B. Dividendenerträge aus der Beteiligung an einer Aktiengesellschaft oder einer GmbH oder Veräußerungsgewinne handelt es sich um Betriebseinnahmen des BgA.

Für Erträge aus einer Beteiligung kommt die Sondervorschriften des § 8b KStG zur Anwendung. Handelt es sich um eine sog. Streubesitzdividende, da die Beteiligung des BgA weniger als 10 % des Grund- oder Stammkapitals beträgt, liegen in voller Höhe steuerpflichtige Betriebseinnahmen vor. Handelt es sich nicht um eine Streubesitzdividende, sind 100 % des Ertrags steuerfrei gemäß § 8b Abs. 1 Satz 1 i. V. m. Abs. 4 KStG. Gleichzeitig werden 5 % als nichtabzugsfähige Betriebsausgaben nach § 8b Abs. 5 Satz 1 KStG wieder hinzugerechnet, so dass im Ergebnis 95 % steuerfrei gestellt werden. Dies gilt analog für Veräußerungsgewinne einer Beteiligung an einer Kapitalgesellschaft gemäß § 8b Abs. 2 i. V. m. Abs. 3 Satz 1 KStG. Die jeweils einbehaltene Kapitalertragsteuer i. H. v. 15 % kann bei der Körperschaftsteuerveranlagung des BgA gemäß § 36 Abs. 2 Nr. 2 b) EStG voll auf seine festgesetzte Steuer angerechnet werden.

2. Beteiligung an Personengesellschaften

a) Grundsätzliche Einordnung

Beteiligt sich eine jPöR an einer gewerblich tätigen Personengesellschaft, wird hierdurch stets ein BgA begründet.[35] Aufgrund kommunalrechtlicher Vorgaben ist es für jPöR nur möglich sich haftungsbeschränkt, als Kommanditist, zu beteiligen. Diese begründet nach h. M. stets einen selbständigen BgA.

Ein BgA liegt auch dann vor, wenn die Tätigkeit der Personengesellschaft eine hoheitliche Tätigkeit darstellen würde, wenn die jPöR die Tätigkeit selbst vornehmen würde, wie z. B. bei der Hausmüllbeseitigung.[36] Auch der Umstand, dass an der Personengesellschaft nur jPöR beteiligt sind, ändert nichts an der Begründung eines BgA.[37] Ein BgA aufgrund der Beteiligung der jPöR an einer gewerblich tätigen Personengesellschaft liegt losgelöst davon vor, ob die für die Merkmale der wirtschaftlichen Selbständigkeit einerseits und des wirtschaftlichen Gewichts andererseits geltenden Umsatzgrenzen des R 4.1 Abs. 4 und Abs. 5 KStR 2022 erfüllt sind.[38] Die jPöR

---

35 BFH, 29.11.2017 – I R 83/15, BStBl. II 2018, 495, Rn. 18.
36 *Alber/Szczesny/Sell*, Körperschaftsteuer, S. 64.
37 BFH, 9.5.1984 – I R 25/81, BStBl. II 1984, 726.
38 BMF, 21.6.2017 – IV C 2-S 2706/14/10001, BStBl. I 2017, 880.

begründet dagegen keinen BgA, wenn die Personengesellschaft vermögensverwaltend ist oder Einkünfte aus Land- und Forstwirtschaft erzielt.

b) Beteiligungen an einer Personengesellschaft im Betriebsvermögen eines anderen BgA

Das steuerliche Ergebnis einer Beteiligung an einer gewerblich tätigen Personengesellschaft, durch die ein BgA begründet wird, kann nur dann durch Erfassung der Beteiligung als gewillkürtes Betriebsvermögen bei einem weiteren BgA mit dessen steuerlichem Ergebnis verrechnet werden, wenn die Zusammenfassungsvoraussetzungen des § 4 Abs. 6 KStG vorliegen.[39]

VI. Schulden

Schulden sind dem Betriebsvermögen des BgA zuzuordnen, wenn diese einen objektiven Zusammenhang zu der wirtschaftlichen Tätigkeit des BgA haben.[40]

Verzinsliche Darlehen, welche die Trägerkörperschaft an den BgA vergibt, sind jedoch steuerlich insoweit nicht anzuerkennen, als keine angemessene Eigenkapital-Ausstattung des BgA gegeben ist. Die Finanzverwaltung setzt für eine angemessene Eigenkapitalausstattung grundsätzlich voraus, dass das Eigenkapital mindestens 30 % des Aktivvermögens beträgt.[41] Die Angemessenheit der Kapitalausstattung kann durch einen Vergleich mit der Kapitalstruktur gleichartiger Betriebe der Privatwirtschaft nachgewiesen werden.[42] Liegt keine angemessene Eigenkapitalausstattung vor, stellen an den Hoheitsbereich gezahlte Zinsen verdeckte Gewinnausschüttungen dar. Unverzinsliche Darlehen der Trägerkörperschaft an den BgA sind als Eigenkapital zu behandeln.[43]

---

39 BFH, 18.1.2023 – I R 16/19, BStBl. II 2023, 1096.
40 Vgl. R 4.2 Abs. 15 EStR, H 4.2 Abs. 15 „Betriebsschuld" EStH 2012.
41 Vgl. R 8.2 Abs. 2 Satz 3 KStR 2022.
42 H 8.2 „Angemessene Eigenkapitalausstattung" KStH 2022; BFH, 9.7.2003 – I R 48/02, BStBl. II 2004, 425.
43 Vgl. R 8.2 Abs. 2 Satz 6 KStR 2022.

VII. Miet- und Pachtzinsen

1. Überlassung von Wirtschaftsgütern durch den BgA an den hoheitlichen Bereich

Entgelte für die Überlassung des Betriebsvermögens des BgA an den hoheitlichen Bereich der Trägerkörperschaft (Land) stellen Betriebseinnahmen des BgA dar.

2. Überlassung von Wirtschaftsgütern durch den Hoheitsbereich an den BgA

Grundsätzlich lässt die fiktive Verselbständigung des BgA im Rahmen der Einkommensermittlung die steuerliche Berücksichtigung von Miet- und Pachtvereinbarungen des BgA mit seiner Trägerkörperschaft zu.[44] Handelt es sich bei dem überlassenen Wirtschaftsgut um notwendiges Betriebsvermögen des BgA, stellen gewinnmindernd berücksichtigte Miet- und Pachtzinszahlungen des BgA an die Trägerkörperschaft verdeckte Gewinnausschüttungen (vGA) dar. Damit wird eine Gleichstellung zum Alleingesellschafter einer GmbH erreicht, bei welchem im vergleichbaren Fall eine Betriebsaufspaltung angenommen wird und damit gewerblicher Einkünfte vorliegen. Bei der Trägerkörperschaft hingegen sind Mieterträge der Vermögensverwaltung und damit dem nichtsteuerbaren Bereich zuzurechnen. Deshalb erfolgt hier eine Korrektur über die verdeckte Gewinnausschüttung. Vermietet eine Trägerkörperschaft ihrem BgA Kantinenbetrieb gegen Entgelt eine Küche und einen Bewirtungsraum, sind diese zunächst als Betriebsausgabe bei der Gewinnermittlung des BgA Kantinenbetrieb gewinnmindernd berücksichtigt. Diese Gewinnminderung wird bei der Einkommensermittlung des BgA Kantinenbetrieb außerbilanziell über eine verdeckten Gewinnausschüttung gemäß 8 Abs. 3 Satz 2 KStG wieder hinzugerechnet.

3. Gemischte Aufwendungen

Betriebsausgaben des BgA sind alle Aufwendungen, die nach ihrer Zweckbestimmung ausschließlich durch die wirtschaftliche Tätigkeit des BgA verursacht worden sind. Bei gemischten Aufwendungen, die sowohl durch den BgA als auch durch den Hoheitsbetrieb veranlasst sind, ist eine Aufteilung

---

44 Vgl. H 8.2 „Miet- oder Pachtverträge“ KStH 2022.

vorzunehmen, wenn hierfür ein objektiver Aufteilungsmaßstab besteht, z. B. Gemeinkosten aus der Nutzung von Gebäuden.[45]

Werden bei der Gewinnermittlung des BgA auf den Hoheitsbereich entfallende Aufwendungen gewinnmindernd berücksichtigt, liegt insoweit eine verdeckte Gewinnausschüttung (vGA) vor. Wird z. B. ein Büroraum zu 70 % hoheitlich und zu 30 % durch den BgA genutzt, darf die auf den Büroraum entfallende Abschreibung (AfA) bei der Gewinnermittlung des BgA nur in Höhe von 30 % berücksichtigt werden. Wurde bei der Gewinnermittlung des BgA 100 % der auf den Büroraum entfallenden AfA berücksichtigt, liegt eine verdeckte Gewinnausschüttung vor und der Gewinn ist gemäß § 8 Abs. 3 Satz 2 KStG außerbilanziell um 70 % des AfA-Betrags zu erhöhen.[46]

VIII. Sicherstellung der korrekten Zuordnung von Wirtschaftsgütern im BgA durch Tax-Compliance-Maßnahmen

Die korrekte Zuordnung von Wirtschaftsgütern zum Betriebsvermögen des BgA ist aufgrund der oft gemischten Nutzung fehleranfällig. Fehler führen im Rahmen von Betriebsprüfungen zu Korrekturen durch entsprechende verdeckte Gewinnausschüttungen. Für die Trägerkörperschaft werden Steuernachforderungen, einschließlich Zinsen gemäß § 233a AO, fällig. Tax Compliance Managementsysteme (TCMS) können dabei helfen, Risiken bei der Zuordnung von Wirtschaftsgütern zu vermeiden. Die Erfassung des Betriebsvermögens sowie die Aufteilungsmaßstäbe für die Betriebsausgabenanteile werden im Rahmen des TCMS dokumentiert. Im ertragsteuerlichen Teil der Risikokontrollmatrix werden die entsprechenden Risiken erfasst und durch Maßnahmen, wie beispielsweise die Durchführung von Schulungen und spezifischen Kontrollhandlungen vermindert.[47] Um die Zuordnung von Wirtschaftsgütern zum Hoheitsvermögen oder Betriebsvermögen des BgA sicherzustellen, empfiehlt es sich, einen standardisierten Prozess zu etablieren. Eine Checkliste kann dabei hilfreich sein. Insbesondere bei Gebäuden und Grundstücken ist neben dem Anlageverzeichnis eine Übersicht zu erstellen, welche die verschiedenen Nutzungsarten der Wirtschaftsgüter transparent macht. Diese Aufstellung dient als jährliche Vorbereitung zur Gewinnermittlung und legt die Grundlage für die Zuordnung von Betriebsausgaben fest. Die anteiligen Aufwendungen für Wirtschaftsgüter, die dem

---

45 *Leibold/Gassner* in: Dürrschmidt/Majer, Jahrbuch für angewandte Forschung 2024, 127, 137.

46 *Leibold/Gassner* in: Dürrschmidt/Majer, Jahrbuch für angewandte Forschung 2024, 127, 137.

47 *Leibold*, BB 2023, 1052, 1055; *Renz/Leibold*, BB 2022, 1943, 1947.

hoheitlichen Bereich zugeordnet und teilweise vom BgA genutzt werden, sind als Aufwandseinlage gewinnmindernd zu berücksichtigen. Dies kann in den Folgejahren eine Überprüfung auf Änderungen der Nutzungsanteile erleichtern. Denn bei Veränderungen in den Nutzungsanteilen des BgA müssen die Zuordnung der Wirtschaftsgüter und der Aufteilungsschlüssel für Betriebsausgaben neu bestimmt und dokumentiert werden.[48]

48 Vgl. Beispiel für eine Checkliste: *Leibold/Gassner* in: Dürrschmidt/Majer, Jahrbuch für angewandte Forschung 2024, 127, 137.

Einkommensermittlung bei Betrieben gewerblicher Art

Prof. Dr. Tanja Leibold und MR'in Claudia Gassner

I. Einleitung

Eine jPöR unterliegt mit ihrem BgA der unbeschränkten Körperschaftsteuerpflicht gemäß § 1 Abs. 1 Nr. 6 KStG i. V. m. § 4 KStG. Beschränkt steuerpflichtig ist die jPöR gemäß § 2 Nr. 2 KStG mit ihren Einkünften, welche dem Steuerabzug unterliegen – insbesondere mit Kapitaleinkünften. Wirtschaftliche Tätigkeiten der jPöR, welche einen BgA begründen, stellen gemäß § 8 Abs. 2 KStG gewerbliche Einkünfte dar.

Ein BgA ist ein auf steuerrechtlichen Vorschriften beruhendes fiktives Rechtsgebilde. Die Selbständigkeit eines BgA wird fingiert und sein Verhältnis zur Trägerkörperschaft entspricht für steuerliche Zwecke dem Verhältnis einer GmbH zu ihrem Alleingesellschafter. Der BgA wird als „virtuelle Kapitalgesellschaft" behandelt. Das Körperschaftsteuerrecht unterscheidet deshalb zwischen der Ebene des Gesellschafters, d. h. der Trägerkörperschaft, und der virtuellen Kapitalgesellschaft BgA. Steuersubjekt bei der Ertragsteuer ist die jPöR wegen jedes einzelnen BgA und nicht der einzelne BgA selbst.

Das Einkommen wird für jeden BgA gesondert ermittelt und unterliegt, soweit dieser nicht nach § 5 KStG steuerbefreit ist, der Körperschaftsteuer. Aus dem Gewinnermittlungsergebnis des BgA (Gewinn oder Verlust) wird nach den körperschaftsteuerlichen Grundsätzen das zu versteuernde Einkommen[1] ermittelt und ein Freibetrag[2] berücksichtigt.

Der nachfolgende Beitrag zeigt die Anforderungen an die Ermittlung des Einkommens eines BgA auf, analysiert praxisrelevante Fehlerquellen und stellt Möglichkeiten zur Risikominderung durch den Einsatz eines TCMS vor.

---

1 §§ 7, 8 ff. KStG.
2 § 24 KStG.

II. Steuerpflichten bei der Ertragsteuer

1. Unbeschränkte Steuerpflicht

Die Voraussetzungen der unbeschränkten Körperschaftsteuerpflicht liegen grundsätzlich vor, wenn die Tatbestandsvoraussetzungen eines BgA erfüllt sind und die Leitung[3] des BgA im Inland liegt. Der Umfang der unbeschränkten Steuerpflicht umfasst nur die gewerblichen Einkünfte des jeweiligen BgA, bzw. die Einkünfte des zusammengefassten BgA. Für diese BgA, bzw. zusammengefassten BgA ist eine Einkommensermittlung durchzuführen. Die ertragsteuerliche Pflicht umfasst auch die Gewerbesteuer, wenn der BgA eine Gewinnerzielungsabsicht verfolgt und am allgemeinen wirtschaftlichen Verkehr teilnimmt. Die Gewinnerzielungsabsicht fordert mehr als ein kostendeckendes Entgelt. Bei der Beurteilung des Merkmals Gewinnerzielungsabsicht bei zusammengefassten Betrieben ist auf das Ergebnis des zusammengefassten BgA abzustellen.

Eine Teilnahme am Markt ist erfüllt, wenn die Dienstleistungen oder Produkte Dritten im Internet oder in einem geschäftlichen Rahmen angeboten werden.

2. Beschränkte Steuerpflicht

Die jPöR wird aufgrund der partiellen unbeschränkten Steuerpflicht nur für BgA mit den Dividendenerträgen nicht von der unbeschränkten Körperschaftssteuerpflicht erfasst. Da die Beteiligungen i. d. R. in der Vermögensverwaltung außerhalb eines BgA zuzurechnen sind, sind diese nicht steuerbar. Deshalb gilt für jPöR, soweit sie nicht von der unbeschränkten Steuerpflicht mit den BgA als Betriebseinnahme erfasst werden, für inländische Einkünfte, die dem Steuerabzug unterliegen (z. B. Dividendenerträge), ergänzend eine beschränkte Steuerpflicht gemäß § 2 Nr. 2 KStG. Damit wird die Besteuerungsebene des BgA verlassen und es erfolgt eine direkte Besteuerung der jPöR als Anteileigner und Empfänger der Kapitalerträge.[4] Aufgrund der Gleichsetzung des Verhältnis von BgA zu seiner Trägerkörperschaft (Kommune, Land, Bund, Kirche) mit dem einer Kapitalgesellschaft zu ihren Gesellschaftern, werden auch Gewinne der BgA wie Ausschüttungen von Kapitalgesellschaften besteuert.

Für folgende Einkünfte kann sich ein Steuerabzug und damit eine beschränkte Steuerpflicht ergeben:

---

3 Sitz und Leitung der Trägerkörperschaft nach § 1 Abs. 1 KStG.

4 Vgl. § 20 Abs. 1 Nr. 10 EStG, § 43 Abs. 1 Satz 1 Nr. 7b und 7c i. V. m. § 43a Abs. 1 Satz 1 Nr. 2 EStG.

- Einkünfte aus Kapitalvermögen gemäß § 20 Abs. 1 Nr. 10 EStG, d.h. Dividenden, Zinsen, Ausschüttungen, für die gemäß § 43 EStG ein Kapitalertragsteuerabzug vorzunehmen ist.
- Honorare an ausländische Unternehmer aus Rechteüberlassung, Gage eines ausländischen Künstlers oder Moderators, für die gemäß § 50a EStG ein Steuerabzug vorzunehmen ist.

Die Steuerpflicht wird bei der beschränkten Körperschaftsteuerpflicht durch den Steuerabzug abgegolten, der gemäß § 23 KStG 15 % beträgt. Hier ergeht kein gesonderter Steuerbescheid. Besitzt eine jPöR eine Bescheinigung des Finanzamts nach § 44a Abs. 7 KStG, wird keine Kapitalertragsteuer einbehalten.

Beispiel:

Die Kommune A ist an der Parkraum-GmbH mit 15 % beteiligt und die Beteiligung wird nicht im Betriebsvermögen eines BgA gehalten. Die GmbH schüttet eine Dividende aus und behält Kapitalertragsteuer ein. Die GmbH meldet die Kapitalertragsteuer beim Finanzamt an. Die Zahlung und Abrechnung erfolgen am 30.11.2024 wie folgt:

Bruttodividende	10.000,00 €
abzgl. Körperschaftsteuer § 23 KStG 15 % =	1.500,00 €
abzgl. davon 5,5 % SolZ =	82,50 €
Auszahlungsbetrag	8.417,50 €

Lösung:

Es besteht eine Steuerpflicht der Kommune gemäß § 2 Abs. 1 Satz 1 Nr. 5 i.V.m. § 20 Abs. 1 Nr. 1 EStG. Die Einnahmen unterliegen nach § 43 Abs. 1 S. 1 EStG dem Steuerabzug. Dies gilt gemäß § 43 Abs. 1 S. 3 EStG auch dann, wenn diese Einkünfte gemäß § 8b KStG von der Besteuerung auszunehmen wären, weil sie sich im Betriebsvermögen eines BgA befinden.

Der Kapitalertragsteuerabzug beträgt gemäß § 43a Abs. 1 S. 1 Nr. 1 i.V.m. § 44a Abs. 8 S. 1 Nr. 2 EStG 15 %. Darüber hinaus ist gemäß § 1 Abs. 1 und 3 i.V.m. § 3 Abs. 1 Nr. 5 SolZG ein Solidaritätszuschlag in Höhe von 5,5 % einzubehalten. Dem Steuerabzug unterliegen bei Zufluss die Bruttoerträge, d.h. Werbungskosten bzw. Betriebsausgaben sind gemäß §§ 43a Abs. 2 S. 1 EStG, 8 Abs. 6 KStG nicht abzugsfähig. Die Steuer hat Abgeltungswirkung gemäß § 32 KStG.

III. Besteuerungsverfahren bei BgA

Die Festsetzung der Körperschaftsteuer erfolgt jährlich gegenüber der Trägerkörperschaft. Besteuerungszeitraum ist gemäß § 7 Abs. 3 KStG das Kalenderjahr. Bei einem vom Kalenderjahr abweichenden Wirtschaftsjahr gilt der Gewinn in dem Kalenderjahr als bezogen in dem das Wirtschaftsjahr endet. Steuerschuldnerin ist die jPöR selbst, da nur sie Trägerin von Rechten und Pflichten sein kann. Entsprechende Steuerbescheide, die jeweils einen einzelnen BgA betreffen, sind daher an die Trägerkörperschaft zu adressieren.

1. Gewinnermittlungsarten

Der BgA erzielt Einkünfte aus Gewerbebetrieb gemäß § 8 Abs. 2 KStG. Die gewerblichen Einkünfte eines BgA zählen gemäß § 8 Abs. 1 KStG i. V. m. § 2 Abs. 2 Nr. 1 EStG zu den Gewinneinkunftsarten. Die Gewinnermittlung erfolgt bei den Gewinneinkunftsarten grundsätzlich durch einen Betriebsvermögensvergleich gemäß §§ 5, 4 Abs. 1 EStG, soweit der BgA buchführungspflichtig ist oder freiwillig Bücher führt. Falls keine gesetzliche Buchführungspflicht besteht, kann der BgA seinen Gewinn alternativ durch eine Einnahmenüberschussrechnung gemäß § 8 Abs. 1 KStG i. V. m. § 4 Abs. 3 EStG ermitteln. Besteht keine Verpflichtung Bücher zu führen, stellt die Wahl der Gewinnermittlungsart eine steuergestaltende Weichenstellung dar, da die Gewinnermittlungsart z. B. bei Kapitalerträgen Auswirkung auf die Steuerpflicht haben kann. Wurde das Wahlrecht zur Gewinnermittlung nicht ausgeübt, da das Bestehen des BgA nicht erkannt wurde, wird der Gewinn durch das Finanzamt nach den Regeln zum Betriebsvermögensvergleich geschätzt, sodass das Wahlrecht in diesem Fall nicht rückwirkend ausgeübt werden kann.[5]

Gewinnermittlungsarten	
Betriebsvermögensvergleich § 4 Abs. 1 EStG – Buchführungspflicht – Freiwillige kaufmännische Buchführung	Einnahmenüberschussrechnung § 4 Abs. 3 EStG

Abbildung 1: Eigene Darstellung

Für jeden BgA erfolgt unabhängig vom Vorhandensein weiterer BgA eine gesonderte Gewinnermittlung und Einkommensermittlung, soweit dieser

5 H 4.1 „Gewinnschätzung“ EStH 2012.

nicht nach § 5 KStG von der Körperschaftsteuer befreit ist. Eine Ausnahme hiervon bilden nur zusammengefasste BgA, welche jeweils als ein zusammengefasster Betrieb eine Gewinnermittlung erstellen.

2. Gewinnermittlung durch Betriebsvermögensvergleich

Die Gewinnermittlung durch Betriebsvermögensvergleich gemäß §§ 4 Abs. 1 Satz 1, 5 Abs. 1 Satz 1 EStG ist für BgA maßgeblich, die einer Buchführungspflicht gemäß § 140 oder § 141 AO unterliegen oder die freiwillig Bücher führen.

Bei Gewinnermittlung durch Betriebsvermögensvergleich sind Aufwendungen und Erträge gemäß § 252 Abs. 1 Nr. 5 HGB i. V. § 5 Abs. 1 Satz 1 HS. 1 EStG dem Jahr der wirtschaftlichen Entstehung zuzuordnen. Anders als bei der Gewinnermittlung durch eine Einnahmenüberschussrechnung hat der Zu- und Abfluss von Betriebseinnahmen und Betriebsausgaben bei der Gewinnermittlung durch Betriebsvermögensvergleich keine Auswirkung auf den Gewinn.

Formel für die Gewinnermittlung durch Betriebsvermögensvergleich:	
	Betriebsvermögen am Schluss des Wirtschaftsjahres
./.	Betriebsvermögen am Schluss des vorangegangenen Wirtschaftsjahres
	Veränderung des Betriebsvermögens
+	Entnahmen[6] des Wirtschaftsjahres
./.	Einlagen des Wirtschaftsjahres
Gewinn/Verlust des Wirtschaftsjahres	

Abbildung 2: Eigene Darstellung

Ist ein Aufwand bzw. ein Ertrag dem aktuellen Wirtschaftsjahr zuzurechnen und erfolgt der Zahlungsvorgang erst in einem Folgejahr, ist dies durch Einbuchung einer Verbindlichkeit bzw. einer Forderung zu erfassen.[7] Betrifft ein Abfluss oder Zufluss einen Aufwand bzw. Ertrag eines künftigen Wirtschaftsjahres, ist gemäß §§ 250 Abs. 1 und 2 HGB, 5 Abs. 5 Satz 1 Nr. 1 und Nr. 2 EStG ein aktiver bzw. passiver Rechnungsabgrenzungsposten zu

6 In Fällen, in denen ein Wirtschaftsgut, das zum Betriebsvermögen des BgA gehört, unentgeltlich in den Hoheitsbereich der Trägerkörperschaft übertragen wird, liegt nach der Rechtsprechung des BFH keine Entnahme, sondern eine verdeckte Gewinnausschüttung (vGA) vor, vgl. BFH, 24.4.2002 – I R 20/01, BStBl. II 2003, 412. Die vGA ist mit dem gemeinen Wert anzusetzen, vgl. H 8.6 „Hingabe von WG" KStH 2022. Dagegen ist eine Einlage von Wirtschaftsgütern in einen BgA möglich, vgl. BFH, 1.7.1987 – I R 197/83, BStBl. II 1987, 865.

7 Vgl. R 5.6 Abs. 3 Satz 2 EStR 2012.

bilden.[8] Die Erforderlichkeit der Bildung eines Rechnungsabgrenzungspostens entfällt gemäß § 5 Abs. 1 Satz 2 EStG i. V. m. § 52 Abs. 9 S. 1 EStG für Wirtschaftsjahre, die nach dem 31.12.2022 enden, wenn die Bagatellgrenze von 800 € (netto, ohne Umsatzsteuer) nicht überschritten ist.

Beispiel 1
Am 20.12.01 werden in einem Kantinenbetrieb (buchführungspflichtiger BgA) Reparaturen an verschiedenen Küchengeräten durch den Werkunternehmer W vorgenommen. Für die Reparaturleistungen wird mit Rechnung vom 21.12.01 der Betrag von 5.000 € zuzüglich Umsatzsteuer i. H. v. 950 € in Rechnung gestellt. Die Zahlung erfolgt am 3.1.02. ***Lösung zu Beispiel 1:*** Der Reparaturaufwand i. H. v. 5.000 € ist wirtschaftlich dem Jahr 01 zuzuordnen. In der Bilanz zum 31.12.01 ist sowohl der Vorsteuererstattungsanspruch i. H. v. 950 € als auch die Verbindlichkeit gegenüber dem Werkunternehmer W i. H. v. 5.950 € zu berücksichtigen.
Beispiel 2
Für einen am 21.12.01 ausgeführten Catering-Auftrag des Kantinenbetriebs (buchführungspflichtiger BgA) wird mit Rechnung vom 28.12.01 der Betrag von 3.000 € zuzüglich Umsatzsteuer i. H. v. 570 € in Rechnung gestellt. Der Rechnungsbetrag wird durch den Kunden am 10.1.02 beglichen. ***Lösung zu Beispiel 2:*** Der Erlös i. H. v. 3.000 € stellt einen Ertrag des Jahres 01 dar. In der Bilanz zum 31.12.01 sind sowohl die Kundenforderung i. H. v. 3.570 € als auch die Umsatzsteuerverbindlichkeit i. H. v. 570 € auszuweisen.

3. Gewinnermittlung durch Einnahmenüberschussrechnung (EÜR)

Für BgA, bei denen aufgrund gesetzlicher Vorschriften keine Pflicht besteht, Bücher zu führen und regelmäßig Abschlüsse zu machen, und die auch freiwillig keine Bücher führen und keine Abschlüsse machen, kann als Gewinn gemäß § 4 Abs. 3 EStG der Überschuss der Betriebseinnahmen über die Betriebsausgaben angesetzt werden. Die hierfür maßgeblichen Werte sind aus der kameralistischen Buchführung abzuleiten. Erfolgt aufgrund haushaltsrechtlicher Vorschriften eine Verbuchung in Anlehnung an das Handelsrecht nach den Grundsätzen der doppelten Buchführung (Betriebsvermögensvergleich) sind Korrekturen erforderlich, da die Verbuchung nach dem Verursachungsprinzip und nicht nach Zahlung erfolgt. Aus den unterschiedlichsten Gründen, meist schon um ggf. Kapitalertragsteuer zu vermeiden, kann die Wahl der EÜR als Gewinnermittlungsart dennoch sinnvoll sein.

8 Vgl. R 5.6 Abs. 1 EStR 2012.

Formel für die Gewinnermittlung bei EÜR:	
	Summe der Betriebseinnahmen
./.	Summe der Betriebsausgaben
=	Gewinn (oder Verlust)

Abbildung 3: Eigene Darstellung

Für die Erfassung von Betriebseinnahmen und Betriebsausgaben ist gemäß § 11 EStG grundsätzlich auf den Zeitpunkt des Zuflusses bzw. Abflusses von Geldbeträgen oder Sachwerten abzustellen.

Zeitliche Erfassung der Betriebseinnahmen und Betriebsausgaben bei EÜR

- Grundsatz: Es gilt das Zufluss- und Abflussprinzip gemäß § 11 Abs. 1 Satz 1 u. Abs. 2 Satz 1 EStG
- Ausnahmen vom Zu- und Abflussprinzip gemäß § 4 Abs. 3 Satz 3 EStG:
  - Bewertungsfreiheit für geringwertige Wirtschaftsgüter (GWG) gemäß § 6 Abs. 2 EStG.
  - Bildung von Sammelposten gemäß § 6 Abs. 2a EStG.
  - Vorschriften zur Absetzung für Abnutzung oder Substanzverringerung gemäß §§ 7 ff. EStG.
- Berücksichtigung bestimmter Anschaffungskosten des nicht abnutzbaren Anlagevermögens und des Umlaufvermögens gemäß § 4 Abs. 3 Sätze 3 u. 4 EStG erst im Zeitpunkt des Zuflusses des Veräußerungserlöses oder des Verlustes (z. B. durch Diebstahl, Zerstörung)
- Regelmäßig wiederkehrende Ein- und Ausgaben, die kurze Zeit vor oder nach dem Kalenderjahr gezahlt werden, sind gemäß § 11 Abs. 1 Satz 2 und Abs. 2 Satz 2 EStG dem Jahr zuzurechnen, zu dem sie wirtschaftlich gehören. Beispiele sind Zinsen und Miet- und Pachtzahlungen. Eine kurze Zeit ist in der Regel bei einem Zeitraum von bis zu zehn Tagen vor und nach dem Ende des Kalenderjahres gegeben.[9] Dies erfasst auch Umsatzsteuer-Vorauszahlungen, wenn deren Fälligkeit und Zahlung in den 10-Tages-Zeitraum fallen.[10]
- Bei regelmäßig wiederkehrenden Nutzungsüberlassungen von mehr als 5 Jahren werden die Ein- bzw. Ausgaben gemäß § 11 Abs. 1 Satz 3 und Abs. 2 Satz 3 EStG periodengerecht zugeordnet. Das marktübliche Disagio wird gemäß § 11 Abs. 2 Satz 4 EStG von dieser Ausnahmeregelung ausgenommen.

Beispiel 1

Am 20.12.01 werden in einem Kantinenbetrieb (BgA mit Gewinnermittlung durch EÜR) Reparaturen an verschiedenen Küchengeräten durch den Werkunternehmer W vorgenommen. Für die Reparaturleistungen stellt W mit Rechnung vom

9 BFH, 24.7.1986 – IV R 309/84, BStBl. II 1987, 16.

10 H 11 „Umsatzsteuervorauszahlungen/-erstattungen" EStH 2012; BFH, 1.8.2007 – XI R 48/05, BStBl. II 2008, 282.

21.12.01 den Betrag von 5.000 € zuzüglich Umsatzsteuer i. H. v. 950 € in Rechnung. Die Zahlung erfolgt am 3.1.02. ***Lösung zu Beispiel 1:*** Die Betriebsausgaben i. H. v. 5.000 € sind aufgrund des Zahlungsabflusses am 3.1.02 dem Jahr 02 zuzuordnen.
Beispiel 2
Für einen am 21.12.01 ausgeführten Catering-Auftrag stellt der Kantinenbetrieb (BgA mit Gewinnermittlung durch EÜR) mit Rechnung vom 28.12.01 den Betrag von 3.000 € zuzüglich Umsatzsteuer i. H. v. 570 € in Rechnung. Der Rechnungsbetrag wird durch den Kunden am 10.1.02 beglichen. ***Lösung zu Beispiel 2:*** Die Betriebseinnahmen i. H. v. 3.000 € sind aufgrund des Zahlungszuflusses am 10.1.02 dem Jahr 02 (Jahr des Zahlungszuflusses) zuzuordnen.

a) Vordruck Einnahmenüberschussrechnung

Der Steuererklärung ist eine Gewinnermittlung nach amtlich vorgeschriebenem Vordruck beizufügen.[11] Das BMF gibt jährlich den standardisierten Vordruck „Einnahmenüberschussrechnung" – Anlage EÜR – bekannt.[12]

Im Hauptvordruck EÜR sind die umsatzsteuerpflichtigen und die nicht der Umsatzsteuer unterworfenen Betriebseinnahmen zu erfassen. Die vereinnahmten Umsatzsteuerbeträge auf Betriebseinnahmen gehören im Zeitpunkt ihrer Vereinnahmung zu den Betriebseinnahmen. Die Umsatzsteuer auf unentgeltliche Wertabgaben ist dagegen zum Zeitpunkt ihrer Entstehung zu erfassen. Erstattet das Finanzamt Umsatzsteuerbeträge sind diese als Einnahmen zu erfassen. Dies gilt auch für erstattete steuerliche Nebenleistungen wie z. B. Verspätungs- oder Säumniszuschläge. Betriebsausgaben sind, soweit ein Vorsteuerabzug besteht, mit dem Nettobetrag auszuweisen und bei fehlendem Vorsteuerabzug mit dem Bruttobetrag. Die AfA-Beträge sind zuerst in der Anlage AVEÜR zu errechnen und dann bei den Betriebsausgaben in der Anlage EÜR zu erfassen. Steuerfreie Einnahmen sind im Rahmen der Einnahmen zunächst ungekürzt zu erfassen und anschließend um die steuerfreien Beträge wieder zu kürzen.

b) Anlage AVEÜR

Neben dem Hauptvordruck EÜR ist insbesondere eine Anlage AVEÜR zu erstellen, in welche das Anlageverzeichnis mit den Wirtschaftsgütern des abnutzbaren und des nicht abnutzbaren Anlagevermögens sowie die Übersicht

11 § 60 Abs. 4 EStDV.
12 Z. B. für das Jahr 2024: BMF, 2.9.2024 – IV C 6-S 2142/23/10001:010, BStBl. I 2024, 1148.

über die Absetzung für Abnutzung (AfA) für das abnutzbare Anlagevermögen aufzunehmen ist. Falls neben der regulären AfA weitere außerplanmäßige Abschreibungen vorzunehmen sind, müssen diese ebenfalls eingetragen werden. Die AfA Beträge sind in der Anlage EÜR wie folgt untergliedert:

- AfA auf unbewegliche Wirtschaftsgüter, z. B. die Gebäude-AfA.
- AfA auf immaterielle Wirtschaftsgüter, z. B. Software, Patente oder Lizenzen.
- AfA auf bewegliche Wirtschaftsgüter, z. B. Pkw oder Maschinen.
- Außergewöhnliche technische und wirtschaftliche Abnutzung.

Beispiel
Bei einem Hochwasser wird eine zum Betriebsvermögen gehörende Maschine zerstört, deren Restbuchwert 2.000 € beträgt. ***Lösung:*** Die Maschine ist auf 0 € abzuschreiben (Eintrag von 2.000 €).

- Sonderabschreibungen nach § 7g Abs. 5 EStG.
- Herabsetzungsbeträge gemäß § 7g Abs. 2 Satz 3 EStG (Investitionsabzugsbeträge). Diese Beträge sind auf einem gesonderten Blatt zu erläutern.
- Sofortabschreibungen auf geringwertige Wirtschaftsgüter (GWG) mit Anschaffungs- oder Herstellungskosten (AK/HK) bis 800 €.
- Die Beträge, die durch Auflösung des Sammelpostens für Wirtschaftsgüter mit AK/HK i. H. v. 250 € bis zu 1.000 € entstehen (jährliche Auflösung i. H. v. 1/5 der AK/HK).
- Der Restwert ausgeschiedener Anlagegüter (Aufwendungen aus Anlagenabgängen).

4. Auswirkung der Gewinnermittlungsart auf die Besteuerung

Besteht ein Wahlrecht, den Gewinn durch Betriebsvermögensvergleich oder durch Einnahmenüberschussrechnung zu ermitteln, weil für den BgA keine Buchführungspflicht besteht, sind die Folgewirkungen im Hinblick auf die Kapitalertragsteuerbelastung und die Umsatzsteuer zu berücksichtigen. Diese Auswirkungen zeigen, dass es in der Regel sinnvoll ist, den Gewinn, soweit keine Buchführungspflicht besteht, durch EÜR zu ermitteln. In der Praxis wird vielfach aus Vereinfachungsgründen aus einer doppischen Buchführung eine an § 4 Abs. 3 EStG angelehnte Gewinnermittlung erstellt.

a) Auswirkung der Gewinnermittlungsart auf die Kapitalertragsteuer

Die Wahl der Gewinnermittlungsart kann Auswirkungen auf die Steuerbarkeit von Kapitalerträgen haben. Bei einem BgA ohne eigene Rechtspersönlichkeit führen nicht in Rücklagen des BgA eingestellte Teile des Jahresüberschusses, Auflösungen von Rücklagen für Zwecke außerhalb des BgA sowie verdeckte Gewinnausschüttungen unter den Voraussetzungen des 20 Abs. 1 Nr. 10 Buchst. b EStG zu kapitalertragsteuerpflichtigen Kapitalerträgen der Trägerkörperschaft. Diese werden dann gemäß §§ 43 Abs. 1 Satz 1 Nr. 7c, 43a Abs. 1 Satz 1 Nr. 2 EStG mit 15 % besteuert. Unter § 20 Abs. 1 Nr. 10 Buchst. b EStG fällt der BgA jedoch nur, wenn er seinen Gewinn aufgrund einer gesetzlichen Verpflichtung oder freiwillig durch Betriebsvermögensvergleich ermittelt oder wenn bei einer Gewinnermittlung durch Einnahmenüberschussrechnung die Umsätze einschließlich der steuerfreien Umsätze gemäß § 4 Nr. 8 bis 10 UStG mehr als 350.000 € betragen oder der Gewinn mehr als 30.000 € beträgt.[13]

b) Auswirkung der Gewinnermittlungsart auf die Umsatzsteuer

Die Entscheidung, freiwillig Bücher zu führen oder den Gewinn durch EÜR zu ermitteln, hat für juristische Personen des öffentlichen Rechts Auswirkung auf die Berechnung der Umsatzsteuer nach vereinbarten Entgelten („Soll-Besteuerung") oder vereinnahmten Entgelten („Ist-Besteuerung"). Mit Wirkung ab dem 1.1.2023 kann ein Unternehmer, der eine juristische Person des öffentlichen Rechts ist, die Umsatzsteuer gemäß § 20 Satz 1 Nr. 4 UStG auf Antrag nach der sog. Istversteuerung, d. h. nach vereinnahmten Entgelten berechnen. Dies ist zulässig, soweit der Unternehmer nicht freiwillig Bücher führt oder gesetzlich verpflichtet ist, Bücher zu führen. Nach der Gesetzesbegründung soll dies vor allem Erleichterungen für kirchliche juristische Personen des öffentlichen Rechts sowie den Bund und die Länder erbringen, die eine kameralistische Buchführung verwenden.[14] Mit dem JStG 2024 wurde die Rechtsprechung des EuGH in das nationale Recht übernommen.[15] Mit dem neuen § 15 Abs. 1 Satz 1 Nr. 1 Satz 2 UStG wurde der Zeitpunkt des Vorsteuerabzugs aus Leistungen eines Ist-Versteuerers gesetzlich klarstellend geregelt. Die Regelung ist ab dem 1.1.2028 anzuwenden[16], um den Unternehmen noch genügend Zeit für die Anpassung der Prozesse und IT-Verfahren zu ermöglichen. Die Vorsteuer ist ab 1.1.2028 aus Rechnungen

---

13 BMF, 28.1.2019 – IV C 2-S 2706-a/15/10001, BStBl. I 2019, 97, Rn. 16 -18.

14 Beschlussempfehlung des BT-Finanzausschusses zum JStG 2022, BT-Drs. 20/4729, S. 150 f.

15 BFH, 12.7.2023 – XI R 5/21, BStBl. II 2024, 887.

16 § 27 Abs. 41 UStG.

eines Unternehmers mit Istversteuerung (§ 20 UStG)[17] erst dann abziehbar, wenn der Unternehmer eine nach den §§ 14, 14a UStG ausgestellte Rechnung besitzt und das Entgelt für die ausgeführte Leistung bezahlt wurde. Bis zum 31.12.2027 kann ein Vorsteuerabzug bei der Ist-Besteuerung gemäß § 15 Abs. 1 Satz 1 Nr. 1 UStG bereits vorgenommen werden, wenn die Eingangsleistung erbracht worden ist und eine ordnungsgemäße Eingangsrechnung vorliegt. Die insoweit entgegenstehende Rechtsprechung des EuGH wurde erst mit dem JStG 2024 mit einer Übergangsfrist ab 2028 in nationales Recht umgesetzt.[18] Nach der Entscheidung des EuGH ist ein Vorsteuerabzug nach dem Sollprinzip unionsrechtswidrig, wenn der Steueranspruch gegen den Lieferer oder Leistungserbringer erst bei Vereinnahmung des Entgelts entsteht und dieses noch nicht gezahlt worden ist.[19]

Für Zeiträume vor dem 1.1.2023 besteht für den Bund und die Länder die Möglichkeit der sog. „Ist-Besteuerung“ nicht, wenn die Umsatzgrenze i. H. v. 600.000 € gemäß § 20 Abs. 1 Nr. 1 UStG überschritten ist. Bei Organisationseinheiten gemäß § 18 Abs. 4f Satz 6 UStG gilt die Grenze des § 20 Abs. 1 Nr. 1 UStG stets als überschritten.

5. Wechsel der Gewinnermittlungsart

Besteht keine Buchführungspflicht ist ein Wechsel der Gewinnermittlungsart möglich. Ein freiwillig bilanzierender BgA kann zur EÜR wechseln, indem er eine EÜR mit der entsprechenden Steuererklärung beim Finanzamt einreicht. Umgekehrt kann bei einem BgA, der seinen Gewinn bisher durch EÜR ermittelt hat, ein Wechsel zur Buchführung erfolgen und mit der Steuererklärung eine Bilanz und Gewinn- und Verlustrechnung vorgelegt werden. Der Wechsel der Gewinnermittlungsart muss durch das Finanzamt nicht genehmigt werden. Jedoch besteht eine dreijährige Bindung an die zuletzt gewählte Gewinnermittlungsmethode.[20] Damit es beim Wechsel der Gewinnermittlungsart nicht zu einer Doppelerfassung von Geschäftsvorfällen kommt, sind beim Wechsel der Gewinnermittlungsart Gewinnkorrekturen vorzunehmen, wodurch sich ein Übergangsgewinn ergeben kann.[21] In der Regel erfolgt eine Gewinnermittlung nach Betriebsvermögensvergleich (Buchführungspflicht) bei BgA erst, wenn eine Aufforderung durch das Finanzamt aufgrund des Überschreiten der Grenzen des § 141 AO vorliegt.

---

17 § 15 Abs. 1 Satz 1 Nr. 1 Satz 2 Buchst. b UStG.
18 BFH, 12.7.2023 – XI R 5/21, BStBl. II 2024, 887.
19 EuGH, 10.2.2022 – C-9/20, DStR 2022, 255 ff.
20 H 4.6 „Erneuter Wechsel der Gewinnermittlungsart“ EStH 2012; BFH, 9.11.2000 – IV R 18/00, BStBl. II 2001, 102.
21 Vgl. R 4.6 Abs. 1 u. 2 EStR 2012.

6. Buchführungspflichten

Die steuerliche Buchführungspflicht eines BgA kann gemäß § 140 AO aufgrund einer aus anderen Gesetzen abgeleiteten Buchführungspflicht bestehen oder sich originär aus § 141 AO ergeben.

a) Derivative Buchführungspflicht

Eine nach außersteuerlichen Vorschriften bestehende Buchführungspflicht gilt gemäß § 140 AO auch für steuerliche Zwecke.

aa) Derivate Buchführungspflicht aus § 238 HGB

Gemäß § 238 HGB besteht eine Buchführungspflicht für Kaufleute. Kaufmann ist gemäß § 1 HGB, wer ein Handelsgewerbe betreibt. Damit sind jPöR, welche mit ihrem BgA ein Handelsgewerbe betreiben, verpflichtet, jährlich einen Jahresabschluss zu erstellen.[22] Handelsgewerbe ist gemäß § 1 Abs. 2 HGB jeder Gewerbebetrieb, es sei denn, dass er nach Art und Umfang einen in kaufmännischer Weise eingerichteten Geschäftsbetrieb nicht erfordert. Ein Gewerbebetrieb ist gemäß § 15 Abs. 2 EStG eine selbständige nachhaltige Betätigung, die mit der Absicht, Gewinn zu erzielen, unternommen wird und sich als Beteiligung am allgemeinen wirtschaftlichen Verkehr darstellt, wenn die Betätigung weder als Ausübung von Land- und Forstwirtschaft noch als Ausübung eines freien Berufs noch als eine andere selbständige Arbeit anzusehen ist. Sieht man die Gewinnerzielungsabsicht als Voraussetzung einer gewerblichen Tätigkeit an, wird die Annahme der Kaufmannseigenschaft hieran bei BgA häufig scheitern.[23] Damit erfasst der Begriff sämtliche Tätigkeiten des Handwerks, der Produktions- und Handelsbetriebe. Betreibt die jPöR mit ihrem BgA ein Handelsgewerbe beginnt die Buchführungspflicht mit Beginn der Tätigkeit und endet mit der Beendigung des Handelsgewerbes z. B. durch Aufgabe des BgA.[24]

Beispiel
Für den BgA Tourismus, dessen Jahresüberschuss regelmäßig den Betrag von 800.000 € überschreitet, werden lediglich seine betrieblichen Einnahmen und Ausgaben in Form einer Einnahmenüberschussrechnung aufgezeichnet.

22 BFH, 18.1.1995 – I R 44/94, BStBl. II 1995, 742.

23 So verneint das OLG München das Vorliegen einer gewerblichen Tätigkeit, wenn die Tätigkeit allein und herkömmlich mit der Zielrichtung einer öffentlichen Aufgabe betrieben wird, vgl. OLG München, Urteil vom 22.1.2013, II ZR 80/10, NJW-RR 2013, 412; *Jürgens:* in Hidien/Jürgens, Die Besteuerung der öffentlichen Hand, § 5 Rn. 446.

24 *Rätke*, in: Klein, AO, § 140 Rn. 24 f.

Lösung:
Die Aufzeichnungen erfüllen die gesetzlichen Anforderungen an die Gewinnermittlung nicht, da es sich bei dem BgA um einen Istkaufmann handelt (§ 1 HGB), der gemäß § 238 Abs. 1 HGB zur Buchführung verpflichtet ist. Der BgA ist kein Kleingewerbetreibender mehr, da er auch über den Grenzen des § 241a HBG liegt. Diese Buchführungspflicht besteht gemäß § 140 AO auch für steuerliche Zwecke.

bb) Derivate Buchführungspflicht aus landesrechtlichen Eigenbetriebsvorschriften

Kommunale Eigenbetriebe stellen rechtlich unselbständige Organisationsformen dar, die nach den landesrechtlichen Vorschriften haushälterisch als Sondervermögen geführt werden und in der Regel der Pflicht zur doppischen Rechnungslegung unterliegen.[25] Diese Buchführungspflicht erstreckt sich gemäß § 140 AO auch auf den BgA, wenn der BgA und der Eigenbetrieb deckungsgleich sind.[26]

cc) Keine derivative Buchführungspflicht bei Landesbetrieben

Aufgrund der Pflicht zur Aufstellung einer Vermögensrechnung im Landeshaushaltsrecht[27] ergibt sich in Baden-Württemberg keine abgeleitete Buchführungspflicht für BgA des Landes. Steuerpflichtig ist die jPöR nur mit ihrem jeweiligen BgA. Der Anwendungsbereich der Doppik erstreckt sich dagegen regelmäßig auf das gesamte Hoheitsvermögen der jPöR, das aus steuerlicher Sicht nicht wirtschaftlichen Zwecken dient. Durch die Doppik im Haushaltsrecht wird die EÜR somit nicht ausgeschlossen.[28] Aus dem baden-württembergischen Haushaltsrecht folgt für einen Landesbetrieb und dessen BgA keine gesetzliche Pflicht zur Buchführung. Landesbetriebe, die einen Wirtschaftsplan[29] aufstellen, können ihre Bücher unter Anwendung der Vorschriften des HGB führen.[30] Es handelt sich um eine Ermessensvorschrift und damit um keine gesetzliche Pflicht zur Buchführung. Zudem kommen die Vorschriften des HGB nur sinngemäß zur Anwendung. Landesbetriebe unterscheiden sich insoweit von kommunalen Eigenbetrieben, bei welchen die Doppik verpflichtend ist.[31]

---

25 Vgl. § 12 Abs. 3 Eigenbetriebsverordnung BW.
26 BMF, 3.1.2013 – IV C 2 -S 2706/09/10005, BStBl. I 2023, 59; *Brüstinghaus* in: Herrmann/Heuer/Raupach, EStG/KStG, § 4 KStG, Rn. 103.
27 Art. 83 Abs. 1 Landesverfassung BW u. §§ 14 Abs. 1 Nr. 4, 114 Abs. 1 LHO BW.
28 Vgl. BMF, 3.1.2013 – IV C 2-S 2706/09/10005, BStBl. I 2013, 59., unter 1.
29 § 26 Abs. 1 Satz 1 LHO BW.
30 § 74 LHO BW.
31 § 12 Abs. 3 Eigenbetriebsverordnung BW.

b) Originäre Buchführungspflicht

Ein BgA ist bei Überschreiten der auf das Kalenderjahr bezogenen Umsatzgrenze des § 141 Abs. 1 Nr. 1 AO oder bei Überschreiten der auf das Wirtschaftsjahr bezogenen Gewinngrenze des § 141 Abs. 1 Nr. 4 AO buchführungspflichtig. Gegenüber einer Buchführungspflicht gemäß § 140 AO ist § 141 AO subsidiär.

Die originäre Buchführungspflicht gemäß § 141 AO setzt den Betrieb eines „gewerblichen Unternehmens" voraus. Eine Buchführungspflicht wegen Überschreitens der Umsatzgrenze entsteht deshalb nur bei Gewinnerzielungsabsicht, so dass bei Dauerverlustbetrieben keine Buchführungspflicht besteht.[32]

aa) Umsatzgrenze

Die Umsatzgrenze des § 141 Abs. 1 Nr. 1 AO beläuft sich für Kalenderjahre, die nach dem 31.12.2023 beginnen,[33] auf 800.000 €. Zwischen dem 1.1.2016 und dem 31.12.2023 betrug die Umsatzgrenze 600.000 €.

Steuerfreie Umsätze[34] sind ausgenommen.[35] Die Umsatzgrenze bezieht sich auf das Kalenderjahr. Das Umsatzsteuerrecht kennt keinen vom Kalenderjahr abweichenden Zeitraum, so dass bei einem vom Kalenderjahr abweichenden Wirtschaftsjahr eine Umrechnung auf die Umsätze im Besteuerungszeitraum Kalenderjahr erfolgen muss.

bb) Gewinngrenze

Die Gewinngrenze § 141 Abs. 1 Nr. 4 AO beläuft sich für Wirtschaftsjahre, die nach dem 31.12.2023 beginnen,[36] auf 80.000 €. Zwischen dem 1.1.2016 und dem 31.12.2023 betrug die Gewinngrenze 60.000 € pro Wirtschaftsjahr. Die maßgebliche Gewinngrenze bestimmt sich bei einem abweichenden Wirtschaftsjahr gemäß § 7 Abs. 4 KStG nach dem Gewinn des abweichenden Wirtschaftsjahrs.

Gewinn ist der steuerliche Gewinn unter Berücksichtigung außerbilanzieller Korrekturen, z. B. wegen nicht abziehbarer Betriebsausgaben.[37] Erhöhte Abschreibungen und Sonderabschreibungen sind bei der Prüfung, ob die Gewinngrenze überschritten wird, nicht zu berücksichtigen.[38]

---

32 BMF, 3.1.2013, BStBl. I 2013, 59., unter 3.
33 § 19 Abs. 3 Satz 1 zu Art. 97 EGAO.
34 § 19 Abs. 3 Satz 1 UStG.
35 § 4 Nr. 8 Buchst. i, Nr. 9 Buchst. b u. Nr. 11 bis 29 UStG sowie § 4 Nr. 8 Buchst. a bis h, Nr. 9 Buchst. a und Nr. 10, wenn sie Hilfsumsätze sind.
36 § 19 Abs. 4 Satz 1 zu Art. 97 EGAO.
37 *Drüen* in: Tipke/Kruse, AO/FGO, § 141 AO, Rn. 21.
38 Vgl. § 7a Abs. 6 EStG.

cc) Beginn und Ende der Buchführungspflicht

Die Buchführungspflicht gemäß § 141 Abs. 1 AO ist gemäß § 141 Abs. 2 Satz 1 AO vom Beginn des Wirtschaftsjahres an zu erfüllen, welches auf die Bekanntgabe der Mitteilung folgt, durch welche das Finanzamt auf den Beginn der Verpflichtung hingewiesen hat. Eine Mitteilung über den Beginn der Buchführungspflicht ergeht gemäß § § 19 Abs. 3 Satz 2 zu Art. 97 EGAO nicht, wenn die Voraussetzungen des § 141 Absatz 1 Satz 1 Nr. 1 AO in der am 31.12.2023 geltenden Fassung für Kalenderjahre, die vor dem 1.1.2024 liegen, erfüllt sind, jedoch im Kalenderjahr 2023 die Voraussetzungen des § 141 Absatz 1 Satz 1 Nr. 1 AO in der am 28.3.2024 geltenden Fassung nicht erfüllt sind. Deshalb darf keine Mitteilung über den Beginn der Buchführungspflicht mehr ergehen, wenn die neuen Grenzen im Kalenderjahr 2023 eingehalten werden.

Die Buchführungspflicht endet gemäß § 141 Abs. 2 Satz2 AO mit Ablauf des Wirtschaftsjahres, das auf das Wirtschaftsjahr folgt, in dem das Finanzamt feststellt, dass die Voraussetzungen des § 141 Abs. 1 AO nicht mehr vorliegen.

c) Inhalt der Buchführungspflicht

Die Buchführung muss dabei gemäß §238 Abs. 1 Satz 2 HGB so beschaffen sein, dass sich ein sachverständiger Dritter innerhalb angemessener Zeit einen Überblick über die Geschäftsvorfälle und über die Lage des Unternehmens vermitteln kann. Die Geschäftsvorfälle müssen sich gemäß §238 Abs. 1 Satz 3 HGB in ihrer Entstehung und Abwicklung verfolgen lassen. Zwingend zu erstellen sind:

- das Inventar[39] sowie
- die Bilanz[40] und
- die GuV[41].

Bei einer einfachen Buchführung kann auf eine GuV verzichtet werden, vgl. § 142 Abs. 1 S. 2 AO, der nur auf § 242 Abs. 1 HGB verweist.

d) Rechtsfolgen bei Verstoß gegen die Buchführungspflicht

Bei einem Verstoß gegen die Buchführungspflichten kann das Finanzamt die Besteuerungsgrundlagen gemäß § 162 AO schätzen und die Buchführungspflicht ggf. auch gemäß §§ 328 ff. AO erzwingen. Die schuldhafte Nichtfüh-

---

39 § 240 Abs. 1 und 2 HGB.
40 § 242 Abs. 1 HGB.
41 § 242 Abs. 2 HGB.

rung von Büchern stellt gemäß § 379 Abs. 1 Nr. 3 AO eine Ordnungswidrigkeit dar.

7. Jahresabschluss

Der Jahresabschluss eines bilanzierenden BgA schließt die Buchführung des Geschäftsjahres ab, indem das Geschäftsergebnis ausgewiesen und die Zusammensetzung des Betriebsvermögens dargestellt wird. Für den Schluss eines jeden Geschäftsjahres, ist gemäß § 242 Abs. 1 HGB eine Bilanz und gemäß § 242 Abs. 2 HGB eine Gewinn- und Verlustrechnung (GuV) aufzustellen.

Der Inhalt der Bilanz und die GuV-Rechnung sind nach amtlich vorgeschriebenem Datensatz per Datenfernübertragung an das Finanzamt zu übermitteln, sog. E-Bilanz.[42] Struktur und Inhalt des Datensatzes werden durch die Taxonomie vorgegeben, welche das BMF in jährlich aktualisierter Form veröffentlicht.[43] Danach ist die E-Bilanz grundsätzlich nach den Maßgaben der Kerntaxonomie zu strukturieren.

Falls für den BgA eine Handelsbilanz aufgestellt wird, die nicht den steuerlichen Vorschriften entspricht, bestehen zwei Möglichkeiten:

- entweder sind die Ansätze und Beträge durch Zusätze oder Anmerkungen den steuerlichen Vorschriften anzupassen und ebenfalls elektronisch zu übermitteln.[44]
- oder es ist eine eigenständige Steuerbilanz aufzustellen und diese elektronisch zu übermitteln.[45]

Durch das JStG 2024 ist die gesetzliche Pflicht zur Übermittlung der E-Bilanz in § 5b EStG umfassend erweitert worden und umfasst ab 1.1.2025 neben der E-Bilanz auch die zugrunde liegenden Kontennachweise und das Anlagenverzeichnis, vgl. § 5b Abs. 1 Satz 1 EStG.[46] Ab dem 1.1.2028[47] werden von der Übermittlungspflicht auch der Anhang, Lagebericht, Prüfungsberichte sowie die Verzeichnisse nach § 5 Abs. 1 Satz 2 EStG erfasst.

---

42 Vgl. § 5b Abs. 1 EStG; BMF, 28.9.2011 – IV C 6-S 2133-b/11/10009, BStBl. I 2011, 855, Rn. 6.

43 BMF, 9.6.2023 – IV C 6-S 2133-b/22/10002:002, BStBl. I 2023, 994 unter Verweis auf: https://www.esteuer.de (zuletzt abgerufen am: 28.2.2025).

44 §§ 5b Abs. 1 Satz 2 EStG, 60 Abs. 2 Satz 1 EStDV.

45 §§ 5b Abs. 1 Satz 1 EStG, 60 Abs. 2 Satz 2 EStDV.

46 § 52 Abs. 11 Satz 2 EStG.

47 § 5b Abs. 1 Satz 5 EStG.

8. Feststellung des Jahresabschlusses und Ergebnisverwendung

Ist das Land Trägerkörperschaft eines BgA hat die Feststellung des Jahresabschlusses (Bilanz u. GuV) durch Beschluss der jeweils zuständigen Landesbehörde zu erfolgen, ggf. bestehende haushaltsrechtliche Zustimmungserfordernisse sind zu beachten.[48] Über die Ergebnisverwendung ist eine Ergebnisverwendungsrechnung zu führen. Ist eine Kommune Trägerkörperschaft eines BgA erfolgt die Feststellung des Jahresabschlusses durch Beschluss des Gemeinderats.[49]

9. Umsetzung in der Gewinnermittlung in der Praxis

a) Ermittlung der steuerlich relevanten Einnahmen und Ausgaben

Je nach Buchführungssystem wird in der laufenden Buchführung kaufmännisch (doppisch) oder kameral (nach Zahlung) gebucht. Aus der Buchhaltung wird die Gewinnermittlung abgeleitet. Hierfür sind nach dem Anlagevermögen sämtliche Einnahmenkonten und Ausgabenkonten zu prüfen, ob Positionen enthalten sind, welche durch die wirtschaftliche, gewerbliche Tätigkeit verursacht sind. Bei Bareinnahmen werden in der Regel Aufzeichnungen im Kassenbuch mit entsprechenden Aufzeichnungen aus der Registrierkasse zugrunde gelegt. In der Praxis erfolgt die Zuordnung von Geschäftsvorfällen in der Buchführung durch Verbuchung auf entsprechenden Konten oder mit Innenaufträgen, um später über Filterfunktionen eine Datenübernahme in Excel-Dateien zu ermöglichen. Zum Großteil besteht noch kein IT-technisches Berichtswesen, um Gewinnermittlungen zu erstellen. Oft erfolgt eine zusätzliche Einbuchung der Summen und Salden des Gewinnermittlungszeitraums zur Weiterbearbeitung und Erstellung einer Gewinnermittlung und deren Steuererklärungen sowie des Anlagenverzeichnisses in einem kommerziellen Buchhaltungssystem.

b) Minimierung von Tax-Compliance-Risiken durch Sphärenabgrenzung im Buchführungssystem

Um Tax-Compliance-Risiken zu vermeiden, muss die Erfassung sämtlicher steuerlich relevanter Geschäftsvorfälle in der ertragsteuerlichen Gewinnermittlung sichergestellt sein. Ertragsteuerlich relevante Geschäftsvorfälle müssen vollständig bei der Gewinnermittlung des jeweiligen BgA erfasst werden und klar vom Hoheitsbereich und der Vermögensverwaltung abgegrenzt werden. Um Tax-Compliance-Risiken zu minimieren, wird empfohlen, dass alle manuellen Ableitungen aus der Buchhaltung unter Einhaltung

48 Vgl. § 80 LHO.
49 Vgl. § 95b Abs. 2 S. 2 GemO BW.

des Vier-Augen-Prinzips durchgeführt werden. Dies bedeutet, dass eine unabhängige Person die durchgeführten Schritte überprüft und genehmigt, um mögliche Fehler oder Unregelmäßigkeiten zu identifizieren und zu korrigieren. Im Hinblick auf die Automatisierung eines TCMS ist zudem die Einführung eines zusätzlichen Kontierungsobjektes für die Buchungen im Buchhaltungs-System als effektive Maßnahme einzustufen, um eine klare Abgrenzung der steuerlichen Sphären bereits im Buchhaltungs-System zu erreichen.[50] Damit wäre die automatisierte Erstellung einer Einnahmenüberschussrechnung nach § 4 Abs. 3 EStG für einen BgA möglich, bei welcher manuelle Übertragungsfehler ausgeschlossen sind.

c) Beispiel für die Gewinnermittlung durch Einnahmenüberschussrechnung bei einem Kantinenbetrieb

Im Folgenden wird ein Musterbeispiel für eine Gewinnermittlung durch Einnahmenüberschussrechnung gemäß § 4 Abs. 3 EStG für einen BgA Kantine anhand der Ableitung aus einem kameralistischen Buchführungssystem (SAP) dargestellt.

Jahr 01	**BgA Kantinen-betrieb**	**Hinweise (vgl. Anmerkungen)**
Gewinnermittlung BgA	EÜR § 4 Abs. 3 EStG	
Buchführungssystem	Kameralistisch	
Vorlageart/Auszüge in	Excel	
Gewinnermittlung anhand der Auszüge aus der Buchhaltung		
Einnahmen		
Erlöse Essensverkäufe 7 % – Netto	164.000,00 €	A
Erlöse Getränkeverkäufe 19 % – Netto	13.500,00 €	B
Einnahmen aus dem Verkauf von WG aus dem BV 19 % – Netto	2.850,00 €	C

50 *Jäckel/Kirschbaum*, UR 2020, 369, 372.

Jahr 01	**BgA Kantinen-betrieb**	**Hinweise (vgl. Anmerkungen)**
Umsatzsteuer zu den Erlösen – Essen 7% – Getränke 19% – Verkäufe 19%	 11.480,00 € 2.565,00 € 541,50 €	D
Vom Finanzamt erstattete Umsatzsteuer	5.950,00 €	E
Summe der Einnahmen	**200.886,50 €**	
Ausgaben		
Wareneinkauf	115.107,00 €	F
Personalkosten	31.159,00 €	G
Reparaturen/Instandhaltung	2.530,00 €	H
Energiekosten	3.120,00 €	H
Abschreibung lt. Betriebsvermögen	7.424,00 €	I
Bewirtungskosten	1.050,00 €	J
Bezahlte Vorsteuern an Lieferanten und BV	13.639,50 €	K
Bezahlte Körperschaftsteuervorauszahlung inkl. SolZ 2020	1.055,00 €	L
Ans Finanzamt gezahlte Umsatzsteuer	0,00 €	M
Summe der Ausgaben	**174.029,50 €**	
Gewinn lt. Einnahmenüberschussrechnung (anhand der Buchhaltung)	**26.857,00 €**	
Abzgl. Gebäude-Afa	12.335,00 €	N
Abzgl. Lfd. Gebäudekosten	6.477,00 €	O

Jahr 01	BgA Kantinenbetrieb	Hinweise (vgl. Anmerkungen)
Nutzungseinlagen	1.280,00 €	P
Endgültiger Gewinn lt. Einnahmenüberschussrechnung (unter Berücksichtigung der anteiligen Kosten aus dem Hoheitsbereich)	**6.765,00 €**	

Ergänzende erläuternde Anmerkungen:

A) Es handelt sich um die gesamten Umsätze (Netto) des Betriebs, die zu 7 % steuerpflichtig sind.

B) Es handelt sich um die gesamten Umsätze (Netto) des Betriebs, die zu 19 % steuerpflichtig sind.

C) Die Gewinne aus dem Verkauf von Wirtschaftsgütern, die zum Betriebsvermögen des Betriebs gehört haben, sind steuerpflichtige Einnahmen. Der Verkauf unterliegt der Umsatzsteuer zu 19 %. Eine Nutzungsänderung von Wirtschaftsgütern des Betriebsvermögens zur Nutzung im hoheitlichen Bereich führt zu einem, Ausscheiden aus dem Betriebsvermögen zum Teilwert.[51] Liegt der Teilwert, bzw. Marktwert (netto) über dem Buchwert, ergibt sich ein Ertrag.

D) Die Umsatzsteuer auf die Einnahmen/Umsätze stellt eine Betriebseinnahme dar, welche in der EÜR gesondert zu erfassen ist.

E) Saldo der vom Finanzamt erstatteten Umsatzsteuer lt. Voranmeldungen bzw. Jahreserklärung (Es liegt hier ein Erstattungsüberhang vor, d. h. es wurde in der Summe des Jahres mehr Vorsteuer erklärt als Umsatzsteuer; diese Eingabe steht in Konkurrenz zu der Eingabe bei Buchstabe L).

F) Als Aufwand werden hier alle Warenbezüge der Kantine erfasst die für die Tätigkeit des BgA Kantine benötigt werden, z. B. Lebensmitteleinkäufe.

G) Bei den Personalkosten werden die anteiligen Kosten erfasst, die für Mitarbeiter entstehen, die im hoheitlichen Bereich beschäftigt sind aber auch teilweise für den BgA tätig sind bzw. Kosten für Mitarbeiter, die ausschließlich für den BgA tätig sind. Als Aufteilungsmaßstab wurden die geleisteten Stunden zugrunde gelegt.

H) Hier werden die sonstigen Kosten erfasst, die direkt und voll dem BgA zugeordnet werden können. Exemplarisch in dem Fall, z. B. die Repa-

---

51 § 6 Abs. 1 Nr. 4 Satz 1 EStG.

raturkosten der Spülmaschine bzw. die Stromkosten für die Kantinenküche.

I) Hier wird die Abschreibung für Wirtschaftsgüter des beweglichen Anlagevermögens erfasst.

J) Bewirtung von Geschäftspartnern, z. B. Lieferanten

K) Angemessene Bewirtungskosten sind gemäß § 4 Abs. 5 Satz 1 Nr. 2 EStG steuerlich nur beschränkt abzugsfähige Betriebsausgaben (70 %).

L) Dies sind die Vorsteuerbeträge aus den Leistungsbezügen für den BgA z. B. Wareneinkäufe, Reparaturkosten usw.

M) Die bezahlte Körperschaftsteuer inklusive Solidaritätszuschlag sind steuerlich nicht abzugsfähige Betriebsausgaben (§ 10 Nr. 2 KStG).

N) Saldo der an das Finanzamt bezahlten Umsatzsteuervoranmeldungen bzw. Jahreserklärung.

O) Berücksichtigung der ggf. anteiligen Gebäude-AfA.

P) Anteiliger Mietaufwand für die durch den BgA genutzten Grundstücke.

Q) Nutzungseinlagen: Dies sind anteilige laufende Kosten oder anteilige Abschreibungsbeträge für Wirtschaftsgüter, die dem hoheitlichen Bereich zugeordnet sind, aber anteilig (unabhängig von einer Betragsgrenze) durch den BgA verursacht werden.

10. Pflicht zur elektronischen Übermittlung der Gewinnermittlung

Nach § 5b EStG besteht für Steuerpflichtige, die ihren Gewinn nach § 4 Abs. 1, § 5 EStG ermitteln, die Verpflichtung, den Inhalt der Bilanz sowie der Gewinn- und Verlustrechnung nach amtlich vorgeschriebenem Datensatz durch Datenfernübertragung zu übermitteln (sog. E-Bilanz), wenn diese nach handels- oder steuerrechtlichen Bestimmungen aufzustellen sind oder freiwillig aufgestellt werden.

Wird für einen BgA eine Einnahmenüberschussrechnung erstellt, ist diese nach amtlich vorgeschriebenem Datensatz durch Datenfernübertragung zu übermitteln.[52] Dies umfasst auch das Anlageverzeichnis. Für Wirtschaftsjahre nach dem 31.12.2024 umfasst die Verpflichtung auch die Übermittlung der Kontennachweise.[53] Für Wirtschaftsjahre nach dem 31.12.2027 sind

52 § 60 Abs. 4 EStDV.

53 § 5b EStG i. F. d. JStG 2024, § 52 Abs. 11 Satz 2 EStG.

neben den Bilanzen, dem Anlageverzeichnis und den Kontennachweisen erstmals auch Anhang, Lagebericht und Prüfungsbericht zu übermitteln.[54]

Diese Übermittlungspflichten sind in der Praxis aufgrund der Eingaben in die standardisierten und teilweise für BgA nicht passenden Vordrucke sehr herausfordernd. Vielfach werden die in Excel Tabellen erstellten Anlageverzeichnisse und Gewinnermittlungen im Anhang als PDF-Datei an das Finanzamt übermittelt. Eine Übernahme in ein kommerziellen IT-Programm erfolgt nur, wenn die jPöR einen Steuerberater einbinden.

Bei BgA, deren Einkommen unter 5.000 € liegt oder die stets nur Verluste erwirtschaften, könnte nach § 156 Abs. 2 AO eine Festsetzung von Steuern unterbleiben, bzw. auf die Abgabe von Steuererklärungen verzichtet werden, wenn die Kosten der Einziehung einschließlich der Festsetzung außer Verhältnis zu dem festzusetzenden Betrag stehen.[55] Dies dürfte nun durch die verpflichtende Abgabe einer Feststellungserklärung zum steuerlichen Einlagekonto seit der BFH-Rechtsprechung vom 30.9.2020,[56] umgesetzt mit BMF-Schreiben vom 4.4.2022[57] obsolet sein. Wünschenswert wäre hier eine Vereinfachungsregelung auf Bund-Länder-Ebene anzustreben.

IV. Einkommensermittlung eines BgA

1. Einkunftsart

In Anlehnung an § 8 Abs. 2 KStG gilt die gesetzliche Fiktion, dass bei einem BgA stets Einkünfte aus Gewerbebetrieb vorliegen. BgA können von der Körperschaftsteuer befreit werden. Als mögliche Steuerbefreiungen nach § 5 KStG können sich ergeben:

- Steuerbefreiung aufgrund Förderung der Allgemeinheit sog. „Gemeinnützigkeit“ nach § 5 Abs. 1 Nr. 9 KStG i. V. m. §§ 51 bis 68 AO. BgA können unter den Voraussetzungen der §§ 55 Abs. 3, 57, 58 AO gemeinnützig sein, wenn die ausgeübte Tätigkeit des BgA steuerbegünstigt nach den Vorschriften der §§ 51 ff. AO ist und eine Satzung vorliegt.
- Steuerbefreiung für Wirtschaftsförderung nach § 5 Abs. 1 Nr. 18 KStG.
- Steuerbefreiung für Auftragsforschung nach § 5 Abs. 1 Nr. 23 KStG.

---

54 § 5b EStG i. F. d. JStG 2024, § 52 Abs. 11 Satz 3 EStG, Verzeichnisse nach § 5 Abs. 1 Satz 2 und § 5a Abs. 4 EStG.

55 Vgl. R 31.1 KStR 2022 und § 25 Abs. 1 Nr. 4 GewStDV.

56 BFH, 30.9.2020 – I R 12/17, BStBl. II 2022, 269.

57 BMF, 4.4.2022 – IV C 2 – S 2836/21/10001 :001, BStBl. I 2022, 645.

2. Ermittlungszeitraum

Die Grundlagen zur Einkommensermittlung sind jeweils für ein Kalenderjahr zu ermitteln. Eine Ausnahme hiervon kann sich nur bei einem abweichenden Wirtschaftsjahr oder bei Beendigung im Rahmen der Liquidationsbesteuerung ergeben. Besteht die unbeschränkte oder beschränkte Steuerpflicht nicht für das ganze Kalenderjahr, so tritt an die Stelle des Kalenderjahrs der jeweilige Zeitraum.

3. Ermittlung des Einkommens

Aus dem Ergebnis der Gewinnermittlung wird das zu versteuernde Einkommen gemäß § 8 Abs. 1 KStG nach den Vorschriften des Einkommen- und Körperschaftsteuergesetzes ermittelt. Das Schema für die Ermittlung des zu versteuernden Einkommens ist in R 7.1 KStR 2022 dargestellt. Die konkreten einkommensteuerlichen Vorschriften werden in R 8.1 Abs. 1 KStR abschließend aufgezählt. Das Einkommen ist für jeden BgA bzw. zusammengefassten BgA jährlich zu ermitteln.[58] Durch diese „isolierte" Besteuerung der einzelnen wirtschaftlichen Einheiten soll das vorrangige Ziel der Wettbewerbsneutralität der JPöR erreicht werden. Denn ein Verlustausgleich zwischen nicht nach § 4 Abs. 6 KStG zusammenfassbaren BgA ist nicht möglich.

Für die Ermittlung des zu versteuernden Einkommens sind Hinzurechnungen (nichtabzugsfähige Aufwendungen, wie Körperschaftsteuer, nicht abzugsfähiger Teil von Bewirtungsaufwendungen etc.) und Abrechnungen (steuerfreie Erträge (z. B. Dividenden nach § 8b KStG) und Einlagen[59]) vorzunehmen.

Von dem ermittelten Einkommen ist ein Freibetrag von 5.000 € abzuziehen.[60] Das nun ermittelte zu versteuernde Einkommen unterliegt dem Körperschaftsteuertarif in Höhe von 15 %.

---

58 BFH, 1.9.1982, I R 52/78, BStBl. II 1983, 147; BFH, 14.3.1984, I R 223/80, BStBl. II 1984, 496.

59 § 4 Abs. 1 Satz 1 EStG, § 8 Abs. 3 Satz 3 KStG.

60 Vgl. § 24 KStG, maximal bis zur Höhe des Einkommens.

Die Einkommensermittlung erfolgt grundsätzlich in einem zweistufigen Verfahren:
1. Stufe: Gewinn/Ergebnis nach Gewinnermittlung (Ausgangswert R 7.1 Abs. 1 Nr. 1 KStR) **2. Stufe: Zu- und Abrechnungen, soweit gewinnmäßige Auswirkungen** Auf der 2. Stufe handelt können sich Auswirkungen aufgrund folgender Hinzurechnungen/ Kürzungen ergeben (verkürzte Darstellung): + Offene und verdeckte Gewinnausschüttungen (§ 8 Abs. 3 Satz 1 und 2 KStG) – Offene und verdeckte Einlagen + nicht abziehbare Steuern und Nebenleistungen (§ 10 Nr. 2 KStG) – Erstattung nichtabziehbarer Steuern und Nebenleistungen + Geldstrafen/Geldbußen (§ 10 Nr. 3 KStG/ § 4 Abs. 5 Nr. 8 EStG)
+ 50 % aller Aufsichtsratsvergütungen ohne konkreten Nachweis (§ 10 Nr. 4 KStG) + nichtabziehbare Aufwendungen nach § 4 Abs. 5 Nr. 5 bis 7 EStG – steuerfreie Einnahmen (§ 8b KStG, § 3 EStG, DBA, Investitionszulagen) + sämtliche als Aufwand berücksichtigte Spenden und Mitgliedsbeiträge = Summe der Einkünfte – abzugsfähige Spenden (unter Beachtung des Höchstbetrags § 9 Abs. 1 Nr. 2 Satz 1 KStG) = Gesamtbetrag der Einkünfte –Verlustvortrag/– Verlustrücktrag (§ 10d EStG, §§ 8c, 8d KStG) = Einkommen – Freibetrag § 24 KStG = zu versteuerndes Einkommen

Nachfolgend werden Grundsätze und Hinweise zu identifizierten Risikofelder bei der Ermittlung des zu versteuernden Einkommens dargestellt.

4. Betriebseinnahmen

a) Allgemeines

Betriebseinnahmen sind in Anlehnung an § 8 Abs. 1 KStG und § 4 Abs. 4 EStG alle Zugänge in Geld oder bzw. bei bilanzierenden BgA auch Forderungen, die durch den Betrieb veranlasst sind.[61] Dazu zählen nicht nur die Einnahmen aufgrund von Leistungen, welche erbracht werden, sondern bspw. auch Versicherungsentschädigungen und Zuschüsse von Dritten, welche im Rahmen der betrieblichen Tätigkeit gewährt wurden.

61 H 4.7 EStH 2012.

aa) Tätigkeit für externe Leistungsempfänger

Bei Betriebseinnahmen handelt sich i. d. R. um Geld bzw. bei bilanzierenden BgA auch Forderungen, die als Gegenleistung für die körperschaftsteuerpflichtige Tätigkeit vom externen Vertragspartner (Leistungsempfänger) an die jPöR bezogen werden (Betriebseinnahmen).

bb) Tätigkeit für interne Leistungsempfänger

Die Finanzverwaltung erfasst ausschließlich als Selbstversorgungsbetriebe fungierende Betriebe, unbeachtlich ob kostendeckend oder mit Gewinnaufschlag abgerechnet wird, nicht als BgA[62] und verzichtet auf die Einbeziehung dieser Einnahmen und der dazugehörigen Betriebsausgaben in die Körperschaftsteuererklärung. So erzielt z.B. der kommunale Bauhof, der Leistungen an andere Einrichtungen der Stadtverwaltung erbringt, z.B. an das kommunale, hoheitlich tätige Grünflächenamt, keine relevanten Einnahmen, auch wenn interne Verrechnungen stattfinden. Teilweise wird in der Literatur das Bestehen eines BgA auch bei reinen Selbstversorgungsbetrieben bejaht.[63] Diese Auffassung stützt sich auf die Rechtsprechung des RFH, nach welcher auch „Selbstversorgungsbetriebe als BgA zu erfassen seien, da die jPöR ihren Bedarf am freien Markt nicht mehr decken müssten und somit eine Wettbewerbsrelevanz bestünde.[64] Zu berücksichtigen ist jedoch, dass diese Rechtsprechung aus einer Zeit stammt, in welcher die Rechtsprechung dem BgA selbst noch Steuersubjektqualität zugesprochen hat. Inzwischen dürfte diese Auffassung überholt sein, da von der Steuersubjekteigenschaft der jPöR selbst auszugehen ist.[65]

Über ein Einnahmescreening im Rahmen des TCMS ist fortlaufend zu dokumentieren, wie die Einnahmen steuerlich eingeordnet werden. Damit können bestehende Sachverhalte auf Änderungen geprüft und neue bzw. geänderte Sachverhalte einer rechtlichen Bewertung zugeführt werden.

b) Erträge aus Beteiligungen an Kapitalgesellschaften

JPöR gründen für die Aufgabenerledigung oft auch Kapitalgesellschaften, an denen sie meist mehrheitlich die Anteile halten. So kann die Stadt z.B. die Aufgaben des Tourismusbüros auf eine GmbH übertragen, an welcher

62 BMF, 7.10.1974 – IV A 2 – S 7106 -19/74, A, übernommen in Abschn. 2.11 Abs. 16 UStAE; OFD NRW, Arbeitshilfe Besteuerung der juristischen Personen des öffentlichen Rechts, Stand 9.6.2022, Ziff. 8.6, S. 26.

63 *Pfirrmann*, in: Brandis/Heuermann, KStG, § 4 Rn. 46; *Märtens*, in: Gosch, KStG, § 4 Rn. 58.

64 RFH, 6.5.1930 – I A 24/30 S, RStBl. 1930, 637.

65 *Bürstinghaus* in: Herrmann/Heuer/Raupach, EStG/KStG, § 4 KStG, Rn. 42; *Hidien*, in: Hidien/Jürgens, Die Besteuerung der öffentlichen Hand, § 4 Rn. 229.

die Stadt 100% der Anteile hält. Die Beteiligung wird, sofern keine Einflussnahme in die laufende Geschäftsführung der GmbH erfolgt, der Vermögensverwaltung und damit dem Hoheitsvermögen zugeordnet. Stehen diese Anteile aber in einem Zusammenhang mit einer wirtschaftlichen Tätigkeit, die einen BgA begründet, stellt die Beteiligung notwendiges Betriebsvermögen des BgA dar. Dies ist stets erfüllt, wenn die Voraussetzungen einer Betriebsaufspaltung erfüllt sind.

Befinden sich mindestens 10% der Anteile einer Kapitalgesellschaft im Betriebsvermögen eines BgA, so bleiben die an den BgA ausgeschütteten Dividenden bei diesem grundsätzlich nach § 8b Abs. 1 KStG steuerfrei. Nach § 8b Abs. 5 KStG gelten jedoch 5% der steuerfreien Bezüge (z. B. Dividenden) i. S. d. § 8b Abs. 1 KStG als nicht abziehbare Betriebsausgaben. Da nach § 8b Abs. 5 S. 2 KStG die Vorschrift des § 3c Abs. 1 EStG nicht anwendbar ist, können im engen wirtschaftlichen Zusammenhang mit den Einnahmen stehende Aufwendungen vollumfänglich als Betriebsausgaben berücksichtigt werden. Sog. Streubesitzdividenden (bei Beteiligung von weniger als 10%) sind dagegen nach § 8b Abs. 4 KStG von der Steuerbefreiung nach § 8b Abs. 1 KStG ausgenommen. Diese reguläre Besteuerung tritt ein, wenn die Beteiligung zu Beginn des Kalenderjahres unmittelbar weniger als 10% des Grund- oder Stammkapital betragen hat. Für die Veräußerung von Anteilen an Kapitalgesellschaften, die zuvor dem Betriebsvermögen eines BgA zugerechnet waren, ergibt sich unabhängig vom Umfang der Beteiligung die gleiche steuerliche Konsequenz, dass der Veräußerungsgewinn steuerfrei ist, jedoch 5% als nicht abzugsfähige Betriebsausgaben gelten, vgl. § 8b Abs. 2 und Abs. 3 KStG.

c) Zuschüsse der öffentlichen Hand

Bei den Erträgen ist zwischen den Zuwendungen von Dritten (anderen jPöR) und Zuwendungen der Trägerkörperschaft (Anteilseigner) zu unterscheiden. Entgelt oder Sachzuwendungen von Dritten, welche dem BgA im Rahmen seiner wirtschaftlichen Tätigkeit zufließen, stellen grundsätzlich Betriebseinnahmen dar. Es gilt aufgrund der Fiktion einer virtuellen Kapitalgesellschaft der Grundsatz, dass kein außerbetrieblicher Bereich besteht. Deshalb sind sämtliche Einnahmen, sofern keine Steuerbefreiung[66] greift, steuerpflichtig. Dies betrifft z. B. auch für dem BgA zugewendete Schadensersatzansprüche. Die steuerliche Behandlung von Investitionszuschüssen der Trägerkörperschaft an Ihren als BgA geführten Eigenbetrieb ist sehr umstritten. Dies gilt besonders für Zuschüsse, die vom Land an eine Gemeinde für Investitionen gewährt und von dieser an ihren BgA weitergeleitet wer-

66 § 3 EStG oder Einzelgesetze z. B. Investitionszulagen, Forschungszulagen § 10 FZulG, ggf. i. V. m. §§ 31 Abs. 1 und Abs. 2, 37 Abs. 1 KStG.

den. Der BFH qualifiziert diese Zuschüsse nicht als Eigenkapitalzuschüsse, sondern als steuerpflichtige Betriebseinnahmen.[67] Dem Steuerpflichtigen wird jedoch das Wahlrecht zugestanden die Sofortversteuerung dadurch zu vermeiden, dass der Zuschuss die Anschaffungs- bzw. Herstellungskosten der bezuschussten Wirtschaftsgüter mindert.[68]

Bei Zuschüssen der Trägerkörperschaft kommt die Annahme einer Einlage nur dann in Betracht, wenn es sich hierbei um Kapitalzuführungen handelt, die der BgA ausschließlich auf Grund seiner trägerschaftlichen Beziehung zu der jPöR bezieht.[69] Bei Dauerverlustgeschäften ist dies regelmäßig durch die laufende Übernahme der Zahlung von betrieblich veranlassten Ausgaben der Fall.

d) Erstattungszinsen und zurückgezahlte Nachzahlungszinsen nach § 233a AO

Nach dem Umkehrschluss aus § 10 Nr. 2 KStG sind z. B. Erstattungen der Körperschaftsteuer, des Solidaritätszuschlags, einbehaltene Kapitalertragsteuer nicht bei der Einkommensermittlung zu berücksichtigen. Zinsen auf diese Steuern zählen zu den steuerlichen Nebenleistungen i. S. d. § 3 Abs. 4 AO und teilen grundsätzlich das Schicksal der Steuern, auf die sie entfallen. Die Erstattung von nichtabzugsfähigen Aufwendungen darf deshalb im Umkehrschluss das Einkommen nicht erhöhen und ist außerhalb der Bilanz abzuziehen. Abweichend davon zählen nach der Rechtsprechung des BFH[70] Erstattungszinsen gemäß § 233a AO zu den steuerpflichtigen Einnahmen.[71]

Eine Besonderheit gilt für zurückgezahlte Nachzahlungszinsen. In diesen Fällen kann es dazu kommen, dass bisher ans Finanzamt durch bezahlte Nachzahlungszinsen aufgrund einer Minderung der Körperschaftsteuerbemessungsgrundlage faktisch rückerstattet werden. Es handelt sich folglich nicht um „echte" Erstattungszinsen, sondern um zurückgezahlte Nachzahlungszinsen. Diese unterliegen nicht der Besteuerung und müssen daher bei der Einkommensermittlung außerbilanziell wieder abgerechnet werden.[72]

Erstattungen zur Gewerbesteuer und deren Nebenleistungen werden analog nach § 8 Abs. 1 Satz 1 KStG i. V. m. § 4 Abs. 5b EStG gekürzt. Damit entspricht das körperschaftsteuerliche Einkommen dem Gewerbeertrag i. S. d. § 7 Satz 1 GewStG.

---

67 BFH, 27.4.2000 – I R 12/98, BFH/NV 2000, 1365.
68 BFH, 27.4.2000 – I R 12/98, BFH/NV 2000, 1365; R 6.5 Abs. 2 EStR 2012.
69 *Bott* in: Bott/Walter, KStG, § 4 KStG, Rn. 321.
70 BFH, 15.6.2010, VIII R 33/07, BStBl. II 2011, 503; BFH, 15.2.2012, I B 97/11, BStBl. II 2012, 697.
71 R 10.1 Abs. 2 Satz 2 KStR 2022.
72 Vgl. R 10.1 Abs. 2 Satz 3 KStR 2022.

Es empfiehlt sich in der Praxis separate Ertrags-Sachkonten für „Erstattungszinsen“, „zurückgezahlte Nachzahlungszinsen“ sowie „sonstige steuerliche Nebenleistungen“ einzurichten.

5. Betriebsausgaben

Betriebsausgaben sind nach § 4 Abs. 4 EStG Aufwendungen, die durch den Betrieb veranlasst sind. Maßgeblich ist der Veranlassungszusammenhang. Grundsätzlich sind von Steuerpflichtigen im Rahmen der Gewinnermittlung alle Betriebsausgaben zu berücksichtigen, um den Gewinn möglichst gering zu halten. Im Verlustfall, insbesondere bei Dauerverlustbetrieben stellt sich die Frage, ob es notwendig ist, Kostenanteile mit hohem bürokratischen Aufwand zu ermitteln, wenn der Verlust nach § 8 Abs. 7 KStG steuerlich begünstigt ist und es im Ergebnis zu keiner Besteuerung kommt.

Die Berücksichtigung von Betriebsausgaben regeln ebenfalls die einschlägigen körperschaftsteuerlichen als auch ggf. die einkommensteuerlichen Vorschriften. Die besondere Beziehung des BgA zur Trägerkörperschaft macht stets eine Prüfung erforderlich, ob ggf. Vermögen des BgA verdeckt an den Träger überführt wird. Auch bei gegenseitigen Vereinbarungen muss darauf geachtet werden, dass der BgA keine Betriebsausgaben zum Abzug bringt, die der hoheitlichen, steuerbefreiten Sphäre des Trägers zuzurechnen sind.

Erforderlich ist daher eine genaue und aufwändige Prüfung und Zuordnung von Sachkonten. Sofern dies IT-technisch in der Buchhaltung abgebildet werden kann, stellt dies eine große Erleichterung dar. Dabei sind die Zuordnungen und die verwendeten Aufteilungsschlüssel zu dokumentieren. Ein TCMS unterstützt und gewährleistet die Aufstellung und Dokumentation der erforderlichen Prozesse.

a) Abziehbare Betriebsausgaben

Betrieblich veranlasste Aufwendungen können immer insoweit als Betriebsausgaben berücksichtigt werden, als sie nicht durch eine Spezialvorschrift vom Betriebsausgabenabzug ausgeschlossen werden.

Als unbeschränkt abziehbare Betriebsausgaben im Bereich der jPöR kommen insbesondere folgende Kostenarten in Betracht:

- Gebäudeunterhaltung
- Wartungsverträge
- Personalkosten
- Betriebskosten (Strom, Wasser usw.)
- Abschreibung von beweglichen und unbeweglichen Wirtschaftsgütern.

b) Besonderheit der Abziehbarkeit von Spenden

aa) Allgemeines

Leistet der BgA Spenden für gemeinnützige, kirchliche oder mildtätige Zwecke, können diese nach Maßgabe des § 9 Abs. 1 Nr. 2 KStG bei der Ermittlung des Einkommens berücksichtigt werden. In dieser Vorschrift wird allgemein von „Zuwendungen" gesprochen, d. h. es werden neben Geldspenden auch Mitgliedsbeiträge und Sachzuwendungen erfasst. Sämtliche Spenden werden zunächst als Aufwand im Rahmen der Gewinnermittlung behandelt. Eine betragsmäßige Korrektur erfolgt ggf. erst bei der Einkommensermittlung. Der körperschaftsteuerliche Abzug einer Spende steht gemäß (§ 9 Abs. 1 Satz 1 KStG unter dem Vorbehalt des Vorliegens einer verdeckten Gewinnausschüttung gemäß § 8 Abs. 3 Satz 2 KStG). Dies ist relevant, wenn Spenden im Zusammenhang mit wesentlich beteiligten Anteilseignern stehen. Bei einem BgA ist dies im Verhältnis zu seiner Trägerkörperschaft stets der Fall, da hier die Grundsätze einer Kapitalgesellschaft (BgA) zu ihrem beherrschenden Gesellschafter (Trägerkörperschaft) anzuwenden sind.

Im Regelfall handelt es sich um Geldspenden. Möglich ist auch die Zuwendung von Wirtschaftsgütern, d. h. von Sachspenden. Die Sachspende ist gemäß § 6 Abs. 1 Nr. 4 Satz 1 EStG mit dem Teilwert oder mit dem Buchwert nach § 6 Abs. 1 Nr. 4 S. 4 EStG zu bewerten, wenn das Wirtschaftsgut für gemeinnützige, kirchliche oder mildtätige Zwecke verwendet wird.

Spenden an Dritte sind dem Grunde nach abziehbar, wenn sie für die Förderung steuerbegünstigter Zwecke im Sinne der §§ 52 bis 54 der Abgabenordnung bestimmt sind und auch tatsächlich für solche Zwecke verwendet werden.

Der BgA kann auch Spenden an die Trägerkörperschaft aufgrund der fiktiven Verselbständigung des BgA leisten. Allerdings sind Spenden nur im Rahmen des mit Dritten abgewickelten vergleichbaren Spendenvolumens (Fremdspenden) möglich. Höhere Zuwendungen werden als verdeckte Gewinnausschüttungen gemäß § 8 Abs. 3 Satz 2 KStG behandelt. Dies ist nicht klar definiert und im jeweiligen Einzelfall gesondert festzustellen. Außerdem kann die Spende an die Trägerkörperschaft nur dann gewinnmindernd berücksichtigt werden, wenn die Zuwendung auch bei Anwendung der Sorgfalt eines ordentlichen und gewissenhaften Geschäftsleiters geleistet worden wäre und die Spende ihre Ursache nicht in der trägerschaftlichen Beziehung findet.

bb) Ermittlung des Spendenabzugs gemäß § 9 Nr. 2 KStG

Die Spendenaufwendungen (Spenden und Mitgliedsbeiträge) müssen für steuerbegünstigte, satzungsgemäße Zwecke verwendet werden.[73] Der Spendenempfänger muss im Zeitpunkt der Spende als gemeinnützig anerkannt sein[74] und stellt eine entsprechende Spendenbescheinigung aus. Für die Ermittlung der abzugsfähigen Spenden ist wie folgt vorzugehen: Im ersten Schritt werden sämtliche Spenden und nicht als Betriebsausgaben abziehbare Beträge, die den Gewinn gemindert haben, im Rahmen der Einkommensermittlung zunächst außerhalb der Gewinnermittlung hinzugerechnet. Im zweiten Schritt werden diese Beträge, soweit sie unter Beachtung der Höchstbeträge abziehbar sind, außerhalb der Gewinnermittlung wieder abgerechnet.

Zuwendungen sind im Rahmen folgender Höchstbeträge bis zur Höhe von 20 Prozent des Einkommens oder 4 Promille der Summe der gesamten Umsätze und der im Kalenderjahr aufgewendeten Löhne und Gehälter abziehbar. Der für den BgA günstigere Höchstbetrag wird angewendet. Soweit Spendenaufwendungen im Rahmen der Höchstbeträge nicht berücksichtigt werden, erfolgt ein Vortrag in die kommenden Veranlagungszeiträume.[75]

c) Beschränkt abziehbare Betriebsausgaben

aa) Darlehensverträge mit der Trägerkörperschaft

Darlehensverträge zwischen der Trägerkörperschaft und dem BgA werden grundsätzlich anerkannt. Die Überlassung von Kapital der Trägerkörperschaft an den BgA kann sowohl als eine Einlage (Eigenkapital) oder als Darlehen (Fremdkapital) erfolgen. Für die Überlassung in Form eines Darlehens ist eine im Voraus getroffene Vereinbarung erforderlich aufgrund der beherrschenden Stellung der Trägerkörperschaft.[76] Besonderheiten sind zu beachten, wenn eine jPöR ihrem BgA verzinsliche Darlehen zur Verfügung stellt, da hier im Betrieb gewerblicher Art Betriebsausgaben generiert werden, die im Hoheitsbereich im Rahmen einer Vermögensverwaltung steuerfrei vereinnahmt werden können. Deshalb unterliegen Darlehensvereinbarungen zwischen BgA und Trägerkörperschaft einer besonderen Betrachtung. Zinsen können grundsätzlich in angemessener Höhe als Betriebsausgaben anerkannt werden und damit zu einer Minderung der Körperschaftsteuer, bzw. Kapitalertragsteuer führen.

---

73 R 9 KStR 2022.
74 BFH, 5.4.2006 – I R 20/05, BStBl. II 2007, 450.
75 § 9 Abs. 1 Nr. 2 Satz 9 KStG.
76 R 8.5 Abs. 2 KStR 2022.

Liegt jedoch keine angemessene Kapitalausstattung bei der Trägerkörperschaft vor, werden die Zinsaufwendungen nicht anerkannt, sondern als verdeckte Gewinnausschüttung angesehen, da die Darlehensmittel fehlendes Eigenkapital ersetzen.[77] Zinsaufwendungen werden nur anerkannt, wenn die Darlehensmittel nicht zur Deckung einer betriebsnotwendigen Eigenkapitalausstattung benötigt werden. Ist ein BgA nicht mit einem angemessenen Eigenkapital ausgestattet, werden interne Darlehen folglich nur in der Höhe anerkannt, in der sie das „notwendige Eigenkapital" überschreiten. Die Zinsaufwendungen, die auf diesen als Eigenkapitalzuführung qualifizierten Darlehensanteil entfallen, sind als verdeckte Gewinnausschüttung zu qualifizieren[78].

Ob eine angemessene Ausstattung mit Eigenkapital vorliegt, bemisst sich nach dem Verhältnis des Eigenkapitals zum Aktivvermögen des BgA (Eigenkapitalquote). Eine angemessene Eigenkapitalquote richtet sich im Einzelfall nach vergleichbaren Unternehmen der Privatwirtschaft. Die Finanzverwaltung fordert, dass ein BgA grundsätzlich mit einer notwendigen Eigenkapitalquote i. H. v. 30 % des Aktivvermögens zu Beginn des Wirtschaftsjahres auszustatten ist.[79] Der BFH hat in einem Urteil eine Eigenkapitalausstattung i. H. v. 26 % als ausreichend beurteilt.[80] Die Finanzverwaltung sieht aufgrund der Öffnungsklausel in R 8.2 Abs. 2 KStR 2022 die 30 %-Grenze als Nichtaufgriffsgrenze, für die den Steuerpflichtigen eine Nachweispflicht trifft. Als Anhaltspunkt kann die Eigenkapitalstruktur vergleichbarer Unternehmen in privatrechtlicher Form herangezogen werden. Die Angemessenheit des Eigenkapitals ist für jeden Veranlagungszeitraum neu zu erfüllen. Diese Grundsätze gelten auch für interne Darlehen der Trägerkörperschaft zur Finanzierung von wesentlichen Betriebsgrundlagen des BgA.[81]

bb) Entgeltliche Überlassung wesentlicher Betriebsgrundlagen

In der Praxis ist es denkbar, dass Wirtschaftsgüter durch die Trägerkörperschaft an einen BgA entgeltlich überlassen werden. Eine Anerkennung solcher Miet- oder Pachtverhältnisse wird von der Rechtsprechung und von der Finanzverwaltung nur anerkannt, wenn es sich nicht um eine wesentliche Betriebsgrundlage handelt. Wird z. B. ein betriebsnotwendiges Gebäude an den BgA entgeltlich vermietet, kann diese Gestaltung trotz klarer vorheriger Vereinbarung nicht anerkannt werden. Es kommt in diesem Fall zu einer außerbilanziellen Hinzurechnung der geleisteten Miet- und Pachtzahlungen.

77 BFH, 9.7.2003 – I R 48/02, BStBl. II 2004, 425.
78 R 8.2 Abs. 2 Satz 8 KStR 2022.
79 R 8.2 Abs. 2 Sätze 3 u. 4 KStR 2022.
80 BFH, 9.7.2003 – I R 48/02, BStBl. II 2004, 425.
81 BFH, 10.12.2019 – I R 24/17, BStBl. II 2022 II, 815; BFH, 24.4.2002 – I R 20/01, BStBl. II 2003, 412.

Es handelt sich in diesem Fall um eine verdeckte Gewinnausschüttung.[82] Die Rechtsprechung[83] geht davon aus, dass die fiktive Verselbständigung in diesem speziellen Fall nicht anzuwenden ist, wenn es die Besonderheiten des BgA gebieten. Denn es würde die vom Gesetz beabsichtigte Gleichstellung mit Betrieben der Privatwirtschaft zuwiderlaufen, wenn das Mietverhältnis anerkannt werden würde. Ein wesentlich beteiligter Anteilseigner einer Kapitalgesellschaft müsste die Miet- oder Pachtzinsen als gewerbliche Einkünfte im Rahmen einer Betriebsaufspaltung versteuern. Außerdem wären die überlassenen wesentlichen Betriebsgrundlagen als notwendiges Betriebsvermögen zu qualifizieren und daher steuerverhaftet. Würde das Mietverhältnis zwischen Trägerkörperschaft und BgA anerkannt werden, würde die steuerliche Ungleichbehandlung dadurch offensichtlich, dass die Mieterträge bei der Trägerkörperschaft der steuerfreien Vermögensverwaltung zuzurechnen wären. Die wesentlichen Betriebsgrundlagen gehören vielmehr zum notwendigen Betriebsvermögen des BgA.[84]

cc) Besonderheiten bei Sondernutzungsgebühren

Öffentliche Straßen, Wege und Plätze können wesentliche Betriebsgrundlagen eines BgA sein (z. B. Marktplatz für den BgA „Wochenmarkt“). Zahlungen des BgA an seine Trägerkörperschaft für die Nutzung öffentlicher Flächen werden auf Grundlage öffentlich-rechtlicher Vorschriften (z. B. Sondernutzungsgebühren lt. einer kommunalen Gebührensatzung) geleistet. Damit sind die Voraussetzungen einer verdeckten Gewinnausschüttung nicht erfüllt.[85] Der Grund für diesen Sonderfall liegt im Wesentlichen darin begründet, dass ein Alleingesellschafter einer Kapitalgesellschaft solche öffentlich-rechtlichen Vorschriften nicht abschließen kann. Ihm ist der Marktzutritt zu solchen öffentlichen Flächen nicht möglich.

d) Nicht abziehbare Betriebsausgaben

Bestimmte Aufwendungen, die durch die betriebliche Tätigkeit veranlasst und damit Betriebsausgaben sind, hat der Gesetzgeber nicht zum Abzug zugelassen. Dies erfolgt verfahrenstechnisch durch eine Hinzurechnung außerhalb der Gewinnermittlung. Zu den nichtabziehbaren Aufwendungen zählen neben § 10 KStG auch die Vorschriften des Einkommensteuergesetzes gemäß § 8 Abs. 1 Satz 1 KStG i. V. m. § 4 Abs. 5 Nr. 1 bis 4, 8 bis 10, Abs. 5b,

82 A. A. *Wallenhorst*, in: Wallenhorst/Halaczinsky, Die Besteuerung gemeinnütziger und öffentlich-rechtlicher Körperschaften, Kapitel H, Rn. 122, die Miet- oder Pachtzinsen seien „wie“ vGA dem Einkommen hinzuzurechnen.

83 BFH, 14.3.1984 – I R 223/80, BStBl. II 1984, 496.

84 H 8.2 „Betriebsvermögen“ KStH 2022.

85 BFH, 6.11.2007, I R 72/06, BStBl. II 2009, 246.

Abs. 6, Abs. 7 EStG.[86] Die in der Praxis wichtigsten nicht abziehbaren Betriebsausgaben, werden nachfolgend kurz erläutert.

aa) Bewirtungsaufwand, § 4 Abs. 5 S. 1 Nr. 2 EStG

Bewirtungsaufwendungen, d. h. meist Aufwendungen für Restaurantbesuche, sind nach dem Anlass betrieblich oder geschäftlich verursacht. Eine betriebliche Bewirtung liegt vor, wenn Arbeitnehmer bewirtet werden. Eine geschäftliche Bewirtung liegt vor, wenn Geschäftspartner bewirtet werden. Nur die geschäftliche Bewirtung von Geschäftspartnern ist nicht abziehbar, soweit diese 70 % der Aufwendungen übersteigen, die nach der allgemeinen Verkehrsauffassung als angemessen anzusehen und deren Höhe und Veranlassung nachgewiesen sind. Nicht angemessene geschäftliche Bewirtungsaufwendungen sind dagegen zu 100 % nicht abziehbare Betriebsausgaben. Bewirtungsaufwendungen aus betrieblichen Anlässen, d. h. die Bewirtung von Arbeitnehmern, sind in voller Höhe als Betriebsausgaben abziehbar.

Beispiel (geschäftlicher Anlass):

Der Leiter des Versorgungsbetriebs des ÖPNV lädt den Busunternehmer A im Jahr 2025 in ein Restaurant ein, um die Zusammenarbeit zu besprechen. Die Aufwendungen betragen für zwei Personen 50 € zzgl. Umsatzsteuer.

Die Aufwendungen sind insgesamt angemessen. Von den 50 € müssen 30 %, d. h. 15 € außerhalb der Buchführung bei der Ermittlung des steuerlichen Gewinns für das Jahr 2025 wieder hinzugerechnet werden. Bei der Umsatzsteuer ergeben sich keine Rechtsfolgen, da die Bewirtungskosten voll dem unternehmerischen Bereich zugeordnet werden.[87]

Beispiel (betrieblicher Anlass):

Aufgrund eines außergewöhnlichen Arbeitseinsatzes wird den Mitarbeitern der Abteilung X ein Mittagessen im Restaurant bezahlt. Die Aufwendungen betragen pro Person einschließlich der Getränke 25 € zzgl. Umsatzsteuer.

Die Aufwendungen sind insgesamt angemessen und voll als Betriebsausgabe abzugsfähig. Weder bei der Körperschaftsteuer noch bei weiteren Ertragsteuern ergeben sich Rechtsfolgen. Lohnsteuerlich liegt aufgrund des außergewöhnlichen Arbeitseinsatzes ebenfalls kein steuerpflichtiger Sachbezug vor.

bb) Gewerbesteuer

Die Gewerbesteuer und die damit zusammenhängenden Nebenleistungen sind gemäß § 8 Abs. 1 S. 1 KStG i. V. m. § 4 Abs. 5b EStG keine Betriebsaus-

86 R 8.1 Abs. 1 KStR 2022.

87 § 15 Abs. 1a Satz 2 UStG.

gaben. Entsprechend stellen erstattete Gewerbesteuerbeträge und erstattete Nebenleistungen keine körperschaftsteuerpflichtigen Betriebseinnahmen dar.

cc) Steuern vom Einkommen und deren Nebenleistungen

Steuern vom Einkommen werden in der Buchführung als Betriebsausgaben verbucht. Gemäß § 10 Nr. 2 KStG dürfen diese nicht das Einkommen mindern, so dass der Steueraufwand außerhalb der Gewinnermittlung im Rahmen der Einkommensermittlung wieder hinzugerechnet wird. Hierbei ist zu beachten, dass die Erstattung von nichtabzugsfähigen Aufwendungen im Umkehrschluss zu einer außerbilanziellen Abrechnung führt.

Vom Abzugsverbot sind folgende Steuern betroffen:

- Körperschaftsteuer, Kapitalertragsteuer
- Solidaritätszuschlag (H 10.1 „Nichtabziehbare Steuern“, 3. Spiegelstrich KStH)
- auf die o. g. Steuern entfallenden steuerlichen Nebenleistungen, z. B. Zinsen, Zwangsgelder, Verspätungszuschläge, Zwangsgelder
- Umsatzsteuer auf verdeckte Gewinnausschüttungen
- Vorsteuer auf Aufwendungen, für die das Abzugsverbot des § 4 Abs. 5 EStG gilt
- Erbschaftsteuer.

Die Kapitalertragsteuer ist eine nicht abzugsfähige Betriebsausgabe, unbeachtlich, ob diese eine Vorauszahlung für die Körperschaftsteuer des BgA darstellt[88] oder für eine Gewinnausschüttung an die Trägerkörperschaft analog § 12 Nr. 3 EStG i. V. m. § 8 Abs. 1 Satz 1 KStG entstanden ist. Abzugsfähig ist dagegen ein Verspätungszuschlag oder ein Säumniszuschlag aufgrund verspätetet Abgabe, bzw. Zahlung der Kapitalertragsteuer.[89]

Das Abzugsverbot gilt nach § 10 Nr. 2 KStG auch für steuerliche Nebenleistungen im Zusammenhang mit nichtabziehbaren Steuern.[90] Gemäß § 3 Abs. 4 AO sind Nebenleistungen Säumniszuschläge (§ 240 AO), Verspätungszuschläge (§ 152 AO), Zwangsgelder (§ 329 AO), Stundungszinsen (§ 240 AO), Nachzahlungszinsen (§ 233a AO), Aussetzungszinsen (§ 237 AO) und die Kosten der Vollstreckung (§§ 337–345 AO). Auch Hinterziehungszinsen zur Körperschaftssteuer[91] sowie Hinterziehungszinsen auf dem

88 § 10 Nr. 2 KStG.
89 BFH, 22.1.1997 – I R 64/96, BStBl. II 1997, 548.
90 § 4 Abs. 5 Nr. 8a EStG, § 10 Nr. 2 KStG.
91 Vgl. R 10.1 Abs. 2 KStR 2022.

Grunde nach abziehbaren Betriebssteuern (Umsatzsteuer, Lohnsteuer) werden davon erfasst.

Für Nachforderungszinsen nach § 233a AO, Stundungszinsen nach § 234 AO und Aussetzungszinsen nach § 237 AO gilt das Abzugsverbot nach § 10 Nr. 2 KStG ebenfalls soweit diese auf nicht abziehbare Steuern entfallen. Eine Ausnahme bilden Erstattungszinsen gem. § 233a AO, welche stets zu den steuerpflichtigen Betriebseinnahmen gehören. Lediglich erstattete Nachzahlungszinsen (d. h. Minderung zuvor festgesetzter Nachzahlungszinsen) müssen nicht versteuert werden.[92]

6. Gemischt veranlasste Aufwendungen

Eine Herausforderung bei der Einkommensermittlung stellen Aufwendungen dar, die sowohl den hoheitlichen als auch den wirtschaftlichen Bereich betreffen. Diese sind nach den Grundsätzen des primären Veranlassungszusammenhangs aufzuteilen. Dabei ist das Aufteilungsverbot des § 12 Abs. 1 S. 2 EStG auf den Bereich der Körperschaftsteuer nicht entsprechend anwendbar.[93] Auch § 10 Nr. 1 KStG kann durch die betriebliche Mitveranlassungen der Aufwendungen nicht einschlägig sein. So ist die Aufteilung nach § 3c EStG analog entsprechend dem Abzugsverbot, soweit „steuerfreie Einnahmen" vorliegen, vorzunehmen. Denn auch die Einnahmen im Hoheitsbereich sind „steuerfrei". Damit begründet sich eine Aufwandseinlage in Höhe des geschätzten Betriebsausgabenteils.[94] Nach der ständigen Rechtsprechung des BFH ist für eine Berücksichtigung der gemischt veranlassten Aufwendungen eine anteilige, steuerlich relevante Mitveranlassung notwendig, d. h. es müssen objektivierbare, zeitliche oder quantitative Abgrenzungskriterien für eine Aufteilung vorliegen.[95]

Die sachgerechte Schätzung der anteiligen Kosten nach dem Maßstab eines ordentlichen und gewissenhaften Geschäftsmanns,[96] muss in einer Art und Weise erfolgen, welche der entsprechenden Aufwandsart gerecht wird. In der Praxis haben sich folgende Aufteilungsmaßstäbe bewährt:
- Kfz-Aufwand: Aufteilung nach der Kilometerleistung
- Personal: Aufwand nach dem zeitlichen Einsatz (Stunden)
- Andere Gegenstände: Aufteilung nach dem zeitlichen Einsatz

92 Vgl. R 10.1 Abs. 2 Sätze 2 und 3 KStR 2022; LfSt Bayern, 18.2.2011, DStR 2011, 411.
93 R 8.1 Abs. 1 KStR 2022.
94 § 8 Abs. 1 Satz 1 KStG i. V. m. § 4 Abs. 4 EStG.
95 Objektivierbare und leicht nachvollziehbare zeitliche oder quantitative Abgrenzungskriterien, vgl. OFD-Düsseldorf, 29.4.2005 – S 2706 A-St 134.
96 R 8.2 Abs. 3 KStR 2022, BFH, 28.2.1990 – I R 137/86, BStBl. II 1990, 647.

- Verteilungsschlüssel bei anderen Aufwendungen: Es sollte ein nach quantitativen Kriterien gewählter Verteilungsschlüssel angewendet werden, der objektiv leicht nachvollziehbar ist.[97]

Zusammenfassend lässt sich festhalten, dass gemischt veranlasste Kosten nach objektiven, leicht nachprüfbaren Kriterien entsprechend den Veranlassungsbeiträgen aufzuteilen sind und einer Betriebsprüfung standhalten müssen. Deshalb empfiehlt es sich auch hier im Rahmen des TCMS besonders sorgfältig belastbare Aufzeichnungen zu führen.

7. Gewinnausschüttungen des BgA

a) Allgemeines

Für die Ermittlung des Einkommens ist es gemäß § 8 Abs. 3 Satz 1 KStG nicht maßgeblich, ob das Einkommen verteilt wird. Eine Verteilung des Einkommens liegt vor, wenn das nach Gewinnermittlungsgrundsätzen ermittelte Ergebnis an die Trägerkörperschaft als Anteilseignerin zurückbezahlt wird und dies zu einer Vermögensminderung beim BgA führt. Eine Vermögensminderung kann in Geld oder geldwerten Gütern bestehen. Dies wird nach Grundsätzen der virtuellen Kapitalgesellschaft als Gewinnausschüttung und Kapitalertrag gemäß § 20 Abs. 1 Nr. 1 EStG an den Gesellschafter beurteilt. Einkommensverwendungen dürfen das Einkommen nicht mindern. Das gilt auch für Gewinnabführungen an andere BgA derselben jPöR.

Das Steuerrecht wendet bei der Ermittlung des Einkommens die Grundsätze der Beziehung einer Kapitalgesellschaft (BgA) zu einem Gesellschafter (Trägerkörperschaft) entsprechend auch für unselbständige BgA an.

b) Offene Gewinnausschüttung

Als Gewinnausschüttung wird die Auszahlung von Gewinnanteilen durch den BgA an die Trägerkörperschaft bezeichnet. Eine Gewinnausschüttung kann entweder „offen“ oder „verdeckt“ erfolgen. Als offene Gewinnausschüttung bezeichnet man Gewinnausschüttungen, die auf einem rechtmäßigen gesellschaftsrechtlichen Gewinnverwendungsbeschluss durch das zuständige Gremium der Trägerkörperschaft beruhen. Diese ist in der Regel die entsprechende Referats- oder Behördenleitung. Diese Beschlüsse sind grundsätzlich haushaltsrechtlich nicht bindend.

97 BFH, 27.3.1991 – I R 31/89, BStBl. II 1992, 103; OFD-Düsseldorf, 29.4.2005 – S 2706 A-St 134; BFH, 21.9.2009 – GrS 1/06, BStBl. II 2010, 20; BMF, 6.7.2010 – IV C 3-S 2227/07/10003:002, BStBl. I 2010, 614; BFH, 15.1.2015 – I R 48/13, BStBl. II 2015, 713.

Zeitpunkt für die Erfassung des Kapitalertrags bei offener Gewinnausschüttung und beherrschender Stellung des Gesellschafters ist der Tag des Beschlusses über die Gewinnverwendung. Hierbei ist zu beachten, dass ein Beschluss innerhalb von acht Monaten nach Ablauf des Wirtschaftsjahres getroffen werden muss. Deshalb empfiehlt es sich hier, rein vorsorglich einen Grundsatzbeschluss zu fassen.

c) Verdeckte Gewinnausschüttung

Eine verdeckte Gewinnausschüttung ist eine Vermögensminderung oder verhinderte Vermögensmehrung, die durch das Gesellschaftsverhältnis bzw. die Trägerschaft veranlasst ist und sich auf den Gewinn/Verlust auswirkt und nicht auf einem den gesellschaftsrechtlichen Vorschriften entsprechenden Gewinnverteilungsbeschluss beruht. Als Vermögensminderung bezeichnet man einen Abgang aus dem Vermögen des BgA, wie z.B. der Abgang eines Wirtschaftsgutes wie eines Pkw. Eine verhinderte Vermögensmehrung liegt vor, wenn dem BgA ein Zugang an Vermögen nicht gewährt wird, z.B. erhält der BgA nicht den marktüblichen Preis für die Übertragung eines Wirtschaftsgutes an die Trägerkörperschaft. Eine Veranlassung durch das Gesellschaftsverhältnis liegt aufgrund der beherrschenden Stellung der Trägerkörperschaft auch vor, wenn es an einer klaren, eindeutigen und im Voraus geschlossenen Vereinbarung fehlt, ob und in welcher Höhe ein Entgelt für eine Leistung der Trägerkörperschaft zu zahlen ist, oder wenn einer klaren Vereinbarung zuwider gehandelt wird. Die objektive Beweislast für das Vorliegen einer verdeckten Gewinnausschüttung obliegt dem Finanzamt.[98] Allerdings hat die Trägerkörperschaft den Nachweis für eine im Voraus bestehende, klare und eindeutige Vereinbarung zu erbringen.[99]

<u>Beispiel:</u>

Die Kommune A stellt ihrem BgA „Eigenbetrieb Stromerzeugung“ ein mit 6% p.a. verzinstes Darlehen zur Verfügung. Der marktübliche Zins beträgt 3%.

Die Kommune A ist beherrschende Gesellschafterin des BgA. Auf Ebene des BgA (Eigenbetrieb) liegt aufgrund des überhöhten Zinssatzes eine Vermögensminderung in Höhe des hälftigen Zinsaufwands im jeweiligen Wirtschaftsjahr vor.

---

98 BFH, 27.10.1992 – VIII R 41/89, BStBl. II 1993, 569.

99 BFH, 29.7.1992, I R 28/92, BStBl. II 1993, 247 (entsprechende Anwendung).

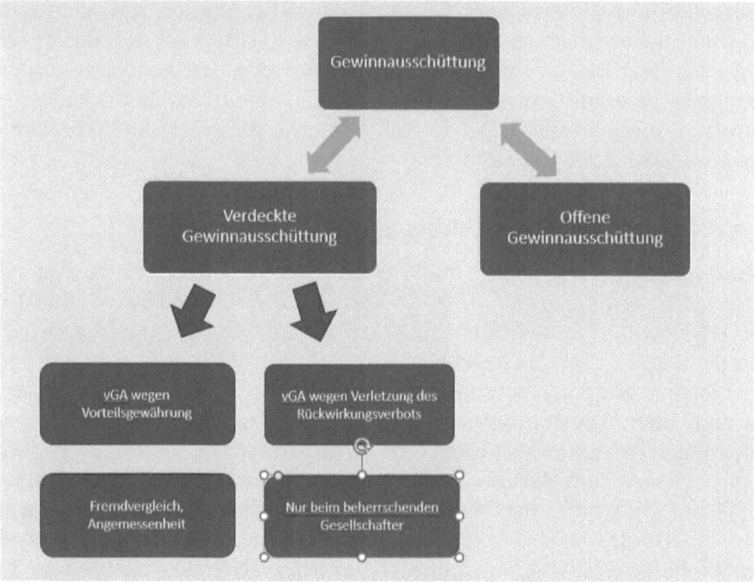

Abbildung 4: Merkmale von Gewinnausschüttungen, eigene Abbildung

d) Rechtsfolgen

Offene und verdeckte Gewinnausschüttungen dürfen das Einkommen nicht mindern (§ 8 Abs. 3 S. 2 KStG). Eine verdeckte Gewinnausschüttung ist im Rahmen der Ermittlung des Einkommens außerbilanziell hinzuzurechnen. Denn es handelt sich auch insoweit, wie bei offenen Gewinnausschüttungen, um eine Einkommensverwendung. Eine verdeckte Gewinnausschüttung ist als Kapitalertrag in dem Zeitpunkt zu erfassen, in dem der Vermögensvorteil erlangt wird.

e) Sonderfall: Ausschüttungsfiktion bei BgA ohne eigene Rechtspersönlichkeit

Eine Besonderheit stellt die Ausschüttungsfiktion des § 20 Abs. Nr. 10 Buchst. b) EStG dar, welche tatbestandlich sowohl die Fiktion einer offenen Gewinnausschüttung als auch verdeckte Gewinnausschüttungen des BgA als Kapitalertrag umfasst.

Aufgrund der Ausschüttungsfiktion, nach welcher mit Ablauf des Wirtschaftsjahres die Gewinne des Wirtschaftsjahres als in den Haushalt der Trägerkörperschaft überführt gelten, ist der Gewinn gleichzeitig eine Gewinnausschüttung. Diese Gewinnausschüttung ist zu diesem Zeitpunkt als

Kapitalertrag zu erfassen, d.h. der Zufluss erfolgt mit Ablauf des 31.12. eines Jahres. Dieser Kapitalertrag unterliegt grundsätzlich dem Kapitalertragssteuerabzug. Neben der zeitlichen Herausforderung muss auch die Kapitalertragsteuer fristgerecht angemeldet werden. Offene und verdeckte Gewinnausschüttungen führen nicht zu Einkünften i.S.d. § 20 Abs. 1 Nr. 10 Buchst. b EStG, soweit sie aus dem steuerlichen Einlagekonto finanziert werden.[100] Hierfür bedarf es einer Bescheinigung nach § 27 Abs. 3 KStG.

8. Einlagen

a) Allgemeines

Die jPöR (Trägerkörperschaft) kann Einlagen in den BgA tätigen. Gegenstand von Einlagen können abnutzbare und nicht abnutzbare, materielle und immaterielle Wirtschaftsgüter sein.[101] In der Praxis werden die für den laufenden Betrieb des BgA erforderlichen Mittel meist ohne besondere Vereinbarungen im Wege der Einlage zur Verfügung gestellt. Einlagen dürfen sich nicht auf das Einkommen des BgA auswirken und werden i.d.R. auf das Kapitalkonto (Kapitalrücklage) gebucht. Soweit Einlagen sich gewinnerhöhend ausgewirkt haben, sind diese im Rahmen der Einkommensermittlung gemäß § 8 Abs. 3 Satz 3 KStG durch entsprechende Kürzungen abzurechnen. Die Trägerkörperschaft führt über ihre Einlagen ein steuerliches Einlagekonto gemäß § 27 KStG. Der Bestand wird am Ende des Wirtschaftsjahres gesondert festgestellt.[102] Ein Ausgleich von Verlusten durch die Trägerkörperschaft führt grundsätzlich zu Einlagen und gilt im Entstehungsjahr des Verlustes als erfolgt. Dies führt deshalb auch gleichzeitig zu einem Zugang zum steuerlichen Einlagekonto.[103] Da Einlagen der Vermögensebene zugerechnet werden, führen sie bei BgA mit eigener Rechtspersönlichkeit zu nachträglichen Anschaffungskosten auf die Beteiligung.[104]

b) Offene Einlagen

Offenen Einlagen liegt in der Regel ein Beschluss der Trägerkörperschaft zugrunde. Die Einlage wird gemäß § 6 Abs. 6 Satz 1 EStG mit dem gemeinen Wert des eingelegten Wirtschaftsgutes bewertet. Davon erfasst sind bei BgA ohne eigene Rechtspersönlichkeit z.B. die im voraus vereinbarte Übertragung eines Wirtschaftsgutes in den Bereich des notwendigen Betriebsvermögens des BgA.

---

100 § 20 Abs. 1 Nr. 10 lit. a letzter Hs. und lt. b Satz 5 i.V.m. Nr. 1 Satz 3 EStG.
101 R 4.3 Abs. 1 EStR 2012.
102 Vgl. § 27 Abs. 2 und Abs. 7 KStG.
103 BFH, 11.9.2013 – I R 77/11, BStBl. II 2015, 161.
104 § 17 EStG analog.

c) Verdeckte Einlagen

Eine verdeckte Einlage i.S.d. §8 Abs.3 Satz 3 KStG liegt vor, wenn ein Gesellschafter (Trägerkörperschaft) oder eine ihm nahestehende Person der Körperschaft (BgA) einen einlagefähigen Vermögensvorteil zuwendet und diese Zuwendung durch das Gesellschaftsverhältnis veranlasst ist. Verdeckte Einlagen werden gemäß §6 Abs.6 Satz 2 EStG mit dem Teilwert angesetzt. Einlagen führen immer zu einem Zugang zum steuerlichen Einlagekonto nach §27 KStG.

Bei Verlustbetrieben führt die Tragung des laufenden Aufwands während des Wirtschaftsjahres zu Einlagen. Erwirtschaftet z.B. ein Schwimmbad im Kalenderjahrlederjahr 01 einen Verlust von 200.000 €, der nicht durch Eintritte und Zuschüsse Dritter gedeckt werden kann, liegt in Höhe von 200.000 € eine Einlage vor, welche auch das steuerliche Einlagekonto zum 31.12.01 erhöht.

Nach Einlage eines Wirtschaftsguts in einen BgA ist dieses steuerverhaftet, da es sich nunmehr um Betriebsvermögen handelt. Das heißt, im Falle einer späteren Veräußerung oder Überführung in den hoheitlichen Bereich (bei jPöR) sind evtl. gebildete stille Reserven (Unterschiedsbetrag zwischen Verkehrswert und Buchwert) zu besteuern.

Beispiel:

Das Land BW überlässt dem BgA Kantine die Räumlichkeiten für den Küchenbetrieb und den Bewirtungsraum.

Die Räumlichkeiten stellen eine wesentliche Betriebsgrundlage für den BgA Kantine dar und sind deshalb notwendiges Betriebsvermögen.

Die anteiligen gemeinen Werte (Verkehrswerte) für die unbeweglichen Wirtschaftsgüter (Grundstück und Gebäude) sowie die Kücheneinrichtung (Betriebsvorrichtung) sind zwingend als notwendiges Betriebsvermögen in den BgA einzulegen.

Werden dem BgA Wirtschaftsgüter aus dem Hoheitsvermögen zur Nutzung überlassen, welche keine wesentliche Betriebsgrundlage und damit kein notwendiges Betriebsvermögen des BgA sind, können die anteiligen Aufwendungen (AfA, Instandsetzung, laufende Kosten) als Nutzungseinlagen gewinnmindernd berücksichtigt werden. Gemäß R 8.2 Abs.3 Satz 1 KStR 2022 sind Aufwendungen der jPöR, die dieser aus der Unterhaltung des BgA erwachsen, auch ohne besondere Regelung in angemessenem Umfang als Betriebsausgaben des BgA abziehbar.

Sämtliche Einlagen, sowohl die Einlage von Wirtschaftsgütern in das Betriebsvermögen des BgA sowie die Kosteneinlagen führen zu einem Zugang zum steuerlichen Einlagekonto nach §27 KStG.

9. Verlustabzug

a) Allgemein

Gemäß § 8 Abs. 1 Satz 1 KStG sind die einkommensteuerlichen Regelungen gemäß § 10d EStG auch auf BgA anwendbar. Dies bedeutet, dass innerhalb eines BgA Gewinne mit nicht ausgeglichenen Verlusten aus den vorangegangenen oder folgenden Kalenderjahren verrechnet werden dürfen.[105] Ab dem Verlustentstehungsjahr 2022 wird der Verlustrücktrag dauerhaft auch auf den zweiten, dem Verlustentstehungsjahr vorangegangenen Veranlagungszeitraum, ausgedehnt.[106] Danach können Verluste bis zu 1 Mio. EUR (vorübergehend 10 Mio. EUR in 2021, 2022 und 2023)[107] in die beiden vorangegangenen Veranlagungszeiträume zurückgetragen werden. Ausnahme ist der bewusste (anteilige) Verzicht auf einen Verlustrücktrag nach § 10d Abs. 1 Satz 5 EStG. Diese Ausnahme wird jedoch mit Wirkung ab dem Verlustentstehungsjahr 2022 eingeschränkt. Es ist lediglich noch der Verzicht insgesamt auf den Verlustrücktrag zulässig. Ein verbleibender Verlust steht für die Folgejahre als Verlustvortrag zur Verfügung. Zu beachten ist dabei die sog. Mindestgewinnbesteuerung.[108] Ein Sockelbetrag i. H. v. 1 Mio. EUR ist ohne Einschränkung vortragsfähig. Ein die 1 Mio. EUR übersteigender Gesamtbetrag der Einkünfte kann nur bis zu 60 % des Gesamtbetrags der Einkünfte des aktuellen Veranlagungszeitraums durch den Verlustvortrag gemindert werden. Der Verlustvortrag erfolgt ggf. bis zur völligen Kompensation des Gesamtbetrags der Einkünfte, ohne dass der Freibetrag nach § 24 KStG berücksichtigt wird.

b) Verlustnutzung bei Zusammenfassung von BgA

Bei der Zusammenfassung von BgA ist § 10d EStG gemäß § 8 Abs. 8 S. 5 KStG nur eingeschränkt anwendbar, sofern es sich bei dem zusammengefassten BgA nicht um gleichartige BgA i. S. d. § 4 Abs. 6 S. 1 Nr. 1 KStG handelt. Verluste aus der Zeit vor der Zusammenfassung können gemäß § 8 Abs. 8 Satz 2 KStG nicht beim zusammengefassten BgA berücksichtigt werden. Ein vor der Zusammenfassung festgestellter Verlustvortrag kann nach Beendigung der Zusammenfassung wieder beim einzelnen BgA berücksichtigt werden. Verluste des zusammengefassten BgA können § 8 Abs. 8 Satz 3 KStG nicht auf die einzelnen vor der Zusammenfassung bestehenden BgA zurückgetragen werden. Die Beschränkungen der Verlustnutzung finden ge-

---

105 BMF, 12.11.2009 – IV C 7-S2706/08/10004, BStBl. I 2009, 1303, Rn. 64.

106 Viertes Corona-Steuerhilfegesetz.

107 Viertes Corona-Steuerhilfegesetz.

108 Anhängige Verfassungsbeschwerde unter Aktenzeichen: 2 BvR 2998/12, zu § 10d Abs. 2 Satz 1 EStG.

mäß § 8 Abs. 9 KStG auch für BgA mit eigener Rechtspersönlichkeit, z. B. als Kapitalgesellschaften über die sogenannte Spartenrechnung Anwendung.

c) Steuersatz und Freibetrag

Bei den Körperschaften gilt seit dem Kalenderjahr 2008 gemäß § 23 KStG ein einheitlicher Steuersatz von 15 % (Tarifbelastung). Außerdem steht unbeschränkt steuerpflichtigen jPöR gemäß § 24 KStG für jeden BgA ein Freibetrag in Höhe von 5.000 € zu.

V. Praxisbeispiel

Der Sachverhalt des Beispiels unter III.9 c) wird weitergeführt:

Die Behörde A betreibt am Standort Karlsruhe einen Kantinenbetrieb. Die Gewinnermittlung ergab einen Gewinn für das Kalenderjahr 01 in Höhe von **6.765,00 €**.

Aus der beigefügten Gewinnermittlung ist das zu versteuernde Einkommen und die Körperschaftsteuer zu berechnen.

Das zu versteuernde Einkommen ermittelt sich wie folgt:

Gewinn aus Gewerbebetrieb	**Hinweis**	**6.765,00 €**
+ Zurechnung der Körperschaftsteuer-Vorauszahlungen und Solidaritätszuschlag § 10 Nr. 2 KStG	L	+1.055,00 €
+ 30 % der angemessen Bewirtungskosten sind nicht abzugsfähig, § 8 Abs. 1 KStG i. V. m. § 4 Abs. 5 Nr. 2 EStG 30 % von 1050 € netto = 315 €	J	+315,00 €
+ Umsatzsteuer zurecht als Betriebseinnahmen bzw. Betriebsausgabe berücksichtigt keine Änderung	M/E	entfällt
Steuerlicher Gewinn		8.135,00 €
		–
Gesamtbetrag der Einkünfte/Einkommen		**8.135,00 €**
./. Freibetrag § 24 KStG		./. 5.000,00 €
Zu versteuerndes Einkommen		3.315,00 €
Körperschaftsteuer § 23 KStG 15 %		**470,25 €**

Solidaritätszuschlag 5,5 % von 470,25 €		**25,86 €**
Festgesetzte Körperschaftsteuer		**470,25 €**
Bisher vorausbezahlte Körperschaftsteuer		1.000,00 €
Erstattung von Körperschaftsteuer		529,75 €
Festgesetzter Solidaritätszuschlag		25,86 €
Bisher vorausbezahlter Solidaritätszuschlag		55,00 €
Erstattung von Solidaritätszuschlag		29,14 €

VI. Beendigung eines BgA

Bei Beendigung der Steuerpflicht eines BgA (Veräußerung, Betriebsaufgabe) sind die allgemeinen steuerlichen Grundsätze anzuwenden. Steuerlich belastend wirkt sich daher i. d. R. die Aufdeckung der stillen Reserven durch Wertzuwachs der Wirtschaftsgüter oder bislang nicht vollständiger Abschreibung der Wirtschaftsgüter aus.

Die stillen Reserven werden zum einen durch den Verkauf von Wirtschaftsgütern realisiert. Die stillen Reserven der nicht veräußerten Wirtschaftsgüter werden durch Überführung in das Hoheitsvermögen realisiert. Ausnahmsweise liegt keine Betriebsaufgabe vor, wenn die verbleibenden Wirtschaftsgüter (noch) einen eigenen BgA darstellen.

Beispiel:

Die Gemeinde A kommt dem Wunsch des Pächters eines Ratskellers nach und entfernt das wesentliche von ihr bereitgestellte Inventar eines Gaststättenverpachtungs-BgA. Das Inventar wird im Keller eines Schulgebäudes aufbewahrt.

Lösung:

Die Realisierung der stillen Reserven kommt nicht nur durch eine bewusste Herbeiführung einer Betriebsaufgabe und Veräußerung der Wirtschaftsgüter zu Stande. Auch wenn sich die Tätigkeit des BgA in ihrem Wesen so verändert, wodurch nicht mehr alle Kriterien für das Vorliegen der BgA-Eigenschaft gegeben sind, liegt eine Betriebsaufgabe vor.

VII. Gewerbesteuer

1. Allgemeines

Die Gewerbesteuer zählt ebenfalls zu den Ertragsteuern. Tätigkeiten von jPöR sind gewerbesteuerpflichtig, wenn sie als Gewerbebetriebe einzuordnen sind. Im Unterschied zur Körperschaftsteuer ist für die Gewerbesteuerpflicht eines BgA eine Gewinnerzielungsabsicht und die Teilnahme am allgemeinen wirtschaftlichen Verkehr nach § 15 Abs. 2 EStG erforderlich. Bei der Beurteilung des Merkmals Gewinnerzielungsabsicht bei zusammengefassten Betrieben ist auf das Ergebnis des zusammengefassten BgA abzustellen.

Die Gewerbesteuer besteuert neben der Körperschaftsteuer Gewinne von sog. stehenden Gewerbebetrieben, die im Inland[109] betrieben werden.[110] Die Steuer schuldet die Trägerkörperschaft, da auf deren Rechnung das Gewerbe betrieben wird.[111] Die Steuer steht der Gemeinde zu, in deren Gemarkung das Gewerbe oder eine Betriebsstätten betrieben werden.[112]

2. Begriff des „Gewerbebetriebs"

Ob es sich bei einem Unternehmen um einen Gewerbebetrieb handelt, bestimmt sich nach den Regelungen des Einkommensteuergesetzes, vgl. § 2 Abs. 1 Satz 2 GewStG i. V. m. § 15 Abs. 2 GewStG.

Die Voraussetzungen sind nicht deckungsgleich mit den Voraussetzungen für die Annahme eines BgA nach § 4 KStG.

Tatbestandmerkmal	Vorliegen eines BgA	Voraussetzung GewSt
Selbstständigkeit	Ja	Ja
Nachhaltigkeit	Ja	Ja
Gewinnerzielungsabsicht	Nein, eine Einnahmeerzielungsabsicht genügt	Ja
Beteiligung am allgemeinen wirtschaftlichen Verkehr	Nein, auch ein beschränktes Angebot reicht aus	Ja

109 Als Inland wird das Hoheitsgebiet der Bundesrepublik Deutschland, sowie der dazugehörige Festlandsockel verstanden (vgl. § 2 Abs. 1 GewStG).

110 § 2 Abs. 1 GewStDV.

111 § 5 Abs. 1 GewStG.

112 §§ 1 und 4 GewStG.

Tatbestandmerkmal	Vorliegen eines BgA	Voraussetzung GewSt
Keine land- und forstwirtschaftliche Tätigkeit	Ja	Ja
Keine selbstständige Arbeit	Ja	Ja
Keine Vermögensverwaltung	Ja	Ja

a) Zusätzliches Tatbestandsmerkmal „Gewinnerzielungsabsicht"

Um von einer Gewinnerzielungsabsicht ausgehen zu können, muss die laufende Betriebsführung bewusst so ausgestaltet werden, dass die Betriebseinnahmen höher sind als die Betriebsausgaben. Hieraus ergibt sich, dass eine Preisgestaltung, welche nur eine Kostendeckung anstrebt nicht die Voraussetzung einer Gewinnerzielungsabsicht erfüllt. Dabei sind nicht einzelne Jahre, sondern vielmehr ein längerer Zeitraum zu betrachten, indem ein Gesamtgewinn erzielt werden kann. So können einzelne Zeiträume mit Verlusten bei der Gewerbesteuer berücksichtigt werden, wenn die Planungen auf einen Totalgewinn ausgerichtet sind und sich dieser erst nach mehreren Jahren einstellt. Andererseits sind vereinzelte Zeiträume mit Gewinnen nicht gewerbesteuerpflichtig, wenn die Einnahmen lediglich so kalkuliert werden, Verluste aus den Vorjahren zu decken.

Die Finanzverwaltung sieht in Verlusten, die sich im Vergleich zu ähnlichen Unternehmen der Privatwirtschaft über einen deutlich längeren Zeitraum erstrecken, in der Regel ein Indiz für eine fehlende Gewinnerzielungsabsicht. Gleichzeitig können mehrjährige Verluste innerhalb einer Gesamtprognose als Indiz für eine bestehende Gewinnerzielungsabsicht gewertet werden.

b) Zusätzliches Tatbestandsmerkmal „Teilnahme am allgemeinen wirtschaftlichen Verkehr"

Die Leistungen des BgA müssen gegen Entgelt für Dritte erkennbar am Markt angeboten werden. Das bedeutet, dass die Gewerbesteuer bei BgA nicht anfällt, wenn deren Tätigkeit nicht auf einen öffentlichen Leistungs- und Gütertausch zielt, sondern z. B. nur Bedürfnisse der Trägerkörperschaft bedient. Dies ist bei hauseigenen Druckereien oder zentrale Beschaffungsstellen, die ihre Ware nur für die Trägerkörperschaft zur Verfügung stellen, nicht erfüllt.

3. Verpachtungs-BgA

Wird ein Gewerbebetrieb verpachtet, dann stellt dies einen ggfs. körperschaftsteuerpflichtigen BgA dar, vgl. § 4 Abs. 4 KStG. Gewerbesteuerlich betrachtet handelt es sich jedoch nicht um eine eigene werbende Tätigkeit, weshalb der BgA nicht der Gewerbesteuer unterliegt. Dies gilt nicht, wenn die Trägerkörperschaft den Betriebspächter beherrscht. In diesem Fall kann eine sogenannte Betriebsaufspaltung vorliegen, wodurch auch die Verpachtungserträge wieder gewerbesteuerpflichtig werden.

4. Beginn und Ende der Gewerbesteuerpflicht

Der Gewerbsteuer unterliegen nur die laufenden Gewinne des Gewerbebetriebs. Die Gewerbesteuerpflicht beginnt mit der Aufnahme der werbenden Tätigkeit und endet mit deren Einstellung. Daraus folgt, dass reine vorbereitende Tätigkeiten noch nicht in die Gewerbesteuerpflicht fallen. Veräußerungs- oder Aufgabegewinne unterliegen deshalb auch grundsätzlich nicht der Gewerbesteuer. Dies ist nur ausnahmsweise der Fall, wenn der BgA in einer Mitunternehmerschaft, also z. B. in einer Personengesellschaft ausgeübt wurde, vgl. § 7 Sätze 1, 2 GewStG.

5. Befreiungen von der Gewerbesteuer

BgA, die gewerbesteuerpflichtig sind, können von der Gewerbesteuer befreit werden, wenn die Voraussetzungen in § 3 GewStG für die jeweilige Tätigkeit erfüllt sind. Häufige Anwendungsfälle sind der in § 3 Nr. 32 GewStG geregelte Betrieb kleiner Photovoltaikanlagen oder die in § 3 Nr. 6 GewStG geregelten gemeinnützigen BgA mit Ausnahme von deren wirtschaftlichen Geschäftsbetrieben.

6. Ermittlung der Gewerbesteuer

a) Ermittlungsschema (vereinfacht)

Berechnung	Grundlage	Bemerkungen
Ausgangspunkt ist der Gewinn aus Gewerbebetrieb	§ 7 Satz 1 GewStG	Der Gewinn ergibt sich aus Anwendung der Regelungen des EStG und des KStG (insbesondere § 4 EStG und unter Berücksichtigung von § 8b KStG und ähnlichem).
+ Hinzurechnungen	§ 8 GewStG	Siehe 6. b)

Berechnung	Grundlage	Bemerkungen
– Kürzungen	§ 9 GewStG	Siehe 6. c)
= Maßgebender Gewerbeertrag	§ 10 und 14 GewStG	Es wird bestimmt, dass der Gewerbeertrag grundsätzlich für ein Kalenderjahr berechnet wird.
– Gewerbeverluste aus Vorjahren	§ 10a GewStG	Gewerbeverluste der Vorjahre können mit positiven Gewerbeerträgen der Folgejahre verrechnet werden.
Abrundung auf volle 100 €	§ 11 Abs. 1 Satz 3 1. HS GewStG	Die Abrundung dient der besseren Weiterberechnung und ist immer zugunsten des BgA abzurunden.
– Freibetrag 5.000 €	§ 11 Abs. 1 Satz 3 Nr. 2 GewStG	BgA dürfen von ihrem abgerundeten Betrag noch 5.000 € abziehen. Dabei wird der Gewerbeertrag max. auf 0 € gemindert.
x Steuermesszahl 3,5 %	§ 11 Abs. 3 GewStG	Dieser Berechnungsschritt wird durch das Finanzamt erledigt und muss nicht in der Steuererklärung veranlasst werden.
= Steuermessbetrag	§ 11 Abs. 1 Satz 1 und § 14 GewStG	Die Steuermesszahl wird durch das Finanzamt ermittelt und per Feststellungsbescheid dem BgA und der erhebenden Gemeinde mitgeteilt.
x Gewerbesteuerhebesatz	§ 16 GewStG	Dieser Rechenschritt wird automatisch von der steuererhebenden Gemeinde durchgeführt.
= Gewerbesteuer	§ 18 GewStG	Die GewSt entsteht mit Ablauf des Kalenderjahres, in dem der Gewerbeertrag erzielt wurde.

b) Hinzurechnungen gemäß § 8 GewStG

Durch diese Vorschrift werden Betriebsausgaben, die den Gewinn gemindert haben und damit den Gewerbeertrag ebenfalls mindern würden, für Zwecke der GewSt wieder hinzugerechnet. Betriebsausgaben, die bereits nach dem KStG nicht abziehbar sind, sind bereits bei der Ausgangsgröße Gewinn berücksichtigt. Eine Korrektur bei der GewSt ist nicht mehr erforderlich.

Die Hinzurechnungen werden in § 8 GewStG abschließend geregelt und sind immer im Jahr der Aufwandsbuchung zu prüfen.

Grundlage	Hinzurechnung
§ 8 Nr. 1 GewStG	Fremdfinanzierungsentgelte (Berechnungsschema) + 100 % von Entgelten für Schulden (Nr. 1a) + 100 % von Renten und dauernde Lasten (jedoch keine Beamtenpension oder gesetzliche Rente von Arbeitnehmer, Nr. 1b) + 100 % von Gewinnanteilen stiller Gesellschafter (Nr. 1c) + 20 % von Mieten und Pachten (inkl. Leasing) für bewegliche Wirtschaftsgüter des Anlagevermögens (ab 2020: nur 10 % bei Elektro- und Hybridfahrzeugen, Nr. 1d) + 50 % von Mieten und Pachten für unbewegliche Wirtschaftsgüter des Anlagevermögens (Nr. 1e) + 25 % von Aufwendungen für Rechteüberlassung (insbesondere Lizenz- und Konzessionszahlungen, Nr. 1f) = Summe der Fremdfinanzierungsentgelte – Freibetrag i. H. v. 200.000 € (ab 2020, davor 100.000 €) = Übersteigender Betrag x 25 % = Hinzurechnung nach § 8 Nr. 1 GewStG
§ 8 Nr. 5 GewStG	Steuerpflichtige Dividenden (vgl. § 9 Nr. 2a GewStG) Dividenden sind erst ab einer Beteiligungshöhe von 15 % steuerfrei. Steuerfreiheiten nach § 8b KStG sind bis dahin zu korrigieren. bis 10 % Beteiligungshöhe: + 0 € (da keine KSt-Befreiung) zwischen 10 % und 15 % Beteiligungshöhe: + 95 % der Bruttodividende (da 95 % KSt-Befreiung)
§ 8 Nr. 8 GewStG	Verlustanteile an Personengesellschaften (vgl. § 9 Nr. 2 GewStG) + einheitlich und gesonderte festgestellter Verlust nach dem Bescheid des für die PG zuständigen Finanzamts
§ 8 Nr. 9 GewStG	Spenden und Mitgliedsbeiträge (vgl. § 9 Nr. 5 GewStG) + Zuwendungen die nach § 9 Abs. 1 Nr. 2 KStG abgezogen wurden
§ 8 Nr. 10 GewStG	Gewinnminderung durch Wertberichtigung von Beteiligungen an Körperschaften + Gewinnminderung nach Teilwertabschreibungen, Veräußerungen und Entnahmen bzw. Minderung des Kapitals aufgrund einer Gewinnausschüttung, nach § 9 GewStG gekürzt wurde

c) Kürzungen gemäß § 9 GewStG

Analog zu den Hinzurechnungen werden auch Kürzungen beim Gewerbeertrag vorgenommen. Vorgänge, die sich bereits aufgrund der Regelungen des

KStG gewinnmindernd ausgewirkt haben, sind bei der GewSt nicht nochmals zu berücksichtigen.

Die Kürzungen werden in § 9 GewStG abschließend geregelt und sind immer im Jahr der Ertragsbuchung zu prüfen.

Grundlage	Kürzungen (auszugsweise)
§ 9 Nr. 1 GewStG	Kürzung für grundsteuerpflichtigen Grundbesitz[113] soweit dieser als Betriebsvermögen behandelt wird (vgl. § 20 Abs. 1 GewStDV) und zu Beginn des Kalenderjahres bereits vorlag (Berechnungsschema) Einheitswert des Grundstücks
	x 140 % für Grundstücke in BW (bis zur neuen Grundsteuer) x 1,2 % = Kürzungsbetrag
§ 9 Nr. 2 GewStG	Gewinnanteile an Personengesellschaften (vgl. § 8 Nr. 8 GewStG)
§ 9 Nr. 2a GewStG	Steuerfreie Dividenden (vgl. § 8 Nr. 5 GewStG) Dividenden sind ab einer Beteiligungshöhe von 15 % steuerfrei. Die partielle KSt-Pflicht nach § 8b Abs. 5 KStG wird nicht korrigiert. Es kommt zu keiner weiteren Kürzung.
§ 9 Nr. 5 GewStG	Spenden und Mitgliedsbeiträge (vgl. § 8 Nr. 9 GewStG) – Zuwendungen für gemeinnützige, mildtätige oder kirchliche Zwecke außer bei Anwendung von § 8 Abs. 3 KStG oder Mitgliedsbeiträge an Körperschaften die nach § 52 Abs. 2 Satz 1 Nr. 21–23 und Satz 2 AO [114] Maximaler Abzug innerhalb der Höchstbeträge: 20 Prozent des Gewinns nach § 7 GewSt zzgl. § 8 Nr. 9 GewStG oder 4 Promille der Umsätze zzgl. der Löhne und Gehälter

7. Verfahren

Das Finanzamt setzt mit Feststellungsbescheid den Gewerbesteuermessbetrag fest (Gewerbesteuermessbescheid). Dieser ist ein Grundlagenbescheid

113 Es wird nur die Kürzung nach Satz 1 dargestellt. Wohnungsunternehmern können ggfs. Satz 2 ff. geltend machen.

114 Förderung des Sports, der Heimatpflege, Heimatkunde und der Ortsverschönerung, der Tierzucht, der Pflanzenzucht, der Kleingärtnerei, des traditionellen Brauchtums einschließlich des Karnevals, der Fastnacht und des Faschings, der Soldaten- und Reservistenbetreuung, des Amateurfunkens, des Freifunks, des Modellflugs und des Hundesports oder vergleichbare Förderzwecke.

für den Gewerbesteuerbescheid der Gemeinde, der dann die Festsetzung der Gewerbsteuer nach Anwendung des Hebesatzes mit entsprechender Zahlungsaufforderung enthält. Einwendungen (Einspruch und Änderungsanträge) gegen die Festsetzung im Steuerbescheid sind zunächst gegen den Grundlagenbescheid und damit beim Finanzamt und nicht bei der Gemeinde geltend zu machen.

VIII. Fazit

Die Einkommensermittlung bei BgA stellt einen zentralen Aspekt der steuerlichen Behandlung jPöR dar. Es sind umfangreiche Abgrenzungen der wirtschaftlichen Tätigkeit gegenüber der hoheitlichen Tätigkeit und der Vermögensverwaltung erforderlich. Die rechtliche Konstruktion als „virtuelle Kapitalgesellschaft" schafft die Grundlage für eine eigenständige Gewinnermittlung und trägt dem Ziel der Wettbewerbsneutralität im steuerlichen Kontext Rechnung.

Die Wahl der Gewinnermittlungsart – zwischen Betriebsvermögensvergleich und Einnahmenüberschussrechnung – beeinflusst dabei nicht nur die Methodik der steuerlichen Gewinnermittlung, sondern hat auch Auswirkungen auf die Besteuerung von Kapitalerträgen sowie auf die umsatzsteuerliche Behandlung. Diese steuerlichen Folgen machen eine fundierte Entscheidung über die Gewinnermittlungsart notwendig und sprechen in aller Regel für eine Gewinnermittlung durch Einnahmenüberschussrechnung, soweit keine Buchführungspflicht besteht.

Eine erhebliche Entlastung ließe sich durch die Einführung einer standardisierten, vereinfachten Gewinnermittlung für BgA ohne Buchführungspflicht erzielen. Flankiert werden könnte eine vereinfachte Gewinnermittlung von prozentualen Aufwandspauschalen für unstrittig anfallende Kosten für Querschnittsaufgaben, wie z. B. allgemeine Verwaltungskosten. Entlastungsmaßnahmen dieser Art würden einen Ausgleich für den, durch komplexe Abgrenzungsfragen zum hoheitlichen Bereich verursachten Mehraufwand darstellen, den Unternehmen der Privatwirtschaft nicht haben. Dies wären vertretbare angemessene Maßnahmen zum Bürokratieabbau bei der öffentlichen Hand.

In der praktischen Umsetzung ergeben sich insbesondere durch heterogene Buchführungssysteme, nicht automatisierte Prozesse und manuelle Ableitungen aus kameralistischen Datenquellen erhebliche Herausforderungen für die steuerliche Compliance. Die Einführung eines TCMS, die technische Abbildung steuerlicher Sphären durch geeignete Kontierungsobjekte sowie ein standardisiertes Vier-Augen-Prinzip können wesentlich zur Reduzierung steuerlicher Risiken beitragen.

In der praktischen Anwendung haben sich darüber hinaus erhebliche Schwierigkeiten bei der Nutzung der elektronischen Steuerplattform ELSTER ergeben, deren Eingabemasken für die Bedürfnisse der Besteuerung der öffentlichen Hand an einigen Stellen nicht passen. Vor diesem Hintergrund erscheint es dringend erforderlich, eine Anpassung der Eingabemasken und Vordrucke vorzunehmen. Besonders für jPöR wären spezifische, vereinfachte Formulare von erheblichem praktischem Nutzen.

Zusätzliche Herausforderungen ergeben sich durch die Erweiterung der gesetzlichen Übermittlungspflichten gemäß § 5b EStG. Ab dem Jahr 2025 sind neben der Bilanz und Gewinn- und Verlustrechnung auch Sachkontennachweise verpflichtend elektronisch zu übermitteln. Ab dem Jahr 2028 tritt eine weitere Ausweitung in Kraft: Auch Anlageverzeichnisse, Anhänge, Lageberichte und Prüfungsberichte unterliegen dann der elektronischen Datenübermittlungspflicht. Diese Entwicklung stellt viele Körperschaften, insbesondere kleinere kommunale Einheiten, vor beträchtliche organisatorische und technische Herausforderungen.

Zusammenfassend zeigt sich, dass eine rechtssichere und effiziente Einkommensermittlung nur durch eine konsequente Verknüpfung steuerlicher, organisatorischer und technischer Maßnahmen gewährleistet werden kann. Die Komplexität der Rechtsmaterie sowie die zahlreichen praxisrelevanten Sonderfälle erfordern eine kontinuierliche Qualifizierung der Verantwortlichen sowie eine systematische Weiterentwicklung der eingesetzten IT-Instrumente. Nur so kann eine gesetzeskonforme Erfüllung der steuerlichen Pflichten durch jPöR im Kontext ihrer BgA sichergestellt werden.

Die Pflicht zur Führung des steuerlichen Einlagekontos

Prof. Dr. Tanja Leibold und MR'in Claudia Gassner

I. Einleitung

Das steuerliche Einlagekonto spielt eine zentrale Rolle bei der Kapitalertragsteuerbelastung der öffentlichen Hand. Gemäß § 20 Abs. 1 Nr. 10 EStG unterliegen Leistungen eines BgA an seine Trägerkörperschaft unter bestimmten Voraussetzungen der Kapitalertragsteuer. Allerdings kommt es zu keiner Kapitalertragsteuerbelastung, wenn das steuerliche Einlagekonto als verwendet gilt. Ab dem Veranlagungszeitraum 2022 sind alle BgA verpflichtet, ein steuerliches Einlagekonto zu führen, unabhängig von kapitalertragsteuerlichen Leistungen. Trägerkörperschaften von BgA müssen sicherstellen, dass das steuerliche Einlagekonto ordnungsgemäß geführt wird und entsprechende Tax-Compliance-Maßnahmen ergriffen werden. Alle Vorgänge, die das steuerliche Einlagekonto betreffen, müssen sorgfältig dokumentiert werden, um die korrekte Führung sicherzustellen. Nachfolgend werden die Begriffsdefinition des steuerlichen Einlagekontos und die Verpflichtung zur Führung eines solchen Kontos erläutert. Zudem werden Schemata vorgestellt, mit welchen die Entwicklung des steuerlichen Einlagekontos und des ausschüttbaren Gewinns dargestellt werden können. Darüber hinaus werden die Anforderungen an die Ausstellung von Steuerbescheinigungen über die Verwendung des steuerlichen Einlagekontos dargelegt. Abschließend wird die Problematik einer entstehenden Kapitalertragsteuerbelastung bei unterbliebener Verwendungsbescheinigung erörtert und es werden Vorschläge de lege ferenda für eine Entbürokratisierung der Besteuerung der öffentlichen Hand im Zusammenhang mit dem steuerlichen Einlagekonto gemacht.

II. Begriffsdefinition des steuerlichen Einlagekontos

Das steuerliche Einlagekonto ist kein Konto im Sinne der Buchführung, sondern eine steuerliche Sonderrechnung außerhalb der Buchführung.[1] Gemäß § 27 Abs. 1 Satz 1 KStG sind unbeschränkt steuerpflichtige Kapitalgesellschaften verpflichtet, die nicht in das Nennkapital geleisteten Einlagen am Ende jedes Wirtschaftsjahres auf einem besonderen Konto auszuweisen, das im Gesetzestext als „steuerliches Einlagekonto" bezeichnet wird. Für BgA

1 BMF, 4.6.2003 – IV A 2-S 2836-2/03, BStBl. I 2003, 366, Rn. 1.

gilt diese Verpflichtung über den Verweis in §27 Abs. 7 KStG ebenfalls, da sie an ihre Trägerkörperschaften Leistungen i. S. d. §20 Abs. 1 Nr. 10 EStG gewähren können. Die Regelung des §27 KStG bezweckt, dass Rückzahlungen von Einlagen, die nicht in das Nennkapital geleistet worden sind, nicht als Einkünfte aus Kapitalvermögen besteuert werden. Das steuerliche Einlagekonto erfasst dabei alle Formen von nicht in das Nennkapital geleisteten Einlagen, d. h. auch die verdeckten Einlagen, die nicht in der Kapitalrücklage i. S. d. §272 Abs. 2 HGB abgebildet worden sind.

III. Verpflichtung zur Führung eines steuerlichen Einlagekontos

Die Pflicht zur Führung des steuerlichen Einlagekontos besteht für BgA unabhängig von der Gewinnermittlungsart, d. h. auch bei Gewinnermittlung durch Einnahmenüberschussrechnung muss eine Feststellung des steuerlichen Einlagekontos erfolgen. Auch bei Unterschreiten der Betragsgrenzen des §20 Abs. 1 Nr. 10 lit. b Satz 1 EStG ist nach der aktuellen Rechtsprechung des BFH und der Auffassung der Finanzverwaltung ein steuerlichen Einlagekonto zu führen.[2] Wurde bisher keine oder keine fortlaufende Feststellung des steuerlichen Einlagekontos vorgenommen, ist die Feststellung auf den Schluss des letzten in 2022 endenden Wirtschaftsjahres (Wj.) (Erstjahr) vorzunehmen.[3] Aus Vereinfachungsgründen kann für BgA, für die bisher noch überhaupt keine Feststellung des steuerlichen Einlagekontos erfolgt ist, der Anfangsbestand des steuerlichen Einlagekontos im Erstjahr aus der Summe des vorhandenen Eigenkapitals zu Beginn des im Erstjahr endenden Wirtschaftsjahrs, das das Nennkapital bzw. eine vergleichbare Kapitalgröße des BgA übersteigt, zuzüglich der seit dem Systemwechsel zum Halbeinkünfteverfahren geleisteten Verlustausgleichseinlagen ermittelt werden. Gleiches gilt für BgA, für die keine durchgängige Feststellung des steuerlichen Einlagekontos und keine Feststellung des steuerlichen Einlagekontos auf den Schluss des dem Erstjahr unmittelbar vorangegangenen Wirtschaftsjahres erfolgt ist. Im Ausnahmefall des §44a Abs. 7 EStG (steuerbefreiter Teil des BgA, z. B. bei Gemeinnützigkeit) ist §20 Abs. 1 Nr. 10 lit. b EStG nicht anzuwenden, so dass in diesen Fällen auf die Führung eines steuerlichen Einlagekontos verzichtet werden kann.[4] Der unter Berücksichtigung der Zu- und Abgänge des Wirtschaftsjahres ermittelte Bestand des steuerlichen Einlagekontos ist durch den BgA gesondert festzustellen. Für

2 BFH, 30.9.2020 – I R 12/17, BStBl. II 2022, 269; BMF 4.4.2022 – IV C 2-S 2836/21/10001:001, BStBl. I 2022, 645 ff., Rn. 42.
3 BMF 4.4.2022 – IV C 2-S 2836/21/10001:001, BStBl. I 2022, 645 ff., Rn. 44.
4 BMF 4.4.2022 – IV C 2-S 2836/21/10001:001, BStBl. I 2022, 645 ff., Rn. 38.

BgA ohne eigene Rechtspersönlichkeit hat die Finanzverwaltung hierzu einen eigenen Vordruck herausgegeben (Vordruck Anlage KSt 1 Fa).

IV. Entwicklung des steuerlichen Einlagekontos

Für die Ermittlung des Endbestands des steuerlichen Einlagekontos kann entsprechend dem nachfolgenden Schema vorgegangen werden.

1. Schema zur Ermittlung des Endbestands des steuerlichen Einlagekontos

Endbestand Ende des vorherigen Wirtschaftsjahres (= Anfangsbestand)	
./.	Abgänge im laufenden Wirtschaftsjahr (= Leistungen, die mit dem steuerlichen Einlagekonto zu verrechnen sind)[5]
+	Zugang bei Herabsetzung des Nennkapitals (außerhalb einer Umwandlung) bzw. bei Auflösung der Körperschaft[6]
./.	Abgang bei Rückzahlung von Nennkapital[7]
+	Zugänge im laufenden Wirtschaftsjahr[8] (= nicht in das Nennkapital geleistete offene und verdeckte Einlagen)
+/./.	Zugang/Abgang aus organschaftlichen Minder- u. Mehrabführungen[9]
./.	Verringerung aufgrund Kapitalerhöhung aus Gesellschaftsmitteln[10]
./.	Abgang aufgrund Verminderung Sonderausweis und steuerliches Einlagekonto[11]
=	Endbestand des steuerlichen Einlagekontos zum Schluss des Wirtschaftsjahrs

2. Abgänge aus dem steuerlichen Einlagekonto

Um den Endbestand des steuerlichen Einlagekontos ermitteln zu können, ist vorab zu prüfen, ob das steuerliche Einlagekonto im laufenden Wirtschafts-

5 § 27 Abs. 1 Satz 3 KStG.
6 § 28 Abs. 2 Satz 1 KStG.
7 § 28 Abs. 2 Satz 3 KStG.
8 § 27 Abs. 1 Satz 1 KStG.
9 § 27 Abs. 6 KStG.
10 § 28 Abs. 1 KStG.
11 § 28 Abs. 3 KStG.

jahr für Leistungen gemäß § 20 Abs. 1 Nr. 10 EStG verwendet wurde. Eine Verwendung des steuerlichen Einlagekontos ist gemäß § 27 Abs. 1 Satz 3 KStG nur dann möglich, wenn die Leistungen den ausschüttbaren Gewinn übersteigen.

a) Schema zur Ermittlung des ausschüttbaren Gewinns

Der ausschüttbare Gewinn gemäß § 27 Abs. 1 Satz 5 KStG[12] ist auf den Schluss des vorangegangenen Wirtschaftsjahrs nach folgendem Schema zu ermitteln:

Ermittlung des ausschüttbaren Gewinns:

	Eigenkapital (zum Schluss des vorangehenden Wirtschaftsjahres)
./.	Nennkapital/vergleichbare Größe (zum Schluss des vorangehenden Wirtschaftsjahres)
./.	Bestand des steuerlichen Einlagekontos (zum Schluss des vorangehenden Wirtschaftsjahres)
=	**ausschüttbarer Gewinn** im aktuellen Wirtschaftsjahr, wenn negativ dann Ansatz mit 0 €

b) Schema zur Ermittlung der Verwendung des steuerlichen Einlagekontos

Abgänge aus dem steuerlichen Einlagekonto liegen vor, wenn das steuerliche Einlagekonto für Gewinnausschüttungen verwendet worden ist. Für die Ermittlung eventueller Verwendungsbeträge ist die nachfolgende Differenzrechnung zwischen dem ausschüttbaren Gewinn und den Leistungen gemäß § 20 Abs. 1 Nr. 10 EStG vorzunehmen.

Differenzrechnung gemäß § 27 Abs. 1 Satz 3 KStG:

	Ausschüttbarer Gewinn
./.	Leistungen gemäß § 20 Abs. 1 Nr. 10 EStG
	Differenz = <u>positiv</u>

– keine Verwendung des steuerlichen Einlagekontos
– Kapitalertragsteuerpflicht

Differenzrechnung gemäß § 27 Abs. 1 Satz 3 KStG:

	Ausschüttbarer Gewinn
./.	Leistungen gemäß § 20 Abs. 1 Nr. 10 EStG
	Differenz = negativ

---

12 Vgl. BMF, 4.6.2003 – IV A 2-S 2836-2/03, BStBl. I 2003, 366, Rn. 14–21.

– insoweit (Höhe der Differenz) Verwendung des steuerlichen Einlagekontos
  = Abgänge aus dem steuerlichen Einlagekonto
  = Einlagenrückgewähr
– keine Kapitalertragsteuerpflicht

V. Pflicht zur Ausstellung einer Steuerbescheinigung für Leistungen aus dem steuerlichen Einlagekonto

Für Leistungen aus dem steuerlichen Einlagekonto ist nach Auffassung der Finanzverwaltung durch den BgA stets eine Steuerbescheinigung an die Trägerkörperschaft auszustellen.[13] In der Literatur wird diese Auffassung insbesondere bei rechtlich unselbständigen BgA, wie z.B. bei kommunalen Regiebetrieben, kritisiert, da anderes als bei Kapitalgesellschaften im Verhältnis zu ihren Anteilseignern, bei rechtlich unselbständigen BgA im Verhältnis zur Trägerkörperschaft keine Gewinnausschüttungsbeschlüsse erforderlich sind, sondern Gewinne als der Trägerkörperschaft zugeflossen gelten.[14] Der Deutsche Städtetag hat darauf verwiesen, dass das Bescheinigungserfordernis für die Verwendung des steuerlichen Einlagekontos insbesondere bei rechtlich unselbständigen BgA einen reinen Formalismus darstellen würde. Das Bundesfinanzministerium und auch das FG Düsseldorf sind dieser Auffassung jedoch nicht gefolgt.[15] Das FG Düsseldorf sieht den Hauptzweck des § 27 Abs. 5 KStG nicht darin, die zusätzliche Behandlung der Kapitalerträge auf der Ebene des Anteilseigners sicherzustellen, sondern darin, die Verwendung des steuerlichen Einlagekontos zu einem bestimmten Zeitpunkt festzuschreiben. Dieser Zweck sei auch bei einem rechtlich unselbständigen BgA von Bedeutung. Dabei sollten dennoch die Rechtsfolgen bezüglich der Ausstellung und Berichtigung von Bescheinigungen nach § 27 Abs. 5 Satz 2 KStG in diesen Fällen angesichts der o.g. Argumente angepasst werden.

---

13 § 27 Abs. 3 i.V.m. Abs. 7 KStG.

14 *Bott/Schiffers*, DStZ 2013, 886; *Bott*, DStZ 2015, 112; *Dötsch* in: Dötsch/Pung/Möhlenbrock, KStG, § 27 Rn. 146; *Strahl* in: Hidien/Jürgens, Die Besteuerung der öffentlichen Hand, § 18 Rn. 123.

15 OFD Karlsruhe, 20.12.2013, S 283.6/3/5; BMF, 10.10.2013, IV C 2– S 2836/13/10001, DOK 2013/0926627; FG Düsseldorf, 23.6.2020, 6 K 2049/17 KE, EFG 2020, 1340.

1. Inhalt der Steuerbescheinigung

Die Steuerbescheinigung muss als Angaben den Namen und die Anschrift der Trägerkörperschaft enthalten. Darüber hinaus ist die Höhe der Leistungen, soweit das steuerliche Einlagekonto gemindert wurde, sowie der Zahltag anzugeben. Zu dieser Frage, ob bei einem BgA von dem gesetzlich ausdrücklich vorgesehenen Erfordernis der Angabe des Zahlungstags in der Bescheinigung nach § 27 Abs. 3 KStG bei einem Verpachtungs-BgA als Dauerverlustbetrieb abgesehen werden kann, ist noch ein Verfahren anhängig.[16]

2. Unterlassene oder fehlerhafte Ausstellung der Steuerbescheinigung

Wird eine Bescheinigung für Leistungen aus dem steuerlichen Einlagekonto nicht erstellt, unterliegen die Leistungen gemäß § 27 Abs. 5 KStG der Kapitalertragsteuer. Dies gilt für alle nach dem 31.12.2013 auszustellenden Steuerbescheinigungen.[17] Die Steuerbescheinigung entfaltet hinsichtlich der Einlagekontoverwendung gemäß § 27 Abs. 5 KStG Bindungswirkung, wenn der bescheinigte Betrag zu niedrig ist (z. B. aufgrund von nachträglichen Gewinnänderungen durch eine Betriebsprüfung). Stellt sich bei einem BgA mit teilweise begünstigten Dauerverlustgeschäften im Rahmen einer Betriebsprüfung heraus, dass der Verlustausgleich der Trägerkörperschaft in einem höheren Umfang als erklärt auf die nicht begünstigten Dauerverlustgeschäfte entfällt, kann aufgrund der Verwendungsfestschreibung keine Berichtigung der Bescheinigung nach § 27 Abs. 3 KStG erfolgen. Die durch den nicht privilegierten Verlustausgleich ausgelöste verdeckte Gewinnausschüttung führt damit zu einer Erhöhung der kapitalertragsteuerlichen Bemessungsgrundlage.[18] Wurde die Verwendung des steuerlichen Einlagekontos nicht bescheinigt (z. B. bei nachträglich festgestellter verdeckter Gewinnausschüttung), gilt die Verwendung gemäß § 27 Abs. 5 Satz 2 KStG als mit 0 € bescheinigt, wenn bis zum Tag der Bekanntgabe der erstmaligen Feststellung des Einlagekontos zum Schluss des Wirtschaftsjahres der Leistung keine Steuerbescheinigung erteilt wurde. Wurde die Verwendung zu hoch bescheinigt, haftet der BgA gemäß § 27 Abs. 5 Satz 4 KStG für die auf den überhöht ausgewiesenen Betrag der Einlagenrückgewähr entfallen-

---

16 BFH – VIII R 39/23, anhängig seit 19.1.2024, Vorinstanz: Finanzgericht Thüringen, 30.9.2021 – 4 K 51/21, EFG 2024, 491.

17 Vgl. OFD Karlsruhe, 20.12.2013, S 283.6/3/5; BMF, 10.10.2013, IV C 2-S 2836/13/10001, DOK 2013/0926627; FG Düsseldorf, 23.6.2020, 6 K 2049/17 KE, EFG 2020, 1340.

18 FG Düsseldorf, 23.6.2020 – 6 K 2049/17 KE.

de Kapitalertragsteuer. Bei dem BgA entsteht in Höhe des Haftungsbetrages eine Forderung gegen die Trägerkörperschaft. Wenn der BgA auf eine Weiterberechnung gegenüber der Trägerkörperschaft verzichtet, liegt darin eine verdeckte Gewinnausschüttung. „Vorsorgliche“ Steuerbescheinigungen z.B. für eventuell im Nachhinein durch eine Betriebsprüfung festgestellte verdeckte Gewinnausschüttung werden durch die Finanzverwaltung nicht anerkannt.

3. Anfangsbestand des steuerlichen Einlagekontos

Wenn für einen BgA bisher durchgängig ein steuerliches Einlagekonto festgestellt wurde, ergibt sich der Anfangsbestand des steuerlichen Einlagekontos gemäß §27 Abs. 1 Satz 2 KStG aus dem Bestand am Ende des vorangegangenen Wirtschaftsjahres. Wenn für einen BgA mangels Vorliegens der Voraussetzungen des §20 Abs. 1 Nr. 10 lit. b Satz 1 EStG in der Vergangenheit keine bzw. keine fortlaufende Feststellung des steuerlichen Einlagekontos vorzunehmen war, ist nunmehr für die Feststellungen auf den Schluss des letzten in 2022 endenden Wirtschaftsjahres (Erstjahr) eine Feststellung des steuerliches Einlagekontos vorzunehmen. Aus Vereinfachungsgründen kann der Anfangsbestand des steuerlichen Einlagekontos im Erstjahr aus der Summe des vorhandenen Eigenkapitals des BgA zu Beginn des im Erstjahr endenden Wirtschaftsjahres, das das Nennkapital bzw. eine vergleichbare Größe übersteigt zuzüglich der seit dem Systemwechsel zum Halbeinkünfteverfahren geleisteten Verlustausgleichseinlagen, berechnet werden.

4. Erhöhung des steuerlichen Einlagekontos

Das steuerliche Einlagekonto wird durch Einlagen erhöht. Einlagen bestimmen sich nach R 8.9 KStR. Der Zugang zum steuerlichen Einlagekonto erfolgt mit dem Zufluss der Einlagen. Neben der Einlage von Wirtschaftsgütern und dem Stehenlassen von Gewinnen ist dabei insbesondere der Verlustausgleich durch die Trägerkörperschaft zu berücksichtigen.

a) Einlage bei Verlustausgleich durch Trägerkörperschaft

Bei Einlagen infolge eines Verlustausgleichs durch die Trägerkörperschaft ist zwischen haushalterisch selbständigen (Sondervermögen) und unselbständigen BgA zu unterscheiden, die unselbständiger Teil des Haushalts der Trägerkörperschaft sind. Der Verlustausgleich erfolgt bei einem BgA, der haushalterisches Sondervermögen ist, zum Zeitpunkt der tatsächlichen Einlage. Erst im Zeitpunkt des tatsächlichen Verlustausgleichs erfolgt der Zugang zum steuerlichen Einlagekonto.[19] Bei haushalterisch unselbständigen BgA erfolgt der Verlustausgleich automatisch durch Haushaltsmittel, so dass der Verlust zum Schluss des Wirtschaftsjahres der Verlustentstehung als ausgeglichen gilt. In Höhe des Verlustes liegt zugleich ein Zugang zum steuerlichen Einlagekonto vor.[20]

b) Einlage bei Stehenlassen von Gewinnen

Einlagen können auch bei Stehenlassen von Gewinnen entstehen. Gewinne in sog. Unterjahren, in denen die Buchführungs- oder Betragsvoraussetzungen des § 20 Abs. 1 Nr. 10 lit. b Satz 1 EStG nicht erfüllt sind, führen nicht zu Kapitalerträgen. Stehengelassene Gewinne sind keine Rücklagen, d. h. bei Auflösung fällt keine KapESt an. Das Stehenlassen von Gewinnen bewirkt einen Zugang zum steuerlichen Einlagekonto.[21] Werden Gewinne in sog. Überjahren, in denen die Voraussetzungen des § 20 Abs. 1 Nr. 10 lit. b Satz 1 EStG erfüllt sind, stehen gelassen, liegen Rücklagen vor. Der Bestand des steuerlichen Einlagekontos erhöht sich in diesem Fall nicht.[22]

Beispiel:

Im Jahr 01 begründet die Trägerkörperschaft einen neuen BgA Kantinenbetrieb (Nennkapital 0 €). Der BgA erfüllt im Jahr 01 nicht die Buchführungs- oder Betragsvoraussetzungen des § 20 Abs. 1 Nr. 10 lit. b Satz 1 EStG und erwirtschaftet einen Gewinn i. H. v. 10.000 €, der dem BgA durch Stehenlassen als Eigenkapital zur Verfügung steht.

Im Jahr 02 erfüllt der BgA die Buchführungs- oder Betragsvoraussetzungen des § 20 Abs. 1 Nr. 10 lit. b Satz 1 EStG und erwirtschaftet einen Gewinn i. H. v. 50.000 €, der den Rücklagen gemäß § 20 Abs. 1 Nr. 10 lit. b Satz 1 EStG zugeführt wird.

Im Jahr 03 werden die Gewinne des BgA aus den Jahren 01 und 02 i. H. v. insgesamt 60.000 € für Zwecke außerhalb des BgA verwendet.

Welche steuerlichen Auswirkungen ergeben sich hieraus?

Lösung:

Das Jahr 01 stellt ein sog. Unterjahr dar, in welchem die Buchführungs- oder Betragsvoraussetzungen des § 20 Abs. 1 Nr. 10 lit. b Satz 1 EStG nicht erfüllt sind. Das Stehenlassen von Gewinnen in sog. Unterjahren gilt nicht als Rücklagenbildung. Im Jahr 01 liegt ein Zugang zum steuerlichen Einlagekonto i. H. v. 10.000 € vor.

---

19 Vgl. BMF, 28.1.2019 – IV C 2-S 2706-a/15/10001 BStBl. I 2019, 97 Rn. 54.
20 Vgl. BMF, 28.1.2019 – IV C 2-S 2706-a/15/10001, BStBl. I 2019, 97, Rn. 54.
21 Vgl. BMF 4.4.2022 – IV C 2-S 2836/21/10001:001, BStBl. I 2022, 645 ff., Rn. 45.
22 Vgl. BMF 4.4.2022 – IV C 2-S 2836/21/10001:001, BStBl. I 2022, 645 ff., Rn. 45.

Das Jahr 02 stellt ein sog. Überjahr dar, in welchem die Buchführungs- oder Betragsvoraussetzungen des § 20 Abs. 1 Nr. 10 lit. b Satz 1 EStG erfüllt sind. Im Jahr 02 gilt das Stehenlassen des Gewinns als Rücklagenbildung gemäß § 20 Abs. 1 Nr. 10 lit. b Satz 1 EStG. Das steuerliche Einlagekonto erhöht sich nicht.

Der ausschüttbare Gewinn für das Jahr 03 berechnet sich wie folgt:

	60.000 €	Eigenkapital zum Schluss des Wirtschaftsjahres 02
./.	0 €	Nennkapital zum Schluss des Wirtschaftsjahres 02
./.	10.000 €	Bestand des steuerlichen Einlagekontos zum Schluss des vorangehenden Wirtschaftsjahres 02)
=	50.000 €	ausschüttbarer Gewinn im Wirtschaftsjahr 03

Die Gewinnverwendung (Leistungen i. S. v. § 27 Abs. 1 Satz 3 KStG) im Jahr 03 ist i. H. v. 50.000 € kapitalertragsteuerpflichtig. In Höhe von 10.000 € gilt das steuerliche Einlagekonto als verwendet. Der Bestand des steuerlichen Einlagekonto vermindert sich zum 31.12.03 um 10.000 € und beträgt 0 €. Eine entsprechende Bescheinigung ist auszustellen.

VI. Relevanz des steuerlichen Einlagekontos für Dauerverlustbetriebe

Relevant ist die Verwendungsfestschreibung des steuerlichen Einlagekontos vor allem für BgA mit nicht begünstigten Dauerverlustbetrieben, bei denen in Höhe der Verluste verdeckte Gewinnausschüttungen gemäß § 8 Abs. 3 Satz 3 KStG anzunehmen sind. Diese verdeckten Gewinnausschüttungen führen aufgrund der hohen Verluste in der Regel nicht zu einer Körperschaftssteuerbelastung des BgA.[23] Wenn der BgA buchführungspflichtig ist oder bei Gewinnermittlung durch EÜR die Umsatzgrenze des § 20 Abs. 1 Nr. 10 lit. b EStG überschreitet, entsteht jedoch eine Kapitalertragsteuerbelastung. Diese Kapitalertragsteuerbelastung kann nur vermieden werden, wenn die Verwendung des steuerlichen Einlagekontos bis zum Tag der Bekanntgabe des Bescheids über die Feststellung des Einlagekontos gemäß § 27 Abs. 3 KStG bescheinigt worden ist. Bei der Höhe nach strittigen Dauerverlusten sollte im Zweifel eine verdeckte Gewinnausschüttung deklariert werden und gegen die Körperschaftsteuerfestsetzung Einspruch eingelegt werden.[24] Damit keine Kapitalertragsteuer entsteht sollte auch rechtzeitig eine Bescheinigung gem. § 27 Abs. 3 KStG über die Verwendung des steuer-

23 Vgl. BMF, 12.11.2009 – IV C 7-S 2706/08/10004, BStBl. I 2009, 1303, Rn. 52.
24 *Schell/Philipp*, DStR 2019, 2225, 2228.

lichen Einlagekontos erstellt werden und auch gegen den Feststellungsbescheid Einspruch eingelegt werden.

Während eine Korrektur der Verwendungsbescheinigung nach oben nicht möglich ist, kann und muss sie gemäß § 27 Abs. 5 Satz 5 KStG nach unten korrigiert werden, wenn tatsächlich kein schädlicher Dauerverlust vorliegen sollte. Damit könnten strittige nicht begünstigte Dauerverluste offen gehalten werden.

Eine pauschale Verwendungsbescheinigung ohne konkreten Sachverhaltsbezug ist jedoch nicht ausreichend, vielmehr muss es sich um die Bescheinigung der Verlustübernahme, bzw. einer konkreten Leistung an die Trägerkörperschaft handeln, was bei unerkannten verdeckten Gewinnausschüttungen schlicht weg nicht möglich ist.[25]

Beispiel
Im Rahmen einer Betriebsprüfung wird eine durch den BgA bisher nicht erkannte verdeckte Gewinnausschüttung i. H. v. 10.000 € infolge eines nicht begünstigten Dauerverlustgeschäfts ermittelt. Eine Verwendung des steuerlichen Einlagekontos wurde durch den BgA nicht bescheinigt. Der BgA ermittelt seinen Gewinn durch EÜR. Sein Umsatz im Kalenderjahr liegt stets über 500.000 €. ***Lösung:*** Die verdeckte Gewinnausschüttung ist gemäß § 20 Abs. 1 Nr. 10 lit. b EStG in voller Höhe kapitalertragsteuerpflichtig.

VII. Vorschläge zur Entbürokratisierung des steuerlichen Einlagekontos de lege ferenda

Das Erfordernis der Führung eines steuerlichen Einlagekontos für sämtliche BgA führt in der Praxis für die zahlreichen Fälle der Dauerverlustbetriebe zu einem hohen bürokratischen Aufwand, dem keine steuerlichen Mehrergebnisse gegenüberstehen. Eine Körperschaftsteuerpflicht entsteht in den Fällen der Dauerverlustbetriebe nicht und verdeckte Gewinnausschüttungen durch Verlustübernahmen führen bei korrekter Ausstellung einer Bescheinigung über die Verwendung des steuerlichen Einlagekontos zu keiner Kapitalertragsteuerpflicht. Es handelt sich somit um Fälle mit keinem fiskalischen Ergebnis, welche auch nicht wettbewerbsrelevant sind. Wird eine verdeckte Gewinnausschüttung jedoch nicht erkannt, kann die Erstellung der Verwendungsbescheinigung nicht zeitgerecht erfolgen. Der ursprüngliche Schutzzweck des § 27 Abs. 5 Satz 2 KStG, der darin besteht, Gesellschafter von

25 *Schell/Philipp*, DStR 2019, 2225, 2228 f.

der Besteuerung von Leistungen aus dem steuerlichen Einlagekonto auszunehmen, wird ins Gegenteil verkehrt und führt zu einer steuergenerierenden Norm, der keine entsprechend erhöhte Leistungsfähigkeit zugrunde liegt.[26] Als Maßnahme zur Entbürokratisierung der Besteuerung der öffentlichen Hand wird deshalb vorgeschlagen, bei rechtlich unselbständigen BgA mit der rechtlichen Identität des leistenden BgA und der leistungsempfangenden Trägerkörperschaft de lege ferenda die Möglichkeit der Berichtigung innerhalb der Festsetzungsfrist nicht einzuschränken. Auch eine Erhöhung der Betragsgrenzen von Umsatz und Gewinn im § 20 Abs. 1 Nr. 10 lit. b EStG wären begründbar.

Ein wichtiger notwendiger Schritt zur Entbürokratisierung sollte eine Erweiterung der begünstigten, dauerverlustträchtigen Betätigungen der öffentlichen Hand mit Blick auf die gesellschaftlich erforderliche Daseinsvorsorge sein. So erfolgen diese Tätigkeiten nicht im Wettbewerb zur Privatwirtschaft, sondern meist zur Abdeckung des Bedarfs, wenn die Geschäfte sich für diese nicht rechnen. Die Besteuerung verfehlt ihre Wirkung, indem sie die öffentliche Hand zu Unrecht hierfür mit Steuern belastet und deren knappen Mittel mindert, um diese im Anschluss wieder über Zuweisung aus Steuermittel zu decken.

---

26 *Strahl*, NWB 2020, 2584, 2585.

Betriebe gewerblicher Art als Schuldner der Kapitalertragsteuer gemäß § 20 Abs. 1 Nr. 10 lit. b Satz 1 EStG

Prof. Dr. Tanja Leibold und MR'in Claudia Gassner

I. Einleitung

In dem nachfolgenden Beitrag werden Kapitaleinkünfte eines BgA ohne eigene Rechtspersönlichkeit gemäß §§ 20 Abs. 1 Nr. 10 lit. b) Satz 1, 43 Abs. 1 Nr. 7 c) EStG behandelt. Betroffen sind kommunale Eigenbetriebe und Regiebetriebe, aber auch andere rechtlich unselbständige BgA juristischer Personen des öffentlichen Rechts, d. h. auch solche des Bundes oder des Landes. Eine Trägerkörperschaft unterliegt mit jedem ihrer BgA bezüglich des zu versteuernden Einkommens dem einheitlichen Körperschaftsteuersatz von 15 %. Bei einer Weitergabe der Mittel durch den BgA an die Trägerkörperschaft als Anteilseigner kommt es mangels unbeschränkter Steuerpflicht bei dieser zu keiner Besteuerung. Unter bestimmten Voraussetzungen werden Zuwendungen von Leistungen oder Gewinnen des BgA an die Trägerkörperschaft jedoch der Kapitalertragsteuer unterworfen. Darunter fallen auch verdeckte Gewinnausschüttungen, die z. B. durch den Verlustausgleich der Trägerkörperschaft bei nicht begünstigten dauerdefizitären BgA entstehen. Soweit für Gewinnausschüttungen eine Verwendung des steuerlichen Einlagekontos wirksam bescheinigt war, fällt keine Kapitalertragsteuer an. Die Kapitalertragsteuer beträgt gemäß § 43a Abs. 1 Satz 1 Nr. 2 EStG 15 % des Kapitalertrags zuzüglich Solidaritätszuschlag i. H. v. 5,5 % der KapESt. Mit dem Kapitalertragsteuerabzug ist die Körperschaftsteuer der Trägerkörperschaft gemäß § 32 Abs. 1 Nr. 2 KStG abgegolten. Es handelt sich folglich um eine Definitivbelastung. Bei einem BgA ohne eigene Rechtspersönlichkeit entsteht die Kapitalertragsteuer gemäß § 44 Abs. 6 EStG grundsätzlich im Zeitpunkt der Bilanzerstellung bzw. spätestens 8 Monate nach Ablauf des Wirtschaftsjahres. Der BgA gilt als Schuldner und die Trägerkörperschaft gilt als Gläubiger der Kapitalerträge. Die Anwendungsfragen zu § 20 Abs. 1 Nr. 10 lit. b) EStG wurden durch zwei BMF-Schreiben geregelt, zu denen die OFD Karlsruhe eine Arbeitshilfe herausgegeben hat.[1]

---

1 BMF, 4.4.2022 – IV C 2-S 2836/21/10001:001, BStBl. I 2022, 645 ff; BMF, 28.1.2019, IV C 2-S 2706-a/15/10001, BStBl. I 2019, 97; OFD Karlsruhe, 11.6.2019 – S 270.6/43 -St 212, abrufbar über Datenbank beckonline: BeckVerw 453281, Baden-Württemberg.

Im Folgenden wird der Besteuerungstatbestand des § 20 Abs. 1 Nr. 10 lit. b EStG erläutert. Zudem wird dargestellt, wie eine Belastung durch Kapitalertragsteuer bei rechtzeitiger Rücklagenbildung vermieden werden kann und welche rechtlichen Folgen die Auflösung einer Rücklage in den Folgejahren hat. Anhand eines Praxisbeispiels wird zudem verdeutlicht, welche Bedeutung das steuerliche Einlagekonto für das Entstehen einer Kapitalertragsteuerpflicht hat und wie die richtige Bescheinigung über die Verwendung des steuerlichen Einlagekontos das Entstehen einer Kapitalertragsteuerpflicht vermeiden kann. Abschließend wird ein Vorschlag unterbreitet, wie die öffentliche Hand de lege ferenda von den durch § 20 Abs. 1 Nr. 10 lit. b) Satz 1 EStG mittelbar verursachten Bürokratieaufwand entlastet werden kann.

II. Besteuerungstatbestand des § 20 Abs. 1 Nr. 10 lit. b EStG

§ 20 Abs. 1 Nr. 10 lit. b EStG sieht eine 15 %-ige Kapitalertragsteuerpflicht für die in den Sätzen 1 und 2 aufgeführten Besteuerungstatbestände vor.

Zu einer Kapitalertragsteuerpflicht führen folgende Tatbestände:

- Gewinne, die nicht in Rücklagen zugeführt wurden.
- Verdeckte Gewinnausschüttungen. Zu einer verdeckten Gewinnausschüttung kommt es insbesondere auch bei einem Verlustausgleich durch die Trägerkörperschaft bei nicht begünstigten Dauerverlustbetrieben
- Rücklagenauflösung für Zwecke außerhalb des BgA.

Voraussetzung für die Kapitalertragsteuerpflicht ist, dass

- der Gewinn durch Betriebsvermögensvergleich (Bilanzierung) ermittelt wird oder
- der Umsatz bei Gewinnermittlung durch Einnahmen-Überschussrechnung (EÜR) über 350.000 € im Kalenderjahr liegt[2] oder
- der Gewinn bei Gewinnermittlung durch Einnahmen-Überschussrechnung (EÜR) über 30.000 € im Wirtschaftsjahr liegt.[3]

Bei der Gewinnermittlung durch Einnahmenüberschussrechnung muss der Gewinn für die Zwecke des § 20 Abs. 1 Nr. 10 lit. b EStG nach handelsbilanziellen Grundsätzen geschätzt werden, um eine mit dem Jahresüberschuss gemäß § 275 HGB vergleichbare Größe zu haben. In der Praxis ist dies jedoch regelmäßig nicht leistbar, weshalb vielfach auf das Ergebnis

2 Einschließlich der steuerfreien Umsätze, ausgenommen Umsätze gemäß § 4 Nr. 8 bis 10 UStG.

3 Kapitalertragsteuerpflichtig gemäß § 20 Abs. 1 Nr. 10 lit. b Satz 1 EStG ist zudem der Gewinn i. S. d. § 22 Abs. 4 UmwStG (bzw. § 21 Abs. 3 UmwStG a. F.).

der Einnahmenüberschussrechnung gemäß §4 Abs. 3 EStG zurückgegriffen wird. Bott und Gastl weisen in diesem Zusammenhang darauf hin, dass die Ausschüttungsfiktion des §20 Abs. 1 Nr. 10 lit. b EStG hier an ihre faktisch durch die jPöR leistbaren Grenzen stößt.[4]

Soweit für die Leistung gemäß §27 Abs. 1 KStG das steuerliche Einlagekonto als verwendet gilt, fällt keine Kapitalertragsteuer an.

III. Rücklagenbildung

1. Rücklagenbildung bei Gewinnermittlung durch Betriebsvermögensvergleich

Soweit der Gewinn des BgA bei der Gewinnermittlung durch Betriebsvermögensvergleich in Rücklagen eingestellt wird, und damit für Zwecke des BgA stehen gelassen wird, fällt keine Kapitalertragsteuer an. Als Einstellen in eine Rücklage gilt jede Zuführung in das Eigenkapital, z. B. als Gewinnrücklage oder als Gewinnvortrag.

2. Rücklagenbildung bei Gewinnermittlung durch Einnahmenüberschussrechnung

Die Rücklagenbildung ist auch für BgA möglich, die ihren Gewinn nicht durch Betriebsvermögensvergleich, sondern durch Einnahmenüberschussrechnung ermitteln und deren Jahresumsätze mehr als 350.000 € oder deren Gewinne über 30.000 € im Wirtschaftsjahr betragen. Allerdings ist die Rücklagenbildung in Fällen einer Gewinnermittlung durch Einnahmenüberschussrechnung insoweit problembehaftet als es hier keine bilanzielle Eigenkapitalentwicklung und damit auch keine Abbildungsmöglichkeit für eine Mittelreservierung im Rahmen des Rechnungswesens gibt.[5] Für die Anerkennung einer Rücklagenbildung müssen für diese Fälle die nachfolgenden Voraussetzungen erfüllt sein. Dies gilt auch für BgA, die nicht deckungsgleiche Teile eines bilanzierenden Eigenbetriebs sind.[6]

a) Beschluss über Rücklagenbildung

Für die Rücklagenbildung ist ein förmlicher Beschluss erforderlich, durch den der gesamte Gewinn des aktuell abgelaufenen Wirtschaftsjahres in die

4 *Bott/Gastl*, DStZ 2022, 751, 757; FG Thüringen, Urteil vom 28.2.2024 – 4 K 590/22, EFG 2025, 167.

5 *Bott/Gastl*, DStZ 2022, 751, 756.

6 BMF, 28.1.2019, IV C 2-S 2706-a/15/10001, BStBl. I 2019, 97, Rn. 36.

Rücklage eingestellt wird.[7] Diese Beschlussfassung muss für jeden einzelnen BgA der Trägerkörperschaft separat erfolgen. Wird der gesamte Gewinn des BgA in die Rücklage eingestellt sind hiervon auch spätere Gewinnerhöhungen im Rahmen einer Betriebsprüfung umfasst. Der Beschluss muss innerhalb von acht Monaten nach Ablauf des Wirtschaftsjahres des BgA gefasst werden. Denn die Kapitalertragsteuer entsteht gemäß § 44 Abs. 6 Satz 2 EStG spätestens acht Monate nach Ablauf des Wirtschaftsjahres. Für die Bildung und Auflösung der Rücklagen ist eine außerbilanzielle Nebenrechnung erforderlich, anhand derer die Rücklagenbildung und -auflösung nachvollzogen und überprüft werden kann. Rücklagen i. S. d. § 20 Abs. 1 Nr. 10 lit. b EStG stimmen auch bei einem bilanzierenden BgA regelmäßig nicht mit den bilanziellen Rücklagen überein.[8]

Empfehlenswert ist es, nicht nur einen Beschluss für das aktuell abgelaufene Wirtschaftsjahr, sondern darüber hinaus einen Generalbeschluss für die folgenden Wirtschaftsjahre zu treffen. Im Bedarfsfall kann für einzelne zukünftige Wirtschaftsjahre immer noch ein jahresbezogener, vom Generalbeschluss abweichender Beschluss, gefasst oder der derzeitige Generalbeschluss durch einen neuen Generalbeschluss für die Zukunft ersetzt werden.

Die Zuständigkeit für die Rücklagenbildung ergibt sich aus den für die jeweilige Trägerkörperschaft geltenden haushaltsrechtlichen Vorschriften. Für die Rücklagenbildung bei kommunalen Regiebetrieben ist deshalb der Gemeinderat zuständig, da dieser auch den Jahresabschluss feststellt.[9]

Für BgA in der Trägerkörperschaft eines Landes sind die nach dem Landeshaushaltsrecht für die Rechnungslegung zuständigen Stellen auch für den Beschluss über die Rücklagenbildung zuständig.[10] Bei Landesbetrieben ist für die bilanzielle Ergebnisverwendung das jeweilige Fachressort zuständig, ggf. mit Zustimmungserfordernis des Finanzministeriums.

b) Rücklagenbildung durch Mittelreservierung und Tilgung betrieblicher Verbindlichkeiten

Ohne förmlichen Beschluss ist eine Rücklagenbildung möglich durch Mittelreservierung in Form der Reinvestition im laufenden Wirtschaftsjahr oder der Verwendung zur Tilgung betrieblicher Verbindlichkeiten. Eine Rücklagenbildung kann darüber hinaus ohne förmlichen Beschluss erfolgen, wenn die aus der Beteiligung an einer Kapitalgesellschaft erzielten Dividenden im Zuge einer gleichzeitig stattfindenden Kapitalerhöhung wieder in den BgA eingelegt werden.

7 BMF, 28.1.2019, IV C 2-S 2706-a/15/10001, BStBl. I 2019, 97, Rn. 35.
8 Vgl. OFD Karlsruhe, 11.6.2019 – S 270.6/43 -St 212, 2.1.4.
9 Vgl. § 95b Abs. 2 S. 2 GemO BW.
10 Vgl. § 80 LHO BW.

IV. Auflösung von Rücklagen

1. Verwendung für Zwecke des BgA

Werden Rücklagen aufgelöst, fällt keine Kapitalertragsteuer an, wenn die aufgelösten Rücklagen für Zwecke des BgA verwendet werden. Bei der Auflösung von Rücklagen ist es dabei möglich, den Verwendungszweck nachträglich auszutauschen, soweit es sich weiterhin um einen betrieblichen Zweck des BgA handelt (Investition in ein anderes als das ursprünglich geplante Wirtschaftsgut). Eine Rücklagenauflösung ist auch zur Verlustabdeckung des BgA zulässig.

2. Verwendung für Zwecke außerhalb des BgA

Die Verwendung aufgelöster Rücklagen im hoheitlichen Bereich oder für einen anderen BgA führt zu einer Kapitalertragsteuerpflicht. Die Erfassung der Rücklagenauflösung als Kapitalertrag setzt die vorausgegangene steuerwirksame Rücklagenbildung gemäß § 20 Abs. 1 Nr. 10 lit. b) Satz 1 EStG voraus. Die Rücklagenauflösung für Zwecke außerhalb des BgA führt dabei unabhängig davon, ob im Jahr der Rücklagenauflösung die Buchführungs- oder Betragsvoraussetzungen des § 20 Abs. 1 Nr. 10 lit. b Satz 1 EStG erfüllt sind oder nicht, zu einer Kapitalertragsteuerpflicht. Die Kapitalertragsteuer entsteht gemäß § 44 Abs. 6 Satz 2 Hs. 2 EStG am Tag nach der Beschlussfassung über die Verwendung.

V. Verdeckte Gewinnausschüttungen und Kapitalertragsteuer bei Dauerverlustbetrieben

Verdeckte Gewinnausschüttungen stellen gemäß § 20 Abs. 1 Nr. 10 lit. b) Satz 1 EStG kapitalertragsteuerpflichtige Leistungen dar. Ein typischer Fall einer verdeckten Gewinnausschüttung ist die unentgeltliche Überführung von Wirtschaftsgütern in einen anderen BgA oder in das Hoheitsvermögen.

1. Voraussetzungen

Bei nicht gemäß § 8 Abs. 7 KStG begünstigten Dauerverlust-BgA kann es trotz nicht vorhandener Gewinne aufgrund verdeckter Gewinnausschüttungen zu einer Kapitalertragsteuerpflicht kommen. Handelt es sich bei einem BgA um einen nicht begünstigten Dauerverlustbetrieb stellt die Verlustübernahme durch die Trägerkörperschaft eine die Kapitalertragsteuerpflicht auslösende verdeckte Gewinnausschüttung dar, wenn folgende drei Voraussetzungen kumulativ erfüllt sind:

- Der BgA ermittelt seinen Gewinn durch BVV oder überschreitet bei Gewinnermittlung durch EÜR die Umsatz- oder Gewinngrenze des §20 Abs. 1 Nr. 10 lit. b) EStG (Umsatz mehr als 350.000 €, Gewinn mehr als 30.000 €).
- Durch die Übernahme von Dauerverlusten entsteht eine verdeckte Gewinnausschüttung, da es sich um einen nicht begünstigten Dauerverlustbetrieb handelt.
- Es wurde für die verdeckte Gewinnausschüttung keine Verwendung des steuerlichen Einlagekontos bescheinigt.

Fehlt eine dieser drei Voraussetzungen kommt es durch die Verlustübernahme des Anteilseigners zu keiner Kapitalertragsteuerpflicht.

2. Praxisbeispiel eines nicht begünstigten Dauerverlustbetriebs

Das nachfolgende Praxisbeispiel behandelt einen nicht gemäß §8 Abs. 7 Satz 2 KStG begünstigten Dauerverlustbetrieb (BgA Blockheizkraftwerk), dessen Umsatz die Grenze des §20 Abs. 1 Nr. 10 lit. b EStG von 350.000 € im Kalenderjahr überschreitet.

BgA Blockheizkraftwerk	**Nichtbegünstigter Dauerverlustbetrieb i. S.d §8 Abs. 7 KStG**
Gewinnermittlung BgA	EÜR §4 Abs. 3 EStG
Buchführungssystem	Kameralistisch
Vorlageart/Auszüge in	Excel
Gewinnermittlung anhand der Auszüge aus der Buchhaltung	
Summe der Einnahmen	780.962,00 €
Summe der Ausgaben	950.877,00 €
Verlust laut Einnahmenüberschussrechnung Anhand der Buchhaltung	– 169.915,00 €
Abzgl. Gebäude Afa	0,00 €
Abzgl. Lfd. Gebäudekosten	0,00 €
Verlust laut Einnahmenüberschussrechnung nach Berücksichtigung aller Ausgaben	– 169.915,00 €

BgA Blockheizkraftwerk	Nichtbegünstigter Dauerverlustbetrieb i. S.d § 8 Abs. 7 KStG
Einkommensermittlung i. S. d. § 8 KStG	
Ausgangsbasis: Verlust	– 169.915,00 €
Verdeckte Gewinnausschüttung iSd. § 8 Abs. 3 Satz 2 KStG	+ 169.915,00 €
Zu versteuerndes Einkommen iSd. KStG	0,00 €

a) Auswirkungen für den BgA

Bei der Einkommensermittlung stellt der Verlustausgleich eine verdeckte Gewinnausschüttung dar. Deshalb erfolgt gemäß § 8 Abs. 3 Satz 2 KStG eine außerbilanzielle Gewinnerhöhung in Höhe des Verlustausgleichs. Die verdeckte Gewinnausschüttung ist bei der Ermittlung des zu versteuernden Einkommens des BgA hinzuzurechnen. Es ergibt sich ein zu versteuerndes Einkommen i. H. v. 0 €.

Der Verlustausgleich stellt darüber hinaus eine Einlage der Trägerkörperschaft dar und erhöht damit als Zugang das steuerliche Einlagekonto. Aufgrund des nichtbegünstigten Verlustgeschäfts mindert die verdeckte Gewinnausschüttung das steuerliche Einlagekonto entsprechend der gesetzlichen Verwendungsreihenfolge. Soweit eine Steuerbescheinigung über die Verwendung des steuerlichen Einlagekontos ausgestellt wird, muss der BgA keine Kapitalertragsteuer einbehalten und abführen. Aufgrund der verdeckten Gewinnausschüttung ist der BgA verpflichtet, eine Kapitalertragsteuer-Anmeldung unter Beifügung der Steuerbescheinigung per „elster“ beim Finanzamt einzureichen.

b) Auswirkungen bei der Trägerkörperschaft

Die verdeckte Gewinnausschüttung führt bei der Trägerkörperschaft zu Einkünften aus Kapitalvermögen i. S. d. § 20 Abs. 1 Nr. 10 lit. b EStG. Soweit eine Steuerbescheinigung über die Verwendung des steuerlichen Einlagekontos zurecht ausgestellt wurde, entsteht keine Kapitalertragsteuer. Sofern nach den gesetzlichen Vorschriften des § 27 KStG keine Steuerbescheinigung über die Verwendung des steuerlichen Einlagekontos ausgestellt werden kann, ist die Trägerkörperschaft zusätzlich mit Kapitalertragsteuer belastet.

VI. Behandlung der Kapitalertragsteuer beim BgA

1. Schuldner der Kapitalertragsteuer

Der BgA ist gemäß § 44 Abs. 6 Satz 1 EStG i. V. m. § 43 Abs. 1 Satz 1 Nr. 7c EStG Schuldner der Kapitalerträge und hat damit die Abführung der Kapitalertragsteuer zu übernehmen. Als Kapitalertrag gilt dabei der Bruttobetrag, d. h. der als ausgeschüttet geltende Gewinn zuzüglich der darauf anfallenden Kapitalertragsteuer.

Beispiel:

Der Verlust und damit die verdeckte Gewinnausschüttung des nicht begünstigten BgA beträgt 84.175 €. Der BgA hat 100.000 € als Bemessungsgrundlage bei der Kapitalertragsteuer zugrunde zu legen. Es sind 15 % Kapitalertragsteuer (15.000 €) und 5,5 % Solidaritätszuschlag (825 €) beim Finanzamt anzumelden.

Bei der Kapitalertragsteuer handelt es sich im Rahmen der Einkommensermittlung des BgA um keine Betriebsausgabe. Mit dem Kapitalertragsteuerabzug ist die Körperschaftsteuer der Trägerkörperschaft abgegolten, sodass die Kapitalerträge nach § 20 Abs. 1 Nr. 10 lit. b EStG nicht im Rahmen einer Veranlagung erfasst werden.[11] KapSt-Nachforderungsbescheide richten sich gemäß § 44 Abs. 6 Satz 4 EStG i. V. m. § 44 Abs. 5 Satz 2 EStG dagegen unmittelbar an die Trägerkörperschaft als Gläubiger der Kapitalerträge.

2. Entstehungszeitpunkt

Die Kapitalertragsteuer auf den Gewinn i. S. d. § 20 Abs. 1 Nr. 10 lit. b EStG entsteht im Zeitpunkt der Bilanzerstellung. Als Zeitpunkt der Bilanzerstellung ist der Zeitpunkt der Bilanzfeststellung zu verstehen. Spätestens entsteht die Kapitalertragsteuer jedoch acht Monate nach Ablauf des Wirtschaftsjahres. Dies gilt auch, soweit die Kapitalertragsteuer auf eine vGA entfällt, die im abgelaufenen Wirtschaftsjahr vorgenommen worden sind. Bei der Auflösung von Gewinnrücklagen für Zwecke außerhalb des Betriebs entsteht die Kapitalertragsteuer gemäß § 44 Abs. 6 Satz 2 EStG am Tag nach der Beschlussfassung über die Verwendung.

---

11 Vgl. §§ 43 Abs. 1 Nr. 7b und c, 43a Abs. 1 Nr. 5 und 6 EStG, § 32 Abs. 1 Nr. 2 KStG.

3. Kapitalertragsteueranmeldung

Die Kapitalertragsteueranmeldung ist gemäß § 45a Abs. 1 Satz 1 EStG nach amtlich vorgeschriebenem Vordruck auf elektronischem Weg nach Maßgabe der Steuerdatenabrufverordnung zu übermitteln.

VII. Vorschläge de lege ferenda für eine Anpassung des § 20 Abs. 1 Nr. 10 lit. b EStG

Die vorstehenden Ausführungen haben gezeigt, dass die Entstehung einer Kapitalertragsteuerpflicht in vielen Fällen durch eine Rücklagenbildung oder eine korrekt bescheinigte Verwendung des steuerlichen Einlagekontos vermieden werden kann. Damit stellt die Regelung des § 20 Abs. 1 Nr. 10 lit. b EStG für BgA in einer Vielzahl von Fällen in erster Linie eine bürokratische Hürde dar. Diese Hürde kann jedoch gerade bei nicht begünstigten Dauerverlustbetrieben erheblich sein, da hier im Hinblick auf das steuerliche Einlagekonto eine Verwendungsbescheinigung erforderlich ist, um eine Verwendungsfestschreibung mit 0 Euro gemäß § 27 Abs. 5 KStG zu vermeiden. Vor diesem Hintergrund wird vorgeschlagen, die Umsatz- und Gewinngrenzen des § 20 Abs. 1 Nr. 10 lit. b EStG an die Buchführungsgrenzen des § 141 Abs. 1 Nr. 1 und Nr. 4 AO anzupassen und damit deutlich zu erhöhen. Ursprünglich hatte der Gesetzgeber einen Gleichlauf zwischen den Buchführungspflichten des § 141 AO und dem sachlichen Anwendungsbereich des § 20 Abs. 1 Nr. 10 lit. b EStG vorgesehen. Denn der Gesetzgeber sah ursprünglich wohl nur bei Gewinnermittlung durch Betriebsvermögensvergleich bzw. einer grundsätzlichen Verpflichtung zur Buchführung die Möglichkeit zur Anknüpfung an einen Rücklagenausweis.[12] Dadurch konnte der Gesetzgeber auch diejenigen BgA in die Kapitalertragsteuerpflicht einbeziehen, die nach landesrechtlichen Vorschriften, z. B. aufgrund von Eigenbetriebsverordnungen, von der Buchführungspflicht befreit waren, die aber die Gewinn- oder die Umsatzgrenze des § 141 AO überschreiten.[13] Inzwischen wurden die Buchführungsgrenzen in § 141 AO durch den Gesetzgeber jedoch mehrfach deutlich angehoben. Seit dem 1.1.2024 beläuft sich die Umsatzgrenze des § 141 Abs. 1 Nr. 1 AO aufgrund der Erhöhung durch das Wachstumschancengesetz[14] auf 800.000 € und die Gewinngrenze des § 141 Abs. 1 Nr. 4 AO auf 80.000 €. Die parallele Anpassung in § 20 Abs. 1 Nr. 10 lit. b EStG ist bisher unterblieben.[15] Dieses systematische Ungleich-

12 *Orth,* DStR 2001, 325, 334.
13 BT-Drs. 14/7344, 8.
14 BGBl. I 2024, Nr. 108.
15 Vgl. *Bleschick* in: Kirchhof/Seer, EStG, § 20 EStG, Rn. 64.

gewicht sollte alsbald behoben werden und die Trägerkörperschaften damit von bürokratischen Anforderungen entlastet werden. Ein noch weitergehender Vorschlag wäre, den Tatbestand des § 20 Abs. 1 Nr. 10 lit. b EStG wie in der Fassung des StSenkG[16] vom 23.10.2000 wieder auf BgA zu beschränken, die ihren Gewinn durch Betriebsvermögensvergleich ermitteln.[17] § 20 Abs. 1 Nr. 10 lit. b EStG käme dann nur zur Anwendung, wenn die Buchführungsgrenzen des § 141 AO überschritten sind und das Finanzamt betreffend das Folgejahr auf den Beginn der Buchführungspflicht gemäß § 141 Abs. 2 Satz 1 AO hingewiesen hat.[18]

16 BGBl. I 2000, 1433.
17 *Bott/Gastl*, DStZ 2022, 751, 767.
18 *Bott/Gastl*, DStZ 2022, 751, 767.

Verdeckte Gewinnausschüttungen bei Dauerverlustgeschäften der öffentlichen Hand

Prof. Dr. Tanja Leibold und MR'in Claudia Gassner

I. Einleitung

Bei der Einkommensermittlung sind Betriebe gewerblicher Art (BgA), die dauerhaft Verluste erzielen, von besonderer steuerlicher Relevanz. Juristische Personen des öffentlichen Rechts (jPöR) erheben mit ihren BgA häufig im Interesse des Gemeinwohls keine kostendeckenden Entgelte, was zu dauerhaften Verlusten führt. Unterhält ein BgA eine verlustbringende Tätigkeit im Interesse der Trägerkörperschaft, kann hierdurch eine verdeckte Gewinnausschüttung gemäß § 8 Abs. 3 Satz 2 KStG ausgelöst werden. Der BgA ist insoweit wie eine fiktive Kapitalgesellschaft und die Trägerkörperschaft wie deren Gesellschafter zu behandeln.[1] Da Kapitalgesellschaften über keine außerbetriebliche Sphäre verfügen, lösen verlustbringende Aktivitäten, welche die Kapitalgesellschaft in gesellschaftsrechtlicher (Mit-)Veranlassung unternimmt, unter den Voraussetzungen einer ertragssteuerrechtlichen sog. Liebhaberei eine verdeckte Gewinnausschüttung der Kapitalgesellschaft an ihren Gesellschafter aus.[2] Verlustbringende Aktivitäten eines BgA, die im Interesse seiner Trägerkörperschaft erfolgen, führen ebenfalls zu einer verdeckten Gewinnausschüttung und damit zu einer außerbilanziellen Gewinnerhöhung. Ein gedachter ordentlicher und gewissenhafter Geschäftsleiter würde nicht bereit sein, eine fortdauernde Kostenunterdeckung aus Dienstleistungen hinzunehmen, die an sich ihrem Gesellschafter obliegen.[3] Aus diesen Gründen stellt die Übernahme des Verlusts durch die jPöR eine verdeckte Gewinnausschüttung gemäß § 8 Abs. 3 Satz 2 KStG dar, soweit nicht eine gesetzlich begünstigte Tätigkeit vorliegt.[4] Bei den durch den Gesetzgeber begünstigten Dauerverlustbeschränkungen werden die Rechtsfolgen der tatbestandlich vorliegenden verdeckten Gewinnausschüttung gemäß § 8 Abs. 7 KStG nicht gezogen, d. h. es erfolgt keine außerbilanzielle vorzunehmende Gewinnerhöhung. Ein begünstigtes Dauerverlustgeschäft liegt nur vor, wenn es aus verkehrs-, umwelt-, sozial-, kultur-, bildungs- oder gesundheitspolitischen Gründen ohne kostendeckendes Entgelt betrieben wird. Ein

1 Vgl. BFH, 14.3.1984 – I R 223/80, BStBl. II 1984, 496; BFH, 3.2.1993 – I R 61/91, BStBl. II 1993, 459; BFH, 12.1.2011 – I R 112/09, BFH/NV 2011, 1194; H 4.1 „Allgemeines" KStH 2022.

2 BFH, 22.8.2007 – I R 32/06, BStBl. II 2007, 961, Rn. 12.

3 BFH, 22.8.2007 – I R 32/06, BStBl. II 2007, 961, Rn. 12.

4 JStG 2009, BR-Drs. 545/08, S. 107.

Verstoß gegen Art. 3 Abs. 1 GG durch die unterschiedliche Behandlung der wirtschaftlichen Tätigkeit der öffentlichen Hand im Vergleich zu der anderer Rechtsteilnehmer ist insbesondere unter Berücksichtigung der besonderen Aufgaben der Daseinsvorsorge und der damit verbundenen Förderung der Allgemeinheit nicht anzunehmen.[5] Die Frage eines möglichen Verstoßes gegen das EU-Beihilferecht ist jedoch nach wie vor offen.

Im Folgenden werden die rechtlichen Grundlagen des § 8 Abs. 7 KStG für verlustreiche Tätigkeiten eines BgA erläutert und die damit verbundenen Tax-Compliance-Risiken aufgezeigt. Anhand von Praxisbeispielen wird zudem dargestellt, welche Maßnahmen in der Verwaltungsorganisation der Trägerkörperschaft ergriffen werden können, um eine Kapitalertragsteuerbelastung durch verdeckte Gewinnausschüttungen zu vermeiden.

II. Vereinbarkeit des § 8 Abs. 7 KStG mit dem EU-Beihilferecht

Bevor die Tatbestandsvoraussetzungen und Rechtsfolgen des § 8 Abs. 7 KStG untersucht werden, erfolgt ein Überblick über die Frage der Zulässigkeit der Regelung unter dem Aspekt des EU-Beihilferechts. Die unsichere Rechtslage besteht seit der Rücknahme der Revision zum Vorlagebeschluss des BFH im Jahr 2020 und betrifft die Finanzierung relevanter Aufgaben in der Daseinsvorsorge wie Bäder ÖPNV, Museen, Kindergärten, Zoos usw. und würde im „worst case" zur Aussetzung der Norm bis zur Entscheidung und ggf. zu Rückforderungen führen.

1. Vorlagebeschluss des I. Senats des BFH

a) Vorlagefrage

Der I. Senat des BFH hatte dem EuGH die Frage zur Vorabentscheidung vorgelegt, ob Art. 107 Abs. 1 AEUV dahingehend auszulegen sei, dass eine staatliche Beihilfe vorliege, wenn nach den Regelungen eines Mitgliedstaats (Dauer-)Verluste einer Kapitalgesellschaft aus einer wirtschaftlichen Betätigung, die ohne kostendeckendes Entgelt unterhalten werde, zwar im Grundsatz als verdeckte Gewinnausschüttungen anzusehen seien und damit den Gewinn einer Kapitalgesellschaft nicht mindern dürften, jedoch bei Kapitalgesellschaften, bei denen die Mehrheit der Stimmrechte unmittelbar oder mittelbar auf juristische Personen des öffentlichen Rechts entfalle, die Rechtsfolgen für Dauerverlustgeschäfte nicht zu ziehen seien, wenn sie die

5 BFH, 11.12.2018 – VIII R 44/15, BStBl. II 2021, 347, Rn. 45; *Alpha,* NVwZ 2021, 598; *Lehmann* in: Frotscher/Drüen, KStG § 8 Rn. 582; a.A. *Jürgens* in: Hidien/Jürgens, Die Besteuerung der öffentlichen Hand, § 5 Rn. 773.

betreffenden Geschäfte aus verkehrs-, umwelt-, sozial-, kultur-, bildungs- oder gesundheitspolitischen Gründen unterhalten würden.[6]

b) Annahme einer wettbewerbswidrigen Neubeihilfe

Der BFH vertrat die Auffassung, dass die Steuerbegünstigung gemäß § 8 Abs. 7 Satz 1 Nr. 2 i. V. m. Satz 2 KStG eine unzulässige Neu-Beihilfe darstelle, welche der Anwendungssperre des Art. 108 Abs. 3 Satz 3 AEUV unterliege. Zur Begründung führte der BFH unter anderem aus, dass die Steuervergünstigung eine staatliche Maßnahme sei, die Unternehmen selektiv begünstige, nicht die Voraussetzungen eines Zuschusses für mit gemeinwirtschaftlichen Verpflichtungen betraute Unternehmen erfülle und den Handel zwischen Mitgliedstaaten beeinträchtige.[7] Der innergemeinschaftliche Handel werde insbesondere dann von einer von einem Mitgliedstaat gewährten Beihilfe beeinflusst, wenn sie die Stellung eines Unternehmens gegenüber anderen Wettbewerbern stärke. Das Absehen von einem gewinnerhöhenden Ansatz der laufenden Betriebsverluste als verdeckte Gewinnausschüttungen stärke die kommunalen Eigengesellschaften in finanzieller Hinsicht.[8] Potentiellen Mitbewerbern aus anderen Mitgliedstaaten werde dadurch die Möglichkeit, in der Bundesrepublik Deutschland eine Einrichtung ähnlicher Art zu eröffnen, deutlich erschwert.[9] Im Streitfall handelte es sich dabei um ein Schwimmbad. Durch das Absehen des gewinnerhöhenden Ansatzes einer verdeckten Gewinnausschüttung werde, so der 1. Senat des BFH, die Möglichkeit geschaffen, die laufenden Verluste bei der Einkommensermittlung der Gesellschaft mit den Gewinnen aus weiteren Tätigkeitsbereichen wie z. B. die Energie- und Wasserversorgung zu verrechnen, was diese Tätigkeitsbereiche finanziell stärke.[10] Damit liegt nach Auffassung des 1. Senats des BFH eine Neubeihilfe vor. Zur Begründung führt der BFH an, dass es zum Stichtag des Inkrafttretens des EG-Vertrages am 1.1.1958 weder Gerichtsurteile noch Verwaltungsanweisungen gegeben habe, die sich mit der Thematik der ertragsteuerlichen Behandlung von dauerverlustbehafteten wirtschaftlichen Betätigungen von Eigengesellschaften juristischer Personen des öffentlichen Rechts befasst hätten.[11]

c) Einstellung des Revisionsverfahrens

Nachdem die Klägerin des Rechtsstreits die Revision zurückgenommen hatte, stellte der BFH das dem Vorlagebeschluss zugrunde liegende Revisions-

6 BFH, 13.3.2019 – I R 18/19, BFHE 265, 23.
7 BFH, 13.3.2019 – I R 18/19, BFHE 265, 23, Rn. 55.
8 BFH, 13.3.2019 – I R 18/19, BFHE 265, 23, Rn. 59.
9 BFH, 13.3.2019 – I R 18/19, BFHE 265, 23, Rn. 59.
10 BFH, 13.3.2019 – I R 18/19, BFHE 265, 23, Rn. 59 und 66.
11 BFH, 13.3.2019 – I R 18/19, BFHE 265, 23, Rn. 72.

verfahren mit Beschluss vom 29. Januar 2020 ein. Daher erfolgte keine Entscheidung des EuGH, sodass die Rechtsfrage, ob § 8 Abs. 7 KStG mit dem EU-Beihilferecht vereinbar ist, weiterhin ungeklärt bleibt.

2. Stellungnahme

Unabhängig von der Frage des Vorliegens einer Altbeihilfe, lässt sich bei strukturellen Dauerverlustbetrieben der öffentlichen Hand in Frage stellen, ob es in diesen Fällen überhaupt einen potentiellen Wettbewerb im Binnenmarkt gibt.[12] An einem überregionalen Markt fehlt es typischer Weise bei dauerdefizitären Bäderbetrieben im Rahmen der kommunalen Daseinsvorsorge.[13] Wenn die Kommune in diesen Fällen kein Schwimmbad betreibt, entfällt dieses Angebot im Rahmen der Daseinsvorsorge für die Bürgerinnen und Bürger mit gleichzeitig negativer Konsequenz für die hoheitliche Aufgabe des Schulschwimmens, die in der Folge nicht mehr adäquat erfüllt werden kann. Das europäische Beihilfenrecht hat das Ziel, gleiche Wettbewerbsbedingungen für alle Marktteilnehmer auf dem europäischen Binnenmarkt festzulegen. Dabei besteht zwischen den Aufgaben der Daseinsvorsorge und den lokalen Beihilfen ein Spannungsfeld, welches nach Art 106 Abs. 2 AEUV und Art 14 AEUV dahingehend aufgelöst werden kann, die Träger allgemeinwirtschaftlicher Aufgaben von der Beihilfenkontrolle auszuschließen.[14]

Aktuell bestehen unterschiedliche Auffassungen, ob die Rechtsauffassung des § 8 Abs. 7 KStG solange angewendet werden kann, bis die EU-Kommission die Unvereinbarkeit feststellt oder ob ein Anwendungsverbot mit Rückforderungsbefugnis besteht.[15]

III. Anwendungsbereich des § 8 Abs. 7 KStG

Der Ausschluss der Rechtsfolge einer verdeckten Gewinnausschüttung gilt gemäß § 8 Abs. 7 Nr. 1 KStG für die begünstigten Dauerverlustgeschäfte eines BgA i. S. d. § 4 KStG. Gleiches gilt gemäß § 8 Abs. 7 Nr. 2 KStG für Kapitalgesellschaften, die ein begünstigtes Dauerverlustgeschäft ausüben, wenn die Mehrheit der Stimmrechte unmittelbar oder mittelbar auf eine (oder mehrere) jPöR entfällt und nachweislich ausschließlich diese die Verluste aus Dauerverlustgeschäften tragen.[16] Die Regelung ist zudem anwend-

12 *Wernicke/Staiger/Zimmermann,* in: Lademann, KStG, § 8, IX, 1. a), bb) Rn. 394 c).

13 *Wernicke/Staiger/Zimmermann,* in: Lademann, KStG, § 8, IX, 1. a), bb) Rn. 394 c); Spilker, DB 2020, M 18; *Frenz,* DStZ 2020, 873, 877.

14 *Englisch,* in Schaumburg/Englisch, Europ. StR, Rn. 9.9 m. w. N.

15 *Micker/Pohl,* in: BeckOK KStG, § 8 Rn. 1735.

16 BMF, 12.11.2009 – IV C 7 – S 2706/08/10004, BStBl. I 2009, 1303, Rn. 26.

bar, wenn die Kapitalgesellschaft Organträger ist und das Dauerverlustgeschäft von der Organgesellschaft betrieben wird.[17]

IV. Dauerverlustgeschäfte

1. Entstehung der verdeckten Gewinnausschüttung

Bei Dauerverlustgeschäften eines BgA erfolgen zur Abdeckung der fehlenden Liquidität im laufenden Jahr dauerhafte Mittelzuführungen der Trägerkörperschaft. Diese stellen Einlagen der Trägerkörperschaft als Gesellschafter dar und keine Betriebseinnahmen bzw. Erträge. Im laufenden Jahr werden dem BgA entweder zu Beginn des Jahres oder fortlaufend während des Jahres Mittel aus dem Hoheitsvermögen zur Verfügung gestellt, um die Dauerverlustgeschäfte zu finanzieren. Auch diese Mittelzuführungen stellen Einlagen des Anteilseigners in Form der Trägerkörperschaft dar. Einlagen führen, unabhängig davon, ob sie offen oder verdeckt erfolgen, gemäß § 8 Abs. 3 Satz 3 KStG nicht zu Betriebseinnahmen bzw. Erträgen, aber zu einem Zugang zum steuerlichen Einlagekonto gemäß § 27 KStG. Der im Rahmen der Gewinnermittlung zum 31.12. ermittelte (Dauer-) Verlust wird durch den Anteileigner übernommen und führt grundsätzlich zu einer verdeckten Gewinnausschüttung und damit zu einer Hinzurechnung außerhalb der Gewinnermittlung im Rahmen der Einkommensermittlung gemäß § 8 Abs. 3 Satz 2 KStG. Von dieser Korrektur der Einkommensermittlung sieht der Gesetzgeber ab, wenn durch die Tätigkeit Leistungen für die Daseinsvorsorge der Bürgerinnen und Bürger erbracht werden. Es handelt sich um so genannte begünstigte Dauerverlustgeschäfte.[1] Vom Gesetzgeber wurden die Dauerverlustgeschäfte in begünstigte und nicht begünstigte Geschäfte eingeteilt. Begünstigte Geschäfte sind wirtschaftliche Tätigkeiten der Daseinsvorsorge betreffend den Verkehrs-, Umwelt-, Sozial-, Kultur-, Bildungs-, oder den Gesundheitsbereich.[18] Bei begünstigten Geschäften werden die Rechtsfolgen einer verdeckten Gewinnausschüttung nicht gezogen und somit sind auch § 20 Abs. 1 Nr. 1 Satz 2 bzw. Nr. 10 EStG sowie § 3 Abs. 1 Nr. 6 SolZG nicht anzuwenden.[19] Der Ausschluss der Rechtsfolgen, führt dazu, dass keine Kapitalertragsteuerbelastung für die Einkünfte der Trägerkörperschaft entsteht.[20]

---

17 *Klett/Schüller*, in: KStG – eKommentar, § 8 Rn. 334.
18 BMF, 12.11.2009 – IV C 7 – S 2706/08/10004, BStBl. I 2009, 1303, Rn. 22 ff.
19 BMF, 12.11.2009 – IV C 7 – S 2706/08/10004, BStBl. I 2009, 1303, Rn. 25.
20 BFH, 11.12.2018 – VIII R 44/15, BStBl. II 2021, 347, Rn. 36.

2. Definition des Dauerverlusts

Relevanz unter dem Aspekt einer verdeckten Gewinnausschüttung haben nur Dauerverlustgeschäfte. Ein Dauerverlustgeschäft liegt vor, wenn eine Tätigkeit ohne kostendeckendes Entgelt ausgeübt wird. Für die Beurteilung, ob die Tätigkeit ohne kostendeckendes Entgelt unterhalten wird, ist eine Prognose ähnlich der Prognose bei der Prüfung einer Einkünfteerzielungsabsicht erforderlich.[21] Damit ist eine Totalgewinnprognose auf Vollkostenbasis einschließlich zurechenbarer Gemein- und Fixkosten, Zinsen sowie Abschreibungen für den jeweiligen Veranlagungszeitraum erforderlich.[22] Sondergewinne, wie z. B. Veräußerungs- oder Aufgabegewinne bleiben bei der Beurteilung als Dauerverlustgeschäft unberücksichtigt.[23] Ein wirtschaftliches Dauerverlustgeschäft liegt vor, wenn aufgrund einer Prognose auf Dauer nur mit einem negativen Ergebnis gerechnet werden kann und nicht mit einem Totalgewinn gerechnet wird. Hierfür sind steuerfreie Einnahmen gewinnerhöhend und nichtabziehbare Betriebsausgaben gewinnmindernd zu berücksichtigen. Maßgebend ist ausschließlich das Ergebnis aus der Geschäftstätigkeit selbst, d. h. unter Berücksichtigung allein des hierfür notwendigen Betriebsvermögens. Falls das handelsrechtliche Ergebnis und das steuerliche Einkommen voneinander abweichen, ist auf das handelsrechtliche Ergebnis abzustellen.[24]

Es ist damit erforderlich zwischen bloßen Anlaufverlusten, einmaligen Verlusten bei insgesamt positiver Prognose und den ggf. zu einer verdeckten Gewinnausschüttung führenden Dauerverlusten zu unterscheiden.

3. Abgrenzung von Anlaufverlusten

Anlaufverluste sind Verluste, welche nach Aufnahme der Tätigkeit in den ersten Jahren nach einer Betriebseröffnung entstehen. Einen festen Zeitraum gibt es nicht. Abhängig von der Art der Tätigkeit ist erfahrungsgemäß von mindestens 3 Jahre bis maximal 10 Jahren auszugehen.

Beispiel
Die Behörde A übernimmt einen Forschungsauftrag für ein Mobilitätsunternehmen, wodurch ein BgA begründet wird. Aufgrund der hierfür erforderlichen Beschaffungen und Gutachterkosten werden in den Jahren 01 bis 03 Verluste erwirtschaftet. Ab 04 können die Ergebnisse an den Auftraggeber Mobilitätsunternehmen weiterberechnet werden. In 04 wird ein Gewinn erzielt.

21 *Wernicke/Staiger/Zimmermann*, in: Lademann, KStG, § 8, IX., 1. Verdeckte Gewinnausschüttungen bei Dauerverlustbetrieben (§ 8 Abs. 7 KStG), Rn. 411.
22 *Bürstinghaus*, in: Herrmann/Heuer/Raupach, EStG/KStG, § 8 KStG Rn. 385.
23 BMF, 12.11.2009 – IV C 7 – S 2706/08/10004, BStBl. I 2009, 1303, Rn. 27.
24 BMF, 12.11.2009 – IV C 7 – S 2706/08/10004, BStBl. I 2009, 1303, Rn. 28.

Lösung:
Die Verluste der Jahre 01 bis 03 sind als Anlaufverluste steuerlich ohne besondere Relevanz und können mit künftigen Gewinnen verrechnet werden. Die Verluste werden durch das Finanzamt in den jeweiligen Veranlagungszeitraum 01 bis 03 gesondert nach § 10d EStG festgestellt. Es liegt kein Dauerverlust vor, da insgesamt mit einem positiven Gesamtergebnis über den geplanten Zeitraum der wirtschaftlichen Tätigkeit gerechnet wird.

4. Einmalige Verluste bei insgesamt positiver Prognose

Wird im Laufe der Tätigkeit, nach einer Anlaufphase ein Verlust erwirtschaftet, so ist zu prüfen, ob nach dem Gesamtbild der Ausgestaltung der Tätigkeit ein Überschuss erzielt werden kann. Dies liegt vor, wenn mindestens ein kostendeckendes Entgelt, z.B. mit einem allgemeinen Verwaltungszuschlag kalkuliert wird. Diese Verluste werden in einer gesonderten Feststellung[25] festgesetzt und stehen zur Verrechnung mit Gewinnen zur Verfügung.

Beispiel

Die Behörde A kalkuliert ein kostendeckendes Entgelt für die Erbringungen von IT-Dienstleistungen. Durch eine größere Anschaffung entsteht in einem Jahr ein Verlust. Der Verlust führt zu keiner verdeckten Gewinnausschüttung, da es sich nicht um ein dauerhaftes Verlustgeschäft handelt.

5. Verlusttragung bei Telekommunikationsbetrieben

Eine Besonderheit von nach wie vor aktueller Relevanz stellt der Telekommunikationssektor dar. Eine Einordnung von Telekommunikationsbetrieben als Versorgungsbetrieb i.S. des §4 Abs.3 KStG erfolgte durch den Gesetzgeber bisher nicht. Damit ist grundsätzlich eine Verrechnung von Verlusten beim Breitbandbetrieb mit Gewinnen aus Versorgungsbetrieben mit Wasser, Gas, u.a. nicht möglich. Daher behilft sich die Finanzverwaltung mit einem BMF-Schreiben und ordnet die Überlassung der gesamten passiven Infrastruktur (Leerrohre mit Glasfaserkabel sowie weiterer erforderlicher technischer Komponenten) an Netzbetreiber als einen Verpachtungs-BgA im Sinne des §4 Abs.4 KStG ein.[26] Der Betrieb des Breitbandnetzes durch die jPöR selbst wird als ein „aktiver" BgA im Sinne des §4 Abs.1 KStG beurteilt.[27] Wird der Breitbandausbau durch staatliche Zuwendungen (z.B. nach der Richtlinie „Förderung zur Unterstützung des Breitbandausbaus in der

25 §§10d EStG, 8c KStG.
26 BMF, 12.11.2009 – IV C 7 – S 2706/08/10004, BStBl. I 2009, 1303, Rn.15.
27 BMF, 12.11.2009 – IV C 7 – S 2706/08/10004, BStBl. I 2009, 1303, Rn.13.

Bundesrepublik Deutschland") subventioniert, kann unterstellt werden, dass ein einheitliches Gesamtkonzept vorliegt, mit dem eine „schwarze Null" angestrebt wird. Die Zuwendungsbedingungen sehen regelmäßig vor, dass die Netzinfrastruktur letztendlich an Dritte veräußert werden soll. In diesen Fällen stellen die Verlusttragungen durch die Trägerkörperschaft keine verdeckte Gewinnausschüttung dar.[11]

V. Begünstigtes Dauerverlustgeschäft

1. Voraussetzungen und Rechtsfolgen

a) Gesetzlich vorgesehene Gründe für eine Begünstigte

Begünstigte Dauerverlustgeschäfte liegen gemäß § 8 Abs. 7 Satz 2 KStG vor, wenn aus verkehrs-, umwelt-, sozial-, kultur-, bildungs- oder gesundheitspolitischen Gründen eine wirtschaftliche Betätigung ohne kostendeckendes Entgelt unmittelbar betrieben wird oder das Geschäft bei Kapitalgesellschaften Ausfluss einer Tätigkeit ist, die bei jPöR zu einem Hoheitsbetrieb gehört. Die gesetzliche Aufzählung ist abschließend. Die Finanzverwaltung hat mit BMF-Schreiben vom 12.11.2009 beispielhaft Betätigungen aufgelistet und den begünstigten Dauerverlustgeschäften zugeordnet:

- Verkehrsbereich: Öffentlicher Nahverkehr, Flughafenbetriebe, Hafen- und Fährbetriebe, Parkhäuser und Parkplätze,
- Umweltbereich: Gewerbemüllentsorgung (soweit nicht hoheitlich),
- Sozialbereich: Kindergärten, Tageseinrichtungen für Kinder, Senioreneinrichtungen
- Kulturbereich: Bibliotheken, Zoologische Gärten, Museen, kulturelle Ausstellungen, Kinos, Opern, Theater, Bühnen, Orchester
- Bildungsbereich: Schulen und Kurstätigkeiten von Kammern und Volkshochschulen
- Gesundheitsbereich: Krankenhäuser, Bäder, Sportanlagen, Krematorien und Kurbetriebe. Kuranlagen sind grundsätzlich als wirtschaftliche Tätigkeit einzuordnen.[28] Nach der neuen Rechtsprechung des BFH[29] wird die Einnahmeerzielungsabsicht bei Einrichtungen eines Kurbetriebs, die der Öffentlichkeit zugänglich sind, nur noch gesehen, wenn dessen Einnahmen konkret zugeordnet werden können.

Wirtschaftsförderungsbetriebe[30] und Beherbergungsbetriebe[31] sind dagegen nicht begünstigt.

28 BFH, 15.10.1962 – I 53/61U, BStBl. III 1962, 542; R 4.5 Abs. 7 KStR 2022.
29 BFH, 18.4.2024 – V R 50/20, BStBl. II 2024, 693.
30 BMF 12.11.2009 – 009 – IV C 7 – S 2706/08/10004, BStBl. I 2009, 1303, Rn. 43.
31 BMF 12.11.2009 – 009 – IV C 7 – S 2706/08/10004, BStBl. I 2009, 1303, Rn. 46.

Die Dauerverlustgeschäfte werden in begünstigte und nicht begünstigte Dauerverlustgeschäfte unterschieden:

Begünstige dauerdefizitäre Tätigkeiten	**Nichtbegünstige dauerdefizitäre Tätigkeiten**
Begünstige dauerdefizitäre Tätigkeiten **sozialpolitische Gründe** Kinderbetreuungs- und Senioreneinrichtungen **kulturpolitische Gründe** Bibliotheken, Zoologische Gärten, Museen, kulturelle Ausstellungen, Kinos, Opern, Theater, Bühnen, Orchester **bildungspolitische Gründe** Schulen und Kurstätigkeiten von Kammern und Volkshochschulen **gesundheitspolitische Gründe** Krankenhäuser, Bäder, Kuranlagen, Sportanlagen **verkehrspolitische Gründe** ÖPNV, Flughafenbetriebe, Parkraumbewirtschaftung	Nichtbegünstige dauerdefizitäre Tätigkeiten • Stromerzeugung, Photovoltaikanlagen • Erbringung von It-Dienstleistungen, Datenverarbeitung • Übernachtungsbetriebe • Veröffentlichungen • Café und Gaststätten, • Büroservicedienstleistungen • Eichämter • Sponsoring/Werbeleistungen • Verkauf von Straßen – und Wanderkarten • Verkauf von Kies • Fitnessangebote • Personalgestellung • Veranstaltungen

Abbildung: Eigene Darstellung

Beispiel
Die Kommune A erwirtschaftet mit dem ÖPNV regelmäßig einen jährlichen Verlust von ca. 500.000 € und mit dem städtischen Museum einen Verlust von 32.000 €. In beiden Tätigkeiten liegen die Umsätze über der Grenze von § 20 Abs. 1 Nr. 10b EStG in Höhe von 350.000 €. ***Lösung:*** Beide Tätigkeiten sind gemäß § 8 Abs. 7 KStG begünstigt. Der ÖPNV wird aus verkehrspolitischen Gründen, das Museum aus kulturpolitischen Gründen als begünstigte Dauerverlusttätigkeit eingeordnet. Die Verlustübernahmen führen zwar zu einer verdeckten Gewinnausschüttung. Allerdings sind die Rechtsfolgen einer verdeckten Gewinnausschüttung nicht zu ziehen, d. h. es erfolgt im Rahmen der Einkommensermittlung keine Hinzurechnung außerhalb der Gewinnermittlung. Weitere Folge ist, dass aufgrund des Vorliegens begünstigter Dauerverlustgeschäfte § 20 Abs. 1 Nr. 1 Satz 2 bzw. Nr. 10 EStG sowie § 3 Abs. 1 Nr. 6 SolZG keine Anwendung finden. Im Hinblick auf die Verluste aus den begünstigten Dauerverlustgeschäften entsteht keine Kapitalertragsteuerpflicht der Trägerkörperschaft.

b) Dauerdefizitäre Verpachtungs-BgA

Ein Verpachtung-BgA nach § 4 Abs. 4 KStG liegt beim Verpächter nur vor, wenn eine entgeltliche Gebrauchs- und Nutzungsüberlassung eines Inbegriffs von Sachen und Rechten als BgA zu qualifizieren ist. Dies richtet sich nach der mit den verpachteten Vermögensgegenständen entfalteten Tätigkeit, welche das Merkmal „wirtschaftlich" erfüllen muss. Damit sind i. d. R. dem Pächter überlassenen Wirtschaftsgüter wesentliche Betriebsgrundlagen, da sie für den Gewerbebetrieb des Pächters existenziell sind. Zunächst ist bei Verlusten eines Verpachtungs-BgA zu prüfen, ob der Verpachtungs-BgA die Voraussetzungen einer „entgeltlichen" Verpachtung erfüllt. Nach Entscheidung des BFH kommt es für die Frage der Entgeltlichkeit allein auf das Tragen der wirtschaftlichen Last der Pachtzinsen durch den Pächter an.[32] Dies ist nicht erfüllt, wenn der Verpächter dem Pächter einen Betriebskostenzuschuss mindestens in Höhe des Mietentgelts gewährt.

Die Begünstigung gemäß § 8 Abs. 7 KStG setzt voraus, dass der BgA oder die Kapitalgesellschaft die Geschäfte selbst tätigt. Für dauerdefizitäre Verpachtungs-BgA gilt die Begünstigung deshalb nach der Rechtsprechung des BFH nicht.[33] Die Verwaltung hat diese Rechtauffassung durch Abänderung der Rn. 47 des BMF-Schreibens vom 12.11.2009 übernommen, wobei für die verpflichtende Anwendung eine Übergangsfrist ursprünglich bis zum 31.12.2022 vorgesehen wurde.[34] Diese Übergangsfrist wurde bis zum

32 BFH, 10.12.2019 – I R 58/17, BStBl. II 2021, 945.
33 BFH, 10.12.2019 – I R 58/17, BStBl. II 2021, 945.
34 BMF, 15.12.2021 – IV C 2-S 2706/19/10008:001, BStBl. I 2021, 2483 unter Abänderung von BMF, 12.11.2009 – IV C 7 – S 2706/08/10004, BStBl. I 2009, 1303, Rn. 47.

31.12.2024 verlängert, wenn die Norm des § 2b UStG für die juristische Person des öffentlichen Rechts noch keine Anwendung findet und für den betreffenden Verpachtungs-BgA bereits bis zum 31.12.2022 von der bisherigen Übergangregelung Gebrauch gemacht wurde. Eine erneute Verlängerung der Anwendungspflicht der abgeänderten Rn. 47 des BMF-Schreibens vom 12.11.2009 ist im BMF-Schreiben vom 14.1.2025 jedoch unterblieben, so dass die Anwendung ab dem 1.1.2025 verpflichtend ist.[35] Führt die Überlassung von Wirtschaftsgütern durch die jPöR zur Annahme eines dauerdefizitären Verpachtungs-BgA gemäß § 4 Absatz 4 KStG und übt in diesen Fällen nur der Pächter die in § 8 Absatz 7 Satz 2 KStG aufgeführten Tätigkeiten aus, ist § 8 Absatz 7 KStG bei Anwendung der neu gefassten Rn. 47 des BMF-Schreibens vom 12.11.2009 auf den Verpachtungs-BgA nicht anzuwenden, da dieser das Geschäft nicht selbst tätigt.[36]

Im Falle einer Betriebsaufspaltung stellen die unterschiedlichen Sichtweisen der Finanzverwaltung zur BFH-Rechtsprechung ein weiteres Risiko dar. Eine Betriebsaufspaltung liegt vor, wenn die Trägerkörperschaft neben der entgeltlichen Überlassung der wesentlichen Betriebsgrundlagen die Pächterin beherrscht. Selbst wenn kein Verpachtungsbetrieb vorliegt, weil nicht alle erforderlichen wesentlichen Betriebsgrundlagen überlassen werden, entsteht ein BgA (Besitzunternehmen), zu dessen notwendigem Betriebsvermögen die Anteile an dem Betriebsunternehmen gehören.[37]

Handelt es sich um einen Verpachtungs-BgA gemäß § 4 Abs. 4 KStG, der gleichzeitig die Kriterien einer Betriebsaufspaltung erfüllt, so soll nach der Verwaltungsauffassung § 8 Abs. 7 Satz 2 KStG für die Verluste aus dem Überlassungsgeschäft anwendbar sein.[38] Dieser Auffassung liegt, nachvollziehbare Gedanke des einheitlichen geschäftlichen Betätigungswillens zugrunde, die Steuerbefreiungen der Betriebsgesellschaft auf das Besitzunternehmen zu übertragen.[39] Den Grundsätzen der Betriebsaufspaltung sind somit im Falle der Gemeinnützigkeit oder wenn die Tätigkeit keinen BgA begründet, Grenzen gesetzt.[40]

35 BMF, 14.1.2025 – IV C 2-S 2706/00063/001/187, BStBl. I 2025, 303.

36 BMF, 15.12.2021 – IV C 2-S 2706/19/10008:001, BStBl. I 2021, 2483 unter Abänderung von BMF, 12.11.2009 – IV C 7 – S 2706/08/10004, BStBl. I 2009, 1303, Rn. 47.

37 OFD Koblenz, 4.6.2003 – S 2706 A – St 34 1, KSt-Kartei § 4 KStG Karte A 19 und 19.1.2004 – S 2706 A – St 33 1, DStR 2004, 727; *Helm/Bischoff*, in: Mössner/Oellerich/Valta, KStG, § 4 Rn. 223 f.

38 BMF, 15.12.2021 – IV C 2-S 2706/19/10008:001, BStBl. I 2021, 2483 unter Abänderung von BMF, 12.11.2009 – IV C 7 – S 2706/08/10004, BStBl. I 2009, 1303, Rn. 47.

39 *Bürstinghaus*, in: Herrmann/Heuer/Raupach, EStG/KStG, § 8 KStG Rn. 563.

40 *Helm/Bischoff*, in: Mössner/Oellerich/Valta, KStG, § 4 Rz 224; *Hüttemann*, Gemeinnützigkeitsrecht und Spendenrecht, Rn. 6.142 m. w.N; OFD Chemnitz, 11.5.1998 – S 2729 – 6–8 – St 33, DStR 1998, 1265.

Der BFH hat dagegen für den Fall einer Betriebsaufspaltung die Begünstigung gemäß § 8 Abs. 7 Satz 1 Nr. 2 KStG verneint.[41]

Beispiel: Die Kommune A verpachtet gegen Entgelt die Räumlichkeiten und die Einrichtung einer Kindertagesstätte im Rathaus an den Pächter B-GmbH.

Die Verpachtung der Räumlichkeiten und der Einrichtung für den Betrieb einer Kindertagesstätte stellt bei der Kommune einen BgA nach § 4 Abs. 4 i. V. m. § 4 Abs. 1 KStG dar, da der Betrieb durch die Kommune selbst auch die Voraussetzungen eines BgA erfüllt. Die Tätigkeit wird nachhaltig gegen Entgelt betrieben, ist von einigem Gewicht und hebt sich unter der Gesamttätigkeit der Kommune heraus. Die Verpachtung erfüllt gleichzeitig die Voraussetzungen einer Betriebsaufspaltung, wenn die Kommune A an dem Pächterunternehmen B-GmbH die Stimmmehrheit hält.

Die Verluste aus der Verpachtung erfolgen im Rahmen einer Betriebsaufspaltung und der Betrieb eines Kindergartens wird in § 8 Abs. 7 Satz 2 KStG aufgeführt (sozialpolitische Gründe). Die Tätigkeiten wird ausschließlich von der Betriebs-GmbH ausgeübt. Damit ist nach Auffassung des BMF § 8 Abs. 7 auf den Besitz-BgA anzuwenden.[42] Hierbei ist allerdings auf die Kalkulation des Entgelts zu achten. Die Kostenunterdeckung aus politischen Gründen liegt dann nicht mehr vor, wenn Wettbewerber vergleichbare Entgelte abrechnen.[43]

c) Besonderheiten für Kantinen und Mensen

Nach einem Beschluss auf Bund Länder-Ebene sind dauerdefizitäre Kantinen-BgA einer Verwaltungshochschule als aus sozialpolitischen Gründen begünstigt zu beurteilen, wenn eine verbilligte Speisen- und Getränkeabgabe an Bedürftige[44] wie Anwärter erfolgt, deren Einkommen die Grenzen des § 53 Nr. 2 AO nicht überschreitet. Gleichfalls ist die Grundversorgung mit Speisen und Getränken von Schülern an Schulen bzw. Kindergärten in einer Kindertagesstätte begünstigt, wenn die verbilligte Essenslieferung in dem sich nach § 66 Abs. 3 AO ergebenden Umfang erfolgt. Damit ist eine verbilligte Essenlieferung an andere Personen begünstigt, wenn diese nicht 1/3 der Leistungen überschreitet. Dabei ist nicht auf die Umsätze, sondern auf die Anzahl der Essensteilnehmer abzustellen.

---

41 BFH, 13.3.2019 – I R 66/16, BFH/NV 2019, 1360.

42 BMF, 15.12.2021, – IV C 2-S 2706/19/10008:001, BStBl. I 2021, 2483; *Schiffers,* DStZ 2022, 337, 342; dies als zweifelhaft ansehend: *Micker/Pohl,* in: BeckOK KStG, § 8 Rn. 1751.6; a. A. *Bürstinghaus* in: Herrmann/Heuer/Raupach, EStG/KStG, § 8 KStG, Rn. 563.

43 Vgl. *Micker/Pohl,* in: BeckOK KStG, § 8 Rn. 1763.

44 Nach § 53 AO im Umfang des § 66 AO, Anwärter, Studierende.

Beispiel

Die Kommune A unterhält eine Kindertagesstätte und eine Ganztagsschule. Sowohl in der Kindertagesstätte als auch in der Schule wird ein kostengünstiges Mittagessen für die Kinder angeboten. Daneben können auch andere Personen (Lehrpersonal, Erzieher/innen und Besucher) das Angebot zu gleichen Preisen in Anspruch nehmen. Die Voraussetzungen einer Steuerbefreiung nach § 5 KStG liegen nicht vor.
Die Eltern, Besucher, Erzieher usw. bezahlen einen monatlichen Kostenbeitrag. Die Kommune A wirtschaftet mit der Kantine/Mensa nicht kostendeckend.
Lösung:
Die Tätigkeit „Kantinenbetrieb" erfüllt die Voraussetzungen eines BgA gemäß § 4 Abs. 1 KStG, da es sich um eine Einrichtung handelt, die einer nachhaltigen, wirtschaftlichen Tätigkeit zur Erzielung von Einkünften dient und sich aus der Gesamtbetätigung der Trägerkörperschaft wirtschaftlich heraushebt. Da die Kommune nicht kostendeckend kalkuliert werden dauerhaft Verluste erwirtschaftet. Die dauerdefizitäre Tätigkeit des BgA ist begünstigt, da der BgA an begünstigte Einrichtungen wie Kindertagestätte/Kindergarten und Schule seine Tätigkeit erbringt. Die Empfänger sind Einrichtungen der Wohlfahrtspflege.[45] Da die Anzahl der anderen Essenteilnehmer nicht 1/3 überschreitet, liegt ein begünstigtes Dauerverlustgeschäft aus sozialpolitischen Gründen nach § 8 Abs. 7 KStG vor. Die Rechtsfolgen einer vGA sind nicht zu ziehen.

d) Verkehrspolitische Gründe

Tätigkeiten der öffentlichen Hand sind soweit sie dem öffentlichen Verkehr dienen als begünstigt einzuordnen. Bei unterschiedlichen Tätigkeiten ist zu prüfen, ob diese gesondert eine Einrichtung darstellen oder ob ein Bereich das Gepräge gibt. Strittig ist aktuell, ob die Ladestruktur für Elektrofahrzeuge unter die Begünstigung „verkehrspolitische Gründe" fällt. Angesichts der Schwierigkeiten beim Ausbau am Markt wird dies teilweise in der Literatur unterschiedlich beurteilt.[46] Maßgeblich ist sicherlich, ob die Bewirtschaftung dieser Infrastruktur als hoheitlicher Auftrag der Daseinsvorsorge aus verkehrspolitischen Gründen eingeordnet werden kann oder nur der öffentliche Verkehr erfasst wird.

45 § 66 Abs. 1 AO i. V. m. AEAO zu § 66 Nr. 5.
46 Bejahend je nach Marktsituation *Bürstinghaus,* in: Herrmann/Heuer/Raupach, EStG/KStG, § 8 KStG Rn. 1123, *Schiffers*, DStZ 2021, 28, 35, ablehnend: *Micker/Pohl*, in: BeckOK KStG, § 8 Rn. 1762.1 unter Erwägung des hoheitlichen Auftrags.

VI. Verlustverrechnung bei Zusammenfassung von BgA

1. Voraussetzungen der Verlustverrechnung

Unter den Voraussetzungen des § 4 Abs. 6 KStG können mehrere BgA zu einem BgA zusammengefasst werden. Die intertemporale Verlustverrechnung gemäß § 10d EStG durch einen Verlustrücktrag bzw. einen Verlustvortrag sind gemäß § 8 Abs. 8 Satz 1 KStG auf den zusammengefassten BgA beschränkt und beziehen sich nur auf den zeitlichen Bestand der Zusammenfassung.[47] Während der Zeit der Zusammenfassung können nicht ausgeglichene negative Einkünfte eines Veranlagungszeitraumes bis zu einem Betrag von 1 Mio. € zurückgetragen und darüberhinausgehende Verluste in die Folgejahre vorgetragen werden.

Nicht ausgeglichene Verluste der einzelnen zusammengefassten BgA aus der Zeit vor der Zusammenfassung können gemäß § 8 Abs. 8 Satz 2 KStG nicht von den Einkünften des zusammengefassten BgA abgezogen werden. Ebenso ist ein Rücktrag von Verlusten des zusammengefassten BgA auf die einzelnen BgA vor der Zusammenfassung gemäß § 8 Abs. 8 Satz 3 nicht zulässig. Allerdings kann gemäß § 8 Abs. 8 Satz 4 ein bei einem BgA vor der Zusammenfassung festgestellter Vorlustvortrag gemäß § 10d EStG vom Gesamtbetrag der Einkünfte abgezogen werden, die der BgA nach Beendigung der Zusammenfassung erzielt. Hierfür wird jährlich eine gesonderte Feststellung durchgeführt.[48] Scheidet der verlustverursachende BgA aus dem zusammengefassten BgA aus, kann er die eingefrorenen Verluste steuerlich wieder nutzen. Die Beschränkungen des § 8 Abs. 8 Sätze 2 bis 4 KStG gelten nicht für gleichartige BgA, die zusammengefasst oder getrennt werden.

2. Verlustnutzung bei Tätigkeitserweiterung eines zusammengefassten BgA

Tätigkeitserweiterungen eines zusammengefassten BgA führen nach der aktuellen Regelung des § 8 Abs. 8 KStG dazu, dass Verlustvorträge für den erweiterten zusammengefassten BgA nicht mehr genutzt werden können, soweit es sich nicht um gleichartige BgA handelt. Wird ein BgA, in dem mehrere nicht gleichartige Tätigkeiten zusammengefasst sind, z. B. ein zusammengefasster BgA bestehend aus einem Busbetrieb und einem Straßenbahnbetrieb um ein Elektrizitätswerk erweitert, liegt ein neuer zusammengefasster BgA vor, der über keinen Verlustvortrag verfügt. Unschädlich ist dagegen die Erweiterung des zusammengefassten BgA um gleichartige Tätigkeiten, wie z. B. die Erweiterung eines aus Busbetrieben bestehenden

47 *Bürstinghaus,* in: Herrmann/Heuer/Raupach, EStG/KStG, § 8 KStG, Rn. 590.
48 BMF, 12.11.2009 – IV C 7 – S 2706/08/10004, BStBl. I 2009, 1303, Rn. 64.

BgA um einen Straßenbahnbetrieb.[49] Die Versagung der Verlustnutzung bei der Erweiterung eines aus nicht gleichartigen Betrieben bestehenden zusammengefassten BgA wird in der Literatur kritisiert. In Fällen, in denen Vermögen des bisherigen Tätigkeitsfelds nach Aufnahme einer weiteren nicht gleichartigen Tätigkeit mit Aufdeckung erheblicher stiller Reserven veräußert wird, entsteht eine höhere Steuerbelastung, da Verlustvorträge nicht mehr nutzbar sind. Zuzustimmen ist deswegen der Forderung, eine Ausnahmeregelung zu schaffen, die einen Verlustabzug zulässt, soweit Gewinne aus der Veräußerung von Altvermögen entstehen.[50]

Beispiel: Die Gemeinde G unterhält einen BgA Freizeitbad, Hallenbad und ÖPNV Straßenbahn. Das Freizeitbad und das Hallenbad wurden aufgrund der Gleichartigkeit nach § 4 Abs. 6 Nr. 1 KStG zusammengefasst und haben einen festgestellten Verlustvortrag zum 31.12.2022 in Höhe von 200.000 €. Der ÖPNV hat einen Verlustvortrag zum 31.12.2022 in Höhe von 300.000 €. In 2023, 2024 wurde beim Bäder BgA ebenfalls ein Verlust in Höhe von 100.000 € erzielt in Jahr 2025 von 50.000 €. Beim ÖPNV wurde 2023 ein Verlust in Höhe von 350.000 € erzielt. Im Kalenderjahr 2024 erweitert die Gemeinde G ihre Tätigkeiten, indem sie ein Freibad eröffnet mit welchem in 2024 und 2025 ein Gewinn in Höhe von 100.000 € erwirtschaftet wird. Zudem wird der ÖPNV 2024 um eine weitere Straßenbahnlinie erweitert. Der ÖPNV erwirtschaftet 2024 und 2025 jeweils gemeinsam einen Verlust von 400.000 €, davon entfällt auf die neue Linie jeweils ein Verlust von 300.000 €.

In 2025 wird eine Photovoltaikanlage in Betrieb genommen, die ein Neubaugebiet mit Strom versorgt und einen Gewinn in Höhe von 80.000 € erwirtschaftet.

Unter Beachtung der Wahlmöglichkeiten des § 4 Abs. 6 KStG und § 8 Abs. 8 KStG i. V. m. § 10d EStG ergibt sich folgende Entwicklung der Verluste:

Entwicklung der Verluste des jeweiligen BgA	Betrag
1. Bäder-BgA	
Verlust zum 31.12.2022	200.000 €
+ Verlust 2023	100.000 €
Gesonderte Feststellung des Verlusts zum 31.12.2023	300.000 €
+ Verluste 2024	
Bäder BgA Freizeitbad und Hallenbad	100.000 €
- Gewinn BgA Freibad	– 100.000 €

49 BMF, 12.11.2009 – IV C 7 – S 2706/08/10004, BStBl. I 2009, 1303, Rn. 64.

50 *Leippe*, DStZ 2010, 106; *Bürstinghaus,* in: Herrmann/Heuer/Raupach, EStG/KStG, § 8 KStG, Rn. 542.

Entwicklung der Verluste des jeweiligen BgA	**Betrag**
Gesonderte Feststellung des Verlusts zum 31.12.2024	300.000 €
+ Verluste 2025	
Bäder BgA Freizeitbad und Hallenbad und Freibad	0 €
(Ergebnis zusammengefasster Bäder-BgA	
Freizeitbad +Hallenbad -50.000 €, Freibad +100.000 €	– 50.000 €
Gesonderte Feststellung des Verlusts zum 31.12.2025	250.000 €
2. BgA ÖPNV	
Verlust zum 31.12.2022	300.000 €
+ Verlust 2023	350.000 €
Gesonderte Feststellung des Verlusts zum 31.12.2023	650.000 €
+ Verlust 2024	
BgA Straßenbahn (alt)	100.000 €
BgA Straßenbahn (neu)	300.000 €
Gesonderte Feststellung des Verlusts des BgA ÖPNV zum 31.12.2024 „ Festschreibung § 8 Abs. 8 Satz 4 KStG bis zur Auflösung der Zusammenfassung BgA ÖPNV und BgA Stromversorgung	1.050.000 €
3. Neuer Zusammengefasster BgA ÖPNV und Stromversorgung nach § 4 Abs. 6 Nr. 3 KStG ab dem Jahr 2025	
Verlust 31.12.2024	0 €
BgA Straßenbahn (alt und neu)	400.000 €
BgA Stromversorgung	– 80.000 €
Gesonderte Feststellung des Verlusts zum 31.12.2025	320.000 €

Erläuterung:

Nach § 8 Abs. 1 KStG wird § 10d EStG analog angewendet. Die Verlustnutzung bei zusammengefassten BgA ist unter Beachtung des § 8 Abs. 8 KStG möglich. Im Grundsatz können nur die Verluste eines BgA genutzt werden, welche durch diesen erwirtschaftet sind. Bei gleichartigen Tätigkeiten ergeben sich keine Einschränkung; sowohl das Freibad wie die zweite Straßenbahnlinie führen zu einer Weiterführung der Verluste.[51]

51 Vgl. BMF. 12.11.2009 – IV C 7 – S 2706/08/10004, BStBl. I 2009, 1303 Rn. 64.

VII. Nicht begünstigtes dauerhaftes Verlustgeschäft

Wird eine dauerdefizitäre Tätigkeit des BgA als nicht begünstigt eingeordnet, werden zwei Rechtsfolgen ausgelöst. Zum einen stellt das Tragen der Aufwendungen im Kalenderjahr durch Mittel der Trägerkörperschaft eine Einlage des Gesellschafters „Trägerkörperschaft“ in den BgA dar, die das steuerliche Einlagekonto erhöht. Zum anderen stellt der bei der Gewinnermittlung festgestellte Verlust aufgrund der o. g. Grundsätze eine verdeckte Gewinnausschüttung des BgA an die Trägerkörperschaft dar.

Dauerverluste, welche nicht begünstigt sind, führen zwar zu der Rechtfolgen einer verdeckten Gewinnausschüttung, lösen aber wie nachfolgend aufgezeigt wird, nicht immer auf Ebene der Trägerkörperschaft eine Kapitalertragssteuerpflicht aus.

Eine jPöR hat die Möglichkeit, wirtschaftlichen Tätigkeiten sowohl innerhalb der Behörde als BgA oder in einer Eigengesellschaft, z. B. in der Rechtsform einer GmbH, zu organisieren. Unbeachtlich der Organisation und den damit verbundenen Möglichkeiten der Zusammenfassung soll dies steuerlich gemäß § 8 Abs. 7 Satz 1 Nr. 1 und Nr. 2 KStG zu dem gleichen Ergebnis führen. Um dies zu erreichen, wird für die Zusammenfassung von wirtschaftlichen Tätigkeiten in einer Kapitalgesellschaft eine Spartenrechnung nach § 8 Abs. 9 KStG gefordert.

1. BgA ohne Rechtspersönlichkeit

Nach § 20 Abs. 1 Nr. 10 Buchstabe b Satz 1 EStG wird bei einem BgA ohne eigene Rechtspersönlichkeit die Kapitalertragssteuerpflicht nicht ausgelöst, wenn das Ergebnis nicht durch Betriebsvermögensvergleich ermittelt wird oder der Umsatz im Kalenderjahr/Wirtschaftsjahr unter 350.000 € liegt oder der Gewinn unter 30.000 € beträgt.

2. BgA mit eigener Rechtspersönlichkeit

Werden mehrere Tätigkeiten in einer Eigengesellschaft, welche durch die Trägerkörperschaft beherrscht wird, ausgeübt und diese mindestens eine Tätigkeit als begünstigtes Dauerverlustgeschäft aus verkehrs-, umwelt-, sozial-, kultur-, bildungs- oder gesundheitspolitischen Gründen ohne kostendeckendes Entgelt[52] beurteilt wird, müssen diese seit 2009 in Sparten getrennt werden.[53] Die Einteilung erfolgt in drei Sparten:

52 Vgl. § 8 Abs. 7 Satz 1 Nr. 2 KStG.
53 Vgl. § 8 Abs. 9 Satz 1 Nr. 1 bis Nr. 3 KStG.

Sparte 1	Sparte 2	Sparte 3
jeweils gesonderte Sparten für Dauerverlustgeschäfte die bei jPöR zu einem Hoheitsbetrieb gehören würden	jeweils gesonderte Sparten für gleichartige Tätigkeiten[54] oder Dauerverlustgeschäfte, die nicht nach § 8 Abs. 7 begünstigt sind	alle übrigen Tätigkeiten sind
§ 8 Abs. 9 Nr. 1 KStG	§ 8 Abs. 9 Nr. 2 KStG	§ 8 Abs. 9 Nr. 3 KStG

Für die Einkommensermittlung sind Verlustausgleiche zwischen den Sparten nicht zulässig. Die Spartenergebnisse sind für die Folgejahre gesondert festzustellen, wobei die Gewinne im jeweiligen Veranlagungszeitraum mit 15 % Körperschaftsteuer besteuert werden.

Beispiel:

Die Stadt S hat verschiedene Tätigkeiten aus Haftungsgründen der M-GmbH übertragen, an der die Stadt S sämtliche Anteile hält. Die GmbH erzielt in 2024 folgende Ergebnisse:

a) Verlust des Stadtmuseums	35.000 €;
b) Gewinn aus der Hausmüllentsorgung	5.000 €;
c) Verlust aus Hallenbad 1 nur für Schulschwimmen	25.000 €;
d) Verlust aus Freibad und Hallenbad 2	30.000 €;
e) Gewinn aus der Vermietung von Grundstücken	10.000 €.

Die Tätigkeiten, welche die Stadt S auf die GmbH übertragen hat, betreffen nicht mehr die Stadt, sondern die GmbH, welche ein eigenes Steuersubjekt nach § 1 Abs. 1 Nr. 1 KStG darstellt. Für steuerliche Zwecke muss bei der Einkommensermittlung sowohl § 4 Abs. 6 KStG wie § 8 Abs. 9 KStG beachtet werden. Eine Spartenrechnung ist nur für Mehrtätigkeitsgesellschaften durchzuführen, wenn eine der Tätigkeiten nach § 8 Abs. 7 KStG begünstigt wird. Für jede einzelne Sparte ist ein Gesamtbetrag der Einkünfte zu berechnen. Ein Ausgleich unter den Sparten ist nicht zulässig.

Mit dem Museum erfüllt dies die M-GmbH, da dies ein begünstigtes Dauerverlustgeschäft aus kulturpolitischen Gründen darstellt.[55] Das Schulschwimmen stellt eine hoheitliche Tätigkeit und ist in einer gesonderten Sparte auszuweisen. Die Verlustsparten werden nach § 8 Abs. 9 Satz 8 KStG i. V. m. § 10d EStG gesondert festgestellt. Die Tätigkeiten sind zwingend in folgende Sparten einzuordnen:

54 Vgl. § 4 Abs. 6 Nr. 1 KStG.

55 Vgl. BMF. 12.11.2009 – IV C 7 – S 2706/08/10004, BStBl. I 2009, 1303, Rn. 44.

Sparte 1	Sparte 2		Sparte 3
Hoheitliche Dauerverlustgeschäfte	jeweils gesonderte Sparten für gleichartige Tätigkeiten[56] oder Dauerverlustgeschäfte, die nicht nach § 8 Abs. 7 begünstigt sind		Übrigen Tätigkeiten
§ 8 Abs. 9 Nr. 1 KStG	§ 8 Abs. 9 Nr. 2 KStG § 4 Abs. 6 Nr. 1 KStG	§ 8 Abs. 9 Nr. 2 KStG § 8 Abs. 7 Nr. 2 KStG	§ 8 Abs. 9 Nr. 3 KStG
Hallenbad c) – 25.000 €	Freibad und Hallenbad 2 (d) – 30.000 €	Stadtmuseum (a) – 35.000 €	Hausmüll 5.000 € Vermietung 10.000 € Summe 15.000 €

Der Gewinn aus der Spalte Übrige Tätigkeiten in Höhe von 15.000 € unterliegt 2024 der Körperschaftsteuer und der Gewerbesteuer.

VIII. Rechtsfolgen für BgA ohne eigene Rechtspersönlichkeit

Die Übernahme von Verlusten durch die Trägerkörperschaft führt bei Regiebetrieben zu einer verdeckten Gewinnausschüttung im Zeitpunkt der Bilanzfeststellung durch z. B. den Gemeinderat o. ä. Gremium, spätestens acht Monate nach Ablauf des Wirtschaftsjahres. Die verdeckte Gewinnausschüttung entspricht in der Regel der Höhe nach der Verlustübernahme. Auf einen ansonsten bei verdeckten Gewinnausschüttungen üblichen Gewinnaufschlag wird in der Praxis verzichtet, da strukturell dauerdefizitäre Tätigkeiten keine üblichen Marktleistungen darstellen.[57] Soweit ein begünstigter Dauerverlust nach § 8 Abs. 7 KStG vorliegt oder die Voraussetzungen des § 20 Abs. 1 Nr. 10 Buchst. b.) EStG erfüllt sind, löst die verdeckte Gewinnausschüttung keine Kapitalertragsteuer aus.

Liegen weder die Voraussetzungen eines begünstigten Dauerverlustgeschäfts vor noch sind die Grenzen des § 20 Abs. 1 Nr. 10 lit. b EStG unterschritten, können die Rechtsfolgen einer Kapitalertragsteuerpflicht noch durch eine Einlagerückgewähr vermieden werden. Eine Einlagerückgewähr und damit ein Abgang aus dem steuerlichen Einlagekonto gemäß § 27 Abs. 1 Sätze 3 bis 5 KStG kann nur aus dem Bestand des Einlagekontos des vorangegangenen Wirtschaftsjahres erfolgen. Die verdeckte Gewinnausschüttung des aktuellen Jahres, die durch die Verlustübernahme bewirkt wird, kann möglicherweise höher ausfallen als die Erhöhung des steuerlichen Einlage-

56 Vgl. § 4 Abs. 6 Nr. 1 KStG.
57 *Kahsnitz*, ködi 2025, 24061, 24066.

kontos, die im Vorjahr durch eine Einlage zur Verlustübernahme erzielt wurde. Der Differenzbetrag sollte deshalb erforderlichenfalls durch eine Einmalzahlung in die Kapitalrücklage ausgeglichen werden.[58]

Weitere Voraussetzung, um die Rechtsfolgen einer verdeckten Gewinnausschüttung und damit eine Kapitalertragssteuerpflicht bei Überschreiten der Grenzen des § 20 Abs. 1 Nr. 10b EStG zu vermeiden, ist das Vorliegen einer ordnungsgemäßen Bescheinigung über die Verwendung des steuerlichen Einlagekontos. JPöR müssen auch für rechtlich unselbständige BgA für Gewinnausschüttungen (Verlustübernahmen) Steuerbescheinigungen nach § 27 Abs. 3 KSG ausstellen.[59] Liegt eine solche Bescheinigung bis zur erstmaligen Feststellung des steuerlichen Einlagekontos nicht vor, gilt die Inanspruchnahmen des Einlagekontos als mit Null bescheinigt. Liegt eine solche Bescheinigung nicht vor, löst die verdeckte Gewinnausschüttung zusätzlich Kapitalertragsteuer aus und es kommt damit zur Kapitalertragssteuerpflicht in Höhe von 15 % der Verlustübernahme. Vorsorglich ausgestellte Steuerbescheinigungen werden nicht anerkannt. Die Bescheinigung ist mit den Steuererklärungen einzureichen und kann nach Ergehen der Steuerbescheide grundsätzlich nicht mehr geändert werden. Eine Ausnahme gilt nur für den Fall, dass eine zu hohe Verwendung bescheinigt wurde. Erhöht sich der Verlust später, z. B. nach einer Betriebsprüfung, unterliegt dieser zwangsläufig der Kapitalertragsteuer. Mit dem Kapitalertragsteuerabzug ist die Körperschaftsteuer der Trägerkörperschaft für die Gewinnausschüttung durch Verlustübernahme einer nicht begünstigten Tätigkeit abgegolten.

IX. Tax-Compliance-Maßnahmen bei dauerdefizitären BgA

Da Verlustübernahmen durch die Trägerkörperschaft zu verdeckten Gewinnausschüttungen des BgA und einer damit ggf. einhergehenden Kapitalertragssteuerpflicht führen können, sind die damit einhergehenden Risiken im Rahmen des TCMS mit präventiven und repressiven Maßnahmen zu versehen, um die Einhaltung der steuerlichen Regelungen zu gewährleisten. Steuerliche Nachbelastungen mit Kapitalertragsteuer samt Zinsen gemäß §§ 233a ff. AO können durch rechtzeitiges Erkennen einer verdeckten Gewinnausschüttung verhindert werden. Zudem sollten eventuelle straf- und bußgeldrechtliche Risiken frühzeitig erkannt und vermieden werden, da das „Verschleiern“ einer verdeckten Gewinnausschüttung eine strafrechtlich

58 *Kahsnitz*, ködi 2025, 24061, 24066.

59 Verpflichtend seit 2014: Antwortschreiben des BMF an den Deutschen Städtetag vom 10.10.2013, IV C 2– S 2836/13/10001, DOK 2013/0926627.

relevante Steuerverkürzung darstellen kann.[60] Sowohl die Erstellung des Jahresabschlusses wie die Anmeldung der Kapitalertragssteuer sind an eine enge zeitliche Frist von acht Monaten nach Ablauf des Wirtschaftsjahres gebunden. Dies ist in der Praxis angesichts der zeitaufwändigen Erstellung der Jahresabschlüsse häufig kaum leistbar und bedarf einer praxisgerechteren Lösung de lege ferenda.

Mit einer vorsorglichen Beschlussfassung können Gewinne zunächst als Rücklagen eingestellt werden. Für nicht begünstigte Verluste sind Kapitalertragsteuer-Anmeldungen zu fertigen, sofern nicht eine Verwendung des Einlagekontos bescheinigt werden soll. Die Ausstellung von Bescheinigungen muss dokumentiert und überwacht werden, um spätere Risiken besser einordnen zu können.

Tax Compliance Managementsysteme helfen, Risiken bei der Einordnung von Tätigkeiten als begünstigt nach 8 Abs. 7 Satz 2 KStG zu dokumentieren und zu begründen. Insbesondere unterstützen sie bei nicht begünstigten Tätigkeiten durch einen standardisierten Prozess frühzeitig das Überschreiten der Umsatzgrenzen nach § 20 Abs. 1 Nr. 10b EStG zu erkennen, um Risiken bei der Kapitalertragsteuer zu vermindern. Die Zusammenfassung von BgA muss im Vorfeld, vor dem Hintergrund des damit ggf. verbundenen „Einfrierens" bestehender Verlustvorträge sorgfältig geprüft werden. Angesichts der aktuellen Herausforderungen sollte der Anwendungsbereich der begünstigten Dauerverlustgeschäfte auf den Prüfstand gestellt und dahingehend erweitert werden, dass ähnlich den Gemeinnützigkeitszwecken in § 52 AO der Katalog bezüglich der Daseinsvorsorge fortgeschrieben und um Telekommunikation und klimaschonende Energieversorgung erweitert wird.

60 BGH, 1.12.2015 – 1 StR 154/15, wistra 2016, 110; *Pieske-Kontny*, StBp 2025, 42, 47.

Gemeinnützigkeit bei Betrieben gewerblicher Art

MR'in Claudia Gassner

I. Einleitung

Betriebe gewerblicher Art (BgA) von juristischen Personen des öffentlichen Rechts (jPöR) können auf Antrag durch die Finanzverwaltung als gemeinnützige Körperschaft anerkannt werden.[1] Die steuerlichen Vorteile der Befreiung von der Körperschaft- und Gewerbesteuer erfassen auch weitere Steuerarten (Umsatzsteuer, Grundsteuer, Kraftfahrzeugsteuer, Erbschafts- und Schenkungssteuer)

Die Steuerbefreiung des § 5 Abs. 1 Nr. 9 KStG berechtigt die jPöR zum Empfang von Spenden, die dem Spender eine steuerliche Entlastung in der eigenen Steuererklärung verschafft. Die Anerkennung ist aber auch eng verbunden mit strengen formellen Anforderungen bezüglich der Satzung und insbesondere an die Verwendung der ihr überlassenen Mittel.

Die steuerlichen Begünstigungen der Gemeinnützigkeit unterliegen einer besonderen Prüfung durch die Finanzbehörden und einer Nachweispflicht. Die Aberkennung der Gemeinnützigkeit führt nicht nur zum Wegfall der steuerlichen Begünstigungen in der Zukunft, sondern führt zu einer Nachversteuerung der letzten 10 Jahre.

Im nachfolgenden Beitrag werden die Herausforderungen der jPöR dargestellt, die sich für bestimmte wirtschaftliche Tätigkeiten eines BgA bewusst für eine Steuerbefreiung nach der Abgabenordnung entscheiden. Die Anerkennung der Gemeinnützigkeit für einen BgA ist eine bewusste Entscheidung,[2] die an materiell-rechtliche Voraussetzungen und deren tatsächliche Umsetzung im Rahmen der Geschäftsführung anknüpft. Damit verbunden ist die Anforderung, über die Mittel eine Verwendungsrechnung zu führen.

1 AEAO zu § 51 Abs. 1 AO Tz. 1 Satz 2.

2 Die Finanzverwaltung geht in AEAO Nr. 3 Satz 5 zu § 59 AO davon aus, dass Körperschaften die den Ansprüchen der Gemeinnützigkeit entsprechen, unabhängig von einem Antrag als steuerbegünstigte Körperschaften zu behandeln sind. Allerdings sind diese Voraussetzungen so eng gefasst, dass in der Praxis aktiv an der Anerkennung und Erhaltung des gemeinnützigen Status gearbeitet werden muss. Sofern keine Gemeinnützigkeit gewünscht ist, kann dies bereits dadurch erreicht werden, dass keine Satzung oder eine für gemeinnützige Zwecke unzureichende Satzung erlassen wird. Unbedingt verhindert werden sollte allerdings eine gemeinnützig konforme Satzung, die von den Finanzbehörden als für die Gemeinnützigkeit ausreichend anerkannt wird, wenn anschließend die tatsächliche Geschäftsführung nicht den gemeinnützigkeitsrechtlichen Voraussetzungen entspricht.

Ein Schwerpunkt bildet ein Blick auf die Satzungsanforderung im Allgemeinen und das Risiko der zeitnahen Mittelfehlverwendung durch die gesetzlich geforderten Fristen oder durch Verluste.

II. BgA als Anknüpfungspunkt

Eine jPöR ist nur mit ihren BgA unbeschränkt körperschaftsteuerpflichtig. Den BgA als Anknüpfungspunkt für die Gemeinnützigkeit leitet die Finanzverwaltung aus § 51 Abs. 1 Satz 1 AO i. V. m. § 1 Abs. 1 Nr. 6 KStG ab. In der Literatur und Rechtsprechung[3] wird dies teilweise anders beurteilt und die Frage problematisiert, wer von der Gemeinnützigkeit erfasst wird. Die jPöR in Gänze, z. B. eine AöR oder die jeweilige wirtschaftliche Tätigkeit eines einzelnen BgA. Diese Frage wird aktuell durch das Feststellungsverfahren nach § 60a Abs. 1 Satz 2 AO gelöst, das sich auf die jeweils abgeschlossene Satzung bezieht. Wird die Satzung einer gemeinnützigen Trägerkörperschaft geprüft und als gemeinnützig anerkannt, sind die gemeinnützigkeitsrechtlichen Bestimmungen auf alle Tätigkeiten der Trägerkörperschaft bindend anzuwenden. Wird die Satzung durch die Trägerkörperschaft für einen einzelnen BgA im Feststellungsverfahren anerkannt, gilt diese nur für den BgA.

Nach h. M. ist der BgA Anknüpfungspunkt, wenn die Voraussetzungen für die Steuerbefreiung nach § 5 Abs. 1 Nr. 9 KStG i. V .m. §§ 51 ff. Abgabenordnung erfüllt sind.

Grundsätzlich gilt der ganze BgA nach § 51 Abs. 1 Satz 3 AO als einheitliches Steuersubjekt für die Gemeinnützigkeit. Funktionale Untergliederungen, also verschiedene Abteilungen oder Sachgebiete stellen grundsätzlich keine eigenen Steuersubjekte dar. Eine Abtrennung dieser Bereiche ist nur über die Definition der Einrichtung i. S. d. § 4 Abs. 1 KStG möglich und damit für die Frage der Körperschaftsteuer und nicht der Gemeinnützigkeit maßgeblich. Regionale Untergliederungen wie Ortsvereine eines gemeinsamen Hauptvereins, die eine eigene Satzung, satzungsmäßige Organe und eine eigene Kassenführung haben, sind beim BgA nicht möglich, da eine räumliche Aufteilung wiederum Einfluss auf die Frage der Einrichtung hat. Sobald die Einrichtung eines BgA bejaht wird, ist dieser immer ein Subjekt das gemeinnützigkeitsrechtlich einheitlich zu beurteilen ist.

Beispiel:

Die Kommune A betreibt ein Museum mit einem angeschlossenen Museumsshop. Das Museumspersonal ist in ein Sachgebiet für Verwaltung, ein Sachgebiet für die Gebäudetechnik und ein Sachgebiet für die inhaltliche

---

3 BFH, 13.3.1974 – I R 7/71 BStBl. II 1974, 391; BFH, 8.11.1989 – I R 187/8 BStBl. II 1990, 242; BGH, 11.2.1997 – I R 161/94, BFH/NV 1997, 625.

Gestaltung der Ausstellung aufgeteilt. Die Verkaufsfläche des Shops ist im Eingangsbereich des Museums untergebracht, Verkäufe werden an der gleichen Kasse wie die Eintrittsgelder abgewickelt. Die Kasse wird vom Personal des Sachgebiets Verwaltung bedient.

Lösung:

Die Kommune A unternimmt hier grundsätzlich zwei nachhaltige und wirtschaftliche Tätigkeiten, mit denen Einnahmen erzielt werden und die sich innerhalb der Gesamtbetätigung der jPöR herausheben. Alle weiteren Voraussetzungen für das Vorliegen eines BgA sollen ebenfalls vorliegen. Dabei ist der Betrieb des Museums und des Shops so eng miteinander verbunden, dass in der Gesamtschau von einer einheitlichen Tätigkeit ausgegangen werden muss. Der „Museums-BgA“ stellt für steuerliche Zwecke eine eigene Körperschaft dar.

Die funktionalen Untergliederungen der verschiedenen Sachgebiete werden nicht als einzelne Steuersubjekte sondern die Körperschaft – hier der BgA – wird als Ganzes betrachtet. Der Betrieb des Museums prägt den BgA und kann unter Beachtung der weiteren Voraussetzungen zur Anerkennung der Gemeinnützigkeit verhelfen. Die Einnahmen des Museumsshops stellen ab einem Umsatz von 45.000 € einen wirtschaftlichen Geschäftsbetrieb[4] dar, welche nicht von der Körperschaftsteuer[5] und Gewerbesteuer befreit ist.

1. Formale und materiell-rechtliche Voraussetzungen für die Gemeinnützigkeit eines BgA

Ein BgA kann die Gemeinnützigkeit erlangen, wenn er gemeinnützige Zwecke nach der AO verfolgt, eine Satzung nach den Vorgaben der Mustersatzung[6] errichtet und die tatsächliche Geschäftsführung nach den Vorgaben des Gemeinnützigkeitsrechts ausrichtet. Da der BgA keine eigene Rechtspersönlichkeit besitzt, ist er als unselbständiger Teil der Trägerkörperschaft gemeinnützig und muss über diesen die satzungsmäßigen Voraussetzungen erfüllen.[7] Alle Voraussetzungen für gemeinnütziges Handeln müssen bereits im Voraus so eindeutig in der Satzung erkennbar sein, dass das Finanzamt bei späterer Einhaltung der Satzung grundsätzlich von einem steuerbegünstigten Handeln ausgehen kann.

4 § 14 AO.
5 § 5 Abs. 1 Nr. 8 Satz 2 KStG.
6 Mustersatzung i. S. v. Anlage 1 zu § 60 AO.
7 §§ 59 bis 60, 61 AO.

a) Erfordernis einer Satzung

Die Erfüllung der steuerbegünstigten Zwecke nach §§ 52 bis 57, sowie die Einhaltung der Gebote der Selbstlosigkeit, der Ausschließlichkeit und der Unmittelbarkeit muss bereits in der Satzung festgehalten werden.[8] Die Satzung muss insbesondere bei der Formulierung der Satzungszwecke und der Art der Zweckverwirklichung so konkret sein, dass bereits bei der Prüfung der Satzung festgestellt werden kann, ob die Voraussetzungen für eine Steuerbegünstigung vorliegen,[9] wenn die Satzung tatsächlich umgesetzt wird. Ebenfalls bereits konkret muss über die Verwendung von Mitteln, z. B. durch Weitergabe an eine andere gemeinnützige Körperschaft oder eine jPöR zur Verwendung für gemeinnützige Zwecke, für den Fall der Auflösung oder Wegfall der Gemeinnützigkeit entschieden werden.[10] Sowohl die Empfängerkörperschaft als auch der steuerbegünstigte Zweck müssen eindeutig festgelegt werden.

Wirtschaftliche Geschäftsbetriebe, die keine Zweckbetriebe sind, die Vermögensverwaltung sowie nicht steuerbegünstigte Zwecke dürfen nicht Satzungszweck sein. Sofern es sich um eine reine Mittelbeschaffungskörperschaft handelt, ist dies in der Satzung aufzunehmen und es kann auf die Nennung des Gebots der Unmittelbarkeit verzichtet werden.[11] Grundsätzlich empfiehlt es sich bezüglich Aufbau und Reihenfolge sich an die der Bestimmungen der Mustersatzung zu halten und auf die Ergänzung zu § 3 Abs. 2 der Mustersatzung zu achten.[12] Jeder BgA, der beabsichtigt, die Gemeinnützigkeit zu erlangen oder beizubehalten braucht eine eigene Satzung, die die Voraussetzungen erfüllt.[13] Die Satzung muss stets für den kompletten Zeitraum die gemeinnützigkeitsrechtlichen Voraussetzungen erfüllen. Eine von den Finanzbehörden geprüfte Satzung genießt Vertrauensschutz, auch wenn im Nachgang Fehler festgestellt werden.[14] Das Finanzamt wird die Körperschaft zur Verbesserung der Satzung innerhalb einer angemessenen Frist auffordern. Die Gemeinnützigkeit bleibt dann auch für das Jahr der Beanstandung und ggfs. das Folgejahr bestehen. Das gilt jedoch nicht, wenn die Änderung ihrerseits ebenfalls nicht den gemeinnützigkeitsrechtlichen Voraussetzungen entspricht.[15]

---

8 § 59 AO.
9 § 60 Abs. 1 Satz 1 AO.
10 § 61 Abs. 1 AO.
11 AEAO Nr. 1 zu § 59 AO.
12 Anlage 1 zu § 60 AO, erster weiterer Hinweis.
13 AEAO Nr. 2 zu § 59 AO.
14 Sofern sich jedoch auch die tatsächliche Geschäftsführung nicht an die gemeinnützigkeitsrechtlichen Voraussetzungen gehalten hat, gilt diese Regelung nicht, da hierbei kein Vertrauenstatbestand vorliegen kann.
15 AEAO Nr. 4 zu § 59 AO.

Bereits vor Aufnahme der konkreten steuerbegünstigten Tätigkeit kann das Finanzamt auf Antrag oder von Amts wegen einen Feststellungsbescheid erlassen, wenn die Satzung die gemeinnützigkeitsrechtlichen Voraussetzungen nach § 60a AO erfüllt. Der Bescheid wird erlassen, wenn die Satzung den Anforderungen genügt.[16] Spätestens mit dem ersten Körperschaftsteuerbescheid wird bei Vorliegen der Voraussetzungen das Finanzamt einen Feststellungsbescheid erlassen. Die Feststellung hat Bindungswirkung für die Besteuerung der Körperschaft, als auch für die Anerkennung von Spenden und abziehbaren Mitgliedsbeiträge im Veranlagungsverfahren von Zuwendungsgebern.[17]

Die Finanzbehörde lehnt den Erlass eines Feststellungsbescheids nach § 60a AO ab, wenn die satzungsmäßigen Voraussetzungen nicht vorliegen oder wenn bereits bekannt ist, dass die tatsächliche Geschäftsführung gegen die satzungsmäßigen Voraussetzungen verstößt.[18] Das Finanzamt kann einen Feststellungsbescheid wieder aufheben, wenn sich die Verhältnisse erheblich ändern.[19] Dies liegt insbesondere vor, wenn die Satzung nicht, wie dem Finanzamt vorgelegt, beschlossen wird oder nichtig ist. Die Aufhebung erfolgt auf den Zeitpunkt der Änderung der Verhältnisse. Auch bei einer zulässigen Satzungsänderung wird die Feststellung aufgehoben und ein neuer Feststellungsbescheid erlassen, wenn bekannt wird, dass die tatsächliche Geschäftsführung gegen die satzungsmäßigen Voraussetzungen verstößt.[20]

Die Bindungswirkung des Feststellungsbescheid entfällt auch, wenn sich die gesetzlichen Grundlagen für die Feststellung ändern, selbst wenn das Finanzamt den Bescheid nicht förmlich aufhebt.[21]

b) Anforderungen an die tatsächliche Geschäftsführung (§ 63 AO)

Die tatsächliche Geschäftsführung, also das tatsächliche Handeln der Körperschaft, muss mit der Satzung übereinstimmen. Das Handeln muss sich in der täglichen Praxis an die gemeinnützigkeitsrechtlichen Bestimmungen, wie Selbstlosigkeit, Ausschließlichkeit und Unmittelbarkeit halten. Auch dürfen keine anderen Zwecke, als die Satzungszwecke verwirklicht werden.[22] Ebenfalls ist die Art der Zweckverwirklichung aus der Satzung hinreichend zu berücksichtigen. Deshalb ist es schädlich, wenn keine Tätigkeit ausgeübt wird und die satzungsmäßigen Zwecke somit nicht verfolgt wer-

16 § 60a Abs. 2 AO.
17 § 60a Abs. 1 AO.
18 § 60 Abs. 6 Satz 1 AO.
19 § 60a Abs. 4 AO.
20 § 60a Abs. 6 Satz 2 AO.
21 § 60a Abs. 3 AO.
22 § 63 Abs. 1 AO.

den können. Hierbei ist jedoch eine gewisse Anlaufphase mit Vorbereitungshandlungen, die aber darauf schließen lassen, dass die steuerbegünstigten Zwecke möglichst zeitnah umgesetzt werden sollen, unschädlich. Bezüglich Art und Umfang der wirtschaftlichen Geschäftsbetriebe ist zu beachten, dass diese nicht zum Selbstzweck werden. Selbst andere steuerbegünstigte Zwecke, die nicht in die Satzung aufgenommen wurden, dürfen nicht verfolgt werden. Sofern die Ausübung einer neuen Tätigkeit angestrebt wird, muss dies im Voraus gemeinnützigkeitsrechtlich geprüft und in den Zwecken und der Art der Zweckverwirklichung in die Satzung aufgenommen werden. Die gemeinnützige Körperschaft muss durch geeignete Unterlagen und ordnungsgemäße Aufzeichnungen darlegen, dass die tatsächliche Geschäftsführung den Anforderungen entspricht.[23] Zu diesen Unterlagen gehören, Aufstellungen zu Einnahmen und Ausgaben, Tätigkeitsberichte, Vermögensübersichten und Übersichten zu den Rücklagen.

2. Verfolgung steuerbegünstigter Zwecke

Im allgemeinen Sprachgebrauch wird als Gemeinnützigkeit üblicherweise die Gesamtheit der steuerbegünstigten Zwecke verstanden. Diese unterteilen sich in die gemeinnützige Zweckverfolgung i. e. S., sowie in der Verfolgung mildtätiger und kirchlicher Zwecke.[24]

a) Gemeinnützige Zwecke (§ 52 AO)

Die gemeinnützigen Zwecken i. e. S. werden verfolgt, wenn die Allgemeinheit auf materiellem, geistigem oder sittlichem Gebiet selbstlos gefördert wird. Der Gesetzgeber passt die Aufzählung stets an die gesellschaftspolitischen Anforderungen an und stellt klar, dass die Aufzählung in § 52 Abs. 2 AO nicht abschließend ist. Gemeinnützige Zwecke sind insbesondere:

- die Förderung von Wissenschaft und Forschung;
- die Förderung der Religion;
- die Förderung des öffentlichen Gesundheitswesens und der öffentlichen Gesundheitspflege, insbesondere die Verhütung und Bekämpfung von übertragbaren Krankheiten, auch durch Krankenhäuser im Sinne des § 67, und von Tierseuchen;
- die Förderung der Jugend- und Altenhilfe;
- die Förderung von Kunst und Kultur;
- die Förderung des Denkmalschutzes und der Denkmalpflege;

23 § 63 Abs. 3 AO.
24 § 52 bis § 54 AO.

- die Förderung der Erziehung, Volks- und Berufsbildung einschließlich der Studentenhilfe;
- die Förderung des Naturschutzes und der Landschaftspflege im Sinne des Bundesnaturschutzgesetzes und der Naturschutzgesetze der Länder, des Umweltschutzes, einschließlich des Klimaschutzes, des Küstenschutzes und des Hochwasserschutzes;
- die Förderung des Wohlfahrtswesens, insbesondere der Zwecke der amtlich anerkannten Verbände der freien Wohlfahrtspflege (§ 23 der Umsatzsteuer-Durchführungsverordnung), ihrer Unterverbände und ihrer angeschlossenen Einrichtungen und Anstalten;
- die Förderung der Hilfe für politisch, rassistisch oder religiös Verfolgte, für Flüchtlinge, Vertriebene, Aussiedler, Spätaussiedler, Kriegsopfer, Kriegshinterbliebene, Kriegsbeschädigte und Kriegsgefangene, Zivilbeschädigte und Behinderte sowie Hilfe für Opfer von Straftaten; Förderung des Andenkens an Verfolgte, Kriegs- und Katastrophenopfer; Förderung des Suchdienstes für Vermisste, Förderung der Hilfe für Menschen, die auf Grund ihrer geschlechtlichen Identität oder ihrer geschlechtlichen Orientierung diskriminiert werden;
- die Förderung der Rettung aus Lebensgefahr;
- die Förderung des Feuer-, Arbeits-, Katastrophen- und Zivilschutzes sowie der Unfallverhütung;
- die Förderung internationaler Gesinnung, der Toleranz auf allen Gebieten der Kultur und des Völkerverständigungsgedankens;
- die Förderung des Tierschutzes;
- die Förderung der Entwicklungszusammenarbeit;
- die Förderung von Verbraucherberatung und Verbraucherschutz;
- die Förderung der Fürsorge für Strafgefangene und ehemalige Strafgefangene;
- die Förderung der Gleichberechtigung von Frauen und Männern;
- die Förderung des Schutzes von Ehe und Familie;
- die Förderung der Kriminalprävention;
- die Förderung des Sports (Schach gilt als Sport);
- die Förderung der Heimatpflege, Heimatkunde und der Ortsverschönerung;
- die Förderung der Tierzucht, der Pflanzenzucht, der Kleingärtnerei, des traditionellen Brauchtums einschließlich des Karnevals, der Fastnacht und des Faschings, der Soldaten- und Reservistenbetreuung, des Amateurfunkens, des Freifunks, des Modellflugs und des Hundesports;

- die allgemeine Förderung des demokratischen Staatswesens im Geltungsbereich dieses Gesetzes; hierzu gehören nicht Bestrebungen, die nur bestimmte Einzelinteressen staatsbürgerlicher Art verfolgen oder die auf den kommunalpolitischen Bereich beschränkt sind;
- die Förderung des bürgerschaftlichen Engagements zugunsten gemeinnütziger, mildtätiger und kirchlicher Zwecke;
- die Förderung der Unterhaltung und Pflege von Friedhöfen und die Förderung der Unterhaltung von Gedenkstätten für nichtbestattungspflichtige Kinder und Föten.
- die Förderung wohngemeinnütziger Zwecke; dies ist die vergünstigte Wohnraumüberlassung an i.S. der AO hilfsbedürftige Personen.[25] Die Hilfebedürftigkeit muss zu Beginn des jeweiligen Mietverhältnisses vorliegen.

Daneben besteht die Möglichkeit über eine Öffnungsklausel, weitere Zwecke durch die Finanzbehörden als gemeinnützig anerkennen zu lassen, wenn sie gleichfalls die Allgemeinheit auf materiellem, geistigem oder sittlichem Gebiet fördern. Nicht begünstigt ist die Förderung politischer Zwecke. Die Einflussnahme auf die Politik und die Diskussion oder Stellungnahme zu tagespolitischen Themen ist nur zugelassen, wenn dies für die Verwirklichung der gemeinnützigen Zwecke nötig ist und gegenüber der unmittelbaren Förderung des gemeinnützigen Zwecks in den Hintergrund tritt bzw. nur gelegentlich erfolgt.

Die Förderung der Allgemeinheit liegt vor, wenn die Leistungen der gemeinnützigen Körperschaft das öffentliche Wohl unmittelbar verbessern. Hierbei ist von einer gefestigten, offenen und allgemeinkundigen Meinung einer größeren Bevölkerungsgruppe auszugehen. Nicht notwendig ist, dass sich die Gesamtbevölkerung gefördert fühlt. Die Allgemeinheit wird nicht gefördert, wenn der Kreis der begünstigten Personen bereits im Voraus anhand sachfremder Kriterien begrenzt wird. Davon ist auszugehen, wenn die Abgrenzung aufgrund räumlicher oder beruflicher Merkmale dauerhaft eng erfolgt, z.B. wenn nur Familienmitglieder oder die Belegschaft eines Unternehmens gefördert werden. Die Förderung der Einwohner einer Stadt oder eines Landkreises, eine rein zahlenmäßige Begrenzung der geförderten Personen oder eine sachgerechte Abgrenzung nach den gemeinnützigen Zwecken (z.B. Studentenhilfe nur für Studierende) ist jedoch grundsätzlich unschädlich. Nicht zur Förderung der Allgemeinheit zählt auch die Unterstützung gewerblicher Unternehmen zu deren wirtschaftlichen und

---

25 Hilfsbedürftig nach § 53 AO, d.h. Bezüge dürfen nicht höher sein als das Fünffache des Regelsatzes der Sozialhilfe im Sinne des § 28 des Zwölften Buches Sozialgesetzbuch; beim Alleinstehenden oder Alleinerziehenden tritt an die Stelle des Fünffachen das Sechsfache des Regelsatzes.

betrieblichen Förderung. Auch gehört die Förderung von Individual- und Gruppeninteressen, insbesondere der privaten Freizeitgestaltung gesunder Erwachsener nicht zu der Förderung der Allgemeinheit. Der Katalog des § 52 Abs. 2 Satz 1 AO lässt lediglich in Nr. 21 bis 23 gewisse Freizeitaktivitäten zu, die jedoch auf einer erweiterten Ebene der Gesellschaft und Allgemeinbevölkerung zu Gute kommen. Hierzu zählen z. B. die Förderung des Sports, der Heimatpflege, -Kunde und Ortsverschönerung, der Tier- und Pflanzenzucht, der Kleingärtnerei, des traditionellen Brauchtums, der Soldaten- und Reservistenbetreuung, des Amateur- und Freifunks, des Modellflugs sowie des Hundesports.

Beispiel:

Der Museums-BgA unterhält in seinen Räumlichkeiten eine Ausstellung zu einem besonderen Naturschutzgebiet. Dabei soll den Besuchern die Bedeutung des Naturschutzgebiets für die Region, sowie die Bedeutung von gesunden Ökosystemen für unser Klima nähergebracht werden. Außerdem werden lokale Besonderheiten, wie Trachten und die Geschichte der umliegenden Dörfer vermittelt. Der Eintritt in das Museum kostet regulär 8 €. Menschen unter 21 Jahren und über 65 Jahren, sowie Schwerbehinderten wird ein ermäßigter Eintritt mit 5 € angeboten. Für Schulen veranstaltet das Museum besondere Veranstaltungen für Kinder und Jugendliche. Die Kosten für die Schulkinder werden aus hoheitlichen Mitteln bezahlt.

Lösung:

Mit der Ausstellung im Themenbereich Naturschutzgebiet und Ökosysteme fördert der Museums-BgA gemeinnützige Zwecke nach § 52 Abs. 1 Satz 1 Nr. 8 AO („Umwelt- und Klimaschutz“), mit den Themenbereichen zu lokalen Besonderheiten der Region gemeinnützige Zwecke nach § 52 Abs. 1 Satz 1 Nr. 22 AO („Heimatpflege und Heimatkunde“). Durch die Veranstaltung für Schulkinder fördert der Museums-BgA zugleich gemeinnützige Zwecke nach § 52 Abs. 1 Satz 1 Nr. 4 AO („Jugendhilfe“). Der Besuch des Museums schließt niemanden aus. Die Eintrittsgelder sind so kalkuliert, dass es der breiten Allgemeinheit möglich ist, das Museum zu besuchen. An den Kursen dürfen zwar nur Kinder und Jugendliche teilnehmen, dies stellt jedoch eine zulässige Einschränkung des Teilnehmerkreises dar, da dies sachlich begründet werden kann. Außerdem sind Kursgebühren so kalkuliert, dass sie für die Allgemeinheit nicht zu hoch sind und in besonderen Fällen die Familien der teilnehmenden Kinder durch Zuschüsse entlastet werden.

b) Mildtätige Zwecke (§ 53 AO)

Die Verfolgung mildtätiger Zwecke fördert nicht die Allgemeinheit, sondern einzelne natürliche Personen, die besondere Hilfe aufgrund ihres körperlichen, geistigen oder seelischen Zustands, bzw. einer problematischen wirtschaftlichen Lage benötigen. Nicht zulässig ist jedoch die Begrenzung der Förderung auf Mitglieder einer bestimmten Familie,[26] eines Unternehmens oder ähnliches. Die Hilfsbedürftigkeit aufgrund des körperlichen, geistigen oder seelischen Zustands[27] ist auch dann gegeben, wenn die Notsituation nur vorübergehend ist.[28] Personen ab 75 Jahre gelten nach Ansicht der Finanzverwaltung grundsätzlich als körperlich hilfsbedürftig.[29] Die wirtschaftliche Hilfsbedürftigkeit ist an die Regelsätze der Sozialhilfe i. S. d. § 28 SGB XII gekoppelt. Zu den Bezügen gehören die Einkünfte aller Haushaltsangehörigen, die zur Bestreitung des Lebensunterhalts dienen, unabhängig ob diese für sich betrachtet einer Steuer unterliegen.[30] Von diesen Bezügen sind grundsätzlich 180 € bzw. höhere im wirtschaftlichen Zusammenhang stehenden Ausgaben abzuziehen.[31] Zur geeigneten Verbesserung des Unterhalts ist Vermögen hinzuzuziehen, dessen Wert 15.500 € übersteigt. Eine Herausforderung ist, die Hilfsbedürftigkeit der geförderten Personen für jeden Einzelfall nachzuweisen.[32] Auf einen gesonderten Nachweis kann nur bei Personen verzichtet werden, deren Leistungen bereits von den Sozialbehörden geprüft wurden.[33] Mit Bescheid können die Finanzbehörden die mildtätige Körperschaft von der Nachweispflicht befreien, wenn bereits die besondere Art der Leistungserbringung sicherstellt,[34] dass nur bedürftige Personen sie beanspruchen (z. B. Obdachlosenheime oder Suppenküchen).

Zum 1.1.2025 wurden die Nachweispflichten für die wirtschaftliche Hilfsbedürftigkeit aus besonderen Gründen, wie im Katastrophenfall dahingehend geändert, dass eine Glaubhaftmachung ausreicht. Bezüge- und Vermögensgrenzen bleiben außer Betracht.

c) Kirchliche Zwecke (§ 54 AO)

Eine KdöR kann steuerbegünstigt werden, wenn sie eine Religionsgemeinschaft selbstlos fördert, die ihrerseits eine eigene Körperschaft des öffentlichen Rechts (KdöR) ist. Sofern jedoch die Religion im Allgemeinen oder

---

26 AEAO Nr. 3 zu § 53 AO.
27 § 53 Abs. 1 Satz 1 Nr. 1 AO.
28 AEAO Nr. 4 Satz 2 zu § 53 AO.
29 AEAO Nr. 4 Satz 4 zu § 53 AO.
30 AEAO Nr. 5 und 6 zu § 53 AO.
31 AEAO Nr. 8 zu § 53 AO.
32 Hierbei genügt eine einfache Erklärung der Person nicht aus. Es ist zumindest die Berechnung der Bezüge, sowie des Vermögens vorzulegen. AEAO Nr. 10 zu § 53 AO.
33 Dies sind Leistungsbezüge nach SGB II, SGB XII, WoGG, § 27a BVG oder § 6a BKGG. Entsprechende Leistungsmitteilung sind durch die hilfsbedürftige Person vorzulegen und eine Mehrfertigung durch die gemeinnützige Körperschaft aufzubewahren.
34 § 53 Satz 1 Nr. 2 Satz 8 AO.

eine Religionsgemeinschaft gefördert werden soll, die keine KdöR ist, können die Voraussetzungen des § 52 AO und damit die Verfolgung gemeinnütziger Zwecke[35] geprüft werden.

3. Grundsätze des gemeinnützigen Handelns

Die Verfolgung steuerbegünstigter Zwecke erfordert auch, dass das Handeln der Körperschaft mit ihren steuerbegünstigten Mitteln an nachfolgende Grundsätze ausgerichtet wird.

a) Selbstlosigkeit (§ 55 AO)

Eine Körperschaft, bzw. der BgA muss die Förderung selbstlos vornehmen, was bedeutet, dass mit der Tätigkeit keine eigenwirtschaftlichen Ziele verfolgt werden dürfen, um das eigene Vermögen zu mehren. Mittel der Körperschaft dürfen deshalb nur für satzungsmäßige Zwecke verwendet werden.[36] Neben den freiwilligen Zuwendungen, dürfen auch die Mittel, die in Zweckbetrieben und wirtschaftlichen Geschäftsbetrieben erwirtschaftet werden, grundsätzlich nur für steuerbegünstigte Zwecke eingesetzt werden.[37] Bei Verlusten muss auf die eingeschränkten Möglichkeiten zum Ausgleich geachtet werden, da die Gefahr besteht, dass steuerbegünstigte Mittel für eigene wirtschaftliche Zwecke verwendet werden.[38] Das Gebot der Selbstlosigkeit schließt neben dem BgA selbst auch seine Trägerkörperschaft ein. Es dürfen keine Gewinne oder andere Zuwendungen ausgezahlt werden.[39] Die Trägerkörperschaften von gemeinnützigen BgA sind hier besonders gefordert, da die Gewinne von Regiebetrieben und vergleichbaren BgA am Ende eines Wirtschaftsjahres als ausgeschüttet gelten.[40] Deshalb ist hier auf eine ausreichende Dokumentation zu achten, die belegt, dass keine Mittel aus dem gemeinnützigen BgA zurückgeflossen sind. Die Körperschaft darf außerdem keine zweckfremden Ausgaben tätigen, noch dürfen Vergütungen an Dritte unverhältnismäßig hoch sein.[41] Da die Mittel für die gemeinnützigen Zwecke eingesetzt werden müssen, ist darauf zu achten, dass die Verwaltungsausgaben sich im angemessenen Rahmen befinden. Dies ist stark vom Einzelfall abhängig und sowohl für die gesamte Höhe der Ausgaben als auch für die jeweils einzelne Veranlassung zu prüfen.[42] Bei BgA, deren

35 § 52 Abs. 2 Satz 1 Nr. 2 AO.
36 § 55 Abs. 1 Nr. 1 Satz 1 AO.
37 AEAO Nr. 3 zu § 55 AO.
38 AEAO Nr. 4 zu § 55 AO.
39 § 55 Abs. 1 Nr. 1 Satz 2 AO.
40 § 20 Abs. 1 Nr. 10 Buchstabe b) EStG.
41 § 55 Abs. 1 Nr. 3 AO.
42 AEAO Nr. 19–21 zu § 55 AO.

Trägerkörperschaft eine jPöR ist, werden aufgrund des Prinzips der Sparsamkeit und Wirtschaftlichkeit nach den Haushaltsordnungen angemessene Kosten fiktiv unterstellt.

b) Ausschließlichkeit (§ 56 AO)

Grundsätzlich müssen die gemeinnützigen Körperschaften ausschließlich gemeinnützige Zwecke verfolgen, welche in der Satzung verankert sind.[43] Eine Ausnahme bilden wirtschaftliche Zwecke und die Vermögensverwaltung, wenn diese sich klar der gemeinnützigen Zweckverfolgung unterordnen und nicht zum Selbstzweck werden. Gleichzeitig müssen diese mit den gemeinnützigen Zwecken in Verbindung stehen und diese unterstützen, indem z. B. zusätzliche Mittel zur Förderung generieren. Sofern die wirtschaftliche Betätigung oder die Vermögensverwaltung zum Selbstzweck werden, „infiziert" sich die gesamte Körperschaft, was zum Gesamtverlust der Gemeinnützigkeit führen kann.

Eine weitere Ausnahme greift für sogenannte Mittelbeschaffungskörperschaften, die sämtliche Mittel an andere gemeinnützige Körperschaften weitergeben, die denselben satzungsmäßigen Zwecken dienen.[44]

c) Unmittelbarkeit (§ 57 AO)

Eine steuerbegünstigte Körperschaft muss ihre gemeinnützigen Zwecke selbst verwirklichen.[45] Eine mittelbare Förderung ist nicht zulässig. Andere Personen, die so eng mit der steuerbegünstigten Körperschaft zusammenarbeiten, dass ihre Tätigkeit wie das eigene Handeln der Körperschaft betrachtet werden, stellen Hilfspersonen dar.[46] Wirken mindestens zwei gemeinnützige Körperschaften planmäßig zusammen ist das Merkmal der Unmittelbarkeit erfüllt, wenn jede Körperschaft für sich den Zweck zwar nicht erfüllt, die Kooperation jedoch den Zweck als Ganzes verfolgt.[47] Neben den verfolgten steuerbegünstigten Zwecken muss in der Satzung aller Beteiligter die Art und Weise der Kooperation ebenfalls aufgenommen werden.[48]

43 AEAO Nr. 2 zu § 56 AO.
44 AEAO Nr. 1 zu § 56 AO.
45 § 57 Abs. 1 Satz 1 AO.
46 § 57 Abs. 1 Satz 2 AO.
47 § 57 Abs. 3 AO.
48 AEAO Nr. 8 zu § 87 AO.

d) Unschädliche besondere Betätigungen (§ 58 AO)[49]

Das Gebot der Selbstlosigkeit, der Ausschließlichkeit und der Unmittelbarkeit wird durch wenige gesetzlich festgelegte Ausnahmen durchbrochen.

So können Geld- als auch Sachwerte, Nutzungsüberlassungen und Dienstleistungen (Mittel) an eine andere gemeinnützige Körperschaft oder eine jPöR zur Verwirklichung steuerbegünstigter Zwecke übertragen werden,[50] wenn dies als Satzungszweck festgelegt wurde. Sofern der satzungsmäßige Zweck nur durch die Mittelweitergabe verwirklicht wird, muss dies in der Satzung als Zweckverwirklichung angegeben werden.[51]

Daneben ist es auch erlaubt, andere gemeinnützige Körperschaften oder jPöR mit Vermögen auszustatten. Hierfür dürfen Überschüsse aus der Vermögensverwaltung und Gewinne aus wirtschaftlichen Geschäftsbetrieben uneingeschränkt, steuerbegünstigten Mitteln (z. B. Spenden, Gewinne aus Zweckbetrieben)[52] pro Jahr[53] nur zu 15 % weitergeleitet werden. Für die Berechnung ist von den Verhältnissen am Ende des vorangegangenen Jahres auszugehen.[54] Die empfangende Körperschaft darf die erhaltenen Mittel nicht nochmals weiterleiten,[55] sondern muss sie gemeinnützigkeitsrechtlich zulässig verwenden. Zur Risikominimierung sollte die Geberkörperschaft stets aktuelle Bescheide der Finanzbehörden[56] von der Empfängerkörperschaft anfordern, damit sie Vertrauensschutz genießt.[57]

Neben der Mittelweitergabe dürfen Arbeitskräfte und Räumlichkeiten an andere Stellen zur Verfolgung gemeinnütziger Zwecke überlassen werden.[58,59] Dies umfasst auch Sportstätten sowie Freibäder.[60] Sobald aber die Überlassung gegen ein marktübliches Entgelt erfolgt, führt dies zur Annahme einer Vermögensverwaltung.

Unschädlich sind auch gesellige Zusammenkünfte von untergeordneter Bedeutung. Davon erfasst werden nicht durch die Satzung abgedeckte Zusammenkünfte, die lediglich der sozialen Kontaktpflege und der Unterhaltung

---

49 Auf § 58 Nr. 6, 8 bis 10 AO wird nicht eingegangen.
50 § 58 Nr. 1 Sätze 1, 2 AO.
51 § 58 Nr. 1 Satz 4 AO.
52 § 55 Abs. 1 Nr. 5 AO.
53 AEAO Nr. 3 Abs. 1 Satz 2 zu § 58 AO.
54 AEAO Nr. 8 Abs. 1 Satz 2 zu § 58 Nr. 3 AO.
55 § 58 Nr. 3 AO.
56 Maximal 5 Jahre alte Anlage zum Körperschaftsteuerbescheid oder Freistellungsbescheinigung, bzw. vor deren ergehen ein maximal 3 Jahre alter Feststellungsbescheid nach § 60a AO.
57 § 58a AO.
58 § 58 Nr. 4 AO.
59 § 58 Nr. 5 AO.
60 AEAO Nr. 5 zu § 58 AO.

dienen. Sofern bei geselligen Zusammenkünften Gelder vereinnahmt werden, wird ein wirtschaftlicher Geschäftsbetrieb begründet.

III. Besteuerung von gemeinnützigen BgA

Aufgrund der Vorschriften der Abgabenordnung gliedert sich der Tätigkeitsbereich in die vier Sphären ideell, Vermögensverwaltung, Zweckbetrieb und wirtschaftlicher Geschäftsbetrieb. Die gesetzlichen Tatbestandsmerkmale des § 4 KStG weisen einem BgA wirtschaftliche, gewerbliche Tätigkeiten zu.[61] Damit werden die Sphären eingeschränkt und der BgA erfüllt regelmäßig die Voraussetzungen eines Zweckbetriebs.[62]

Die Steuerpflicht eines BgA und der Gedanke der Wettbewerbsneutralität wird zugunsten der Förderung des Gemeinwohls aufgehoben. Ein gemeinnütziger BgA kann mit unterschiedlichen Tätigkeiten einen Zweckbetrieb nach den Grundsätzen des § 65 AO begründen. Dieser ist subsidiär zu den Vorschriften der §§ 66 bis 68 AO (leges speciales), nach denen gewisse Katalogtätigkeiten kraft Gesetzes als Zweckbetrieb definiert werden. § 65 AO ist somit nachrangig zu prüfen.[63]

Der Zweckbetrieb einer jPöR dient immer unmittelbar der Verwirklichung der Satzungszwecke und ist der ideellen Sphäre zuzuordnen.[64] Hinzu kommt nach § 65 Nr. 2 AO, dass ohne den Geschäftsbetrieb die steuerbegünstigten Zwecke nicht verwirklicht werden können und keine übermäßige Beeinträchtigung des Wettbewerbs eintritt.[65] Für einen Ausschluss der Steuerbegünstigung reicht der (mögliche) größere Wettbewerb zu nicht steuerbegünstigten Betrieben aus. Die Finanzverwaltung betrachtet einen Wettbewerb ausschließlich zwischen steuerbegünstigten Zweckbetrieben als nicht schädlich.[66] Ein Wettbewerb ist nicht anzunehmen, wenn sich der steuerbegünstigte Zweckbetrieb an Kunden wendet, die nicht von den anderen Marktteilnehmern angesprochen werden. Weiterhin ist zu berücksichtigen, dass je zwingender der Zweckbetrieb für die Erfüllung der satzungsmäßigen Zwecke ist, desto größer der Eingriff in den Wettbewerb zulässig ist.[67]

---

61 § 1 Abs. 1 Nr. 6 KStG und § 8 Abs. 2 KStG.

62 §§ 65 bis 68 AO, Bott in Bott/Walter. § 4 KStG Rn. 511, *Hüttemann,* in: Hüttemann, Gemeinnützigkeits- und Spendenrecht, Steuerbegünstigte Körperschaften, Rn. 2.79.

63 *Zugmaier/Nöcker/Küpper*, AO, § 65, Rn. 2.

64 § 65 Nr. 1 AO.

65 § 65 Nr. 3 AO.

66 AEAO Nr. 4 zu § 65 AO.

67 *Zugmaier/Nöpper/Kupper*, AO, § 65, Rn. 17.

Eine Wettbewerbsprüfung für die gesetzlich festgelegten Zweckbetriebe des §§ 66 bis 68 AO entfällt aufgrund des gesetzlichen Vorrangs.[68]

Innerhalb des BgA können dann ein oder mehrere wirtschaftliche Geschäftsbetriebe nach § 64 Abs. 1 AO begründet werden. Da die wirtschaftlichen Geschäftsbetriebe i. d. R. wirtschaftlich, funktionell und organisatorisch eng mit der gemeinnützigen Tätigkeit verbunden sind, greift § 64 Abs. 2 AO und mehrere wirtschaftliche Geschäftsbetriebe sind zu einem einheitlichen wirtschaftlichen Geschäftsbetrieb zusammenzufassen

Der Anwendungsbereich für steuerbegünstigte Zweckbetriebe ist vielfältig und erfasst insbesondere die Förderung von Forschung, Wirtschafts- und Beschäftigung, Kultur, Sport, Medizin. Nachfolgend werden die besonderen Zweckbetriebe nach § 66 bis § 68 AO kurz dargestellt.

1. Einrichtungen der Wohlfahrtspflege (§ 66 AO)

Mildtätige wirtschaftliche Geschäftsbetriebe können als Zweckbetriebe der Wohlfahrtspflege steuerbegünstigt sein, wenn sie die folgenden Voraussetzungen erfüllen:

- Sie dienen im besonderen Maß dem Personenkreis des § 53 AO (§ 66 Abs. 1 AO),
- sie werden für das Allgemeinwohl durch Fürsorge für notleidende oder gefährdete Mitmenschen und nicht des Erwerbs wegen ausgeführt (§ 66 Abs. 2 S. 1 AO),
- die Fürsorge bezieht sich auf die Vorbeugung oder Abhilfe von gesundheitlicher, sittlicher, erzieherischer oder wirtschaftlicher Gefahr (§ 66 Abs. 2 S. 2 AO) und
- sie kommen mit zwei Drittel der Leistungen dem Personenkreis in § 53 AO zugute.

Einzelne gesetzliche Zweckbetriebe der Wohlfahrtspflege werden nach § 67 und § 68 AO besonders begünstigt und sind im Verhältnis zu § 66 AO wiederum vorrangig zu prüfen.

§ 66 Abs. 1 AO bezieht sich auf Personen, die aufgrund ihres körperlichen, geistigen oder seelischen Zustands (§ 53 Nr. 1 AO) und/oder eines geringen Einkommens und Vermögens (§ 53 Nr. 2 AO) Unterstützung benötigen. Dabei ist die Vertragsgrundlage zwischen der wohltätigen Einrichtung und der Unterstützten unerheblich, solange die Leistungen faktisch den bedürftigen Personen zugute kommen.[69]

---

68 *Musil,* in: Musil/Küffner, Besteuerung der öffentlichen Hand, Rn. 4.347 und *Musil*, in Hübschmann/Hepp, Abgabenordnung, § 66 Rn. 3.

69 AEAO Nr. 3 zu § 66 AO.

§ 66 Abs. 2 AO definiert Wohlfahrtspflege als planmäßige, zum Wohle der Allgemeinheit und nicht des Erwerbs wegen ausgeübte Sorge für notleidende oder gefährdete Mitmenschen. Planmäßig bedeutet, dass die helfenden Maßnahmen organisiert und auf Dauer ausgeführt werden. Diese Fürsorge hat sich auf das gesundheitliche, sittliche, erzieherische oder wirtschaftliche Wohl zu erstrecken und muss die Vorbeugung oder Abhilfe einer Notlage bezwecken.[70]

Ist eine Einrichtung als mildtätig anerkannt, darf aus der Tätigkeit kein Gewinn erzielt werden, sondern ist das wirtschaftliche Wohl oder die Gesundheit der notleidenden bzw. gefährdeten Menschen zu verbessern oder zumindest zu mindern.[71] Ein wirtschaftlicher Geschäftsbetrieb kann kein Zweckbetrieb der Wohlfahrtspflege sein, wenn er Gewinne erzielt, die seinen reinen Finanzierungsbedarf übersteigen. Lediglich die Erwirtschaftung eines Inflationsausgleichs bzw. Finanzierung von betrieblichen Erhaltungsmaßnahmen oder einer Modernisierung sind unschädlich. Ebenfalls unschädlich sind Gewinne, die aufgrund einer staatlich regulierten Gebührenordnung erzielt werden,[72] d. h. bei Einnahmen, auf deren Höhe die Körperschaft selbst keinen Einfluss hat. Die Finanzverwaltung geht bei Erzielung von Gewinnen, die in drei aufeinander folgenden Veranlagungszeiträumen den Finanzierungsbedarf übersteigen, von einer schädlichen Gewinnerzielungsabsicht aus. Dies kann durch die betroffene Körperschaft jedoch widerlegt werden.[73]

§ 66 Abs. 3 AO lässt die die Steuerbegünstigung als Zweckbetrieb nur zu, wenn mindestens zwei Drittel der Gesamtleistungen in dem jeweiligen Besteuerungszeitraum an Personen i. S. d. § 53 AO erbracht werden. Dabei werden die Leistungen an die bedürftigen und nicht bedürftigen Personen und nicht deren Personenanzahl geprüft.[74] Die Körperschaft hat das nachzuweisen.[75] Auf Antrag der Körperschaft kann auf diesen Nachweis der wirtschaftlichen Hilfsbedürftigkeit verzichtet werden, wenn auf Grund der besonderen Art der gewährten Unterstützungsleistung sichergestellt ist, dass nur wirtschaftlich hilfsbedürftige Personen unterstützt werden. Bei Kleiderkammern, Suppenküchen, Obdachlosenasylen und Tafeln wird dies unterstellt. Leistungen, die nicht zur Organisation des eigenen Zweckbetriebs gehören (meist nur mittelbar mildtätige Leistungen), werden nicht im diesem

---

70 Entspricht inhaltlich der Definition der Satzung der Bundesarbeitsgemeinschaft der freien Wohlfahrtspflege e. V. in § 1 Abs. 3 und Abs. 4.

71 Vgl. *Hüttemann*, GemSpR, Rn. 6.228.

72 Vgl. *Zugmaier/Nöcker/Küpper/Kappelmann*, AO, § 66, Rn. 8.

73 AEAO Nr. 2 zu § 66 AO.

74 AEAO Nr. 3 zu § 66 AO.

75 BFH, 28.10.1960 – III 134/56 U, BStBl. III 1961, 109; BFH, 21.9.2016 – V R 50/15, BStBl. II 2017, 1173, Rn. 32 f.

Zweckbetrieb erfasst,[76] sondern bilden unter den Voraussetzungen des § 14 AO einen eigenen wirtschaftlichen Geschäftsbetrieb.

2. Krankenhäuser (§ 67 AO)

Nach § 67 AO ist nicht der gemeinnützige Zweck der das Krankenhaus betreibenden Körperschaft maßgeblich, sondern die auf Krankenhausleistungen im Allgemeinen ausgerichtete Tätigkeit.[77] Nach der Definition des BVerfG[78] ist Sinn und Zweck der Steuerbefreiung, die Sozialversicherungsträger zu entlasten, um die Gesundheitskosten der Sozialversicherungsmitglieder zu mindern.

Durch die Spezialvorschrift des § 67 Abs. 1 AO sind Krankenhäuser Zweckbetriebe, wenn sie unter die Anwendung des Krankenausentgeltgesetzes oder der Bundespflegesatzverordnung fallen und an mindestens 40 % der jährlichen Abrechnungstage bei Patienten nur Entgelte für allgemeine Krankenhausleistungen abrechnen.

Krankenhäuser, die nicht dem Krankenhausentgeltgesetz oder der Bundespflegesatzverordnung unterliegen – üblicherweise Privatkliniken – können nach § 67 Abs. 2 AO ebenfalls in die Begünstigung der Zweckbetriebseigenschaft gelangen, wenn die 40 %-Quote entsprechend eingehalten wird.[79]

Der Krankenhausbegriff des § 67 AO richtet sich nach dem Sozialrecht (§ 2 Nr. 1 KHG, Einschränkung in § 107 SGB V enthaltenen Spezifikationen) und gilt unabhängig vom Träger und somit auch für Privatkliniken.[80] Damit erfasst § 67 AO allgemeine Krankenhäuser, Spezialkliniken, Heilstätten, Sanatorien, Entbindungsheime, Reha-Kliniken und Privatkliniken, die nach § 67 Abs. 2 AO die 40-%-Regel im Rahmen der patientenbezogenen Abrechnungsquote erfüllen.

Nicht erfasst werden Alten- und Pflegeheime, Medizinisches Versorgungszentren (MVZ)[81] und ambulante Dialysestationen.[82]

Allgemeine Krankenhausleistungen sind die im Einzelfall für die Leistungsfähigkeit des Krankenhauses angemessene, medizinisch zweckmäßige und ausreichende Versorgung, die für den Patienten notwendig ist (§§ 2 KHEntgG, 2 BPflV). Dem gegenüber stehen Wahlleistungen (§§ 17

76 AEAO Nr. 3 zu § 66 AO.
77 Vgl. *Seer*, in: Tipke/Kruse, AO/FGO, § 67 AO, Rn. 1.
78 BVerfG, Nichtannahmebeschluss vom 31.5.2007- BvR 1316/04.
79 Vgl. *Zugmaier/Nöcker/Küpper/Odinius*, § 67 AO, Rn. 14.
80 Vgl. *Seer*, in: Tipke/Kruse, AO/FGO, § 67 AO Rn. 2; *Musil*, in: Hübschmann/Hepp/Spitaler, AO/FGO, § 67 AO Rn. 1.
81 Vgl. *Musil*, in: Hübschmann/Hepp/Spitaler, AO/FGO, § 67 AO, Rn. 12.
82 BFH, 1.3.1995 – IV B 43/94 BStBl. II 1995, 418.

KHEntgG, BPflV), die für den Patienten nicht zwingend sind, wie Ein-/Zweibettzimmer oder eine Chefarztbehandlung ohne medizinische Erforderlichkeit.[83] Es handelt sich bei der 40%-Quote um eine starre Grenze und nicht um einen Aufteilungsmaßstab. Übersteigen die Abrechnungstage mit allgemeinen Krankenhausleistungen die 40%-Grenze, gehören auch die Wahlleistungen zum Zweckbetrieb des Krankenhauses nach § 67 AO. Dabei sind alle Leistungen einzubeziehen, die vom Versorgungsauftrag nach § 116 SGB V umfasst sind, sodass neben stationären Leistungen auch ambulante Leistungen umfasst sein können.[84]

Nicht erfasst vom Zweckbetrieb werden allen Besuchern zugängliche Cafés, Bistros, Parkhäuser und Parkplätze oder Krankenhausapotheken mit Leistungen an Externe. Zur Abgrenzung des Zweckbetriebs „Krankenhaus" zu den Einnahmen aus dem steuerpflichtigen Geschäftsbetrieb Personal- und Sachmittelgestellung an bei dem Krankenhaus angestellten Ärzten hat sich der BFH im Urteil v. 14.12.2023 V R 28/21[85] und V R 2/21 geäußert. Die Richter des BFH hoben das Urteil des FG Münster vom13.1.2021 -13 K 167/17 E,KG,F,Zerl auf, welches die Einnahmen einschließlich einer Cafeteria aufgrund der engen Veranlassung dem steuerfreien Zweckbetrieb zuordnete und wiesen die Sache zurück. Nach Ansicht des BFH können Einnahmen nur dann dem Zweckbetrieb „Krankenhaus" zugeordnet werden, wenn sie mit den ärztlichen und pflegerischen Leistungen des Krankenhausbetriebs gegenüber seinen Patienten zusammenhängen. Da es sich bei den ambulant von den Krankhausärzten behandelten Patienten um deren Patienten – und nicht um die des Krankenhauses – handelte, entspricht die Rechtslage analog der Rechtsprechung zur Abgabe von Medikamenten zur Behandlung von Krebserkrankungen (Zytostatika) durch eine Krankenhausapotheke.[86] Mit Urteil von 14.12.2023 V R 2/21 stellt der BHF klar, dass diese Einnahmen dem wirtschaftlichen Geschäftsbetrieb zuzuordnen sind.

Zu den Einkünften aus den Cafeterien sah der BFH den Sachverhalt noch nicht als spruchreif an. Hier sei vorrangig zu prüfen, ob die Mitarbeitercafeterien im Hinblick auf die arbeitsrechtliche Verpflichtung zur verbilligten Beköstigung zum Zweckbetrieb „Krankenhaus" gehören oder ob die Tätigkeit von diesem Zweckbetrieb abgrenzbar ist und deshalb einen wirtschaftlichen Geschäftsbetrieb bildet. Dies zeigt aber auch, dass sehr wohl Einnahmen aus wirtschaftlichen Tätigkeiten, bei hinreichendem Zusammenhang mit den Leistungen des Zweckbetriebs, diesem steuerfreien Bereich zugeordnet werden können. Hierfür ist u. a. maßgeblich, ob der Zweckbetrieb

83 Vgl. *Zugmaier/Nöcker/Küpper/Odinius*, § 67 AO, Rn. 8, 9.

84 Vgl. *Zugmaier/Nöcker/Küpper/Odinius*, § 67 AO, Rn. 8, 9.

85 Veröffentlicht am 11.4.2024.

86 BFH, 31.7.2013 – I R 82/12, BStBl. II 2015, 123; 31.7.2013 – I R 31/12, BFH/NV 2014, 185, Rn 20; 6.6.2019 – V R 39/17, BFHE 264, 411, BStBl. II 2019, 651, Rn. 17.

ohne diese Leistungen betrieben werden kann. Dies war bei der Abgabe von Medikamenten zur Behandlung von Krebserkrankungen (Zytostatika) durch eine Krankenhausapotheke an Patienten zur anschließenden Behandlung in der eigenen onkologischen Ambulanz des Krankenhauses erfüllt.

3. Gesetzlich definierte Einzelzweckbetriebe nach § 68 AO

Die in § 68 AO aufgeführten Einrichtungen und Tätigkeiten sind stets als Zweckbetrieb einzuordnen, wenn sie ihren satzungsmäßigen Zweck erfüllen. § 68 AO hat als lex specialis Vorrang vor den Vorschriften der §§ 65 bis 67a AO. Dabei sind die Größe des Betriebs und die Umsatzhöhe nicht entscheidend.[87] Tätigkeiten, die nicht unter die satzungsmäßigen Zwecke nach §§ 65 ff AO eingeordnet und eindeutig abgrenzbar sind, begründen einen eigenen wirtschaftlichen Geschäftsbetrieb.[88] Ist die wirtschaftliche Tätigkeit (Geschäftsbetrieb) nur von untergeordneter Bedeutung, ist diese nach der BFH-Rechtsprechung dem Zweckbetrieb zuzuordnen.[89]

Zweckbetriebe mit Zielsetzung „Wohlfahrtspflege“[90] sind Alten-, Altenwohn- und Pflegeheime, Erholungsheime, Mahlzeitendienste, wenn sie insbesondere Personen i. S. d. § 53 AO fördern, wie § 66 Abs. 3 AO (§ 68 Nr. 1 Buchst. a AO), Kindergärten, Kinder-, Jugend-, Studenten-, Schullandheime, Jugendherbergen,[91] Einrichtungen, die der Versorgung, Verpflegung und Betreuung von Flüchtlingen dienen, wenn § 66 Abs. 2 AO berücksichtigt wird.[92] Im Entwurf des Steuerfortentwicklungsgesetzes war geplant, den Begriffs der Selbstversorgungseinrichtung i. S. des § 68 Nr. 2 Buchstabe b AO um Photovoltaikanlagen zu erweitern. Inzwischen ist geplant, § 58 AO zu ergänzen. Die weitere Entwicklung bleibt hier abzuwarten.

a) § 68 Nr. 3 Buchst. a AO

Zweckbetriebe, die der Beschäftigung bestimmter Personengruppen dienen[93] sind Werkstätten für behinderte Menschen (§ 68 Nr. 3 Buchst. a AO). Als Einrichtung „Werkstatt für behinderte Menschen“ gilt, wenn diese förmlich von der Bundesagentur für Arbeit anerkannt ist (§ 219 SGB X) und erfasst auch deren Läden und Verkaufsstellen, wenn dort ausschließlich selbst

87 Vgl. *Zugmaier/Nöcker/Küpper/Kappelmann*, § 68 AO, Rn. 1.
88 Vgl. *Musil*, in: Hübschmann/Hepp/Spitaler, AO/FGO, § 68 AO Rn. 13.
89 BFH, 18.1.1995 – V R 139-142/92, BStBl. II 1995, 446.
90 § 68 Nr. 1 AO.
91 § 68 Nr. 1 Buchst. b AO.
92 § 68 Nr. 1 Buchst. c AO.
93 § 68 Nr. 3 AO.

hergestellte Erzeugnisse veräußert werden.[94] Werden auch zugekaufte Produkte veräußert, stellt dies einen separaten wirtschaftlichen Geschäftsbetrieb dar, der von dem Zweckbetrieb zu trennen ist.[95]

Eine vom Träger der Werkstatt selbst betriebene Kantine für die Behindertenwerkstatt ist ebenfalls ein Zweckbetrieb.[96]

b) § 68 Nr. 3 Buchst. b AO

Auch Einrichtungen für Beschäftigungs- und Arbeitstherapie (§ 68 Nr. 3 Buchst. b AO) zählen hierzu. Diese Einrichtungen führen im Rahmen einer Beschäftigungstherapie behinderte Personen an das Alltagsleben heran. Dabei steht die Förderung der Fähigkeit der Alltagsbewältigung der betroffenen Personen durch Aus- und Weiterbildung und nicht das Herstellen und Veräußern durch die Einrichtung im Vordergrund. Eine Einweisung muss auf ärztliche Anordnung hin erfolgen.[97] Anders als bei Zweckbetrieben nach § 68 Nr. 2 AO ist bei diesen Einrichtungen auch der Umsatz an Dritte vollständig begünstigt.[98]

c) § 68 Nr. 3 Buchst. c AO

Dies sind Inklusionsbetriebe i. S. d. § 215 Abs. 1 SGB IX (§ 68 Nr. 3 Buchst. c AO), d. h. Einrichtungen öffentlicher Arbeitgeber, in denen schwerbehinderte Menschen an den Arbeitsmarkt herangeführt werden und die von § 215 Abs. 1 SGB IX erfasst sind, können als Zweckbetriebe behandelt werden. Weitere Voraussetzung sind

1. ein Anteil von 40 % Schwerbehinderten Personen in der Belegschaft[99] und
2. die Anerkennung als Inklusionsbetrieb durch Leistungsbescheid des zuständigen Integrationsamtes nach § 217 SGB IX. Dieser stellt keinen Grundlagenbescheid i. S. d. § 171 Abs. 10 AO dar.[100]

d) § 68 Nr. 4 AO

Unter Fürsorgeeinrichtungen gemäß § 68 Nr. 4 AO werden Einrichtungen, insbesondere Werkstätten gefasst, in denen blinde, körperbehinderte, psy-

---

94 Vgl AEAO Nr. 5 Abs. 2 Satz 1 zu § 68.
95 Vgl. AEAO Nr. 5 Abs. 2 zu § 68.
96 Vgl. AEAO Nr. 5 Abs. 3 zu § 68.
97 Vgl AEAO Nr. 8 zu § 68.
98 *Seer,* in: Tipke/Kruse, AO/FGO, § 68 AO, Rn. 7.
99 Vgl. *Zugmaier/Nöcker/Küpper/Kappelmann*, § 68 AO, Rn. 10.
100 Vgl. *Seer*, in: Tipke/Kruse, § 68 AO, Rn. 8.

chisch und seelisch erkrankte Personen eine Arbeitsmöglichkeit erhalten. Bei diesen Einrichtungen sind keine Umsatzbeschränkungen für Verkäufe an Dritte zu beachten.

e) § 68 Nr. 5 AO

Dies sind Einrichtungen der Heimerziehung und sonstige betreute Wohnformen. Hierunter werden Einrichtungen erfasst, welche die Betreuung und Heimerziehung von Kindern und Jugendlichen unter Berücksichtigung des Alters und des Entwicklungsstandes übernehmen. Dies umfasst sowohl die Betreuung tagsüber als auch die Übernahme der Obhut über Nacht. Dabei soll eine Rückkehr in die Familie ermöglicht, auf die Erziehung in einer anderen Familie oder ein selbständiges Leben vorbereitet werden (§ 34 SGB VIII). Sofern hierbei Umsätze gegenüber Dritten erwirtschaftet werden (z. B. in einem land- und forstwirtschaftlichen oder handwerklichen Betrieb) sind diese nicht beschränkt.[101]

f) § 68 Nr. 6 AO

Ausnahmsweise können Lotterien und Ausspielungen mit Genehmigung der zuständigen Behörde einen Zweckbetrieb darstellen.[102] Die Erträge müssen vollständig für mildtätige, kirchliche oder gemeinnützige Zwecke verwendet werden und dürfen nur durch unmittelbar mit der Lotterie oder Ausspielung in Zusammenhang stehenden Kosten gekürzt werden.[103]

Eine Lotterie i. S. d § 68 Nr. 6 AO ist dabei ein Glücksspiel, an dem mehrere Personen gegen Entgelt teilnehmen können und die Chance auf einen Gewinn in Form von Geld haben. Besteht der Gewinn aus Sachwerten, wird das Gewinnspiel als Ausspielung definiert.[104] Hierbei kann sich eine Steuer nach dem Rennwett- und Lotteriesteuergesetz ergeben.

g) § 68 Nr. 7 AO

Nach § 68 Nr. 7 AO sind kulturelle Einrichtungen, wie z. B. Theater, Bibliotheken und Museen sowie Veranstaltungen, wie z. B. Konzerte, Kunstausstellungen oder Lesungen und ähnliche begünstigt. Die Förderung der Kultur muss Satzungszweck sein. Dabei sind keine besonderen Anforderungen an die Definition von „Kultur" zu stellen. So können auch Karnevalsver-

101 Vgl. *Zugmaier/Nöcker/Küpper/Kappelmann*, § 68 AO, Rn. 13.
102 Vgl. AEAO Nr. 11 zu § 68.
103 AEAO Nr. 12 zu § 68 Nr. 6 AO.
104 Definition nach § 3 Abs. 1 und Abs. 3 Glücksspielstaatsvertrag 2021, Fassung vom 1.7.2021.

anstaltungen bei entsprechender Satzung als kulturelle Veranstaltungen als Zweckbetrieb steuerbegünstigt sein.[105]

Nicht erfasst werden die klar abgrenzbaren Tätigkeiten des Verkaufs von Speisen und Getränken, der Werbung sowie der Umsätze aus einem Merchandisingshop.[106] Solche Tätigkeiten stellen bei Überschreiten der Grenze von 45.000 € einen wirtschaftlichen Geschäftsbetrieb dar.

h) § 68 Nr. 8 AO

Volkshochschulen und andere Einrichtungen mit belehrendem Charakter sind Einrichtungen, deren Zweck die Vermittlung von Unterricht und die damit zusammenhängende der Beherbergung und Beköstigung der Veranstaltungsteilnehmer umfasst.

Nach der Rechtsprechung ist der Kreis der vergleichbaren Einrichtungen weit zu fassen, wenn die Veranstaltungen von wissenschaftlichem oder belehrendem Charakter sind.[107] Die Steuerbegünstigung erfasst keine Werbeeinnahme oder Verkäufe von Souvenirs.

i) § 68 Nr. 9 AO

Wissenschafts- und Forschungseinrichtungen können als Zweckbetrieb steuerbegünstigt werden, wenn deren Träger ihre Mittel überwiegend aus Zuwendungen der öffentlichen Hand, Dritter oder aus der eigenen Vermögensverwaltung finanzieren. Damit greift die Steuerbegünstigung insbesondere auch für Betriebe gewerblicher Art von jPöR, wie Forschungseinrichtungen von staatlichen Hochschulen, wenn der satzungsmäßige Zweck der Körperschaft die Förderung von Wissenschaft und Forschung ist.

Grundsätzlich ist zwischen der Grundlagenforschung und Auftragsforschung zu unterscheiden. Finanziert sich eine Einrichtung zu mehr als 50 % aus Einnahmen der Auftragsforschung, überwiegt nach Auffassung der Rechtsprechung die wirtschaftliche Tätigkeit (wirtschaftlicher Geschäftsbetrieb).[108] Stammen die Einnahmen der Einrichtung aus Projektfördermitteln vom Bund, der Länder bzw. der EU oder aus Spenden und Mitgliedsbeiträgen i. S. d. § 10b EStG sind die Voraussetzung des steuerbegünstigten Zweckbetriebs erfüllt.

Für die Beurteilung, ob sich eine Forschungseinrichtung überwiegend aus Zuwendungen und Einnahmen aus der eigenen Vermögensverwaltung finanziert, wird nach dem Vergleich der begünstigten und nicht begünstigten

---

105 Vgl. *Zugmaier/Nöcker/Küpper/Kappelmann*, AO, § 68, Rn. 15.
106 AEAO Nr. 15 zu § 68 Nr. 7 AO.
107 Vgl. *Schauhoff*, in: Schauhoff, Handbuch der Gemeinnützigkeit, § 7, Rn. 103.
108 BFH, 4.4.2007 – I R 76/05, BStBl. II 2007, 631.

Einnahmen über einen Zeitraum von drei Veranlagungsjahren beurteilt.[109] Die Umsatzsteuer ist bei der Prüfung der überwiegenden Finanzierung als durchlaufender Posten zu berücksichtigen.[110] Nicht einzubeziehen sind Einnahmen aus anderen Zweckbetrieben und aus der Vermietung und Verpachtung von beweglichem und unbeweglichem Vermögen.

Die Forschungstätigkeit umfasst die Anfertigung von Prototypen und Nullserien, jedoch nicht Einnahmen aus Routinemessungen oder die Produktion marktfähiger Produkte, da hier bereits gesicherte Erkenntnisse angewandt werden.[111] Zum steuerbegünstigten Zweckbetrieb gehören auch keine Materialprüfungen, Routineuntersuchungen, Verwaltungstätigkeiten für andere Forschungseinrichtungen oder Blutalkoholmessungen im Auftrag von Strafverfolgungsbehörden.[112]

Von der Steuerbegünstigung ausgeschlossen sind, die fachliche und verwaltungsmäßige Betreuung einer Projektförderung im Auftrag der Bundesrepublik oder eines Bundeslandes. Vergütungen für z. B. Prüfungen, Beurteilungen und Vorschläge von und zu Förderanträgen von Forschungseinrichtungen, die Verwaltung von Fördermitteln, deren Verwendungskontrolle sowie die Mitwirkung bei der Auswertung und Publikation der Ergebnisse gehören nicht in den steuerbegünstigen Zweckbetrieb, sondern bilden einen wirtschaftlichen Geschäftsbetrieb.[113]

Erfüllt eine Forschungseinrichtung nicht die Finanzierungsvoraussetzungen des § 68 Nr. 9 AO, kann die Steuerbefreiung nach § 5 Abs. 1 Nr. 9 KStG i. V. m. § 52 Abs. 2 Nr. 1 AO erfüllt sein.[114] Dies ist dann erfüllt, wenn die Auftragsforschung klar von der Eigen- bzw. Grundlagenforschung getrennt als separate wirtschaftliche Tätigkeit gem. § 64 AO eingeordnet werden kann.

IV. Umgang mit Mitteln

Die Verwendung von Mitteln im steuerbegünstigten BgA ist an bestimmte Vorgaben und deren Nachweis gebunden (Mittelverwendungsrechnung).

---

109 Vgl. AEAO Nr. 19 zu § 68.
110 BFH, 10.5.2017 – V R 43/14, V R 7/15, BFHE 257, 478, NWB GAAAG-48572.
111 AEAO Nr. 20 zu § 68 Nr. 9 AO.
112 Vgl. *Zugmaier/Nöcker/Küpper/Kappelmann*, AO, § 68, Rn. 20.
113 AEAO Nr. 21 zu § 68 Nr. 9 AO.
114 AEAO Nr. 17 zu § 68 Nr. 9 AO.

1. Mittelverwendungsgebot

Der Umgang mit den Mittel des BgA wird stark durch die Gebote der Selbstlosigkeit, der Ausschließlichkeit und der Unmittelbarkeit bestimmt. Gemeinnützige Mittel dürfen grundsätzlich nur für gemeinnützige und satzungsmäßige Zwecke verwendet werden.[115] Als Mittel sind alle Zuwendungen im ideellen Bereich (insbesondere freiwillige Spenden und Zuschüsse), die Erträge aus der Vermögensverwaltung, den Zweckbetrieben und wirtschaftlichen Geschäftsbetrieben zu sehen. Eine Mittelweitergabe an die öffentlich-rechtliche Trägerkörperschaft ist zulässig, wenn diese die Mittel ebenfalls für steuerbegünstigte Zwecke verwendet.[116]

2. Gebot der zeitnahen Mittelverwendung

Um wirksam steuerbegünstigte Zwecke zu verfolgen ist es nötig, dass die Förderung nach Erhalt von bestimmten Mitteln zeitnah durchgeführt wird und nicht unnötigerweise Mittel angesammelt werden (Gebot der zeitnahen Mittelverwendung, Ausnahme ist die Einstellung in Rücklagen).[117,118] Von einer zeitnahen Verwendung kann ausgegangen werden, wenn die Mittel innerhalb von zwei Kalenderjahren verbraucht werden, nachdem sie zugeflossen sind.[119] Dabei gilt auch die Anschaffung oder Herstellung von Vermögensgegenständen, die gemeinnützigen Zwecken dienen als zeitnahe Mittelverwendung.[120] Die Ausnahme für Körperschaften mit Einnahmen unter 45.000 € läuft für BgA ins Leere, da ein BgA i. d. R. nur vorliegt, wenn seine Einnahmen über dieser Grenze liegen.

Nicht alle Mittel unterliegen jedoch diesem Gebot. Ausgenommen sind:

- Erbschaften und Vermächtnisse, sofern nicht bestimmt wurde, dass diese zur Deckung des laufenden Aufwands zu verwenden sind.
- Zuwendungen, die vom Gebenden ausdrücklich für den Vermögensaufbau der Körperschaft bestimmt sind. Dies gilt auch, wenn die Zuwendungen nicht direkt mit dieser Bestimmung hingegeben wurden, aber aufgrund eines Spendenaufrufs erfolgten, aus dem hervorgeht, dass die Spenden für den Vermögensaufbau verwendet werden sollen.

115 § 55 AO.

116 § 58a AO.

117 Weitere Ausnahme ist die Aufhebung des Gebots für kleine Körperschaften, die jährlich maximal 45.000 € einnehmen. Hierauf wird jedoch nicht weiter eingegangen, da für die Annahme eines BgA die Einnahmengrenze in der Regel überschritten ist.

118 § 55 Abs. 1 Nr. 6 Satz 1 AO.

119 § 55 Abs. 1 Nr. 6 Satz 3 AO.

120 § 55 Abs. 1 Nr. 6 Satz 2 AO.

– Zuwendungen, die ihrer Natur nach zum Vermögen gehören.[121]

Sofern unzulässigerweise Mittel angesammelt wurden, kann das Finanzamt noch eine Frist zu deren Verwendung setzen. Wird diese Frist eingehalten müssen keine negativen Folgen gezogen werden.[122]

Im Gesetzentwurf der Bundesregierung vom 16.8.2024, BT-Drucks. 20/12778, für ein Steuerfortentwicklungsgesetz (SteFeG) war u. a. die Aufhebung der Verwendungsauflage bei unzulässiger Mittelansammlung[123] sowie die Folgeänderungen bei der Rücklagenbildung geplant, was im Gesetzgebungsverfahren jedoch nicht mehr umgesetzt wurde.

Beispiel:

Der Museums-BgA erwirtschaftet folgende Ergebnisse:

Jahr	Museum	Kurse	Shop	Summe	Mittel-transfer	Mittel-bestand
07	–20.000 €	–1.000 €	4.000 €	–17.000 €		0 €
08	5.000 €	1.000 €	6.000 €	12.000 €	Spenden +4.000 € Erbschaft +50.000 €	66.000 €
09	10.000 €	2.000 €	4.000 €	16.000 €		82.000 €
10	9.000 €	4.000 €	5.000 €	18.000 €		100.000 €
11	3.000 €	2.000 €	6.000 €	11.000 €	–22.000 € für Neukonzeption der Ausstellungen –10.000 € Mittelweitergabe an Musikverein	79.000 €

Im Jahr 08 erhält der Museums-BgA eine Spende über 4.000 € und stellt hierfür eine Spendenbescheinigung aus. Des Weiteren vererbt ein lokaler Maultaschenhersteller 50.000 € nach seinem plötzlichen Tod an den Museums-BgA. Besondere Anschaffungen oder andere Ausgaben wurden in 09 und 10 nicht getätigt. Bei der Veranlagung der Körperschaftsteuererklärung des Shops im August 11 fällt dem Finanzamt auf, dass die Mittel aus dem

121 § 62 Abs. 3 AO.

122 § 63 Abs. 4 AO.

123 Geplante Änderung des § 55 Abs. 1 Nr. 5 AO: Wegfall der Verpflichtung zur zeitnahen Mittelverwendung und Vorlage einer Mittelverwendungsrechnung, Grundsatz der Ausschließlichkeit (§ 56 AO) bleibt unberührt.

Jahr 08 in den Jahren 09 und 10 nicht verbraucht wurden. Daraufhin wird das Museum angewiesen seine Mittel bis Ende des Jahres 11 zulässig einzusetzen. Der Museums-BgA beauftragt dann eine Medienfirma eine neue Ausstellung zu konzipieren und kauft neue Stellwände für 22.000 €. Außerdem werden 10.000 € zur Verwendung von gemeinnützigen Zwecken an den örtlichen Musikverein weitergeben.

Lösung:

Am Ende des Jahres 08 hat der Museums-BgA einen Mittelbestand von 66.000 €. Davon unterliegen jedoch 50.000 € aufgrund einer Erbschaft nicht dem Gebot der zeitnahen Mittelverwendung. 16.000 € sind zeitnah zu verwenden, also bis Ende 10 für gemeinnützige Zwecke zu verbrauchen. Grundsätzlich liegt ein Verstoß gegen das Gebot der zeitnahen Mittelverwendung vor. Jedoch hat das Finanzamt eine Frist eingeräumt, um diesen Fehler in der tatsächlichen Geschäftsführung zu beheben. Zusätzlich ist darauf zu achten, dass die Frist für den Verbrauch der zeitnah zu verwendenden Mittel des Jahres 09 ebenfalls bis Ende 11, eingehalten wird. Damit müssen bis Ende des Jahres 11 32.000 € (16.000 € + 16.000 € Gewinne aus den Betrieben) für gemeinnützige Zwecke verwendet werden. Die Anschaffung der neuen Stellwände und die Neukonzeption der Ausstellung sind Ausgaben im Bereich der eigenen Zweckverwirklichung. Auch die Mittel, die an den Musikverein gegeben werden, stellen nach § 58 Nr. 1 AO eine zulässige Mittelverwendung dar. Die übrigen Mittel am Ende des Jahres 11 setzten sich aus den nicht zeitnah zu verwendenden Mitteln i. H. v. 50.000 € und den erst in den Jahren 12 und 13 zu verwendenden Mitteln aus den Gewinnen der Zweckbetrieben und des wirtschaftlichen Geschäftsbetriebs zusammen.

3. Rücklagenbildung

Eine Ausnahme von der zeitnahen Mittelverwendung ist die Einstellung der Mittel in Rücklagen für satzungsmäßige Zwecke.[124] Bestehen bereits konkrete Planungen (bezüglich Umsetzung und zeitlichen Rahmen) für größere Projekte kann eine Rücklage gebildet werden. Rücklagen für periodisch wiederkehrende Ausgaben für eine angemessene Zeit, um die Liquidität sicherzustellen, bzw. zur möglichen Bezahlung von Steuern außerhalb eines wirtschaftlichen Geschäftsbetriebs sind zulässig. Für das Ziel die allgemeine Leistungsfähigkeit der gemeinnützigen Körperschaft aufrecht zu erhalten, ist jedoch keine Rücklagenbildung möglich.[125] Auch für geplante Wiederbeschaffungen von Wirtschaftsgütern, die satzungsmäßigen Zwecken dienen und die nicht aus den laufenden Mitteln bezahlt werden können, kann eine

124 § 62 Abs. 1 Nr. 1 AO.
125 AEAO Nr. 4 zu § 62 AO.

Rücklage gebildet werden. Dabei dürfen die jährlich der Rücklage zugeführten Beträge nicht die AfA übersteigen. Höhere Zuführungen müssen nachweisbar begründet werden.[126] Für die Höhe der Bildung ist der Stand der Planung zum Zeitpunkt der Rücklagenbildung maßgebend, was die Rechts- und Planungssicherheit von lang- und mittelfristigen Vorhaben nun erleichtert.[127]

Es kann auch eine freie Rücklage gebildet werden, hierbei ist auf die maximale Zuführungshöhe zu achten. Diese beträgt ein Drittel des Überschusses aus der Vermögensverwaltung und ein Zehntel der zeitnah zu verwendenden Mittel, die in der ideellen Sphäre erwirtschaftet wurden, sowie aus Erträgen der Zweckbetriebe und wirtschaftlichen Geschäftsbetriebe. Wenn die maximale Zuführung in einem Jahr nicht erreicht wird, kann sie in den folgenden zwei Jahren nachgeholt werden.[128]

Im wirtschaftlichen Geschäftsbetrieb dürfen Rücklagen nur aus deren Gewinnen gebildet werden, wenn sie in Art und Höhe bei vernünftiger kaufmännischer Betrachtung wirtschaftlich gerechtfertigt sind und für einen konkreten Anlass, der betrieblich notwendig ist, gebildet werden.[129] Entsprechendes gilt bei Überschüssen aus der Vermögensverwaltung für Gegenstände i. S. d. § 21 EStG, wenn nur so der ordnungsgemäße Zustand erhalten oder wiederhergestellt werden kann.[130]

Die Rücklagen müssen innerhalb der Frist der zeitnahen Mittelverwendung gebildet werden.[131] Sie müssen in Nebenrechnungen aufgezeichnet und für das Finanzamt leicht nachprüfbar sein. Sobald der Grund für eine Rücklage wegfällt, insbesondere bei Rücklagen für größere Projekte und Wiederbeschaffungen, sind die Rücklagen unverzüglich aufzulösen und zeitnah anderweitig und zulässig zu verwenden.[132]

126 § 62 Abs. 1 Nr. 2 AO.
127 § 62 Abs. 1 Nr. 1 AO: Neufassung zum 1.1.2025 durch JStG 2024.
128 § 60 Abs. 1 Nr. 3 AO.
129 AEAO Nr. 1 Abs. 1 zu § 62 AO.
130 AEAO Nr. 1 Abs. 2 zu § 62 AO.
131 § 62 Abs. 2 Satz 1 AO.
132 § 62 Abs. 2 Sätze 2, 3 AO.

Weiterführung des Beispiels:

Der Museums-BgA erwirtschaftet folgende Ergebnisse:

Jahr/ Bereich	Museum	Kurse	Shop	Summe	Mitteltransfer	Mittel-bestand
11	3.000 €	2.000 €	6.000 €	11.000 €	–22.000 € für Neukonzeption der Ausstellungen –10.000 € Mittelweitergabe an Musikverein	79.000 €
12	5.000 €	3.000 €	7.000 €	15.000 €		94.000 €
13	7.000 €	5.000 €	9.000 €	21.000 €		115.000 €

Der Museums-BgA möchte in Zukunft innerhalb der Ausstellung auch vermehrt Filme zeigen, die auf die Bedeutung des Naturschutzes eingehen. Hierfür soll ein kleiner Kinoraum eingerichtet werden. Die Ausstattung kostet ca. 50.000 € und soll in 14 angeschafft werden. Für das Kinder- und Jugendprogramm werden teilweise auch Ausflüge gemacht. Hierfür hat der Museums-BgA einen alten VW-Bus. Dieser soll in absehbarer Zeit ersetzt werden. Die Kosten für ein neues Fahrzeug betragen ca. 60.000 €. Die Nutzungsdauer beträgt 6 Jahre. Außerdem weist der Leiter des Museums-BgA auf künftige Projekte hin, für die ebenfalls Mittel angesammelt werden sollen, ohne dieses jedoch speziell zu binden.

Lösung:

Um künftige Ausgaben und Neuanschaffungen zu decken, welche nicht aus den laufenden Erträgen finanziert werden können, sollen Rücklagen gebildet werden.

Für den geplanten Kinoraum kann eine Projektrücklage gebildet werden, da bereits ein konkreter Finanzierungsbedarf und ein zeitlicher und räumlicher Umsetzungsplan besteht. Die Höhe der Rücklage darf die geplanten Anschaffungskosten nicht übersteigen, da diese sonst nicht nötig wäre. Jedoch muss sie nicht zwingend sofort in voller Höhe vorgenommen werden.

Für die Ersatzbeschaffung des VW-Busses kann ebenfalls eine Rücklage gebildet werden. Die jährliche Zuführung sollte die geplante AfA nicht übersteigen. Diese beträgt 10.000 €. Für die weiteren noch nicht klar benennbaren Projekte kann eine freie Rücklage gebildet werden. Die jährliche Zuführung ist auf 10 % der Gewinne im wirtschaftlichen Geschäftsbetrieb und den Zweckbetrieben beschränkt. Damit können folgende Zuführungen vorgenommen werden:

im Jahr 11: 1.100 €

im Jahr 12: 1.500 €

im Jahr 13: 2.100 €

Sofern in den Jahren 11 und 12 keine Zuführungen vorgenommen wurden, kann dies auch noch in 13 nachgeholt werden (insgesamt 4.700 €).

Damit können folgende Rücklagen gebildet werden:

Rücklagenart	**Zugang 11**	**Zugang 12**	**Zugang 13**	**Summe**
Projektrücklage für Kinoraum	19.000 €	5.000 €	6.300 €	30.300 €
Rücklage für Wiederbeschaffung VB-Bus	10.000 €	10.000 €	10.000 €	30.000 €
Freie Rücklage			4.700 €	4.700 €

Hier wären theoretisch auch andere Verteilungen möglich. In diesem Beispiel wurde zunächst die Rücklage für die Wiederbeschaffung und die freie Rücklage voll zugeführt. Die übrigen zeitnah zu verwendenden Mittel wurden in die Projektrücklage eingestellt. Am Ende bleiben noch 50.000 € (115.000 € abzgl. der gebildeten Rücklagen) als Mittelbestand übrig. Diese stammen aus der Erbschaft und sind nicht zeitnah zu verwenden. Die Einstellung in eine Rücklage empfiehlt sich deshalb nicht.

4. Mittelverwendungsrechnung

Zum Nachweis, dass die oben genannten Anforderungen eingehalten werden, ist eine Mittelverwendungsrechnung zu führen. Die Berechnung ist notwendig, wenn sich nicht bereits aus anderen Aufzeichnungen ergibt, dass die Maßgaben der Mittelverwendung erfüllt wurden. Dies ist zum Beispiel dann der Fall, wenn sich aus dem erstellten Jahresabschluss nicht erkennen lässt, wie dauerhaft die negativen Ergebnisse im wirtschaftlichen Geschäftsbetrieb gedeckt werden oder wenn sich aus dem erstellten Jahresabschluss erkennen lässt, dass das negative Ergebnis im ideellen Bereich in einer Höhe entstanden ist, die den Überschüssen aller anderen Bereiche entspricht.

Mittelfehlverwendungen liegen vor, wenn Mittel, die aus dem steuerfreien Bereich der Gemeinnützigkeit resultieren, außerhalb der gemeinnützigen Sphären verwendet werden oder die Körperschaft eine verhinderte Vermögensmehrung oder eine Vermögensminderung zugunsten Dritter hinnimmt.

Ebenso stellt es eine Mittelfehlverwendung dar, wenn die Körperschaft Mittel außerhalb ihrer satzungsgemäßen Zwecke oder nicht nach der Maßgabe der zeitnahen Mittelverwendung einsetzt. Dies ist beispielsweise erfüllt, wenn

- überhöhte Gehälter bezahlt werden,
- Mittel aus den gemeinnützigen Sphären in anderen Sphären der Körperschaft fließen,
- Mittel der Trägerkörperschaft außerhalb des Rahmens der Zweckverfolgung zufließen,
- Wirtschaftsgüter an die Trägerkörperschaft oder eine nahestehende Person unterhalb des Verkehrswertes veräußert werden (analog eine überteuerte Anschaffung)
- Wirtschaftsgüter des BgA vergünstigt an Einrichtungen der Trägerkörperschaft außerhalb der Verfolgung des satzungsgemäßen Zweckes
- Einnahmen dem BgA vorenthalten werden.

Die Folge einer Mittelfehlverwendung ist regelmäßig der Verlust der Gemeinnützigkeit, bzw. der Verlust der Steuerfreiheit bei der Körperschaftsteuer, von Vergünstigungen bei der Umsatzsteuer, wie z. B. der ermäßigte Steuersatz sowie eine Nachversteuerung nach § 61 Abs. 3 AO.

Es existiert kein amtlich vorgeschriebenes Muster, nach dem die Mittelverwendungsrechnung aufzustellen ist. Die Mittelverwendung des laufenden Wirtschaftsjahres ergibt sich im Allgemeinen aus den laufenden Aufzeichnungen und dem Jahresabschluss. Werden Gewinne erwirtschaftet, sind diese zeitnah, also im Jahr der Entstehung und den folgenden zwei Wirtschaftsjahren, für den Satzungszweck einzusetzen. Hierfür ist fortlaufend bis zur Auflösung des BgA und der endgültigen Mittelverwendung in Form der Überführung sämtlicher vorhandener Mittel an eine andere, in der Satzung vorgesehene gemeinnützige Körperschaft, eine Übersicht zu erstellen.

Auf der der Homepage des Finanzministeriums Hessen findet man entsprechende Vordrucke, die auch ausgefüllt werden können.[133]

5. Umgang mit Verlusten aus dem wirtschaftlichen Geschäftsbetrieb

Verluste aus dem wirtschaftlichen Geschäftsbetrieb, welche über einen längeren Zeitraum entstehen, bergen die Gefahr einer Mittelfehlverwendung,

---

133 Verwaltungsportal Hessen, www.verwaltungsportal.hessen.de (zuletzt abgerufen am 30.3.2025), „Bürgerinnen und Bürger/ Steuern & Abgaben/ Steuererklärung/ Sonstige Steuern/ Vordrucke für Ehrenamt/Vereine". Das Muster ist im Anhang zu diesem Beitrag abgedruckt.

da sie nur durch Gewinne aus dem Zweckbetrieb oder durch Zuwendungen der Trägerkörperschaft an den BgA, getragen werden können.

Ergibt sich unter Beachtung dieser Grundsätze ein Verlust im wirtschaftlichen Geschäftsbetrieb sind im Weiteren die Verlustverrechnungen innerhalb der Sphären zu beachten. Dabei sind zunächst die Ausgaben auf die Zuordnung nach dem gemeinnützigkeitsrechtlichen Vorschriften zu untersuchen. Danach können Ausgaben nur dem wirtschaftlichen Geschäftsbetrieb zugeordnet werden, wenn diese allein durch diesen verursacht werden.[134] Ausgaben, die ungeachtet des wirtschaftlichen Geschäftsbetriebs entstehen, können auch nicht teilweise berücksichtigt werden.[135] Ist aber der Aufwand ursächlich durch die steuerbefreite Tätigkeit der Körperschaft entstanden und es liegt ein objektiver Maßstab zur Aufteilung vor, dürfen die Ausgaben anhand des objektiven Maßstabes aufgeteilt werden. Liegt kein objektiver Aufteilungsmaßstab vor, können die Ausgaben nicht im wirtschaftlichen Geschäftsbetrieb geltend gemacht werden. Als objektive Aufteilungsschlüssel kommen in Betracht:

- der Zeiteinsatz der Tätigen
- gefahrene Kilometer
- Quadratmeter Bodenfläche oder Kubikmeter umbauter Raum
- Anzahl von Werbematerialien

Grundsätzlich ist bei der Verlusttragung auf die Herkunft der Mittel zu achten. Das Prinzip der Selbstlosigkeit des § 55 Abs. 1 Nr. 1 AO bestimmt, dass Mittel der Körperschaft nur für satzungsmäßige Zwecke verwendet werden dürfen. Verluste in der ideellen Sphäre oder einem Zweckbetrieb sind unschädlich, da sie bei der Verfolgung der satzungsmäßigen Zwecke entstanden sind.

Bei wirtschaftlichen Geschäftsbetrieben dürfen zwar Ausgaben für die Unterhaltung des Betriebs und damit außerhalb der Verwirklichung der Satzung getätigt werden, jedoch dienen sie in ihrer Gesamtheit dazu, Mittel für die gemeinnützige Zweckverfolgung zu generieren.[136] Verluste aus der Vermögensverwaltung und dem wirtschaftlichen Geschäftsbetrieb dürfen deshalb nicht mit Mitteln des steuerbegünstigten Bereichs ausgeglichen werden. Auch dürfen Gewinne der Vermögensverwaltung grundsätzlich nicht zur Deckung von Verlusten des wirtschaftlichen Geschäftsbetriebs verwendet werden.[137] Dies stellt einen Verstoß gegen das Prinzip der Selbstlosigkeit

134 AEAO zu § 64 Abs. 1, Nr. 4.
135 AEAO zu § 64 Abs. 1, Nr. 4, bis 6; FG Hamburg, 5.12.2024 – 5 K 125/23.
136 AEAO Nr. 1 zu § 56 AO.
137 BMF, 19.10.1998, BStBl. I 1998, 1423, AEAO Nrn. 3 bis 8 zu § 55 Abs. 1 Nr. 1 AO.

und Ausschließlichkeit dar und gilt als Mittelfehlverwendung, die zum Verlust der Gemeinnützigkeit führen kann.[138]

Der Verlust eines wirtschaftlichen Geschäftsbetriebs kann durch die Zusammenfassung mit anderen Betrieben nach § 64 Abs. 2 AO im Entstehungsjahr ausgeglichen werden.[139] Ein verbleibender Verlust ist dann noch gemeinnützigkeitsrechtlich unschädlich, wenn die Gewinne des einheitlichen wirtschaftlichen Geschäftsbetriebs, die in den letzten sechs Jahren in den ideellen Bereich geflossen sind, mindestens gleich hoch waren. Die Finanzverwaltung geht hierbei von einer Rückgabe von Gewinnen aus, die aufgrund der gemeinnützigkeitsrechtlichen Gewinnabführung in den ideellen Bereich erzwungen waren.[140]

Ebenfalls unschädlich ist ein Verlust aufgrund einer Fehlkalkulation, wenn die Mittel innerhalb von 12 Monaten nach Beendigung des Verlustjahres dem ideellen Bereich wieder zugeführt werden. Die zurückgeführten Mittel dürfen nicht aus Zweckbetrieben, der steuerbegünstigten Vermögensverwaltung oder aus zweckgebundenen Beiträgen und Zuwendungen stammen. Folglich sind sie dem Gewinn des wirtschaftlichen Geschäftsbetriebs im Jahr nach der Verlustentstehung oder aus Umlagen und Zuschüssen, die hierfür bestimmt sind zu entnehmen.[141] Bei länger bestehenden wirtschaftlichen Geschäftsbetrieben, die bisher Gewinne erwirtschaftet haben, unterstellt die Finanzverwaltung zunächst, dass es sich um Verluste aufgrund einer Fehlkalkulation handelt.[142]

Die Mittel aus der Aufnahme eines Darlehens können ebenfalls zur Deckung eines Verlustes aus einem wirtschaftlichen Geschäftsbetrieb verwendet werden. Voraussetzung ist, dass es sich um ein betriebliches Darlehen handelt, welches aus Erträgen des wirtschaftlichen Geschäftsbetriebs zurückbezahlt wird (sowohl die Tilgung als auch die Zinsen). Dies gilt auch, wenn Vermögen des ideellen Bereiches als Sicherheit genutzt wird. So ist zum Beispiel die Eintragung einer Grundschuld noch keine Verwendung des ideellen Vermögens. Diese Regelung gilt auch, wenn betriebliche Verluste bereits durch ideelles Vermögen ausgeglichen wurden, die Rückführung der Mittel in den ideellen Bereich jedoch durch die Darlehensaufnahme innerhalb von 12 Monaten nach Ende des Verlustjahres erfolgt.[143]

---

138 AEAO Nr. 9 zu § 55 Abs. 1 Nr. 1 AO.

139 Dies gilt jedoch nicht, wenn einzelne wirtschaftliche Geschäftsbetriebe dauerdefizitär wirtschaften und dauerhaft Gewinne anderer wirtschaftlicher Geschäftsbetriebe verrechnet werden.

140 AEAO Nr. 4 zu § 55 Abs. 1 Nr. 1 AO.

141 AEAO Nr. 6 zu § 55 Abs. 1 Nr. 1 AO.

142 AEAO Nr. 8 Satz 2 zu § 55 Abs. 1 Nr. 1 AO.

143 AEAO Nr. 7 zu § 55 Abs. 1 Nr. 1 AO.

Wenn ein neuer (wirtschaftlicher Geschäfts-) Betrieb eröffnet und aufgebaut wird, dürfen Mittel aus dem ideellen Bereich auch dann gemeinnützigkeitsrechtlich unschädlich verwendet werden, wenn mit einem Verlust gerechnet wurde. Allerdings muss der wirtschaftliche Geschäftsbetrieb die Mittel innerhalb von drei Jahren wieder in den ideellen Bereich zurückführen.

Werden im wirtschaftlichen Geschäftsbetrieb Verluste erwirtschaftet, die nicht mit Gewinnen aus anderen wirtschaftlichen Geschäftsbetrieben gedeckt werden können, empfiehlt es sich die gemischten Aufwendungen genauer zu betrachten.

Sofern sich bei der ertragsteuerlichen Gewinnermittlung gemischte Aufwendungen, wie z. B. Abschreibungen auf gemischt genutzte Wirtschaftsgüter oder Kosten für Personal, das sowohl im ideellen als auch im wirtschaftlichen Bereich tätig ist, ergeben, kann der Verlust für die Anerkennung der Gemeinnützigkeit unschädlich sein. Voraussetzung ist, dass sich der Verlust ausschließlich durch die Berücksichtigung dieser gemischten Kosten ergibt. Des Weiteren dürfen die gemischt genutzten Wirtschaftsgüter und das Personal nur zur besseren Kapazitätsauslastung und Mittelerwirtschaftung teil- oder zeitweise im wirtschaftlichen Bereich eingesetzt werden. Die Anschaffung oder Einstellung darf also nicht bereits für einen Einsatz im wirtschaftlichen Bereich geplant werden. Außerdem muss die Körperschaft marktübliche Preise für ihre Leistung verlangen. Des Weiteren darf der steuerpflichtige wirtschaftliche Geschäftsbetrieb keinen eigenständigen Sektor innerhalb eines Gebäudes bilden (z. B. Gaststätte in einem Vereinsheim).[144]

Aufgrund der Corona-Krise ist der Ausgleich von Verlusten, welche nachweislich aufgrund der Auswirkungen der Corona-Krise in 2020 bis zum 31. Dezember 2023 im steuerpflichtigen wirtschaftlichen Geschäftsbetrieb oder in der Vermögensverwaltung entstehen mit Mitteln des ideellen Bereichs, Gewinnen aus Zweckbetrieben, Erträgen aus der Vermögensverwaltung für die Steuerbegünstigung der jeweiligen Körperschaft unschädlich.[145]

---

144 AEAO Nr. 5 zu § 55 Abs. 1 Nr. 1 AO.

145 Verlängerung der gemeinnützigkeits- und umsatzsteuerrechtlichen Maßnahmen zur Förderung der Hilfe für von der Corona-Krise Betroffenen; Verlängerung der Geltungsdauer, BMF, 9.4.2020 – IV C 4 – S 2223/19/10003 :003; BMF, 26.5. 2020 – IV C 4 – S 0174/19/10002. :008); BMF, 18.12.2020 – IV C 4 – S 2223/19/10003 :006; 15.6.2021- III C 3 – S 7130/20/10005 :015); 3.12.2021 – III C 3 – 7130/20/10005 :015); BMF, 4.12.2021 – III C 2 – S 7030/20/10004 :004; BMF, 15.12.2021 – IV C 4 – S 2223/19/10003 :006, enthaltenen Billigkeitsregelungen.

Weiterführung des Beispiels:

Der Museums-BgA erwirtschaftet folgende Überschüsse bzw. Verluste:

Jahr/ Bereich	Museum	Kurse	Shop	Summe	Mitteltransfer	Mittel- bestand
07	–20.000 €	–1.000 €	4.000 €	–17.000 €		0 €
08	5.000 €	1.000 €	6.000 €	12.000 €	+4.000 € Spenden für gemeinn. Zwecke +50.000 € aus Erbschaft	66.000 €
09	10.000 €	2.000 €	4.000 €	16.000 €		82.000 €
10	9.000 €	4.000 €	5.000 €	18.000 €		100.000 €
11	3.000 €	2.000 €	6.000 €	11.000 €	–22.000 € für Neukonzeption der Ausstellungen –10.000 € Mittelweitergabe an Musikverein	79.000 €
12	5.000 €	3.000 €	7.000 €	15.000 €		94.000 €
13	7.000 €	5.000 €	9.000 €	21.000 €		115.000 € davon: Projektrücklage 30.300 € Wiederbes. RL 30.000 € freie Rücklage 4.700 €
14	10.000 €	6.000 €	4.000 €	20.000 €	– 50.000 € Anschaffung Kino – 60.000 € neuer VW-Bus	25.000 €
15	5.000 €	2.000 €	– 31.000 €	–24.000 €		1.000 €
16	4.000 €	1.000 €	2.000 €	7.000 €		8.000 €
17	3.000 €	1.000 €	– 5.000 €	– 1.000 €		7.000 €
18	2.000 €	– 1.000 €	4.000 €	5.000 €	+1.000 € Zuwendung von Museums-Leiter	13.000 €
19	– 3.000 €	– 2.000 €	– 3.000 €	– 8.000 €		5.000 €
20	– 6.000 €	– 4.000 €	5.000 €	– 5.000 €		0 €

Im Jahr 14 wird die geplante Kinoausrüstung gekauft und der neue Raum in die bestehende Ausstellung integriert. Hierfür wurde sowohl die Projektrücklage als auch die freie Rücklage vollständig verbraucht. Der Restbetrag wurde aus den laufenden Gewinnen beglichen. Der alte VW-Bus hat keinen TÜV mehr bekommen. Deshalb wurde bereits vorzeitig das neue Kfz angeschafft. Hierfür wurde die Rücklage für Wiederbeschaffung aufgelöst. Außerdem wurden die übrigen Gewinne und ein Teil der Erbschaft verwendet.

Im Jahr 15 verdirbt der komplette Warenbestand des Shops durch eine unsachgemäße Lagerung. Der Warenbestand war nicht versichert. Es entsteht ein Verlust i. H. v. 31.000 € im wirtschaftlichen Geschäftsbetrieb.

Im Jahr 17 verschätzte sich der Leiter des Museums-BgA bei der Preiskalkulation, weshalb ein Verlust von 5.000 € im wirtschaftlichen Geschäftsbetrieb des Shops entsteht. Um dies zumindest teilweise wieder gut zu machen, zahlt der Leiter des BgA aus privaten Mitteln 1.000 € auf das Konto des BgA mit dem Text „für Verlustausgleich Shop“ und verzichtet auf die Ausstellung einer Spendenbescheinigung.

Im Jahr 19 entsteht im Shop aus unbekannten Gründen ein Verlust in Höhe von 3.000 €. Zur Deckung wird ein Kredit bei der Sparkasse aufgenommen, damit 5 % p. a. verzinst wird. Der Kredit wird im Jahr 20 inkl. der Zinsen für ein Jahr i. H. v. 150 € zurückgezahlt.

Lösung:

Der kumulierte Gewinn des Shops der Jahre 09 bis 14 beträgt 35.000 €. Der Verlust des wirtschaftlichen Geschäftsbetriebs im Jahr 15 i. H. v. 31.000 € kann mit den Mitteln ausgeglichen werden, die der Shop in den letzten 6 Jahren vor dem Jahr 15 erwirtschaftete und in den ideellen Bereich der Zweckbetriebe gegeben hat. Dabei spielt es keine Rolle, dass Teile der Gewinne aus dem wirtschaftlichen Geschäftsbetrieb nicht mehr in bar vorliegen, sondern bei der Anschaffung der Ausstattung des Kinoraums und des neuen Kfz verwendet wurden, da diese auch als Werte im ideellen Bereich der Zweckbetriebe vorhanden sind.

Der Verlust des Jahres 17 kann nicht mit den Gewinnen der 6 vorangegangenen Jahren verrechnet werden, da hier ein Gesamtverlust im Shop von 3.000 € vorliegt. Der aktuelle Verlust des wirtschaftlichen Geschäftsbetriebs ebenfalls in Höhe von 5.000 € auf einer Fehlkalkulation beruht, kann dieser im Jahr 18 noch ausgeglichen werden. Dies darf jedoch nicht aus ideellen Mitteln, bzw. Mitteln aus den Zweckbetrieben erfolgen. In 18 erwirtschaftet der Shop einen Gewinn i. H. v. 4.000 € und es geht ein Zuschuss des Leiters i. H. v. 1.000 € ein. Damit ist der Verlust ausgeglichen und es müssen keine negativen Folgen für die Gemeinnützigkeit gezogen werden.

Der Verlust des Jahres 19 i. H. v. kann zulässigerweise durch den Kredit überbrückt werden. Voraussetzung ist jedoch, dass er zuzüglich der Zinsen aus Mitteln des wirtschaftlichen Geschäftsbetriebs getilgt wird. Hiervon kann ausgegangen werden, da im Jahr 20 ein Gewinn von 5.000 € erwirtschaftet wurde und dieser die Rückzahlung i. H. v. insgesamt 3.150 € decken kann.

6. Zuwendungsempfängerregister nach § 60b AO

Zum 1.1.2024 wurde ein Zuwendungsempfängerregister eingeführt, in dem Körperschaften und jPöR geführt werden, welche zum Empfang steuerbegünstigter Zuwendungen berechtigt sind. Zuständig für das Register ist das Bundeszentralamt für Steuern, welches die erforderlichen Daten durch Datenübermittlung von den Finanzämtern erhält. Damit wird der Aufbau eines umfassenden digitalen Spendenabzugsverfahren ermöglicht.

V. Verfahren

Die Prüfung der Gemeinnützigkeit erfolgt turnusmäßig durch die Finanzverwaltung mindestens alle drei Jahre. Dabei sind für den steuerbefreiten Bereich Einnahmenüberschussrechnungen für die Sparten sowie Tätigkeitsberichte, Berechnungen, Kassenprüfungsberichte etc. einzureichen. Ein nicht steuerbegünstigter wirtschaftlicher Geschäftsbetrieb führt zu einer partiellen Steuerpflicht. Für diesen ist jährlich eine Körperschaftsteuererklärung abzugeben. Ebenfalls jährlich erlässt das Finanzamt dann einen Körperschaftsteuerbescheid mit einer Anlage, welche die Gemeinnützigkeit der übrigen Körperschaft bestätigt.

VI. Fazit

Der Gesetzgeber hat den Reformbedarf erkannt und bemüht sich fortlaufend um Anpassung. So sind zuletzt Änderungen im Wachstumschancengesetz vom 27.3.2024, im IV. Bürokratieentlastungsgesetz vom 23.10.2024 und im JStG 2024 erfolgt. Die Vorschläge im Referentenentwurf vom 10.7.2024 zum Steuerfortentwicklungsgesetz (SteFeG-E, vormals zweites Jahressteuergesetz 2024) wurden nicht mehr umgesetzt. Dies ermöglicht es dem Gesetzgeber, die Vorschläge des Bundesrates genauer zu prüfen und Nachbesserungen vorzunehmen. Die Vorschläge des Bundesrates[146] zum weiteren

146 Stellungnahme des Bundesrates, 27.9.2024, BT-Drs. 20/1319, Gegenäußerung 2.10.2024; Bundesregierung wird Vorschläge prüfen.

Bürokratieabbau sind die richtigen konsequenten nächsten Schritte. Danach sollen die Betragsgrenzen des § 55 Abs. 1 Nr. 5 Satz 4 AO von 45.000 € auf 80.000 Euro und die Umsatz- und Gewinngrenzen für die Buchführungspflicht in § 141 AO und § 241a HGB von 80.000 € auf 100 000 € Gewinn, bzw. von 800.000 auf 1.000.000 € Umsatz erhöht werden. Dies würde nicht nur den gemeinnützigen Einrichtungen zu Entlastungen verhelfen, sondern auch den Betrieben gewerblicher Art der öffentlichen Hand, da in der Vergangenheit stets die Umsatzgrenze des § 55 AO analog auf die Umsatzgrenzen für die Begründung eines BgA übernommen wurden.

Auch die Nachversteuerung gem. § 61 Abs. 3 AO durch eine pauschale einmalige Besteuerung (lt. Entwurf in Höhe von 30 % des nach dem gemeinen Wert bewerteten Vermögens) schafft einen Bürokratieabbau auf Seiten der gemeinnützigen Einrichtung und der Finanzverwaltung. Gleichzeitig sollten wie geplant, Photovoltaikanlagen in § 68 Nr. 2 Buchst. b AO als Selbstversorgungseinrichtungen aufgenommen werden.

Die Überlegungen ein abgestuftes Sanktionssystem, das erst bei schwerwiegenden und fortgesetzten Verstößen den Verlust des Gemeinnützigkeitsstatus und bei kleineren Verstößen, wie der Fehlverwendung von Mitteln eine Sanktionszahlung vorsieht, könnte sich positiv auf das Engagement im Gemeinnützigkeitsbereich auswirken und Rechtsicherheit schaffen.

Darüber hinaus sind die Vorschriften zur Rücklagenbildung reform- und vereinfachungsbedürftig. Eine Eigenkapitalbildung im begrenzten Umfang würde es gemeinnützigen Einrichtungen ermöglichen, Krisen besser zu meistern. Hat doch die Pandemie gezeigt, dass die aktuellen Vorschriften oft nur durch die Gewährung von Billigkeitsmaßnahmen eingehalten werden konnten.

Die Überlegungen der letzten Bundesregierung auf die Mittelverwendungsrechnung zu verzichten, führt zu dem Verlust eines elementaren Grundsatzes des Gemeinnützigkeitsrechts und muss wohl abgewogen werden. Die Privilegierung von steuerbegünstigten Mitteln für das Gemeinwohl sollte zwar zeitlich gestreckt werden, aber nicht verloren gehen. Nur so kann Gemeinwohl-Engagement dauerhaft gesichert werden.

Zusammenfassend bestehen bei gemeinnützigen BgA Risiken bei den Anforderungen an die Satzung und bei der zeitnahen Mittelverwendung, bzw. Mittelfehlverwendung. Tax Compliance Managementsysteme (TCMS) helfen dabei, Risiken bei der Einordnung von Tätigkeiten als durch die satzungsgemäßen Zwecke abgedeckt zu dokumentieren und im Blick zu behalten. Insbesondere kann durch TCMS die Einhaltung der Mittelverwendung sichergestellt werden.

Anhang Muster der hessischen Finanzverwaltung

Muster einer Überschussermittlung und Vermögensaufstellung

Bestand der Rücklagen und Vermögenszuführungen

I. Gegenüberstellung der Einnahmen und Ausgaben (01.01. bis 31.12. 20)

A. Ideeller Tätigkeitsbereich

Einnahmen:

Beitragseinnahmen	0,00 €	
Spenden	0,00 €	
Staatliche Zuschüsse u. ä.	0,00 €	
Sonstige*	0,00 €	
Summe Einnahmen	0,00 €	0,00 €

Ausgaben:

Beiträge an Verbände	0,00 €	
Verwaltungsausgaben, z.B. Bürobedarf	0,00 €	
Spendenwerbung	0,00 €	
Mitgliederbetreuung	0,00 €	
Sonstige*	0,00 €	
Summe Ausgaben	0,00 €	0,00 €
Überschuss/Verlust		**0,00 €**

B. Vermögensverwaltung

Einnahmen:

Zinsen und sonstige Kapitalerträge	0,00 €	
Miet- und Pachteinnahmen	0,00 €	
Sonstige*	0,00 €	
Summe Einnahmen	0,00 €	0,00 €

Ausgaben:

Reparaturen	0,00 €	
Abschreibung	0,00 €	
Sonstige*	0,00 €	
Summe Ausgaben	0,00 €	0,00 €
Überschuss/Verlust		**0,00 €**

C. Zweckbetriebe

1. Sportliche Veranstaltungen, soweit sie nicht unter D 2 zu erfassen sind

Einnahmen:

Eintritts-, Start-, Meldegelder	0,00 €	
Lehrgangsgebühren	0,00 €	
Ablösezahlungen	0,00 €	
Sonstige*	0,00 €	
Summe Einnahmen	0,00 €	0,00 €

Ausgaben:

Sportler	0,00 €	
Schiedsrichter	0,00 €	
Kassen-, Ordnungs-, Sanitätsdienst	0,00 €	
Reisekosten	0,00 €	
Trainer, Betreuer	0,00 €	
Sportmaterial	0,00 €	
Werbeaufwand	0,00 €	
Abgaben, Steuern	0,00 €	
Miete, Pacht	0,00 €	
Sonstige*	0,00 €	
Summe Ausgaben	0,00 €	0,00 €
Überschuss/Verlust		**0,00 €**

2. Kulturelle Einrichtungen und Veranstaltungen

Einnahmen:

Eintrittsgelder	0,00 €	
Sonstige*	0,00 €	
Summe Einnahmen	0,00 €	0,00 €

Ausgaben:

Saalmiete	0,00 €	
Künstler, Musik	0,00 €	
GEMA	0,00 €	
Abgaben, Steuern	0,00 €	
Sonstige*	0,00 €	
Summe Ausgaben	0,00 €	0,00 €
Überschuss/Verlust		**0,00 €**

3. Sonstige (bitte auf besonderem Blatt erläutern)

Einnahmen	0,00 €	0,00 €
Ausgaben	0,00 €	0,00 €
Überschuss/Verlust		**0,00 €**

D. Steuerpflichtige wirtschaftliche Geschäftsbetriebe

1. Selbstbewirtschaftete Vereinsgaststätte

Einnahmen:

Speisen und Getränke	0,00 €	
Kurzfristige Vermietung	0,00 €	
Sonstige*	0,00 €	
Summe Einnahmen	0,00 €	0,00 €

Ausgaben:

Waren	0,00 €	
Löhne und Gehälter	0,00 €	
Heizung, Beleuchtung, Reinigung	0,00 €	
Telefon/Porto, Büromaterial	0,00 €	
Schuldzinsen	0,00 €	
Abschreibungen, Geringwertige Anlagegüter	0,00 €	
Abgaben, Steuern	0,00 €	
Miete, Pacht	0,00 €	
Sonstige*	0,00 €	
Summe Ausgaben	0,00 €	0,00 €
Überschuss/Verlust		**0,00 €**

2. <u>Sportliche Veranstaltungen, die keine Zweckbetriebe sind</u>

Einnahmen:

Eintritts- Start-, Meldegelder	0,00 €	
Ablösezahlungen	0,00 €	
Sonstige*	0,00 €	
Summe Einnahmen	0,00 €	0,00 €

Ausgaben:

Sportler	0,00 €	
Schiedsrichter	0,00 €	
Kassen-, Ordnungs-, Sanitätsdienst	0,00 €	
Reisekosten	0,00 €	
Trainer, Betreuer	0,00 €	
Sportmaterial	0,00 €	
Werbeaufwand	0,00 €	
Abgaben, Steuern	0,00 €	
Miete, Pacht	0,00 €	
Sonstige*	0,00 €	
Summe Ausgaben	0,00 €	0,00 €
Überschuss/Verlust		**0,00 €**

3. <u>Gesellige Veranstaltungen inkl. Verkauf von Speisen und Getränken</u>

Einnahmen:

Eintrittsgelder	0,00 €	
Verkäufe	0,00 €	
Sonstige*	0,00 €	
Summe Einnahmen	0,00 €	0,00 €

Ausgaben:

Wareneinkäufe	0,00 €	
Löhne	0,00 €	
Abgaben, Steuern	0,00 €	
Miete, Pacht	0,00 €	
Sonstige*	0,00 €	
Summe Ausgaben	0,00 €	0,00 €
Überschuss/Verlust		**0,00 €**

4. Sonstige wirtschaftliche Betätigungen (z.B. Banden- und Trikotwerbung, Inseratengeschäft, kurzfristige Sportstättenvermietung an Nichtmitglieder, bitte auf besonderem Blatt erläutern)

Einnahmen	0,00 €	0,00 €
Ausgaben	0,00 €	0,00 €
Überschuss/Verlust		**0,00 €**

Überschuss/Verlust aller steuerpflichtigen wirtschaftlichen Geschäftsbetriebe
Saldierter Betrag der Überschüsse/Verluste (D1 bis D4) **0,00 €**

Summe der Einnahmen (inkl. Umsatzsteuer) aller steuerpflichtigen wirtschaftlichen Geschäftsbetriebe
(D1 bis D4) **0,00 €**

- Wenn mehr als 45.000 € (bis 31.12.2019: 35.000 €):

Überschüsse aus steuerpflichtigen wirtschaftlichen Geschäftsbetrieben unterliegen der Körperschaft- und Gewerbesteuer

- Wenn bis 45.000 € (bis 31.12.2019: 35.000 €):

Es fällt weder Körperschaft- noch Gewerbesteuer an

Die unter A, B und C aufgeführten Tätigkeitsbereiche führen bei steuerbegünstigten Körperschaften nicht zu einer Körperschaft- und Gewerbesteuerpflicht.

II. Vermögensaufstellung (zum 31.12.)

Anlagevermögen (Grundstücke, Gebäude, Einrichtungen, Kfz. usw.)	0,00 €
Kassenbestand	0,00 €
Wertpapiere (Festverzinsliche Papiere, Festgelder, Sparbücher, Aktien usw.)	0,00 €
Forderungen	0,00 €
Verbindlichkeiten	0,00 €

III. Rücklagen und Vermögenszuführungen (zum 31.12.)

Projektrücklagen, Betriebsmittelrücklagen	0,00 €
Freie Rücklagen	0,00 €
Vermögenszuführungen aus Schenkungen, Erbschaften, Spendenaufrufen usw.	0,00 €

*ggf. auf besonderem Blatt erläutern

Teil 3: Umsatzsteuer

Die Systembefreiung, die nicht immer befreit

Prof. Dr. Sascha Gieseler

Seitdem die Besteuerung der öffentlichen Hand durch die Abschaffung von § 2 Abs. 3 UStG auf neue Füße gestellt worden ist, ergeben sich immer wieder Fragen, die das System der Mehrwertsteuer sowohl auf nationaler als auch auf unionsrechtlicher Ebene betreffen. Eine aus Sicht des Verfassers noch nicht vollständig gelöste Fragestellung ergibt sich bei der Anwendung der sogenannten Systembefreiung nach § 4 Nr. 28 UStG auf die Veräußerung von Gegenständen, für die der Vorsteuerabzug bei der Anschaffung wegen Verwendung im hoheitlichen Bereich nicht möglich war. Dies soll im Folgenden dargestellt und untersucht werden.

I. Einleitung

Unter den zahlreichen Steuerbefreiungen im Umsatzsteuerrecht findet sich unter anderem in § 4 Nr. 28 UStG die sogenannte „Systembefreiung", welche die Lieferung aus zum Unternehmensvermögen gehörenden Gegenständen unter bestimmten Voraussetzungen von der Umsatzsteuer befreit. Sinn und Zweck der Regelung ist, eine Lieferung nicht mit Umsatzsteuer zu belasten, wenn die wirtschaftlich damit im Zusammenhang stehende Anschaffung nicht zum Vorsteuerabzug berechtigt hat.[1] Mit Vorsteuer belastete Gegenstände (insbesondere gebrauchte Anlagegüter) sollen bei ihrer Weiterlieferung nicht noch einmal mit Umsatzsteuer belastet werden.[2]

Darin kommt der Grundsatz der Neutralität der Mehrwertsteuer zum Ausdruck, der einen fundamentalen Grundsatz des harmonisierten Mehrwertsteuersystems darstellt[3] und der von der Rechtsprechung regelmäßig hervorgehoben wird.[4] Neben dem Abbau von Hemmnissen für den freien Waren- und Dienstleistungsverkehr sowie einem aus dem Gleichbehand-

---

1 Vgl. *Sölch/Ringleb/Leipold*, UStG § 4 Nr. 28 Rn. 3; *Bunjes/Heidner*, UStG § 4 Nr. 28 Rn. 2 ff.; *Stadie*, in: Stadie, UStG, § 4 Nr. 28 Rn. 1.

2 Vgl. EuGH, 25.6.1997 – C-45/95 – Kommission/Italien; EuGH, 6.7.2006 – C-18/05 u. C-155/05 – Salus und Villa Maria Beatrice Hospital; EuGH, 22.10.2009 – C-242/08 – Swiss Re Germany Holding; BFH, 21.9.2016 – V R 43/15, BStBl. II 2017, 1203; 26.4.1995 – XI R 75/94, BStBl. II 1995, 746.

3 Vgl. Erwägungsgründe 4, 5 und 7 der Mehrwertsteuersystem-Richtlinie (MwStSystRL).

4 Vgl. exemplarisch EuGH, 21.3.2000 – C-110/98 – Gabalfrisa u. a.; EuGH, 8.6.2000 – C-98/98 – Midland Bank; EuGH, 29.11.2012 – C-257/11 – SC Gran Via Moinesti SRL; EuGH, 6.10.2022 – C-293/21 – Vittamed technologijos; BFH, 24.4.2013 – XI R 25/10, MwStR 2013, 673 mAnm Hummel.

lungsgrundsatz erwachsenden Gebot der Wettbewerbsneutralität der Mehrwertsteuer gebietet es der Neutralitätsgrundsatz nach Auffassung des EuGH, den Steuerpflichtigen durch den Vorsteuerabzug vollständig von der im Rahmen seiner wirtschaftlichen Tätigkeit geschuldeten oder entrichteten Umsatzsteuer zu entlasten.[5] Das gemeinsame Mehrwertsteuersystem gewährleiste daher völlige Neutralität hinsichtlich der steuerlichen Belastung aller wirtschaftlichen Tätigkeiten unabhängig von ihrem Zweck und ihrem Ergebnis, sofern diese Tätigkeiten grundsätzlich selbst der Mehrwertsteuer unterliegen.[6]

Soweit daher die von einem Steuerpflichtigen bezogenen Gegenstände oder Dienstleistungen für die Zwecke steuerbefreiter Umsätze oder solcher Umsätze verwendet werden, die nicht vom Anwendungsbereich der Mehrwertsteuer erfasst werden, könne es somit weder zur Erhebung der Steuer auf der folgenden Stufe noch zum Abzug der Vorsteuer kommen.[7] Aufwendungen im Zusammenhang mit nichtwirtschaftlichen Tätigkeiten berechtigten nur dann zum Vorsteuerabzug, wenn die betreffenden Aufwendungen zu den Kostenelementen der versteuerten, zum Abzug berechtigenden Ausgangsumsätze gehören.[8] Daraus folgt im Umkehrschluss, dass ein Ausgangsumsatz nicht mit Umsatzsteuer belastet werden darf, wenn der damit im Zusammenhang stehende Eingangsumsatz nicht zum Vorsteuerabzug berechtigt hat.

Dadurch, dass der Gesetzgeber in der Vorschrift auf die Verwendung der Gegenstände für bestimmte Zwecke abstellt und nicht auf die fehlende Vorsteuerabzugsberechtigung bei der Anschaffung, kommt in diversen Fallkonstellationen die Umsatzsteuerbefreiung trotz Vorsteuerbelastung nicht zum Tragen. Damit ist der Grundsatz der Neutralität der Mehrwertsteuer nicht gewahrt.

Der folgende Beitrag untersucht zunächst die daraus resultierenden Verwerfungen bei diversen Fallgestaltungen und stellt verschiedene Lösungsansätze dar. In der Folge wird im Beitrag überprüft, ob und inwieweit die

---

5 Vgl. auch *Stadie*, in: Stadie, Umsatzsteuergesetz, Einführung, Vorbemerkungen, Allgemeines, Rn. 79.

6 Vgl. EuGH, 14.2.1985 – 268/83 – Rompelman; EuGH, 15.1.1998 – C-37/95 – Ghent Coal Terminal; EuGH, 22.2.2001 – C-408/98 – Abbey National; EuGH, 27.9.2001 – C-16/00 – Cibo Participations; EuGH, 1.4.2004 – C-90/02 – Bockemühl; EuGH, 6.7.2006 – C-439/04 u. C-440/04 – Kittel; EuGH, 13.3.2008 – C-437/06 – Securenta; EuGH, 18.12.2008 – C-488/07 – Royal Bank of Scotland; EuGH, 12.2.2009 – C-515/07 – Vereniging Noordelijke Land.; EuGH, 22.12.2010 – C-277/09 – RBS Deutschland Holding.

7 Vgl. EuGH, 30.3.2006 – C-184/04 – Uudenkaupungin kaupunki; EuGH, 14.9.2006 – C-72/05 – Wollny; EuGH, 12.2.2009 – C-515/07 – Vereniging Noordelijke Land.

8 Vgl. EuGH, 22.2.2001 – C-408/98 – Abbey National; EuGH, 27.9.2001 – C-16/00 – Cibo Participations; EuGH, 13.3.2008 – C-437/06 – Securenta.

existierenden Lösungsansätze auf die Veräußerung von Gegenständen, die ursprünglich für den nichtwirtschaftlichen Bereich einer Körperschaft des öffentlichen Rechts angeschafft worden sind, übertragbar sind.

II. Inhalt und Entwicklung der Vorschrift

Die Vorschrift des § 4 Nr. 28 UStG ist zweigeteilt und bezieht sich zum einen auf Gegenstände, für die beim Erwerb der Vorsteuerabzug aufgrund von § 15 Abs. 2 UStG ausgeschlossen ist (steuerfreie Verwendungen), zum anderen auf Gegenstände, für die der Vorsteuerabzug nach § 15 Abs. 1a UStG ausgeschlossen ist (Aufwendungen für private Lebensführung sowie für bestimmte ertragsteuerlich nicht abzugsfähige Betriebsausgaben wie Luxus- und Repräsentationsaufwendungen).

Der Vorsteuerausschluss nach § 15 Abs. 1a UStG nimmt Bezug auf das Ertragsteuerrecht. Demnach sind Vorsteuerbeträge nicht abziehbar, die auf Aufwendungen entfallen, für welche die Abzugsverbote des § 4 Abs. 5 Satz 1 Nr. 1 bis 4, 7 oder des § 12 Nr. 1 des Einkommensteuergesetzes gelten.[9] Dabei handelt es sich zusammengefasst um betrieblich veranlasste Aufwendungen, die der Gesetzgeber nicht als notwendige Betriebsausgaben ansieht oder die aus Sicht des Gesetzgebers keinen streng geschäftlichen Charakter haben und die nach allgemeiner Verkehrsauffassung als unangemessene Lebensführung anzusehen sind (wie Luxusausgaben, Ausgaben für Vergnügungen und Repräsentationsaufwendungen). Hinzu kommen sämtliche Aufwendungen für die private Lebensführung des Steuerpflichtigen, selbst wenn sie die wirtschaftliche oder gesellschaftliche Stellung des Steuerpflichtigen mit sich bringt und selbst wenn sie zur Förderung des Berufs oder der Tätigkeit des Steuerpflichtigen erfolgen.

1. Historie

Die Steuerbefreiung in § 4 Nr. 28 UStG ist zum 1.1.1980 in das UStG aufgenommen worden.[10] Die Vorschrift umfasste zunächst neben der entgeltlichen Lieferung von Gegenständen auch deren Entnahme und Verwendung für unternehmensfremde Zwecke, sofern für deren Erwerb wegen Verwendung zur Ausführung vorsteuerabzugsschädlicher Umsätze kein Vorsteuer-

9 Mit einer Einschränkung für Bewirtungsaufwendungen, für die der Vorsteuerausschluss nicht gilt, soweit § 4 Abs. 5 Satz 1 Nr. 2 des Einkommensteuergesetzes einen Abzug angemessener und nachgewiesener Aufwendungen ausschließt.

10 Vgl. *Sölch/Ringleb/Leipold,* UStG, § 4 Nr. 28 Rn. 1; *Bunjes/Heidner,* UStG § 4 Nr. 28 Rn. 1; *Huschens,* in: Reiß/Kraeusel/Langer, UStG, § 4 Rn. 1.

abzug zulässig war oder dieser durch Besteuerung als Aufwendungseigenverbrauch „neutralisiert“ wurde.[11]

Anstelle der unangemessenen Luxus- und Repräsentationsaufwendungen war der Eigenverbrauch bis zur Jahrtausendwende von der Steuerbefreiung des § 4 Nr. 28 UStG erfasst. Nachdem die Berechtigung zum Vorsteuerabzug bei Anschaffung vom Gesetzgeber zur Voraussetzung für eine Umsatzbesteuerung des Eigenverbrauchs gemacht wurde,[12] entfiel der Bedarf für eine Steuerbefreiung.[13] Da der Gesetzgeber gleichzeitig durch Schaffung von § 15 Abs. 1a UStG den bisherigen sogenannten „Aufwendungseigenverbrauch“ nach dem Vorbild des heutigen Art. 176 MwStSystRL in einen Vorsteuerausschluss umgewandelt hatte, war die Anpassung von § 4 Nr. 28 UStG erforderlich.[14]

2. Regelungen im Unionsrecht

Die Regelung in § 4 Nr. 28 UStG basiert auf Art. 136 der Mehrwertsteuersystemrichtlinie (MwStSystRL).[15] Danach wird die Lieferung von Gegenständen, die ausschließlich für eine von der Steuer befreite Tätigkeit bestimmt waren, von der Mehrwertsteuer befreit, wenn für diese Gegenstände kein Recht auf Vorsteuerabzug bestanden hat. Wie in § 4 Nr. 28 UStG wird auf die Bestimmung des Gegenstands für bestimmte Verwendungen abgestellt und nicht auf das fehlende Recht zum Vorsteuerabzug bei der Anschaffung.[16] Ergänzend wird die Lieferung von Gegenständen von der Mehrwertsteuer befreit, deren Anschaffung oder Zuordnung gemäß Art. 176 MwStSystRL vom Vorsteuerabzug ausgeschlossen war.

---

11 Vgl. *Sölch/Ringleb/Leipold,* UStG § 4 Nr. 28 Rn. 1; *Huschens*, in: Reiß/Kraeusel/Langer, UStG, § 4 Rn. 1.

12 Sowohl die Entnahme als auch die Nutzung von Gegenständen für unternehmensfremde Zwecke setzen in § 3 Abs. 1b und Abs. 9a Nr. 1 UStG voraus, dass der betreffende Gegenstand bei seiner Anschaffung zumindest teilweise zum Vorsteuerabzug berechtigt haben muss.

13 Vgl. *Sölch/Ringleb/Leipold,* UStG § 4 Nr. 28 Rn. 1; *Huschens,* in: Reiß/Kraeusel/Langer, UStG, § 4 Rn. 4.

14 *Sölch/Ringleb/Leipold,* UStG § 4 Nr. 28 Rn. 1.

15 Richtlinie 2006/112/EG des Rates vom 28. November 2006 über das gemeinsame Mehrwertsteuersystem, aktuelle konsolidierte Fassung vom 1.1.2025.

16 Die in der Richtlinie verwendete Formulierung „ausschließlich bestimmt“ soll keinen sachlichen Unterschied zur Formulierung „ausschließlich verwendet“ in der deutschen Fassung des UStG darstellen. Die Rspr. sieht keinen Spielraum für eine unterschiedliche Deutung der Begriffe vor dem Hintergrund, dass es entscheidend darauf ankommt, dass zum Zeitpunkt des Erwerbs das Recht zum Vorsteuerabzug nicht gegeben war, vgl. BFH, 21.9.2016, V R 43/15, BB 2017, 277.

Demnach entspricht die deutsche Regelung weitgehend der unionsrechtlichen Vorgabe. Beide Regelungen knüpfen neben dem fehlenden Recht auf Vorsteuerabzug auf die Verwendung des Gegenstands für steuerfreie oder nicht notwendigerweise unternehmensbezogene Zwecke an. Beide Regelungen gehen davon aus, dass der Gegenstand ausschließlich für steuerfreie Verwendungen bestimmt gewesen sein darf.

III. Funktion der Systembefreiung

Mit der Regelung bezweckt der Gesetzgeber, mit Vorsteuer belastete Gegenstände, deren Anschaffung nicht zum Vorsteuerabzug berechtigt hat, bei ihrer Weiterlieferung nicht noch einmal mit Umsatzsteuer zu belasten.[17] Darüber hinaus wird durch die Regelung eine nachträgliche Vorsteuerberichtigung vermieden, die bei einer steuerpflichtigen Veräußerung innerhalb des Berichtigungszeitraums vorzunehmen wäre.[18] Die Veräußerung eines dem Unternehmensvermögen zuzurechnenden Gegenstandes würde ohne § 4 Nr. 28 UStG zu einem steuerpflichtigen Ausgangsumsatz führen und möglicherweise eine Vorsteuerberichtigung zu Gunsten des Unternehmers nach § 15a Abs. 8 UStG auslösen. Beides wird auf Grund der Steuerbefreiung nach § 4 Nr. 28 UStG ausgeschlossen.[19] Die Befreiungsvorschrift dient somit letztlich auch der Vereinfachung, indem auf die Vorsteuerberichtigung verzichtet wird.[20]

Die Systembefreiung findet im Ergebnis nur auf entgeltliche Lieferungen Anwendung. Zwar werden Entnahmen als unentgeltliche Wertabgaben gemäß § 3 Abs. 1b UStG entgeltlichen Lieferungen gleichgestellt, diese sind nach § 3 Abs. 1b Satz 2 UStG aber nur steuerbar, wenn die Gegenstände beim Leistungsbezug auch zum Vorsteuerabzug berechtigt haben. Dies widerspricht den tatbestandlichen Voraussetzungen von § 4 Nr. 28 UStG.

Die Vorschrift stellt als Voraussetzung für die Steuerbefreiung allerdings nicht auf das fehlende Recht zum Vorsteuerabzug bei der Anschaffung ab, sondern bezieht sich auf die Verwendung des Gegenstands für bestimmte

17 Vgl. oben in der Einleitung (unter I).

18 Vgl. *Stadie*, in: Stadie, UStG, § 4 Nr. 28, Rn. 2; auch *Huschens*, in: Reiß/Kraeusel/Langer, UStG, § 4 Rn. 9 unter Hinweis auf BFH, 26.4.1995, XI R 75/94, BStBl. II 1995, 746; 16.5.2012, XI R 24/10, BStBl. II 2013, 52.

19 So auch *Sölch/Ringleb/Leipold*, UStG, § 4 Nr. 28 Rn. 3; *Stadie*, in: Stadie, UStG, § 4 Nr. 28, Rn. 2 und *Huschens*, in: Reiß/Kraeusel/Langer, UStG, § 4 Rn. 9.

20 So auch BFH, 26.4.1995 – XI R 75/94, BStBl. II 1995, 746; BFH, 16.5.2012 – XI R 24/10, BStBl. II 2013, 53; *Sölch/Ringleb/Leipold*, UStG, § 4 Nr. 28 Rn. 3; *Huschens*, in: Reiß/Kraeusel/Langer, UStG § 4 Rn. 9 und *Stadie*, in: Stadie, UStG, § 4 Nr. 28, Rn. 2, er auch auf die Begründing im RegE UStG 1979, BT-Drucks. 8/1779 zu § 4 Nr. 28 Bezug nimmt.

Aufwendungen (privat veranlasste oder unangemessene Aufwendungen) oder bestimmte Steuerbefreiungen. Dabei handelt es sich um die sogenannten „unechten" Steuerbefreiungen, die zum Ausschluss des Vorsteuerabzugs führen und nicht durch die Rückausnahme des § 15 Abs. 3 Satz 1 Nr. 1 lit. a UStG erfasst sind.[21]

Erwirbt beispielsweise ein Arzt, der ausschließlich steuerfreie Heilbehandlungsleistungen im Sinne von § 4 Nr. 14 UStG erbringt, Einrichtungsgegenstände für seine Praxis, ist ihm der Vorsteuerabzug wegen § 15 Abs. 2 Satz 1 Nr. 1 UStG versagt, da er die Gegenstände für steuerfreie Ausgangsumsätze verwendet, auch wenn der unternehmerische Leistungsbezug in diesem Fall zweifelsohne gegeben ist. Bei einer späteren Veräußerung dieser Einrichtungsgegenstände greift der Mechanismus von § 4 Nr. 28 UStG und befreit die Ausgangslieferungen, da der Arzt die Gegenstände ausschließlich für steuerfreie Umsätze im Sinne der Vorschrift verwendet hat.

IV. Mängel und Lücken der Systembefreiung

Durch die Ausgestaltung der Regelung und den Bezug auf eine ausschließliche steuerfreie Verwendung oder auf privat veranlasste oder unangemessene Aufwendungen kommt es in diversen Fällen zu Verwerfungen. Probleme ergeben sich beispielsweise, wenn der Unternehmer den Gegenstand nicht ausschließlich für steuerfreie Tätigkeiten nutzt, sondern eine gemischte Verwendung vorliegt. Gleiches gilt, wenn der Vorsteuerabzug mangels Leistungsbezug zum Unternehmen ausgeschlossen ist oder weil der Unternehmer im Zeitpunkt der Anschaffung den Regelungen für Kleinunternehmer unterliegt.

1. Verwerfungen bei gemischter Nutzung

Verwendet der Steuerpflichtige einen einheitlichen Gegenstand teils für unternehmerische und teils für private Zwecke oder teilweise für steuerfreie und teilweise für steuerpflichtige Umsätze, kann ihm zumindest anteilig Vorsteuerabzug zustehen. Bei einer späteren Weiterveräußerung kommt § 4 Nr. 28 UStG in diesen Fällen nicht zur Anwendung.

Beispielsweise ist § 4 Nr. 28 UStG anwendbar, wenn sich ein Arzt einen Pkw anschafft, den er privat (unternehmensfremd) und unternehmerisch nutzt und in vollem Umfang seinem Unternehmen zuordnet. Der Arzt erbringt

21 Dies betrifft die Steuerbefreiungen in § 4 Nr. 1 bis 7, § 25 Abs. 2 UStG oder nach den in § 26 Abs. 5 UStG bezeichneten Vorschriften, die demgegenüber als „echte" Steuerbefreiungen bezeichnet werden.

ausschließlich nach §4 Nr. 14 UStG steuerfreie Heilbehandlungsleistungen. Damit führt er nach herrschender Ansicht keine Umsätze aus, die zum Vorsteuerabzug berechtigen, da die Privatnutzung nicht zu einer steuerbaren unentgeltlichen Wertabgabe führt, wenn die entsprechende Verwendungsabsicht bereits bei der Anschaffung besteht.[22] Der Vorsteuerabzug aus den Kosten der Anschaffung des Pkw ist deshalb ausgeschlossen.

Sollte dieser Arzt seinen Pkw zu einem späteren Zeitpunkt gegen Entgelt veräußern, handelt es sich um eine Lieferung im Rahmen des Unternehmens, die – streng nach dem Wortlaut – nicht nach §4 Nr. 28 UStG steuerfrei sein kann, da der Arzt den Pkw wegen der Privatnutzung nicht ausschließlich für die in der Vorschrift genannten Zwecke verwendet hat. In diesen Fällen, wenn es sich um Gegenstände handelt, die teils unternehmerisch und teils unternehmensfremd genutzt werden, soll es ausreichen, wenn sich die steuerfreie Verwendung auf die unternehmerische Nutzung bezieht.[23]

2. Teilweise Verwendung für nichtwirtschaftliche Zwecke

Dasselbe soll nach Ansicht der Steuerverwaltung gelten, wenn der Gegenstand zum Teil für unternehmerische und zum anderen Teil für nichtwirtschaftliche Tätigkeiten verwendet wird. Veräußert der Unternehmer nach Ablauf des Berichtigungszeitraums nach § 15a UStG eine auf diese Art genutzten Gegenstand, ist die Veräußerung in Höhe des für die unternehmerischen Tätigkeiten verwendeten Anteils im Besteuerungszeitraum der Veräußerung steuerbar.[24] Demgegenüber ist die Veräußerung in Höhe des für die nichtwirtschaftliche Tätigkeiten verwendeten Anteils nicht steuerbar, so dass insoweit kein Bedürfnis für die Anwendung von §4 Nr. 28 UStG besteht.

In diesen Fällen steht dem Steuerpflichtigen nach herrschender Meinung[25] kein Zuordnungswahlrecht zu, sondern es besteht ein Aufteilungsgebot nach dem Verhältnis der Verwendung. Sollte sich während des Berichtigungszeitraums nach § 15a UStG zugunsten des Steuerpflichtigen eine Erweiterung der unternehmerischen Verwendung ergeben, erlaubt die Steuerverwaltung eine Berichtigung aus Billigkeitsgründen.[26] Als Konsequenz hieraus unterliegt der Gegenstand bei einer späteren Veräußerung im Umfang der unter-

22 Vgl. Abschn. 15.2b Abs. 2 Satz 6, Abschn. 15.15 sowie BFH, 9.12.2010 – V R 17/10, BStBl. II 2012 S. 53 und BFH, 26.8.2014 – XI R 26/10, BStBl. II 2021 S. 881.

23 Vgl. *Sölch/Ringleb/Leipold*, UStG §4 Nr. 28 Rn. 20; Abschn. 15.2c Abs. 4 sowie Abs. 2 Beispiel 1 UStAE.

24 Abschn. 15.23 Abs. 6 Satz 10 UStAE.

25 BFH, 3.3.2011 – V R 23/10, BStBl. II 2012, 74 sowie Abschn. 15.2b Abs. 2, 15.2c Abs. 2 Satz 1 Nr. 2 und 15.19 Abs. 3 UStAE.

26 Abschn. 15.23 Abs. 6 Beispiel 1 Satz 10 ff., Abschn. 15a.1 Abs. 7 UStAE.

nehmerischen Nutzung der Besteuerung und der Gesamtverkaufspreis ist entsprechend aufzuteilen.[27] Sollte der Steuerpflichtige in der Rechnung über den Gesamtverkaufspreis die Umsatzsteuer gesondert ausweisen, schuldet er nach Ansicht der Steuerverwaltung den anteiligen Umsatzsteuerbetrag, der auf den nichtwirtschaftlich genutzten Teil entfällt nach § 14c Abs. 2 UStG.[28] Die Berichtigung soll nach Ansicht der Steuerverwaltung aber nur für die Fälle gelten, in denen sich die unternehmerische Verwendung erhöht. Sollte sich der Umfang der unternehmerischen Nutzung gegenüber dem Zeitpunkt der Anschaffung vermindern, soll die spätere Veräußerung nicht dementsprechend reduziert werden dürfen, da der Umfang der Zuordnung des Gegenstands bei dessen Anschaffung nicht unterschritten werden dürfe.[29]

3. Zwischenfazit

Sieht man einmal von dieser Inkonsistenz ab, funktioniert diese Lösung zumindest in den Fällen, in denen der Gegenstand nur teilweise dem Unternehmensvermögen zugeordnet war.

Dieser Ansatz lässt sich aber nicht auf jeden Sachverhalt uneingeschränkt übertragen. Sollte dem Unternehmer ein Zuordnungswahlrecht zustehen, etwa wenn er die Mindestnutzung nach § 15 Abs. 1 Satz 2 UStG erreicht, kann er den Gegenstand vollständig seinem Unternehmensvermögen zuordnen. Wird ein insgesamt dem Unternehmensvermögen zugeordnetes teilunternehmerisch genutztes Wirtschaftsgut veräußert, das wegen § 15 Abs. 2 Satz 1 Nr. 1 UStG nur teilweise zum Vorsteuerabzug berechtigt hat, unterliegt der Umsatz im vollen Umfang der Umsatzsteuer.

Dasselbe gilt, wenn der Unternehmer den Gegenstand teilweise für steuerfreie und teilweise für steuerpflichtige Umsätze verwendet. In diesen Fällen besteht sogar ein Zuordnungsgebot, der Gegenstand muss vollständig dem Unternehmensvermögen zugeordnet werden. Bei einer Weiterveräußerung greift die Befreiung nach § 4 Nr. 28 UStG aus oben genannten Gründen nicht.

Erbringt ein Arzt neben steuerfreien Heilbehandlungen zusätzlich in gewissem Umfang steuerpflichtige nicht medizinisch indizierte Schönheitsoperationen, besteht bei der Anschaffung ein Recht auf Vorsteuerabzug, soweit der Pkw für die steuerpflichtigen Umsätze aus den Schönheitsoperationen verwendet wird. Der Umfang des Vorsteuerabzugs kann erweitert werden um den Anteil der privaten Nutzung, wenn der Steuerpflichtige das Fahr-

27 Abschn. 15.23 Abs. 6 Beispiel 1 Satz 23 ff. UStAE.
28 Abschn. 15.23 Abs. 6 Beispiel 1 Satz 30 UStAE.
29 Abschn. 15.23 Abs. 6 Beispiel 2 UStAE.

zeug vollständig dem Unternehmensvermögen zuordnet. Die unentgeltliche Wertabgabe ist in diesem Fall in voller Höhe steuerbar und steuerpflichtig.[30]

Durch die steuerpflichtigen Schönheitsoperationen und die in der Folge steuerpflichtige unentgeltliche Wertabgabe im Umfang der privaten Nutzung ist der Arzt bei Anschaffung teilweise zum Vorsteuerabzug berechtigt. In diesem Fall kann sich die Steuerbefreiung nur auf den unternehmerisch genutzten Teil erstrecken, wenn das Fahrzeug nur teilweise dem Unternehmensvermögen zugeordnet war. War der Pkw aber vollständig dem Unternehmensvermögen zugeordnet, besteht nicht die Möglichkeit einer umsatzsteuerneutralen Entnahme, da er bei seiner Anschaffung zum Vorsteuerabzug berechtigt hat. Die Steuerbefreiung nach § 4 Nr. 28 UStG greift ebenfalls nicht, da das Fahrzeug nicht ausschließlich für steuerfreie Umsätze verwendet worden ist. Die Veräußerung ist in dieser Konstellation in vollem Umfang umsatzsteuerpflichtig. Die Steuerverwaltung setzt darüber hinaus voraus, dass die Verwendung für die in § 4 Nr. 28 UStG genannten Umsätze während des gesamten Verwendungszeitraumes vorgelegen haben muss.[31] Sie betrachtet aus Vereinfachungsgründen lediglich eine Verwendung in geringfügigem Umfang (höchstens 5 %) für nicht in § 4 Nr. 28 UStG genannte Tätigkeiten als unschädlich – allerdings auch nur dann, wenn der Unternehmer darauf verzichtet, einen anteiligen Vorsteuerabzug vorzunehmen.[32]

Da die Weiterveräußerung in den Fällen der gemischten Verwendung somit insgesamt steuerpflichtig erfolgt, kann unter Umständen eine Vorsteuerberichtigung nach § 15a UStG vorgenommen werden. Es liegt insoweit eine Änderung der Verhältnisse vor, die zu einer Vorsteuerberichtigung nach § 15a UStG führt (§ 15a Abs. 8 und 9 UStG).[33] Auf diese Weise erhält der Unternehmer nachträglich anteilig erhöhte Vorsteuer aus der Anschaffung, die mit den steuerpflichtigen Umsätzen saldiert werden kann.

Sollte der Vorsteuerberichtigungszeitraum im Zeitpunkt der Veräußerung jedoch bereits abgelaufen sein, gibt es keine Korrekturmöglichkeit. Das Ergebnis ist ein Missverhältnis zwischen Vorsteuerabzug und Umsatzsteuerbelastung.

4. Verwerfungen bei Anschaffung als Kleinunternehmer

Neben den soeben dargestellten Beispielen sind weitere Fallgestaltungen vorstellbar, bei denen die Vorsteuerabzugsberechtigung bei Leistungsbezug

30 Abschn. 15.2c Abs. 2 Beispiel 2 UStAE.
31 Abschn. 4.28.1 Abs. 1 UStAE.
32 Bagatellregelung in Abschn. 4.28.1 Abs. 2 UStAE
33 Vgl. Abschn. 15a.2 Abs. 2 Satz 3 Nr. 2 UStAE.

aus anderen Gründen als wegen einer steuerfreien Verwendung oder wegen § 15 Abs. 1a UStG ausgeschlossen ist. Beispielsweise in Fällen der Anschaffung eines Fahrzeugs zu einem Zeitpunkt, zu dem die steuerpflichtige Person noch kein Unternehmer ist und das Fahrzeug erst im Nachhinein in das Unternehmensvermögen übergeht. Oder aber wenn die steuerpflichtige Person aufgrund der Regelung für Kleinunternehmer im Zeitpunkt der Anschaffung keinen Vorsteuerabzug geltend machen kann.

Erwirbt ein Unternehmer einen Gegenstand zu einem Zeitpunkt, zu dem er von der Kleinunternehmerregelung Gebrauch macht, ist er nicht zum Vorsteuerabzug berechtigt, selbst wenn er den Gegenstand ausschließlich für unternehmerische Zwecke nutzt. Wird er während des Berichtigungszeitraums nach § 15a UStG zum regelversteuernden Unternehmer, gibt es die Möglichkeit eines anteiligen Vorsteuerabzugs durch die Vorsteuerberichtigung.[34] Eine Änderung der Verhältnisse im Sinne des § 15a UStG liegt auch vor, wenn das Wirtschaftsgut veräußert oder entnommen wird und dieser Umsatz hinsichtlich des Vorsteuerabzugs anders zu beurteilen ist als der ursprüngliche Vorsteuerabzug oder wenn der Unternehmer von der allgemeinen Besteuerung zur Kleinunternehmerreglung oder umgekehrt übergeht.[35]

Wird der Unternehmer erst nach Ablauf des fünfjährigen Berichtigungszeitraums zum regelversteuernden Unternehmer, erfolgt keine Berichtigung und somit kann der Unternehmer der Vorsteuerabzug aus der Anschaffung endgültig in voller Höhe nicht geltend machen. Sollte der Unternehmer nach Ablauf des Berichtigungszeitraums das Fahrzeug veräußern, erfolgt diese Lieferung im Rahmen seines Unternehmens und stellt daher einen steuerbaren und steuerpflichtigen Vorgang dar. Die Systembefreiung greift hierbei nicht, da die Kleinunternehmerregelung keine in § 4 Nr. 28 UStG genannte Steuerbefreiung darstellt.[36]

Die Verwaltung hat in der Vergangenheit versucht, diese Verwerfung zu beseitigen, indem sie davon ausgeht, dass der Unternehmer das Fahrzeug eine juristische Sekunde vor Veräußerung aus dem Unternehmensvermögen in das Privatvermögen überführt. Systematisch kann man diesen Ansatz damit begründen, dass eine solche Entnahme keine unentgeltliche Wertabgabe im Sinne von § 3 Abs. 1b UStG auslöst. Zwar sind neben der Veräußerung auch die unentgeltlichen Wertabgabe nach § 3 Abs. 1b und 9a UStG als Ver-

34 Vgl. Abschn. 15a.2 Abs. 2 Satz 3 Nr. 3 UStAE.

35 Vgl. Abschn. 15a.2 Abs. 2 Satz 3 UStAE.

36 Daran ändert auch der Umstand nichts, dass die Kleinunternehmerregelung seit 1.1.2025 in § 19 Abs. 1 Satz 1 UStG ausdrücklich als Steuerbefreiung bezeichnet wird, da sich die Steuerbefreiung in § 4 Nr. 28 UStG nur auf Verwendungen für eine nach § 4 Nr. 8 bis 27 und 29 UStG steuerfreie Tätigkeit bezieht. Dies gilt jedenfalls solange, bis der Gesetzgeber den Wortlaut der Vorschrift anpasst.

wendungen im Sinne des § 15a UStG anzusehen.[37] Da der Gegenstand bei der Anschaffung jedoch nicht zum Vorsteuerabzug berechtigt hat, entfällt eine entsprechende Besteuerung. Diese Systematik hat die Rechtsprechung ausdrücklich bestätigt.[38] Die anschließende Veräußerung aus dem Privatvermögen stellt keine steuerbare Lieferung im Rahmen des Unternehmens dar. Dieser an sich relativ elegante Workaround dürfte aber nur schwer anzunehmen sein, wenn die Rechnung beispielsweise auf dem Geschäftsbriefkopf des Unternehmens erstellt wurde oder der Vorgang in der Buchhaltung des Unternehmens als Veräußerung abgebildet wird.

5. Verwerfungen bei Anschaffung als Nichtunternehmer

Ähnliche Verwerfungen entstehen, wenn der Steuerpflichtige Gegenstände zu einem Zeitpunkt anschafft, zu dem er (noch) kein Unternehmer ist oder im Zeitpunkt der Anschaffung aus anderen Gründen keine Möglichkeit hat, den angeschafften Gegenstand seinem Unternehmensvermögen zuzuordnen.

Werden solche dem nichtunternehmerischen Bereich zugeordnete Gegenstände später unternehmerisch genutzt, ist eine Vorsteuerberichtigung zugunsten des Unternehmers nach § 15a UStG nach Ansicht der Verwaltung nicht zulässig.[39] Auch die Rechtsprechung geht davon aus, dass Steuerbeträge für Umsätze, die vor dem Zeitpunkt des Übergangs zur allgemeinen Besteuerung ausgeführt worden sind, vom Vorsteuerabzug ausgeschlossen sind. Das soll auch für Leistungsbezüge gelten, die erstmalig nach dem Übergang zur allgemeinen Besteuerung verwendet werden.[40] Ein nachträglicher Vorsteuerabzug ist ebenfalls nicht zulässig, wenn ursprünglich für den nichtunternehmerischen Bereich angeschaffte Gegenstände später in den unternehmerischen Bereich überführt oder dort verwendet werden.[41]

Diese Fallgestaltungen werden häufig mit dem Begriff der fehlenden sogenannten „Einlagenentsteuerung“ beschrieben.[42] Darunter versteht man Vorgänge, bei denen eine Person einen Gegenstand als Nichtunternehmer ohne Recht auf Vorsteuerabzug anschafft, wohingegen sie die Veräußerung des Gegenstands der Besteuerung unterwerfen muss, wenn sie den Gegenstand im Rahmen einer später aufgenommenen wirtschaftlichen Tätigkeit im Rahmen ihres Unternehmens veräußert. Dabei besteht derzeit weitestge-

37 Vgl. Abschn. 15a.2 Abs. 1 UStAE; BFH, 2.10.1986 – V R 91/78, BStBl. II 1987 S. 44.
38 EuGH, 8.3.2001 – C-415/98 – Bakcsi sowie nachfolgend BFH, 31.1.2002, V R 61/96, BStBl. II 2003, 813.
39 Vgl. Abschn. 15.2c Abs. 4 Satz 4, Abschn. 15a.1 Abs. 6 UStAE.
40 Vgl. BFH, 12.7.2023 – XI R 14/22, BStBl. II 2024 S. 204 sowie Abschn. 15.1 Abs. 5 Satz 2 und 3 UStAE.
41 Vgl. Abschn. 15.19 Abs. 2 Satz 2 UStAE.
42 Vgl. *Heuermann*, DStR 2019, 2524, 2526; *Korn*, MwStR 2020, 200, 201.

hend Einigkeit, dass die Person die Einlage grundsätzlich nicht „entsteuern“ kann.[43] Während ertragsteuerlich die Wirtschaftsgüter des Privatvermögens in das Betriebsvermögen eingelegt werden (§ 4 Abs. 1 Satz 8 EStG) und sich der ertragsteuerpflichtige Gewinn aus der Differenz von Veräußerungspreis und Einlagewert nach § 6 Abs. 1 Nr. 5 EStG ergibt, geht man in der Umsatzsteuer bislang davon aus, dass die Veräußerung als steuerbare Lieferung der Umsatzsteuer unterliegt, eine Entlastung von der im Zeitpunkt der Anschaffung nicht abziehbaren Umsatzsteuer bei Einlage aber mangels einer entsprechenden Vorschrift im UStG nicht möglich ist.[44]

Nach Verwaltungsansicht soll in diesen Fällen bei einer späteren Veräußerung die Lieferung des zu diesem Zeitpunkt unternehmensfremd (privat) genutzten Teils nicht im Rahmen des Unternehmens erfolgen und soll somit nicht steuerbar sein.[45] Ein Gesamtkaufpreis sei entsprechend aufzuteilen.

6. Entnahme als möglicher Lösungsweg

Diese Lösung der Aufteilung stellt für die Fälle der gemischten Nutzung zwischen Verwendung für nichtunternehmerische (hoheitliche) Zwecke sowie unternehmerische (wirtschaftliche) Zwecke eine konsequente Lösung wegen des bestehenden Zuordnungsgebots dar.

Da aufgrund des bestehenden Zuordnungsgebotes eine Zuordnung des nichtunternehmerisch genutzten Teils zum Unternehmen nicht erlaubt ist, stellt die Veräußerung eines im nichtwirtschaftlichen Bereich genutzten Gegenstandes daher einen nicht steuerbaren Vorgang dar. Die Veräußerung eines auf diese Weise gemischt genutzten Gegenstandes ist daher nur in Bezug auf den unternehmerisch genutzten Teil steuerbar. Wenn ein Gegenstand von vornherein zumindest teilweise nicht dem unternehmerischen Bereich zugeordnet gewesen ist, ist seine spätere Veräußerung zwangsläufig nicht steuerbar, soweit der Gegenstand dem nichtunternehmerischen Bereich zugeordnet war.

Sollte ein Gegenstand, der ursprünglich zunächst vollständig dem nichtunternehmerischen Bereich zugeordnet war, erst später zumindest teilweise in den unternehmerischen Bereich eingelegt oder dort verwendet werden, kann die Lösung über eine Entnahme beziehungsweise Überführung des Gegenstands in den nichtwirtschaftlichen Bereich eine juristische Sekunde vor dem Zeitpunkt der Veräußerung eine mögliche Lösung darstellen. Denn für

43 *Heuermann*, DStR 2019, 2524, 2526; *Korn*, MwStR 2020, 200, 201. Das Fehlen einer Einlagenregelung wurde u. a. von Generalanwältin Kokott in ihren Schlussanträgen v. 19.4.2018 zu EUGH C-140/17, Gmina Ryjewo, MwStR 2018, 557 kritisiert.

44 So auch *Korn*, MwStR 2020, 200, 201.

45 Vgl. Abschn. 15.2c Abs. 4 Satz 5 ff. UStAE.

solche Gegenstände war bei Anschaffung kein Vorsteuerabzug möglich mit der Folge, dass eine spätere Entnahme keine unentgeltliche Wertabgabe auslösen kann. Die Rechtsprechung hat zudem kürzlich nochmals ausdrücklich bestätigt, dass die Überführung von Gegenständen oder deren Verwendung im nichtwirtschaftlichen Bereich keine unentgeltlich Wertabgabe auslöst, da es sich nicht um eine unternehmensfremde Verwendung handelt.[46] Eine Vorsteuerberichtigung nach § 15a UStG wäre in diesen Fällen nicht vorzunehmen, da keine maßgebliche Verwendungsänderung im Sinne von § 15a UStG vorliegt, wenn man die Verwendung im Zeitpunkt der Anschaffung mit der Verwendung im Zeitpunkt der Veräußerung vergleicht.

Die soeben dargestellten Lösungsmöglichkeiten helfen allerdings nicht, wenn planmäßig mit einer gewissen Regelmäßigkeit Gegenstände aus dem nichtunternehmerischen Bereich veräußert werden (vgl. nicht nachhaltiges hoheitliches Hilfsgeschäft unter V).

7. Vorsteuerberichtigung als möglicher Lösungsweg

Die Vorsteuerberichtigung stellt für die Fallgestaltungen der fehlenden Zuordnung zum Unternehmen bei Anschaffung keinen möglichen Lösungsweg dar, da § 15a UStG grundsätzlich ein ursprüngliches Recht auf Vorsteuerabzug nach § 15 Abs. 1 UStG voraussetzt.

Führt die Berichtigung nach § 15a UStG zu einem erstmaligen Vorsteuerabzug, weil der Vorsteuerabzug beim Leistungsbezug nach § 15 Abs. 2 und 3 UStG ausgeschlossen war, dürfen nach herrschender Ansicht nur die Vorsteuerbeträge angesetzt werden, für die die allgemeinen Voraussetzungen des § 15 Abs. 1 UStG vorliegen.[47] Eine Berichtigung des Vorsteuerabzugs soll nur möglich sein, wenn und soweit die bezogenen Leistungen im Zeitpunkt des Leistungsbezugs dem Unternehmen zugeordnet wurden. Eine Berichtigung kommt daher nicht in Betracht, wenn ein Nichtunternehmer Leistungen bezieht und diese später unternehmerisch verwendet werden[48] oder der Unternehmer eine bezogene Leistung im Zeitpunkt des Leistungsbezugs seinem nichtunternehmerischen Bereich zuordnet und die Leistung später für unternehmerische Zwecke verwendet.[49] Auch eine Vorsteuerberichtigung zugunsten des Unternehmers aus Billigkeitsgründen lässt die Verwaltung nur zu, wenn bei der Anschaffung zumindest teilweise eine Verwendung des Gegenstands für unternehmerische Zwecke beabsichtigt gewe-

46 EuGH, 1.12.2022 – C-269/20 – Finanzamt T I; EuGH, 11.7.2024 – C-184/23 – Finanzamt T II sowie nachfolgend BFH, 29.8.2024, V R 14/24 (V R 20/22; V R 40/19).

47 Vgl. Abschn. 15a.1 Abs. 5 Satz 3 UStAE.

48 Vgl. EuGH, 2.6.2005, C-378/02, *Waterschap/Zeeuws/Vlaanderen*, sowie BFH, 1.12.2010 – XI R 28/08, BStBl. II 2011 S. 994; Abschn. 15a.1 Abs. 6 UStAE.

49 Vgl. EuGH, 11.7.1991, C-97/90, Lennartz; Abschn. 15a.1 Abs. 6 UStAE.

sen ist.[50] Eine Beseitigung der Verwerfung in diesen Fallgestaltungen über die Vorsteuerberichtigung nach § 15a UStG kommt daher nicht in Betracht.

8. Neuer Lösungsansatz über den Vorsteuerausschluss nach § 15 Abs. 1a UStG „dem Grunde nach“

In der Vergangenheit galt überwiegend die Ansicht, dass die Systembefreiung keine Anwendung findet, wenn der Vorsteuerabzug mangels Leistungsbezug zum Unternehmen gem. § 15 Abs. 1 UStG versagt wird oder ein Gegenstand von einer Privatperson erworben wurde.[51] Kürzlich hat sich jedoch ein Ansatz entwickelt, der seinen Ursprung in einer Entscheidung des Bundegerichtshofs hat. Der BFH differenziert dabei in seiner Entscheidung nicht nach der Unternehmerstellung im Zeitpunkt der Anschaffung, da dies zu „ungerechtfertigten Wettbewerbsvorteilen“ zugunsten der Personen führen würde, die bereits bei Anschaffung Unternehmer waren.[52] Da derartige ungerechtfertigte Wettbewerbsvorteile zu vermeiden seien, stellt der BFH in seiner Entscheidung maßgeblich darauf ab, ob der Vorsteuerabzug dem Grunde nach (auch) nach § 15 Abs. 1a UStG zu versagen gewesen wäre.

Vordergründig bezieht sich die Entscheidung des BFH auf die Frage, welche Umsätze in die Berechnung des Gesamtumsatzes bei der Kleinunternehmerregelung nach § 19 Abs. 3 UStG einzubeziehen sind. Der BFH positioniert sich dabei jedoch auch zu Fragen, die sich auf § 4 Nr. 28 UStG allgemein beziehen. Kern der Aussage des BFH ist, dass es für die Einbeziehung von Umsätzen in § 4 Nr. 28 UStG nicht darauf ankommt, ob der Unternehmer im Zeitpunkt der Anschaffung der Gegenstände Kleinunternehmer war oder der Regelbesteuerung unterlag. Ebenso wenig soll es darauf ankommen, ob im Zeitpunkt der Anschaffung überhaupt eine Unternehmerstellung vorlag. Der BFH stellt klar, dass aus seiner Sicht sämtliche Umsätze, für die der Vorsteuerabzug dem Grunde nach gemäß § 15 Abs. 1a UStG ausgeschlossen ist, in die Berechnung des Gesamtumsatzes einzubeziehen sind. Nach Ansicht des BFH soll dies auch gelten, wenn das Unternehmen erst durch die Veräußerungstätigkeit entsteht.[53]

---

50 Vgl. Abschn. 15a.1 Abs. 7, Abschn. 15.23 Abs. 6 Beispiel 1 Satz 10 ff UStAE.

51 *Sölch/Ringleb/Leipold*, UStG, § 4 Nr. 28 Rn. 5, 24 unter Hinweis auf BFH, 16.4.1997 – XI R 87/96, BStBl. II 1997, 585; EuGH, 8.3.2001 – C-415/98 – Bakcsi sowie nachfolgend BFH, 31.1.2002, V R 61/96, BStBl. II 2003, 813; EuGH, 8.12.2005 – C-280/04 – Jyske Finans; EuGH, 19.7.2012 – C-160/11 – Bavaria Motors.

52 BFH, 26.9.2019 – V R 27/19 (V R 1/17) Rn. 21 unter Hinweis auf EuGH, 29.7.2019 – C-388/18 – B.

53 BFH, 26.9.2019 – V R 27/19 (V R 1/17) Leitsatz und Rn. 10, BFHE 267, 116, BB 2019, 2901 (Leitsatz).

Dieser Ansatz wurde in der Folge aufgegriffen und fortentwickelt, indem vorgeschlagen wurde, die Erwägungen des BFH auch auf die Steuerbefreiung nach §4 Nr. 28 UStG direkt anzuwenden.[54] Heuermann hebt in seiner Urteilsanmerkung die große systematische Bedeutung der Entscheidung hervor, gerade auch für Fallkonstellationen jenseits der Kleinunternehmerregelung.[55] Aus seiner Sicht könnte damit auch die Lösung von Fallgestaltungen der „Einlagenentsteuerung" erleichtert werden.[56] Wenn man weiterhin die Möglichkeit der Einlagenentsteuerung ablehnt, ist eine Lösung über die Systembefreiung nach §4 Nr. 28 UStG zwingend, sofern man den Grundsatz der Neutralität der Mehrwertsteuer nicht in diversen Fallkonstellationen durchbrechen möchte.

Für einen Teilbereich sieht Heuermann das BFH-Urteil vom 26.9.2019 als mögliche Lösung an, wenn der spätere Unternehmer den Gegenstand für seine Lebensführung angeschafft hat und deshalb die Vorsteuerbeträge wegen § 15 Abs. 1a UStG nicht abziehen kann. In diesen Fällen soll die spätere Veräußerung nicht steuerpflichtig sein, da das Gesetz mit der Vorschrift des §4 Nr. 28 UStG verhindern wolle, dass vorsteuerbelastete Gegenstände noch einmal mit Umsatzsteuer belastet werden.[57] Andernfalls würde eine Privatperson schlechter gestellt gegenüber einer Person, die bereits im Zeitpunkt der Anschaffung unternehmerisch tätig ist und für die damit die auf die Anschaffungskosten entfallenden Vorsteuerbeträge abziehbar sind.[58] Beurteilt man die Verknüpfung von § 15 Abs. 1a UStG für die Eingangs- und §4 Nr. 28 UStG für die Ausgangsseite nach Sinn und Zweck der Regelung und ergänzt diese Erwägung durch die Aussage des BFH, dass eine Differenzierung nach der Unternehmerstellung beim Erwerb zu „ungerechtfertigten Wettbewerbsvorteilen" zugunsten der Personen führen würde, die bereits beim Erwerb Unternehmer waren, scheint die Anwendung der Systembefreiung auf diese Konstellationen folgerichtig.[59]

Ähnlich sieht das Korn in seiner Urteilsanmerkung.[60] Er weist zunächst darauf hin, dass bei Aufwendungen für die Lebensführung im Sinne von § 12 Nr. 1 EStG in aller Regel der Vorsteuerabzug schon am fehlenden Bezug für das Unternehmen gem. § 15 Abs. 1 Satz 1 Nr. 1 UStG scheitern dürfte und es somit im Erwerbszeitpunkt nicht auf § 15 Abs. 1a UStG ankomme. Nichts-

54 *Heuermann,* DStR 2019, 2524 ff. und *Korn*, MwStR 2020, 200 ff.
55 *Heuermann,* DStR 2019, 2524, 2526.
56 *Heuermann*, DStR 2019, 2524, 2526 unter Verweis auf *Dziadkowski*, UR 2019, 246; *Heuermann*, MwStR 2018, 1000; zum Problem der Einlagenentsteuerung allgemein s.u. 7.
57 *Heuermann*, DStR 2019, 2524, 2526.
58 *Heuermann*, DStR 2019, 2524, 2526.
59 So auch *Heuermann*, DStR 2019, 2524, 2526.
60 *Korn*, MwStR 2020, 200 ff.

destotrotz gelangt er ebenfalls zur Ansicht, dass § 4 Nr. 28 UStG auf die beschriebenen Konstellationen Anwendung findet, da im Erwerbszeitpunkt die Voraussetzungen nach § 15 Abs. 1a UStG dennoch erfüllt waren.[61] Er stimmt Heuermanns Lösungsvorschlag für die Fäll der fehlenden Einlagenentsteuerung zu und betrachtet den Lösungsweg des BFH als Entschärfung der Problematik. Gerade für den Erwerb von Gegenständen durch Körperschaften des öffentlichen Rechts für ihren nichtunternehmerischen Bereich hält er den Lösungsweg des BFH jedoch für nicht anwendbar.[62]

V. Anwendbarkeit auf nicht nachhaltige hoheitliche Hilfsgeschäfte

Beim Erwerb von Gegenständen durch Körperschaften des öffentlichen Rechts für ihren nichtwirtschaftlichen Bereich besteht eine vergleichbare Problemlage wie bei der Anschaffung von Gegenständen durch Personen, die im Zeitpunkt der Anschaffung (noch) keine Unternehmer sind. Auch in diesen Fallgestaltungen besteht kein Recht auf Vorsteuerabzug beim Erwerb, wohingegen es bei einer späteren Veräußerung zu steuerbaren und steuerpflichtigen Lieferungen kommen kann, weil die Systembefreiung nach § 4 Nr. 28 UStG jedenfalls nach ihrem Wortlaut keine Anwendung findet. Die Steuerverwaltung hat hierfür die Figur des sogenannten „nicht nachhaltigen hoheitlichen Hilfsgeschäfts" entwickelt, um Verwerfungen zu beseitigen beziehungsweise abzumildern, die dadurch entstehen, dass mit einer gewissen Regelmäßigkeit Gebrauchsgegenstände in der Verwaltung ausgetauscht werden müssen.[63]

Sollte ein Gegenstand für eine Verwendung im hoheitlichen Bereich angeschafft werden, handelt es sich nach derzeit herrschender Meinung um eine Verwendung im nichtunternehmerischen Bereich, die weder den Vorsteuerabzug aus der Anschaffung noch die Zuordnung des Gegenstands zum Unternehmensvermögen ermöglicht. Die spätere Weiterveräußerung eines solchen Gegenstandes erfolgt daher grundsätzlich nicht im Rahmen des Unternehmens, so dass die Steuerbarkeit nach § 1 Abs. 1 Nr. 1 UStG grundsätzlich zu verneinen wäre.

Bei einzelnen, punktuellen Vorgängen unterbleibt die Umsatzbesteuerung. Sollten derartige Gegenstände jedoch mit einer gewissen Regelmäßigkeit veräußert werden, begründet dies letztlich eine eigenständige, wirtschaftliche und damit unternehmerische Tätigkeit, da durch die regel- und plan-

61 *Korn*, MwStR 2020, 200, 201.

62 *Korn*, MwStR 2020, 200, 202; vgl. hierzu ausführlicher unter 11.

63 BMF, 16.12.2016, BStBl. 2016 I S. 1451 Rn. 20 ff.

mäßige Weiterveräußerung nachhaltiges Handeln aus sich heraus entsteht. Dadurch entsteht das Folgeproblem, dass die Weiterveräußerung dieser Gegenstände der Umsatzbesteuerung unterliegt, wohingegen keine Möglichkeit des Vorsteuerabzugs aus der Anschaffung besteht. Die Steuerverwaltung versucht diese Verwerfung zu beseitigen, indem sie hierfür ein sogenanntes „nicht nachhaltiges hoheitliches Hilfsgeschäft" konstruiert. Nach Ansicht des BMF sind Hilfsgeschäfte und vergleichbare Geschäfte, die der Betrieb des nichtunternehmerischen Bereichs bei jPöR mit sich bringt, auch dann nicht nachhaltig und somit nicht steuerbar, wenn sie wiederholt oder mit einer gewissen Regelmäßigkeit ausgeführt werden.[64] Insbesondere soll die in regelmäßigen Abständen erforderliche Auswechslung von Gegenständen, die zur Aufrechthaltung des Betriebs in der nichtunternehmerischen Sphäre erforderlich sind, die Unternehmereigenschaft nicht begründen.

Neben der Veräußerung von Gegenständen, die im nichtunternehmerischen Bereich eingesetzt waren (wie beispielsweise der Verkauf von gebrauchten Kraftfahrzeugen, Einrichtungsgegenständen oder Altpapier) sieht das BMF die Überlassung von Telefonen an im nichtunternehmerischen Bereich tätige Arbeitnehmer zur privaten Nutzung sowie die Überlassung von im nichtunternehmerischen Bereich eingesetzten Kraftfahrzeugen an Arbeitnehmer zur privaten Nutzung als nicht nachhaltig an.[65]

Bei den beiden letztgenannten Fallgruppen (Telefone und Fahrzeuge) ist eine besondere Regelung zur Nachhaltigkeit der Überlassung entbehrlich. In jedem Fall handelt es sich bei der Überlassung von Telefonen und Fahrzeugen um eine wirtschaftliche Tätigkeit[66], die dem Grunde nach einen steuerbaren und steuerpflichtigen Ausgangsumsatz darstellt.[67] Daher besteht bei der Anschaffung dieser Gegenstände durch den Arbeitgeber das Recht auf Vorsteuerabzug, so dass in diesen Fällen weder für die Anwendung der Systembefreiung nach § 4 Nr. 28 UStG noch für die Figur des nicht nachhaltigen hoheitlichen Hilfsgeschäfts ein Bedürfnis besteht.

Für die weitere, erstgenannte Fallgruppe (Veräußerung von Gegenständen aus dem nichtwirtschaftlichen Bereich) besteht ein Regelungsbedürfnis, insbesondere nach Wegfall des aus § 2 Abs. 3 UStG folgenden Umsatzsteuerprivilegs der öffentlichen Hand. Veräußert die öffentliche Hand Gegenstände, die sie ursprünglich für den nichtunternehmerischen (hoheitlichen)

64 BMF, 16.12.2016, BStBl. 2016 I S. 1451 Rn. 20.

65 Fallgruppen nach BMF, 16.12.2016, BStBl. 2016 I, 1451 Rn. 20.

66 Dies gilt unabhängig davon, ob die Fahrzeugüberlassung aus einer Abteilung erfolgt, die dem hoheitlichen Bereich oder einem der Betriebe gewerblicher Art zuzurechnen ist.

67 Unter Anwendung von § 2 Abs. 3 a. F. UStG unter der zusätzlichen Voraussetzung, dass sich die Tätigkeit aus der Gesamtbetätigung der Körperschaft heraushebt und dadurch ein Betrieb gewerblicher Art begründet wird.

Bereich angeschafft hat, kostenpflichtig weiter, kann dies eine nachhaltige wirtschaftliche Tätigkeit und in der Folge einen steuerpflichtigen Umsatz begründen. Sollte es sich hier um einzelne, nicht planmäßig auf Wiederholung angelegte Veräußerungsvorgänge handeln, wäre die Nachhaltigkeit zu verneinen. Falls Veräußerungen in einer gewissen Regelmäßigkeit stattfinden, weil beispielsweise der Fuhrpark oder Inventar nach einer gewissen Nutzungsdauer ausgewechselt wird, ist grundsätzlich von einer nachhaltigen Tätigkeit auszugehen, so dass die Veräußerung der gekauften Gegenstände nach Aussonderung eine unternehmerische Tätigkeit begründet, auch wenn die Gegenstände vorher im hoheitlichen Bereich genutzt worden sind. In diesen Fällen die Nachhaltigkeit zu verneinen, ist rechtlich fehlerhaft.[68] Dennoch ist der Steuerverwaltung zugutezuhalten, dass sie das Regelungsbedürfnis erkannt und versucht hat, eine Lösung zu entwickeln. Denn durch die fehlende Zuordnung zum unternehmerischen Bereich beim Leistungsbezug entfällt der Vorsteuerabzug gemäß § 15 Abs. 1 UStG, während die anschließende Verwendung im hoheitlichen Bereich keine in § 4 Nr. 28 UStG genannte steuerfreie Tätigkeit darstellt, so dass bei einer nachfolgenden Veräußerung die Systembefreiung aus diesem Grunde nicht in Betracht kommt. In der Folge wäre konsequenterweise eine Vorsteuerberichtigung nach § 15a Abs. 8 und 9 UStG durchzuführen, zumindest wenn die Weiterveräußerung innerhalb des entsprechenden Berichtigungszeitraums erfolgt. Die Anwendung einer Vorsteuerberichtigung scheitert aber nach aktuell herrschender Auffassung daran, dass der Vorsteuerabzug beim ausschließlichen Erwerb für den nichtwirtschaftlichen Bereich mangels Leistungsbezug zum Unternehmen gemäß § 15 Abs. 1 UStG ausgeschlossen ist und somit keine Vorsteuerberichtigungen ermöglicht.

Darin zeigt sich ganz offensichtlich eine Benachteiligung der öffentlichen Hand, die weder durch eine klassische Auslegung des Wortlauts von § 4 Nr. 28 UStG noch von § 15a Abs. 8 und 9 UStG aufgrund der entsprechenden Formulierungen geheilt werden kann. Umso sinnvoller und wichtiger wäre es, wenn sich diese Fallgestaltungen über den aus der Entscheidung des BFH vom 26.9.2019 entwickelten Ansatz lösen ließen.

---

68 Solange jedoch die Aussage der Steuerverwaltung im BMF-Schreiben vom 16.12.2016 bestehen bleibt, können sich Steuerpflichtige unter den Voraussetzungen des § 176 AO auf Vertrauensschutz berufen und dürfen die Regelung nach den Vorgaben der Steuerverwaltung anwenden. Selbst wenn die Gerichte diese Verwaltungsansicht irgendwann als fehlerhaft beanstanden sollten, könnte die Regelung nicht nachträglich zum Nachteil eines Steuerpflichtigen von den Steuerbehörden ignoriert werden. Nichtsdestotrotz wäre es wünschenswert, wenn man eine systematisch begründete Lösung für das beschriebene Problem aufzeigen könnte.

VI. Fazit

Mit dem aus der Entscheidung des BFH vom 26.9.2019 entwickelten Ansatz, einen Leistungsbezug danach zu beurteilen, ob er dem Grunde nach gemäß § 15 Abs. 1a UStG vom Vorsteuerabzug ausgeschlossen ist, lässt sich ein Großteil der Fallgestaltungen wie beispielsweise der Erwerb von Gegenständen als Kleinunternehmer oder die Anschaffung eines Gegenstands für zunächst private Zwecke sachgerecht und systematisch fundiert lösen. Auch für die Veräußerung von ursprünglich für den hoheitlichen Bereich angeschafften Gegenständen, für welche die Verwaltung die Figur des nicht nachhaltigen hoheitlichen Hilfsgeschäfts entwickelt hat, wäre die Anwendung der Systembefreiung nach Sinn und Zweck der Vorschrift sachgerecht.[69]

So sachgerecht und wünschenswert dies auch wäre, besteht aus Sicht des Verfassers derzeit nicht die Möglichkeit, dies auf die Veräußerung von Gegenständen zu übertragen, die durch Körperschaften des öffentlichen Rechts ursprünglich für ihren nichtwirtschaftlichen Bereich angeschafft wurden. Der klare Wortlaut von § 4 Nr. 28 UStG und die Bezugnahme auf bestimmte Verwendungen in der Vorschrift lassen einen derartigen Analogieschluss aus Sicht des Verfassers nicht zu.

1. Lösung de lege lata

Die Anwendung der Systembefreiung nach § 4 Nr. 28 UStG auf die Lieferung von Gegenständen, die durch Körperschaften des öffentlichen Rechts zunächst für ihren nichtunternehmerischen Bereich angeschafft worden waren, erscheint auch im Hinblick auf den in der Entscheidung des BFH vom 26.9.2019 angelegten Lösungsweg nicht möglich.[70]

Die Nichtabziehbarkeit dieser Aufwendungen ergibt sich weder aus einer von § 15 Abs. 1a UStG in Bezug genommenen Vorschrift noch aus einer steuerfreien Verwendung für Tätigkeiten nach § 4 Nr. 8 bis 27 und 29 UStG. Korn spricht sich in seiner Urteilsanmerkung für die Anwendbarkeit von § 4 Nr. 28 UStG auch bei Körperschaften des öffentlichen Rechts aus, wenn es sich zusätzlich um Aufwendungen im Sinne von § 15 Abs. 1a UStG handelt und führt als Beispiel die Veräußerung von Einrichtungsgegenständen aus

69 Hiervon geht beispielsweise *Sterzinger*, Gemeindewirtschaft (GW) 2024, 27, 30 aus, ohne sich jedoch mit dem entgegenstehenden Wortlaut von § 4 Nr. 28 UStG auseinanderzusetzen.

70 So auch *Korn*, MwStR 2020, 200, 202.

einem Gästehaus an,[71] das von einer Gemeinde unterhalten wird.[72] Demgegenüber bleibt die Anwendung von § 4 Nr. 28 UStG verwehrt, wenn die Gemeinde Einrichtungsgegenstände aus dem Rathaus oder einem anderen hoheitlich genutzten Gebäude veräußert.[73] Vergleicht man diese Konstellationen und betrachtet man diesen – logischen und konsequenten – Vorschlag unter dem Aspekt der Gleichbehandlung und der vom BFH in seiner Entscheidung vom 26.9.2019 angeführten Vermeidung von „ungerechtfertigten Wettbewerbsvorteilen", wird das Dilemma umso deutlicher. Auch der Grundsatz der Neutralität der Mehrwertsteuer und der Sinn und Zweck der Systembefreiung lassen eine Anwendung von § 4 Nr. 28 UStG durch entsprechende Auslegung auch für diese Fälle sachgerecht und wünschenswert erscheinen. Eine Erweiterung des Anwendungsbereichs im Wege der Auslegung erscheint aus Sicht des Verfassers jedoch nicht möglich. Jedenfalls nicht, wenn man den Grundsatz, dass der Wortlaut die Grenze der Auslegung bildet, ernsthaft berücksichtigen möchte. Daher geht es um die Frage der möglichen Erweiterung des Anwendungsbereichs durch teleologische Extension oder einen Analogieschluss.

Das Überschreiten des Wortlauts der gesetzlichen Regelung bedarf einer besonderen Rechtfertigung, um die verfassungsrechtlichen Vorgaben zu wahren. Es muss eine planwidrige Regelungslücke bestehen und die Interessenlage muss vergleichbar sein. Dass die Interessenlage bei ursprünglicher Anschaffung für den nichtwirtschaftlichen Bereich einer Körperschaft des öffentlichen Rechts mit den von § 4 Nr. 28 UStG vorgesehenen Fallgestaltungen vergleichbar ist, wurde in diesem Beitrag hinreichend dargelegt. Insbesondere wenn man davon ausgeht, dass der im Urteil des BFH vom 26.9.2019 angelegte Lösungsansatz über den Vorsteuerausschluss nach § 15 Abs. 1a UStG „dem Grunde nach" die Anwendung der Systembefreiung ermöglicht, wenn der Unternehmer den Gegenstand zu einem Zeitpunkt für unternehmerische Zwecke angeschafft hat, als er noch Kleinunternehmer war oder wenn die Zuordnung zum Unternehmen an der im Zeitpunkt der Anschaffung fehlenden Unternehmereigenschaft oder wegen eines Leistungsbezugs für private Zwecke scheitert.

Fraglich ist allein, ob die Vorschrift des § 4 Nr. 28 UStG eine solche Erweiterung ermöglicht. Teilweise wird im Schrifttum die Auffassung vertreten, aus dem Zweck der Vorschrift folge, dass es weder auf den Rechtsgrund noch auf die Ursache des nicht vorgenommenen Vorsteuerabzugs ankommen könne.[74] Die Systembefreiung nach § 4 Nr. 28 UStG sei Ausdruck eines sys-

---

71 Die nach § 4 Abs. 5 Satz 1 Nr. 3 EStG nicht abziehbar sind und somit von § 15 Abs. 1a UStG erfasst werden.

72 *Korn*, MwStR 2020, 200, 202.

73 Vgl. auch *Korn*, MwStR 2020, 200, 202.

74 *Stadie*, in: Stadie, UStG, § 4 Nr. 28 UStG, Rn. 17.

temtragenden Gedankens der Umsatzsteuer und deshalb über ihren Wortlaut hinaus zu verallgemeinern und analog anzuwenden.[75] Demgemäß sei eine entgeltliche Lieferung nicht nur in den von der Vorschrift ausdrücklich genannten Fällen, sondern generell stets dann nicht steuerpflichtig, wenn kein Vorsteuerabzug vorgenommen worden war.[76] Demgegenüber hat die Rechtsprechung bislang davon abgesehen, den Anwendungsbereich der Systembefreiung über die Grenzen des Wortlauts hinaus zu erweitern.[77] Auch die deutsche Steuerverwaltung geht davon aus, dass § 4 Nr. 28 UStG nicht auf regelmäßige Veräußerungsgeschäfte aus dem hoheitlichen Bereich Anwendung findet. Ansonsten hätte sie nicht im BMF-Schreiben vom 16.12.2016 die Figur des nicht nachhaltigen hoheitlichen Hilfsgeschäfts entwickeln müssen.

Gegen eine Erweiterung des Anwendungsbereichs über die Grenzen des Wortlauts hinaus spricht, dass sich sowohl der nationale als auch der europäische Gesetzgeber gegen eine anders lautende Formulierung der Regelung entschieden haben. Es ist nicht davon auszugehen, dass der Gesetzgeber die Möglichkeit übersehen hat, dass Gegenstände zunächst für Zwecke angeschafft werden können, die eine Zuordnung zum Unternehmen nicht erlauben. Es ist ebenfalls nicht davon auszugehen, dass der Gesetzgeber übersehen hat, dass diese Gegenstände in bestimmten Fallgestaltungen nachträglich dem Unternehmensvermögen zugeordnet werden können mit der Folge, dass ihre spätere Veräußerung zu einem steuerbaren Vorgang führt. Es ist zu unterstellen, dass der Gesetzgeber die daraus resultierenden Folgen in Kauf genommen hat.

Unter Umständen könnte man annehmen, dass bei Einführung der Systembefreiung im Jahr 1980 die Frage nach dem Umgang mit der Weiterveräußerung von ursprünglich für den nichtwirtschaftlichen Bereich angeschafften Gegenständen nicht oder zumindest nicht in dem Maß präsent gewesen ist, wie sie sich in den letzten Jahrzehnten entwickelt und insbesondere durch die Diskussion um die veränderte Besteuerung der öffentlichen Hand intensiviert hat. Die für einen Analogieschluss erforderliche unbeabsichtigte Regelungslücke könnte somit bei sehr wohlwollender Betrachtung angenommen werden. Denkbar wäre daher ein Analogieschluss mit Bezug auf den Vorsteuerausschluss wegen Verwendung für die private Lebensführung nach § 12 Nr. 1 EStG. Dies scheint jedoch mit Blick auf die gefestigte Recht-

75 *Stadie,* in: Stadie, UStG, § 4 Nr. 28 UStG, Rn. 17.

76 *Stadie,* in: Stadie, UStG, § 4 Nr. 28 UStG, Rn. 17, § 1 Rn. 111 f.

77 Vgl. die auch von *Stadie*, UStG, § 4 Nr. 28 UStG, Rn. 17 angeführten Urteile des BFH, 31.1.2002 – V R 61/96, BStBl. II 2003, 813; BFH, 2.3.2006 – V R 35/04, BStBl. II 2006, 675; BFH, 29.6.2011 – XI R 15/10, BStBl. II 2011, 839. Eine Erweiterung über die Grenze des Wortlauts der Vorschrift hinaus liefert auch die aktuellste Entscheidung des BFH, 26.9.2019 – V R 27/19 (V R 1/17) nicht.

sprechung von EuGH und BFH, wonach der wirtschaftliche Bereich einer Körperschaft des öffentlichen Rechts gerade nicht als unternehmensfremd bezeichnet wird, inkonsistent. Ein solcher Analogieschluss wäre zwar wünschenswert, aber widersprüchlich.

Letztlich sind aus Sicht des Verfassers weder eine teleologische Extension noch ein Analogieschluss zulässig, da man unterstellen muss, dass der Gesetzgeber in der Systembefreiung bewusst nicht generell auf die fehlende Vorsteuerabzugsberechtigung bei der Anschaffung abgestellt hat, sondern auf die Verwendung der weitergelieferten Gegenstände für bestimmte Umsätze und dass der Gesetzgeber sich damit bewusst dagegen entschieden hat, Fälle des nichtunternehmerischen Leistungsbezugs in den Anwendungsbereich der Systembefreiung einzubeziehen. Somit bleibt für eine Erweiterung des Anwendungsbereichs über die in § 4 Nr. 28 UStG genannten Fälle hinaus wenig Spielraum, auch wenn EuGH und BFH in der Vergangenheit hierbei bereits sehr kreativ agiert haben.[78]

Vor diesem Hintergrund ist eine derartige Erweiterung des Anwendungsbereichs von § 4 Nr. 28 UStG de lege lata aus Sicht des Verfassers abzulehnen.

2. Lösung de lege ferenda

Es wäre aus Sicht des Verfassers sinnvoll und notwendig, die Regelung – auch auf unionsrechtlicher Ebene – anzupassen und insgesamt als flexiblen Mechanismus auszugestalten, der nicht auf die Verwendung oder Bestimmung der Gegenstände Bezug nimmt, sondern auf die Berechtigung zum Vorsteuerabzug im Zeitpunkt der Anschaffung und dabei nicht differenziert, auf welchem Grund der Vorsteuerausschluss beruht. Darüber hinaus erachtet es der Verfasser für sinnvoll, eine flexible Lösung einzuführen, die nicht nur von ausschließlichen Verwendungen ausgeht, sondern auch die teilweise Verwendung für vorsteuerschädliche und vorsteuerunschädliche Umsätze berücksichtigt.[79]

---

78 Als Beispiel besonders hervorzuheben wäre an dieser Stelle die „teleologische Extension" des Begriffs „juristische Person" auf Personengesellschaften durch BFH, 2.12.2015, V R 25/13, BB 2016, 543 im Rahmen der Organschaft in § 2 Abs. 2 Nr. 2 UStG.

79 Formulierungsvorschlag: „Steuerfrei sind die Lieferungen von Gegenständen, soweit die gelieferten Gegenstände bei ihrer Anschaffung nicht zum Vorsteuerabzug berechtigt haben."
Alternativ, falls man an der Bezugnahme auf die Verwendung oder Bestimmung festhalten möchte: „Steuerfrei sind die Lieferungen von Gegenständen, soweit die gelieferten Gegenstände bei ihrer Anschaffung für eine Verwendung bestimmt waren, die nicht zum Vorsteuerabzug berechtigt hat."

§ 2b UStG vor dem Hintergrund der Entlastungs-allianz – eine kritische Betrachtung aus Sicht des Gemeindetags Baden-Württemberg

Sandra Luz

Die Umsetzung des § 2b UStG stellt die Städte und Gemeinden vor große Herausforderungen. Hinzu kommt die Sorge vor strafrechtlichen Konsequenzen, sofern sich die Auslegung von Sachverhalten und darauf beruhende Angaben in den Umsatzsteuererklärungen im Nachhinein als unzutreffend erweisen sollten.

Parallel dazu sind die Städte und Gemeinden durch immer neue Leistungsversprechen und die Anhebung zu gewährleistender Standards durch übergeordnete politische Ebenen zunehmend an die Grenzen ihrer Leistungsfähigkeit gekommen. In Baden-Württemberg war dies einer der Auslöser, weshalb am 13.7.2023 mit der Unterzeichnung der „Gemeinsamen Verständigung zwischen der Landesregierung Baden-Württemberg und acht Verbänden über ein Arbeitsformat zum Abbau bürokratischer Belastungen" der Startschuss für die Entlastungsallianz fiel.

Vor dem Hintergrund dieser Entlastungsallianz, die auch den Abbau von Belastungen für die Städte und Gemeinden zum Ziel hat, soll der nachfolgende Beitrag einen kritischen Blick auf § 2b UStG werfen.

I. Die Entlastungsallianz

1. Das Positionspapier des Gemeindetags Baden-Württemberg

Die Städte und Gemeinden sind in den vergangenen Jahren durch immer neue Leistungsversprechen und die Anhebung zu gewährleistender Standards durch die Gesetzgeber auf europäischer, bundesdeutscher oder baden-württembergischer Ebene zunehmend an die Grenzen ihrer Leistungsfähigkeit gekommen. In seiner Sitzung vom 21./22.9.2022 hat der Landesvorstand des Gemeindetags Baden-Württemberg deshalb das Positionspapier „Belastungsgrenze überschritten – Es darf kein ‚Weiter so' geben!"[1] beschlossen.

1 Gemeindetag Baden-Württemberg v. 22.9.2022, https://www.gemeindetag-bw.de/system/files/downloads_buch/Positionspapier_Leistungsf%C3%A4higkeit_final_2.pdf (zuletzt abgerufen am 4.3.2025).

Ausgangspunkt des Positionspapiers ist die Situationsanalyse, dass die Leistungsfähigkeit nicht nur der Städte und Gemeinden, sondern auch des Staates insgesamt ihre Grenzen erreicht hat und die Gesamtheit der staatlichen Leistungsversprechen deshalb nicht mehr erfüllbar ist. Angesichts dessen wird eine Fokussierung auf das Wesentliche gefordert. Neue Standards, Rechtsansprüche und gesetzliche Leistungen können demnach nur erfüllt werden, wenn gleichzeitig das Bestehende überprüft und angepasst wird. Daraus leitet sich die Notwendigkeit ab, eine neue politische und gesellschaftliche Bedürfnispyramide zu definieren und im Anschluss daran in eine ernsthafte Aufgaben- und Standardkritik einzusteigen. Als Ziel formuliert das Positionspapier deshalb ein gesamtstaatliches Verständnis dahingehend, dass Leistungen erst dann als Rechtsanspruch versprochen und zugesagt werden, wenn deren Umsetzbarkeit und Finanzbarkeit geprüft und mit der erfüllenden politischen Ebene vereinbart sind.

2. Offener Brief „In großer Sorge um unser Land"

Das Positionspapier des Gemeindetags Baden-Württemberg hatte darüber hinaus das Ziel, einen gesellschaftspolitischen Diskussionsprozess hinsichtlich der Leistungsfähigkeit des Staates anzustoßen.

Einen weiteren wichtigen Impuls zu einem solchen Diskussionsprozess gab der offene Brief an Ministerpräsident Winfried Kretschmann „In großer Sorge um unser Land"[2], den die Kommunalen Landesverbände (Gemeindetag Baden-Württemberg, Städtetag Baden-Württemberg und Landkreistag Baden-Württemberg) im Schulterschluss mit den Wirtschaftsverbänden (Baden-Württembergischer Industrie- und Handelskammertag, Baden-Württembergischer Handwerkstag, Unternehmer Baden-Württemberg) sowie dem Sparkassenverband Baden-Württemberg und dem Baden-Württembergischen Genossenschaftsverband am 27.10.2022 gemeinsam formuliert haben.

Der offene Brief fordert wie schon das Positionspapier des Gemeindetags Baden-Württemberg eine klare Priorisierung der staatlichen Kräfte und die dazu notwendige konsequente Aufgabenkritik. Des Weiteren wird eine Entbürokratisierung im Sinne eines Abbaus von Regulierungsstandards und einer Flexibilisierung rechtlicher Rahmenbedingungen für zwingend notwendig erklärt. Zur Erarbeitung entsprechender Lösungsansätze wird die Einberufung eines Zukunftskonvents vorgeschlagen.

---

2 Schreiben mehrerer Verbände v. 27.10.2022, https://www.gemeindetag-bw.de/system/files/downloads_buch/_Offener-Brief-an-MP_In-gro%C3%9Fer-Sorge-um-unser-Land_Zukunftskonvent_27.10.2022.pdf (zuletzt abgerufen am 4.3.2025).

3. Die Entlastungsallianz

Ausgehend von dem Vorschlag zur Einführung eines Zukunftskonvents fanden im Anschluss an den offenen Brief Verhandlungen mit der Landesregierung zur Entwicklung eines geeigneten Arbeitsformates statt. Mit der Unterzeichnung der „Gemeinsamen Verständigung zwischen der Landesregierung Baden-Württemberg und acht Verbänden über ein Arbeitsformat zum Abbau bürokratischer Belastungen“ am 13.7.2023 fiel dann der Startschuss für die sogenannte Entlastungsallianz, die ihre Arbeit im November 2023 aufnahm.[3]

Ziel der Entlastungsallianz ist der Abbau von (bürokratischen) Belastungen für Wirtschaft und Bürger*innen, aber auch für die Verwaltung und damit für die Städte und Gemeinden. Dazu soll eine konsequente Aufgabenkritik sowie eine gezielte Standardüberprüfung staatlicher Leistungsversprechen vorgenommen werden. Darüber hinaus wird ein Weniger an Regulation und stattdessen ein Mehr an Eigenverantwortung angestrebt. Schließlich sollen konkrete Maßnahmen zur Verwaltungsmodernisierung, zur Digitalisierung und zur Entbürokratisierung erarbeitet werden.

Der Fokus der Entlastungsallianz liegt auf der Erarbeitung von Maßnahmenvorschlägen, die direkt auf Landesebene umgesetzt werden können. Ergänzend werden aber auch Maßnahmenvorschläge zur Anpassung von Bundes- und Europarecht formuliert und eingebracht.

II. § 2b UStG versus Entbürokratisierung

Die Umsetzung des § 2b UStG stellt die Städte und Gemeinden vor große Herausforderungen. War das Umsatzsteuerrecht für die Städte und Gemeinden vor Einführung des § 2b UStG bzw. der Abschaffung des § 2 Abs. 3 UStG noch überschaubar und mit einem vertretbaren Aufwand bearbeitbar, ist daraus nunmehr ein weitreichendes und komplexes Rechtsgebiet mit vielen Beurteilungs- und Gestaltungsmöglichkeiten geworden.

Dies führt dazu, dass auf den ersten Blick vergleichbare Sachverhalte durch minimale Abwandlungen unter Umständen zu gegensätzlichen umsatzsteuerrechtlichen Ergebnissen führen können. Deshalb erfordert jeder Sachverhalt eine detaillierte Prüfung und dies selbst bei Sachverhalten, die

---

3 Staatsministerium Baden-Württemberg, 13.7.2023, Entlastungsallianz für Baden-Württemberg, https://stm.baden-wuerttemberg.de/de/service/presse/pressemitteilung/pid/entlastungsallianz-fuer-baden-wuerttemberg-vereinbart (zuletzt abgerufen am 6.3.2025). Staatsministerium Baden-Württemberg, 13.7.2023, Entlastungsallianz für Baden-Württemberg, https://stm.baden-wuerttemberg.de/fileadmin/redaktion/dateien/PDF/Anlagen_PMs_2023/230713_Entlastungsallianz_fuer_B-W.pdf (zuletzt abgerufen am 6.3.2025).

zunächst nicht mit einer eventuellen Umsatzsteuerpflicht in Verbindung gebracht werden. Dies hat wiederum zur Folge, dass die Umsetzung des § 2b UStG einen deutlichen personellen und finanziellen Aufwand in den Städten und Gemeinden bedingt. Hinzu kommt die Sorge vor strafrechtlichen Konsequenzen, sofern sich die Auslegung von Sachverhalten und darauf beruhende Angaben in den Umsatzsteuererklärungen im Nachhinein als unzutreffend erweisen sollten.

Es ist daher nicht verwunderlich, dass die Umsetzung des § 2b UStG in dem offenen Brief der acht Verbände als Beispiel dafür genannt wird, dass sich der Staat viel zu oft mit sich selbst beschäftigt. Denn letztendlich bedeutet die Umsatzsteuerpflicht der Kommunen ein Verschieben von finanziellen Mitteln von den Kommunen zu Bund und Ländern und über den Gemeindeanteil an der Umsatzsteuer ein daran anschließendes „Zurückverschieben" zu den Städten und Gemeinden.

Als Bundesgesetz konnte § 2b UStG in der Entlastungsallianz nur am Rande, insbesondere im Hinblick auf Vereinfachungsregelungen und Anwendungsfragen, behandelt werden. Wenn aber Lösungen für eine Entlastung der Städte und Gemeinden und für eine Entbürokratisierung zugunsten der Städte und Gemeinden erarbeitet werden sollen, darf die Umsetzung des § 2b UStG und die damit einhergehende Bindung personeller und finanzieller Ressourcen nicht außer Betracht bleiben.

1. § 2b UStG und die „Kuchensteuer"

Der Kuchenverkauf an Schulen und Kitas ist ein sehr eindrückliches Beispiel dafür, dass selbst Sachverhalte, die zunächst nicht mit einer eventuellen Umsatzsteuerpflicht in Verbindung gebracht werden, davon doch nicht unberührt sind. Zudem verdeutlicht die im Juli 2022 vom Ministerium für Finanzen herausgegebene elfseitige Arbeitshilfe zur umsatzsteuerlichen Behandlung von Kuchenverkäufen an baden-württembergischen Schulen[4], wie ein auf den ersten Blick einfacher Sachverhalt durch unterschiedliche Variationen und ihre dazugehörigen Abwandlungen jeweils eine eigenständige umsatzsteuerliche Prüfung anhand eines ggf. mehrstufigen Prüfungsschemas nach sich ziehen kann. Dies zeigt die ganze Komplexität des Umsatzsteuerrechts.

Zwar hat das Ministerium für Finanzen im November 2023 die bestehenden Auslegungen nochmals überprüft und eine unbürokratische Lösung gefunden.[5] Zu diesem Zeitpunkt hatte die eventuelle Umsatzsteuerpflicht des

---

4 Ministerium für Finanzen Baden-Württemberg, o. J. – FM3-S 7107-1/86.

5 Ministerium für Finanzen Baden-Württemberg v. 8.12.2023, https://fm.baden-wuerttemberg.de/de/service/presse-und-oeffentlichkeitsarbeit/pressemitteilung/pid/unbuero-

Kuchenverkaufs an Schulen und Kitas unter der Bezeichnung „Kuchensteuer" jedoch bereits als Negativbeispiel für eine aus Sicht der Medien unnötige – und durch die EU ausgelöste – Bürokratie Eingang in die regionale und auch überregionale Berichterstattung von Presse, Rundfunk und Fernsehen gefunden und war dadurch zum bekanntesten Beispiel des § 2b UStG geworden.[6]

Aus Sicht eines Steuerrechtlers ist die in der Arbeitshilfe des Ministeriums für Finanzen vom Juli 2022 vorgenommene umsatzsteuerpflichtige Prüfung des Kuchenverkaufs an Schulen und Kitas mit seinen unterschiedlichen Variationen und den dazugehörigen Abwandlungen ein notwendiges und alltägliches Vorgehen. Die Sicht der Bürger*innen war dagegen sicherlich eine andere. Für sie könnte sich die Frage gestellt haben, ob die Verwaltung nichts Wichtigeres zu tun habe, als sich mit der eventuellen Umsatzsteuerpflicht des Kuchenverkaufs an Schulen und Kitas zu beschäftigen. Die kommunale Praxis wiederum forderte zurecht von Anfang an eine pragmatische Lösung, um sich so auf ihre eigentlichen Aufgaben konzentrieren zu können.

2. Zweifel an der Notwendigkeit des § 2b UStG

Durch Art. 12 des Steueränderungsgesetzes 2015 vom 2.11.2015 wurde § 2 Abs. 3 UStG gestrichen und § 2b UStG neu eingeführt. Wenngleich dies aus der Perspektive der Städte und Gemeinden nur ein Verschieben von finanziellen Mitteln zwischen verschiedenen staatlichen Ebenen bewirkt hat, war Grund für diese Neuregelung nicht das Generieren neuer Einnahmen für Bund und Länder. Vielmehr wurde damit Art. 13 der Mehrwertsteuer-Systemrichtlinie der Europäische Union umgesetzt, durch die wiederum wesentliche Wettbewerbsverzerrungen durch eine steuerliche Bevorzugung der öffentlichen Hand verhindert werden sollen.[7]

Die nach § 27 Abs. 22 UStG zunächst bis 31.12.2020 geltende Optionsfrist wurde durch Art. 1 des Corona-Steuerhilfegesetzes vom 19.6.2020 erstmals

---

kratische-loesung-beim-kuchenverkauf-fuer-schulen-und-kitas (zuletzt abgerufen am 6.3.2025).

6 Beispiele für die umfangreiche Berichterstattung zur „Kuchensteuer" sind: *Otte*, SWR Aktuell Baden-Württemberg v. 23.11.2023, https://www.swr.de/swraktuell/baden-wuerttemberg/kuchensteuer-kommt-2025-in-baden-wuerrtemberg-was-lehrer-eltern-kinder-beachten-muessen-100.html (zuletzt abgerufen am 6.3.2025). *Henninger*, tagesschau v. 3.6.2022, https://www.tagesschau.de/wirtschaft/verbraucher/umsatzssteuer-kuchenverkauf-schule-eu-richtlinie-101.html (zuletzt abgerufen am 6.3.2025). Stuttgarter Zeitung v. 17.5.2022, https://www.stuttgarter-zeitung.de/inhalt.eu-richtlinie-sorgt-fuer-verdruss-braucht-man-fuer-schulfeste-bald-einen-steuerberater.0ff0dcba-c65e-485a-b83d-8c2c570a7db4.html (zuletzt abgerufen am 6.3.2025).

7 BT-Drucks. 18/6094, 91.

bis 31.12.2022 verlängert. Bereits diese erste Verlängerung wurde damit begründet, dass in dem seit 2016 laufenden Übergangszeitraum eine wesentliche Verzerrung des Wettbewerbs bislang nicht festgestellt werden konnte und nicht damit zu rechnen sei, dass sich eine solche bei einer Verlängerung um zwei Jahre ergeben werde.[8] Dieselbe Begründung wird bei der nochmaligen Verlängerung der Optionsfrist bis zum 31.12.2023 durch Art. 16 des Jahressteuergesetzes 2022 vom 16.12.2022 angeführt.[9] Danach sei eine wesentliche Beeinträchtigung des Wettbewerbs durch die erneute Verlängerung der Übergangsregelung unter Zugrundelegung der Erfahrungen der letzten zwei Jahre auch weiterhin nicht zu befürchten. Selbst die erneute Verlängerung der Optionsfrist bis zum 31.12.2026 durch Art. 25 des Jahressteuergesetzes 2024 wurde noch immer mit demselben Wortlaut begründet.[10]

Seit der Veröffentlichung des Jahressteuergesetzes 2015 sind mittlerweile fast 10 Jahre vergangen. In dieser Zeit konnte die Bundesregierung keine wesentliche Beeinträchtigung des Wettbewerbs aufgrund der Anwendung des bisherigen § 2 Abs. 3 UStG erkennen und befürchtet für die nächsten zwei Jahre ebenfalls keine wesentliche Beeinträchtigung des Wettbewerbs. Dies wirft die Frage auf, ob nicht auch eine Anwendung des bisherigen § 2 Abs. 3 UStG über den 31.12.2026 hinaus zu keiner wesentlichen Wettbewerbsverzerrung führen würde. Als logische Konsequenz stellt sich im nächsten Schritt die Frage, ob die Neuregelung der Umsatzbesteuerung der öffentlichen Hand über die Streichung des § 2 Abs. 3 UStG und die Einführung des § 2b UStG überhaupt zur Umsetzung der Mehrwertsteuersystemrichtlinie notwendig gewesen wäre.

Untermauert wird dies durch die Stellungnahme von Prof. Dr. Roland Ismer zum Jahressteuergesetz 2024.[11] Aus seiner Sicht geht die Besteuerung der öffentlichen Hand in Deutschland etwa im Vergleich zu Frankreich sehr weit. Es biete sich deshalb an zu überprüfen, ob ein solches sehr weites Verständnis der Umsatzsteuerpflicht geboten sei oder ob man ihm nicht ein restriktiveres Verständnis des Kriteriums der Wettbewerbsverzerrung entgegensetzen könnte.

8 BT-Drucks. 19/19150, 11.
9 BT-Drucks. 20/4729, 151.
10 BT-Drucks. 20/12780, 188.
11 *Ismer*, o. J., https://www.bundestag.de/resource/blob/1022456/7bf00223c2c3b5326f1166452ea6c134/11-Ismer.pdf (zuletzt abgerufen am 6.3.2025), S. 3.

III. Fazit

In einer Zeit, in der die Städte und Gemeinden durch immer neue Leistungsversprechen und die Anhebung zu gewährleistender Standards durch übergeordnete politische Ebenen zunehmend an die Grenzen ihrer Leistungsfähigkeit kommen, bindet die Umsetzung des § 2b UStG in den Städten und Gemeinden personelle und finanzielle Ressourcen, die für die eigentlichen kommunalen Aufgaben dringend gebraucht würden.

Gleichzeitig lassen die Begründungen zu den wiederholten gesetzlichen Verlängerungen der Optionsfrist Zweifel daran aufkommen, dass eine Umsetzung der Mehrwertsteuersystemrichtlinie über die Streichung des § 2 Abs. 3 UStG und die Einführung des § 2b UStG tatsächlich notwendig gewesen ist.

Vor diesem Hintergrund wäre es dringend erforderlich, dass die gesetzlichen Regelungen zur Umsatzbesteuerung der öffentlichen Hand vom Bundesgesetzgeber überdacht und in Richtung des von Prof. Dr. Ismer aufgeworfenen restriktiveren Verständnisses des Kriteriums der Wettbewerbsverzerrung angepasst werden.

§ 2b UStG aus Sicht des Landkreistages Baden-Württemberg

Bernd Klee

I. Einführung

Bis zum Jahr 2016 sind die juristischen Personen des öffentlichen Rechts (jPöR) nach § 2 Abs. 3 Umsatzsteuergesetz (UStG) nur im Rahmen ihrer Betriebe gewerblicher Art und ihrer land- und forstwirtschaftlichen Betriebe grundsätzlich umsatzsteuerpflichtig. Weitere Ausnahmen finden sich z. B. für den Krankenhaus- und Schulbereich in § 4 UStG.

Dies ändert sich spätestens ab dem Jahr 2027. Falls eine nachhaltige Tätigkeit zur Erzielung von Einnahmen vorliegt, gelten jPöR nach dem neuen § 2b UStG nur dann nicht als Unternehmer, wenn sie Tätigkeiten ausüben, die ihnen im Rahmen der öffentlichen Gewalt obliegen und sie dafür öffentlich-rechtliche Entgelte (Gebühren) erheben. Außerdem darf eine Behandlung als Nichtunternehmer nicht zu größeren Wettbewerbsverzerrungen führen. Eine Option für die Weitergeltung des bisherigen Rechts (ursprünglich) bis 2022 musste bis 31.12.2016 erklärt werden. Die Optionsfrist wurde im Dezember 2024 durch das Jahressteuergesetz erneut um zwei Jahre auf den 31.12.2026 verlängert. Eine erneute Antragstellung ist nicht notwendig.

Wenn die Tätigkeit nicht nachhaltig zur Erzielung von Einnahmen ausgeübt wird, d. h. nicht auf Dauer und/oder nicht der Erzielung von Einnahmen dient, ist die jPöR nach § 2 UStG überhaupt kein Unternehmer. Dies hat zur Folge, dass die Tätigkeit nicht der Umsatzsteuer unterliegt und eine Prüfung der Voraussetzungen des neuen § 2b UStG überhaupt nicht vorgenommen werden muss. Ebenso muss überhaupt ein tatsächlicher Leistungsaustausch vorliegen. Ansonsten bedarf es auch keiner weiteren Prüfung und der Vorgang ist nicht umsatzsteuerbar. Für einen Leistungsaustausch ist es erforderlich, dass ein Leistender und ein Leistungsempfänger vorhanden sind. Steuerbar können also nur solche Leistungen sein, die zwischen zwei unterschiedlichen Steuersubjekten ausgetauscht werden. Ein steuerbarer Leistungsaustausch innerhalb eines Unternehmens ist damit überhaupt nicht möglich. Da eine Körperschaft des öffentlichen Rechts umsatzsteuerrechtlich ein Unternehmen darstellt, führt ein Austausch von Waren und Dienstleistungen zwischen dem Kernhaushalt und seinen Eigenbetrieben auch nicht zu einem steuerbaren Leistungsaustausch.

II. Problemstellung

Im Rahmen der Einführung des § 2b UStG wurde vom Land die Frage aufgeworfen, ob innerhalb eines Landratsamtes die kreiskommunale Aufgabenerledigung (z. B. Kreistag, Schulträger, Soziales und Jugend, Gesundheitseinrichtungen, Kreisstraßen, Abfallwirtschaft etc.) und die Erledigung der Aufgaben der Untere Verwaltungsbehörde (UVB) unterschiedlich zu behandeln sind.

Bei der Erledigung von Aufgaben der UVB gegenüben Bürgern und Unternehmen liegt ausnahmslos eine öffentlich-rechtliche Tätigkeit vor (§ 2b Abs. 1 S. 1 UStG). Diese ergeben sich aus §§ 15, 18 und 19 LVG sowie aus spezialgesetzlichen Regelungen (z. B. § 46 Abs. 1 Nr. 3 LBO im Baurecht). § 2b Abs. 4 UStG ist nur für die Vermessungsleistungen (in der dortigen Ziffer 3) einschlägig, die bereits heute der Umsatzsteuer unterliegen. Wettbewerb kann bei Leistungen der UVB aus der Natur der Sache nicht vorliegen (§ 2b Abs. 1 S. 2 UStG), da die Aufgaben auf Grund der örtlichen Zuständigkeit nicht von jemand anderem erbracht werden können. Damit liegen stets nicht steuerbare Leistungen vor.

Problematisch wäre allerdings, wenn die Tätigkeiten des kreiskommunalen Personals (Landrat, Beamte, Beschäftigte) und das Einbringen von kreiskommunalen Gebäuden und Sachmitteln für die UVB (und natürlich auch umgekehrt) als eine Art Leistungsaustausch angesehen werden würden. Dies würde detaillierte Leistungsaufschriebe oder -schätzungen von mehr als tausend Mitarbeitenden erfordern.

Hierzu ein paar Beispiele:

– Beispiel 1:

  Der Landrat ist Beamter auf Zeit des Landkreises (§ 37 Abs. 2 S. 1 LKrO). Er leitet das Landratsamt (§ 37 Abs. 1 S. 1 LKrO) und regelt die innere Organisation des Landratsamts (§ 42 Abs. 1 LKrO). Dadurch ist er auch für die staatlichen Beamten des Landratsamtes Vorgesetzter (§ 3 Abs. 3 Beamtenrechts-Zuständigkeitsverordnung). Der Landrat kann Landesbeamte zur Besorgung von kommunalen Angelegenheiten des Landkreises und Beamte des Landkreises zur Besorgung von Aufgaben der UVB heranziehen (§ 56 Abs. 1 LKrO). Würde man nun einen Leistungsaustausch unterstellen, dann müssten sämtliche Tätigkeiten der Landesbeamten bei Erledigung von kommunalen Angelegenheiten des Landkreises bzw. des Landrats und der weiteren Beamten des Landkreises bei Erledigung von Aufgaben der UVB erfasst und umsatzsteuerrechtlich bewertet werden. Dies wäre aufgrund der Komplexität und der Tatsache, dass sich die Sachverhalte auch während eines Jahres in größerem Maße ändern können, schlichtweg nicht möglich.

- Beispiel 2:
  Die kreiskommunalen Steuerungs- und Serviceeinheiten (Finanzen, Personal, EDV und Gebäudemanagement) werden zwangsläufig nicht nur für den kreiskommunalen Teil des Landkreises, sondern gleichwohl auch für die UVB tätig. Auch hier wären eine Erfassung und eine umsatzsteuerrechtliche Bewertung aufgrund der vielseitigen Beziehungen nicht leistbar.
- Beispiel 3:
  Das Straßenbauamt eines Landkreises hat kreiskommunale Aufgaben (Betreuung der Kreisstraßen) und nimmt Aufgaben der UVB (Betreuung der Bundes- und Landesstraßen) wahr. Der Straßenbauamtsleiter ist Landesbeamter und auch für die kreiskommunalen Aufgaben zuständig. Kreiskommunale Beamte und Beschäftigte (Innendienst und Straßenmeistereien) arbeiten auch an Bundes- und Landesstraßen. Auch hier stellt sich die Frage der Erfassung und der umsatzsteuerrechtlichen Bewertung aufgrund der vielseitigen Beziehungen innerhalb des Straßenbauamtes.

III. Lösung

Mit Schreiben vom 21.6.2022 (AZ FM3-S 7107-1/37) liegt die endgültige Stellungnahme der Steuerabteilung des Finanzministeriums zum Ergebnisbericht der Arbeitsgruppe zur Umsetzung des § 2b UStG bei den Landratsämtern vor.

Es wird erfreulicherweise klargestellt, dass die Beziehungen innerhalb der Landratsämter zwischen dem kreiskommunalen Bereich und den Unteren Verwaltungsbehörden (UVB) innerhalb der Landratsämter – wie bisher – nicht der Umsatzsteuer unterliegen. Das vielfach befürchtete „Bürokratiemonster“ konnte vermieden werden. Dadurch wird auch eine größtmögliche Rechtssicherheit vor Ort erreicht.

Erfreulicherweise wurden vom Finanzministerium die steuerlichen Einschätzungen einer zuvor eingerichteten Arbeitsgruppe mit Ausnahme der Erklärungspflichten der Landratsämter bestätigt. Die baden-württembergischen Landratsämter sind aufgrund ihrer geteilten Rechtspersönlichkeit umsatzsteuerlich zwei Unternehmen. Deshalb sind die Umsätze entsprechend in getrennten Steuererklärungen anzugeben. Da die Umsätze ohnehin vor Ort separat ermittelt werden müssen, ist die Umsetzung dieser Entscheidung akzeptabel.

Zur Begründung führt das FM aus:

1. Zahlungen nach dem Gesetz über den kommunalen Finanzausgleich (Finanzausgleichsgesetz – FAG)

a) Zuweisungen nach § 11 FAG

Die nach § 11 FAG an die Landkreise überlassenen Mittel unterliegen nicht der Umsatzsteuer. Sie dienen insgesamt dem Zweck, die Landratsämter in die Lage zu versetzen, ihre Aufgaben erfüllen zu können. Hierbei geht es um die Förderung der im allgemeinpolitischen Interesse liegenden Tätigkeiten der Landratsämter. Diese Zuweisungen stellen demgemäß keine (teilweisen) Gegenleistungen (und damit kein Entgelt im umsatzsteuerlichen Sinne) für dem Land gegenüber erbrachte Leistungen dar. Insoweit fehlt es an einem konkreten Vorteil, der zu einem Verbrauch im Sinne des gemeinsamen Mehrwertsteuersystems führen würde.

b) Leistungen auf der Vorstufe

Bei den vom Land den Landratsämtern nach § 11 Abs. 3 FAG überlassenen Gebühren ist unabhängig von der Mittelüberlassung im vorgenannten Sinne die Erbringung von Leistungen des Landes gegenüber Dritten auf der Vorstufe umsatzsteuerlich zu beurteilen.

2. Gegenseitige Personalgestellungen sowie das Einbringen von kreiskommunalen Gebäuden und Sachmitteln

Auch die nach § 11 Abs. 3 FAG überlassenen Gebühren gehören zu den einheitlich zu betrachtenden (pauschalen) Zuweisungen im Sinne des § 11 FAG entsprechend den Ausführungen unter Buchstabe a) zu der Ziffer 1. Der von der Arbeitsgruppe angesprochene abgekürzte Zahlungsweg bezieht sich demnach auf die nicht umsatzsteuerbaren Zahlungen. Insoweit ist eine umsatzsteuerliche Relevanz demgemäß – wie bereits ausgeführt – im Verhältnis von Landkreis und Land zu verneinen.

Soweit mit Blick auf die Einhäusigkeit der baden-württembergischen Landratsämter gegenseitig Personalgestellungen im Rahmen des § 52 Abs. 1 Landkreisordnung (LKrO) oder Kostentragungen des jeweiligen Landreises für die sächlichen Kosten der jeweiligen unteren Verwaltungsbehörde nach § 52 Abs. 2 LKrO erfolgen, sind keine Leistungsaustauschverhältnisse gegeben. Ein wechselseitiger und unmittelbarer Zusammenhang mit einer Gegenleistung ist insoweit nicht erkennbar. Ein Entgelt (auch in Form einer sonstigen Leistung im Rahmen eines tauschähnlichen Umsatzes) ist daher zu verneinen.

Diese Sichtweise hat zur Folge, dass eine Prüfung der Ausnahmeregelung des § 2b Abs. 3 Nr. 1 UStG – wie im Ergebnisbericht dargestellt – eigentlich entbehrlich ist. Die Arbeitsgruppe hat diese Prüfung deshalb nur (vorsorglich) für den Fall vorgenommen, dass ein Leistungsaustausch vorliegt. Diese Vorgehensweise ist nicht zu beanstanden, zumal sich mit Hilfe des angesprochenen Beschlusses der obersten Finanzbehörden des Bundes und der Länder – sofern man die Frage des Leistungsaustauschverhältnisses hintenanstellen würde – auch die um-satzsteuerliche Relevanz von vornherein ablehnen ließe. Demgemäß wird in diesem Punkt die Auffassung der Arbeitsgruppe ebenfalls geteilt.

3. Steuerliche Betrachtung der Landratsämter als Ganzes

Im Ergebnisbericht der Arbeitsgruppe wird die Frage gestellt, welche umsatzsteuerlichen Konsequenzen sich aus der kommunalrechtlichen Struktur der baden-württembergischen Landratsämter ergeben. Es werden die Alternativen

- einer Behandlung als Einheitsbehörde oder
- das Vorliegen von zwei Rechtspersönlichkeiten

in Erwägung gezogen.

Diese Frage ist bereits geklärt. Demnach sind die baden-württembergischen Landratsämter umsatzsteuerlich als Behörden mit geteilter Rechtspersönlichkeit (sogenannte Janusköpfigkeit) einzuordnen: Als untere Verwaltungsbehörde wird ein Landratsamt einerseits für das Land tätig; andererseits ist es Kommunalbehörde des Landkreises. Diese Einordnung folgt den von der Arbeitsgruppe angesprochenen außersteuerlichen Regelungen in der LKrO und zeigt sich auch in anderen Bereichen (beispielsweise bei der Frage, ob Land oder Landkreis Beklagter in einem gerichtlichen Verfahren ist). Umsatzsteuerlich ist daher von zwei Unternehmen auszugehen.

Diese Sichtweise wurde auf Bundesebene mehrfach bestätigt. Sonderregelungen wurden in diesem Zusammenhang aus steuersystematischen Gründen und mit Blick auf die Bedenken der Europäischen Kommission von vornherein ausgeschlossen.

Demgemäß besteht keine Möglichkeit, die Landratsämter umsatzsteuerlich als eine Einheit anzusehen. Hieran ändert auch deren Einhäusigkeit nichts. Eine solche Einhäusigkeit gibt es im Übrigen auch bei privatrechtlichen Unternehmen. Auch hier ist sie kein entscheidendes Kriterium für die Beurteilung der Unternehmereigenschaft.

Die Bundesregierung hat ferner eine Anregung des Bundesrates aufgegriffen und geprüft, ob es ausreichend sein könnte, wenn janusköpfigen Einrichtungen für alle ihre unternehmerischen Tätigkeiten nur eine Umsatzsteuererklärung an das Finanzamt übermitteln. Erleichterungen bezüglich der erforderlichen Beurteilung und Zuordnung der Leistungen zum jeweiligen Unternehmen auf der Vorstufe – und damit eine Bürokratieentlastung – waren auf diesem Weg hingegen nicht erreichbar. Der Vorschlag wurde daher nicht weiterverfolgt.

Das von der Arbeitsgruppe angesprochene Ziel im aktuellen Koalitionsvertrag, wonach mithilfe von bundesweiten verwaltungsökonomischen Lösungen bei der Umsetzung des § 2b UStG Bürokratiekosten gesenkt werden sollen, lässt sich mit diesem Vorschlag ebenfalls nicht verwirklichen.

Im Ergebnis sind daher nach der bundesweit abgestimmten Auffassung die unternehmerischen Tätigkeiten der janusköpfigen Einrichtungen in getrennten Steuererklärungen für jede juristische Person öffentlichen Rechts zu erklären, für die die Einrichtung tätig ist. Dies gilt auch für die baden-württembergischen Landratsämter. Ausnahmen hiervon können seitens des Ministeriums für Finanzen Baden-Württemberg mit Blick auf die bundesweite Beschlusslage nicht „im Alleingang“ zugelassen werden.

4. Zusätzliche Hinweise des FM

a) Zurechnung der Umsätze

Die Ausführungen im Ergebnisbericht zur Zurechnung der Einnahmen aus der Tätigkeit als untere Verwaltungsbehörden werden geteilt.

Tätigkeiten, die den Landkreisen zuzurechnen sind, sind bei den (einheitlichen) Veranlagungen dieser Unternehmer zu berücksichtigen.

b) Organisationseinheiten des Landes Baden-Württemberg

Nach dem derzeitigen Stand der bundesweiten Erörterungen zum Entwurf eines Anwendungsschreibens zu Anwendungsfragen im Zusammenhang mit der dezentralen Umsatzbesteuerung von Organisationseinheiten der Gebietskörperschaften Bund und Länder (§ 18 Abs. 4f und 4g UStG) ist dort auch eine Aussage in Bezug auf die janusköpfigen Einrichtungen vorgesehen: Handelt die jeweilige Einrichtung für das Unternehmen einer der Gebietskörperschaften Bund oder Länder, ist demnach derzeit davon auszugehen, dass die Einrichtung als Organisationseinheit der jeweiligen Gebietskörperschaft im Sinne des § 18 Abs. 4f S. 1 UStG angesehen wird. In diesem Fall hat sie grundsätzlich ihre aus der Tätigkeit für eine der genannten Gebietskörperschaften resultierenden steuerlichen Verpflichtungen im Rahmen der dezentralen Besteuerung selbst zu erfüllen. Organisationsentscheidungen im Sinne des § 18 Abs. 4f S. 4 UStG wären als Folge dieser Sichtweise denkbar – aber nicht zwingend. Das endgültige Anwendungsschreiben bleibt abzuwarten.

Die Beantwortung der Frage, welche Organisationsentscheidungen in Baden-Württemberg aus Sicht der Landratsämter und der Innenverwaltung sinnvoll wären, obliegt nicht der Steuerabteilung des Ministeriums für Finanzen Baden-Württemberg.

Zusammenarbeit von kommunalen Abwasserbetrieben – (Nicht-)Steuerbarkeit im Rahmen des §2b UStG

Martin Kronawitter

Die Abwasserbeseitigung ist die wohl wichtigste kostenrechnende hoheitliche Einrichtung von Kommunen. Aus Kostengesichtspunkten oder auch topografischen Gegebenheiten macht es Sinn, dass zwei oder mehrere Gemeinden bei der Sammlung und Reinigung von Abwässern zusammenarbeiten. Dabei gilt es vor dem Hintergrund des §2b UStG mögliche umsatzsteuerliche Konsequenzen bei den Beteiligten zu prüfen. Die Satzungs- und Abrechnungsmodalitäten sind entsprechend festzulegen und durchzuführen. Insbesondere müssen die Beseitigung auf öffentlich-rechtlicher Grundlage erfolgen und die Leistung nach Gebühren (anstatt von privatrechtlichen Entgelten) abgerechnet werden, sofern die Nichtsteuerbarkeit der Abwassergebühren und -beiträge erwünscht ist.

I. Wasserhaushaltsrechtliche Grundlagen der Abwasserbeseitigung

1. Bundeseinheitliche Definition der Abwasserbeseitigung

Die Begriffsbestimmung für die Abwasserbeseitigung ergibt sich aus §54 Wasserhaushaltsgesetz (WHG). „Abwasserbeseitigung“ umfasst nach dessen Abs. 2 „das Sammeln, Fortleiten, Behandeln, Einleiten, Versickern, Verregnen und Verrieseln von Abwasser sowie das Entwässern von Klärschlamm in Zusammenhang mit der Abwasserbeseitigung. Zur Abwasserbeseitigung gehört auch die Beseitigung des in Kleinkläranlagen anfallenden Schlamms.“ Der Terminus „Abwasser“ bezeichnet nach Abs. 1 der genannten Vorschrift

1. das durch häuslichen, gewerblichen, landwirtschaftlichen oder sonstigen Gebrauch in seinen Eigenschaften veränderte Wasser und das bei Trockenwetter damit zusammen abfließende Wasser (Schmutzwasser) sowie
2. das von Niederschlägen aus dem Bereich von bebauten oder befestigten Flächen gesammelt abfließende Wasser (Niederschlagswasser).

Die Definition des § 54 Abs. 1 WHG ist nahezu wortgleich mit der bundesgesetzlichen Legaldefinition des Abwasserbegriffs in § 2 Abs. 1 Abwasserabgabengesetz (AbwAG), schlüsselt diese jedoch syntaktisch auf.[1]

Abwasser ist von den juristischen Personen des öffentlichen Rechts (jPöR) zu beseitigen, die **nach Landesrecht** hierzu verpflichtet sind (Abwasserbeseitigungspflichtige). Die Bundesländer können nach § 56 WHG bestimmen, unter welchen Voraussetzungen die Abwasserbeseitigung anderen als den genannten jPöR obliegt. Die zur Abwasserbeseitigung Verpflichteten können sich zur Erfüllung ihrer Pflichten Dritter bedienen.

Das WHG kann aufgrund einer verfassungsrechtlich unzulässigen Übertragung von Aufgaben auf Gemeinden (Art. 84 Abs. 1 Satz 7 GG) diese nicht direkt zur Abwasserbeseitigung verpflichten. Die Entscheidung, wem die Abwasserbeseitigung obliegen soll, hat der jeweilige Landesgesetzgeber zu treffen. Gleichwohl sieht der Bundesgesetzgeber in § 56 Satz 1 WHG bzw. in der Gesetzesbegründung[2] die Abwasserbeseitigung offenkundig grundsätzlich als eine Aufgabe der öffentlichen Hand bzw. der öffentlich-rechtlichen Gebietskörperschaften an.

2. Übertragung der Abwasserbeseitigungspflicht auf die Gemeinden

Die Bundesländer haben die Verantwortung für die Abwasserbeseitigung tatsächlich meist bei den **Gemeinden** belassen:

Bundesland	Rechtsgrundlage	Abwasserbeseitigungspflichtiger
Baden-Württemberg	§ 46 Abs. 1 WG	Gemeinden
Bayern	Art. 34 Abs. 1 BayWG	Gemeinden
Berlin	§ 29e Abs. 1 BWG	Berliner Wasserbetriebe (Anstalt des öffentlichen Rechts)
Brandenburg	§ 66 Abs. 1 BbgWG	Gemeinden
Bremen	§ 45 Abs. 1 BremWG	Stadtgemeinden
Hamburg	§ 2 HmbAbwG	Freie und Hansestadt Hamburg (Stadtentwässerung)
Hessen	§ 37 Abs. 1 HWG	Gemeinden
Mecklenburg-Vorpommern	§ 40 Abs. 1 LWaG	Gemeinden

1 *Ganske*, in: Landmann/Rohmer, Umweltrecht, § 54 WHG, Rn. 7.

2 BT-Drucks. 16/12275, 68.

Bundesland	Rechtsgrundlage	Abwasserbeseitigungspflichtiger
Niedersachsen	§ 96 Abs. 1 NWG	Gemeinden
Nordrhein-Westfalen	§ 46 Abs. 1 LWG	Gemeinden
Rheinland-Pfalz	§ 57 Abs. 1 LWG	kreisfreie Städte, verbandsfreie Gemeinden, Verbandsgemeinden
Saarland	§ 50 Abs. 1, § 50a SWG	Entsorgungsverband Saar (Körperschaft des öffentlichen Rechts), Gemeinden
Sachsen	§ 50 Abs. 1 SächsWG	Gemeinden
Sachsen-Anhalt	§ 78 Abs. 1 WG LSA	Gemeinden
Schleswig-Holstein	§ 44 Abs. 1 LWG	Gemeinden
Thüringen	§ 47 Abs. 1 ThürWG	Gemeinden

Quelle: Eigene Darstellung.[3]

3. Übertragung der Abwasserbeseitigungspflicht auf andere Personen

Nach § 56 Satz 2 WHG können auch andere als die jPöR zur Abwasserbeseitigung verpflichtet werden. Je nach landesrechtlicher Organisationsstruktur und verfassungsrechtlicher Lage kann auch den Landkreisen die Aufgabe der Abwasserbeseitigung übertragen werden (z. B. § 97 Abs. 2 Niedersächsisches Wassergesetz). Praktische Bedeutung hat dies insbesondere für finanzschwache, kleinere Kommunen.[4] Zulässigerweise kann das Landesrecht die Abwasserbeseitigung auch an andere als kommunale Gebietskörperschaften (z. B. Abwasserverbände) übertragen. In ihrer Eigenschaft als Träger der Straßenbaulast dürfen zur Abwasserbeseitigung, insbesondere zur Beseitigung des auf den Verkehrsflächen anfallenden Niederschlagswassers, auch der Bund oder das Land verpflichtet werden.[5] Die Betroffenen sind dann in gleicher Weise zur Abwasserbeseitigung verpflichtet, wie die grundsätzlich hierzu bestimmten jPöR.[6] In diesem Sinne ist die Verpflichtung anderer nicht allgemein zulässig, sondern nur ausnahmsweise und unter bestimmten Voraussetzungen, die im Einzelnen festgelegt werden müssen. Zu nennen sind hier etwa ein unangemessen hoher Aufwand für den Anschluss an ei-

3 *Kronawitter*, Versorgungswirtschaft 2020, S. 174.
4 *Ganske*, in: Landmann/Rohmer, Umweltrecht, § 56 WHG, Rn. 15.
5 BVerwG, 13.9.1985 – 4 C 47/82, NVwZ 1986, 204.
6 *Ganske*, in: Landmann/Rohmer, Umweltrecht, § 56 WHG, Rn. 18.

nen Kanal einer jPöR, besondere technische Schwierigkeiten eines solchen Anschlusses, die besondere Beschaffenheit des Abwassers oder die bessere Behandlungsmöglichkeit der Abwässer in Anlagen desjenigen, bei dem das Abwasser anfällt.[7] An das Vorliegen dieser Voraussetzungen sind angesichts des Ausnahmecharakters der Vorschrift strenge Anforderungen zu stellen. Die vorrangige Verpflichtung der kommunalen Körperschaften zur Abwasserbeseitigung ist vom Gesetzgeber bewusst gewollt.[8]

Auch wenn grundsätzlich die Gemeinden Träger der Abwasserbeseitigungspflicht sind und es sich dabei um eine gemeindliche Pflichtaufgabe im Rahmen der Selbstverwaltung handelt, können sich die Gemeinden nach Maßgabe des jeweiligen Landesrechts zur gemeinsamen Durchführung der Abwasserbeseitigung zusammenschließen und z. B. einen **Zweckverband** gründen. Der Anwendungsbereich des Vergaberechts ist dabei nicht eröffnet, wenn die Zusammenarbeit sich lediglich als rein staatsinterne Maßnahme der Verwaltungsorganisation darstellt (Gründung eines Zweckverbandes, Abschluss von sog. delegierenden öffentlich-rechtlichen Vereinbarungen,[9] Zusammenschluss zu einer Arbeitsgemeinschaft)[10] oder es sich um eine vom Vergaberecht ausgenommene horizontale öffentlich-öffentliche Zusammenarbeit i. S. d. § 108 Abs. 6 GWB handelt.[11] Auf sog. mandatierende Verwaltungsvereinbarungen,[12] durch die sich ein Beteiligter verpflichtet, einzelne Aufgaben für die übrigen an der Vereinbarung Beteiligten durchzuführen, ist das Vergaberecht hingegen anzuwenden.[13]

4. Einschaltung privater Dritter

Gemäß § 56 Satz 3 WHG können die zur Abwasserbeseitigung **Verpflichteten sich zur Erfüllung ihrer Pflichten Dritter bedienen**. Hieraus haben sich in der Praxis verschiedene Modelle der formellen und funktionalen Privatisierung entwickelt.[14] In diesen Fällen bleibt die Abwasserbeseitigungspflicht selbst beim Aufgabenträger. Dieser ist weiterhin für die Abwasser-

---

7 *Ganske*, in: Landmann/Rohmer, Umweltrecht, § 56 WHG, Rn. 19.

8 OVG Koblenz, 21.12.1995 – 1 A 10571/95, NVwZ-RR 1997, 51.

9 Z.B § 23 Abs. 2 Satz 1 GkG NRW: „Übernimmt ein Beteiligter eine Aufgabe der übrigen in seine Zuständigkeit, so gehen das Recht und die Pflicht zur Erfüllung der Aufgabe auf ihn über.“.

10 OLG Düsseldorf, 21.6.2006 – VII-Verg 17/06, VergabeR 2006, 777.

11 Vgl. zur Problematik des Vergaberechts allgemein *Ganske*, in: Landmann/Rohmer, Umweltrecht, § 56 WHG, Rn. 25 ff.

12 Z. B. § 23 Abs. 1 letzter Hs., Abs. 2 Satz 2 GkG NRW.

13 OLG Düsseldorf, 21.6.2006 – VII-Verg 17/06, VergabeR 2006, 777; OLG Frankfurt am Main, 7.9.2004 – 11 Verg 11/04, 11 Verg 12/04, NZBau 2004, 692.

14 BT-Drucks. 16/12275, 68.

beseitigung (letzt-)verantwortlich.[15] Er muss den Dritten überwachen und notfalls selbst eingreifen.[16]

Ein Anwendungsbereich der Einschaltung Dritter ist die Übertragung von Aufgaben auf eine privatrechtliche Organisations- bzw. Rechtsform (i. d. R. eine GmbH), deren Gesellschafter nur der jeweils beteiligte öffentliche Aufgabenträger ist. Dieser schließt dann mit der 100 %igen Eigengesellschaft einen entgeltlichen Dienstleistungsauftrag. Der Anteil solcher privatrechtlich organisierten Eigengesellschaften soll bei der Abwasserbeseitigung (auch im Hinblick auf die umsatzsteuerliche Belastung) bei nur ca. 7 % liegen, wohingegen der Anteil der öffentlich-rechtlichen Organisationsformen ca. 93 % ausmacht.[17]

Die Einschaltung privater Dritter kann auch nach dem Betriebsführungsmodell oder dem Betreibermodell erfolgen. Der Private tritt im Außenverhältnis zu den Anschlussnehmern nur im Namen des öffentlich-rechtlichen Entsorgungsträgers als dessen bevollmächtigter Vertreter auf. Dem öffentlich-rechtlichen Aufgabenträger steht die Entscheidung zu, wahlweise hoheitliche Gebühren zu erheben oder privatrechtliche Entgelte zu fordern. Die Erhebung von Gebühren oder Entgelten darf nicht einer privaten Geschäftsbesorgungsgesellschaft überlassen werden.[18] Der Grundsatz der Eigenverantwortlichkeit verpflichtet die Gemeinden, ihre Aufgaben grundsätzlich durch eigene Verwaltungseinrichtungen, also mit eigenem Personal, eigenen Sachmitteln und eigener Organisation wahrzunehmen.[19] Das Eigentum an den Abwasseranlagen kann bei dem öffentlich-rechtlichen Entsorgungsträger verbleiben (Betriebsführungsmodell) oder auf den Privaten übergehen (Betreibermodell).

Abwasserkonzessionen, wonach ein privater Dritter (Konzessionär) dazu ermächtigt wird, eine bestimmte Leistung (z. B. den Betrieb einer Abwassereinrichtung) im eigenen Namen und auf eigene Rechnung gegenüber den Nutzern (Anschlussnehmern) zu erbringen, sind umstritten[20] und wohl unzulässig.[21]

15 *Ganske*, in: Landmann/Rohmer, Umweltrecht, § 56 WHG, Rn. 39.

16 BGH, 22.11.2001 – III ZR 322/00, BGHZ 149, 206.

17 *Ganske*, in: Landmann/Rohmer, Umweltrecht, § 56 WHG, Rn. 43.

18 OVG Weimar, 23.2.2012 – 4 ZKO 711/11, ThürVBl 2012, 279.

19 BVerfG, 20.12.2007 – 2 BvR 2433/04, 2 BvR 2434/04, BVerfGE 119, 331; BVerwG, 23.8.2011 – 9 C 2.11, BVerwGE 140, 245.

20 *Ganske*, in: Landmann/Rohmer, Umweltrecht, § 56 WHG, Rn. 52, m. w. N.

21 OLG Brandenburg, 28.8.2012 – Verg W 19/11, ZfBR 2012, 831.

II. Steuerrechtliche Grundlagen der Abwasserbeseitigung

1. Hoheitliche Tätigkeit nach bisheriger Rechtslage

Die Abwasserbeseitigung durch jPöR stellt eine ihrer Art nach hoheitliche Tätigkeit dar, die entsprechend § 4 Abs. 5 KStG keinen Betrieb gewerblicher Art begründet. Nach ständiger BFH-Rechtsprechung wird öffentliche (hoheitliche) Gewalt durch Tätigkeiten ausgeübt, die den jPöR als Träger öffentlicher Gewalt „eigentümlich und vorbehalten" sind.[22] Diese Entscheidung ist auf der Grundlage des im Einzelfall maßgeblichen Bundes- bzw. Landesrechts zu treffen.[23] Es müssen spezifisch öffentlich-rechtliche Aufgaben erfüllt werden, die aus der Staatsgewalt abgeleitet sind und zu deren Annahme der Leistungsempfänger aufgrund gesetzlicher oder behördlicher Anordnung verpflichtet ist.[24] Ein Handeln im Bereich der Pflicht- und Sollaufgaben der jPöR ist ein wesentliches Indiz für einen Hoheitsbetrieb.[25]

Übernimmt eine jPöR Aufgaben, wie sie auch von Personen des Privatrechts ausgeübt werden, und tritt sie dadurch in tatsächlichen oder potenziellen Wettbewerb zu privatwirtschaftlichen Unternehmen, ist ihre Tätigkeit nicht mehr hoheitlich.[26] Dann bewegt sich auch die jPöR in Bereichen der unternehmerischen Berufs- und Gewerbeausübung, in denen private Unternehmen durch den Wettbewerb mit Körperschaften des öffentlichen Rechts ihrerseits nicht benachteiligt werden dürfen.[27] Es ist dann unerheblich, ob die jPöR mit der zu beurteilenden Tätigkeit einer öffentlich-rechtlichen Leistungsverpflichtung nachkommt und ob die Einnahmen, die sie durch die Tätigkeit erzielt, in Form öffentlich-rechtlicher Gebühren oder eines Beitrags erhoben werden.[28]

Wie oben dargestellt, ist die Aufgabe der Abwasserbeseitigung in allen Bundesländern den jPöR vorbehalten. Sie ist i. d. R. den Gemeinden als öffentliche Pflichtaufgabe übertragen worden. Nur sie sind befugt, das Abwasser zu entsorgen und durch Satzung den Anschluss- und Benutzungszwang sowie die Bedingungen hierfür zu regeln. Ungeachtet der Möglichkeit, sich zur Erfüllung ihrer Abwasserbeseitigungspflicht Dritter, auch Personen des Privatrechts, zu bedienen, können sich die Gemeinden ihrer Pflichtaufgabe

---

22 Z. B. BFH, 30.6.1988 – V R 79/84, BStBl. II 1988, 910; 21.9.1989 – V R 89/85, BStBl. II 1990, 95; 23.10.1996 – I R 1 – 2/94, BStBl. II 1997, 139; 29.5.2008 – III R 45/05, BFH/NV 2008, 1878.

23 BFH, 12.7.2012 – I R 106/10, BStBl. II 2012, 837 zu einem kommunalen Kindergarten als BgA.

24 BFH, 16.12.2020 – I R 50/17, BStBl. II 2021, 443.

25 *Pfirrmann*, in: Brandis/Heuermann, Ertragsteuerrecht, § 4 KStG, Rn. 91.

26 BFH, 12.7.2012 – I R 106/10, BStBl. II 2012, 837.

27 BFH, 25.1.2005 – I R 63/03, BStBl. II 2005, 501.

28 *Kronawitter*, Versorgungswirtschaft 2020, 175.

dadurch nicht entledigen. Die Dritten sind nur Erfüllungsgehilfen (Verwaltungshelfer), während die jPöR für die ordnungsgemäße Abwasserbeseitigung verantwortlich bleiben.

Nachdem die Kriterien eines Betriebs gewerblicher Art i.S.d. §4 Abs. 1 KStG („Einrichtungen, die einer nachhaltigen wirtschaftlichen Tätigkeit zur Erzielung von Einnahmen außerhalb der Land- und Forstwirtschaft dienen und die sich innerhalb der Gesamtbetätigung der juristischen Person wirtschaftlich herausheben“) nicht erfüllt sind, unterliegen die Abwasserbetriebe von jPöR **weder der Körperschaft- noch der Gewerbesteuer**. Umsatzsteuerlich waren sie bislang aufgrund von §2 Abs. 3 UStG a.F. (in der Fassung vor Inkrafttreten des §2b UStG) ebenso von der Besteuerung ausgenommen, da die Abwasserbetriebe nicht als umsatzsteuerliche Unternehmer galten.

2. Grundsatz: Nichtsteuerbarkeit der Abwasserbeseitigung auch unter §2b UStG

Mit Wirkung des Inkrafttretens des §2b UStG (spätestens ab 2027) ändert sich umsatzsteuerlich grundsätzlich daran nichts. Nach dessen Abs. 1 gelten jPöR nicht als Unternehmer i. S. d. §2 UStG, soweit sie Tätigkeiten ausüben, die ihnen im Rahmen der öffentlichen Gewalt obliegen, und sofern eine Behandlung als Nichtunternehmer nicht zu größeren Wettbewerbsverzerrungen führt. Hinsichtlich der Begriffe „Unternehmer“ und „Unternehmen“ trifft §2b UStG keine Sonderregelungen. Unternehmer kann nur die jPöR sein und nicht einzelne, ggf. auch organisatorisch abgegrenzte Bereiche.[29]

Die Abwasserbeseitigung ist eine Vorbehaltsaufgabe der Gemeinden. Macht ein Bundesland von der Ermächtigung des §56 Satz 2 WHG keinen Gebrauch, wonach die Abwasserbeseitigung auf andere als jPöR übertragen werden kann, bleiben die Gemeinden (bzw. Zweckverbände) zur Abwasserentsorgung verpflichtet. Die Aufgabenerfüllung ist der jPöR in ihrem Gebiet eigentümlich und vorbehalten, da sie sich der Verpflichtung zur Abwasserbeseitigung nicht entziehen kann und diese Verpflichtung im Falle fehlender länderspezifischer Vorschriften insbesondere nicht auf Dritte übertragen kann. Die jPöR sind auf dem Gebiet der Abwasserentsorgung hoheitlich und insoweit nichtunternehmerisch tätig. Der Einsatz Privater als Verwaltungshelfer (§56 Satz 3 WHG) führt zu keinem anderen Ergebnis.[30] Eine Privatisierung der Abwasserbeseitigung in dem Sinne, dass der Abwasserbeseiti-

29 Korn, in: Bunjes, UStG, 2024, §2b, Rn. 6 mit Verweis auf BFH, 11.1.1979 – V R 26/74, BStBl. II 1979, 746.
30 BFH, 8.1.1998 – V R 32/97, BStBl. II 1998, 410.

gungsverpflichtete die Aufgabe mit befreiender Wirkung auf einen privaten Dritten delegiert, ist grundsätzlich nicht möglich.

Beispiel:[31]

Die Gemeinde A verschickt im Februar 2025 für die kommunale Abwasserbeseitigung Gebührenbescheide, die sie auf die aktuelle Beitrags- und Gebührensatzung stützt. Sie erhebt von Herrn Müller für das Jahr 2024 eine Abwassergebühr von 250 € (Schmutz- und Niederschlagswasser).

A handelt auf öffentlich-rechtlicher Grundlage in Form der Beitrags- und Gebührensatzung, die wiederum auf dem Kommunalabgabengesetz fußt; die Abwasserbeseitigung ist ihr eigentümlich und vorbehalten. Die hoheitliche Leistung der Abwasserbeseitigung, darunter fällt insbesondere das Sammeln, Fortleiten, Behandeln und Einleiten des Abwassers, unterliegt nicht der Umsatzsteuer. Mangels Unternehmereigenschaft kann die Gemeinde A aus den Eingangsrechnungen keinen Vorsteuerabzug geltend machen.

3. Sonderfall: Umsatzsteuerbarkeit der Abwasserbeseitigung bei privatrechtlicher Abrechnung

Es gibt unter dem Regime des § 2b UStG jedoch einen Sonderfall zu beachten: Gemäß dem BMF-Schreiben vom 29.11.2019 führt nämlich die privatrechtliche Ausgestaltung der Leistung, d. h. die Vereinnahmung von Entgelten (einzelvertraglich oder aufgrund von Entgeltslisten) jedenfalls dazu, dass im Falle der Abwasserbeseitigung kein Handeln im Rahmen der öffentlichen Gewalt i. S. d. § 2b Abs. 1 Satz 1 UStG mehr vorliegt.[32]

Als Tätigkeiten, die einer jPöR im Rahmen der öffentlichen Gewalt obliegen, kommen nur solche in Betracht, bei denen die jPöR auf Grundlage einer öffentlich-rechtlichen Sonderregelung tätig wird. Die öffentlich-rechtliche Sonderregelung kann sich dabei u. a. aus einem Gesetz, einer Rechtsverordnung, einer Satzung oder öffentlich-rechtlichen Verträgen ergeben. Erbringt eine jPöR in Umsetzung einer öffentlich-rechtlichen Sonderregelung Leistungen in privatrechtlicher Handlungsform, und damit unter den gleichen rechtlichen Bedingungen wie private Wirtschaftsteilnehmer, werden diese Tätigkeiten nicht von § 2b UStG erfasst.[33]

Die Abwasserbeseitigung wäre infolgedessen (spätestens) ab 2027 der **Umsatzsteuer** zu unterwerfen.

31 *Kronawitter*, Versorgungswirtschaft 2020, 175.
32 BMF, 29.11.2019 – III C 2 – S 7107/19/10007 :003, Versorgungswirtschaft 2020, 25; 20.2.2020 – III C 2 – S 7107/19/10009 :003; Versorgungswirtschaft 2020, 116.
33 BMF, 16.12.2016 – III C 2 – S 7107/16/10001, BStBl. I 2016, 1451, Rn. 6.

Das jeweilige Kommunalabgabengesetz des Landes muss bei der Abwasserbeseitigung überhaupt eine privatrechtliche Abrechnung erlauben. So können z. B. nach § 13 Abs. 1 KAG BW Gemeinden und Landkreise für die Benutzung ihrer öffentlichen Einrichtungen Benutzungsgebühren erheben. Nach dessen Abs. 2 können anstelle von Benutzungsgebühren „unabhängig von der weiteren rechtlichen Ausgestaltung des Benutzungsverhältnisses privatrechtliche Entgelte erhoben werden." § 6 Abs. 1 KAG NRW, § 5 Abs. 1 NdsKAG oder § 6 Abs. 1 BbgKAG geben z. B. vor, Benutzungsgebühren zu erheben, wenn eine Einrichtung oder Anlage überwiegend dem Vorteil einzelner Personen oder Personengruppen dient, sofern nicht ein privatrechtliches Entgelt gefordert wird. Art. 8 Abs. 1 BayKAG formuliert dies als Soll-Vorschrift. Soweit ersichtlich, ist es kommunalrechtlich in allen Ländern zulässig, die Abwasserbeseitigung gegenüber den Einleitern auf Entgeltbasis abzurechnen.[34]

Beispiel:[35]

Die Stadt C verschickt im Februar 2025 für die kommunale Abwasserbeseitigung an alle Einleiter Rechnungen, die sie ausgehend von der Entgeltliste 2024 und der eingeleiteten Abwassermenge ermittelt. Es existiert eine Entwässerungssatzung, in der u. a. ein Anschluss- und Benutzungszwang festgesetzt ist. Die Beitrags- und Gebührensatzung zur Entwässerungssatzung wurde zum 31.12.2023 aufgehoben. Frau Meier schickt der Abwasserbetrieb für das Jahr 2024 eine Rechnung von 250 € (Schmutz- und Niederschlagswasser) zzgl. 19 % Umsatzsteuer (47,50 €).

Die Stadt C handelt zwar auf öffentlich-rechtlicher Grundlage in Form der Entwässerungssatzung, rechnet gegenüber ihren „Kunden" jedoch privatrechtlich ab. Die an sich hoheitliche Aufgabe der Abwasserbeseitigung (Sammeln, Fortleiten, Behandeln und Einleiten des Abwassers, ...) ist nach den allgemeinen Regeln der Umsatzsteuer zu unterwerfen (§ 2 UStG). Der bestehende Anschluss- und Benutzungszwang ändert hieran nichts. Die 47,50 € Umsatzsteuer, die Frau Meier, berechnet werden, sind an das Finanzamt abzuführen. C kann gemäß § 15 Abs. 1 Satz 1 Nr. 1 UStG aus den einschlägigen Eingangsrechnungen den Vorsteuerabzug geltend machen.

Mit der Umsatzsteuerpflicht der erbrachten Leistungen geht nach § 15 UStG der Vorsteuerabzug einher. Einschränkend gilt die Lieferung, die Einfuhr oder der innergemeinschaftliche Erwerb eines Gegenstands nicht als für das Unternehmen (hier: den Abwasserbetrieb) ausgeführt, falls der Unternehmer den Gegenstand zu weniger als 10 % für sein Unternehmen nutzt (§ 15 Abs. 1 Satz 2 UStG). Das bedingt zugleich, dass bei vergangenen Investitionen kein nachträglicher Vorsteuerabzug entsprechend der Berichtigung nach

34 *Kronawitter*, Versorgungswirtschaft 2020, 176.
35 *Kronawitter*, Versorgungswirtschaft 2020, 176.

§ 15a UStG gewährt werden kann. Als (damaliger) Hoheitsbetrieb war kein Vorsteuerabzug möglich.[36]

III. Interkommunale Zusammenarbeit bei der Abwasserbeseitigung

Im Rahmen der interkommunalen Zusammenarbeit bedienen sich Gemeinden bei der Abwasserbeseitigung regelmäßig anderer jPöR. Desöfteren wird die Abwasserreinigung in der Kläranlage oder die Klärschlammentsorgung durch Nachbargemeinden oder Zweckverbände erbracht.

1. Hoheitliche Tätigkeit nach bisheriger Rechtslage

Zu einem Wasser- und Abwasserzweckverband, der u. a. für die schadlose Ableitung und Aufbereitung des Abwassers der Mitgliedsgemeinden zuständig war, hat der BFH[37] entschieden, dass auch in solchen Fällen die Abwasserentsorgung keinen BgA darstellt.

Die Abwasserbeseitigung durch jPöR wird seit jeher als Ausübung öffentlicher Gewalt beurteilt. Die Abwasserbeseitigung und Abwasserbehandlung war im Streitjahr 1993 in Brandenburg jPöR vorbehalten. Ausschließlich Körperschaften des öffentlichen Rechts waren zur Abwasserbeseitigung verpflichtet. Die Abwasserentsorgung war als hoheitliche Tätigkeit ausgestaltet. Es bestand ein Anschluss- und Benutzungszwang. Der Anschlussverpflichtete konnte also nicht wählen, wen er mit der Entsorgung seiner Abwasser beauftragen wollte. Die Abwasserbeseitigung und Abwasserbehandlung war dem Kläger als Wasser- und Abwasserzweckverband auch als Träger öffentlicher Gewalt „eigentümlich". Sie war Teil der öffentlichen Daseinsvorsorge insbesondere im Bereich des Gesundheitsschutzes und Umweltschutzes und der öffentlichen Sicherheit und Ordnung. Dies machte die Abwasserbeseitigung zu einer ihm eigentümlichen Aufgabe und Tätigkeit. Eine Privatisierung der Abwasserbeseitigung in dem Sinne, dass der Abwasserbeseitigungsverpflichtete diese Aufgabe mit befreiender Wirkung auf einen privaten Dritten delegiert, war grundsätzlich nicht möglich; jedenfalls war sie in Brandenburg ausgeschlossen. Da die Abwasserbeseitigung dem Kläger eigentümlich und vorbehalten war, ist sie auch nicht aus Gründen der gebotenen Wettbewerbsneutralität des Steuerrechts als Betrieb gewerblicher Art zu beurteilen. Der Kläger übte im Bereich der Abwasserentsorgung seine Tätigkeit im Rahmen des öffentlichen Rechts und nicht unter gleichen

36 BMF, 2.1.2012 – IV D 2 – S 7300/11/10002, BStBl. I 2012, 60.
37 BFH, 8.1.1998 – V R 32/97, BStBl. II 1998, 410.

rechtlichen Bedingungen wie private Wirtschaftsteilnehmer aus; er war deshalb eine Einrichtung des öffentlichen Rechts, die Tätigkeiten ausübte und Leistungen erbrachte, die ihr im Rahmen der öffentlichen Gewalt oblagen. Nach der für das Land Brandenburg im Streitjahr 1993 geltenden Rechtslage konnte die Abwasserbeseitigung als hoheitliche Maßnahme im Bereich des Gesundheits- und Umweltschutzes nur durch die öffentliche Hand und nicht durch private Unternehmen ausgeübt werden.[38]

Ein derartiger Zweckverband ist nichtunternehmerisch tätig.

Gleiches gilt, falls eine Gemeinde gegenüber einer anderen (inländischen) Gemeinde Leistungen erbringt. Der hoheitliche Charakter bleibt somit auch erhalten, wenn eine jPöR ihre Abwässer in die Kläranlage einer anderen Gebietskörperschaft einleitet oder die Abwasserbeseitigung von mehreren jPöR gemeinsam erbracht wird.

In der grenzüberschreitenden Zusammenarbeit gibt es Spezialfälle. Erfolgt etwa die Einleitung von Abwasser aus dem österreichischen Gemeindegebiet auf zivilrechtlicher Basis in eine deutsche Kläranlage, stellt die Klärung des Abwassers zu Gunsten der österreichischen Gemeinde (dort ist die Abwasserbeseitigung eine unternehmerische Tätigkeit) – um Wettbewerbsverzerrungen zu Lasten der österreichischen Gemeinde zu vermeiden – hierzulande einen Betrieb gewerblicher Art. Der Ort der Abwasserbeseitigung zu Gunsten der österreichischen Gemeinde liegt in Österreich (§ 3 Abs. 2 UStG). Umsatzsteuerlich wird die Leistung mit dem Übergang der Steuerschuldnerschaft (§ 13b UStG) abgerechnet. Im Umfang des für die österreichische Gemeinde geklärten Abwassers steht dem Betreiber der Kläranlage der anteilige Vorsteuerabzug zu.

2. Nichtsteuerbarkeit der Abwasserbeseitigung auch unter § 2b UStG

Mit Wirkung des § 2b UStG wird die leistungserbringende jPöR mit der Abwasserbeseitigung gegenüber der anderen jPöR unternehmerisch tätig. Die Voraussetzungen eines Leistungsaustausches nach § 1 Abs. 1 Nr. 1 UStG und der Unternehmereigenschaft nach § 2 Abs. 1 UStG sind grundsätzlich erfüllt.

Die Unternehmereigenschaft ist durch § 2b Abs. 1 UStG aber eingeschränkt, mit der Folge, dass es zu keiner Umsatzbesteuerung kommt, wenn die Abwasserreinigung (bzw. Klärschlammentsorgung)[39]

– in öffentlich-rechtlicher Handlungsform erfolgt und
– eine Nichtbesteuerung nicht zu größeren Wettbewerbsverzerrungen führt.

38 BFH, 8.1.1998 – V R 32/97, BStBl. II 1998, 410.
39 LfSt Bayern, 15.2.2023 – S 7107.2.1-52/14 St33, Gemeindewirtschaft 2023, 17.

Eine **öffentlich-rechtliche Handlungsform** liegt vor, sofern die Abwasserreinigung (bzw. Klärschlammentsorgung) auf Basis eines öffentlich-rechtlichen Vertrages oder einer Zweckvereinbarung durchgeführt wird. Übt eine jPöR eine wirtschaftliche Tätigkeit auf der Grundlage einer öffentlich-rechtlichen Satzung in öffentlich-rechtlicher Handlungsform aus, wird sie im Rahmen der öffentlichen Gewalt tätig.[40]

Das bedeutet im Umkehrschluss, dass eine privatrechtliche Abrechnung der Leistung, d. h. die Vereinnahmung von Entgelten (einzelvertraglich oder aufgrund von Entgeltslisten) zur Folge hat, dass der Anwendungsbereich des § 2b Abs. 1 Satz 1 UStG nicht mehr eröffnet ist.[41] Die Abführung von Abwässern aus anderen Gemeindegebieten ist nach den allgemeinen Grundsätzen (§ 2 UStG) zu besteuern und – mangels Steuerbefreiung oder -ermäßigung – mit 19 % Umsatzsteuer zu belegen.

Beispiel:[42]

Die kreisangehörige Gemeinde F leitet ihr Abwasser in die Kläranlage der Kreisstadt G ein. Die Stadt G stellt F für das Behandeln und Einleiten des Abwassers (450.000 m³) im Jahr 2024 insgesamt 700.000 € zzgl. 133.000 € Umsatzsteuer in Rechnung. Vom eigenen städtischen Gebiet wurden im selben Jahr 550.000 m³ behandelt. Dabei erfolgte die Einhebung der Gebühren auf Basis der Beitrags- und Gebührensatzung.

Die an sich hoheitliche Aufgabe der Abwasserbeseitigung ist zutreffend allgemein nach § 2 UStG versteuert worden. G kann gemäß § 15 Abs. 1 Satz 1 Nr. 1 UStG aus den Eingangsrechnungen, soweit sie auf die Investitionen und den Unterhalt im Bereich der Kläranlage und des Einleitens entfallen, den Vorsteuerabzug anteilig geltend machen. Der Vorsteueranteil beträgt insoweit 45 % (450 Tm³/(450 Tm³ + 550 Tm³)).

Verzerrungen des Wettbewerbs i. S. d. § 2b UStG entstehen, wenn öffentliche und private Anbieter marktrelevant aufeinandertreffen können und aufgrund der unterschiedlichen Besteuerung die Wettbewerbssituation zugunsten oder zulasten eines Marktteilnehmers verfälscht wird.[43] Die Marktrelevanz ist zwar prinzipiell nicht auf einen lokalen Markt beschränkt. Sofern aber für einen räumlich abgegrenzten Bereich eine Abnahme- oder Annahmeverpflichtung von Leistungen der jPöR besteht, definiert dies

---

40 BMF, 16.12.2016 – III C 2 – S 7107/16/10001, BStBl. I 2016, 1451, Rn. 8 sowie das Beispiel in Rn. 9: Ein Abwasserzweckverband reinigt entsprechend seiner Satzung das Abwasser seiner Mitgliedsgemeinden und erhebt hierfür Umlagen, deren Höhe in der Satzung festgelegt ist.

41 BMF, 29.11.2019 – III C 2 – S 7107/19/10007 :003, Versorgungswirtschaft 2020, 25.

42 *Kronawitter*, Versorgungswirtschaft 2020, 176.

43 LfSt Bayern, 15.2.2023 – S 7107.2.1-52/14 St33, Gemeindewirtschaft 2023, 17, mit Verweis auf EuGH, 16.9.2008 – C-288/07, Isle of Wight Council, Slg. 2008, I-7203.

einen räumlich relevanten Markt.[44] Es ist dann auf den Geltungsbereich dieser Verpflichtung abzustellen und eine Wettbewerbssituation zu verneinen.[45] Ist eine entgeltliche befreiende Aufgabenübertragung auf Private gesetzlich ausgeschlossen, kann es zu keiner Wettbewerbsverzerrung kommen, an die eine Anwendung des § 2b UStG scheitern würde.[46] Einer gesonderten Prüfung möglicher größerer Wettbewerbsverzerrungen, wie es das BMF bei § 2b Abs. 3 Nr. 2 UStG anmahnt,[47] bedarf es nicht. Private Unternehmer sind potenziell nicht in der Lage, vergleichbare Leistungen wie die jPöR zu erbringen.

a) Delegierende Aufgabenübertragung

Überträgt eine Gemeinde die Aufgabe der Abwasserbeseitigung mit befreiender Wirkung inklusive aller Rechte, Pflichten und Befugnisse auf eine andere Gemeinde bzw. auf einen Abwasserzweckverband (delegierende Aufgabenübertragung[48]), die bzw. der dann gegenüber den Einleitern auftritt, ist aufgrund des Anschluss- und Benutzungszwangs von keinem Wettbewerb mit Privaten auszugehen.

Unter „Aufgaben" können auch Teilaufgaben verstanden werden. Eine befreiende Aufgabenübertragung ist mit der gleichen Wirkung auch bei der Übertragung nur einzelner, mit einem bestimmten Pflichtenkreis verbundener Aufgaben möglich.[49]

Die Abwassergebühren, die die Bürger/Industrie, etc. an die leistungserbringende Gemeinde bzw. den Abwasserzweckverband zu zahlen haben, sind im Falle einer delegierenden Aufgabenübertragung **nicht der Umsatzsteuer zu unterwerfen**.

b) Mandatierende Aufgabenübertragung

Überträgt eine Gemeinde demgegenüber nur die Durchführung der Reinigung der Abwässer auf eine andere jPöR (sog. mandatierende Aufgaben-

44 BFH, 3.7.2008 – V R 40/04, BStBl. II 2009, 208.

45 BMF, 16.12.2016 – III C 2 – S 7107/16/10001, BStBl. I 2016, 1451, Rn. 27.

46 BMF, 20.2.2020 – III C 2 – S 7107/19/10009 :003, Versorgungswirtschaft 2020, 116; BMF, 16.12.2016 – III C 2 – S 7107/16/10001, BStBl. I 2016, 1451, Rn. 30.

47 BMF, 14.11.2019 – III C 2 – S 7107/19/10005 :011, BStBl. I 2019, 1140, Versorgungswirtschaft 2020, 25.

48 Z. B. nach Art. 7 Abs. 2 KommZG Bayern.

49 LfSt Bayern, 15.2.2023 – S 7107.1.1-30/4 St33, Gemeindewirtschaft 2023, 15, mit dem Beispiel zur Müllentsorgung: In der Müllentsorgung wäre eine befreiende Aufgabenübertragung z. B. durch die bloße Übertragung des Mülleinsammelns möglich, während die die Aufgabe übertragende jPöR weiterhin die spätere Müllverbrennung vornehmen kann.

übertragung), bleibt die Gemeinde gegenüber ihren Bürgern/Industrie, etc. der Leistungserbringer der Abwasserbeseitigung. Die Gebührenbescheide ergehen auf Basis der jeweiligen Beitrags- und Gebührensatzung und sind nicht umsatzsteuerbar.

Liegt zwischen der Gemeinde und der anderen jPöR eine Zweckvereinbarung oder ein öffentlich-rechtlicher Vertrag vor, hat die Gemeinde für die Reinigung der Abwässer durch die andere jPöR eine Benutzungsgebühr (ggf. auch einen Beitrag zur Beteiligung an Herstellungskosten der Kläranlage) an die andere jPöR zu entrichten. Diese Gebühr fließt in die Kostenkalkulation ein und ist indirekt vom Bürger/Industrie etc. als Gebühr zu zahlen.

Was die Reinigung der Abwässer durch die andere jPöR betrifft, liegt zwar ein Leistungsaustausch mit der Gemeinde vor. Es ist jedoch regelmäßig von einer (unschädlichen) lediglich hypothetischen Wettbewerbssituation auszugehen, womit keine Umsatzsteuer anfällt. Der Aufbau eines eigenen Kanalnetzes privater Anbieter wäre genehmigungspflichtig. Solange jedoch ein Markeintritt eines privaten Wettbewerbers von der Erteilung einer Genehmigung o. ä. durch diejenige jPöR abhängig ist, die die betreffende Leistung auf öffentlich-rechtlicher Grundlage anbietet, liegt – solange die jPöR diese Genehmigung o. ä. keinem privaten Wettbewerber erteilt – bloß eine hypothetische Wettbewerbssituation vor. Der Betrieb privater Kläranlagen ist aufgrund des Anschluss- und Benutzungszwangs an die gemeindliche Entwässerungseinrichtung grundsätzlich unzulässig.[50]

3. Hoheitliche Beseitigung und unternehmerische Verwertung von Klärschlamm

§ 54 Abs. 2 WHG definiert den Begriff der „Abwasserbeseitigung“. Mit umfasst ist dabei „das Entwässern von Klärschlamm in Zusammenhang mit der Abwasserbeseitigung“. „Zur Abwasserbeseitigung gehört auch die Beseitigung des in Kleinkläranlagen anfallenden Schlamms.“ Klärschlamm entsteht bei der Abwasserreinigung und ist eine Mischung aus Wasser und Feststoffen in Form von Schwebstoffen, die sich in der Kläranlage auf den Boden absetzen.

Der Klärschlammerzeuger (Kläranlagenbetreiber) hat den anfallenden Klärschlamm möglichst hochwertig zu verwerten, soweit dies technisch möglich und wirtschaftlich zumutbar ist (§ 3 Klärschlammverordnung). Stellt sich eine bodenbezogene Verwertung, eine Verwertung im Landschaftsbau oder eine energetische Verwertung nicht als technisch oder wirtschaftlich zumut-

50 LfSt Bayern, 15.2.2023 – S 7107.2.1-52/14 St33, Gemeindewirtschaft 2023, 18.

bar dar, muss der Klärschlamm als Abfall zur Beseitigung den jPöR (i. d. R. Landkreise und kreisfreie Städte) überlassen werden.

Die **Beseitigung** des Klärschlamms ist demnach ein hoheitlicher Akt. Wird auf Basis einer öffentlich-rechtlichen Satzung oder einer Zweckvereinbarung abgerechnet, handelt es sich um einen nichtumsatzsteuerbaren Umsatz. Wird zwischen den jPöR privatrechtlich abgerechnet, müssen die Umsätze ab dem ersten Euro der Umsatzsteuer (19%) unterworfen werden.

Die Abgabe des Klärschlamms mit dem Ziel einer **Verwertung** vollzieht sich auf dem freien Wettbewerbsmarkt und unterliegt demnach sowohl der Ertrags- als auch der Umsatzbesteuerung. Eine Unterscheidung zwischen delegierender und mandatierender Aufgabenübertragung, wie sie das Bayer. LfSt vornimmt,[51] ist bei der Verwertung des Klärschlamms nicht erforderlich.

4. Unternehmerische Stromerzeugung aus Klärgas

Der Verkauf von aus Klärgas gewonnen Strom stellt körperschaftsteuerlich ein sog. hoheitliches Hilfsgeschäft dar (R 4.5 Abs. 6 Satz 3 KStR) und teilt aus umsatzsteuerlicher Sicht das Schicksal der Abwasserbeseitigung. Es handelt sich insofern nach bisheriger Rechtslage (§ 2 Abs. 3 UStG i. d. F. vor Inkrafttreten des § 2b UStG) mangels eines Betriebes gewerblicher Art um eine hoheitliche Tätigkeit, mit der Folge, dass keine Umsatzsteuer anfällt.

Unter der Rechtslage des § 2b UStG kann diese Auffassung nicht mehr aufrecht erhalten bleiben. Die auf privatrechtlicher Grundlage durchgeführte Veräußerung von Strom, der mittels eines klärgasbetriebenen BHKW erzeugt wird, bildet kein hoheitliches Hilfsgeschäft mehr;[52] sie unterliegt unter den Voraussetzungen des § 2 Abs. 1 UStG ab Geltung der Neuregelung in § 2b UStG der Umsatzsteuer. Selbst im Falle einer Veräußerung auf öffentlich-rechtlicher Grundlage, fiele aufgrund § 2b Abs. 4 Nr. 5 UStG i. V. m. Anhang I Nr. 2 MwStSystRL Umsatzsteuer an. Gleiches gilt auch für die aus dem Klärgas erzeugte Wärme.[53]

Die Umsatzsteuerpflicht der Stromerzeugung (und Wärmeversorgung) führt dazu, dass den öffentlich-rechtlichen Entsorgungsträgern – anders als bisher – der uneingeschränkte Vorsteuerabzug nach § 15 UStG aus den Veräußerungskosten des Stroms und der Wärme zusteht, weil diese direkt den steuerpflichtigen Ausgangsumsätzen zugerechnet werden können. Daneben steht den Entsorgungsträgern ein weiterer (anteiliger) Vorsteuerabzug aus

51 LfSt Bayern, 15.2.2023 – S 7107.2.1-52/14 St33, Gemeindewirtschaft 2023, 19.
52 LfSt Niedersachsen, 19.1.2023 – S 7107-St 172-261/2023, Gemeindewirtschaft 2023, 41.
53 StMF Bayern, 18.11.2019 – 36 – S 7107 – 1/34, Versorgungswirtschaft 2020, 54.

den Kosten der Klärgasgewinnung sowie der Errichtung und dem Betrieb der KWK-Anlage zu.[54]

Je nach Nutzung des erzeugten Stroms und der erzeugten Wärme ist der Vorsteuerabzug analog § 15 Abs. 4 UStG auf den unternehmerisch verwendeten Teil zu begrenzen. Es ist das Zuordnungsverbot nach § 15 Abs. 1 Satz 2 UStG zu beachten, das greift, wenn der Umfang der unternehmerischen Verwendung eines einheitlichen Gegenstands nicht mindestens 10 % erreicht.

Darüber hinaus berechtigt auch das Einsammeln der Abwässer zumindest anteilig zum Vorsteuerabzug, weil die betreffenden Leistungsbezüge nicht nur der Erfüllung der hoheitlichen Entsorgungspflichten dienen, sondern anteilig auch in die Kosten für die unternehmerischen Verwertungsumsätze einfließen. Sofern keine hinreichenden Aufzeichnungen für die erforderliche Vorsteueraufteilung vorliegen, bestehen keine Bedenken, wenn nach A 2.10 Abs. 6 UStAE verfahren und der Vorsteueraufteilung z. B. das Verhältnis der Verwertungserlöse zu den Gebühreneinnahmen des öffentlichen Entsorgungsbetriebes zugrunde gelegt wird. Auch insofern ist § 15 Abs. 1 Satz 2 UStG zu beachten.[55]

54 Ggf. auch für Altanlagen über § 15a UStG.

55 LfSt Niedersachsen, 19.1.2023 – S 7107-St 172-261/2023, Gemeindewirtschaft 2023, 41.

§ 2b UStG: Umsetzung in der (kommunalen) Praxis und deren Auswirkungen

Praxisbericht der Stadt Heilbronn zu einem Jahr Anwendung § 2b UStG

MR'in Claudia Gassner und Lisa Treimer

I. Vorbemerkung

Der Gesetzgeber war aus unionsrechtlichen Gründen gezwungen, die Umsatzbesteuerung der öffentlichen Hand vollständig neu zu regeln. Dies hat einen deutlich weiter gefassten Unternehmerbegriff für juristische Personen des öffentlichen Rechts (jPöR) zur Folge. Eine Ausnahme von der Besteuerung erfolgt nach § 2b des Umsatzsteuergesetzes (UStG) nur noch dann, wenn eine jPöR aufgrund einer öffentlich-rechtlichen Sonderregelung tätig wird und kein schädlicher Wettbewerb im Hinblick auf Leistungen von privatrechtlichen Unternehmen vorliegt, die für die gleiche Leistung Umsatzsteuer abführen müssen. Spätestens ab dem 1. Januar 2027[1] sind die allgemeinen Regelungen des UStG maßgebend. Privatrechtlicher Leistungsaustausch ist dann in vollem Umfang der Umsatzsteuer zu unterwerfen. Gleichzeitig eröffnet sich aber auch die Möglichkeit zum Vorsteuerabzug für die eingekauften Lieferungen und sonstigen Leistungen, die in Zusammenhang mit den steuerpflichtigen Ausgangsumsätzen stehen. Zur Vereinfachung des Vorsteuerabzugs unter Anwendung des § 2b UStG wurde ein BMF-Schreiben[2] erlassen.

Vor der umsatzsteuerlichen Neuregelung waren jPöR lediglich im Rahmen ihrer körperschaftsteuerrechtlichen Betriebe gewerblicher Art (BgA) sowie ihrer land- und forstwirtschaftlichen Betriebe unternehmerisch tätig. Der Wegfall dieser Anknüpfung hat unter anderem zur Folge, dass die privatrechtlichen Leistungsbeziehungen von juristischen Personen des öffentlichen Rechts der Umsatzbesteuerung unterworfen werden. Die Neuregelung ist am 1. Januar 2017 in Kraft getreten. Aufgrund einer optionalen Übergangsregelung, die aktuell durch das Jahressteuergesetz 2024 um weitere zwei Jahre verlängert wurde, kann längstens bis zum 31. Dezember 2026 die alte Rechtslage angewandt werden. Ab dem 1. Januar 2027 gilt die Neuregelung voraussichtlich verbindlich für alle jPöR. Die jeweilige jPöR kann

1 Vgl. § 27 Abs. 22a UStG, JStG 2024.
2 BMF, 12.6.2024 – III C 2 – S 7300/22/10001:001, BStBl. I 2024, 1041.

auch schon zu einem früheren Zeitpunkt auf die Anwendung der Übergangsregelung verzichten.

In dem nachfolgenden Beitrag wird die Umstellung auf die Anwendung des § 2b UStG am Beispiel der Stadt Heilbronn dargestellt und untersucht.

II. Ausgangslage/Vorbereitung

Die Großstadt Heilbronn mit 132.862 Einwohnern[3] ist die sechstgrößte Stadt in Baden-Württemberg. Die Stadt am Neckar etwa 50 Kilometer nördlich der Landeshauptstadt Stuttgart ist ein eigener Stadtkreis, darüber hinaus Sitz des Landkreises Heilbronn und zugleich Heimat des Innenministers und stellvertretenden Ministerpräsidenten Thomas Strobl.

Heilbronn ist ein wichtiger Industrie- und Handelsstandort für die Metallindustrie (Kraftfahrzeug- und Werkzeugbau), die Elektroindustrie, für Nahrungs- und Genussmittel, Papier- und Druckindustrie sowie chemische Industrie und Salzbergbau.

Die Stadt Heilbronn besteht aus neun Stadtteilen. Das zentrale Bürgeramt im Rathaus ist in jedem Stadtteil mit einem Bürgeramt vertreten. Weitere städtische Ämter und Einrichtungen sind im Stadtzentrum auf verschiedene Dienstgebäude verteilt, darunter das Amt für Familie, Jugend und Senioren und das Ordnungsamt. Die Bauämter befinden sich im Technischen Rathaus. Zur Stadt gehören Stabsstellen, Ämter und Eigenbetriebe, wie das Theater und die Entsorgungsbetriebe, Kulturinstitute wie die Stadtbibliothek und mehrere GmbHs wie die Stadtwerke und das Klinikum. Die Stadtverwaltung wiederum gliedert sich in vier Dezernate mit jeweils einer Bürgermeisterin oder einem Bürgermeister an der Spitze.

Der von den Einwohnern gewählte Oberbürgermeister der Stadt Heilbronn[4] ist zugleich deren oberstes Verwaltungsorgan. Als Oberbürgermeister ist er zudem Aufsichtsratsvorsitzender unter anderem der Stadtsiedlung Heilbronn GmbH, der SLK-Kliniken Heilbronn GmbH, der Regionalen Gesundheitsholding Heilbronn-Franken GmbH sowie der Südwestdeutschen Salzwerke AG. Innerhalb der Dezernatsstrukturen der Stadt ist unter der Leitung des (Finanz-)Dezernats II die Stadtkämmerei für die gesamte Finanz- und Haushaltswirtschaft der Stadt zuständig. In der Finanzabteilung werden zentral die SAP-Stammdaten, auch diejenigen der Betriebe gewerblicher Art (BgA), verwaltet.

3 Stand 31.12.2024.

4 Seit 2014 Harry Mergel.

Als zentraler Hauptakteur in steuerlichen Belangen ist innerhalb der Stadtkämmerei die Steuerabteilung mit verschiedenen Aufgaben befasst. Hierzu zählen insbesondere die Erstellung und Abgabe der Umsatzsteuererklärung bzw. Umsatzsteuervoranmeldungen für die Stadt Heilbronn als umsatzsteuerliche Unternehmerin sowie die Abgabe der Steuererklärungen für die Ertragsteuern der BgA. Hinzu kommt die Verantwortlichkeit für die Steuerung und das Controlling der dezentralen steuerbezogenen Aufgaben.

Auf der dezentralen Ebene werden die Buchhaltungsaufgaben zu den Umsatzsteuervoranmeldungen und -erklärungen (d. h. die steuerrelevanten Geschäftsvorfälle) wahrgenommen. Diese Aufgaben umfassen sowohl die Ämter der Stadt Heilbronn, die Heilbronn Marketing GmbH und die beiden städtischen Eigenbetriebe (Entsorgungsbetriebe und Theater).

Teil der Stadtkämmerei ist zudem die Stadtkasse, welche für Ein- und Auszahlungen, für die Verwahrung von Wertgegenständen, die Sammlung von Belegen sowie Mahnung und die Handhabung des Zwangsvollstreckungsverfahrens verantwortlich ist. Die Stadtkasse erfüllt zudem Kassengeschäfte der Eigenbetriebe Entsorgung.

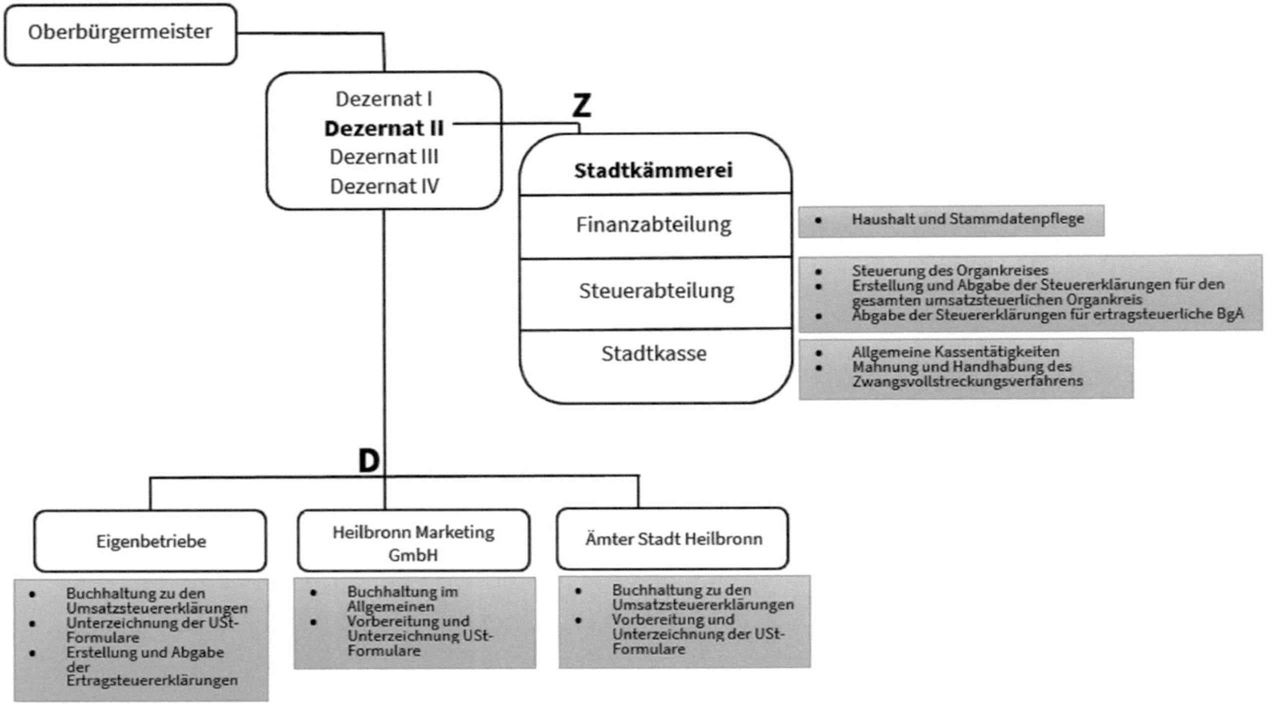

Abbildung 1: Organisationsaufbau, eigene Darstellung

Das Kürzel „Z“ steht hierbei für zentrale und das Kürzel „D“ für dezentrale Verantwortlichkeiten.

Die Einnahmen der Stadt Heilbronn mit rd. 669,6 Mio. € resultieren zu ca. 45 % aus Steuern und Abgaben, (Grundsteuer, Gewerbesteuer; Anteil der Einkommensteuer und Umsatzsteuer, Vergnügungssteuer, Hundesteuer u. a.), 39 % aus Umlagen, Zuwendungen und Zuweisungen aus dem Finanzausgleich, 3 % aus Entgelten für öffentliche Leistungen, 5 % aus Kostenerstattungen und Kostenumlagen, 8 % aus sonstigen Einnahmen. Der Haushaltsplan der Stadt Heilbronn ist nach örtlichen Organisationen in 25 Teilhaushalte gegliedert. Sämtliche geplanten und bebuchten Sachkonten in den Teilhaushalten bilden die grundlegenden Budgeteinheiten im Sinne des § 4 GemHVO.

Die Stadt Heilbronn betreibt folgende Eigenbetriebe:

- Entsorgungsbetriebe
- Theater Heilbronn

und ist an folgenden Kapitalgesellschaften unmittelbar oder mittelbar mehrheitlich beteiligt:

- Katharinenstift Heilbronn gGmbH
- Stadtwerke Heilbronn GmbH (SWHN)
- Heilbronner Versorgungs-GmbH (HNVG)
- Heilbronner Marketing GmbH (HMG)
- Stadtsiedlung Heilbronn GmbH
- WTZ Heilbronn GmbH (WTZ)

Das umsatzsteuerliche Unternehmen der Stadt Heilbronn umfasste vor Anwendung des § 2b UStG die steuerpflichtigen Umsätze der unselbständigen Eigenbetriebe, die Umsätze der Organgesellschaft[5] Heilbronner Marketing GmbH[6] sowie die BgA.[7]

Die Stadt Heilbronn begründet mit folgenden Tätigkeiten einen BgA:[8]

- BgA Verpachtung Gastronomie
- Beteiligungs-BgA mit der HMG
- BgA Beteiligungsmanagement KI Park
- BgA Baulogistik Neckarbogen
- BgA Parkplätze und Fahrradabstellanlagen
- BgA Feinstaubplakette
- BgA EE Bürgerenergie Heilbronn
- BgA Krematorium

5 Vgl. § 2 Abs. 2 UStG.

6 51 % Beteiligung der Stadt Heilbronn an der GmbH.

7 Vgl. § 2 Abs. 3 UStG a. F. i. V. m. § 4 KStG.

8 Vgl. § 4 KStG, R 4.1 KStR 2022.

– BgA Vermessung/Gutachterausschuss
– BgA Wohnmobilstellplatz und Konzertmuschel Wertwiesenpark
– BgA Museum
– BgA Schulmensen
– BgA Stadtbibliothek
– BgA Musikschule
– BgA Tageseinrichtung für Kinder
– BgA Ganztagesbetreuung an Schulen

Die Eigenbetriebe Entsorgung und Theater mit ihrem Sondervermögen sind entsprechend ihrem gesonderten Buchungskreis eigenständig für die steuerlichen Sachverhalte zuständig und werden jeweils durch externe Berater unterstützt. Grundsätzlich verfügen die Eigenbetriebe umsatzsteuerlich sowohl über einen wirtschaftlichen und einen nicht wirtschaftlichen Bereich im engeren Sinn. Im Rahmen der Konsolidierung fließen die Sachverhalte in die Gesamtumsatzsteuererklärung der Stadt ein.

Durch die Umstellung auf § 2b UStG mussten nun sämtliche Einnahmen, die bisher nicht einem BgA zuzuordnen waren auf die Handlungsgrundlage untersucht und steuerlich bewertet werden. Bei der Stadt Heilbronn werden grundsätzlich alle steuerlichen Aufgaben intern erledigt. Das bedeutet sämtliche Fragestellungen, bei denen es steuerrechtliche Unklarheiten gibt, werden zuerst intern bei der Stadtkämmerei geklärt. Kann eine eindeutige bzw. zweifelsfreie Klärung nicht erreicht werden, wird zur Klärung der Fragestellungen die externe Steuerberatung hinzugezogen bzw. es erfolgt eine Abstimmung mit dem Finanzamt.

III. Gründe für die Umstellung auf § 2b UStG zum 1. Januar 2023

Die Reform des Umsatzsteuerrechts und die Umstellung auf § 2b UStG begleitet die Kommunalverwaltungen schon seit 2017. Nach der bisherigen Rechtslage des § 2 Abs. 3 UStG unterliegen juristische Personen des öffentlichen Rechts nur der Umsatzsteuer mit wirtschaftlichen Tätigkeiten von einigem Gewicht. Mit dem neuen Umsatzsteuerrecht kam es zum Paradigmenwechsel und alle Umsätze unterliegen, mit Ausnahme der Einnahmen aus hoheitlichem Handeln nach § 2b UStG der Umsatzsteuer.

Nach über zwei Jahren der Vorbereitung entschied sich die Verwaltung der Stadt Heilbronn für den Widerruf der Optionserklärung mit Wirkung zum 31.12.2022 gemäß § 27 Abs. 22 UStG.[9] Diese Entscheidung fiel erst nach

9 Vgl. Sitzung des Gemeinderats vom 12.12.2022, Veröffentlichung/Bekanntgabe der Entscheidung im Umlauf.

Bekanntwerden der erneuten Verlängerungsoption im Dezember 2022. Die Gründe lagen auf der Hand. Die Stadt Heilbronn war in allen Bereichen, sowohl organisatorisch wie auch bei den Fachverfahren technisch mit den Umstellungsarbeiten so weit fortgeschritten, dass die Einführung innerhalb der kurzen zur Verfügung stehenden Zeit nicht mehr fehlerfrei rückgängig gemacht werden konnte. Zudem war eine erneute steuerliche Beurteilung der Sachverhalte nicht mehr leistbar. Die bisherigen Anstrengungen und die eingesetzten Ressourcen wogen mehr als eine künftige steuerliche Mehrbelastung.

IV. Maßnahmen

Seit 2020 war die Stadt Heilbronn als große Stadtverwaltung gezwungen sich intensiver mit dem Thema Steuern auseinanderzusetzen. Die dezentrale Organisation der Buchhaltung, welche von überwiegend fachkundigen Bediensteten im Bereich des Haushaltsrechts erledigt wurde, mussten für das (Umsatz-) Steuerrecht sensibilisiert und fitgemacht werden. Aufgrund der hohen umsatzsteuerlichen Risiken wurde unter Beachtung der vorhandenen Ressourcen entschieden, zunächst die Prüfung auf den Schwerpunkt „umsatzsteuerliche Auswirkungen des § 2b UStG“ zu legen.

1. Screening

Für die Umstellung auf § 2b UStG zum 1.1.2023 wurde ein Ertragsscreening vorgenommen, welches folgende Arbeitsschritte umfasste:

- Screening aller Ertragspositionen der städtischen Jahresrechnung auf Ebene der Buchungskombinationen Sachkonto und Kostenstelle
- Screening aller Vertragsgegenstandsarten
- Screening der Barkassen
- Screening der Miete-Pacht-Verträge/Miete-Pacht-Erlöse
- Screening der Erträge, die über SAP SD-Fakturierung ins Soll gestellt werden
- Screening der Sozial- und Jugendbuchhaltung im Haushalts-, Kassen- und Rechnungswesen (SoJuHKR)
- Prüfung aller Gebührensatzungen und Entgeltordnungen.

Im Rahmen dieser Screenings wurde eine umfassende Prüfung der Sachverhalte vorgenommen. Der Fortschritt wurde in einer detaillierten Sachstandsliste ständig fortgeschrieben, damit jederzeit ein aktuelles Bild sichtbar war. Bei Zweifelsfällen, wie zum Beispiel beim Thema „Onleihe“[10] und Hafen[11], sowie bei der Ermittlung von Vorsteuerabzugsquoten fand eine Abstimmung mit dem Finanzamt statt. Die (Fach-) Ämter und die jeweiligen Amtsleiter und Amtsleiterinnen wurden ebenfalls in die Prüfung einbezogen. Nach allgemeinen Informationen wurde das Ergebnis des Screenings für die jeweiligen Fachämter aufbereitet und diesen bekannt gegeben. Über die weiteren organisatorischen Schritte fanden Informationsveranstaltungen und Schulungen zu steuerrechtlichen Themen und zur technischen Umsetzung statt. Teilweise mussten einzelne Vorverfahren komplett neu eingerichtet werden.

Im SAP-System wurde die vom Rechenzentrum Komm.ONE vorgeschlagene technische Lösung mittels sogenannter Umsatzsteuereinheiten umgesetzt. Eine solche Umsatzsteuereinheit wird über die entsprechende Kostenstelle bzw. den entsprechenden Auftrag und die für den Sachverhalt notwendigen Sachkonten definiert. Die jeweiligen Buchungen der nun steuerrelevanten Sachverhalte werden von den Fachämtern unter Verwendung von Steuerkennzeichen unterschieden nach Eingangs- und Ausgangsumsatz vorgenommen. Damit wurde das Ziel erreicht, mittels Screenings, alle Erträge der Stadt Heilbronn im Hinblick auf die Neureglung des Umsatzsteuerrechts korrekt steuerlich zu qualifizieren und abzubilden. Die Prüfungsergebnisse wurden im Dokumentenmanagementsystem dokumentiert. Die Dokumentation umfasst eine umfangreiche Beschreibung der Vorgehensweise, die Screenings und die vorgenommenen Prüfungshandlungen. Im Dezember 2022 standen allen Fachämtern die aktuelle Dokumentation sowie eine Kurzfassung als Buchungshilfe im Dokumentenmanagementsystem zur Verfügung. Im Ergebnis waren nun alle steuerbaren und steuerpflichtigen Umsätze unter Anwendung des § 2b UStG identifiziert.

Seit der Umstellung auf § 2b UStG zum 1.1.2023 erfolgen fortlaufend stichprobenartige Prüfungen mit dem Ziel, im laufenden Betrieb bei gegebenem Anlass Auffälligkeiten zu erkennen mit dem Ziel die Dokumentationen vollumfänglich aktuell zu halten.

2. Vertrags- und Satzungsprüfung

Das Thema steuerliche Prüfung von Verträgen und Satzungen in seiner Komplexität erforderte Abstimmungen im Rahmen einer Amtsleitertagung. Die Stadt Heilbronn verfügt aktuell über kein zentrales Vertragsmanagement, weshalb sich die Erhebung in allen Fachämtern (Bereichen) als extrem aufwendig gestaltete. Als besondere Herausforderung stellten sich in diesem Zu-

10 Bei der Onleihe nutzt die Stadtbibliothek Heilbronn ein Verfahren für die Ausleihung und Nutzung digitaler Medien im Verbund mit weiteren Kommunen.

11 Der Hafen in Heilbronn hat eine Sonderstellung; Es liegt kein typischer Hafenbetrieb vor, vielmehr werden nur Grundstücke an der Wasserstraße vermietet.

sammenhang die Verträge des Liegenschaftsamts und die damit verbundenen Anpassungen dar. Dies lag vor allem an der Menge der vorhandenen laufenden Verträge. In den 14 Fachämtern lagen über 35 Satzungen vor, die sämtlich auf die Steuerbarkeit zum 1.1.2023 zu prüfen und anzupassen waren.

3. Prüfung der Prozesse

Durch das Screening aller Einnahmen wurden auch die Prozesse in der Organisation geprüft. Hierbei ist beispielsweise aufgefallen, dass einzelne Sachverhalte, die zukünftig eine steuerbare Einnahme darstellen, bisher über die Absetzung eines Aufwandes abgebildet wurden. Der Prozess musste deshalb an dieser Stelle umgestellt werden. Zudem wurde die Organisation der Erstellung von Umsatzsteuervoranmeldungen optimiert. Unter Anwendung der alten Rechtslage war es noch leistbar, die BgA monatlich anzuschreiben um die dazugehörigen Umsätze, welche von den jeweiligen Amtsleitungen verifiziert wurden, zu erheben. Aufgrund des Anstieg auf über 170 Umsatzsteuereinheiten wurden die Prozesse so angepasst, dass die Steuerabteilung die Meldungen aller Umsatzsteuereinheiten zunächst auf Schlüssigkeit mit Stichproben prüft. Eine vertiefte Prüfung und Kontrolle der Umsätze findet insbesondere nochmals durch die Amtsleiter und Amtsleiterinnen der Fachämter im Rahmen der Erstellung der Jahressteuererklärung statt. Zudem findet jährlich ein TCMS-Gespräch der Steuerabteilung mit den zuständigen Mitarbeitenden und Führungskräften der betroffenen Fachämter und Bereichen statt.

4. Praktische Umsetzung

a) Kommunikation und Dokumentation

Nach den Erfahrungen bei der Stadt Heilbronn ist eine gute Kommunikation und Sensibilisierung aller Mitarbeitenden ein wichtiger Erfolgsfaktor. Denn die Mitarbeitenden der Steuerabteilung sind auf das Erkennen und den rechtzeitigen Kontakt durch die Mitarbeitenden in den Fachämtern angewiesen, um die steuerlichen Pflichten fristgerecht erfüllen zu können. Des Weiteren ist die Dokumentation der Sachstände und vor allem der Ergebnisse elementar für die Umsetzung. Bei einer Größe der Stadt Heilbronn gibt es eine Vielzahl unterschiedlicher Sachverhalte, welche nur mit einer ausreichenden Dokumentation gut bearbeitet werden können.

b) IT-Unterstützung

Um eine technische Unterstützung zu nutzen, wurden spezielle Sachkonten für steuerrelevanten Sachverhalte angelegt. Über eine Verknüpfung von

Kostenstellen bzw. Aufträgen mit den Sachkonten wurden die „Umsatzsteuereinheit“ eingerichtet. Während die Einnahmen damit klar identifiziert werden konnten, war dies für den Ausgabenbereich durchaus schwieriger. Der überwiegende Teil der Ausgaben wird grundsätzlich vom hoheitlichen Bereich verursacht und getragen, so dass eine sachgerechte Aufteilung gefordert ist. Technisch konnte jeder Umsatzsteuereinheit nur eine Vorsteueraufteilungsquote zugeordnet werden. Damit aber eine korrekte transparente Umsetzung gelingt, musste kleinteilig für jeden aufzuteilenden Sachverhalt oft eine konkrete eigene, sachgerechte Vorsteuerquote und damit eine neue Umsatzsteuereinheit eingerichtet werden. So wurden aus ehemals ca. 37 Einheiten mit Vorsteueraufteilung nun über 170 Umsatzsteuereinheiten.

Die Vorgehensweise lässt sich am Beispiel von Photovoltaikanlagen (PV Anlagen) und Blockheizkraftwerken (BHKWs) darstellen. Die individuellen Einspeisequoten der PV Anlagen führten zwangsläufig zu jeweils gesonderten Aufteilungsschlüssel für den Vorsteuerabzug. Konkret bedeutet dies, eine Anpassung und Einrichtung von in Summe 35 Umsatzsteuereinheiten für die 14 betriebenen Photovoltaikanlagen und 21 Blockheizkraftwerke.

Nach der Umstellung auf § 2b UStG ist die fast 8-fache Menge an Einheiten sowohl fortlaufend zu prüfen und zu pflegen sowie für die Umsatzsteuervoranmeldung und die Umsatzsteuerjahreserklärung zu prüfen und aufzubereiten. Während der Umfang, der zu prüfenden Sachkonten bei 20 BgA klar definiert war, ist die Anzahl der Sachkonten hinter den Umsatzsteuereinheiten durch die vielen Sachverhalte explosionsartig angestiegen. Für die Vorbereitung und Einführung des § 2b UStG musste die Stadt Heilbronn zwei Vollzeitstellen zusätzlich schaffen.

Die Prozesse der Konsolidierung konnte das Rechenzentrum IT-technisch nicht unterstützen, sodass diese Aufgabe manuell mit riesigen aus SAP exportierten Excel Tabellen (über 21.000 Zeilen) zu bewältigen ist. Wie schwierig und fehleranfällig diese Vorgehensweise sich gestaltet, ist in der Verwaltung überall gut bekannt. Eine Änderung der aufwändigen Ermittlungen ist nicht in Sicht. Hinzu kommt, dass jede Änderung im Sachverhalt eine neben einer steuerlichen Würdigung auch Änderungen in der technischen Umsetzung nach sich zieht. Spezielle Fachverfahren, wie zum Beispiel beim Vermessungsamt oder der Musikschule, müssen deshalb durch die Fachämter fortlaufend angepasst und aktualisiert werden. Hinzu kommt, dass jeder Personalwechsel eine entsprechende Schulung erforderlich macht.

5. Ergebnis der Maßnahmen

Nach der Umstellung auf den § 2b UStG ergaben sich bei der Stadt Heilbronn nur im Kämmereihaushalt, das heißt ohne die Organgesellschaften, steuerbare Mehrumsätze im Jahr 2023 gegenüber dem Kalenderjahr 2022 von ca. 33 Mio. €.[12] Die Dimension macht deutlich, dass eine Vielzahl neuer steuerbarer Sachverhalte nach § 2b UStG nun der Umsatzsteuer unterliegen. Die Steuerpflicht wurde zum Großteil dadurch begründet, dass die Umsatzgrenzen des Körperschaftsteuerrechts[13] nicht mehr zur Anwendung kamen. Das bedeutete konkret, dass ab dem ersten Euro steuerbare Leistungen zu erklären waren. In den Mehrumsätzen waren steuerfreie Umsätze, überwiegend steuerfreie Vermietungsumsätze[14], mit einem Umfang von ca. 21 Mio. € enthalten. Damit verblieb ein Volumen von ca. 12 Mio. € an steuerpflichtigen Mehrumsätzen.

Beachtlichen Umsatzerhöhungen ergaben sich z. B. bei den Werkstätten wie z. B. der Feuerwehr (Atemschutz- und Schlauchwerkstatt (ca. 1 Mio. €), aus Konzessionsabgaben (ca. 8. Mio. €) und der steuerpflichtigen Vermietung von Stellplätzen (ca. 0,6 Mio. €). Die verbleibenden Umsätze verteilen sich auf alle Bereiche der Stadt.

V. Auswirkungen auf die Vorsteuerberechtigung

1. Allgemeines

Die Zuordnung der Einnahmen bei Anwendung des § 2b UStG eröffnet gleichzeitig die Berechtigung zum Vorsteuerabzug für die mit den steuerpflichtigen Einnahmen zusammenhängenden Eingangsleistungen. War bisher der Vorsteuerabzug auf die BgA begrenzt, so sind nun die Aufwandskonten entsprechend den Vorsteuergrundsätzen zu untersuchen, wie die Eingangsumsätze den „neuen" umsatzsteuerpflichtigen Erlösen zuzuordnen sind.

Nach den Grundsätzen des Vorsteuerabzugs sind die Eingangsleistungen in zwei Kategorien einzuordnen:

- Zuordnung zum nichtunternehmerischen Bereich (hoheitlich = nicht wirtschaftlicher Bereich im engeren Sinne). Für diese Eingangsleistungen besteht kein Vorsteuerabzug.
- Zuordnung der Eingangsleistungen zum unternehmerischen Bereich. Für diese Eingangsleistungen ist zu prüfen, in welchem Umfang eine Zuordnung (voll oder anteilig), bzw. ein Abzug von Vorsteuer möglich ist (Aufteilungsgebot). Besteht kein direkter und unmittelbarer Zusammenhang zu einem Ausgangsumsatz, kann die jPöR zum Vorsteuerabzug berechtigt sein, wenn die Eingangsleistungen zu den allgemeinen Aufwendungen gehören und Bestandteile des Entgelts des Ausgangsumsatzes sind.

12 Vergleich der Jahre 2022 und 2023.

13 Vgl. R 4.1 der Körperschaftsteuer-Richtlinien, Umsatzgrenze ab 2022: 45.000 €, zuvor 35.000 €.

14 Steuerbefreiung nach § 4 Nr. 12 UStG.

Dabei ist bei den Eingangsleistungen zwischen den laufenden Kosten und der Beschaffung von Wirtschaftsgütern zu unterscheiden. Während ein Vorsteuerabzug aus den Anschaffungs- oder Herstellungskosten bei beweglichen Wirtschaftsgütern erst besteht, wenn diese zu 10 % für die unternehmerische Tätigkeit verwendet werden,[15] greift eine solche Mindestgrenze bei den laufenden Aufwendungen nicht.

Sind Eingangsleistungen der Gesamttätigkeit zuzuordnen, muss ermittelt werden, in welchem Verhältnis diese auf steuerpflichtige und vorsteuerabzugsberechtigte Ausgangsumsätze entfallen. Hierfür muss die Vorsteuerquote sachgerecht geschätzt werden,[16] wobei der Gesamtumsatzschlüssel gegenüber anderen Quoten eine nachrangige Rolle spielt.

Das Risiko einer rechtzeitigen Zuordnung von Eingangsleistungen wie in der freien Wirtschaft stellt sich bei den jPöR aufgrund der oben genannten Ausführungen nicht. JPöR haben nur einen wirtschaftlichen und einen nichtwirtschaftlichen Bereich und damit gilt ein Aufteilungsgebot.

Das Recht auf Vorsteuerabzug setzt voraus, im Besitz einer ordnungsgemäßen Rechnung[17] zu sein. Diese Anforderung muss vom zuständigen Mitarbeitenden bei Verbuchung der Rechnung, oft schon bei der Bestellung beachtet werden. Damit dies gewährleistet ist, wurde ein Schulungskonzept aufgebaut und regelmäßig Steuernewsletter veröffentlicht. Des Weiteren werden bei der Erstellung der Umsatzsteuerjahreserklärung die Belege mit Vorsteuerabzugsmöglichkeiten im Rahmen der internen Kontrolle durch die Steuerabteilung stichprobenartig geprüft. Im Rechnungseingangsworkflow erfolgt eine steuerliche Prüfung der Rechnungen, insbesondere sind sämtliche Rechnungen mit Auslandsbezug der Steuerabteilung zur Prüfung vorzulegen.

Entsprechend den umfangreichen Erhebungen konnte unter Berücksichtigung der diversen Aufteilungsmaßstäbe bei den Umsatzsteuereinheiten ein zusätzliches Vorsteuervolumen von ca.120.000 € generiert werden. In diesem Betrag sind keine nennenswerten Beträge aus umgesetzten Baumaßnahmen im Jahr 2023 enthalten.

2. Herausforderung: Ermittlung des Vorsteuerabzugs mittels Aufteilungsschlüssel

Die Aufteilung der Vorsteuer auf den unternehmerischen bzw. nichtunternehmerischen Bereich erfolgt grundsätzlich nach dem Prinzip der wirtschaftlichen Zurechnung. Grundsätzlich dient, wie erwähnt die Verbuchung mit einem Steuerkennzeichen, bereits der Zuordnung.

15 Vgl. § 15 Abs. 1 Satz 2 UStG.
16 Vgl. § 15 Abs. 4 Satz 2 und 3 UStG.
17 Vgl. § 14 UStG.

Aufgrund der Aufgabenstellung der Stadt Heilbronn sind viele Eingangsleistungen sowohl dem hoheitlichen (nicht wirtschaftlichen Bereich im engeren Sinne) und dem wirtschaftlichen Bereich zuzuordnen. Deshalb sind für die Aufteilung der Vorsteuer nach § 15 Abs. 4 UStG sachgerechte Aufteilungsmaßstäbe zugrunde zu legen. Bei teilunternehmerischen Leistungsbezügen muss die in Rechnung gestellte Vorsteuer in einen abzugsfähigen und einen nicht abzugsfähigen Betrag aufgeteilt werden.[18] Abzugsfähig ist der Teilbetrag, der auf die unternehmerische Nutzung entfällt, soweit die Ausgangsumsätze den Vorsteuerabzug nicht ausschließen. Nichtabzugsfähig ist der Teilbetrag, der auf die nichtunternehmerische Nutzung entfällt. Seit Erlass des BMF-Schreibens vom 12.6.2024[19] erkennt das BMF, dass eine derartige Aufteilung die jPöR im Vergleich zu privatrechtlichen Unternehmen mit einem unverhältnismäßigen Aufwand belastet. Daher lässt das BMF für diesen Fall Vereinfachungsregelungen zu, soweit nicht eine Aufteilung mittels wirtschaftlicher Zurechnung ohne besondere Schwierigkeiten möglich ist. Als Vereinfachungsmethoden kommen in Betracht:

- Aufteilung nach einem Einnahmeschlüssel,
- vereinfachte Aufteilung für Grundstücke,
- pauschaler Vorsteuersatz für jPöR mit geringen Umsätzen.

Ein Wechsel der Vereinfachungsmethoden zur Aufteilung der Vorsteuer wird nur zu Beginn eines Kalenderjahres zugelassen. Wobei die Entscheidung hierüber bis zum Eintritt der formellen Bestandskraft der Festsetzung der Umsatzsteuer des jeweiligen Jahres möglich ist. JPöR, die kameralen Berichtspflichten unterliegen, können für die Aufteilung der Vorsteuer statt des Kalenderjahres auch einen hiervon abweichenden zwölfmonatigen Zeitraum zugrunde legen, sofern für die Ermittlung schwankende Verhältnisse zu berücksichtigen sind (z. B. der Umsätze oder des Personaleinsatzes).

Die Stadt Heilbronn verwendet für die Ermittlung des anteiligen Vorsteuerabzugs bei ihren Tätigkeiten folgende Aufteilungsmaßstäbe:

a) Flächenschlüssel

Der Flächenschlüssel wurde zum Beispiel bei einer Gaststättenvermietung mit zugehöriger Wohnung angewendet. Die Gaststätte wurde umsatzsteuerpflichtig vermietet, die Wohnung ist zwingend steuerfrei.[20] Die damit zusammenhängenden Kosten am Gebäude werden nach dem Flächenschlüssel zugeordnet. Dieser wird auch unter Anwendung des § 2b UStG beibehalten.

18 Vgl. Abschn. 15.19 Abs. 3 UStAE.
19 Vgl. BMF, 12.6.2024 – III C 2 – S 7300/22/10001:001, BStBl. I 2024, 1041.
20 Vgl. § 4 Nr. 12 UStG.

Hinzukommt, dass das BMF-Schreiben für Grundstücke Vereinfachungen beim sachgerechten Schlüssel grundsätzlich ausschließt.[21]

b) Belegungspläne

Für die Aufteilung des Vorsteuerabzugs bei Sporthallennutzungen wurden die Belegungspläne als sachgerecht angesehen. Die Sporthallen werden zum Teil für den Schulsport, zum Teil für die Kinderbetreuung und von Vereinen genutzt. Bei der Stadt Heilbronn gibt es die Besonderheit, dass die Betreuung von Kindern ab dem dritten Lebensjahr kostenfrei ist, die Betreuung von Kindern unter 3 Jahren jedoch kostenpflichtig. So müssen zur Ermittlung einer Quote pro Halle umfangreiche Stundenaufzeichnungen geführt und ausgewertet werden. In Heilbronn sind aktuell 12 Hallen zur Nutzung freigegeben. Entsprechend den Regelungen im UStAE[22] werden bei zeitlich abwechselnder Nutzung desselben Gebäudes sowohl für steuerfreie/hoheitliche Umsätze aus einem Schulbetrieb[23] als auch für steuerpflichtige Umsätze eine Vorsteueraufteilung nach den tatsächlichen Nutzungszeiten als sachgerechter und präziser beurteilt.[24]

c) Umsatzschlüssel

Mangels geeigneter anderer Maßstäbe wurden die Kosten beim Vermessungs- und Katasteramt nach dem Verhältnis der Umsätze an Dritte und Innenumsätze, bzw. hoheitliche Umsätze aufgeteilt. Hierbei handelt es sich um einen abteilungsbezogenen Umsatzschlüssel. Eine solche Aufteilung nach Umsatzzahlen, welche nur auf einem Teil der Umsätze beruht, stellt eine andere, präzisere Methode der wirtschaftlichen Zuordnung dar und geht dem Gesamtumsatzschlüssel daher vor.[25] Seit dem 1.1.2004 ist ein Gesamtumsatzschlüssel nur noch zulässig, wenn keine andere wirtschaftliche Zurechnung möglich ist.[26] Nach den neuen Regelungen im UStAE[27] wird nun auch explizit zwischen dem Gesamtumsatzschlüssel und anderen Umsatzschlüsseln unterschieden.

---

21 Vgl. BMF, 12.6.2024 – III C 2 – S 7300/22/10001:001, BStBl. I 2024, 1041, Rn. 28.
22 Vgl. Abschn.4.12.11 Abs. 1 UStAE.
23 Vgl. § 4 Nr. 21 UStG.
24 Vgl. Abschn. 15.17 Abs. 7 Satz 5 Nr. 4 Satz 2; BFH, 26.4.2018 – V R 23/16, MwStR 2018, 887 m. Anm. Jacobs; *Lippross/Janzen*, UStAE Aktuell, Abschn. 15.17 UStAE.
25 Vgl. Abschn.15.17 Abs. 3 Satz 5 UStAE.
26 Vgl. § 15 Abs. 4 Satz 3 UStG.
27 Vgl. Abschnitt 15.17 Abs. 3a UStAE, neu eingefügt durch BMF v. 13.02.2024, BStBl. I S. 280.

d) Zeitaufwand

Der Kommunalwald hat Erhol- und Schutzfunktion für die Bevölkerung. In diesem Bereich ist die Stadt Heilbronn grundsätzlich hoheitlich tätig und die Einnahmen sind nach § 2b UStG nicht steuerbar. Eine Ausnahme bilden die Verkäufe von Holz aus dem Kommunalwald. Bis zum 31.12.2021 galt für die Umsatzsteuer die Pauschalbesteuerung.[28] Mit dem Jahressteuergesetz 2020 wurde eine Umsatzgrenze in § 24 Absatz 1 UStG aufgenommen. Das hatte zur Folge, dass die Durchschnittssätze für die land- und forstwirtschaftliche Betriebe (sog. Pauschalierung) nur noch angewendet werden dürfen, wenn der Gesamtumsatz des Unternehmers im Sinne von § 19 Absatz 3 UStG im vorangegangen Kalenderjahr nicht mehr als 600.000 Euro betrug. Diese Änderung erfasste Zeiträume ab dem 1.1.2022. Für die Prüfung der Umsatzgrenze, sind sämtliche Umsätze des Unternehmers zusammenzurechnen. Da die Stadt Heilbronn diese überschritt, wurden die Umsätze ab 2022 nach den allgemeinen Grundsätzen besteuert.

Die Maschinen und Fahrzeuge werden im Forstbereich, sowohl im hoheitlichen wie im wirtschaftlichen Bereich eingesetzt. Sowohl die Vorsteuer aus der Anschaffung, wie aus den laufenden Betriebskosten muss sachgerecht aufgeteilt werden. Als sachgerechter und präziser Aufteilungsmaßstab eignen sich hier die Arbeitsstunden. Damit wird der nationalen Anforderung an einen sachgerechten vorrangigen Aufteilungsmaßstab abweichend vom Umsatzschlüssel genüge getan.

Hierzu sind wieder umfangreiche arbeitsintensive Aufzeichnungen der Forstmitarbeitenden erforderlich. Die Quote des Vorsteuerabzugs ist in den letzten acht Jahre nur minimal geschwankt (Schwankungen von max. 8 % Punkten). Ein Antrag die Quote nicht jährlich, sondern zum Beispiel alle 5 Jahre, neu zu ermitteln wurde vom zuständige Finanzamt abgelehnt. Alternativ könnte auf den Vorsteuerabzug verzichtet werden. Dies widerspricht aber den Grundsätzen, im öffentlichen Bereich wirtschaftlich und sparsam mit den Mitteln zu haushalten und auf Ansprüche zu verzichten. Auch eine Begründung und Prüfung dem internen Rechnungsprüfungsamt gegenüber, auf welchen Betrag bei einem solchen Vorgehen verzichtet würde, erfordert entsprechende Ressourcen. Hier gilt es den Personalaufwand gegen die Forderung gegenüber dem Finanzamt abzuwägen.

VI. Praxisbeispiele

Die Auswirkung der Umstellung auf § 2b UStG soll an nachfolgenden Beispielen aufgezeigt werden. Ein besonderes Augenmerk liegt hierbei auf dem

28 Vgl. § 24 UStG.

Vorsteuerabzug, da die Erweiterung der steuerpflichtigen Umsätze nach § 2b UStG in der Regel zu einer Vorsteueraufteilung führt.

1. Museum

Die Stadt Heilbronn betreibt die Kunsthalle und das Museum Deutschhof. Mit der Kunsthalle und dem Museum Deutschhof werden Umsätze aus Eintrittsberechtigungen erzielt, welche nach § 4 Nr. 20a UStG grundsätzlich von der Umsatzsteuer befreit sind und einen Vorsteuerabzug ausschließen.

Im Eingangsbereich werden kleine Andenken zum Kauf angeboten. Dieser kleine Museumshop lag bisher unter den ertragsteuerlichen Umsatzgrenzen.[29]

Mit Blick auf die jüngste EuGH Rechtsprechung[30] zur Haupt – und Nebenleistung wurden nun nicht mehr alle Verkäufe als steuerpflichtig eingestuft. So konnte der Verkauf einer Postkarte, die eng mit dem Thema der aktuellen Ausstellung des Museums in Zusammenhang stand als Nebenleistung zur steuerfreien Eintrittsberechtigung eingeordnet werden, während künstlerisch hochwertige Postkarten als Hauptleistung mit gesondertem Wert als steuerbar und steuerpflichtig einzuordnen sind.

Die Grundsätze der Vorsteueraufteilung mussten neu angepasst und verfeinert werden.

2. Feuerwehr und Kameradschaftskassen

Die Umstellung auf § 2b UStG erfasste nun auch die Einnahmen der freiwilligen Feuerwehren und deren Kameradschaftskassen. Die Kameradschaftskassen der Gemeindefeuerwehren können in Baden-Württemberg[31] durch Satzung als Sondervermögen der Gemeinden geführt werden. Damit unterliegen sie als unselbständige Teile umsatzsteuerlich den gleichen Besteuerungsgrundsätzen wie die jeweilige Gemeinde selbst. Wird ein Fest über diese Kasse (Sondervermögen) veranstaltet, ist die jeweilige Gemeinde Veranstalter.[32]

Die bei der Stadt Heilbronn bestehenden 13 als Sondervermögen geführten Kameradschaftskassen, sind mit ihren Besteuerungsgrundlagen in die Umsatzsteuervoranmeldung der Stadt einzubeziehen. Hierzu werden die Verantwortlichen monatlich aufgefordert, die Daten fristgerecht an das Steueramt zu übermitteln. Natürlich geht ein solcher Prozess nicht ohne Schulungen, die vor allem die ehrenamtlichen Kassierer in Abendveranstaltungen besuch-

29 Vgl. R 4.1 KStR, Umsatzgrenze ab 2022: 45.000 €, zuvor 35.000 €.

30 Vgl. EuGH, 4.5.2023 – C-516/21, DStR 2023, 1076; BFH, 17.8.2023 – V R 7/23, DStR 2023, 2005; BFH, 26.5.2021 – V R 22/20, DStR 2021, 2010.

31 Vgl. § 18 Absatz 1 des Feuerwehrgesetzes Baden-Württemberg (FwG).

32 Vgl. § 18 Absatz 3 FwG.

ten. Mittels Excel-Tabellen wird nun die Umsatzsteuer und das mögliche Vorsteuerpotential ermittelt. Eine IT-Lösung schied aus datenschutzrechtlichen Gründen aus, da die Akteure keine Mitarbeitenden der Stadt Heilbronn sind. Beantragte Erleichterungen, diese Abrechnungen nur einmal jährlich von den Kameradschaftskassen zu erheben, konnte von der Finanzverwaltung wegen einer möglichen Gefährdung des Steueraufkommens nicht gewährt werden.

Die Finanzverwaltung vereinbarte mit den baden-württembergischen kommunalen Spitzenverbänden eine Vereinfachungsregelung. Hiernach ist es möglich, die Vorsteuern nicht laufend in den Umsatzsteuer-Voranmeldungen, sondern erst im Rahmen der Umsatzsteuerjahreserklärung kumuliert geltend zu machen. Eine entsprechende zeitliche Verschiebung für die Erklärung der Umsätze auf einen späteren Zeitpunkt ist wegen der zwingenden Vorgaben des Umsatzsteuergesetzes nicht möglich und würde strafrechtlich relevant werden.

Die Annahme der Finanzverwaltung, dass eine bürokratische Erleichterung schon deshalb vorliege, weil sich die Umsätze regelmäßig nur auf wenige Monate im Jahr konzentrieren, während Vorsteuerbeträge aus Ausgaben aber häufig über das Jahr verteilt anfallen, wurde verworfen. Wenn schon monatlich die Bemessungsgrundlagen erhoben werden, können auch die Vorsteuern zeitgleich ermittelt werden.

Die wirtschaftlichen Aktivitäten der Feuerwehren nicht als Sondervermögen, sondern als Feuerwehrvereine, Feuerwehr-Fördervereine auszugestalten, kam für die Stadt Heilbronn nicht in Betracht. Eine Verlagerung der steuerlichen Pflichten auf die dortigen Akteure wäre eine umfassende Mehrbelastung des Ehrenamtes.

3. Konzessionen und Kommunalrabatt

Schon früh klärte die Finanzverwaltung die Umsatzsteuerpflicht bei Anwendung des § 2b UStG für Konzessionen[33] und den Kommunalrabatt.[34] Mit einem Konzessionsvertrag räumt eine Gebietskörperschaft einem Versorgungsunternehmen das ausschließliche Recht ein, die Einwohner mit Strom, Gas, Wasser und Fernwärme zu versorgen und erlaubt diesem Unternehmen öffentliche Straßen, Plätze etc. für die Verlegung der Versorgungsleitungen zu benutzen. Damit hebt die Kommune ihr bisheriges Exklusivrecht der Versorgung auf und ersetzt es durch ein einfaches Wegerecht. Je nach

33 BMF, 5.8.2020 – III C 2 – S 7107/19/10007:005, BStBl. I 2020, 669.

34 BMF, 24.5.2017 – III C 2 – S 7200/13/10002; Anwendungshilfe BDEW Bundesverband der Energie- und Wasserwirtschaft e. V. (nicht veröffentlicht); FG Berlin-Brandenburg, 29.11.2021 – 7 K 7218/19.

Vertragsgestaltung liegt ein steuerpflichtiger Umsatz oder eine steuerfreie Grundstücksleistung[35] vor. Die Steuerbefreiung greift nur für die Bestellung dinglicher Nutzungsrechte, die vom Begriff der Vermietung und Verpachtung erfasst sind und richtet sich allein nach dem Unionsrecht.

Das BMF beurteilt die Einräumung eines Wegenutzungsrechts durch die Gemeinden gegen Zahlung einer Konzessionsabgabe unter Anwendung eines privatrechtlichen Vertrags als Handeln im Wettbewerb mit privaten Wirtschaftsteilnehmern. Auch wenn eine Pflicht der Kommunen zum Abschluss derartiger Verträge bestehe[36], seien diese steuerbar und steuerpflichtig. Entscheidend für den Begriff der „öffentlichen Gewalt" ist deshalb nicht das „Ob", sondern auch das „Wie" der vertraglichen Beziehung.

Grundsätzlich ist die Leistung der Kommune mit dem Erhalt der Konzessionsabgabe abgegolten. Eine Ausnahme bilden nach dem ausdrücklichen Wortlaut des § 3 Abs. 1 Satz 1 KAV u.a. die Kommunalrabatte (Gemeinderabatte). Danach darf der Konzessionär der Gemeinde „Preisnachlässe für den in Niederspannung oder in Niederdruck abgerechneten Eigenverbrauch der Gemeinde bis zu 10 vom Hundert des Rechnungsbetrages für den Netzzugang gewähren, sofern diese Preisnachlässe in der Rechnung offen ausgewiesen werden". Viele Jahre wurde der Kommunalrabatt umsatzsteuerlich als echter, entgeltmindernder Rabatt beurteilt. Mit BMF-Schreiben vom 24.5.2017 ordnet das BMF den Kommunalrabatt ausschließlich als zusätzlichen Entgeltbestandteil für die Gewährung des Wegenutzungsrechtes durch den Konzessionsvertrag ein.[37] Das FG Berlin-Brandenburg[38] beurteilte den rabattierten Wärmebezug einer Kommune und die entgeltliche Einräumung von Wegnutzungsrechten zugunsten des Energieversorgers aufgrund des unmittelbaren Zusammenhang als tauschähnlichen Umsatzes mit Baraufgabe.[39] Dieser unmittelbarer Zusammenhang kann sich auch durch Auslegung des Vertrages nach § 133 und § 157 BGB unter Einbeziehung der Präambel des Vertrags ergeben, falls diese auf öffentlich-rechtliche Vorschriften zur Konzessionsabgabe verweist, die entsprechende Rabattierungsmöglichkeiten vorsehen. Die Folge ist, dass der Rabatt des Unternehmens ein Teil des Entgelts im Rahmen eines tauschähnlichen Umsatzes (mit Baraufgabe) darstellt. Die Bemessungsgrundlage setzt sich in diesen Fällen aus dem vereinbarten Entgelt (Baraufgabe) und den durch den Rabatt ersparten Aufwendungen zusammen.

---

35 Vgl. § 4 Nr. 12 Satz 1 Buchstabe c UStG.

36 Vgl. § 46 EnWG (Gesetz gegen Wettbewerbsbeschränkungen).

37 Vgl. BMF, 24.5.2017, III C 2 – S 7200/13/10002, Anwendungshilfe BDEW Bundesverband der Energie- und Wasserwirtschaft e. V., FG Berlin-Brandenburg (nicht veröffentlicht).

38 FG Berlin-Brandenburg, 29.11.2021 – 7 K 7218/19, EFG 2022, 523.

39 Vgl. § 3 Abs. 12 Satz 1 u. 2 UStG, § 10 Abs. 2 Satz 2 UStG.

4. Bereich der Feuerwehr

Die Stadt Heilbronn bietet in der Zentralen Atemschutzwerkstatt und in der Zentralen Schlauchwerkstatt Dienstleistungen im Bereich der Feuerwehr an, die auch von privaten Dritten erbracht werden können. So reinigt und bereitet die Feuerwehr der Stadt Heilbronn die Atemschutzgeräte und auch die Feuerwehrschläuche für den eigenen Gebrauch und auch für die umliegenden Feuerwehren auf. Zudem fallen zusätzlich steuerpflichtige Einsatzgebühren für nicht der Gefahrenabwehr dienende Einsätze der Feuerwehr an.

5. Vermietungsumsätze

Die Stadt Heilbronn vermietet Kfz-Stellplätze an Mitarbeitende und an die Lehrenden der Schulen. Diese sind mit der Umstellung auf § 2b UStG steuerbar und steuerpflichtig, da sie auf privatrechtlicher Grundlage erbracht werden.

6. Personalgestellung

Ein kritischer Blick ist stets auch auf die Sachverhalte der Personalüberlassungen gegen Entgelt zu legen. Erfreulicherweise erfolgten die Personalüberlassungen nur innerhalb der unselbständigen Abteilungen und Ämter und somit innerhalb des einheitlichen Unternehmens Stadt Heilbronn. Damit konnten diese als nichtsteuerbare Innenumsätze ohne steuerliche Risiken ausgesondert werden. Bestätigt durch die neue EuGH- und BFH-Rechtsprechung[40] werden diese weiterhin als keine steuerlich relevanten Vorgänge gegenüber einem Dritten, sondern innerbetriebliche Vorgänge beurteilt. Zusätzlich wurden aufgrund der Ausgliederung von Aufgaben in eine rechtlich selbständige Gesellschaft die weiteren Personalgestellungen entsprechend der Ausnahmeregelung in Umstrukturierungsfällen[41] auch im Anwendungsbereich des § 2b UStG weiterhin als nicht steuerlich relevant eingestuft.[42] Die Personalüberlassungen vom hoheitlichen Bereich an die städtische Eigengesellschaft wurden der Umsatzbesteuerung unterworfen.

---

40 Vgl. BFH, 29.8.2024 – V R 14/24 (V R 20/22, V R 40/19), DStR 2024, 2760; EuGH, 1.12.2022 C-269/20, NZG 2023, 338.

41 Vgl. OFD Karlsruhe, 28.2.2012 – USt-Kartei S 7106 – Karte 1, UR 2012, 938.

42 Vgl. andere Auffassung FinMin Schleswig-Holstein, 26.2.2020 – VI 3510-S 7107-001, NWB JAAAH-65296 = UR 2020, 316; OFD Karlsruhe, 13.8.2019, USt-Kartei S 7106 – Karte 1, UR 2019, 791; LfSt Niedersachsen, 15.7.2019 – S 7107 – 8 – St 171, NWB XAAAH-30385 = UR 2019, 671.

VII. Untersuchungen der Praxisfälle unter Anwendung der Erleichterungen nach dem BMF-Schreiben vom 12.6.2024[43]

Mit diesem BMF-Schreiben hat die Finanzverwaltung den Versuch unternommen, jPöR unter Anwendung des § 2b UStG Vereinfachungen für den Vorsteuerabzug anzubieten. Nachdem die Übergangsregelung für die Anwendung des § 2b UStG mehrfach verlängert wurde, kam nun eine Stellungnahme zum Vorsteuerabzug. Zwar hat sich die Stadt Heilbronn bereits zum 1.1.2023 für die Umstellung entschieden und damit Vorkehrungen für den Vorsteuerabzug treffen müssen, dennoch ist auch sie gefordert, zu prüfen, ob und welche Vereinfachungsregelungen des BMF genutzt werden können. Die Vor- und Nachteile und die Praxistauglichkeit sollen nachfolgend, insbesondere für die Vorsteuern aus den gemischten Kosten, untersucht werden. Nachdem das BMF zunächst vorrangig die direkte Zuordnung der Eingangsleistungen fordert und die Vorsteuern bei Grundstücken[44] auch besonders betrachtet, ergibt sich ein Potential besonders bei der Aufteilung von Eingangsleistungen, die den gesamten oder mehrere Tätigkeitsbereiche der jPöR betreffen. Auch sollen BgA mit kaufmännischem Rechnungswesen nicht von den Vereinfachungen erfasst werden. Aktuell ist dies nicht nachvollziehbar, da diese ja gerade in den Buchhaltungen erfasst werden. Auch erscheint dazu aktuell noch keine gefestigte Rechtsauffassung vorzuliegen.

Unter Anwendung der Vorgaben des BMF wird deshalb ein Vorsteuerabzug für einen Umsatzbereich von ca. 12 Mio. € erfasst.

Die Ermittlung der Vorsteuerabzugsquote bei teilunternehmerischen Leistungsbezügen kann gemäß dem neuen BMF-Schreiben vom 12.6.2024 nach dem Einnahmeschlüssel oder dem Haushaltsschlüssel vorgenommen werden, wenn die allgemeinen Regelungen zur Vorsteueraufteilung nicht angewendet werden. Dabei ist zu beachten, dass ein Wechsel der Methode stets nur zum Beginn eines Kalenderjahrs zulässig ist. Das Wahlrecht kann bis zum Eintritt der formellen Bestandskraft der Umsatzsteuer-Jahresfestsetzung ausgeübt werden.

Der Einnahmeschlüssel lässt sich für den Besteuerungszeitraum naturgemäß erst mit Ablauf des Besteuerungszeitraums ermitteln, so dass bei Abgabe der Umsatzsteuervoranmeldungen zunächst ein vorläufiger Einnahmeschlüssel angewendet werden muss. Hierfür kommen zwei Alternativen zu Anwendung: Entweder Ermittlung eines vorläufigen Einnahmeschlüssels aus den Daten des Haushaltsplans bzw. der Finanzplanung des laufenden Kalender-

43 BMF, 12.06.2024 – III C 2 – S 7300/22/10001 :001 BStBl. 2024 I, 1041.

44 BMF, 12.06.2024 – III C 2 – S 7300/22/10001 :001 BStBl. 2024 I, 1041 Rn. 28, Abschn. 15.17 Abs. 5 ff UStAE.

jahres oder der Ansatz des Einnahmeschlüssels des Vorjahres. In der Umsatzsteuerjahreserklärung ist dann der final ermittelte Einnahmenschlüssel zu Grunde zu legen. Die damit verbundenen Änderungen führen aus Vereinfachungsgründen zu keinen Berichtigungen bei den Umsatzsteuervoranmeldungen.

Das BMF lässt für jPöR, deren wirtschaftliche Verhältnisse sich im Hinblick auf den Vorsteuerabzug nur geringfügig ändern, zu, den Einnahmeschlüssel eines repräsentativen früheren Zeitraums (Jahr oder Durchschnitt mehrerer Jahre) zu Grunde zu legen. Dieser Einnahmeschlüssel kann auch als endgültiger Einnahmeschlüssel verwendet werden, sofern sich im laufenden Jahr keine größeren Abweichungen ergeben. Dies hat den Vorteil, dass damit aufwendige mögliche Korrekturen nach § 15a UStG entfallen. Eine klare Aussage was unter dem Begriff „größere Abweichungen“ zu verstehen ist, ergibt sich leider aus dem BMF-Schreiben nicht. Bei der Stadt Heilbronn handelt sich in 2023 um neue Umsätze, so dass auf keinen repräsentativen Zeitraum zurückgegriffen werden kann und die Werte des laufenden Jahres zugrunde gelegt werden müssen.[45]

Grundsätzlich greift bei den Aufteilungsschlüsseln auch eine Rundungsregelung. Bei Anwendung des Gesamtumsatzschlüssel ist der sich ergebende Vorsteuerabzugssatz auf volle Prozentpunkte aufzurunden.[46] Die Aufrundung bezieht sich dabei auf den Anteil der abziehbaren Vorsteuer und nicht auf den nichtabziehbaren Vorsteueranteil. Auch greift nicht eine kaufmännische oder mathematische Rundung, bei der erst ab einer der Dezimalstelle 5 gerundet wird. Vielmehr wird z. B. bei 10,8 % steuerfreien Ausgangsumsätze und zu 89,2 % steuerpflichtigen, vorsteuerabzugsberechtigten Umsätze ein Vorsteuerabzug in Höhe von 90 % gewährt, da der Schlüssel von 89,2 % auf 90 % aufzurunden ist. Wird dagegen ein anderer Aufteilungsschlüssel, der Teilumsatzschlüssel, verwendet, ist nach dem BMF keine Aufrundung auf volle Prozent vorzunehmen. Vielmehr ist der Schlüssel, entsprechend der Rechtsprechung des EuGH[47] mit zwei Dezimalen zu ermitteln.

1. Aufteilung nach einem Einnahmeschlüssel

a) Ermittlung des Einnahmeschlüssels und der Gesamteinnahmen

Die Aufteilung der Vorsteuer bei teilunternehmerisch verwendeten Leistungen kann auf Basis eines auf Nettowerten beruhenden Einnahmeschlüssels erfolgen.

45 Abschn. 15.16 Abs. 2a UStAE.
46 Vgl. BMF, 12.6.2024 – III C 2 – S 7300/22/10001:001, BStBl. I 2024, 1041, Rn. 13.
47 Vgl. u. a. EuGH, 16.6.2016 – C-186/15 „Kreissparkasse Wiedenbrück“, NWB UAA-AF-78734; *Prätzler*, StuB 2024, 261.

Dieser ermittelt sich wie folgt:

Einnahmeschlüssel in %	Einnahmen unternehmerischer Bereich (netto) • 100
	Gesamteinnahmen (netto)

Die Gesamteinnahmen umfassen alle Einnahmen des unternehmerischen und des nichtunternehmerischen Bereichs.

Gesamteinnahmen sind	Keine Gesamteinnahmen sind
– Einnahmen aus wirtschaftlicher Tätigkeit, z. B. – Vermietung – Warenverkäufe – Veranstaltungen – Zuschüsse – Spenden – Steuereinnahmen – Finanzzuweisungen – Umlagen – Verwaltungseinnahmen – Gebühren – Einnahmen aus Beteiligungen	– Einnahmen, die an andere Empfänger weitergeleitet werden und der jPöR nicht für Leistungsbezüge zur Verfügung stehen, z. B. Durchleitungsspenden – Einnahmen, die zurückgezahlt werden müssen, z. B. Finanzmittel aus der Aufnahme von Neukrediten, Anleihen u. ä. Finanzierungen – Rückzahlungen vergebener Finanzmittel

Einnahmen wie Zuschüsse oder Spenden müssen entsprechend ihrer Verwendung dem unternehmerischen bzw. nichtunternehmerischen Bereich zugeordnet werden. Nichtzweckgebundene Einnahmen wie z. B. allgemeine Finanzzuweisungen, sind dem nichtwirtschaftlichen Bereich i. e. S. zuzuordnen.

Der Einnahmeschlüssel ist auf die zweite Nachkommastelle aufzurunden.[48]

Die Ermittlung der abzugsfähigen Vorsteuer erfolgt in zwei Schritten:

1. Schritt: Ermittlung der Vorsteuer, die auf den unternehmerischen Teil entfällt

2. Schritt: Ermittlung der abzugsfähigen Vorsteuer.[49]

b) Berechnung für die Stadt Heilbronn

aa) 1. Schritt

Einnahmeschlüssel = 6,09 %	Einnahmen unternehmerischer Bereich 36.804.000 €	
	Gesamteinnahmen	605.000.000 €

48 Vgl. BMF, 12.6.2024 – III C 2 – S 7300/22/10001 :001, BStBl. I 2024, 1041, Rn. 17.
49 Aufteilung nach § 15 Abs. 4 i. V. m. Abs. 2 und Abs. 3 UStG.

Die Gesamteinnahmen der Kommune betragen im Verhältnis zu den unternehmerischen Einnahmen auf zwei Nachkommstellen 6,083 %, gerundet 6,09 %.[46] Somit liegt der Schlüssel unter 10 % und es greift das Vorsteuerabzugsverbot des § 15 Abs. 1 Satz 2 UStG für die Lieferung, Einfuhr oder den innergemeinschaftlichen Erwerb von einheitlichen Gegenständen.[50] Gegenstände gelten damit als nicht für den unternehmerischen Bereich bezogen. Damit ist nur ein Vorsteuerabzug aus den Hilfs- und Betriebsstoffen, Verbrauchsmaterialien und den sonstigen Leistungen möglich, dessen Höhe in einem 2. Schritt berechnet wird.

bb) 2. Schritt

Da die Stadt Heilbronn im unternehmerischen Bereich auch steuerfreie Umsätze erzielt, welche den Vorsteuerabzug ausschließen,[51] ist eine weitere Aufteilung für den Vorsteuerabzug vorzunehmen.

Einnahmeschlüssel = 2,16 %	Einnahmen unternehmerischer Bereich mit Vorsteuerabzug 13.056.000 €	
	Gesamteinnahmen	605.000.000 €

Für Verbrauchsmaterial, Roh-, Hilfs- und Betriebsstoffe könnte grundsätzlich aus diesen Eingangsleistungen ein Vorsteuerabzug von 2,16 % geltend gemacht werden. Aufgrund der aktuellen Buchungsweise kann dies konkret aber nicht in absoluten Zahlen ermittelt werden. Damit ist nur ein Vorsteuerabzug aus den Hilfs- und Betriebsstoffen, Verbrauchsmaterialien und den sonstigen Leistungen in Höhe von 2,16 % möglich. Um die Vereinfachung und damit die Quote anzuwenden, wären zunächst wieder mit einem enormen Verwaltungsaufwand die Werte neu zu ermitteln und IT-technische Anpassungen vorzunehmen. Um diese Werte für die Zukunft vorzuweisen, müsste die Buchungslogik umgestellt werden und eine technische Weiterentwicklung des SAP-Systems vorgenommen werden

In der Regel wird sich der Einnahmeschlüssel von Jahr zu Jahr ändern und damit sind die Auswirkungen des § 15a UStG bei den beweglichen und unbeweglichen Wirtschaftsgütern zu berücksichtigen. Hierfür sieht das BMF die Vereinfachung vor, dass die Bagatellgrenzen des §§ 44 UStDV nicht nur für Korrekturen bei den Wirtschaftsgütern nach § 15a UStG zu gelten, sondern auch für die Besteuerung von Wertabgaben. Danach sind Korrekturen nur erforderlich, wenn die auf ein Wirtschaftsgut entfallende Vorsteuer 1.000 € übersteigt. Bei Nutzung der Vereinfachung nach dem Gesamteinnahmeschlüssel würde sich die Frage des § 15a UStG für die Stadt Heil-

50 Vgl. Abschn. 15c Abs. 1 und Abs. 2 UStAE.
51 Vgl. § 15 Abs. 2 u. Abs. 3 UStG.

bronn nicht stellen, da der ermittelte anteilige Schlüssel für die unternehmerische Nutzung unter 10 % liegt.

2. Aufteilung nach dem einrichtungsbezogenen Einnahmeschlüssel[52]

a) Erforderliche Schritte

Sofern teilunternehmerisch genutzte Leistungsbezüge ausschließlich von einem abgrenzbaren Teilbereich der jPöR (z. B. Behörde, BgA, Eigenbetrieb) verwendet werden, kann die Vorsteuer auch auf Basis eines einrichtungsbezogenen Einnahmeschlüssels aufgeteilt werden. Als Einnahmen werden dabei der Einrichtung der Teil der Gesamteinnahmen der jPöR zugerechnet, die der Einrichtung sachgerecht zuzurechnen sind.

Die Schritte zur Ermittlung der abzugsfähigen Vorsteuer erfolgt ebenfalls wie oben beschrieben in den zwei Schritten:

Im 1. Schritt: Ermittlung der Vorsteuer, die auf den unternehmerischen Teil entfällt und im 2. Schritt: Ermittlung der abzugsfähigen Vorsteuer.

b) Beispiel Heilbronn: Untersuchungen des einrichtungsbezogenen Einnahmeschlüssels für die zentrale Atemschutzwerkstatt

aa) 1. Schritt

Die Gesamteinnahmen sind in diesem Fall die anteiligen Gesamteinnahmen des Teilbereichs, hier Atemschutzwerkstatt.

Einnahmeschlüssel = 77,87 %	Einnahmen unternehmerischer Bereich Atemschutzwerkstatt 453.283 €	
	Gesamteinnahmen	582.070 €

Die anteiligen unternehmerischen Einnahmen der Atemschutzwerkstatt betragen im Verhältnis zu den Gesamteinnahmen der Atemschutzwerkstatt auf zwei Nachkommstellen 77,87 %.[46] Somit liegt der Schlüssel über 10 % und es besteht ein Vorsteueraufteilungsgebot sowohl für einheitliche Gegenstände wie für die laufenden Aufwendungen, soweit diese nicht direkt einem steuerpflichtigen Ausgangsumsatz zuzuordnen sind. Das Abzugsverbot des § 15 Abs. 1 Satz 2 UStG für die Lieferung, Einfuhr oder ein innergemeinschaftlicher Erwerb von einheitlichen Gegenständen ist nicht einschlägig.[53]

52 BMF, 12.06.2024 – III C 2 – S 7300/22/10001 :001, BStBl. I 2024, 1041, Rn. 27.
53 Vgl. Abschn. 15c Abs. 1 und Abs. 2 UStAE.

bb) 2. Schritt

Eine Aufteilung der Einnahmen in einem **2. Schritt** entfällt, da sämtliche Einnahmen im unternehmerischen Bereich steuerpflichtig sind und keine steuerfreien Umsätze vorliegen. Unter den Voraussetzungen, dass die Auslegung der Gesamteinnahmen wie im BMF-Schreiben unter Rn. 27 ausgeführt, die Gesamteinnahmen des abgrenzbaren Bereichs umfasst, ergibt sich ein Vorsteuerabzug bei der Stadt Heilbronn in Höhe von anteilig 45.862 € für die zentrale Atemschutzwerkstatt. Mittels des bisher verwendeten Aufteilungsschlüssels nach dem Zeitaufwand wurden für das Kalenderjahr 2023 Vorsteuern in Höhe von 28.231 € ermittelt und zum Abzug gebracht. Damit würde sich unter Anwendung des einrichtungsbezogenen Einnahmeschlüssels sowohl eine vereinfachte Handhabung wie als auch eine günstigere Quote ergeben.

c) Beispiel Heilbronn: Untersuchungen des einrichtungsbezogenen Einnahmeschlüssels für die zentrale Schlauchwerkstatt

Dasselbe Ergebnis wird unter Anwendung des einrichtungsbezogenen Einnahmeschlüssels für die Schlauchwerkstatt erzielt.

aa) 1. Schritt:

Einnahmeschlüssel= 65,62 %	Einnahmen unternehmerischer Bereich 130.155 €	
	Gesamteinnahmen	198.328 €

Die anteiligen unternehmerischen Einnahmen der Schlauchwerkstatt betragen im Verhältnis zu den Gesamteinnahmen der Schlauchwerkstatt auf zwei Nachkommstellen gerundet 65,62 %.[46] Somit liegt der Schlüssel über 10 % und es besteht ein Vorsteueraufteilungsgebot sowohl für einheitliche Gegenstände wie für die laufenden Aufwendungen, soweit diese nicht direkt einem steuerpflichtigen Ausgangsumsatz zuzuordnen sind.

bb) 2. Schritt

Eine Aufteilung der Einnahmen in einem **2. Schritt** entfällt, da sämtliche Einnahmen im unternehmerischen Bereich steuerpflichtig sind und keine steuerfreien Umsätze vorliegen. Unter den Voraussetzungen, dass die Auslegung der Gesamteinnahmen wie im BMF-Schreiben unter Rn. 27 ausgeführt, die Gesamteinnahmen des abgrenzbaren Bereichs umfasst, ergibt sich ein Vorsteuerabzug bei der Stadt Heilbronn in Höhe von anteilig 10.286 € für die zentrale Schlauchwerkstatt. Mittels des bisher verwendeten Aufteilungsschlüssels (Zeitaufwand) wurden für das Kalenderjahr 2023 Vorsteuern in Höhe von 152 € ermittelt und zum Abzug gebracht. Damit würde sich unter Anwendung des einrichtungsbezogenen Einnahmeschlüssels sowohl eine vereinfachte Handhabung als auch eine günstigere Quote ergeben.

d) Beispiel Heilbronn: Untersuchungen des einrichtungsbezogenen Einnahmeschlüssels für die Feuerwehr (ohne die Werkstätten)

aa) 1. Schritt

Einnahmeschlüssel= 32,17 %	Einnahmen unternehmerischer Bereich 443.996 €	
	Gesamteinnahmen	1.380.282 €

Die anteiligen unternehmerischen Einnahmen der Feuerwehr betragen im Verhältnis zu den Gesamteinnahmen des abgegrenzten Bereichs auf zwei Nachkommstellen gerundet 32,17 %.[46] Somit liegt der Schlüssel über 10 % und es besteht ein Vorsteueraufteilungsgebot sowohl für einheitliche Gegenstände wie für die laufenden Aufwendungen, soweit diese nicht direkt einem steuerpflichtigen Ausgangsumsatz zuzuordnen sind. Das Abzugsverbot des § 15 Abs. 1 Satz 2 UStG für die Lieferung, Einfuhr oder ein innergemeinschaftlicher Erwerb von einheitlichen Gegenständen ist nicht einschlägig.[54]

bb) 2. Schritt

Da die Stadt Heilbronn im unternehmerischen Bereich auch steuerfreie Umsätze erzielt, welche den Vorsteuerabzug ausschließen (steuerfreie Vermietungseinnahmen), ist eine weitere Aufteilung für den Vorsteuerabzug vorzunehmen.

Einnahmeschlüssel = 30,85 %	Einnahmen unternehmerischer Bereich mit Vorsteuerabzug 425.753 €	
	Gesamteinnahmen	1.380.282 €

Damit ergibt sich ein Vorsteuerabzug bei der Stadt Heilbronn in Höhe von anteilig 122.697 € für die Einrichtung der Feuerwehr ohne die Werkstätten. Aufgrund des bisher verwendeten Aufteilungsschlüssels wurden für 2023 Vorsteuern in Höhe von 47.472 € ermittelt und zum Abzug gebracht. Auch hier könnte der einrichtungsbezogene Aufteilungsschlüssel als Vereinfachung genutzt werden.

54 Vgl. Abschn. 15c Abs. 1 und Abs. 2 UStAE.

e) Rechtsfolgen des § 15a UStG

Eine Vorsteuerquote von über 10 % löst in allen drei Fällen bei Änderungen des Einnahmeschlüssels bezüglich der Vorsteuern bei den einheitlichen Gegenständen und Grundstücken, Gebäuden und Außenlagen usw. die Rechtsfolgen des § 15a UStG aus. Im BMF-Schreiben v. 12.6.2024 wird zunächst auf den § 44 UStDV verwiesen. Hiernach sind Vorsteuerbeträge aus den Anschaffungskosten von einheitlichen Gegenstände von der Berichtigung nach § 15a UStG ausgenommen, wenn diese 1.000 € nicht übersteigen. Der Stadt Heilbronn stehen nach dem BMF-Schreiben für die Beachtung der Rechtsfolgen des § 15a UStG folgende Möglichkeiten zur Verfügung:

- Verzicht auf Überwachung und Dokumentation bei Versteuerung des vollen Veräußerungserlöses der gemischt genutzten Gegenstände, ungeachtet in welchem Umfang diese tatsächlich unternehmerisch genutzt wurden, auch außerhalb des Überwachungszeitraums nach § 15a UStG.[55]
- Überwachung der Nutzung anhand des jeweiligen Einnahmeschlüssel bei beweglichen Gegenständen 5 Jahre und bei Gebäuden 10 Jahre. Nutzungsänderungen, bzw. Änderungen des Einnahmeschlüssels führen innerhalb des Berichtigungszeitraum ggf. zu Korrekturen. Dies ist zu überwachen und zu dokumentieren. Erfolgt ein Verkauf unterliegt der unternehmerische Anteil der Umsatzsteuer. Hierbei ist auf eine ordnungsgemäße Rechnungsstellung und Ausweis der Umsatzsteuer zu achten, das Entgelt ist entsprechend aufzuteilen. Erfolgt die Veräußerung nach Ablauf des Berichtigungszeitraums des § 15a UStG muss mindestens der unternehmerische Teil vom Veräußerungspreis der Umsatzsteuer unterworfen werden. Ein Wechsel vom Einnahmeschlüssel zu ggf. anderen Aufteilungsmaßstäben führt für sich allein nicht zu eine Berichtigung nach § 15a UStG.[56]

Beispiel:

Die Stadt Heilbronn hat für das Jahr 2023 einen Einnahmeschlüssel von 32,1 % für die abzugsfähigen Vorsteuern ermittelt. Zu Beginn des Jahres 2023 wurde ein Abrollbehälter für 10.000 € zzgl. 1.900 € USt erworben. Der Abrollbehälter wird teilunternehmerisch verwendet. Aus dieser Anschaffung wurden Vorsteuern i. H. v. (1.900,00 € x 32,1 % =) 609,90 € geltend gemacht. Im Folgejahr 24 erhöht sich der zum Vorsteuerabzug berechtigende Einnahmeschlüssel auf 45,1 %. Anfang des Jahres 2025 wird der Behälter an eine andere Kommune für 8.000 € zzgl. USt verkauft.

Lösung:

Alternative Rn. 26, Verzicht auf Dokumentation und Überwachung

55 BMF, 12.06.2024 – III C 2 – S 7300/22/10001 :001, BStBl. I 2024, 1041, Rn. 26.
56 BMF, 12.06.2024 – III C 2 – S 7300/22/10001 :001, BStBl. I 2024, 1041, Rn. 25.

In den Jahren 2023 bis 2027 findet keine Überwachung der Nutzungsänderungen bei dem Behälter statt. Im Gegenzug wird in 2025 die Veräußerung des Behälters vollständig in Höhe von 8.000 € der Umsatzsteuer unterworfen. Es entsteht eine Umsatzsteuer in Höhe von 1.520 €. Im Fazit steht einem Vorsteuerabzug in Höhe von 609,90 € eine Umsatzsteuer in Höhe von 1.520 € gegenüber. Diese belastet die Stadt Heilbronn nicht, sondern ggf. den Erwerber, wenn dieser nicht zum Vorsteuerabzug berechtigt ist.

Alternative: Überwachung und Dokumentation der unternehmerischen Verwendung.

Aus Billigkeitsgründen kann für die Jahre 2024 bis 2027 eine Vorsteuerberichtigung vorgenommen werden (Abschnitt 15a.1 Abs. 7 UStAE). Der unternehmerisch genutzte Anteil hat sich um (45,1 % abzüglich 32,1 % =) 13 % erhöht. Da die Grenzen aus § 44 Abs. 1 und 2 UStDV überschritten sind, ergibt sich im Jahr 2024 eine Vorsteuerberichtigung von (1.900,00 € x 1/5 x 13 % =) 49,40 € zugunsten der Kommune. Der Verkauf des Behälters i. H. v. 8.000 € netto unterliegt zu 45,1 % der Umsatzsteuer (vgl. Rn. 24). Damit ergibt sich eine Bemessungsgrundlage bei der Umsatzsteuer in Höhe von 3.608 € netto, es entsteht eine USt von 685,52 €. In einer Rechnung über den Verkauf sind – neben den übrigen Rechnungspflichtangaben – folgende Beträge auszuweisen: Ein nicht steuerbarer Teilbetrag von 4.392,00 €, das steuerbare umsatzsteuerliche Entgelt (netto) von 3.608,00 € und die auf das Entgelt entfallende USt (19 %) i. H. v. 685,52 € (Bruttobetrag 8.685,52 €). Da der Verkauf vor Ablauf des maßgeblichen Berichtigungszeitraums von fünf Jahren (§ 15a Abs. 1 Satz 1 UStG) erfolgt und dieser Umsatz (45,1 %) anders zu beurteilen ist als die für den ursprünglichen Vorsteuerabzug maßgebliche Verwendung (32,1 %), sind gleichzeitig im Voranmeldungszeitraum der Veräußerung 2025 gemäß § 15a Abs. 8 und Abs. 9 UStG in Verbindung mit § 44 Abs. 3 Satz 2 UStDV eine Vorsteuerberichtigung für die Jahre 2025 bis 2027 i. H. v. (1.900,00 € x 3/5 x 13 % =) 148,20 € zugunsten der Stadt Heilbronn vorzunehmen.

Im Fazit steht einem Vorsteuerabzug in Höhe von 807,50 (aus Anschaffung 2023 609,90 € + 2024 Berichtigung zugunsten 49,40 € + Berichtigung zugunsten 2025 bis 2027 148,20 €) einer Umsatzsteuer aus dem Veräußerung von 685,52 € gegenüber.

Diese Umsatzsteuer aus dem Verkauf belastet die Stadt Heilbronn nicht, sondern ggf. den Erwerber, wenn dieser nicht zum Vorsteuerabzug berechtigt ist.

Anmerkungen: Bei einer Veräußerung nach dem Berichtigungszeitraum, hier in den Kalenderjahren 2028 ff., unterliegt der Erlös dem zum Zeitpunkt der Veräußerung entsprechende Prozentsatz der unternehmerischen Nutzung. Dabei darf der Prozetsatz nicht unter dem Prozentsatz bei Erwerb des Wirtschaftgutes liegen.[57]

3. Vereinfachte Aufteilung für Grundstücke

Grundsätzlich erfolgt die Aufteilung der Vorsteuer bei gemischt genutzten Grundstücken nach einem sachgerechten Maßstab. Es ist daher zunächst zu prüfen, ob ein sachgerechter Maßstab Anwendung findet. Als sachgerechte Aufteilungsschlüssel für Gebäude wird der objektbezogene Flächenschlüssel, der objektbezogene Umsatzschlüssel, der umbaute Raum (m^3), das Verhältnis der Ertragswerte (bei Erwerb), oder die Aufteilung nach Nutzungszeiten angesehen. Erst wenn diese nicht ermittelbar sind, erfolgt eine Aufteilung der Vorsteuer gemäß dem BMF-Schreiben vom 12.6.2024, z.B. nach dem Einnahmeschlüssel.

Eine Vereinfachung bei Verwendung des Einnahmeschlüssels könnte darin bestehen, dass nicht für jede Immobilie ein zusätzlicher Schlüssel ermittelt werden muss. Dabei ist aber zu beachten, dass der Einnahmeschlüssel sich jährlich ändern wird und damit eine Prüfung der Vorsteuerberichtigung nach § 15a UStG stets erforderlich ist. Wird die Vorsteuer bei Immobilien dagegen anhand eines objektbezogenen Flächenschlüssels aufgeteilt, ist dies nicht erforderlich, solange sich die Nutzung nicht ändert. Deshalb wurde auf eine Untersuchung für die Vermietung bei der Stadt Heilbronn verzichtet.

4. Vereinfachung: Pauschaler Vorsteuersatz für jPöR mit geringem unternehmerischen Bereich

JPöR, die im vorangegangenen Kalenderjahr steuerpflichtige Umsätze i.H. von maximal 45.000 € erzielt haben, können einen pauschalen Vorsteuersatz in Anspruch nehmen. Die abzugsfähige Vorsteuer wird dabei pauschal mit einem Prozentsatz der steuerpflichtigen Umsätze der jPöR bestimmt. Aufgrund der Umsätze in Höhe 605 Mio. € kommt dies für die Stadt Heilbronn nicht zur Anwendung.

VIII. Fazit

Die Umstellung auf § 2b UStG war für die Stadt Heilbronn eine über das Maß große Herausforderung, welche die Stadtverwaltung in ihrer Gesamtheit mit allen ihren Ämtern erfasste. Deshalb wird allen Kommunen, die

57 BMF v. 12.06.2024 – III C 2 – S 73000/22/10001 :001 BStBl 2024 I S. 1041, Rn. 24.

noch vor der Umstellung stehen, empfohlen, für die Vorbereitungen einen entsprechend ausreichend zeitlichen Vorlauf einzuplanen. Auch nach der Umstellung auf § 2b UStG kann nicht mit einer niedrigeren Belastung gerechnet werden. Durch die Sensibilität und die zunehmende Taktung der Aufgaben zeigt sich klar die Tendenz, dass die Anzahl der steuerlich zu beurteilenden Sachverhalte stetig steigt.

Aus der heutigen Perspektive wird aber auch klar, dass die Prüfung der Sachverhalte mit Schwerpunkt Umsatzsteuer nur der Anfang sind und eine Weiterentwicklung des TCMS auf weitere Steuerarten bzw. Abgabeverpflichtungen angestrebt werden muss, um die steuerlichen Risiken in ihrer Gesamtheit besser einordnen zu können. Hierfür wird dauerhaft entsprechend qualifiziertes Personal in den Steuerstellen der Kommunen benötigt.

Als besonders wertvoll hat sich die Einbindung des zuständigen Finanzamtes gezeigt. Zwar mussten lange Bearbeitungsdauern eingerechnet werden, aber am Ende wurden konstruktive Lösungen zu strittigen Fragen gefunden und diese gemeinsam gelöst.

Die vorliegenden Untersuchungen bestätigen sehr deutlich, dass die Neuregelung der Umsatzbesteuerung neben dem erhöhten personellen Aufwand die Besteuerungsgrundlagen korrekt zu ermitteln auch zu einer erheblichen finanziellen Mehrbelastung für Kommunen, Unternehmer und Bürger führen. Die Kommunen können die Umsatzsteuer an den jeweiligen Empfänger weiterbelasten, dennoch ist der Aufwand hierfür enorm und die damit verbundenen Vorsteuerbeträge können ebenfalls nur mit enormem Aufwand ermittelt werden. Die angebotenen Vereinfachungen der Finanzverwaltung im BMF-Schreiben vom 12.6.2024 mit einem Gesamteinnahmenschlüssel einfach den Vorsteuerabzug zu berechnen, verfehlt ihre Wirkung auf eine große Vereinfachung und Entlastung. Dieser entspricht nicht dem tatsächlichen Lebenssachverhalt und kann daher als nichtzutreffend eingestuft werden. Auch die durch die Finanzverwaltung offerierte Möglichkeit, aus Vereinfachungsgründen auf den Vorsteuerabzug gänzlich zu verzichten, kann schon aus haushaltsrechtlichen Gründen in der Regel nicht gewählt werden.

Die Untersuchung ergab, dass allein die Anwendung eines einrichtungsbezogenen Umsatzschlüssels als Ansatz einer Erleichterung gewertet werden kann, dessen Wirkung aber oft durch den Mehraufwand der Rechtsfolgen des § 15a UStG aufgebraucht wird. Die Rechtsfolgen können durch eine Versteuerung bei Veräußerung des teilunternehmerischen Gegenstandes vermieden werden. Eine Option, die es sich zu prüfen lohnt, da sie für die Stadt Heilbronn weniger Aufwand bedeutet und die entstehende Umsatzsteuer nur den Endverbrauch belastet.

Das BMF-Schreiben vom 12.6.2024 kann nur ein Anfang der dringend notwendigen Erleichterungen bei der Besteuerung der öffentlichen Hand sein.

Eine Pauschale für die anteiligen Vorsteuern vom Umsatz könnten neben der Erweiterung des Katalogs der Steuerbefreiungen Lösungsansätze sein.